U0484275

— 华夏道善人与经典文库 —

论语大义

上

辛意云 著

华夏出版社
HUAXIA PUBLISHING HOUSE

图书在版编目（CIP）数据

论语大义．上 / 辛意云著．-- 北京：华夏出版社有限公司，2024．-- ISBN 978-7-5222-0749-0

Ⅰ．B222.25

中国国家版本馆 CIP 数据核字第 2024K3V688 号

论语大义

作　　者	辛意云
责任编辑	赵学静　龚　雪
责任印制	周　然
出版发行	华夏出版社有限公司
经　　销	新华书店
印　　装	三河市少明印务有限公司
版　　次	2024 年 10 月北京第 1 版 2024 年 10 月北京第 1 次印刷
开　　本	710mm×1000mm　1/16 开
印　　张	46.25
字　　数	631 千字
定　　价	128.00 元（全 2 册）

华夏出版社有限公司　地址：北京市东直门外香河园北里 4 号　邮编：100028
网址：www.hxph.com.cn　电话：（010）64618971
若发现本版图书有印装质量问题，请与我社营销中心联系调换。

导论

社会上许多讲《论语》的课程，多数都将其当作人生箴言、道德教训、伦理规范来诠释，我讲《论语》，讲的则是它的思想性、学术性，将其作为一种生命哲学来诠释。

《论语》是一座大山，一般人只是在山脚下走走，或者到设定的景点看看，而我希望带大家做一次深度旅行，登上《论语》这座大山的制高点，俯瞰由孔子以人为中心建立并展开的中国传统学术系统，甚至审视最真实的自己和他人，然后试着认识自我、调整自我。就像病人做康复训练，即使刚开始身体有一些不舒服，甚至会有一些疼痛，但只要忍着点，痛一痛也就恢复了，这种自我类似康复训练的能力就是自我实现与寻求幸福的能力。

我曾看过一篇新闻专刊，其中说二十一世纪的今天是人类有史以来从未有过的时代，是真正的新时代。通过互联网，世界已经可以无远弗届地连成一体，发达的交通，可以让人们到达任何想去的地方，加上全球化的金融投资、媒体传播等，世界已经被打造成一个公共平台，任何人都可以在这个平台上尽情地追求成就、累积财富、展现自我。这是人类有史以来从未达到的高峰。从这篇文章中，我们确实可以认识到这个时代的独特性，只是，作者并没有论及这是否意味着人类的幸福时代也同时来临了。

幸福，自古以来就是人类共同追求和关注的话题。翻开人类历史的长卷，你会发现，人类一切文明的创造和演进，都是为了寻求幸福而做的努力。

英国的布罗诺斯基博士曾在《文明的跃升》一书中提出，人和动物的生理反应有些是相同的。比如，运动员在奔跑或跳跃时，生理反应和非洲大草原上的瞪羚遇到危险溃逃时是一样的。但不同的是，运动员所感受到的不是恐惧，而是兴奋昂扬的情绪。他不仅专注于眼前的目标，还想通过不断学习，进入更高更远的世界，也就是说，他想进入幸福的世界。

布罗诺斯基博士在书中描绘了令人类绵延不绝的生存发展蓝图，他指出，人和动物的区别关键在于生命的不断创造与跃升，只是有的时候，有的人放弃了创造与跃升的机会，空有技巧、知识，最终走向了沉沦、毁灭。

在两千七百年前的古希腊时期，行吟诗人荷马在他的诗歌中，便提到希腊众神之王宙斯从云端看着人类，悲痛地说，作为生灵的人可真是辛苦啊！还有古印度的宗教家和思想家，他们认为，生命本身就是苦难的。但在中国，两千五百年前的春秋时期，也就是在孔子以前，也有一些智者讨论过人类的幸福问题，他们认为，人类的幸福，是由人类自己决定的。那么，人究竟依据什么去选择幸福呢？难道追求幸福不是人的天性吗？

二十世纪的精神分析学家、人本主义哲学家弗洛姆为西方人寻找到了新的精神出路，他在《人心：善恶天性》一书中说，有许多人相信人是羊，也有人相信人是狼。他搜集了许多材料来说明这两种观点。其实关于人是羊还是狼的问题，论述的是人本质上是善的还是恶的问题。这在西方神学和哲学领域，早已是最重要、最基本的课题之一。

基督教认为，人其实是处在善与恶之间的，祝福还是诅咒，生存还是死亡，全看自己的选择。但我们还是要问，人为什么要选择死亡？人为什么要接受诅咒？或者，人为什么会选择恶行？

在古印度文化里，人只是物质世界的一环，而物质世界则受制于宇宙的法则，在宇宙中的人只有服从、依靠、遵循这个法则，才能获得生命和力量，才能从生命的浩劫中获得解脱。不过在现实世界中，人的等级是不可改变的。

古希腊早期的自然哲学家从宇宙本体论出发，认为宇宙存在另外一种规律，称为"Logs"。古希腊哲学家赫拉克利特将人类分成了两大类：一类是能以"Logs"即宇宙的理性来支配自己言行的人；另一类则是跟宇宙理性无缘的人。他认为，这些与宇宙理性无缘的人，会被跟动物一样的本能和欲望驱使，因此必然走向悲剧。他还认为，因为人的感情会不断地变化，跟情感相关的人的欲望与本能属于非理性的部分。那个由古希腊酒神统领的世界，是悲剧发生的重要根源。

所以，西方哲学之父苏格拉底要求人们一定要爱好知识、爱好智慧，他自称是爱好知识的人，因此他具有卓越的德性，这个卓越的德性指的就是理性。到亚里士多德时，他将人解释成具有理性的动物。可是，人毕竟还有非理性的一面，理性和非理性的矛盾，使人无法认清自己，使人产生分裂，使人不能走向幸福，西方哲学甚至认为，人不能成为知识研究的对象。

欧洲启蒙运动大师卢梭曾说，我们从来没有认识过人类。弗洛姆也说，人实在无法被完整地认识。德国哲学家马丁·布伯在《我与你》一书中也写到，人类自古以来就知道人是最值得研究的对象。但是人类却一直在回避，因为要客观、精准地研究自我的存在太困难了。

法国哲学家马勒伯朗士说，在所有人类的知识里，人的知识最值得研究。但我们却恰恰在有关人的知识领域耕耘得最少，因为大多数人完全忽视了它。现代人类学的奠基人马克斯·舍勒说，人的概念中包含着太多难以捉摸的歧义，如果不加以澄清，便不能把握人的特殊地位和本质。人不是一个常量，而是一个变量，从这个意义上说，人是一个未知数。

今天，现代主义、后现代主义、后殖民主义，以及存在主义、结构主义、解构主义、女性主义等都在探讨人的问题，尤其是经过在弗洛伊德精神分析理论的基础上的反省、思考后，认为理性不过是人类意识的一个角落，其他无意识的部分，如同冰山一样，大都藏在水下。人在本质上没有统一的自我，只有分裂的自我，这才是人性最真实的样貌，因此，他们要求从理性的传统中解放出来，完全释放直觉和感性。在这种理性的主体分裂中，原本代表理性和真理的语言、逻辑、思想法则都变得模糊了。他们开始质疑真理到底是什么，尤其是针对来自传统的真理。他们认为，人的自由在于此种解放，但这种解放也导致了人的寂寞和孤独。因此，追寻自我、发现自我，在西方现代文学和艺术中成了最重要的母题。譬如，爱尔兰文学家塞缪尔·贝克特的戏剧作品《等待戈多》，描写的就是那些因找不到自己的位置而痛苦、惶惑的人。

这些艺术家和文学家认为，人只有是一个完整的统一体时，才有幸福的可能。人的自我追寻、自我认识是人重要的精神表现，人一旦失去了这些独特性，就享受不到生命的喜悦，也就是作为人的喜悦。自古以来的人类文明，全都是在寻找人类幸福的可能。

人类有没有可能得到幸福呢？马克斯·舍勒说，人虽然是宇宙中唯一具有精神、具有抽象能力的生物，但是精神本身，相对于人强大有力的原始本能却通常是软弱无力的。所以人必须让精神超越原始本能，然后试着把人类长期的矛盾和分裂，比如感性与理性的分裂、欲望和理想的分裂统一起来，也就是将人和自然之间原有的鸿沟弥合，使主观和客观不再对立了，有限和无限才能全然合一。也就是说，通过人特有的精神、特有的自我意识，让人的内在矛盾趋向和解，将人跟世界的矛盾趋向统一，使人能够真正超越自身的限制，实现生命的发展和跃升。如此，人才有幸福的可能。

但是在现实世界里，究竟该如何发展完整的自我意识呢？这是人类的一大课题。

如前所述，在西方的知识系统中，人始终不是明确的认识对象。因为人充满了矛盾和变化，具有不确定性，没办法逻辑化、知识化。

亚里士多德说，悲剧可以净化人的心灵。悲剧能把人引向崇高与自由。崇高是人性的最高表现，而自由则代表人能够摆脱生存的恐惧与现实功利价值的局限。所以直到今天，西方始终以悲剧作为文学、戏剧、美学的最高表现。但在中国，传统上无论文学、戏剧还是美学的审美，几乎都是大团圆或悲喜剧，并不以悲剧为最高表现形式。

我曾参与过青春版《牡丹亭》的编剧与美学讨论，《牡丹亭》是昆曲的经典之作，其中最脍炙人口的是《游园惊梦》。这个故事讲的是女主角因爱而死，通过死亡来追寻爱。当时，我们想以大团圆作为结局，但很多人都不赞成，认为顶多演到第二部分，女主角因为男主角的爱而复活，再往下就是狗尾续貂了，因为大团圆太俗气，不具备打动人心的悲剧要素。

后来我们还是坚持了原先的改法，一方面是为了保留原著的精神，另一方面是考虑到中国传统文化中之所以没有悲剧，是因为中国传统文化向来认为，人并非完全受制于命运，人只要通过自身特有的觉醒，通过对自我情感的理解，就能摆脱命运的限制。也就是说，人的命运是可以改变的。

这也就是《中庸》开头所说的"天命之谓性，率性之谓道，修道之谓教"。"天命之谓性"指人们的先天注定的部分，每个人先天的样子，有其不可更改的部分。人们只能按照先天注定的样子活下来，这就是道，是被注定的生存规律。但是人能够通过自我觉醒，通过自我超越的反省，调整自己的命运，这样就不会受制于命运或生存的规律，甚至可以参与自己命运的再创造，这不就是喜剧吗？这不就是生命的团圆吗？甚至是对生命的祝福吗？

汤显祖在《牡丹亭》里写到，春天时女主角在院子里看到了花团锦簇的世界，她基于本能，产生了对爱的渴望，并在这种爱的驱动下觉醒，全力以赴地寻找爱。

汤显祖以象征的手法，让女主角追寻爱，直至因爱而死。但死不是结束，她因觉醒而重生，追寻自己生命的最高理想，并因此获得了爱，实现了她的最高理想，她复生了。最后在多番努力下，女主角得到父母、社会乃至天下人的祝福。今天大家在看这一出戏时，也可以感受到这份爱的祝福和生命的喜悦。

在中国的传统观念里，人活着就是上天所给予的奇迹，生命的本身就是祝福和喜悦。所以中国在传统文学、戏剧以及美学的审美中，极少有悲剧，即使有，也大都是悲喜交加，最后通常会以喜剧收场。

国学大师钱穆先生曾这样说《论语》的大义："其实一部《论语》就是爱，就是生活，就是学习如何生活，如何爱。"北宋理学开山祖师周敦颐，要求学生在读《论语》时，去寻找"孔颜乐处"，亦即孔子和颜渊快乐的原因。这个观念启发了后来的理学大师程氏兄弟——程颢和程颐，奠定了他们学问的基础。不过从现实来看，孔子生前没有完成自己的理想，他的生活似乎并不如意，颜渊更惨，他活着的时候，"一箪食，一瓢饮，在陋巷"，过着非常清贫的生活。这样的生活，他们到底乐个什么劲儿？还是说他们其实无乐可言，乐只是周敦颐自己的主观说辞，或者说只是为了教学而提出的观点而已？

钱穆先生教读《论语》时，在听了学生试解经义以后说："哎呀，你们全是外国人了呀！说的全是生命以外的事。"什么是生命以外的事？"孔颜乐处"是生命以内的事吗？生命以内的事到底是什么呢？孔子和颜渊快乐的地方到底在哪里呢？

我在前面提到人的问题，现在又提出生命之乐的问题，这些其实都是进入《论语》的钥匙。

我们今天读《论语》，不必像以往那样不假思索地接受旧有的一些解说，毕竟我们正处于新的时代。人、生命是中国传统哲学的前提，甚至是主体。在西方，人的不确定性导致人始终无法成为客观的认知对象。但在中国，人是文化的中心和主轴，这与西方以客观世界作为文化及其一切的对象和前提不同。

目 录

篇目	页码
学而第一	001
为政第二	057
八佾第三	123
里仁第四	183
公冶长第五	221
雍也第六	247
述而第七	273
泰伯第八	321
子罕第九	353
乡党第十	379

篇名	页码
先进第十一	399
颜渊第十二	443
子路第十三	479
宪问第十四	517
卫灵公第十五	575
季氏第十六	619
阳货第十七	647
微子第十八	683
子张第十九	699
尧曰第二十	719

学而第一

1. 子曰："学而时习之，不亦说乎？有朋自远方来，不亦乐乎？人不知而不愠，不亦君子乎？"

《论语·学而》篇第一章的第一句便是"学而时习之，不亦说乎"，这句话一般解为人在读书、学习时，时常复习，就会感到非常快乐。许多人听到这个解释都非常疑惑，认为读书并不快乐呀，复习也不快乐呀，有些人甚至认为，如果能不读书、不学习，那才快乐呢。因此，很多人都将《论语》当作人生箴言、道德教训、伦理规范，但绝不是学术，更不可能是哲学，因为它没有思想，也谈不上是知识。在今天这个崭新的时代，那些古老的观点还有必要存在吗？何况它又没有神话般的神谕，象征意义也不丰富，还能被当作"圣典"吗？

中国的文化是以人为主的，"学而时习之，不亦说乎"，就是把人放在前面，从"什么是人"来开始探讨的。以"学而时习之"为《论语》的首篇首句，也就表明一切都是从人开始。从人的什么开始？从人的生命觉醒开始，这是人的特质。套用亚里士多德给人所下的定义：人是理性的动物。从《论语》角度来看，我们会说：人是会觉醒的动物。

人的觉醒是生命的自觉。古人说，学者，觉也。学有觉醒、觉悟的意思。又说，学者，效也。效是行为，是行动。当人觉醒后，自我认识自然就会朝着那份认识前进。觉也是知，效也是行，这也是指人有知行合一的能力。学是人觉醒后的自然生命的活动与表现，这是人所特有的、与生俱来的能力。

换言之，人在成长的过程中，当有一天突然意识到自己活着的时候，就是意识到生命这件事情了。譬如，十几岁的孩子会忍不住从镜子里看自己，看个不停，这就是生命的自觉性、生命的自觉意识的表现。

在这样的意识下，人们会不自觉地去做一些自我生命的试探和练习，这就是"时习"。就好像小鸟翅膀上的羽毛渐渐丰满后，它会自然地伸展、拍打，并忍不住想要飞翔。这是生命成长的本能，是人在自然中生生不息的表现，人就是在这种自然本能中逐步觉醒，进而开始觉醒后的实践与努力的。这种觉醒和觉醒后的实践与努力会使人有更深层的认知，我们称为心得。当我们有了这种心得时，就会有发自内心的喜悦，这就是生命的喜悦。于是孔子最后问："这是不是很喜悦啊？"大家注意，这不是陈述句，而是疑问句。当人有了生命的觉醒，而后自然地去实践、去努力，并有了心得时，看到自己的成长，不是很喜悦吗？

前人解释"习"是"鸟数飞"，一般人就解释为鸟不断地拍打翅膀，想要飞翔，这是以小鸟练习飞为例，其中带有自然、天生的生命成长状态。"时"是时时刻刻，"时习"是时时刻刻去实践由觉醒而获得的认知。由此所得，内心就会不由自主地产生喜悦之情，这种来自内心的喜悦，是真正的开心。人在没有遇到困难时，看见晨雾中青翠欲滴的叶子被风轻轻一吹，就自然会有喜悦。

不过，《论语》这里强调更深一层的喜悦。人不只是因为有新鲜事发生而高兴，更是因为进一步认识到自己竟然能享受到这份喜悦，有能力去认识这种来自内心深处的喜悦而高兴。这种喜悦永远不会从我们的生命中消失，这是非常重要的生命力量，是一种可以拥有生之喜悦的能力。

因此，《论语》以"学而时习之，不亦说乎"作为开始，也是一种提醒。就如同我们发现自己能做什么，或者又突破了什么局限时，那种发自内心的欢喜。其中没有功利的目的，只是单纯的喜悦、真正的开心。

人们常会因忽略"学而时习之，不亦说乎"的"乎"字，而把这句话当成命令式、指示性的语言，"那是高兴的事！"其实这里的"乎"是个疑问词、虚词，在古书中，这些虚词是表情，有深层的情感意义，是不能被忽略的。在这句话中，它表示孔子在问："这不是很开心的事吗？"当我们在生命发展中有了自觉，便会不由自主地进一步试探，想看看自己可以发展到什么程度。当我们在这种试探中体验到真正属于自己的那份喜悦时，便会领悟孔子的快乐。而答案就在每个人自己的心中，在自己的感觉里，在自己的认知中。换言之，人生的喜乐取决于自己。

这是深度的反省，是关于生命成长的自我内在思考。《学而》篇以"学而时习之，不亦说乎"开始，实际上是在告诉我们什么是人。我们从这里可以看出，中国哲学中所讲的人，是从生命的觉醒开始的，这是人的特质，也是《论语》的宗旨。《论语》开篇就说明，人唯有通过自我意识和自我认知，才算是生命真正的开始。

人的生命有许多层次，如同达尔文的进化论所说，人来自动物，是动物进化的结果。可是人又不同于动物，人类真正的生命是以生命意识为起点的。什么是生命意识？生命意识就是觉醒，是再深思的认知。从意识开始，人才有了自主性。意识不只是人的生命的真正开始，也是人的理性的开始，也是人对自己的认知进行再认识的开始。这种非常独特的认知活动，只有人才会有。

英国伦敦自然历史博物馆里曾经陈列着人类进化的图像，但是到了人这一科，上面只摆了一面镜子，让每个参观者走到镜子面前看到自己，然后说，这是人类。通过照镜子可以知道"那就是我"的动物，大概只有人。虽然动物学家们说少数动物也可以知道，但是那得经过训练。

人可以认识自己，会问自己是谁、来自何处、自己生命的价值和意义是什么。过去经常有学生问我为什么要读书，尤其是高三的学生，他们个个埋头苦读，准备考大学，但在全力以赴的过程中，他们不断提出"我为什么要读书""我的价值到底是什么""有了职业，那就是我吗"等问题，这是人的理性的开展，也是意识的开展、智慧的开展。

《论语》从人的理性反思开始，不过它从不离开人的感性和感情。在西方哲学中感性与理性始终是对立的，当近代许多大哲学家要回到具体存在的人时，他们只以人的感性作为人性的基础，但最后都以悲剧收场。

人在经过理性的反思、探问之后，还要再回到自己真正的感觉上。只有真正的感觉才能够真正地展现自我。

生物天生就有好恶之分，好生而恶死，这是好恶的开始，就好像单细胞生物遇到醋或者盐会快速地躲避，但遇到蜂蜜等富含营养物质的东西会快速地聚拢。要认识自己，得从认识自身的情感开始。即认识自己真正的好恶、认识自己真正的喜怒哀乐。当人了解了自己真正有感觉的部分时，也就认识了自己。

我在教中学时，有个学生因控制不住自己的脾气，砸烂了学校的玻璃。我问他："你真想砸烂它吗？砸烂它之后你高兴吗？你被学校处分的时候，是不是非常喜悦？这是不是你想要的结果？"这样一步一步问下去，他会认识到自己只是一时的情绪爆发，这对解决问题没有任何帮助。然后，他会明白自己为什么会有情绪，接着就会看清自己的真实状态。

人对自己情感的了解可以促进智慧、理性的拓展，人的聪明会从这里孕育。所以说，我们要回到自己真正的感觉上，看看自己是否真的开心，用开不开心来做验证，会更清楚地了解自己想要的，这就是一个完整生命的开始。

比方说，人常常会在要和不要之间挣扎，犹豫是否利用原本应该工作的时间去做自己喜欢的事。结果通常是做了喜欢的事之后又很懊恼，无法享受已经做了的那一份喜悦，既懊恼又不能及时补救，以致自己总处在这种挣扎中，从而丧失了真正可以掌控自己的能力。我们不能认识自己，有很大一部分原因便在于此。所以，我们必须回归自己的内心，用开不开心来验证、确定生命中可以掌握的部分，如此，才能真正地认识自己。因为在开不开心中有真实的我，其中自然也就包含了感性和理性，只有这两者同时发展，才能真正地发展出一个完整、健康，不分裂也不矛盾的自我，也才是真正的自我。

"学而时习之，不亦说乎"这句话中包含完整的自我的建立，是对自我的认识，也是对自我的开发。当我们完成自我认识和自我开发后，这个我就成立了。只不过人的生存不只是个人的存在，"学而时习之"偏重于个人的觉醒、自我的完成。

但是，人具有高度的社会性，即便是隐士也只是拉开了自己与人群的距离，并没有完全脱离人的生活。所以接着第二句就是："有朋自远方来，不亦乐乎？"人在确立自我认知后，有的时候会被局限在狭小的自我之中，但是人不能完全脱离人群而生活，因为人天生具有社会性，所以人所确立的自我，是具有开放性和社会性的，正所谓"德不孤，必有邻"。而在实际生活中，只要我们的思想或行为表现得不是太个人化，就肯定会有朋友。当人对生命和生命的成长有了体验和心得，也有了内在真正的喜悦之后，自然就会产生自信。整个人也就会在自信中展现出生命力，同时也会表现出亲和力，如此，自然会吸引一群志同道合的朋友，这就是"有朋自远方来"的主要意思。

弗洛姆在《爱的艺术》中说，真正的爱是可以给予的，而不只是一味地索取。人之所以能给予，是因为在给予时内心充满了喜悦，同时还拥有自信及责任感。这一切能塑造一个人的亲和力，之后自然就会有人来亲近你，甚至从远方而来，所以，我们可以用"有朋自远方来"来验证"学而时习之，不亦说乎"的成果。人们愿意亲近你，与你互动，进而能够肯定你，不是会更快乐吗？

"乐"是表现在外的喜悦，"悦"是内心的快乐，这两个字有层次上的不同，是两种情感的表现。我们也可以说，"乐"是由内而外的开展，"悦"是藏在心里的得意。有的时候我在街上看到有些妈妈或者奶奶带着孩子出门，偶尔孩子会争着拿篮子，或者帮大人刷卡乘车，当大人让他刷了之后，他的表情所展现出的就是发自内心的开心，因为他真正完成这件事了。这种藏在内心的得意，是从实践中得来的。

能有机会与读者分享我读《论语》的心得，也算是"有朋自远方来"，对我而言，是荣幸，也是快乐，如果大家觉得我的心得能打动你，我们不就是同道吗？

什么是"友"？"友"又比"朋"更进了一步。"友"是同志，什么是"志"？"志"就是"心之所之"，或者说是"心之所主"，即人的核心价值，生命的理想、方向。当大家内心对生命的价值、意义有更深层的共同认知与感受时，就成了知己，所以"友"也是知己的意思。换言之，"友"不只是在同一条生命道路上，更是对生命有着共同的感受与感应。

中国古典经文中的每一个字、词都蕴含着深邃的生命哲理，不是来自心理，就是来自情感，或者说都来自人性，我们不能只用日常的意思去了解它，否则可能会会错意，从而错过很多古人所描绘的美丽风景以及传递的大智慧。

最后一句是："人不知而不愠，不亦君子乎？"前面几句讲的是人通过自我认识、自我觉醒，并试着发展自己，且取得了一定的成效，以至"有朋自远方来"。在自我确立的过程中，我们获得了更多的自我肯定。只是，当人成长到某个阶段，发现别人不能理解自己时，该怎么办？

譬如，世界上最著名的印象派画家之一凡·高，他一生只卖出了两幅画，还是他的弟弟为接济他而买的。可以说，在他有生之年没人买过他的画，当时人们认为他的画是魔鬼的化身，对他所处的时代而言他似乎走得太快了。如同孔子周游列国，尽管他做过大司寇，可是当时的人们并不理解他所谓的道与生命理想，这些都是"人不知"的情形。

当人成长到某个阶段，超越了一般人，不为人所了解、不被人所认同时，孔子说："人不知而不愠，不亦君子乎？""人不知"是不被人了解，一般人陷入孤独时，都会觉得遗憾、沮丧、愤怒，孔子说，不必如此，我们在生命觉醒上应该有充分的自信，只要我们不忘记因实践而带来的生命的喜悦，我们就不会丧失对自我生命的肯定，我们就是一个独立的、完整的人，这样我们就成了君子了。孔子在这里给君子下了新的定义，即高度的生命觉醒者。

在西周，君子多半指贵族，但到了孔子所处的时代，君子不再是贵族的专称，它指的是贤德之人。在此，孔子又赋予它高度的生命觉醒者的含义，即具有独立自主生命的自觉者。质言之，君子生命的价值和意义以及生命的喜乐，不再依赖于外在的肯定，而是完全建立在自我的觉知、觉醒，以及自我的生命实践上，他具有全然的自我肯定和生命自信。所以，《论语》是一部君子之书、成人之书。中国的经典学问也是君子之学、成人之学。

这其中包含了很重要的生命智慧，一般人只是追求社会对自己的认同与肯定，因此人们需要成功、需要富有、需要名誉、需要权力、需要地位。认为有了这些，社会才会肯定自己，自己才会觉得活得有价值、有意义，觉得自己付出的努力有了回报。但是要在社会上获得这一切，是要付出很大代价的，就如美国伍迪·艾伦导演的电影《卡珊德拉之梦》，电影中那对善良的兄弟，为取得成功和实现富有，最后陷入了不可挽回的悲剧。这部电影反映的是现代都市中许多人面临的共同问题。

所以，当得不到别人的肯定时，仍有自己的生命体会，就不会觉得自己远离了人世，不会陷入孤独，也不会为了逃避孤独，而一味地向外索求。当不能获得外在社会的肯定时，依然不丧失来自自己生命觉醒后的喜悦，就是"人不知而不愠"的君子了。

人的生命喜悦最终真正来自自我的觉醒，这才是生命的真正开始。人的生命有生物的层次，有觉醒后属于人的层次，当然还有更高的层次。我们是生物，同时也具有神性。在《论语》中，以"学而时习之"作为开端，一层层地发展，自然就能到达神性的全然开展，也就是说，高度的觉醒是生命的真正开始。古代中国从孔子开始，都以生命的觉醒开启人最真实的生命，这是中国文化的准则，唯有如此，人才是人。

《论语》是一部人学之书，当孔子说"学而时习之，不亦说乎？有朋自远方来，不亦乐乎？人不知而不愠，不亦君子乎"的时候，就是预设了以人作为前提。《论语》以"学"字开篇，古人将"学"解作觉、效，其实也就是指人，而且是直指人心。现代心理学也说觉或觉醒，有时又称意识，这是只有人才有的高级心理状态。它不同于一般的认知，是主体的苏醒状态，所以又可称为自我意识，即自我的再认识，这在哲学上叫作反思。

希腊神话中，在奥林匹斯山上有个叫纳西索斯的青年，他的俊美吸引了森林中所有的女神，她们追逐他，向他表达爱意，可是没有得到任何回应。时间久了，众女神积攒的怒气终于爆发，她们要求惩罚他，但她们忘了纳西索斯还没有意识，只是一个封闭的个体。结果，复仇的女神罚他在水中看见自己的影子，他也因此爱上了自己的影子，从而徘徊在水边不忍离去，也不敢喝水，生怕手一碰水，影子会被破坏。最后他渴死在了水边，变成了一株水仙花，永远在水边看着自己的影子。

无论东方还是西方，凡是古老的文化与民族都承认自我意识或觉醒意识的重要性。问题是，人是否能够获得充分的自我意识？当人获得自我意识时，是否就是幸福的开端？

古希腊时期的人们认为，只有神才有完全的自我意识，《论语》却认为人不仅可以充分觉醒，还能够从自我意识中获得生命的喜悦，所以《论语》就从"学而时习之"开始。为什么孔子会如此认定人，并且以人作为他的哲学前提呢？其实这是有依据的。

从历史上看，周武王和姜太公灭了商纣后，取消了商朝的保护神，也就是商的上帝，用天来代替。《诗经》里说"仪刑文王"，意思是天虽然无声无臭，不过天所要的完全体现在了周文王的行为之中，也就是说，周文王展现了天之德，所以天把赋予人的使命给了周文王。那什么是天之德呢？简而言之，天之德就是生，对人而言，就是生命之爱。

早在甲骨文时期，中国就是极其古老的农业民族，农业民族以生作为一切的开始，天地间万物生生不息，这是生命中最大的幸福。任何领导者都要促成这件事，让人民、让整个世界，甚至让整个宇宙都能够和谐、均衡地发展。所以，《中庸》说"致中和，天地位焉，万物育焉"，这是人的责任。

周文王面对商纣的穷兵黩武，他强调政治的目的不再是对权力的掌控，而是保民（保护人民）与爱民（爱护人民），这在三千年前是石破天惊的观点。周文王以爱为政治的中心，并以此完成所谓的孝道，即生命延续之道。

一讲到孝，大家的刻板印象就是对父母行孝、顺从听话。其实孝还有更深层的意思，从字形结构来看，"孝"字的上面是把"老"字的"匕"字拿掉，下面再加"子"字，"子"是婴儿，也就是新生命的诞生。这样两个字组合在一起，就叫作孝，所以孝是生命的延续，是生命的传承。

《孝经》里说"续莫大焉"，没有什么事比延续和传承更重要，整部《孝经》都在谈这件事。而维系孝，达成人类生命的延续的，其实就是爱。比如，我们保护环境，使我们的生命因好的环境而有保障，这其实也是爱，是生命意识的觉醒。换言之，周文王以生命之爱作为政治的目标，充分表明人的自我觉醒的时刻已经到来，于是所有诸侯都会聚到周文王周围，共同寻找全新的和平的可能。周武王以此生命之爱作为王朝的基础，成功后建立了封建制度。

只是今天我们一听到"封建"这两个字，就认为那是封闭的、顽固的、落伍的，甚至是君主专制、黑暗的代名词。事实上，西周就是采用了封建制度，但封建制度不等同于封建社会。

封建制度是周武王以周文王的爱与和平为号召，建立起来的古老的联邦制，这是人类于三千年前建立的。这一制度建立起来后，周武王、周公还去寻找曾经存在过的部落或国家，只要这些部落或国家还有人在，就重新分封、建邦，实现了天下为天下人的天下、天下为人类所共有的理想。

清朝中后期，中国社会处于封闭、黑暗、保守且落伍的君主专制时代，当时那些先进的留日学人改革心切，不加任何辨析地以日本所用的新名词和观念来解释中国的历史，于是错误地将封建制度和封建社会画上了等号。此后至民国时期的中国社会似乎失去了自身的特殊性，完全以西方历史的发展轨迹来诠释我们自身的历史现象和历史发展，而忽略了《诗经》《尚书》等古文献中所保留的历史事实。

近代有些学者依西方的社会形态，认为西周是奴隶社会（这一观点是有待商榷的）。但不能否认的是，周文王在那个时代提出了保民、爱民的政治观点，并以此完成各部族的孝道，即各部族生命的延续，家族、国家乃至人类的延续。这一历史事实说明了周文王赢得胜利的重要因素，是当时人们对天下和平的向往。

之后周武王制定了法律，创建异姓通婚制。当时，大多数部族依旧实行氏族内通婚，也就是同姓、同族结婚，以保证部族血统的纯粹。周朝则以异姓联姻结两姓之好，寻求自然融合，联结天下各民族，使各民族因婚姻而化成一个大家族，至今，这仍然是人类的一个了不起的、智慧的决定。

在同姓不婚、异姓联姻化天下为一家的基础上，周公制礼作乐，以礼乐来教化人心，提高贵族的情感、心灵质量，然后，再将政治、伦理、道德艺术化。

如今，很多人认为中国的传统艺术被政治化、伦理化了，甚至说中国的艺术只是道德的表现，是对人性的约束，而且认为这一切是从西周开始的。可是，如果真回到那个时代，读着《诗经》《左传》等文献，我们会看到当时的政治措施其实是礼乐艺术化的表现，甚至礼乐还将人际关系的伦理也转化为艺术，而道德更是人生艺术的呈现。

古史中说，春秋时期礼崩乐坏，即原有的美好，以及原有的价值和情感发生变化了，以致君不君，臣不臣，父不父，子不子。于是齐桓公、晋文公开启霸政，希望开创新的局面。当时的人们，包括孔子在内，不得不重新面对和适应新时代、新社会。人们该如何重建新的社会秩序和生命秩序？其依据是什么？源于什么？是原来的天，还是鬼神？这些，都是当时争论不已的时代的大题目。

郑国是当时最先进的国家，同时也最早步入新兴国家之列。在其发展过程中，大政治家子产是重要的推手，他说"天道远，人道迩"，意思是天距离我们太远了，去求它来不及，人是最近的，我们就从自己做起吧。春秋时期已经有"祸福无门，唯人所召"的说法，即命运是人自身选择的结果。所以当有人问春秋中期的叔孙豹要如何才能不朽时，他明确指出，做到"立德、立功、立言"就能不朽。"立德"是指为人群建立生生之天德；"立功"是指为人群建立有益于生存发展的功业；"立言"是指为人们著书立说，开启民智，教化众生。

那么，什么样的人才能做到"立德、立功、立言"呢？人们从西周初年的生生之德出发，再由外进入内心世界，经过深入思考总结出，人要想懂得生生之德，发展生生之德，内心必须有"敬"，即心神的凝聚与专一，这是人们觉知到生命真谛、发展生生之德最关键的要素。

这个"敬"也就是傲，代表当时人们从懵懂到觉醒的转变。于是春秋时期的人们进一步发问，在动荡的时代，如何才能做到傲而有德呢？

针对这个问题，孔子说"学而时习之"，即从学习中去求得生命的觉醒与发展，这是自我认识的开始。人会觉醒、会认识自我，在生命的发展中能深深地意识到生命成长的喜悦，进而突破因个体封闭带来的孤独、寂寞，享受到人与人的相与、相应之情。甚至在生命发展不被人们了解的时候，也不丧失生命原有的喜乐，仍有能力啜饮孤独、寂寞带来的甜美。"人不知而不愠，不亦君子乎"，是完整个体生命的完成，代表着高度的生命觉醒。

"学而时习之，不亦说乎？有朋自远方来，不亦乐乎？人不知而不愠，不亦君子乎？"这几句话看起来浅显易解，却包含了极高的生命智慧，它是人们开启幸福的钥匙，呈现了人的正向成长历程。这是整部《论语》一以贯之的思想。

2. 有子曰：“其为人也孝弟，而好犯上者，鲜矣；不好犯上，而好作乱者，未之有也。君子务本，本立而道生。孝弟也者，其为仁之本与！”

《论语》首章强调生命的觉醒和完成，但这个觉醒要从何开始呢？有子曰："孝弟也者，其为仁之本与！"有子是孔子的学生，他提出人的觉醒应从孝悌开始。

西周初年，孝强调的是生命的延续性，但是到了孔子所处的时代，孝所强调的是父母子女间的亲爱之情。"弟"是兄弟姐妹之间的那份亲情，善事父母曰孝，善事兄长曰弟。这里的"事"，简单解释就是侍奉，引申为照顾，换个角度来说，它强调爱的付出。

人都有爱的本能，但是会不会爱是另一回事。爱不只是需索，更是给予。给予是能力，是爱的能力。能付出爱的人，才会真正地爱人。

总而言之，爱是主动地付出，爱从行孝开始，其中还包含父母、长辈对子女、晚辈的教导，即如何让孩子们保有孩童时的孺慕之情，并使兄弟姐妹之间能够相互关爱、保持温情。

按照生物的天性来讲，人对下一代无微不至的照顾乃天经地义，这也是生命发展依凭的要素，缺了它，生命将不能延续。而下一代对老人或父母的照顾是不合乎生物本能的，因为生物最后必然会走向死亡，所以我们要去照顾，就得付出一定的努力。这正好说明了人得有生命的觉醒，并且只有从自我意识开始，才能够付出爱，照顾衰老的父母、弱势群体或老人。能做到这一点，需要通过自我意识的觉醒，了解到生命的意义。当我们懂得生命的意义时，自然会感谢给予我们生命的父母，甚至扩及自己的兄弟姐妹。这种爱，或者说孝悌，是人在生命觉醒之后所特有的一种情感表达和心理状态。

有些父母对孩子会有所偏爱，比如重男轻女，或者喜欢老大，不喜欢老二，喜欢漂亮的，不喜欢不好看的，这些都会影响兄弟姐妹之间的和谐相处和相互关爱。有些父母常常告诫孩子："你只要努力考上大学，找到好的工作就好，我们不需要你来照顾。"这其实是剥夺了子女对父母的亲爱之情，甚至会影响他们未来人格的健康成长。有些父母面对现代社会激烈的竞争，要求孩子做事不择手段，这也意味着剥夺了孩子爱的能力。

人如果不具备爱的能力，其实是非常脆弱的，爱虽然是本能，但也是一种能力。许多人有爱的本能，却没有办法真正地去爱人，以致在这方面受到打击时，不知道问题出在哪里。

"孝弟也者，其为仁之本与"，指的就是人要学习如何恰如其分地表达自己的爱与关怀，要有能力承担那份爱。爱是形成健康人格不可或缺的要素。

有子说："其为人也孝弟。"一个人在实际生活中对别人充满爱、温情与关怀，"而好犯上者，鲜矣"，如果这个人对周围的人，尤其是对其生存场域中的人，很少采用冲撞、顶撞、竞争的方式，不把对方当作假想敌，那么"不好犯上，而好作乱者，未之有也"，不喜欢和别人，尤其是和在上位的人针锋相对，却喜欢"作乱"的人，是没有的。"作乱"即违背了道理，行事反常，用今天的观点来看，就是具有强烈的反社会倾向，喜欢以颠覆、毁灭的方式做事的人。"不好犯上"者绝不会用这种方式做事。

我记得小时候常听老一辈的人说，做事情得有魄力，破罐子破摔，摔完了再说，先对着干！当时我以为这是做事的方法，后来才发觉这或许是清末民初时期所形成的社会心理。后来我读到《论语》，听了钱穆先生的讲解才了解到，一个心理健康的人，可以有很多方法来面对人类社会中的事务，一个有爱的人，会沿着具有建设性的方向去行事。

所以，一个君子或领导者，同时也必须是高度的生命觉醒者。接下来的第二句中提到了君子，正好与上一章讲到的"人不知而不愠，不亦君子乎"的君子相呼应。这样的一个君子，因为他知道一切事物都能好好地发展，并走向成功，所以一定会从好的基础做起，这就是"君子务本"的意思。"务"是专心致志。只要打好基础，生命之道自然就诞生了，"君子务本，本立而道生"就是这个意思。务本之道也就是仁道，能使人在生命觉醒中意识到生命之本，从而关怀生命。

所以"孝弟也者，其为仁之本与"，"其"是应该，这句话所表达的是，培养孝悌之心，让人心中有爱、能爱，就是生命觉醒的开始。

孔子在这里特别提出了"仁"字，从哲学的角度来说，"仁"字可能就是因为孔子的提倡而具有了哲学的意义，成为中国哲学的核心。甲骨文文献（如各卜辞）提到"仁"的有两处，但也只作人类的人讲，《诗经》中好像有两处，但顶多作善或美好讲。可是到了《论语》，"仁"字出现了一百多次，是《论语》的思想核心。有人统计过，《论语》中的"礼"字，共有七十多处，不过，礼到了孔子时有了新的意义。孔子以仁作为礼的核心，甚至用仁来界定人，他在世界文明中首先指出人性的本质在于仁，仁是人性可以抵达的高度，仁是人之所以成为人的开始。

"君子务本，本立而道生。孝弟也者，其为仁之本与"，说明了人若从人性的根本处，认识到这份来自天性的情感需求——孝悌，懂得什么是真正的爱，什么是真正的情，就是仁道。

从达尔文的进化论来讲，人是生物，不过从人自身的发展来讲，人不只是生物，还有更高层次的生命展现。亦如《孟子》所说的"人之所以异于禽兽者几希（稀）"，人就是因为这个"希（稀）"，而有别于其他动物。

这一章是讲有主体性的个人健全人格的展开，即具有主体性的个人必须有其社会性、群体性，有爱的能力，才是一个完整、健康的人。

3. 子曰："巧言令色，鲜矣仁！"

儒家强调孝悌，于是提出爱的教育，人唯有在爱的教育下，才会形成健康独立的人格。这一章就突出了这个观点，孔子说："巧言令色，鲜矣仁！"

"巧"是好，"巧言"是好听的言语。"令"是美善，"令色"是用好看的脸色、表情求媚于人。"鲜矣仁"的"鲜"是少。

钱穆先生在《论语新解》中就说，"鲜矣仁"之所以不说成"仁鲜矣"，主要是因为其中有孔夫子深刻的慨叹。钱穆先生告诉我们，读古文时不能忽略虚词，其中包含着充分的心理表情，许多内在的深层含义就藏在这些虚词里，读懂它们才能知道中国文字的奥妙。

人有时为了获得别人的肯定与认同，常常会在不知不觉间去讨好、阿谀别人。"巧言令色，鲜矣仁！"这句话就是告诉我们，凡是合乎仁的爱，一定不是巧言或令色的爱，爱绝对不是对外的乞讨。凡是巧言令色的爱，都不够真诚，那是有所求且失去自我的。真正合乎仁的爱，才是真实的、无所求的，是独立的、平等的，是能互相尊重、体谅、沟通、协调的，是能达到相互理解、情感交融的状态的。

所以孔子才会慨叹："这真是鲜矣仁啊！"因为这样的人还没有真正地自觉与独立，他丧失了真实的自我，对别人也缺乏真诚的爱，他这样做的目的只是想让别人肯定自己，满足一下自己残缺的心灵需要而已。

4. 曾子曰："吾日三省吾身，为人谋而不忠乎？与朋友交而不信乎？传不习乎？"

接下来就用曾子的话进一步去呈现真正的爱与觉醒，也就是如何才能有仁，这一章具有方法论上的意义。

有人说《论语》都是道德格言，都是结论，没有推论，也没有方法。其实它是有方法的，本章曾子的这句话就陈述了反省的方法。我们要想有仁，就得从自我反省做起。曾子说的"吾日三省吾身"，是指要以三件事为准则来反省自己。因为人的反省要有明确的目标，不能每件事都反省，否则会变得过度敏感。这三件事都围绕着自我认识、自我确立，即自我的凝聚和成长来说，也呼应了第一章的"学而时习之，不亦说乎"。

反省的第一件事是"为人谋而不忠乎"。"为"是替，"谋"是谋事，"为人谋"引申为帮别人做事，"忠"是尽己，"不忠乎"，即反省有没有尽自己的全力。一般来说，我们对自己的事总是会全力以赴做到最好，可是帮别人做事就未必如此。这是一个省察自己的关键点，我们可以从这里省察到自己内心的好恶和想法，进而提升自己，超越所谓的"生物生存的功利性"。"生物生存的功利性"是现代生物学名词，意思是生物诞生后，必然会努力地活下去，也称生物的生存冲动，这是生物的本能，也是人的本能之一。通过对"为人谋而不忠乎"的反省，第一，可以衡量自己的能力是否与实际承担的事相符，这是自我认知的关键点。第二，可以检查自己会不会因为自利而不尽力，如果会，则表示还被局限在生物性的自利之中，也意味着你的生命尚未真正地觉醒。

反省的第二件事是"与朋友交而不信乎"。"信"是真实。和朋友交往时，有没有真情实意？人与人交往时，很容易怀有某些渴望、期待、憧憬，甚至有时会希望获得他人的特殊照顾，如果对方没有做到，就会感到失望、不快，有时甚至还会批评对方，或表现出愤怒的情绪。人可以从这些心理反应中看到真实的自己，通过对自己情感的认知和省察，培养自己平衡情感的能力。既然已经与别人成为朋友，朋友是同道中人，我们就要反思在与其交往的过程中，自己是否还有隐藏之处，是否还有不敢真实面对的地方。如果有，则表示缺乏真正的自信，同时，这也是缺乏真正的生命觉醒的表现。如此面对自己，人才能走向自觉，走向真实。现代心理学认为，这属于自我面对、自我情绪管理。

反省的第三件事是"传不习乎"。"传"可以读成 chuán，意思是学习、传授，也可以读成 zhuàn，指古人听课所做的笔记。无论解释为学习，或是老师的传授，还是自己做的笔记，需要注意的是，当自我受到启发之后会不会去实践。人能实践，有了能动性，人格就会慢慢地健全起来。因此曾子问："传不习乎？"简单说就是觉醒与反省。

其中还有一个很深刻的含义，真正的自我认知是从日常生活的实际经验中逐步发展起来，然后进入自我的内心世界，并建立起真实的自我（现代人本主义心理学称真正的自我为"self"，不是"ego"）的。

人的生理基础根植于动物，可是又不像动物那样完全受制于生存本能。人有自我意识，因此有强烈的自身感受，在自我意识中渴望保有真正的自己。人的生物性的一面害怕孤独、害怕寂寞，总希望与人在一起，可是每个人又有自己的独特习性，常常会像刺猬一样把别人排拒在外，这表明，人既有生物性的本能冲动，又有高度的精神向往和需要，以致因此感到痛苦不安、困顿、分裂。人的痛苦来源既有原始的冲动（id），又有社会道德理想（supper-ego），在这两端的拉扯中，如果没有强大的自我（ego），人就会活在痛苦之中，甚至走向自我分裂。[①]

儒家从"什么是人"入手教人彻底反省如何成人，如何在生命的觉醒中寻求自我的统一和协调，探索让自己不再分裂、受困的途径。从《论语》首章读到这里，大家或许已经认识到，儒家，特别是孔子对世间的基本看法，一切都是从实际的人生开始，然后走向理想，焕发精神。

---

① 弗洛伊德是 19 世纪末西方精神分析学派的创始人，他说每个人都由三个我组成：本我（id）、自我（ego）、超我（super-ego），超我也就是理想的我。人通常在本我和超我之间摆荡，这是人产生痛苦、焦虑，甚至出现精神疾病的根源。如果能使自我壮大，缓和这两者之间的矛盾，人就能摆脱这些焦虑、冲突，而变得健康了。

儒家所关照的不是个人，儒家认为世界上没有绝对的个人，因为个人是活在生命整体之中的，上有天，下有地，周遭有虫鱼鸟兽、花草树木，还有家人、朋友。在群体中真正的我才能呈现这种人的完整性。所以，儒家所关照的是完整的人，他既不是孤独的，也不是没有个性的。

5. 子曰："道千乘之国，敬事而信，节用而爱人，使民以时。"

那么，在群体事务中，什么是最重要的关乎群体生命的活动？我想，应该是政治。

所以本章孔子接着说，"道千乘之国"，就执政者而言，有三个基本的做事原则："敬事而信，节用而爱人，使民以时。"这里的"道"作引导的导，是动词。"乘"是车子，在当时特指兵车，"千乘"就是千辆兵车。在西周时期，天子拥有一千辆兵车，诸侯拥有百辆兵车，如此依地位高低递减。天子之所以需要有千乘，不是为了军事镇压，而是万一诸侯间发生纠纷、冲突，天子可以保证有足够的力量去调和、平息。但自周平王东迁后，礼崩乐坏，各地方诸侯也能有千乘，这时的千乘成了大国的代号。

春秋五霸竞相扩张军备，都企图拥有千乘，所以"道千乘之国"也就是做大国的领导者。这时的执政者不只是指天子或诸侯，也指大臣或宰相。比如，齐国的宰相管仲是从平民中被选拔出来的，他主持国政后，使齐国的国力增强，并创建新秩序，另开新局面。与孔子同时的晏婴，虽身材矮小，却名满天下，是维系齐国大国地位的重要政治人物，他原本也是平民。郑国的子产也是平民出身，后来成了春秋时期的大政治家。可见，那个时期已经开始推举优秀的平民治国了。

若大国的执政者头脑清醒，有高度的生命觉醒，他在为政做事时会有三个原则。第一个原则就是"敬事而信"，以一颗虔诚、认真、慎重的心，也就是

"敬",来治理国家,同时完全尊重事实。也唯有在"敬事"之中,才能做到行政真实不虚,其中绝无权术、帝王术的运用。

《论语》在这里以"敬事而信"为执政者的第一原则,认为只有这样才能为人类社会建立起信赖的基础。我们也可以说,"敬事"的目的在于"信","信"是人类社会的核心价值之一,只有"信"事才能成为众人的事,才具有普遍意义。今天我们都知道,"信"是人类生存的重要基础,只有人与人之间的相互信赖与工作上的务实笃定,才能使人们达成合作。

第二个原则是"节用而爱人",意思是执政者要站在经济建设和财政的角度,适当地使用国家财物。因为国家的一切经费都来自税收,这是人民辛苦工作的血汗钱,所以要适当地使用。"节"字有适当的意思,取竹节为象征,竹子的中间有节,每一个节还可以长出新的枝子。所以"节"既有调整性,又有适当性、伸展性,还代表着另一个生命的开始。

唯有适当才能"爱人",不适当的爱不仅不能爱人,反而还会伤害所爱之人。执政者通过适当的财政管理,从政策上体现出对人民的爱护,如此,才能达到爱民的目的。

第三个原则是在农业生产方面要"使民以时"。古时的中国以农业立国,绝大多数老百姓都以务农为生,农民们除了耕作,在国家的建设方面也有服劳役的义务,譬如参与水利工程建设、修建城墙,以及修筑驰道等。农业是当时百姓最主要的生产方式和经济来源,"使民以时"就是只能在百姓农闲的时候让他们服劳役,不然就会耽误百姓的生产,致使其失了正业。

领导者若能有如此表现,就是有仁心,也就是有高度的觉醒。《老子》说:"治大国若烹小鲜。"小鲜是小鱼,治理大国得像煎小鱼一样小心谨慎,不然的话鱼肉就散碎了,换句话说,就是要以爱民为原则。

这三个原则体现了政治的目的就是爱人、爱民。周公制礼作乐,堪称人类文明发展史上的重要事件,孔子继承了这个传统,在春秋时重新呼吁人们要爱人。孔子所谓的仁政，就是保民、爱民。《论语》中从个人到国家，都以仁为核心，这是孔子最重要的对往圣的继承，同时也是为后世创新。

另外还有一个字要注意，那就是"时"。"时"在孔子的思想中非常重要。比如《学而》篇开头就是"学而时习之"，"时习"，不只是常常去做，还包含时时刻刻、随时随地，以及因时而习的意思。因时而习就是在适当的时候去实践，或者说抓到适当机会就去试一试，让自己的生命得以开展，以摆脱旧有经验和观念的局限。换句话说，因为"时"有它的客观性，所以要想在瞬息万变的宇宙时空中，意识到"时"，抓住"时"，就要反复地尝试与实践，这是主观与客观的结合，是人的生命力的开展，也是人具备了高级心智的表现。

古人对"时"的掌握，可体现在取名立号上，这是随着人生命成长的不同阶段而表达的尊重。古人出生后，在家里面有小名，到了七岁上学时有学名，小名是家人的亲昵称呼，学名是为了让老师、同学来称呼的。小名，在正式场合称呼起来难免令人尴尬，所以到了学校就一定要有学名。等到了二十岁，父辈或师长朋友们会送字，因为已经跨入社会了，这个字是让社会上的人来称呼的，不熟悉的人不能随便称呼其名，否则就显得不够礼貌。称呼字，能表达尊重。其实这一切都是在教人学习对自己、对他人的尊重。

通常，字与名有一定的关联性。例如，韩愈名"愈"，"愈"就是超过了，而他字"退之"，就是告诉他不要那么"愈"，要谦退一点。司马光名"光"，"光"字是很亮的意思，也有全面发展之意，所以字"君实"，即要实在的意思。

此外还有别号，别号是人到了三十五或四十岁，确定了自己人生的方向时，在名和字之外取的，它展现的是人的生命的态度与风格。比如白居易称自己为"香山居士"，这代表他是佛教徒，同时还是个隐士，或者向往隐士的生活。有人称自己为"逍遥散人"，这代表他自己喜欢自由自在的生命情调。又比如有人号"某某处士"，"处士"就是有能力、有学问但是不愿意出仕做官的人。当然，人的一生有许多的变化，在不同的人生阶段有了不同的理想，都可以取不同的别号以表现自我。

人去世之后，又有谥号，即人去世时，人们根据这个人一生的品行给他的一个总括，也就是所谓的盖棺论定。周文王生前强调爱与和平，所以他的谥号为"文"，谥"文"在当时比谥"圣"还要好。周武王谥号为"武"，因为他生前以武力的方式建立了爱与和平的天下。

《论语》里有说，"君子疾没世而名不称焉"，这个"名"代表的是人一生的作为、理想等，是生命的符号。君子最担心的是去世时自己的名号与原来想要展现的理想不相称，或者大家不知道自己究竟干了些什么，到死都没有什么可为人所称道的德行。

古人对"时"的把握，还体现在"礼"上。我们今天常说礼是对人性的束缚，其实不是，它是教导人们尊重生命的方式。古代贵族男性成年时，有所谓冠礼，又叫作成丁礼。举行冠礼时，父亲要为刚成年的儿子戴帽子，其中有极其重要的社会意义，代表对生命的感谢与对责任的承担。然后，由来宾为成年之丁加冠三次，分别是：缁布冠，代表有了参政权；皮冠，服兵役的军帽，代表有保家卫国的责任；爵冠，即参与祭祀的帽子，代表可以参加正式的祭祀大典。这一切仪式都反映了对生命成长的时机的把握。

《中庸》里说："仲尼祖述尧舜，宪章文武，上律天时，下袭水土。"这段文字充分表明孔子学说的重点在"时"。在思想的传承上，孔子继承了尧、舜，所以"祖述尧舜"，以尧、舜为祖，"述"是继续，换言之，就是继续做尧、舜的事业。"宪章文武"指的是在现实社会中，以文王、武王为建立制度的典范。"上律天时"，"天时"就是自然规律，因为人之外还有自然，人是活在历史和自然的秩序中的，所以要遵循自然的秩序。不仅如此，在实际生活中也要"下袭水土"，即必须顺着地理环境的特点去发展。这其实都是在说"时"。孟子赞美孔子为"圣之时者也"，意思是说他是最能够展现"时"这个特质的圣人。

6. 子曰："弟子入则孝，出则弟，谨而信，泛爱众，而亲仁。行有余力，则以学文。"

孔子是平民教育的开创者。当时他的学生年龄相差很大，有的如同孔子的弟弟，有的如同孔子的孩子。后来，"弟子"就成了社会上对学生的称呼，再后来又泛指年轻人。

周代的封建制度化天下各部落、族群为一家，使当时的人们打破氏族内婚制，走向异性联姻制，于是，全天下都成了亲戚。师生虽不是父子，但可以亲如自家的弟弟或孩子，这是中国的师生关系非常重要的特质。

在当时，"弟子"指学生，"子弟"则指家里的孩子。依照教育的古训，视弟子如子弟，方有学校教育；视子弟如弟子，方有家庭教育。这是说，父母在对待孩子时要像对待学生一样，当然，这不是不允许父母对孩子有亲情，而是强调不可以溺爱孩子，即使爱孩子，也要保持适当的理性。老师在学校从事教育工作，对待学生要如同对待自己的孩子，也就是说对学生要有爱，要真心地关怀、理解、支持学生。

《大学》中说："好而知其恶，恶而知其美。"喜欢一个人，但仍能看得见他的短处，不护短；讨厌一个人，但仍能发现他的长处，不妒才。这是讲人在高度理性的观照下，仍能保持中正平和的教育态度，不被自己的主观感情所左右，不产生"爱之欲其生，恶之欲其死"的情绪反应。这样才会有真正的家庭教育和学校教育。

《礼记·学记》说，师生关系不在"五伦"之内，但是如果没有老师的教导，人们不会知道五伦的意义，五伦则不得立。五伦基本上强调的是人际关系，其基础是夫妻、父子、君臣、朋友、兄弟，在此基础上再形成一个基本的生活网络，这个网络也决定了我们的基本生活形式。可是，如果没有老师告诉我们为什么要在这样的群体中生活，我们就没办法知道它的意义和特质。

就像鼓虽不在五音之中，但若没有鼓，就没有办法展现节奏，难以呈现出完整的音乐。所以，师生这一伦主要是传达生命之情以及对生命的理解的。

"弟子入则孝，出则弟。""入"是回家，"入则孝"就是在家能行孝道，能表现出对家人的关怀与爱。"出则弟"就是人到社会上，能像弟弟在兄长面前那样保持谦和不争、从容不迫的态度。

不过"弟子入则孝，出则弟"的重点并不只在这里，还在年轻人的内心。年轻人已经有了对生命的温情与敬意，当他们走上社会时，能够"谨而信"，"谨"是谨慎、慎重，是指在谨慎、慎重地思考后，能真实而守信。换句话说，人在生命高度觉醒后，就不再冲动行事，对自己的行为、言语所带来的后果十分清楚，而且能负起责任。

人能做到"谨而信"，就是理性的表现。"入则孝，出则弟"是爱，同时也是理性的确立。在理性的自我确立后，既不拘谨、不刻板，又能"泛爱众"，即对大众有普遍的同情，有同理心的同时又保持高度的理性，便能分辨群众中哪些人是高度的生命觉醒者，并能主动与之亲近，向他们学习，这就是"亲仁"。这句话是讲，年轻人要有能力择师、择友，在择良师、选益友的过程中让自己成长。

如果一个年轻人在心灵上有了这样的深度，接下来一定要学习知识。"行有余力，则以学文"，"文"指文章、学问，也就是泛指知识。"则"作乃字解，是助词，加强语气，表示"一定要"的意思。古人认为，"文"不只是指知识学问，还指人类的最高德行以及其所开展的文明，或者是整体的文化活动。周文王的谥号"文"，含有爱与和平之意，代表能发现有利于生命发展的智慧。因此《易经》中说"天下文明"，代表大同世的来临。有了这个前提，下文再接子夏说的"贤贤易色；事父母，能竭其力；事君，能致其身；与朋友交，言而有信。虽曰未学，吾必谓之学矣"。

钱穆先生在《论语新解》中说，子夏所论的德行与学习，语气太过，可能会导致废学。然而，孔门论学基本上是以成德为重，只是后来有的人把德行与学问完全分开了，因此很容易失掉这两章的真义。所以我前面说"行有余力，则以学文"，重要的是德行和知识并重，唯有在有了德行的基础上，知识才能发展出人类的文明。

钱穆先生曾说，中国传统社会是政教合一的。这句话在近代引起了很大的争议。有位美国汉学家到中国台湾地区开学术会议时，曾专程去拜访钱穆先生，当谈到中国古代的政教合一问题时，汉学家起初非常坚决地说，中国是政教分离的社会。后来这位先生逐渐了解到，原来两个人说的"教"不一样，钱穆先生说的"教"是中国传统中的教育，不是宗教，所谓的政教合一是政府担负起社会教育的责任，带领整个社会前进，启发民众走向良好的状态，这是上天赋予执政者的责任，政府义不容辞。而那位汉学家则以为"教"是宗教。

《论语》提出了政教相通，政治的核心在爱人的思想，其实教育的核心也在爱人，政治要承担起爱人的责任，教育也要承担起爱人的责任。换言之，爱人其实是教人成人过程中的核心课题，因为人的感性与理性并存，又有自我意识中的精神诉求，同时还有本能的直觉，这些基本认知如想均衡发展，就要靠教育。

从教育的立场来看这段，"弟子入则孝，出则弟，谨而信，泛爱众，而亲仁。行有余力，则以学文"。一开始"弟子"二字就表明了时间的问题，因为青少年从十二三岁步入青春期后，便逐渐开始迈向成年，这段时间正是人生的狂飙期，除了身体的急速成长，还有男孩、女孩第二性征的各种呈现，此外，还有心理的、情感的、智力的快速变化。人小的时候总喜欢跟着父母，特别是爱黏着母亲，可是到了青春期，人会开始认同自己的同伴，有些比较早熟的还会渴望谈恋爱。这时父母千万不要责怪孩子，因为在这个时期有生物的生殖激素鼓动着他们，所以他们会排斥父母、师长的教导，不喜欢按部就班的生活，而且也很容易不耐烦，常常闹情绪。他们会本能地对未来产生不确定、不安全的感觉，只是他们说不出来，也因此很容易陷入忧伤的情绪中。这个年龄的孩子常常觉得孤单，也常常觉得被人排斥，因为这个时期青少年的自我在快速地成长，内心非常敏感。

如果一个孩子总是充满热情，一定是因为在他成长过程中父母给了适当的爱，让他感受到了信赖与肯定。"入则孝，出则弟"是成人的基础，而后他能"谨而信"，谨慎地说话，表达自己的情感，同时让自己的情感信实可靠，这代表他的理性已经充分发展了，有能力让自己内外一致，感性与理性不至于冲突。这样一个敏锐、清明的孩子，对自己已经有了基本的掌控力，能够不拘谨，也不陷于封闭的自我中，甚至不功利，所以才具有深厚的生命情怀，才能"泛爱众"。

"泛"字，古书的解释是东西漂浮在水上，随水漂流，没有牵挂，很自由，这是指人有着宽阔的心灵空间，并且关爱社会大众。通常，这样的人是怀着高尚的理想的，或者可以说是个浪漫主义者。即便他是一个浪漫主义者，也不会丧失分辨力，他仍能从人群中分辨出谁是仁者，然后能主动与仁者亲近，并向仁者请教。这就是"亲仁"的意义。

有人说，年轻人希望有心灵导师，也就是指导生命成长的导师。《尚书》中有"作之君，作之师"，这个"师"是人师，不是经师。经师只是知识、技能的传授者，人师则能解答人生命中的种种疑难、困惑，同时使人增长生命智慧，给人带来生命的喜悦。

以汉代初年的张良为例，他二十岁时就去刺杀秦始皇，没有成功，后来他在天罗地网的搜捕中顺利逃走了，可见他非常聪明。在逃亡中，他在桥头遇到了一个穿着粗布衣裳的老人，老人故意把鞋子脱了扔到桥下，然后非常高傲地让张良去给他捡鞋子。张良很生气，因为他出身于韩国宰相之家，是一个贵族，骨子里还带着傲气，本来准备揍那个人一顿，可是一看对方是个老人，便勉为其难地帮老人捡回了鞋子。没想到鞋子捡上来后，老人竟然命令张良帮他穿上。

张良恭恭敬敬地帮老人把鞋穿好，老人站起来就离开了。过了一会儿，老人回头发现张良并没有离开，还静静地站在原地观望，于是就回来跟张良说："孺子可教，五天之后天亮时到这里来等我。"后来张良去了好几次，但每一次都比老人晚到，有一天他索性不到半夜就跑去了，过了一会儿，老人出现了并告诉他，想做大事、想成功，就应当如此，一切要从容应对。接着老人又说："给你一本书，拿去看。"然后就走了，从此再也没有出现过。后来张良辅佐刘邦建立汉朝，成了西汉的开国功臣。

张良能力的展现，就是"泛爱众，而亲仁"。近代一些学者认为，中国只重道德，忽视知识，尤其是从清朝中期至末期，中国在文化上、政治上、思想上、军事上的衰颓与愚昧，是孔子不重视知识所导致的。其实，"行有余力，则以学文"这句话正好证明了孔子并非只重德行，不重知识。

当青年弟子们被培养出"入则孝，出则弟，谨而信，泛爱众，而亲仁"的人格，打下了正向的心理基础之后，就能"行有余力，则以学文"。"则"作"乃"解，但"乃"不适宜引申为"才"，因为引申为"才"，就有了时间先后，也就只能翻译为等到具有前面所说的那些德行之后再来读书、为学、求知识。这个说法在今天当然会有争议，尤其是在当今这个知识快速发展的高科技时代，知识的求取有其重要性，这样的翻译显然有失偏颇。

我的解释是，"乃"作"就要"讲，这样意思就不同了，即一定要学知识。德行和知识并行，觉醒和学习并重，才是内外兼修。不过德行的养成，偏重于家庭教育，这是父母的责任，人幸福的关键在于父母在孩子幼年时的心理培养与教育。至于知识的学习，则是学校必须完成的工作，是教师的责任。孔子在那个时代推动平民教育，他的教育中有德行、有知识，不过他所强调的是人的生命觉醒，德行来自觉醒，知识的学习也得有觉醒，因此上述观点与孔子的教育理念是合一的，而且这个理念到今天依然成立。

人活在世界上，就好像一艘船，得有两支船桨才能划得动，一支是内心的情感教育所培养出来的人格，另一支是知识技能教育所培养出来的立身于世的能力。

《论语》并不是一条一条独立无关的句子的随机排列，它的章与章、篇与篇之间，在义理、心理、情感、思想上有内在的联系。从《学而》篇第一章至本章，我们可以清楚地看到，《论语》在从个人到群体、从家庭到社会、从心理到行为、从感性到理性、从政治到经济、从求知到做人等方面，环环相扣，层层递进，勾勒出了人类生命成长的蓝图，同时也指出了通往健全生命的幸福之道。

7. 子夏曰："贤贤易色；事父母，能竭其力；事君，能致其身；与朋友交，言而有信。虽曰未学，吾必谓之学矣。"

有人根据这一章，说中国人只注重德行，忽略知识的学习。其实这一章谈的是人与人之间的关系——人伦，人离不开社会，社会由人群构成，人在人群中自然形成了人伦，这是一种真实的生命状态。

"贤贤易色"谈的是夫妇一伦。"事父母，能竭其力"谈的是父子一伦。"事君，能致其身"谈的是君臣一伦，君者群也，群指国家、社会、人群。"与朋友交，言而有信"谈的是朋友一伦。

子夏姓卜，名商，孔子晚年的弟子。他说"贤贤易色"，第一个"贤"是动词，指敬重，第二个"贤"是名词，指贤人、贤德。这句话的意思是，我们要改变好色之心，要能尊重贤德的人，"易"指替换、改变。换句话说，人应当把自己对"色"的喜好替换成对贤德者的敬重之心。

事实上，这句话并不是要人机械地只爱德行，不爱美，而是说一个人如果能从人的自然本能、天性中转而深入地了解生命，也就是有了生命觉醒之后，就能欣赏到由人内在的善意所构成的人格特质。即使那个人外貌不够俊美，也能看到那个人的优点或长处，如此，人就不再受限于本能的感觉，也就不再受限于对美色的追求，因而就拥有了更大的自由和独立性，这是智慧生命成长的标志。

今天的社会男女平等，许多年轻人在选择自己的伴侣时，其实应该考虑自己是什么样的个性，适合什么样的伴侣，而不能只是对爱情充满梦幻的渴求。"贤贤易色"不是说要故意选择外貌难看的人，而是指当人能抛开对外貌的要求，进一步深入认识人的内心，了解人的性情、品德时，便是生命的成长与提升，是人类在生命觉醒后，见地的进步和扩展。换句话说，这是人超越生物本能的表现。

《老子》说人要"为腹不为目"，因为"五色令人目盲，五音令人耳聋"，也就是说，一直处于令人眼花缭乱的美色中，会让人丧失认识单纯美感的能力，太多、太杂的声音，会让人丧失敏锐的听力，所以，我们要加强内心对生命的深层感受力。老子以"腹"来代表生命感受力，以"目"来代表外在的感官知觉，"不为目"就是不强调感官知觉的外在追求。老子认为，宇宙的真理是道，道超越了人的视觉、听觉及其他各种感官知觉。人的感官知觉的所感、所知，只是不确定的现象，人要想认识道，就要学习对内在生命的深层感受力，也就是心灵的认知能力。

中国人的审美经验在庄子、老子等人的影响下，偏重于道的展现，南宋画家宗炳说艺术创作者要能"澄怀味象""含道映物"，将现象的呈现提炼到精神的感受上，也就是减少现实中的感知，让自己的感觉、知觉归零，以心灵、精神去感受、玩味现象中蕴含的道，然后再把这种深层的感受用艺术的形式表达出来。所以，中国的传统艺术不像西方艺术那么写实，它不是为了满足听觉、视觉的需要，而是着重于事物神韵的展现，也就是道的展现。中国的传统艺术体现的是气韵的生动。以古琴为例，有的琴音若断若续，它呈现了道的似有若无，能带人进入深层的感受中，去体会道的寂静、无限和时空的超越性。

"事父母，能竭其力"，指子女侍奉父母时，能尽自己的力量，"其"指自己。我在前文中提过，依照生物繁衍子孙的本能，人孕育、照顾下一代是自然行为，会自然而然地去做。但如果没有生命的高度觉醒，放弃对老人的孝养，其实也是一种自然状态，西方就比较偏于这样的生活态度，因为这合乎生物的天性和自然规律。当人在生命觉醒之后，即使在父母的照顾之下长大了，不必再依靠父母，也仍然要感谢父母给予生命，感谢父母对我们的养育，待父母老了，自然会尽力照顾父母。而人老了以后，照顾起来相当麻烦，甚至吃力，那么，我们该如何用最好的方式去做呢？"事父母，能竭其力"，值得大家深思。

"事君，能致其身"，为国家做事时能大公无私地献身于国家。"致"指给、奉献。"致其身"指献出自己的身体、生命。不过，身体是"私"，依照生物的本能，人在生存过程中自然先求其私。当为国家做事的时候，能超越自身利益，也就是超越自身的私，全力为公，这是人在生命觉醒后的一种作为。换句话说，人不再受制于生物的本能，不再被原始的生存欲望所束缚，人可以不再自私了，可以为人民着想了，这是生命大爱的表现。

"与朋友交，言而有信"，是讲人的自我主体的建立。"与朋友交"是面对真实的自己，与朋友交往有纯然的情感交融。所以子夏说，当一个人能有这样的表现时，"虽曰未学，吾必谓之学矣"，虽然他还没有正式地学习知识，但我一定要说，他已经有了高度的生命觉醒。

读书为学、求知识都是生命觉醒的表现。子夏的这句话并没有偏重德行，忽略知识，他只是强调了教育能促使人成为人，这里指的是生命的觉醒和人之所以为人的生命特征。

本章以人伦为例展开论述，人伦是指人与人之间的尊卑长幼关系，是人经营社会生活自然发展出来的关系。在这种关系里，"贤贤易色""事父母，能竭其力""事君，能致其身""与朋友交，言而有信"，这四者都超越了生物的本能的感觉、感情，有深度的感性和理性。

儒家所谓的重视德行，其实是重视健全人格特质的培养，也就是对人的情感，或者深度理性的培养，这和近代的教育理念是一致的。良好的德行是健康人格特质的表现，所以接下来的第八章，孔子就从君子说起。

8. 子曰："君子不重则不威；学则不固；主忠信，无友不如己者；过则勿惮改。"

前一章谈到人群与社会的和谐，需要理性，需要有生命觉醒。换言之，一个深度理性者、生命的觉醒者，在"学""觉"而"时习之"的前提下，做到了"贤贤易色；事父母，能竭其力；事君，能致其身；与朋友交，言而有信"之后，在生活中还会有什么表现呢？他的容貌会不会因此而有一些改变？

孔子说："君子不重则不威。""重"指的不是体重，而是沉稳、从容的样子，也就是自尊、自重的表现。君子只要能清晰地意识到自己的生命进展，自然就会呈现出从容、沉稳的样子，这就是有自我要求的"重"。否则就会流于轻佻、轻率，以致失去威仪，也就是失去说服人或感动人的力量。

《大学》说"诚于中，形于外"，人的外在表现是内在心理的反映，君子如果没能意识到自己的状态，或自己所处的社会位置，就会使自己外在的行为表现与实际状况产生差距，无法表现出自重，如此一来，便没有说服人、感动人的力量，也就是没有"威"了。

"学则不固"，"学"在这里不解释为觉，而是偏重在知识学习上，这句话的意思是，即使成了君子，也仍然不要忘记要在知识上有所追求，如此才不会固陋。"固"是顽固、固执，"陋"是简陋、鄙陋，见识浅薄。一个人生命的觉醒只是基础，除此之外还应当学习知识，如此才能避免陷入固执、狭隘的状态，才能拥有开放的心灵并随着心灵的开放不断地精进、提升，这样才不容易自满，也不容易使心灵趋于堕落和封闭。

"主忠信，无友不如己者"，这是自古以来便有争议的论点。"主忠信"是倒装句，意思是为人要以忠信为主，这句没有什么异议。关键在下一句"无友不如己者"，古人将"无"解释为勿，有禁止之意，即绝对不可以。"友"是动词，与之为友的意思。绝对不可以和那些不如自己的人交朋友，这么说有没有问题呢？

如果我们不和不如自己的人交往，那比我们强的人怎么会跟我们交往呢？后来朱子对此进行了解释，他说以友辅仁，如果结交不如自己的朋友，会有损于我们的仁道，所以不能交。但这种解释并没有平息众议，大家仍然认为这是不对的，是不公平的。大家要站在平等的立场上与人交往，这是当今时代的特色。在此，我根据古人的另一种解释，把"主忠信，无友不如己者"连成一句，即当我们以忠信为主，把忠信作为做人、做事，甚至是交朋友的准则时，就不会有人不如我们了，大家都是在忠信的前提下平等地交往。

人与人的交往，有些人一见如故，在交往过程中也颇契合，因此常常聚在一起，可是时间一长，慢慢发觉彼此持有不同的观点，但对方认为没关系，还要求你权变一下。因为其所持观点与你的价值观和人生观冲突，你觉得无法接受，最后，他认为你不讲义气而与你交恶，甚至结下仇怨。

这也是在告诉我们，许多时候与自己交恶的对象往往是自己亲近的朋友，因为双方的价值观不在同一个层次，所以交朋友最重要的是诚恳，这就叫以忠信为主。即使有时候出现分歧，但如果双方都是诚恳之人，彼此尊重，互相体谅，不仅不会有仇怨，还会是好朋友。《论语》以及古人所说的"朋"和"友"都有更深层的含义，是指非常亲密的关系，不是一般朋友的意思。

最后一句是"过则勿惮改"，人在自我觉醒和自我成长的道路上，难免会有做过头或做不到的时候，所以孔子说过犹不及。不过没关系，人生的路就是"学而时习之"的路，因为人一生都处在生命的觉醒与成长的过程中，所以有"过"是很自然的，只要能在有过的时候，敢于面对自己的错误，就是一种生之勇气。能做到这一点，生命才能真正地成长，人也才会拥有真正的自信。这一章以"过则勿惮改"收尾，强调君子在达到生命的觉醒后，依然需要在实际生活中实践，唯其如此，才算真正实现生命的觉醒和成长。

和前面各章偏重于内在不同，本章偏重于外在表现方面的反省。这一章说明，人若要成为君子，在行为上要表现出以下几点：第一，不重则不威；第二，学则不固；第三，主忠信，无友不如己者；第四，也是最重要的，过则勿惮改。本章结束于"勿惮改"，总结出生之勇气，接下来的第九章就从面对生死说起。

9. 曾子曰："慎终追远，民德归厚矣。"

人有了生的勇气，才能面对生死。生死乃人生之大事。庄子的《齐物论》不但要齐各种学说，还要齐各种主张，包括所有的是是非非。其中还提出"天地与我并生，万物与我为一"的主张，把生和死统合起来，教人不要害怕死亡。庄子以骊姬从西戎嫁入文明大国晋国成为国君宠姬为例，来说明人的认知受到经验的限制（骊姬嫁到晋国后备享优渥的生活，于是开始后悔当初因恐婚而迟嫁），认为这就如同人之所以恐惧死亡，是因为人不认识死亡，其实生与死是一样的，死亡或许只是另一种生活方式而已，无须害怕。

面对生死真的需要勇气，但人们无论如何都得面对。所以曾子说："慎终追远，民德归厚矣。""终"指去世，"慎终"指面对逝者，在丧礼的操办上要谨慎。有人认为"慎终"是对父母等亲人而言，但在这里不仅指对亲人，还广泛地指为逝者办丧事时务必慎重，而且要办得合宜、得体。不过，所谓的合宜、得体并不是要铺张，而是要能充分表达对逝者的礼敬和尊重，也就是对生命的尊重。

"追远"指祭礼，也就是祭祀祖先、追念过去的人，以表示对生命来源的感谢，这是生命的教育。钱穆先生在《论语新解》里说，死者去我日远，能时时追思不忘，而后才有祭礼。又说，人与人之间的相处，容易杂有功利计较之心，因此人与人之间应有的深情厚谊，常常就看不见了。只有将这一份情意，对逝者不求回报地完全表现出来，才能够见到人与人之间的那份深情厚谊。

所以，如果能尽丧祭之礼的哀和诚，就能激发人心，使人道、民德日趋敦厚。换句话说，在谨慎得体的丧礼中，能使参与者认识、感受到超越生死的关怀；在对祖先的纪念中，也教育、提醒，甚至是呼唤人们对生命的认识，以及对生命来源的感谢。如此，自然会加深人们对生命的体认与尊重。

朱熹说："民，亦人也。"民、人两字自古通用，《诗经》中说："天生烝民，有物有则。民之秉彝，好是懿德。"这句话的意思是，上天创生出这么多的人和万物，他们有一定形态和存在的秩序，而人类的生命秉承了这个秩序，所以人天生就喜欢有利于生的德行，因为有利于生的德行一定有利于生命的发展。

西方哲学里谈到的道德，往往都是后天的约定俗成，而约定俗成是由人类实际的生存需要决定的。每个人在本能的冲动下都想要活下去，如此就难免会有冲突，于是大家就在冲突的经验里，在共同意愿下，各自根据自身的权利，商量出可以共同遵守的规则，定下契约，确立制度，这就是西方的道德与法律。所以，西方人说法律是最基本的道德，这种道德论就是所谓的契约论。

而中国传统文化则是从创生的观点出发，认为人天生就有善意，喜欢有利于大家共同生存的事物与行为，所以道德是与生俱来的，是人的天然属性。孟子性善论最基本的前提即在于此。换言之，人对生命的肯定是先天的，而大家对生命的尊重与关怀，就在"慎终追远"的过程中被唤醒了，人们的情爱自然也就厚重了。以清明节扫墓来说，很久没见面的亲戚朋友聚在一起祭祀祖先，于是就有了人与人、亲人与亲人之间的交流，而孩子们也在这个过程中，很自然地认识到死亡只是生命的一部分，从而学会从容面对生死。

活着，不仅代表我们认识了生命，也代表我们真的觉得活着真好。要想让人们意识到这一点，其实是需要教导的，这不只是知识上的问题，更是生活、情感上的问题，甚至关乎人是否真正能够感受到生命，从而感受到活着真好。

中国文化对生命的肯定是非常正面的，这也就是"慎终追远，民德归厚"所传达的意思。这种对生命的肯定值得发扬，最好能使全天下的人都能拥有这一份爱，甚至在艰难困苦的时候还愿意付出这样的爱。这是人类的宝藏，也是孔子的呼唤和教导所凝聚而成的中国传统文化。它使得中华民族几千年来，从无数的灾难中不畏艰难地挺了过来，在不同的时代仍然不断展现着它的活力和创造力，并且对未来充满着憧憬、向往和期待。

本章旨在教导我们理解、认同和肯定生命。曾子提醒我们，生活中的丧礼和祭祀都代表了我们对祖先的追念、对文化的传承，这一切让所有人都能意识到生命的特殊意义，从而给予生命充分的肯定、理解和关怀，并在面对时代变迁时还能有深刻的体悟。

10. 子禽问于子贡曰："夫子至于是邦也，必闻其政，求之与？抑与之与？"子贡曰："夫子温、良、恭、俭、让以得之。夫子之求之也，其诸异乎人之求之与？"

人对生命的认识、觉醒是孔子教学的中心。那么，孔子到底是什么样的人？本章客观地描述了孔子的形象，呈现了他的风范，尤其让我们知道了在对生死有了体悟之后，真正有修为的人是什么样的。

《大学》说"诚于中，形于外"，人的内在真能表现于外吗？在现实社会中，人们常常依职位的高低或某些传说去评估一个人，猜想他长得怎么样，不过往往不是高估就是低估，总有差距。例如太史公司马迁在写《留侯世家》时，就赞美张良是开天辟地的人物，因为他能运筹于帷幄之中，决胜于千里之外，不仅帮刘邦夺得了天下，还在分封大臣时不求功名。太史公从这些史实中极尽想象，认为张良应该是个高大魁梧的人，结果在看到张良的画像时，他大吃一惊，因为画像中的张良十分纤弱,"如妇人好女"。"妇人好女"指美丽的女子。太史公接着又说,这大概就是孔子所说的"以貌取人,失之子羽"吧!子羽是孔子的学生,《史记·仲尼弟子列传》里说他长得极其丑陋,也有人说他非常凶恶,但事实上,他的个性清朗极了,所以孔子说:"哎呀,如果以貌取人,看到子羽时会以为他是坏蛋、强盗,但实际上他是一介不取的君子。"前面,我们看到了孔子谈生命、谈觉醒、谈生死、谈爱,那么,孔子到底是个什么样的人呢?

子禽和子贡都是孔子的学生,《论语》的编者通过他们两人的一问一答,使孔子的精神形象跃然纸上。这应该是中国文学史上最早运用"由周边人物陈述,侧写主题人物"的描写方法,这种方法具有一定的客观性。子禽问子贡:"夫子至于是邦也,必闻其政,求之与?抑与之与?""与"通"欤",是疑问词。"抑"是或。子禽问子贡:"我们的老师到别的国家去,肯定闻问、了解甚至参与该国的政治,这是我们老师主动求来的,还是别人主动来请教他、告诉他的?"子贡是孔子早年的学生,也是最擅长辞令的学生,此处,我们可以看到他充分展现智慧的巧妙回答。子贡没有直接回应子禽问的"求之与?抑与之与",而是超然地说:"我们的老师展现出了理解生命的温、良、恭、俭、让这五种特质,因此自然能得到闻问国政和参与国政的机会。"

"温"就是温和,孔子在情感上表现得非常温和。"良"就是善良、善意。"恭"是对人、对事的尊重。"俭"是自制,有收敛的意思。"让"是谦逊、退让,这代表了包容。换句话说,孔子没有主观的意图,也没有自以为是的批评和看法,他对人与事充满了真正的关心和同情,表现出来就是体谅、尊重、了解和包容,正是这五种德行赢得了人们的信赖,所以,人们自然会主动去咨询他,大臣、诸侯也会自动向他请教。

子贡还说,即使老师主动向人询问、打探真实的情况,那也不同于一般人的询问和打探。"其"可以解释为应该。"诸"是之、于的合音,意思是于。"其诸异乎"就是应该异于的意思,这是说他温、良、恭、俭、让的表现和一般人的求法不同,这不只是方式上的差异,更是本质上的差异。

通过子禽和子贡的对话,我们可以看到孔子在对生命有了体悟后的精神面貌。这是孔子将内在的德行、修养表露于外的情感态度,能在不言、不求之中,使人感到如沐春风,并获得人们的尊敬和信赖,以致人们自动以政事向他请教,这就是孔子的精神风范对人的感召。

子贡的回答非常巧妙,他不但把孔子的为人、言谈举止形象地表达了出来,还教导人们该如何细致、精确地认识、了解特殊人物,因为人们通常很容易依照自己的期望、动机去看待人和事,以寻求自己要的答案。子贡的说法合乎前面所说的"泛爱众,而亲仁"的"亲仁",正确的知人方式和认人方式,是极其重要的建立生命认知模式的方法。

法国近代大哲学家笛卡儿说,凡是我没有明确地认识到的东西,我绝不把它当成真的接受。古希腊大哲学家巴门尼德说,知识有两条路:一条是真理之路,一条是意见之路。真理之路面对的是最普遍的必然性,有其永恒不变的部分。而意见之路,则会因人而异,意见是根据自己所希望看到的结论而提出的,也可以说是人云亦云,因为它不能永恒不变,也不能确定不疑,所以不能成为根本的准则。

严格地说,知识必须以精确、清晰的认知为前提。中国近代存在的问题是,一些人看到西方在发展过程中因不断创新而有了进步,再回过头看自己的历史似乎始终在维持着君主专制制度,于是就觉得中国人不求进步,然后就直接断定中华民族是保守的。他们以为自我否定、自我毁弃、自我贬抑,就是趋向客观、精准,其实这是两码事。

这一章是教人如何知人,知人由知孔子开始,这真是奇思妙想!中国学术从人开始,教人正确认识人,摆脱自我主观模糊的看法,以便更客观、超然、精准地认识人、认识人生及社会。

11. 子曰:"父在,观其志;父没,观其行;三年无改于父之道,可谓孝矣。"

前文谈孝,没有具体指出什么样的行为才是孝,这一章则从生活实际来说明什么是孝,并回应前文的"慎终追远",这是沿着情意的脉络发展下来的。

在西周的封建制度中,称"王"、称"天子",都有其独特的意义。天子者,为天之子也,天子是从生命意识中发展出来的概念,所谓天之子就是能代天行道者。代天行道,行何道? 行生生之道。生生之道就是天下共存、共荣之道,也就是人与天地万物的生生不息之道。天子必须承担起生生之道的责任,否则上天赋予他的明命就将被取消。明命就是美好的命令,美好的命令就是代天行生生之道的命令。取消明命也就是解除他治理天下的职务,这就叫作革命,革者除也,革命就是去除上天赋予的使命。这些观点保留在《诗经》《尚书》中,是中国历代王朝不可忽略的前提,具有当今宪法的属性。

中国古代所说的王或天子,都具有理想政治的含义。这不能以西方君权神授的观念来说明,也不能理解为西方的权力符号、单纯的政治领袖或君主专制制度。

在西周的封建制度下,宗法制是维护贵族世袭统治的制度。世袭分大宗与小宗,大宗就是嫡长子继承制,小宗就是从次子以下不能继承父亲所留的一切职位,但可以另外出去建立以他为开山始祖的脉络。在由大宗、小宗建立起的宗法社会里,以父与子的继承关系为主。西周之所以这么做,是为了避免商朝兄终弟及的继承制度所引起的纷争。在三千年前的西周,这些政治措施是了不起的成就,今天的人们应该从这个角度去认识当时的政治制度。

孔子说"父在,观其志",也就是说,在父传子的宗法制社会中,在家庭或家族里,主事者都是父亲,做子女的不能自专。对生命觉醒者来讲,不能在家中的行事上充分展现自己的意志。这里隐隐地回应着前一章说孔子温、良、恭、俭、让的人格与德行。在宗法制社会中，由父亲决定事情该怎么办，这是礼，除非父亲询问，不然，多半要遵从父亲的意志，即使有所建议，也只能找恰当时机提出。家里的大事一切以父亲的意向为准。

"观其志"，"志"，即心之所向、心之所主。但是人在宗法制社会中表现自己，也得合乎礼，不能轻率地表达自己的主观意思，尤其是在父亲尚在世时。因此，若想对子女有所了解，可以观察他们内心的志向。孔子说，父亲在世的时候，子女在家不能表现他们的生命意志时，就看看他们内心的志向吧。

"父没，观其行"，等到父亲去世了，子女可以独当一面，处理家里的一切事务时，就可以看子女的直接表现。"行"指行事、作为。

"三年无改于父之道，可谓孝矣"，这里的"三年"有两种解释。一种解释是行"三年之丧"，根据古制，父亲死后，儿子三年中不言政治、不碰政事。特别是新国君在丧礼中因内心悲伤，无心问政，再加上刚接任大位，一切都还没有经验，也就不宜多言，所以这三年就不改父之道。我们这里并不采用"三年之丧"的解释，因为这里通常指一般父子，并不专指国君在政治上的三年丁忧。"三年"的另一种解释是多年，"三"有多的意思，父亲去世多年后，仍依照父亲的规矩行事，这就称得上孝了。"道"指的是事，"父之道"即父亲所行的事情，古人用"道"字是表示对父亲的尊重。在古代社会，父亲所行的道、所做的事，通常指在家里行冠、婚、丧、祭等各种典礼时的决定和措施，对亲戚故旧在年节时该有的慰问，另外还有家里的饮食、穿着等规则。这些都呈现了家风，其中含藏着父亲或者先人的生命理想。直到今天，很多古老的家族仍然维持着经久不变的家风。在父亲去世后，三年也好，多年也罢，做子女的不改父亲生前维持的家风规范就是行孝了，因为这是人类生命理想的继承。

或许有人会问，要是父亲不好呢，我们还要不要继承？不过自古凡是用"道"字的多半是指好事情。还有人问，这里只言父，不言母，是不是重男轻女？传统社会的确是父系家长制，以父亲为主，但并非男女不平等的状态。

在《礼记·哀公问》里，孔子告诉哀公："行婚礼时，即便是国君，也要穿礼服、戴礼帽，亲自前往新娘家去迎接，这叫亲迎之礼。"哀公说："哎呀，怎么可以这样呢，国君还得亲自去迎接新娘？"孔子说："不错，这才表示对生命的尊重和对新娘的敬重，也就是对自己配偶的敬重，三代明王之政，必敬其妻与子。"三代指夏、商、周三代，明王就是好的天子，他们都很敬重其妻与子。孔子又说："妻也者，亲之主也。"这代表在传统的儒家思想中，对妻子以及女性的尊重，"亲"指父母或先人们。娶进来的妻是主持家务、照顾父母，以及祭祀先人等事务的直接负责人，没有她们则没有办法进行祭祀，因此，她们是家族生命延续最关键的人物，即使是国君也得敬重。所以古人认为夫妻，夫者扶也，妻者齐也，夫妻就是一扶一齐，共同支撑起一个家。在《易传》里，甚至于在宇宙的发生论上，男女、乾坤、阴阳合起来才是完整的宇宙，才有生生之道。

这些观念使得中国古代社会衍生出"男主外，女主内"的社会形态，直到今天一般家庭还保有这种习惯，女主人掌管全家的经济和分配。

"父在，观其志；父没，观其行；三年无改于父之道，可谓孝矣。"这句话说的不只是生命的继承，更是生命理想的传承，甚至包含亲人间情感的维系。质言之，家人或亲人间的情感，不会因父母亲的去世而疏远，这才是孝道所系，也才是礼的重心。

12. 有子曰："礼之用，和为贵。先王之道，斯为美，小大由之。有所不行，知和而和，不以礼节之，亦不可行也。"

西周的周公制礼作乐，以礼乐作为国家政治运转的机制。在那个时代，使者出使某国，或是天子派使者去某个诸侯国，想说的话都是通过礼乐传达的。他们用歌词陈述愿望，有的时候也会表达责问。几乎所有的外交活动都配合着音乐、诗歌、舞蹈来进行。有时两国交恶，有一方愿意修好，也会将两国属同一祖先、同是兄弟的历史故事，通过音乐、诗歌、舞蹈等形式表演出来，以唤醒对方的历史生命经验。从西周开始，再由汉代重建，礼成了中国古代社会的基本心理、情感，甚至社会架构的表达方式，这是中国社会政治思想的特质。

礼不仅是中国历史文化中的社会制度，也是生活方式，其中包含节气、庆典甚至生活礼俗、饮食等，还有人与人相处表示敬重的方式与礼仪。"礼之用，和为贵。先王之道，斯为美，小大由之"，就是从这些方面来陈述的。

今天，一般人听到礼，会认为它是对人的约束。其实，礼的基础是人的情感，就如《孟子》中所说的"父子之间不责善，责善则离"，父母子女在相处的时候，不能忽略对方的特性，不能以外面的理想状态作为标准。父母不能一味地要求孩子达到那个所谓的理想状态，孩子也不能一味拿外面的理想父母的形象来要求自己的父母。如果亲子之间互相责难，那么彼此一定离心离德，甚至形成不可跨越的代沟。《小戴礼记》中也说，夫妻是一体的，应当通过敬重来表达对对方的体贴和爱，不能拘泥于一般礼俗的形式，否则同样也会有隔阂，甚至是分离。

所以，礼不是我们今天所认为的对人性、人情、人心的桎梏，不是像法律那样的限制，而是天与人合而为一的生命秩序。通俗地说，是人通过适当的方式，将自己的情感和对人的尊重传达出去，同时也以此来维持自己的身心合一。换句话说，礼能让感情和理智充分结合，并能很完整地表达出来。

《史记》里有一段令人感动的故事，秦王嬴政即将统一六国时，侠士荆轲奉燕太子丹之命去刺杀秦王，不过没有成功，荆轲当场被杀。后来秦王吞并了天下，立号为皇帝，于是全面通缉荆轲的门客，其中有一个叫高渐离的，是举世闻名的音乐家，会弹一种叫筑的乐器。当时他只好隐姓埋名，到别人家里去当佣人。有一天，主人家里宴客，请来了一位客人弹奏筑，高渐离忍不住跑去听了。听着听着他就忘记了自己还在逃亡，不知不觉地越走越靠前，一直走到客厅去听，而且还时不时地品评筑乐演奏的优缺点。其他仆人见他这个样子，便去向主人报告，高渐离知道瞒不住了，同时也不想再这样隐忍地过活，于是回到房间换上自己的衣服，重新出来面见众人，并依他的位阶向主人行礼。主人与宾客大惊，纷纷回礼，将他奉为上宾，并请他为大家弹奏筑，众人听后举座皆惊，感动不已。如此一传十，十传百，很多人都请他前去演奏。

这个故事的动人之处在于，深度呈现了人类的共同情感，尤其是当大家以礼相见后，对音乐家的那份恭敬，是非常有人情味的。礼，不单单是政治制度的完成，还包含生命理想的完成，甚至包含着人的审美情感，它是艺术和情感的结合，目的在于提升人们的心理素质、生活素质，而这些素质里包含了情感。

有子说："礼之用，和为贵。""用"是作用、功能。"和"是和谐。"贵"是珍贵，这里引申为最重要的。"天地间，人为贵"，这里的"贵"不是功利社会所认为的地位高低的尊贵，而是可贵。也就是说，在天地间人最重要、最珍贵，这个观念是中国的大传统。

或许有些人会担心，如此地看重人，会不会流于近代西方所说的人类中心主义？所谓人类中心主义，就是一切都以人为主，天地万物全是为人而生、为人服务的。人类往往会受到功利主义的影响，为了一时的利益，而偏执于单一且有利于自己的价值观，甚至还尽量将其合理化，这就是人类中心主义。

不过，中国从新石器时期起就一直是农业社会和农业社会所产生的文明，其特质就是人们的生存、生产、生活，甚至生命的发展，都必须配合天时、地利。所以人们认为，天人合一是生命永续经营的不二法门。《中庸》里说："致中和，天地位焉，万物育焉。"这是强调只要人能够缓和自己的情绪，端正面对生命、世界及宇宙的态度，生命、世界及宇宙自然会存在于它原有的秩序之中，万物也就能生生不息地生存下去。

儒家认为，中国传统的礼远从尧、舜开始，历经夏、商，一直到周朝才趋于完备，这是历代治理天下最重要的组成部分，借此，人得以依据自然的规律，建立人的生命秩序。所以古人说，礼者，理也。这个"理"指的就是天理，亦即自然的秩序。《礼记·乐记》里说："大乐与天地同和，大礼与天地同节。"如此，"则四海之内"就能"和敬同爱"了。古人又说，礼者，履也，"履"原本指鞋子，引申为行动或者实践，也就是说，当有了生命秩序、有了礼，人们就可以放心地去实践了。

"礼之用，和为贵"，这句话的意思是，礼的功能最重要的在于达成和谐，甚至可以说，礼是以和谐为目的的。"先王之道，斯为美"，"先王"就是儒家讲的古圣先王，它不是泛指一般古代的开国者，而是特指那些具有划时代意义的、能建立起新生活秩序的文明缔造者，亦即尧、舜、禹、汤、文王、武王，有的时候特指周文王、周武王，甚至外加制礼作乐的周公。"小大由之"，在古圣先王的时代，小事、大事都依礼而行，"由"是依的意思。

不过，下一句是一个转折，"有所不行，知和而和，不以礼节之，亦不可行也"，依礼而行时，有一种是不可行的，即"知和而和，不以礼节之"，这句话的意思是，即便礼这么好，它也有不可行的地方，礼不是绝对的，不能一味地固执不变。在什么情况下不能依礼而行呢？"知和而和"，虽然和谐是礼的最终目的，但是我们不能为了寻求和谐，而不管是非对错、不顾事实地和稀泥。在这种情形下，"不以礼节之"，不用礼去节制，是不可行的。

这里的礼，开始加入了理性，也就是孔门赋予了礼新的元素、新的意义，礼因此有了节制、调节、分辨、再认知之意。《论语》在"先王之道，小大由之"的礼中加入了理性的调节作用，意思是不论多好的事物或观念，都必须结合事实予以再思考、再认识、再分辨。

对自己原有的认识或者已知的事物进行重新认识然后重新反省，就是人类意识的觉醒，也是人类不同于其他动物的思维和认知，这在哲学上称为反思。反思是孔子在那个时代提出的新思想，是儒家之所以成为儒家的重要元素之一。

《论语》从"学而时习之"到"吾日三省吾身"，然后到"泛爱众，而亲仁"，再到"贤贤易色",一直到这里,理性的程度逐渐加深。只是这个理性和西方哲学中的理性有一点不同,孔子提出的理性是指认知上的再反省,西方哲学中的理性则强调抽象思维能力的发展。什么是抽象思维能力?简单说,就是把所有事情的个别性和特殊性去掉,抽取出事物的共同性,把它们集合起来。

所以钱穆先生说,这一章有其深意。在下一章,我们可以看到有子对其他重要的观念和德行的再反省。

13. 有子曰:"信近于义,言可复也。恭近于礼,远耻辱也。因不失其亲,亦可宗也。"

"信"是《论语》一开始便再三赞美的观念和行为。所谓"道千乘之国",一定要"敬事而信",又说"与朋友交,言而有信",再说"主忠信,无友不如己者",做人要"谨而信",这些都强调了一个"信"字。

不过在本章,有子说,对"信"这么重要的观点和德行,也要和对"礼"一样,一定要再三反省,看它是否合乎"义"。什么是义?《中庸》说"义者,宜也",也就是说行为要适当得宜,朱子将其解为"事之宜也",即事情合宜的部分。但我们还得追问,什么是适当的行为?它的准则又是什么?

西方哲学有一种特质,它呈现了人类在认知上不断质疑的精神。如果有人问什么是哲学,用中国的俗话讲,哲学就是"打破砂锅问到底"的求学方式,就是在不断质疑的过程中建立起来的学术思想。

因为中国学术的主体、主题与西方不同,它不是靠不断地质疑,而是靠反省、反思,甚至做超越性的反省建立起来的,即超越原有的思维、原有的结论,甚至对已经被认定的真理,予以重新反省、检查、审定,再去发现有没有新的可能。这种再认识是孔子所建立的新的认知方式。

礼是先王之道,历史已赋予了它极高的价值,它是古圣先王在创建美好、健全的社会时所形成的共同元素。礼同时也是人类乃至世间万物的生存凭借。《左传》中说，礼是"天之经也，地之义也，民之行也"，礼是不可动摇的宇宙秩序，它符合适宜人类生存、不可改变的自然的条件，人必须以此为法则才能生存下去，也才能有完整的生命发展，所以说礼是人类文明中最美好的制度。

可是，"知和而和，不以礼节之，亦不可行"，这是超越性的反省，也是人类的自我提醒，人们在坚持真理的同时，还能深入地看到自身的局限性。换句话说，世界上没有绝对的理念，一切都得根据实际状况来做适当的调节，然后才能把理念中真正好的一面发挥出来。"知和而和"就是只为和而和，而不依礼而行，这是不对的。

"信"是近乎真理的概念和行为，但必须经过"义"的考验，"近于义"的意思就是"合乎义"，而"义"是适当、适宜之意，我们必须在最适当、正确的状况下履行自己的承诺。那怎样才算是适当呢？这个准则在哪里呢？

从"义（義）"字的结构来看，古人认为"义"字从羊，上面是"羊"字，下面是"我"字，从羊表示与羊有关。古文字学家说，"我"是大斧头的象形文，当社会发展到一定阶段，领导者强调"我"的时候，就用大斧头代表领导者的权威。"羊""我"合起来，本来是宰杀羊的意思，古人常常需要祭天、祭地、祭神或招待客人，须依时而祭，所以杀羊代表依时而做的裁决，因此"义"字引申为依时而做的裁决，也就作"宜"字解，"宜"就是适时或适当的裁决。

所以，人在承诺付诸实践前，应该要先思考再做适当的裁决，这样的实践才是正确的。"信近于义"是一种内心的反省、自觉。

《庄子·盗跖》中记录了一个故事。一个叫尾生的人与一个女子相约在桥下见面，结果女子没来，此时突然发了大水，他竟然抱住桥柱不肯离开，结果被淹死了，后人称为"尾生之信"。其实庄子是不赞成这种守信的，认为人应该依时而行。

所以有子提出了"信近于义，言可复也"，其中包含了进一步的理性思考，是一种新的认知。

"恭近于礼,远耻辱也","恭"是尊重的意思,表示对人恭敬、行事慎重,也有自重之意。即使是好的行为,也得合乎礼,只有经过理性的反省与思考,再做出适当的表达,才是真正的恭敬。否则人过于谦虚、过于自我贬抑,就会招致误解,甚至耻辱。

俄国作家契诃夫写的短篇小说《小公务员之死》讲了这样一个故事:

一个沙皇时期的小书记员,在看歌剧时忍不住打了个喷嚏,不小心将唾沫星子喷在了前排一位老将军的头上。他惭愧极了,不断道歉。老将军示意他不必如此,但他仍不断自责,甚至上门去请求老将军原谅。最后老将军忍无可忍,愤怒地叫他"滚出去"。回到家后,小公务员始终觉得自己实在是太失礼了,竟然因愧疚忧郁而猝死。

可见,"恭近于礼,远耻辱也",我们对人的尊重、对事情的慎重,甚至是自重,都应当合于礼,只有如此,才能够避免自取其辱。

"信近于义,言可复也","信"和"义",同属自我的内心活动。而"恭近于礼,远耻辱也","恭"是指对人要敬重、行事要慎重,应当合乎公共的道理与准则,才不至于因失态而招致耻辱,所以它与"礼"字连用,"礼"是理的意思,具有客观性。

从人与人相处到国与国之间的交往,都应当注意分寸,如此才能得体。"信"与"恭"都是好的行为,但也都有其相对性,必须因时、因地、因人、因事而有所调节,才能使行为正确、合宜且得体。重点是我们要能得体地传达出那份真正的情意,否则糊里糊涂地知和而和,只是在讨好他人而已,甚至有时还会因此招致耻辱,造成不幸。

所以,"信近于义,言可复也。恭近于礼,远耻辱也",回应了上一章的"先王之道,斯为美……不以礼节之,亦不可行也"。

接下来是更重要的"因不失其亲,亦可宗也",有人说"因"是亲,"宗"

是尊敬，人能够亲自己所当亲之人，就值得尊敬。而当亲之人就是仁人，也就是前面所说"泛爱众，而亲仁"的仁人，这种仁人有爱、有高度的生命觉醒，能成为我们的生命导师。一个人在生活里能亲近、找到自己的生命导师，就是值得尊敬的行为。事实上，这不仅是值得尊敬的事，也是令人感觉幸福的事。

钱穆先生在《论语新解》里说，本章言与人交际当慎始，而后可以善终。以见道有先后，信与恭都是美德，不过还当近义、合礼。"因不失其亲"也就是在有所依循时，不失其所当亲。"亦可宗也"，这也是值得尊敬的行为。

不过古人还有一种解释，"因"还可解作依循、依顺。这句话是说，对传统的事物、观念，如礼、信、恭等，甚至是社会中既定的规则或者知识性的真理，人们应当依循、传承，但在依循、传承前，得有一个前提，那就是要能不失其"新"。"亲"这里作新解。汉代今文经学家多将"亲"解释为新，也就是说，对传统的继承，要能与时代相结合，如"温故而知新"，能见其中新意，能扩大人类的生命经验和创造力。如此"亦可宗也"，"宗"是主的意思。换句话说，既不死守传统，也不轻易抛弃传统。

钱穆先生曾经问："什么是传统？"其实我们今天对这个词的认知很模糊，他说"传"就是时间的流转，而在长时间的转化、演变过程中，一直不变的叫作"统"，指的是事物能够传承下来的永恒不变的部分。在传统的继承过程中，也要能与时俱进。换言之，当我们继承传统时，不要放弃新的可能性，而这新的可能性，是可以与时代相配合的。

"信近于义，言可复也。恭近于礼，远耻辱也。因不失其亲，亦可宗也。"谈的是人与人在社会中的相处之道，同时也是自己行事的基本原则，是有意识的生命觉醒。人在生命觉醒中，要求自己守信、行恭，并对传统有所尊重，同时又要注意信必须近于义，恭必须近于礼，在传承中不失其新。也就是说，人对于事物和经验要进行重新审视，而后再出发，才是可以遵循的认知方式和实践方法，这其实也是"学而时习之"的具体内涵。

14. 子曰："君子食无求饱，居无求安，敏于事而慎于言，就有道而正焉，可谓好学也已。"

当人真有了生命意识、生命觉醒，真的感受到来自生命的喜悦，就能真的体会到"学而时习之""有朋自远方来"的快乐，以及"人不知而不愠"的无忧，如此便感受到了生命本身的丰盈。而到"朝闻道"，感受到了最真实的生命，则"夕死可矣"，因为已经真正地活过了。如此，在生活上会有什么变化？本章一方面谈饮食、居住等问题，另一方面谈人的经济生活和价值观问题。

人类自古以来就有社会经济活动，它是人类文明活动的第一阶段，也是人类生存的必要条件。今人常说孔子不重视经济、反对富有，其实孔子绝没有忽略经济，也不反对富有。只是身为君子，亦即生命的觉醒者，会如何面对生活中的物质欲望呢？

一般人太容易被衣、食、住、行等事物拘束住，睁开眼睛就想到很多与此相关的事，当然生物本能是人达成生命的基本动力和基础，但发展到一定阶段后，也会成为人精神世界向上提升的障碍。

人在经济上稍微宽裕之后，一定会想先饱餐一顿，享受一下，因为在感觉上吃最贴近生命，最能让人产生活着真好的满足感。接着，人们就会去找好一点的房子，所以《大学》中说"富润屋"，人在有钱之后一定会想着去修缮房屋，以求居住的安适。这是人较普遍的心理和生存需求。

看到"君子食无求饱，居无求安"这句话，有人会以为生命觉醒者就是不求吃饱饭、不求居住上的安定，认为孔子实在是太不近情理了，同时也会认为孔子主张过清贫的生活，甚至认为孔子是想通过清贫的生活来表现清高。

其实这是错误的理解。我们需要正确理解"无求饱""无求安"的意思，"无求"就是不强求，即不要让吃和住变成生活中唯一的或者最重要的追求目标。"饱"，作"餍足肥鲜"解，"肥鲜"指丰盛美味的食物，"餍足"特指心理与感官上的满足。"安"是逸居安乐,"求安"指在居住方面极尽奢华。春秋时期建筑水平突飞猛进地发展,孔子在《论语》中说,当时贵族和富人在建筑上非常讲究,雕梁画栋,在这样的风气之下,生命觉醒者能否超越自我,不停滞在这种对物质的需求和满足上?换句话说,当经济富裕了,人们竞相追求名车、名表,以证明自己的成就,强调自己的存在感时,作为一个生命觉醒者会怎么办呢?他是不安、羡慕,还是鄙视、反对,甚至自责无能呢?

物质生活的好坏,的确是不确定的。可是作为一个生命觉醒者,能不能够有更深层的反省,让自己的真实性情自然流露,并依照自己的真性情去面对金钱、权力、地位等?

在这方面,君子有不可动摇的心理准则,当人真正拥有了生命觉醒的喜悦,并真能享受它的时候,这种喜悦和享受会超过来自感官知觉上的满足。孔子说,当真正的生命觉醒者享受到内在生命的喜悦时,他自然不会再一门心思地追求美食,因为生命喜悦带来的享受已经超过了只停留在味觉上的享受。他也不会一味地营造豪华舒适的住宅,因为他内心的喜悦也超过了居住在豪华舒适的住宅中的喜悦。这种喜悦产生于深层次的内在感受。

人的心理状态影响着人对物质生活的选择和获得,因此,当内在精神上能够充分展现生命的喜悦时,人便不再停留在外在感觉的层面,物质生活的满足与否便不会掩盖也不能替代他心灵的喜悦,他的内心已经超越了人类的物质欲望,而成为一个真正独立自主的人。

大家可能会问,像这样的人会不会太消极,生活会不会失去目标。其实这是一个君子的自然表现,表明其不再受物质欲望的操控。他不仅不会消极,反而有着更强的行动力,也就是"敏于事"。"敏"是迅速、敏捷,君子遇事反应迅速,处理快捷,表明他勇于任事、有担当、办事能力强。而且他不躁动,君子不仅敏于事,还"慎于言",在言语上谨慎且有自制力,不会流于膨胀、虚荣。不论古今中外,言语都被视为人的思维的外在表现,谨言慎语表明有能力控制自己的思维，甚至是感觉、情绪，这是一个人专心致志的表现。

"君子食无求饱，居无求安"，是君子对自我的超越。"敏于事而慎于言"，是君子外在的表现。合此内外，进而就必须"就有道而正焉"了，这是君子的自我抉择与调节的能力。君子在内外都有自然适当的表现之后，便有能力积极地寻找有道之士，以求进一步地端正、验证、调整自己的看法和作为，使自己不受限于自身的盲点，让自己在生命觉醒的道路上不断精进。

"就"是接近、亲近。"有道"，前人解作道德、道义，不过《论语》中的"道"都是指人道、仁道，即人内在生命觉醒的路径。而生命觉醒是人内心本有的超然的觉知，使人能客观地看待自己及周围的各种事物，并且能做出正确的评断。不过，觉醒之后不是出世，而是要再回到人的世界，以人为本，以人的幸福和快乐为主。"有道"是先觉者，其实"就有道而正焉"就是前面讲的"亲仁"，其目的是对自己能有所矫正、调整，随时保有进步和发展的空间。这是人在生命觉醒之后，人我兼容、人我合一的表现，也是人与仁道的表现。

当人在生命觉醒中能内外兼修、进退自如、保持敏感与自觉，并随时进行自我调整时，便"可谓好学也已"。换句话说，孔子所说的"学"不只在知识上，也在人的生命觉醒上；不只在外在的认知上，也在人内在的觉知和反思上。

15. 子贡曰："贫而无谄，富而无骄，何如？"子曰："可也。未若贫而乐，富而好礼者也。"子贡曰："《诗》云'如切如磋，如琢如磨'，其斯之谓与？"子曰："赐也，始可与言《诗》已矣，告诸往而知来者。"

子贡是孔子的学生，既是个大商人，善于投资，也是个极聪慧的学者。有一天，子贡问孔子："贫而无谄，富而无骄，何如？"有人认为，"谄"是卑屈于人。从一般人生存的立场来说，富人在生存上有更好的保障，自然容易表现出强势、傲慢的姿态，穷人欠缺有利于生存的条件，自然显得弱势，见了富人就可能表现出卑微、讨好的样子，希望能得到关照。子贡说："一个贫穷的人内心不怯懦，没有丧失自己的尊严，见了富人也不卑微讨好；一个富人虽然有钱，是社会中的强者，但是他能够不骄傲，不放任自己的情绪，不随便支使他人，老师，您觉得这样的人怎么样？"

子贡是个富人，他之所以这样问孔子，是因为他已有了生命的觉醒，也有了生命的领悟，且对自我有了要求，所以他借着提问，期待得到老师的点评。有所领悟的人，往往哪怕只是领悟到一点点真理，也会兴奋不已，并期盼得到回应。我在长期的教学生涯中，常能看到学生们领悟时的眼神和表情，尤其是眼神中刹那间闪现的光。教学真是生命的艺术！

可是，孔子却平淡地说："可也。"用现在的话来讲就是还不错，这说明并不是最好的。之后，孔子说："未若贫而乐，富而好礼者也。"能做到"贫而无谄，富而无骄"已经是人生的一种境界了，因为他有了高于生物本能的意识，但是无谄、无骄仍然只是自我的主观认定，是对自己的一种限制性要求，不如"贫而乐，富而好礼"在心理、观念和行动上更具积极性。

"贫而乐"的意思是，虽然生活贫苦，但仍不丧失生命的感受和喜悦。这表明人超越了物质条件的限制，理解了生命本身的可贵与美好，因而能够真正享受活着的快乐。

人类文明建设的动机，大多只是为了保障原始生存，因此自古以来总有人认为活着是一种苦难，人必须寻求救赎。不过孔子认为，人一旦有了生命的觉醒，就能超越这份追求原始生存的冲动，即使生活不富裕，也不会丧失生命的喜悦。

"富而好礼"，"礼"是适当的行为分寸，是生命的秩序，因此礼具有客观性、普遍性、正确性，是人行为的依据。人们只有通过这样的依据，才能找到人与人、人与社会、人与自然之间的平衡点，并表达出对己、对人、对事、对物的尊重。

"不谄"和"不骄"仍具有主观性，缺乏客观的准则和依据。你认为自己不谄，但别人并不见得这么想。连孔子都说，"事君尽礼，人以为谄也"，他以礼事君，可是大家认为他是在谄媚。更何况在日常生活中，有很多看法是因人而异的。至于"富而无骄"，你认为自己无骄，甚至非常恭敬地表现出慷慨，却被人认为是财大气粗。所以谄与不谄、骄与不骄很难被界定，因为其中牵涉到行为对象的反应。换句话说，这其中还涉及别人的主观感受，这不是自己所能决定的。

而"贫而乐，富而好礼"，一切都在自己的意识、感受里，同时又有客观的依据，在生命态度上也更超然。比如颜渊"一箪食，一瓢饮，在陋巷，人不堪其忧，回也不改其乐"，展现了他对生命的充分享受，所以孔子赞美他。

子贡听完孔子所说的"贫而乐，富而好礼"后，忍不住引用《诗经·卫风·淇奥》篇中的"如切如磋，如琢如磨"，并问："其斯之谓与？"《诗经》中"如切如磋，如琢如磨"这句话，应该就是这个意思了吧？

《诗经》是中国最古老的一部诗歌总集，它不仅具有丰富的文学性、艺术性、历史性，同时还饱含着生命的哲理，有着高度的象征意义。因此到了春秋战国时期，人们常从中提取某些句子作为自己意思的延伸，或者通过它表达超乎一般语言的深刻意义。"如切如磋，如琢如磨"，是指古代的雕刻家把玉石或象牙等材料切开，雕成初坯，再加以细琢打磨，做出成品后再抛光，以使其光滑细腻而有光泽。只有经过这一道道的工序，一件好的艺术品才算完成，对人心的教导也是如此。

教育是培养人的艺术。在此，孔子引导子贡深入地思考，带他进入更细微、超然的内心世界，让子贡超越经济上的贫富对立，进而感受内心对生命的享受与喜悦，同时又不丧失对外在生命的理解。如此不避现世，面对现实的人生而实现生命的觉醒和成长，这是孔子学说的特质。就像陶渊明所言："结庐在人境，而无车马喧。问君何能尔，心远地自偏。"如此，孔子与子贡之间的心灵对话层层递进，认知层层展开。

在孔子的引导下，子贡明白了，于是兴奋地喊出："《诗经》中'如切如磋，如琢如磨'这句话，应该就是这个意思了吧？"这就是我们的心灵在师生的教与学中逐渐被开发，然后逐渐深入、细致，最后得以超然地理解的过程。孔子听了高兴极了，于是喊着子贡的名字，说："赐也，始可与言《诗》已矣，告诸往而知来者。"意思是：赐啊，我可以开始跟你谈《诗经》了，因为你已经懂得《诗经》的大义了，你能够从"往"——过去已发生的事物，看到"来"——这个事物以外乃至更多的部分。

子贡的领悟之乐、孔子的教学相长之乐，都是生命的喜悦，也是《学而》篇最重要的观点，更是"学而时习之，不亦说乎？有朋自远方来，不亦乐乎"的最高境界。

16. 子曰："不患人之不己知，患不知人也。"

"不患人之不己知，患不知人也"，这句话是叫人不要担心别人不知道、不认识自己，应该担心的是自己有没有能力去认识别人。

人在原始的生存本能冲动下，渴望获得社会的肯定和认同，以争取活下去的可能和保障，这是一般人最大的生命动力。但是，如果心理一直停留在获取社会的肯定和认同上，便会被原始的本能束缚住，人就无法真正觉醒，无法完全拥有自我意识。这就是今天西方哲学所认为的，人只有确立自我的主体性，才会有自由的可能。换句话说，当人有了完整的自我，就不再期待得到别人的肯定、认同，自我的信心和价值便不再依赖外界。

所以"不患人之不己知"，而只"患不知人也"。人在真正的觉醒之后，便不会担心别人不知道自己，只会担心对别人认识得不够深刻。"不知人"的"人"是完整的生命的意思。如果对人不了解，看事物时便不够完整、清晰，人在原始生存冲动的驱使下，就会不自觉地产生维护自我生存的念头，产生强烈的排他性，进而出现过分的自我防卫，这就是人类社会充满争斗、冲突的主要原因。

《学而》篇以"学而时习之，不亦说乎？有朋自远方来，不亦乐乎？人不知而不愠，不亦君子乎"作为开始，以"不患人之不己知，患不知人也"作为结束，前后呼应。一章从正面谈人的觉醒，另一章从反面谈人的超然独立，不再期待和依赖他人的肯定和认同，还要进一步去知人、对人有深度的了解与同情，如此才是完全的生命觉醒。这样的编排充分展现出，生命是一个完整的有机体。

从人出发来看这个世界，固然有物质的部分，但就生命本身而言，世界其实也是充满有机变化和发展的生命世界。面对这个不断变化、发展的生命世界，我们不能只从单一的角度去看，还要学习从整体上去了解、观察、认识生命。《论语》启发了人们的这种认识，而这种认识就是从生命的觉醒、反省开始。而后，人再从觉醒、反省中掌握生命的内在联系，逐步认识完整的生命世界。当人能够完整地认识生命世界时，就能理解到生命的深度，从而享有这份生命的喜悦。

享有生命的喜悦是人生中最深刻、最真实的感受，佛教称之为法喜，基督教认为是上帝的恩赐，因为它能够让人肯定自己生命的价值和意义，欣然接受残缺与遗憾。

人之所以有这份深层的感受，一是因为人能超越生物原始生存冲动的局限，二是因为人有自我调适的能力，能从现实生活的各种对立中跳出来，将冲突转化成彼此依存的关系。换句话说，如果人总是以自己为中心，就会和一切不同于自己的事物产生对立。《论语》教人从自我的生命觉醒出发，学习自我调适，并且认识到一切都是相互依存的关系。正是你、我、他、天、地、物同时并存才构成这个世界，而这也是每个人所依存的生命世界。人一旦能够意识到这种万物共存的生命状态，就不会产生"唯我独尊""征服世界或征服他人"

的想法。当人拥有天地万物共生、共存、共荣的感受时，很自然地就会产生深层的生命喜悦。

这种认识不是单一的感性认知，它还涵盖着人的理性认识，其中包含对生命真相的认知。这种生命认知既具有客观性、理性，还保有感性和鲜活性，并能超越二元对立，对生命真相有完整、清醒的认识。这种认识不同于西方的认识论，它是人所特有的，是孔子学说的核心之一，也是中国学术的核心议题，当然也是《学而》篇的大义所在。所以，《论语》在编排上就以《学而》篇为首，并以其作为《论语》全书的宗旨。

为政第二

1. 子曰："为政以德，譬如北辰，居其所而众星共之。"

虽然中国传统学术思想没有西方学术知识上的逻辑性，但是有自身的思维法则和内在联系。中国的经典，特别是先秦的著作，都遵循着这样的法则，并不是像有些人认为的那样，只是一些片断经验的集结。

《学而》篇以人的觉醒与觉知来获得生命的喜乐及人的独立自主，这是属于人生命的开始。不过，不管人如何独立自主，还是要活在社会人群之中，而社会人群最大、最重要的是政治活动。所以，《论语》的第二篇便是《为政》。

钱穆先生在《论语新解》里说："孔门论学最重人道。政治，人道中之大者，人以有群而相生、相养、相安，故《论语》编者以《为政》次于《学而》。"借用今天的话，"政"是众人之事，"为"是动词，乃治理之意，所谓为政，就是治理众人之事。

"为政以德"就是以德为政，意思是治理众人之事或政治行政的最重要原则便是用德。古人凡是用到"德"字，一定是指行为，只是这个行为跟日常生活中的行为不同。古人说："德者，得也。""德"是得到，指心得，即来自内心最深处的体会。当人内心真正有了体会时，自然会表现在行为上。

这有点儿像明代大思想家王阳明所说的"即知即行"，知道了就自然会在行为上表现出来。只是，王阳明强调的是人在获得深层认知后自然的本能表现，重点在自然的本能反应，他认为这才是真正的知。当然，这是王阳明根据古人对"德"的解释所做的延伸。

我想很多人都有过这样的经验，明知一件事情该怎么做，但事到临头仍无法做出决定，犹豫不决，既不能完成，又无法割舍，最后给自己造成很多困扰。莎士比亚的《哈姆雷特》，基本上是从这种矛盾的心理出发，来描述人类的巨大悲剧的。因为人在理性上知道应该去做，但在感性上并不认同，所以就产生了矛盾心理。

全然的认知没有这样的矛盾，因为全然的认知是理性与感性的充分结合。由衷地有所体会、了解而后产生的行为，就是理性与感性结合下的自然一致的表现。所谓德，就是得道于心，现之于行。这里的"道"是指对宇宙、对生命、对人的整体了解。"德"是内心了解道之后的行为。所以德包含得与行，"得"是心得。"德"中有心、有行为，是真实的生命体会、生命觉醒。有了这种体会，对人、对事，自然就会有真正的体贴和关心。

"为政以德"，是指为政应当从生命的觉醒开始，一切政治措施只有体贴到人性、人情、人心，才会制定以人民的需要为原则的政策。这就是孟子所说的"民之所好好之，民之所恶恶之"，而后才能救民于水火，真正地为人民服务。

《中庸》说："以人治人，改而止。"意思是以人性为前提，以人情之所需、所趋作为行政的标准和依据，一旦发现其中有误，立刻调整。这是最重要的为政原则，也是中国传统中人治观念的真正含义。近代有人以人治对法治，把"人存政举，人亡政息"误解为国家的一切典章制度常常随某人的存亡而兴废，不能长久维系客观的制度，其实这不是人治的本义。国家典章制度的推展，需要有能力执行的人，这有赖于教育对相关人才的培养。儒家思想的重点即在于此。

人治强调为政一定要以人情之所需、所趋为标准，不可以根据个人的意志来做决定。这个人情不是今天我们常说的人情味，它是人们面对生存、生活、生命理想最真实、最自然的心理反应，是人类共有的心理反应，也就是所谓的道或者人道。为政者当依此道，约束为政的行为，这才有公天下的意思。国家的典章制度与一切行事作为，包括人事、人才的安排都应以天下之公心为原则，这就是"为政以德"。

如果政治能依天下之公心，以人情之所需、所趋为标准，那就能够"譬如北辰，居其所而众星共之"了。"北辰"是以北极星为主的星座，"辰"是星座、星象。"所"指位置。周秦时期，人们以北极星为季节标志，行春耕、夏耘、秋收、冬藏的生活作息，以维持自己的生命，所以北辰是那个时代天地生命的中心。孔子取北极星的星象来比喻"为政以德"，为政者一切以人性、人情、人心作为行政的标准，就会像北极星般居天地之中，众星围绕其运转、运行，世界因此能获得生息。

《学而》篇以个人觉醒与生命觉醒，作为人的生命之始。《为政》篇谈的则是人群政治与政治领导，其实也是从个人觉醒与生命觉醒开始。这两者都是从人性、人情、人心出发。"为政以德，譬如北辰，居其所而众星共之"，这是为政最高的，也是最基本的原则。在中国，最高的和最基本的往往是相通的。"德"是中国传统政治的基础与原则，虽然不是各个朝代或各个领导者都能达到的，但不可否认它一直是中国人最高的政治理想，对中国的社会和历史都有巨大的影响。

《为政》篇的宗旨是"为政以德"，虽然这句话没有特别指出为政者的身份，暗示着人人皆可为之，但不管何人为之，其原则都在"为政以德"上，这是一种平等的说明和强调。今天许多学者、知识分子，仍按照西方的历史经验、社会现象、知识体系来讲述中国的历史与社会，认为中国长期以来都是封闭保守的封建社会，或是奴隶社会。其实，在春秋末期，中国社会原有的阶级就逐渐崩坏了，秦统一六国后废封建而行郡县，建立了新的社会政治制度。到了汉朝，汉高祖和许多开国功臣皆出身平民，但他们不是奴隶，中国没有西方社会学中被法律规定的身份且身份固定不变的奴隶阶级。虽然古代中国有仆人、奴仆，但是他们和奴隶并不同。

这是中国社会的特殊性，不同于欧洲十九世纪以前的社会，当然，也不同于印度、阿拉伯社会，甚至也不同于日本或韩国社会。我们不要很轻易地把西方社会上的、历史上的各种观念套用在对中国社会的认识和分析中。探讨人的问题，人的特殊性是不可忽略的，只有回到各民族的特殊性上，才能够还原历史的真相。

"为政以德，譬如北辰，居其所而众星共之"，孔子以自然天象说明人事的自然法则与秩序。天理与人文相通，自然与人事合一，也是中国自古以来的大传统，孔子在此不只提出了德，也提出了中国文化发展中不可忽视的重要特质。

人类的今天不是凭空而来的，它是历史发展的结果；人类的未来也不是凭空而致的，它是人类带着历史的印迹走过来的。钱穆先生常常说，今天的一切就是未来的历史，研究历史的人要注意当代所发生的每一件事情。而今的考古发掘，已将中国的文明上推到九千年前，对于这么长远的历史生命、文化发展，该如何公正地面对呢？传播历史上的生命经验，教导人们了解人性、人情、人心，是我们今天走向世界非常重要的课题。因为唯有如此，我们才能自知、知人，之后方能有真正的同情。而如此地强调人，源于中国哲学和文化中的以人为本的传统。我们的以人为本，塑造了中华民族的精神风貌，唤起了国人对历史的重视。甲骨文以及全世界只有中国才有的"二十五史"，大体记录了中国数千年的人、事及社会制度等。

中国人重视史，同时也重视经，因为史与经记载的都是人的生命经验。其实经是从历史的经验中总结出来的，清末思想家和史学家章学诚先生说"六经皆史"。

2. 子曰："《诗》三百，一言以蔽之，曰：'思无邪。'"

前一章是为政者只有对人性、人情、人心有所了解，才能建立健全合宜的政治制度。人要如何了解人性、人情、人心？这就是第二章要说的："《诗》三百，一言以蔽之，曰：'思无邪。'""《诗》三百"指《诗经》的三百零五篇，"三百"是取其大数、整数。因为中国的生命之学看重生命的完整性，所以事物的数量习惯以整数为代表。"蔽"是涵盖、总括的意思。孔子这句话是说，《诗经》的三百零五篇可以用一句话来概括，即"思无邪"。

"思无邪"本是《诗经·鲁颂·駉》中的一个句子，孔子单独挑出这句话，用它来概括整部《诗经》的大义。"思"是心思。"邪"通斜，"无邪"是无斜，即直。所以"思无邪"的意思是，心思都是直的。尽管有些古人认为"思"字无义，但"无邪"所指的直抒胸臆，说的还是心思。

后来"邪"字失了本义，被用来指"邪念""邪恶"，因而近代把"无邪"误解为没有邪念、不邪恶或绝对纯洁，认为这是对道德的要求，并据此说孔子以道德桎梏中国人的天性，尤其在文学、艺术的创作上扼杀了中国人的创造力。这些说法是错误的。

《诗经》三百零五篇，究其大意，每一篇的心思都是直的。也就是说，每一篇诗歌，乃至整部《诗经》，都是直抒胸臆，是人的内在情感的直接流露。整部《诗经》就是人类情感的记录，这也是孔子的美学思想。孔子认为，人类文学、艺术的创作是人性、人情、人心的记录。西方近代画家康定斯基也说，艺术是桥梁，艺术品是将情感传达给欣赏者，让他们感受到同样的情感，而情感的成功表现，就是艺术的真谛。东方和西方同有此看法，说明这是人类的共同经验。

在政治上，商朝的基本国家形态是部落型。周朝相对于商朝而言，则是新兴的大一统国家，它除了树立人类共同的理想——保民、爱民与行孝道，还在鼓励异姓通婚、禁止同姓亲族结婚的规范下化天下为一家，构建一个系统的宗法社会，并且寻求各民族间共存、共荣的机会，建立通乎人性、人情、人心的政治制度。

那么，西周通过什么来理解人类共同的心理和情感呢？历史文献上说，是通过"采诗""献诗"的方法。西周时，为了一统天下，将不同的部族纳入一个国家，但各个部族都有其个别性和特殊性，为了尊重、保有各个部族的个别性和特殊性，并达成共存、共荣的生命目的，需要建构出最具普遍性，且最合乎所有人共同利益的理想，于是西周就设立了采诗的制度，或称献诗制度。

《国语·周语》说："故天子听政，使公卿至于列士献诗，瞽献曲，史献书。"这段话的意思是，西周天子听政的时候，从公卿到士都要献出从各地搜集来的诗，盲人乐师要献出从各地采集的音乐，史官也要献出来自各地的历史记录。在此基础上讨论国家的政策，才能合乎各地的实际情况，也只有这样，为政才不会背离天下人民共同的需要与共生、共荣的可能性——即正道，这就叫作德政。

《国语·晋语》又说："古之王者，政德既成，又听于民，于是乎使工诵谏于朝，在列者献诗……有邪而正之，尽戒之术也。"这段话的意思是，古代的天子完成德政时，亦即完成大一统时，还要去了解老百姓的需要，于是让百官在朝廷议政的时候要提出行政过程中绝不可犯的错误，以及不可违背、不可动摇的原则。因此设立了采诗或献诗等制度，通过诗歌来了解各地的状况和百姓的生活，以及百姓的需求或希望，并以此作为制定国家整体规范的依据，避免与地方脱节。如果国家政策违背了人民的需要，就要告诫中央，以便及时调整，避免决策时有盲点。

何休是汉朝的大学问家，也是大思想家，他在《春秋公羊解诂》中对采诗、献诗的过程，做了详细的说明："男年六十，女年五十，无子者，官衣食之，使之民间求诗。乡移于邑，邑移于国，国以闻于天子。故王者不出牖户，尽知天下所苦，不下堂而知四方。"也就是说，官府招募了一些五六十岁没有孩子的男女，给予他们官职、俸禄，派他们到民间去采集诗歌。采集诗歌之后，从乡间集中送到镇上，再由镇上送到诸侯国，诸侯国整理以后，再交到天子手上。

所以做天子的不必出门，就能了解百姓为什么所苦，天子不出朝廷，就能了解四方人民的需要。

为什么通过采诗、献诗就能知道老百姓的心声？原因就在于孔子所说的：《诗》三百，一言以蔽之，曰："思无邪。'"因为各地的诗歌或民谣能直接反映各地人们的内在感受或期待，乃至特殊的心理问题。这些可能是历史的见证，或者是历史、社会现象的侧面描写，所以能成为治国施政者的参考素材，或者成为其进行宏观调控的依据。

《国风》是《诗经》的一部分。《诗经》有六义，即赋、比、兴、风、雅、颂。前三者是《诗经》的艺术表现手法，赋是直截了当地叙述事情，同时层次分明地表达思想内容。比是用比喻或象征的手法，引出所要传达的意义。兴是引动、联想，通过某种声音或者事件，牵动读者或听者的情感，有烘托气氛的作用。

至于后三者，风、雅、颂是不同的内容。风是各地不同的民谣、歌谣，它代表了十五个国家的国风，又称"十五国风"。从不同的歌谣里，可以看到不同地方的风土人情，它们代表着当地人们的基本情感，其中，最重要的就是男女恋爱的歌曲。

雅分大雅和小雅，雅是"夏"的意思，是用夏地的语言所唱的诗歌。周朝人自称为夏人，所以大雅、小雅是周地所唱的诗歌。不过，古人也把雅解释为"正"，所以雅言又叫作正言，正言就是我们今天所说的普通话。西周时期，人们都以周地的语言作为普通话，就好比元、明、清三朝都以北京为国都，大家就以北京话作为普通话。所以雅言就是西周的普通话，即以周地的地方话所唱的诗歌。不过，它的内容偏向政治、社会，是周天子接待诸侯，或诸侯间互相往来宴请对方时所用的诗歌，其中彰显了人们对政治、社会的关怀和热情。

另外还有颂，颂是宗庙祭祀的舞曲歌词，内容多为歌颂祖先的功业。

只是，《诗经》这些诗篇的情感，古人说有"正"、有"变"。"正"指人类情感的正面肯定与需要，"变"指变化。《诗经·国风》开篇的"关关雎鸠，在河之洲,窈窕淑女,君子好逑",便是讲一个既具有智慧,又善解人意,同时充满爱心的女子,正是每一位君子最好的伴侣。真正的美满姻缘就是夫妻或爱人双方有共同的生命理想,能互相同情,彼此支持。

人在没有生命觉醒之前,感情会随着感觉或本能而摇摆不定,变化无常。"爱之欲其生,恶之欲其死",大多数人都处在飘忽不定的情感中,人的命运也就在这情感状态里定型了。所以,人的情感可分为两个层次,一个层次是飘忽不定的情感;另一个层次是通过理解、觉醒、觉知而认识到的深刻、笃定的情感。

儒家认为,感情的自然流露是认识人的重要依据。人是有爱、有感情的动物,只有在爱和感情中,才能有真正的觉醒。人们通过感情认识了自己,也认识了人,了解了人性、人情和人心,也了解了自己的渴望和情感动向,以及人们对政治和社会的期待。这就是人生存、生活,以及追求生命理想的大环境,没有感情,人们将无法完成活着这件事,这是《为政》篇的关键点。

"《诗》三百,一言以蔽之,曰:'思无邪。'"这句话谈的是人的共同性情,更深入地看,也是在谈人类的民族性虽然会因后天环境而有所不同,但仍然有共同之处,人只有在这样的基础上才能相互了解、相互体谅,这就是德,即前一章"为政以德"的依据。孔子以《诗经》教人认识自己、认识他人,指出一切都要从人的情感开始,这也是孔子对人所下的指示性定义。

德包含心得和实践,也就是知行合一,它不只是单纯的知识,更不是西方知识中的所谓的基本元素、概念。"为政以德"是根据德所直出的性情,为了人类共同生命的需要,以"无邪"的心思去努力。虽然这种心思含有个人特殊的经验,可是当呈现它的时候,人们是可以共同感受到的。唯有如此,才合乎人性、人情、人心的需要,才能实现真正的理想政治。

放大来看,不论哪个地方、哪个时代,人们都是在合乎人性、人情、人心的根本处发展自己特殊的生命状态,并寻找合乎这种共同要求的生活环境。当然人与人之间会有很多因后天生活习惯形成的不同,所以孔子说,性相近,习相远。为什么会形成不同的习性呢？因为我们生活在不同的时空环境下，为了适应环境的特殊性，解决特殊环境里所遇到的问题，就会产生特殊的行为和心理情感，因此就有了各种不同的风俗。俗话说，一方水土养一方人，后天的生活环境会造成人与人之间显而易见的差异，不过人性、人情、人心是基本一致的。

合乎人性、人情、人心的行为，即使历经不同的时空，也会成为人类共同追求的理想与目标。这是人类对生命的全面肯定，也是人类全力以赴让生命变得更好的动力。《诗》三百，一言以蔽之，曰：'思无邪。'"这是认识真实生命、认识自己的开始，同时也是理想政治的基础。

在《为政》篇中，孔子不从外在的典章制度谈起，而是从制作典章制度的人心谈起，因为当人有了觉醒、反省的能力，了解了别人的迫切需要时，自然会制定出合情合理的政治、经济、法律、社会制度。三千年前西周建国时，周公制礼作乐，并创立封建制度、宗法社会，就是基于人类共同的理想。

3. 子曰："道之以政，齐之以刑，民免而无耻；道之以德，齐之以礼，有耻且格。"

从人的性情、生命觉醒来说，政治不单单是权力的分配和执行，也不只是行政组织系统的建立，更重要的是要能了解并满足全民的需要。也就是说，为政者要有高度觉醒的心灵，能从人性、人情、人心出发，这就是德政的最高原则。

"道之以政，齐之以刑，民免而无耻；道之以德，齐之以礼，有耻且格。"这句话不仅呈现了两种政治形态，更表达了两种政治思想。前者偏重于控制，它是封闭的、具有权威性的，在这样的政治形态下，虽然人们可以避免犯罪，但是不知道是非善恶，没有羞耻心。后者则重视生命自觉以及心灵的启迪，它是开放且合乎人性的，在这样的政治形态下，人们从心底懂得是非善恶，自然会选择正确的行为方式及人生道路。

"道之以政，齐之以刑"，"道"是引导、带领之意。"之"指人民、百姓。"政"指政治制度、法律规范。"齐"是齐一，即整饬，让它整齐归一。"刑"是刑法。这句话的意思是，用政治制度、法律规范来引导人们，要求人们遵守国家规范，如果不听，就要用刑法使之畏惧，如此就能使国家走向稳定、安全和有秩序。不过，这样的国家虽然有稳定的秩序，人们也都遵守法律，但一切都是出于畏惧。从心理层面来说，这是消极、被动的，因此"民免而无耻"，虽然人民可以避免犯罪，但没有建立起自觉的羞耻心。老百姓无法从内心觉悟到什么是对错、是非，甚至搞不清善恶，这样的话，是没有办法建立起真正的觉醒的。

有文化涵养的人格品质必须出于觉醒，由觉醒而来的自我要求和道德实践，才是优秀文化的展现。这是人们的心理情感在自我意识中觉醒、觉知的结果，它不是仅靠强制的规范就可以达成的。政治要合乎人性，带领人民真正地自觉，才能开创真正的和平。

因此孔子说："道之以德，齐之以礼，有耻且格。"德治最重要的原则，在于能够以德导民，带领人民走上生命觉醒的道路。

《大学》说"古之欲明明德于天下者"，这个"古"是特定指称，以儒家来讲，它指的是尧、舜、禹、汤、文、武、周公的时代，这些人不只是国君或领导者，也不只是开国者，他们是一个新的文明时代的缔造者与引领者。他们的成就在于"明明德于天下"，使天下人民都能够有生命的觉醒。

"明明德"的第一个"明"是动词，乃发扬、开发之意，第二个"明"是形容词，指的是美好。而"德"是人民内在的一种优良的特质。"明明德"是说，人民的这种优良的特质被开发出来。

所以，传统的儒家思想认为，好的政治，最重要的就是要带领人民走向生命的觉醒，这是和平的契机，也是理想社会建立的基础。儒家从这个观点来谈政治，称此为德治。所以孔子说的"道之以德"，也就是以德导民，带领人民走向生命的觉醒，使他们从生命的认识上，了解是非、对错、善恶，再"齐之以礼"，以礼使他们整齐。

礼代表整体的生命秩序，礼者，体也，"体"是整体，在礼的秩序中，大家都能存活，都能平等相待。人类乃至万物的存在，一定是在自然或生命的秩序中完成的，这种自然或生命的秩序，不是强制的，而是自然的。然后就需要通过人的生命觉醒的意识与了解，进一步去建立合乎全人类的、社会的和谐秩序与关系。

或许有人会说，今天的世界已经进入多元化，每个人都可以自由地展现自己，此时还需要建立礼的社会吗？还能不能建立礼的社会？其实构建和谐且有秩序的社会，与社会多元化之间并不冲突，它是更广大、更自然、更融洽的状态。唯有在多元社会，才能看到和谐社会秩序的重要性，"礼之用，和为贵"就是这个意思，每个人都渴望受到别人的关怀与肯定，这就是礼最重要的部分。而人也唯有在这种生命体验当中，才能够懂得别人的需要，更能够主动地体贴、尊重别人，这样人与人相处时就有其乐融融的感觉了。

秩序未必是压迫的，只要是出于人心或人的真情，它就一定合乎人性。我在放学后，常常看到一群非常活泼的、穿着前卫、梳着奇异发型的年轻人坐公交车，或许你会认为这些调皮捣蛋的孩子很没规矩，但事实上，他们没人坐爱心专座，而且一旦有人坐了爱心专座，他们之中就会有人说"你好意思坐啊"，然后那个人马上就站起来了，这就是对自我的要求。他们不好意思去坐爱心专座，这种不好意思就是所谓的耻，也就是说，他们知耻。

"耻"是在生命觉醒中产生的心理反应，它是中国文化中特有的字眼。西方没有"耻"字，他们强调的是罪恶感。当羞耻心出现的时候，人们会不屑于去做某些事，这就是知耻的表现。在中国人看来，这是先天的，因为人们会很自然地寻求生命的完整性。

孔子说，当能够"道之以德"，而后以礼齐之，人们就会很自然地有羞耻心，不屑于去做犯法的事。"有耻且格"的"格"是正确的意思。当政治能引导人们走上生命觉醒的道路，使人们能够发自内心地明辨是非、对错、善恶，并产生羞耻心时，人民自然就会做出正确的抉择，走上生活的正道。这也就是为政要从德入手的重要原因。

有些人可能会问，"道之以德，齐之以礼"真能成为现实吗？人类世界中的许多理想虽然并不能全然做到，但会像明灯般照亮生命的道路，像孔子的仁、释迦牟尼的慈悲、苏格拉底的理性，都是人们生命中努力的目标，没有他们，人生可能将如长夜般黑暗。随着岁月的流转，人类在这些理想的指引下，会逐渐觉醒、进步。

奥斯卡最佳外语片波兰电影《爱在战火蔓延时》，用写实的手法叙述了波兰人民在第二次世界大战时的苦难。在列强的默许下，波兰被一分为二，一部分被纳粹德国占领，一部分被苏联红军占领。不论被哪一个国家占领的区域，人民都遭受着惨无人道的对待。影片中最精彩的部分是，在这个如炼狱般的世界，所有人类的至情至爱都如寒风中的小小油灯，倏忽间就被熄灭了，一切不幸降临得非常之快，快到让人来不及反应，似乎人生中的所有事物都突然变得毫无意义，生命本身成了绝望的象征。电影就在这种冷静的叙述中戛然而止，留下瞠目结舌又有所期待的观众，但大家期待的结局，终究没有出现。

相对于第二次世界大战，二十一世纪的人类有了很大的进步，人们对人道的期待和理解比以往更加明确，人们不再固执地去追求由理想所形成的概念，开始学会了尊重人。当然要人们完全脱离生命原始冲动所带来的生存恐惧，真正做到公平合理，并且以正义和慈悲来对待所有的人，可能还需要一段时间。

正因为如此，孔子的思想虽历经两千五百多年，却因为人类的真实生命经验而历久弥新。人类经历的波折和苦难越多，就越能了解孔子思想的内涵。《论语》中没有任何神话，只从真实普通的现象世界入手，直接面对人的生命真相，呈现人类生命中的共同经验，并由此建立起生命的知识系统。

中国传统学术的理论和知识，以人为主体，从未离开人类世界与人类的经验，所以，它就具备解决人类世界问题的可能性。所以孔子在《论语》中说："吾岂匏瓜也哉？焉能系而不食？"意思是说，我不是像匏瓜一样，只是摆着却不发挥作用。

据《史记》记载，当年，齐国要攻打鲁国，孔子号召自己的弟子挺身而出，于是，子贡请求前去救鲁。后来子贡说服了吴国国君北上和齐国争霸，逼得齐国不得不从鲁国退兵，解决了鲁国面临的战争危机。同时他还劝说越国去牵制吴国，免得吴国过分扩张。子贡的这次游说，使整个春秋时期的局势为之一变，但部分研究《史记》的学者，特别是古文经学派，并不认为《史记》的这段记录为史实，他们认为这只是汉代春秋公羊学派特有的讲法。不过，从学术史的立场来看，太史公司马迁是特别为标榜春秋公羊学派而讲的这一段故事，目的就是强调儒家的学问，孔子所讲的不单单是知识概念或学术理论，还有经世致用的作用。

事实上，不只是《论语》，庄子、老子等诸子百家，也都想解决当时的问题，有经世致用之心。因此，我们今天读这些经典，仍然觉得它们很有生命力。因为生命是延续的、发展的，也是有共同性的，尤其是从人性、人情、人心出发，更能看到人类的共同之处。所以下一章，就以孔子个人成长的历程为例，来说明人类的普遍经验。

4. 子曰："吾十有五而志于学，三十而立，四十而不惑，五十而知天命，六十而耳顺，七十而从心所欲，不逾矩。"

"吾十有五而志于学"，"有"音 yòu，作又讲。"十有五"就是十又五，即十五岁。孔子自述十五岁时，在生命的觉醒中意识到自己这一生一定要完成所学。"学"在这里有两个意思：一个是学习知识、学问；另一个是学习生命的觉醒。孔子在这里将两者合而为一，不论是学习知识还是智慧，其中都包含着人类生命的觉醒和成长。

"三十而立"，孔子在十有五而志于学之后，又经过了十五年，到了三十岁才能确有所立，"立"是能有所守的意思，要守的是自己的志。换句话说，孔子十五岁时立志于学，然后还要经历十五年的生命历程，在不断比较、认识自己的过程中，进一步确立自己所要的。这说明生命的觉醒活动不仅仅是内在的觉知，还包含时时刻刻、随时随地、因时因地的外在行为的锻炼。就像骑自行车或游泳，一定得去学、去练，才能更深入地了解真正的自己，生命的觉醒才能逐步确定。这就是"学而时习之"的状态，是人人都要经历的。

就人的生命进展而言，十五岁正是人生命觉醒的重要阶段，也可以说这是重要的理性教育年龄。西方的心理学认为，这是要开始学习哲学的年龄。根据我的教学经验，十五岁到三十岁之间，学生会开始不断地询问：我为什么要读书？读书的意义何在？这个时候，如果老师能从旁协助他们思考，甚至协助他们得出初步的答案，这个阶段往往会成为孩子们一生的转折点，当孩子们找到答案后，会有飞跃式进步。

人在自我觉醒的过程中，到了三十岁会认为自己该有所立，或者说能够确定自己想做什么。有些人甚至在心理上有种说不出来的坚定或者自信，当然有些人也会觉得自己一定得有自信且必须坚持，无论如何，这就是"三十而立"的状态。当然，这其中还包含了对自己、对工作的反省，并想重新建立某些东西，因为就人类的共同性而言，三十岁是非常重要的自我确立的阶段。

不过，再过十年，也就是到了四十岁，人们又要经历一次疑惑，又要重新反省、重新确立，并且这个反省的过程中充满着各种困惑和疑虑。

人生若能"四十而不惑",便是很高的人生境界,但一般人在这个阶段通常是大惑不解的,许多人的生命到这个节骨眼儿上会突然发生转变,很多文学家也都曾经描述过这个阶段的困惑。

人们的疑惑通常有四个来源,第一,重新思考自己未来的人生动向,这多半由于原来所从事的工作或事务不是自己的志趣,跟自己的志向不合。第二,在数十年的实际生活经验中,更深层地看到了内在真正的自我,开始真正了解自己,于是想在生命的中转站重新开始。四十岁时,人就像刚好走到钢索的中间,会为到底是要继续走下去,还是要回头而犹豫不决。第三,有的人渴望将自己从原有的生活习性中解放出来,获得自由,同时寻找新的自我,借此机会重新肯定、确立自我。第四,有的人怀疑自己原定的生命目标和价值,所以决定重新思考,重新尝试。"四十而不惑"是人们在这些疑虑、彷徨中重新做出决定,同时重新调整自己的状态。

记得在我年轻时,有位才华出众且非常知名的科幻小说家,他也是一位科学家,在大学二三年级时便写了许多文章,甚至还在报纸上介绍当时刚刚传到台湾地区的存在主义,包括萨特、加缪以及他们写的小说。他还常常发表演说,曾经轰动一时。我那个时候经常跑去听他演讲,对他深感佩服,而且他在科学研究方面有非常好的成就。然而,在他四十岁时,他突然在报纸上发表了一篇文章,谈自己对生命的困惑,读者们因此大吃一惊,不知道这个天之骄子为什么会对自己的一生充满困惑。他在文章中说,自己到了这个时候才知道,"四十而不惑"是人生的最高境界,是生命中的最大收获。即使他一生风光无限,却充满了疑虑,到四十岁时,还是有很多疑惑。同时,他提出了生命的问题,也是哲学上的永恒问题,人生的意义是什么?生命的价值是什么?个人的存在价值又到底在哪里?外在的一切成就,是否能作为确定生命意义或生命价值,甚至是个人存在价值的依据?我看了文章也大吃一惊,于是,再度仔细思考了"四十而不惑"的含义。

大部分人，包括孔子在内，活到四十岁之后，一定会在人类的天性中，自觉或者不自觉地反省自己的各种生命经验，甚至希望自己能够重新活一遍。孔子的"四十而不惑"其实和我们一样，也是从有惑开始的。近代许多作家和学者，在自述或回忆录中谈到他们在四十岁时大惑不解的状况，这一切都让我们了解到"四十而不惑"乃是极高的人生境界。这种人生境界是通过深切的反省和体会而获得的，同时还需要高度的理性和智慧。虽然许多人在成长的过程中看似拥有了一切，但是仍然无法肯定自己，也不肯接纳自己，这不关乎有没有成就，只是没有自信，不愿自我肯定。

"四十而不惑"，不论之前是好或是坏，就那样了吧，当下才是新人生的开始，也才是新人生的确立。如果读画家米勒的传记，你就会知道他其实也有将近十年的时间，一直在犹豫到底是要画容易销售的肖像画，还是画新兴的风景画；到底要以传统的人体为主，还是直接呈现自己所关心的劳动人民的生活。他反反复复，经过十年的时间才确定下来。所以"四十而不惑"是确定的状态，它经历了一个长期省察的过程。之后，再经过十年人生历练，"五十而知天命"，到了五十岁，才能知天命。

什么是天命？近代中国文学界谈到天命，常认为那是孔子的宗教信仰，属于神秘的经验，绝对不可以将其视为知识，因为它不能得到科学验证。我的看法是，孔子是两千五百年前的人，要他合乎现代的科学实验精神，未免苛刻了一点。综观两千五百年前的人类，再比较一下孔子的言论，不难看出孔子的特殊之处，他的观点很平实，非常贴近真实人生。《论语》中记录孔子"不语怪、力、乱、神"，他对天命的看法，不是神秘的宗教信仰。

从人的生命经验来看，孔子所说的天命，有三层含义。

第一层含义，来自自我的限制。每个人都有自己的特殊性，既然有特殊性，人就不可能是全能的，自然会有自己的局限性，这就是天命。也就是说，每一个人都有自己的特殊性，先天的限制导致他无法去做所有事情。知天命的人清楚地知道，喜欢、有兴趣做某些事并不代表有充分的能力或天分去做那些事，有能力做某些事不代表喜欢做那些事，也清楚地知道什么是自己不必去做以及不必去尝试的部分。

钱穆先生不只会读书，也非常会做事，他在兵荒马乱的年代逃难到香港地区，可以说是赤手空拳地在香港地区办起了新亚书院。当时他认为，即使国家再乱、时代再动荡，都不能不培养人才，教育不仅是国家的希望，也是人类的希望，所以不论多艰难，都得办学校，培养人才。新亚书院就这么从无到有办了起来，而他也实践了他所有的读书所得。

当新亚书院办出成绩后，当时的英国政府给予了充分的肯定，同时他们准备把它和其他学院合并起来，在香港地区成立第二所大学，也就是中文大学。这时，钱穆先生突然宣布辞职，然后到台湾地区隐居、教学，并完成了他一生最后也最重要的著作。他说，他不喜欢做那些行政的事，那太耽误他读书做学问了，他这一生最喜欢的就是读书和做学问，所以能不做事的时候就不做了。一般人因为对自己的天命认识得不够清楚，或者说依旧有一些超出自己能力的奢求，经常会犹豫不决，最后在犹豫不决中度过了一生。

第二层含义，来自时代环境的限制，尤其是身处的社会群体所形成的时代特质，为人们所提供的有利或不利的条件。比如，有的人生长在战乱时代，有的人生长在和平时代，有的人含着金汤匙出生，有的人生在饥寒交迫之家。我们必须了解自己生存环境的特殊性，并能超越自己所处时代的某些流行观念的限制。这就是孔子在《论语》中所说的"邦有道不废，邦无道免于刑戮"，即只要国家上了轨道，人就不会荒废自己，就可以朝着理想奋斗，国家要是不上轨道，没有秩序，起码也要能了解自己所处时代的社会底线，这样既不会让自己受到伤害，也不会让自己莫名其妙地卷入纷扰的争斗之中。总之，要明白自己身处的环境和时代的特殊性，以便在面对实际状况时能做出正确的选择，正如《易经》中所说的，圣人能"知进退存亡，而不失其正者"。这也叫作知时[1]。

许多人读《论语》等中国传统经典，只关心其与中国的衰败和中国人的惰性的关联性，却不知惰性是人类共有的问题。不同的是，中国败了又起来了，衰了又兴盛了，这是什么原因？人类的共通性与特殊性都是天命，看事理、做学问就是要能看到人类的共通性，了解自己的特殊性和时代的特殊性，以及不同时代人类的共性。就像钱穆先生所说的，要能入乎时代之中，出乎时代之上，也就是既知道时代的限制，又能不受时代的限制，看到人类共同的希望，然后做出合乎时代需要的学问，这就是知天命。

第三层含义，来自宇宙命运的限制。在西方文学、戏剧中，始终以悲剧作为最高的生命表现，原因就在于人有不可掌握的命运。命运在古希腊时期是外在不可抗拒、客观且不可动摇的自然规律。但人有无法控制的好奇和冲动，人若违背了自然规律，就好像在轨道上行驶的火车突然冲出了轨道，造成悲剧。古希腊人非常强调理性的提升，因为这是唯一的刹车机会。而到了文艺复兴时期，人们开始认为每个人都有先天被注定的性格，在莎士比亚的悲剧《哈姆雷特》中，王子的不幸就来自他犹豫不决的性格，他决心杀掉叔父复仇，可就是因为他的犹豫不决，最后导致自己被杀。

对于命运，孔子则从认识真实的自我开始，主张将先天注定的这个我的特性淋漓尽致地发挥出来，也就是顺着生命成长的每一个阶段，"十有五而志于学，三十而立，四十而不惑，五十而知天命"，这样一路下来，把自己的特性尽量地开发、发挥出来，让自己的天赋全面展现，并且锻炼出不论成败都能承担、不回避的能力。不过，在有这些作为之前，人必须逐步洞察宇宙中人所不可掌握、不可知的部分，如此就可以更加明确地掌握可知的部分，搁置不可知

---

[1] 知时，是儒家非常重要的观点之一，知是高度的生命的洞见，是大智慧的表现，也是中国人重要的心理机制。知时不是投机，它不是只依是否有利于自己而定行止，它有不可动摇的底线，即必须合乎正道。正道就是公平、正义，要合乎人性、人情、人心的共同需要。

的部分，把自己安放在适合自己生命发展的位置上，既不高估自己，也不贬抑自己，既能积极地发挥自己的能力，又能了解自己的内在和外在、先天的与后天的限制，而这也是有高度的自我认知的表现。

人在这样的明确认知里，可以清楚地知道自己这一生想要完成的与可以完成的工作和使命，然后全力以赴。有些人会问，我为什么会诞生？我的所作所为在宇宙中有什么意义？这个我最后又将归往何处？众生将归往何处？宇宙又将归往何处？这些都是偏哲学的问题。一般人可能面对的是生死的问题，譬如人为什么会生，人又为什么会死，这种无法解答的问题让人觉得生命无常、难以掌握，更何况在实际生活中，还有一些不可预知的吉凶祸福。不过儒家认为，重要的是要把握自己可掌握的，至于生命的意义这个问题，有的人避开了，有的人思考了，但能全力地做自己能做的事，便会有意想不到的收获。

就好比画家高更，他本来是个领着高薪的银行职员，可是在他四十岁左右时，忽然开始思考这些问题，他觉得在一切都是人为设计和规划的社会里，这些问题是找不到答案的。于是，他放弃了原有的一切，跑到了大溪地，想要在那相对原始的社会中寻找答案。在寻找答案的过程中，他画出了震撼人心的作品，揭开了欧洲美术史上崭新的一页。

"知天命"是极其丰富又深刻的生命哲学，不能轻易地用简单的信仰或是迷信来阐释它、遮蔽它。它的意涵可深可浅，只是在现实生活里，它的中心仍然在自我的认知中，如果一个人没有这种认知，即使受过高等教育，面对以上诸多问题时也会失了分寸，失去真正的认知力。

当人有了"知天命"的体会，再经过十年的学习与认识过程，就会到"六十而耳顺"的境界。什么是耳顺？它是由外而内的认知，也就是由耳朵听到后传到内心，"顺"表示在整个过程中完全没有矛盾，没有障碍。这其中也包含了目视，因为人认识外在世界时以耳目为主，换句话说，眼睛看到、耳朵听到后，一下子就能了然于胸，没有任何困惑。钱穆先生在《论语新解》中说，人在经过了不惑和知天命的过程之后，外界所有与自己冲突的意见、言论，或违逆不顺的反应与刺激，都不会再使自己的内心动摇、迷惑，这就叫作耳顺。

譬如有些年轻人在听到某些事情之后，会受到很大的震撼，但老年人听完只是微微一笑，然后很淡定、慈祥地说："我懂的，是这样的。"

"十有五而志于学，三十而立，四十而不惑，五十而知天命"，这些生命经验与认知过程，多半是由内而外的。"六十而耳顺"则偏重于由外入内的过程，其实这代表着人终于达到内外合一的状态了，人的心灵在经过前面各阶段的锤炼、体验后，变得能从容应对一切了。换句话说，世间的一切事物，包括各种主张、学说、人类的各种行为，当他接触到时，都能够理顺其中的思路，让自己的心情不受干扰，并且能达到平和、纯净的境界。

《论语》一再强调，人生在世的幸福与否，当从个人的生命觉醒开始，而后要对人类共有的人性、人情、人心有进一步的了解，这是人类和谐相处的基础，也是人类最高的理想，同时又是达成这个理想的路径。它是人不可违背的生命法则，任何不良行为的产生，其实都是因为自私自利，自私自利会让自己陷入自我封闭的系统中。凡是这种时候，人就陷入了生命原始的恐惧之中，因为人是动物，动物天生就有求活、惧死的心理，所以人会在争取生存和摆脱死亡的挣扎中做出选择。如果不能克服生命原始的恐惧，就不能做到"从心所欲，不逾矩"，因为这时候的任何"从心所欲"都是在生命原始的恐惧里选择和挣扎。

孔子的"七十而从心所欲，不逾矩"，说明人在生命觉醒过程中，即使最后从心所欲了，也不会违背人性、人情、人心的大道，亦即人类的共同愿望——一起好好地活下去。就个人而言，孔子在七十岁时彻底掌握了自己生命的动向，他的生命动向和人类群体的生命动向是一致的，这说明在宇宙天地自然之中，其实存在着一条共生、共荣，和谐相处的大道。也就是说，人只有从生命觉醒的过程中，去了解宇宙生命发展的秩序，才能明白宇宙万物的生生不息靠的是并行不悖的和谐，而这就是"德"的依据。

所以《为政》篇一开始说"为政以德，譬如北辰，居其所而众星共之"，是在谈宇宙的大和谐。再看本章孔子的自述，也是在告诉人们，唯有在生命的成长中，才能真正体认到宇宙和人的和谐性，从而得到生命的喜乐。"从心所欲，不逾矩"是生命达致和谐后的表现，这时的人已不再受制于生命原始的恐惧了。就如同康德所说，人的一切活动，可以不再只是为了活着这个目的去努力，人从生存的限制和牢笼中被释放了，这就是自由。只有站在人的立场而不是动物的立场来享受活着这件事，才是真正的生之喜乐。

我们谈魏晋南北朝时，总会说到魏晋时期的士人风骨，譬如阮籍、嵇康，他们在面对死亡时都表现出一种潇洒的态度，嘴上说着"来来来，能不能让我再奏一曲"，奏完了以后说："哎呀，《广陵散》从此绝矣！"就好像今天说："能不能让我弹一下贝多芬的《月光奏鸣曲》？"弹完了以后说："从此不再有人能弹出这么好听的曲子来了。"其实这些人都有高度的生命觉醒，他们完全明白了"如何活才算真正地活着"。孔子的"十有五而志于学"，就是这种生命自主的开始。

其实这股力量是人到了十五岁时的自然表现，为人类所共有，也是人走向独立自主的起点。就像一般孩子从十二岁开始，会一天到晚不停地发问：为什么这样？为什么那样？怎么可以这样？怎么不可以这样？到十五岁之后，便不断质疑老师及长辈的各种观点。这个时候就是开发人与生俱来的内在生命能量和智慧的关键时期，这就是人道，也是仁道。由此再回头问，像这样的生命觉醒、生命认识，是从哪里真正开始的呢？真正的培养又该从什么地方着手呢？这也就是《论语》里孔子所说的——从孝道开始。为什么从孝开始？因为孝是人对父母、对世界、对生命的肯定与情感表达，其中对父母的情感是人最初的情感，只有从对父母的情感中才能进一步肯定自己的生命。不论成长过程中经过多少变化，人始终都会意识到这一份爱，同时也勇于承担这份爱，这就是孝。

孝是认识和面对自己情感的开始，有了这份认识，就会有同理心，就能进入人性、人情、人心这条人类共同的生命大道中。

所以，下一章是孔子和学生间一连串关于孝的对话。

5. 孟懿子问孝。子曰："无违。"樊迟御，子告之曰："孟孙问孝于我，我对曰，'无违。'"樊迟曰："何谓也？"子曰："生，事之以礼；死，葬之以礼，祭之以礼。"

"孝"不是个概念，而是实际生活中爱与情感的学习，其中包括行为方面的配合与表现。因为不同的人在不同的背景下，会有不同的学习和表达，所以孝不是抽象的概念，它是鲜活的、具体的、个人的生活体验和表现方式。也因此，当不同的人来问孝时，孔子会给出不同的答案。

首先来看孟懿子问孝。孟懿子是鲁国的当权大夫，他跟当时的叔孙氏和季孙氏分掌鲁国的国政，在鲁国拥有最高的权力。他的父亲孟僖子也曾掌管鲁国国政，并且陪着国君去参加过由齐国主持召开的诸侯国之间的大会。虽然春秋时期礼崩乐坏，但是诸侯国之间的来往，以及他们所操作的每一件事，仍有一定的规矩和礼仪。孟僖子虽掌权，但并不熟悉这些规矩和礼仪，在重要的诸侯国之间的大会上无法依照礼仪来为国家或国君争取利益和尊严，难以尽他身为大臣的责任。因此，他回国后，始终郁郁寡欢，觉得对不起国家，对不起国君，最后忧郁而终。临死前他让他的儿子，也就是他的继位者孟懿子，一定要向孔子学礼，所以孟懿子就成了孔子早年的学生。

孔子后来被鲁国国君聘为司寇，他为了达成国家行政的一致，主张不可政出多门，要求当权的三家大臣，即孟孙氏、叔孙氏、季孙氏放弃瓜分国家的土地，并且交出政权。结果，首先反对的就是孟懿子，所以后来的人都不认为他是孔子的学生。

在《论语》中，谈孝有一个通则："父在，观其志；父没，观其行；三年无改于父之道，可谓孝矣。"这句话说明行孝最重要的是有所继承，不是继承家财与父亲的权力，而是要将父亲的精神与理想，也就是整个家族长期以来的生命理想延续下去，不然就是不孝。在《论语》中，凡是用"道"字，就是指好的表现，"父之道"是父辈希望儿孙能有所立、有所成的理想和方式，也就是维系家族的理想和方式。在实际生活中，孝就是这样的生命继承、情感继承和精神继承。

当然，每个人的家庭背景不同，行孝的方式也不同，所以孔子谈孝的时候会针对问孝者的特殊性来回答，这是孔子因材施教、循循善诱的教育方式，也是生命觉醒者的教育方式，其中包含了对每个人的尊重。生命觉醒者的教育不会将一般通则生硬地灌输给所有受教育者，不会忽略受教者的个别性或特殊性，否则便无法达到生命觉醒的目的。

孟僖子去世后，孟懿子继承了父业，他问孔子如何尽孝，孔子以"无违"两个字回答他，这是什么意思呢？"樊迟御，子告之曰：'孟孙问孝于我，我对曰，"无违"。'"樊迟是孔子的学生，他在帮孔子驾车，孔子坐在车上跟他说："哎呀，今天孟懿子问孝，我跟他说'无违'。"所谓"无违"，说得完整一点就是不要违背了礼，孟僖子因不知礼而遗憾终生，在去世前还交代孟懿子要学礼于孔子。也因此，孔子在孟懿子问孝的时候，特别叫他要无违于礼，即要真正明白父亲要他学礼的心，并通过学习去完成他们的事业。

在这句话中，孔子教育的对象是孟懿子，孟懿子代表的不仅仅是个人，还代表当时鲁国的整体秩序。孟懿子以不违背父亲学礼的遗命来尽父之道，这是他个人的尽孝，所以，他个人最重要的行事原则与方式就是依礼而行。孔子说无违于礼，这个礼的含义比原本孟僖子要他学的礼的含义更广。虽然春秋时期西周的封建礼乐制度开始崩坏，但是礼并没有消失，人们反而开始寻求礼的新的内涵。礼原来具有的深刻的内在意义，更进一步地被展现出来，成了国家祸福、吉凶、存亡，以及个人命运的决定性要素。

孔子为什么不直接把话说清楚？一方面是记录者的技巧，另一方面是孔子回答的技巧。孟僖子与孟懿子和孔子的关系比较特殊，虽然他们是孔子的学生，但也是最高的当权者，因为师生之间对政治的看法并不相同，所以孔子采用了特别的回答方式，仅以"无违"两个字来提醒他，这两个字中包含着孟懿子来学礼的缘由与过程。从孔子的说话技巧，我们可以体会孔子的智慧，他面对当权者，既不阿谀，也不回避，只是说得极其简要。编者如此记录，也是在提醒该如何正确发言，正确发言就是礼。

《论语》中的礼，是正确且有分寸的行为，也是人的高度理性的体现。孔子说"无违"，以孟孙氏的身份，他当然知道其中的含义，但一般人无从得知个中缘由，会觉得只讲"无违"似乎太空泛了。孔子在与樊迟的交谈中又说："生，事之以礼；死，葬之以礼，祭之以礼"，这是更具体、更通用的行孝方式。

"生，事之以礼"，意思是父母在世时，子女应以礼侍奉。从中国的社会史、文化史来看，春秋上溯至西周都可以用"礼"字来概括。礼，不只是政治性活动的规范和社会的秩序，也包含民间的节庆风俗和生活中的礼仪，它是人类文明理性的表现与象征，在这个理性中，包含着人的丰富的生命情感。

关于礼的恰到好处，在《春秋》和《论语》中都有充分的体现。文献记载了一个故事，有一天曾子的父亲很生气，拿着大棒子打他，甚至一棒子把他打晕了，后来曾子把这件事告诉了孔子。孔子听了之后说，你这样做并不是孝，你应该"小棰则待过，大杖则逃走"，也就是说，你父亲拿小棒子打你，可以接受，可是当父亲盛怒，拿着大棒子打你的时候，你一定要逃，因为人在愤怒的时候，可能会失手把人打死或打残，如此不是陷父亲于不义吗？所以这其实是不孝，不是行孝的适当表现。

另外还有一个故事，春秋时期，晋文公的父亲晋献公年老时宠幸郦姬，郦姬为了让自己的儿子坐上王位，天天进谗言，甚至设计要害死晋文公的哥哥太子申生。大家都劝太子申生逃跑，并且在适当的时候揭穿郦姬的诡计。但是申生不肯，他说："我身为晋国太子，能够不顾国家的尊荣逃出去吗？再说，以我的身份，能逃到哪一个国家去呢？我逃出去变成了人质，对国家有什么好处呢？父亲在这么大的年纪，终于找到了心爱的人，这使他的生命有了意义，情感有了寄托，我身为人子，怎么能忍心迫害父亲所爱的人呢？"于是他就自杀了。当时，晋国人非常同情太子申生，认为他宅心仁厚，肯自我牺牲，但并不赞同他的做法。他死后的谥号为恭世子，"恭"，即自重，意思是申生是非常自重的太子，不过不称他"孝"，因为这种行孝的方式是不适当的，是没有理性的愚孝。礼有适当的分寸，它出于人理性的思考、认知和抉择，申生的尽孝其实是陷父亲于不义。今天读《左传》的人，难免会认为晋献公很糊涂，让这么好的孩子自杀了。

孝并不是只有情感而已，也需要理性的关照。所以《论语》在另外一章谈孝道时，孔子说："事父母几谏。"意思是子女侍奉父母不要一味地劝谏，而是要在恰当的时候去劝谏。孝是一种极具情感性的行为，仍然需要理性的关照，由此可见"无违"的含义是非常深刻而丰富的。

因为樊迟不懂，所以孔子说："生，事之以礼。"也就是说，父亲活着的时候，做子女的当以礼侍奉他，但不要一味地愚孝，应当带着理性的思考和认知来做适当的抉择，然后适当而有分寸地对待父母。钱穆先生在《论语新解》中提到，父母有不合理的行为时，子女不当顺其非，必自以合礼者事父母。他还说，顺从父母的错误并不合理，因为这表示子女不认为父母足以为善，也就是说，做子女的已经放弃了自己的父母，这就等于把自己也陷在错误之中，这才是最大的不孝。在现实生活中，父母的行为不一定是善的、合理的，子女应当了解父母，并以礼侍奉，以礼尽孝。在孔子那里，礼，不是死板的仪则规范。

孔子又说："死，葬之以礼，祭之以礼。"西周至战国，是以礼为中心的时代，但诸侯们违背了礼，用了不该用的礼，像鲁国的三大当权者孟孙氏、叔孙氏、季孙氏，他们违反了社会秩序，用天子之礼做了许多事情，尤其是在葬礼和祭礼上，为了显示自己的权力、财富和身份地位，违礼行事，这都是不对的。

西周早期以礼治国，不是用法，更不是用权力。它通过婚姻把天下联系起来成为大的家族，让各民族和谐相处，摆脱了征服者与被征服者的关系，而不像古埃及、古希腊、古罗马、古巴比伦，在征服了其他地区之后，便建立起征服者与被征服者的伦理关系。所以，西周的阶级其实是伦理性的阶级，具有家族性的伦理关系，而这也是中国不同于西方的重要的古文化。当权者知礼、守礼，就是在维护大家族的生活秩序和生命秩序；当权者违礼，就破坏了大家族的共同的生活秩序，这可能是国家动荡的开始。

所以孔子说："死，葬之以礼。"死者是什么身份，就该以他当时的身份去葬他，以展现出他对各个阶层人类共同生命发展的贡献。"祭之以礼"，就是在祭祀的时候，依祭祀者的身份，来表达对死者的怀念。如果自己是平民百姓，就算父亲贵为国君，也应该以平民百姓之礼去祭祀父亲。如果自己是为政者，就应该以为政者之礼来怀念先人。每个人都要以自己当下的身份来祭祀先人。

总之，一切都要在高度理性的关照下，适当表达自己丰富的生命情感，这便是《论语》这一章最重要的内涵，而这种礼制的建构是现代社会发展中不可缺少的润滑剂。

6. 孟武伯问孝。子曰："父母唯其疾之忧。"

孟武伯是孟懿子的儿子，名彘，武是他的谥号，可见孟武伯好武。彘是凶猛的野猪，代表有力量。

孟武伯勇猛好武，是个好斗的孩子。此外，他是孟懿子的儿子，他来问孝，孔子便针对他的特殊性给出了答案，不过这个答案同样具有普遍性。孔子说:"父母唯其疾之忧。"这句话有三种解释:第一种解释是,父母爱子女无所不至,因此常常忧虑子女的身体健康与否,若子女在日常生活中能够了解父母的关怀和担忧,就做到了孝。第二种解释是,做子女的平日里以谨慎作为行事准则,让父母放心,只在生病的时候才让父母担心。也就是说,父母唯一要担心的是孩子们有没有生病。第三种解释是,做子女的只以父母的疾病作为自己唯一的忧虑,"其"作为讲,汉朝人常这么认为,所以大思想家王充和高诱在注解《淮南子》时都采用这个解释。东汉时,学者们编的《孝经》里说"孝子之事也亲……病则致其忧",意思是孝子侍奉双亲,父母生病的时候要表达忧虑,并全力照顾父母。

在这三种解释中,我采取第一种和第二种,因为它们的差距比较小,可以结合起来。也就是说,做子女的要了解父母对自己无微不至的关怀,平常应当谨慎对待自己的身体、对待自己的一切作为,除了不可抗拒的疾病,尽量不要让父母担心,这就是孝。人若能有这样的思考和心理准备,即使从事冒险活动,也一定能做好万全的准备,而不冲动做事。也有人说,中国人就是因为这样,所以孩子们不敢冒险,因此外国比中国进步得快。我们不能否认这种状况的存在,不过以此来断定一种文明进步与落后,未免太简化了。这句话的重点在于,当我们能够意识到父母的爱,以及我们的生命在父母心中的分量时,就不会轻视自己的生命了。

从孟武伯的名和谥号,我们可以推想出孟武伯就是那种成天让父母担心这个孩子会不会闯祸、会不会发生意外的人,所以,孔子以这句"父母唯其疾之忧"来提醒他要懂得父母的心意。这句话既特殊又普遍,既个人化又是通则。人类世界不论地位高低、财富多寡,父母对子女的爱都是一样的,孟武伯虽贵为世卿之子,但他让父母忧心的情况跟普通人一样。

孔子回答孟武伯问孝,就是在提醒孟武伯及世人,为人子女的要能够了解父母的心,要进一步懂得人性、人情、人心。所谓的能知人,其实就是从理解父母的爱开始，因为这份爱是宇宙生命中的最大力量。

7. 子游问孝。子曰："今之孝者，是谓能养。至于犬马，皆能有养；不敬，何以别乎？"

子游是孔子的学生，姓言，名偃，比孔子小四十五岁。孔子去世后，儒家分成了八派，子游属于其中一个重要的派别，据说子游开创了中国的游侠之风。

孔子回答子游问孝时所说的"今之孝者"，指的是一般行孝道之人，"是谓能养"，只要能供给饮食，不让父母挨饿，就是孝了。但孔子又说："至于犬马，皆能有养；不敬，何以别乎？"如果奉养时没有心怀敬意，这跟养狗、养马有什么区别？换句话说，如果孝道只是供父母吃喝，单纯提供物质的满足或享受，却不带任何敬意，这和养动物有什么不同呢？

两者的差别就在一个"敬"字上，什么是敬？敬是发自内心的具有深厚情谊的尊重，这是人心灵的精神性表现，代表人在生命的自觉中意识到自己活着，有这种意识是非常可贵的事，自然会对自己的生命来源——父母，献上敬重和感谢。

孔子说人的孝道，重点就在于这份意识的展现。当人能意识到生命的可贵，就会意识到父母赐予自己生命有多么值得感谢。心怀感恩，敬意、情意就会自然地流露。此外，孝道不是原始生命习性的表现，即"反正你养大了我，好吧，我就养活你吧，也没有别的办法，这是推脱不掉的责任"，如果这样想，就是没有意识到生命的特殊与可贵。生命的特殊与可贵是儒家之学中非常强调的，它不是概念、知识，也不是单纯的思想，而是生命觉醒的表现。也可以说，孝道是人的精神、理性、情感提升后的呈现。

8. 子夏问孝。子曰:"色难。有事,弟子服其劳;有酒食,先生馔,曾是以为孝乎?"

子夏是孔子晚年的学生,也是孔子死后重要的儒家传人之一,他以传承经典知识为主,是一位学者。子夏问孝,孔子说:"色难。""色难"自古有两个解释:一是指子女要能顺从父母的心愿,让他们天天开心。这不是一件容易的事,因为这需要随时观察父母的脸色。二是指子女在照顾父母的时候,总是和颜悦色,没有不耐烦,这一点也非常不容易做到。尤其当父母年老,生命力衰退时,他们会慢慢失去安全感,变得多疑、固执,有的时候会更需要呵护和关怀。

这两个解释,我个人认同的是第二个,即子女长大后照顾父母时要和颜悦色。这几章讲的都是子女们问如何行孝,孔子的回答多半是根据不同子女的性格特点,告诉他们行孝的方式。

孔子接着又说:"有事,弟子服其劳;有酒食,先生馔,曾是以为孝乎?"父母有事需要处理,子女去帮忙完成。"服"是操持。"劳"是出劳力。有酒食时,让父母先享用。"酒食"指酒、饭、菜等。"先生"指年长者,也就是指父母。"馔"是享用。一般人都以为这就是孝,孔子在这里反问子夏:"你真以为这样就是尽孝了吗?""曾"是助词,作乃解,加强语气,这不是尽孝,尽孝更重要的是子女在照顾父母的时候,始终能保持和颜悦色。

这如何能做到呢?我想最重要的是要有对生命的认知,也就是生命的觉醒,意识到生命的可贵,意识到从人的角度出发,这个世界上再没有比活着更好的事了。有了这样的意识,就能够在照顾父母的时候,一方面怀着感恩之情,另一方面保持高度的理性,很客观地看待父母年老后可能发生的状况,这样,在相处中就不容易出现问题了。

拿婆媳关系来说,婆婆与儿媳大都是从对立、占有的立场出发,所以才会发生冲突，如果能保持高度理性，并且从生命觉醒的角度来看待问题，彼此的关系就不会那么紧张了。所以，这里特别强调"色难"，"色"指面部表情，也是人内心情感的流露。换句话说，内心的所思所想会自然地表现在脸上。也因此，在现实生活中，如果人能打开视野，从生命的觉醒中去了解生命，看到家里的症结与自己的问题，那么在面临与亲人间的冲突时就能找到解决方法，至少可以让自己不被焦虑的情绪困扰。

孔子的回答，看似简单却极其深刻。子游问孝，孔子强调的是敬，子夏问孝，孔子强调的是爱。有爱而无敬，即使能养父母，也不是真正适当的行孝，有敬而无爱，同样不是真正适当的行孝。有敬有爱才是真正的孝。上自为政者，下至平民百姓，面对自己的生命之源都得有敬、有爱，这份敬与爱是人在生命高度觉醒后才能做到的。

其实，不论是谁，都想有一份完整的生命之爱，并享有这一份爱，如此一定要有生命的觉醒。这是教育的重心，也是行孝的开始，这也表明孝超越了阶级、形式，它的重点在于每个人内在的觉醒和对情感的体认，这就是人的深度理性的开展，也是情感教育的完成。

这四章中，孔子分别针对问孝者的特殊性，强调他们尽孝各自该注意的地方，同时也引发人们深入思考、认识生命的本质。孟懿子问孝，孔子说无违于礼，这是孟懿子作为当权者该有的尽孝原则。因为礼是社会公共秩序，是法的基础与前提。古代中国讲究情、礼、法，从今天的角度来看似乎太重人情，不过以往所谓的情，是人类共同的心理反应和基本的心理需求，属于社会舆论，礼是从这个部分延伸出来的，所以，礼是社会的公共秩序，是法的基础，也是法的前提，古代中国就是这样来看情、礼、法的。人只有做到既不违法也不违礼，才是有自主性的人。所以，知识分子要能知礼、守礼，主政者或当权者更要知礼、守礼，一般百姓也要知礼、守礼，如此才能构建有秩序的社会。不只是社会秩序需要维持，人心的秩序也需要维持，这就是"道之以德，齐之以礼"

的含义,也是"本立而道生。孝弟也者,其为仁之本与"更高远、更深刻的含义。

虽然孟武伯是当权者的儿子,但是就孩子应享受到的父母之爱而言,当权者和老百姓是一样的,这是人类的共性。至于子夏和子游,虽然他们是平民,但是两人性格有别。子夏性格拘谨,父母有需求他一定积极去做,有酒食一定先请父母吃,孔子告诉他"色难",也就是提醒他要有内心的那份喜悦。子游性格狂放不羁,他为父母提供食物,做到了奉养父母,孔子则提醒他如果对父母"不敬",就跟养动物没什么区别。

所以在孝的表达上,孔子告诉人们,一个主敬,一个主爱,各有差别。这四个人的孝各有不同,却是天下的通理,足以教导每一个人如何行孝,以及如何认识人性、人情和人心,并去完成人性中的各种可能。

此外,读《论语》或其他经典,非常重要的一点就是要能与自己的生命相结合,与自我对话。《为政》篇的前几章说的都是大原则,后面则是由个人的不同性格所引发的问题。通过这些普遍性与特殊性,把人的生命贯通起来,或者将人的外在表现和内在心理活动贯通起来,如此,人的生命就能全面地呈现。

从孟懿子、孟武伯、子游、子夏等人的问孝,我们可以清楚地看到,凡是有关生命的学问,是无法用自然科学的知识或方程式排列出来的。同样是孝,因为人的性格不同而有不同的答案,这才是有效的指点和开示,也才能够让人从蒙昧或盲目中豁然开朗。人们常会因为这种教导,让生命有所改变、更新,所以也会因为这样的教导而被启发,让生命有整体的提升。

我们到今天仍然推崇孔子、苏格拉底,甚至推崇近代许多科学家,如哥白尼、伽利略、牛顿、爱因斯坦等,因为他们启迪了人们的心灵,提升了人们的生命层次。在这种提升的过程中,人们的心智不断被开发,自我不断地被调整,人的生命觉醒越来越明确,自主性也不断增强。因此,人对人才能有更深层的认识,也才能有更多的包容和体谅,而这一切都属于知人的范围,知人是中国学问中十分重要的部分,也是有关生命的学问的核心之一。

此外，知人是为政的基础。古人认为，为政最重要的一点就是知人，知人才能制定合乎人性的制度，也才能举荐出真正的人才，从而达到行政的目标。在历史上，我们可以看到许多政治领袖之所以英明，往往是因为他们能知人善任。比如根据史书记载，尧让各地领袖推荐人才，而后他发现了舜，从此展开了一个新的世界，后来舜又发现了禹。古人说到舜的时候，常常说他无为而治，《南风歌》就是赞美舜的无为而治，而他的无为而治其实是他知人善任的结果。春秋时期，齐国大臣鲍叔牙把管仲推荐给了齐桓公，最终管仲协助齐桓公完成了霸业。另外，还有张良和刘邦，汉高祖刘邦出身寒微，没有受过什么教育，性格粗俗傲慢，但他遇到了张良，在听过张良的一席话后，从此对他言听计从，甚至尊他为师，最后刘邦不仅灭了秦，还建立了汉朝。

在人类历史上，像这样知人善任的例子不胜枚举。相反，因不知人而失败的例子也非常多，比如北宋思想家王安石在变法时，为了追求绩效，只根据自己的理想制定变法政策，而不根据事实去做研究和调查。后来，为了对抗反对的人，他起用了一大批小人，最终不仅导致变法失败，还埋下了北宋覆亡的种子。

孟子说："徒法不能以自行。"意思是说，从来没有一个制度可以自己去完成效能，再好的制度都得有人来执行。该如何认识人才、发现人才，都属于知人的范围。因此，《为政》篇孔子才会谈孝，并且从不同的人该用的行孝方式来展开论述，因为这些都包含在知人的范围里。

9. 子曰："吾与回言终日，不违，如愚。退而省其私，亦足以发，回也，不愚。"

颜渊是孔子最爱也是最得意的学生。"吾与回言终日，不违，如愚。"意思是我教导颜渊，给他讲课，有时候跟他讲一整天，他只是一味地听，没有质疑。

也就是颜渊听了孔子的话，全然接受，安安静静地没有任何反应，像个傻子一样。"退而省其私，亦足以发，回也，不愚"，意思是下了课，孔子观察颜渊平日的生活，看到他把上课时所听到的道理全都实践、发挥了出来，于是孔子忍不住说"回也，不愚"，颜渊实在是一点儿也不傻。

这句话先讲孔子对学生的观察，亦即对人的观察。人要有能力对人、对己进行观察，孔子作为老师，在教学的过程中看到了颜渊的特殊性，"不违，如愚"，"不违"其实是颜渊平日的表现，孔子从这个表现中形成了对颜渊的印象。一般人通常容易从事物或人的行为表象上做出片面的判断，尤其是年长者，包括父母、老师或各级主管，他们常常会凭着自身经验做出主观的判断，并根据这个判断来认识人或决定下一步的行动，很少进行深入而整体的观察与思考。

孔子看到颜渊只是终日听课，一句话都不说，像个傻子一样，而且这可能是常态，但孔子并没有贸然地做出判断，而是进一步从颜渊平日的言谈举止中进行观察，最后得出"亦足以发"的认识。孔子看到颜渊最真实的内在部分，他可以将上课时所学的内容完全地实践、发挥出来。有教书经验的人一定可以体会，要是遇到这种学生，当老师的真是高兴至极。孟子也说，人生有三乐，其中的一乐就是"得天下英才而教育之"，而英才的特质就是"亦足以发"。

本章体现了颜渊的深邃细致，以及他的聪慧之处。这句话不但表现出孔子真的是位好老师，而且告诉我们要如何对人做全面观察。

10. 子曰："视其所以，观其所由，察其所安。人焉廋哉？人焉廋哉？"

前一章记录了孔子对颜渊的全面观察，而这一章的"视其所以，观其所由，察其所安。人焉廋哉？人焉廋哉"则提出了观察人的通则。从个案到通则，从通则到个案，从内到外，从外到内，交错往来，互相感通，《论语》此种结构呈现了生命的互动性，是教人认识完整生命世界的方式之一。

虽然"视""观""察"都是看的意思，但其层次是由外而内、由浅入深的。"看"是一般性的看，就字形来说，"看"是用手遮住眼睛上方，挡着光，看一看。"视"是"示"字旁，右边是个"见"字，因为"见"代表看见，所以"视"包含看，不过是慎重地看，它的慎重表现在"示"里，"示"含有慎重祭祀之意。换言之，有如祭祀般慎重地看，注视、重视的含义就是这样来的。集中注意力、目不转睛专心地看，就叫作"视"，引申为仔细地看。"察"是审查的意思，比"视"和"观"都更加细微深入。

"视其所以"，意思是观察人的第一步是要仔细地看。"其"是被看的对象。"以"可解释成行，表示行动、行为，也就是人日常的表现。外在行为常包含着一个人的内心想法或心理动向，因此，观察人的第一步就是要仔细看这个人的行为。

比如，张良与黄石公的相遇，是张良一生事业的起点。在两人相遇后的互动过程中，他们彼此都在仔细地观察对方，这就是"视其所以"的意思。智者通常会静静地、不带任何情绪地看，如此才能看到世界的真相，这是观察学习的第一步。教我读《史记》的鲁实先老师说，这是非常重要的客观地观察世界的方式。

第二步，孔子说"观其所由"。"观"的繁体字"觀"，左边是雚，雚是大鸟，总在高处瞪大眼睛看着四方，因此观是整体性地、自上而下地看，有统观的意思。"观其所由"指在细致地观察对方平日的行为之后，再进一步看他所行、所为的依据。"由"是路径，古人将其解释为做事的动机或依据。钱穆先生在《论语新解》中说，"由"是经由，同样一件事，不同的人选择的道路可能各不相同，有的人爱走捷径，有的人好冒险，有的人则喜欢选择平坦大道，人的取舍，往往和他的心术有关，而心术则代表价值观，因此"由"就是人选择做人、做事的方式的依据。孔子观察人的第二步，就是从他的行事中进行总体的观察，也是深入人内在的价值世界，因为每个人做事的原则，都是由其潜藏的价值观决定的。

就像当年，秦末楚汉相争之际，本来项羽和刘邦约好谁先入咸阳谁就可以称王，刘邦先进入了咸阳，所有随着刘邦入城的人，见到满城的金银珠宝、绫罗绸缎，都疯狂去抢，刘邦也不例外。当时樊哙就问他，你是只想做富家翁发点财，还是要成为天下的霸主啊！张良也来劝他，这时，刘邦才停止了抢夺，不准任何人再抢劫任何东西，一切都封存起来以等待所有英雄的到来。

反观项羽，他进了咸阳之后便烧杀掳掠，最后一把火烧了咸阳宫，并执意要回到家乡。他说，自己有了这么大的成就，如果不回去，就没办法在家乡人面前显耀，那就等于穿着漂亮的衣服在漆黑的夜晚行走，毫无意义。

从这些表现中可以看到刘邦和项羽两人价值观的不同，也可以看到两人格局的大小，以及未来的成败，这就是"观其所由"的意思。

最后一步是"察其所安"。"安"是心之所安、心之所乐，也是人之情感的所定、所寄、所乐之处，它是人的内在最细微的心理反应，也是生命方向的决定性因素。孔子非常重视"安"，它是人情、人心最重要的体现，甚至可以说是人之所以能成为人的根本。在现实社会中有许多既善且恶的人，很多人对此大惑不解，其实我们只要"察其所安"，大概就能够理解。

每个人、每个民族，或者每个国家存在、表现的根本，就在所安之处。人是感性的动物，而且情感极其丰富。甚至可以说，即使人再有理性，在理性的背后也是人的情意的表现。

"视其所以，观其所由"，之后再"察其所安"，如此一来，"人焉廋哉？人焉廋哉？""廋"是藏匿、隐藏。当我们能从这三个方面去看一个人的时候，那这个人还有什么可以隐藏的呢？换言之，这个时候我们便可以完全了解一个人了。这是孔子为我们提供的认识人的方向和方式。

孔子教人如何知人，就像古希腊哲学家对科学和自然进行观察一样，都想从中找出其最本质性的部分。孔子教人如何在关照情感的前提下，冷静、客观地面对人最真实的部分，他所提出的三种识人方式是为了了解一个人的寄情之处，亦即情感的皈依处，简单讲，就是他到底是利己还是利他。

在人与人的交往中，"遇人不淑"这个词通常是指女孩子遇到不好的男孩子，其实在生活中的上当受骗，也算是一种广义的遇人不淑。在这一点上，王莽是个很典型的例子。王莽在当时曾被视为社会楷模，他有学问、有思想、有理想，看起来也很有品德，于是知识分子们合力推动，让他成为执政者，希望他能带领人们实现那个时代酝酿出来的天下为公的政治理想，只是人们没想到，他只活在自己的概念世界里。史书中说他狡诈、矫情，欺骗了当时所有人，但实际上，当时的人们一心处在理想的热情中，主观地认为他就是个什么样的人，并没有真正花时间、下功夫去观察他，所以才造成了识人不准的后果。其实，历史上有许多大事件都是因为当事人只凭着一股热情，未经真正仔细地观察、冷静地思考而做出了错误的选择。

人有能力去认识、了解他人，是一生中非常重要、不容忽视的一件事。"视其所以，观其所由，察其所安"，就是认识人的既直接又有效的方法。

11. 子曰："温故而知新，可以为师矣。"

前一章孔子提出直接有效的观察人的方法，不过人还要扩大认知范围，从认识个别的人，进一步认识整个人类。人作为一个个体，是受时间、空间的限制的，如何才能超越此限制去认知更广大的世界呢？西方传统上是以绝对的个人为代表来认识群体的人的。可是人的生命很短暂，而且太个别了，很少有雷同，个人怎么能代表群体呢？所以西方人认为，人不能成为知识研究的对象。

与西方不同的是，中国是从人的角度来看人的，认为人既是有时间性、空间性的个体人，同时人也具有群体性。严格来讲，在人的世界里，不可能有绝对的个人，每个人都是父母的子女，同时也可能是子女的父母；可能是兄的弟，同时是弟的兄；可能是姐的妹，同时是妹的姐。人有了这种相互关联，是不会孤独地存在这个世界上的。

子曰："温故而知新，可以为师矣。"指的是人可以从人类历史中去拓展对人的生命的认知。"温"是用慢火炖东西，引申为学习，慢慢地不断尝试、学习。"故"字，古来有两个解释，第一个是旧闻，亦即从前所知道的事情；第二个是故事，也就是典故，如"六经"中所说的都是远古的事情，这就是故。"知新"是知道新的。古人讲"温故而知新"，是对所有旧有的事物都熟悉了以后，了解了它的大意，然后反复斟酌而后提出新的看法。历史上最典型的例子就是汉朝。虽然秦始皇废除分封制，设立郡县，统一了度量衡和文字，同时开辟运河和改善交通，但是当汉高祖一统天下之后，经济和文化上依旧是一片荒芜，再加上项羽一把火烧掉了咸阳宫里收藏的天下图书，汉高祖要怎么治理这么庞大、复杂且荒废的国家呢？

汉朝的学者对过往的历史经验和诸子百家的学说进行总结与研究，然后提出了黄老之术，无为而治。数十年后，国家治理逐步走上了轨道。他们提倡儒术，兴办教育，培养人才，配合社会人心的实际需要"复古更化"。"复古"就是回归自古以来的历史大传统，"更化"则是配合时代的更新去建立新的制度，一切以人性、人情、人心为主，也就是在旧时代传统的延续中，发现新的可能，然后顺着时代的变化进行新的创造。这就是"温故而知新"。

古代中国的史学主要目的在于鉴往知来，从以前到现在，再到未来，始终有一条线牵系着，不会中断。"温故而知新"是从历史中拓展人类经验，而后再从纷杂的历史事物中认识、观察，掌握某些构成历史重大事件的关键节点，进而了解其中的因果和法则。

所以，"温故而知新"的第一个解释是从温故中拓展出新的观念、新的知识、新的认知。读历史是鉴往知来，从过去了解今天，并且预知未来。钱穆先生在教我们的时候，每堂课都会问："你们看报了吗？今天有什么事情发生啊？

有没有人可以说说看，我们今天这堂课的重要题目？"所以当时的同学们每天都得看报纸。钱穆先生说，你们要能从古代经典中看今天的事情，知道今天的关键事件会影响未来的哪些事件，同时也要注意到这些事情就是未来历史的重要事件。站在历史的角度看，过去、现在、未来是一个整体，不可分割。这就是"温故而知新"。

"温故而知新"的第二个解释是既熟悉历史与人类过往的经验，也懂得了什么是新知，温故和知新一样重要。"而"是同时。诚如钱穆先生在他的书中说的，学历史要能知人、知时，还要能超乎时代之上，盱衡整个人类历史的发展以至抓住当下的关键。所以"温故"和"知新"在中国历史中、在知人中、在知识中，是同等重要的。

"温故"的目的不是停留在旧闻里面，而是要能够以此开发"知新"的能力，亦即鉴往知来。

此外，"温故"和"知新"是并重的，因为人的生命本来就是并存而融通的。"温故而知新"，也就是将人的古今、内外、新旧融合为一，既知道人世、知识的整体性和共同性，也知道它们的个别性，就能融会贯通而不偏执于一个角落，这样，就"可以为师"了。为师主要在能通。

"师"，简单来说就是老师。中国自古以来便将政治和教育合而为一。中国传统的政治理想一方面是要展现德政和仁政，以合乎人性、人情、人心，并制定出合情、合理、合法的制度；另一方面也主张在理想社会中，政治和教育是必须结合的，《尚书·周书·泰誓》说"作之君，作之师"，意思是要做好领导者，必须先做好老师。好老师要有耐心，能真让学生明白事理，引导他们做出正确的选择。

传统儒家认为，作为领导者不能一味地追求政治任务的完成，还有责任向民众说清楚，让他们明白大家当下所面临的状况是怎么回事。民众清楚之后，才能在此基础上做出判断和选择。在引导人们跨入某个新领域时，也要告诉他们这个新的领域是怎么回事，该如何跨越。除了政治领袖，各级官员以及学校的老师，也要了解时代的变化，明白哪些是民众必须知道的，哪些是一定要对他们说清楚的，如此，社会才容易进入崭新且更加安全的阶段。

古人强调，身为官员一定要有爱心，如此才能担负起教育、教化民众的责任。以苏东坡为例，他从政四十年，曾被贬到过许多地方，从这些记录来看，苏东坡不是个好官员。可是换一个角度看的话，他实在是个好官，不论被贬到什么地方，只要有时间、有空间供他施展，他就会用心做事，譬如推动农业发展、兴修水利工程，甚至带领民众美化环境，让当地人感受到生活的美好。用今天的教育观点来讲，这属于潜在教育，他能用最直接的方式让人们的心灵和气质产生变化。

历史上令人崇敬的官员兼教育家还有韩愈，是他打下了潮州易治的基础。当年苏东坡到广东潮州时，惊讶于在如此偏远地区的人们尚礼义、重教化、好读书、肯受教，经深入了解后才知道原来这都是韩愈的功劳。韩愈当年被贬到潮州，看到潮州非常落后，于是兴水利、办学校、推广新的农业技术、垦荒、治理环境，不到八个月，潮州的人文风气为之一变，直到苏东坡到职时仍然文风不辍。

苏东坡、韩愈等人为官时都负起了老师的责任，成了真正的教导者和启发者。这些为人师者，都是点亮人们智慧的人，也是引领人们走向幸福的人。"温故而知新，可以为师矣"，说明为人师的一个重要前提是要能够"温故而知新"，唯有如此，才具有处理各种矛盾的能力，也才具有宏观调控事物的能力。

人很容易被局限在自己认定、熟悉的观念或事件中，因而没办法做整体性的观察和思考。从人类发展的角度来看，任何知识或行业都是人类历史发展的轨迹，从古代到现代，由过去到未来，从未知到已知……不论传授多么专业的知识，如果将时间性、历史性、发展性融入教育中，学生们就一定深受启发，会意识到时间和发展的问题，不会被局限在一个点上，也会意识到人的生命不是只处于这一时、这一地的，任何一滴水都可以流向大海。

身为老师，最重要的是要能会通、通达。"温故而知新，可以为师矣"，这句话点出了教师的重要性，也强调出教师是为人开启生命觉醒的关键。同样，能会通、通达也是君子的要素，所以下一章谈"君子不器"。

12. 子曰："君子不器。"

"君子不器"，意思是作为君子，他必须是个通达的人。"不器"，简单来说就是通达之意，"器"是器皿，凡是器皿都有固定的用途，譬如杯子有杯子的用途，盘子也是，器物各有各的用途。当器物各自有其特殊用途时，就会产生排他性，也因此会产生来自自身的限制。就人来说，如果人只局限在自己的专业、技术乃至观念中，不管他多么厉害，都无法发挥其最大的能力，还会把自己跟外在的一切事物隔绝开来。所以君子要提醒自己，不要受到这种类似器物性的自我局限。

人们总喜欢用悲剧英雄来形容项羽，其实他的确是一个军事奇才，百战百胜，但若从"君子不器"的角度来看，项羽只能算是一个善战的机器，而非真正的领导者，甚至都算不上一个真正的善战者。他征战不停，用战争表现自己的能力，然而，身为领导者要调和鼎鼐，还要集中无私的力量，让群体和合共生，他在这方面是有缺失的。在他彻底失败的时候，却说："非战之罪，天亡我也。"他的观念完全局限在具体的一次次征战上，把自己当成了一"器"，这样是无法成为君子或真正的领导者的。

以前老一辈常说，一个人就算浑身是铁，又能捻出几根钉子来？这就是在嘱咐孩子不要固执，不要刚愎自用，其实也是教导孩子不要只是成为一"器"，不要自我设限。

成为一"器"，不只是指局限在技能之中，也包括陷入一己的观念、看法和价值观中。近代有些人在人生的价值观念上，多半以实用为主，常想在最短的时间内取得最好的效果，否则就认为自己没有价值。在这种观念下，很多人都在追求绩效，并以实用价值来作为衡量生命价值的标准，其实这也是一"器"的表现。

因此，庄子主张无用之用乃为大用。在《庄子·逍遥游》里，庄子与惠施辩论，惠施骂庄子："你说了这么多，都是一些没有用的道理，就像那棵大树长得那么高大、那么粗壮，但是因为扭曲多枝而不成材，在现实的人生中无所用。"庄子笑着回答："你每天都在有用和没有用之间计较打转，弄得自己焦虑不堪，你为什么不让这棵大树就站在那里，或者把它移到旷野中去，享受一下没有特定目的的自由呢？"

或许有的人还是会坚持惠施的观点，认为在现实世界中，人一旦没有用，就很难活下去。不过，换个角度思考，如果要想达到所谓实用的目的，就要能涵盖我们认为无用的地方，这样才能有大用。

《庄子》里还有一段故事。有一天，庄子带着学生去拜访好友，在路上看到一棵长得粗壮的大树，因为它没有任何用途，所以木匠们来到树前，基本上都是叹口气后便离开了。可是庄子跟学生说，你们知道为什么这棵大树能长得这么好，享有它的天年吗？就是因为它在现实社会中无用。而后，庄子和学生到了好友家，好友吩咐孩子杀鹅款待客人。小孩问，要杀哪一只呢？庄子的朋友说，就杀那只不会叫、不能看门的鹅吧。学生这个时候便问庄子："老师，您说那棵大树因为无用而享有天年，这只鹅却因无用而丧失生命，人到底该活在哪种状况里啊？我们该如何看待我们自己在这世上的位置呢？"庄子笑着回答："就活在有用和无用之间吧。"庄子这句话，古来有很多种解释，如果从"君子不器"的角度来看，就是该有用的时候有用，该无用的时候就无用，人不要一味地停在有用上，也不要坚持无用。这就是生命的大用，也才是"大器"。

《老子》开篇就说："道可道，非常道，名可名，非常名。"老子认为完整而永恒的道，是有与无同时并存的。一般人都根据自己的经验来看世界，只注意经历过的事，然后以来自经验的语言、名词、概念表达对世界的认识。经验当然很重要，不过通过经验所得，也只限于"有""具体存在"等范围里的认知，在经验范围之外，还有很多看不见、没有经历过，或不见得有现实效果的"无"和"超乎具体存在"的事物。所以老子认为，通过经验得来的并不是全面的认识，必须将"无"纳进去，才能够得其全，才算是完整的认识，也才算是对道的真正认识。凡是可以用经验的语言、名词、概念解说的，都不足以完整地呈现永恒的道。

什么是道？道的涵盖范围很广，人们总是说成功的人有能力高瞻远瞩，就是能看到尚未呈现的、未来发展的可能性。所以老子这句话是在提醒人们，你是否有能力看到那个还没呈现、不容易被看到的部分？老子强调的道，或说完整的世界，是同时包含着有与无的。

所以"君子不器"是强调君子不受特殊用途、特殊观念、特殊价值的限制，但并不是说君子必须得是通才，而是说君子的内心与认识必须通达，必须具有包容性和高度敏锐的觉察力，如此他才能心胸宽广、眼界高远，也才能预判自己事业发展乃至人类发展的可能性。

作为领导者，重要的是要拥有心灵上的自由空间，这样才能超然于特定事物，超越自我狭隘的原始冲动，真正面对全人类的大局，看清楚事情的真相。新时代的为政者，以及企业家、知识分子等，如果他们都能"不器"，都能称得上君子，那么整个社会不论精神的还是物质的建设，在思考、认知方面都会周到、健全。

只要人能摆脱生物原始生存冲动的捆绑，就能够看到人内在原有的与宇宙天地的大和谐，或者说大我。如此就不会有对立、矛盾、冲突，能自然拥有整个宇宙天地，获得真正独立自主的人格。"君子不器"呈现了人获得生命自由后的状态。

"君子不器"是孔子赋予君子的新意义，它强调君子的通达性、包容性与和合性。中国自春秋战国时期就强调和合，《易经》更呈现出以和合为宇宙永恒运行发展的元素和规律。"君子不器"的通达性、包容性、和合性的基本前提就在"为政以德"的"德"字上，也就是能够在生命觉醒的基础上，表达出生命的善意。

13. 子贡问君子。子曰："先行其言，而后从之。"

本章可以看出《论语》前后的衔接性。前面从"温故而知新"到"君子不器"，孔子提出了如此广阔的新意义，那么，这个新意义又当如何落实在现实世界里呢？这需要进一步地诠释和说明，所以孔子在本章提出了更具体的方法。《论语》在方法论上极其明确、清楚，并不是空泛的道理或者道德规范。

前一章孔子说："君子不器。"这一章子贡接着问什么是君子，孔子回答说："先行其言，而后从之。"如同之前的问孝一样，孔子针对每个提问者的特殊性做出适当的回答，这次回答子贡的问题也是这样。

在孔子的学生中，子贡是最善于言辞的，他的辞令非常委婉，却又周到而高远。前文曾提到过，在齐国攻打鲁国时，子贡充分施展了他的外交能力，让局势有了改变，也救了鲁国。所以，针对善于言辞的子贡，孔子说："先行其言，而后从之。"孔子通过循循善诱的教导，给了子贡适时、适当且最有效的提醒，即要用实际行动来检验"君子不器"，因为"君子不器"这个原则比较抽象。这里强调的是行为的重要性，它能具体地呈现君子之德。

"先行其言"的"行"可以解释为实践中，实践中含有主动贯穿的力量。"其"是自己。"先行其言"就是先实践自己的言论或自己宣扬的主张、理想，即把它们先做出来。"而后从之"，等到做完以后，再将这些想说的话或想完成的事表达出来。即先不要大张旗鼓地宣扬自己要做什么，因为人常常在热情本能的推动下越说越起劲，以至夸大了自己的能力，如此，言语反而成为情绪的宣泄渠道。有时我们会看到有些人夸夸其谈、言行不一，这是他通过言语为自己编了一个梦，以满足自己的虚荣心。

作为一个生命觉醒者，要能从言语中觉察出自己内在的心理和情感动向，也要学会做自我调节，通过实际行动让自己的身心逐渐趋于统一，"先行其言，而后从之"是一种自我修养的方法。

"先行其言，而后从之"强调的是行动与实践，"君子不器"是心理、精神上的表现。在实际生活中，还要能够主动实践，否则就和俄国小说家屠格涅夫笔下的罗亭一样。《罗亭》是屠格涅夫一部小说的书名，也是书中男主角的名字。屠格涅夫所处的沙俄时期，恰好是新旧思想交替的时代，社会上有许多青年都怀抱着梦想，四处宣扬自己理想中的社会。他们把当时欧洲流行的思想挂在嘴边，到处去教导别人，这在当时形成了极为独特的社会风气。不过这些人大多都只是想满足自己参与社会的热情和冲动而已，以致所有的努力都用在了嘴上。罗亭就是这样一个有着巨大梦想，但只是用嘴说说的年轻人。屠格涅夫笔下的罗亭，代表那个时代社会风气下的部分男性，他们是梦想的巨人、行动的矮子，始终被现实的功利主义所捆绑，没有勇气真正地迈出实现梦想的步伐，以致最后一事无成。

"君子不器"是通则，"先行其言，而后从之"则是具体目标的达成与检验方法，要达成"君子不器"，必须能够实践自己的承诺。

人的生活离不开现实，孔子看重如何去创造美好的现实，所以《论语》中既包含了理想，也包含了现实。有些人怀抱着极为远大的理想，然而当真正去做的时候，就会看到现实和理想的差距，其实那只是自己与自己理想间的差距，这个差距往往是深藏在看不见的地方，不实际操作便无法察觉，有了实际行动，才能看见其中被隐藏的部分。这就是《论语》的精彩之处，它能具体地指导人们真正走向理想的人生。

14. 子曰："君子周而不比，小人比而不周。"

一个人有了生命觉醒，便能察觉到自己原先没有察觉到的部分，而后能够做到"不器"，又能"先行其言，而后从之"，这样的君子必然是一个"周而不比"的人。"周"是公正、周到、普遍，"比"是亲昵、偏私。也就是说，一个有着高度生命觉醒的君子，可以通达、不狭隘，如此一来，他与人交往、处理事务时自然会公正、周到，而不偏袒，不会只跟自己喜欢的人打交道。相反，"小人比而不周"，这里的"小人"是还没有生命觉醒的人，这样的人做事容易偏袒，无法做到公正、周到。近代有学者将这句话解释为："君子团结而不勾结，小人勾结而不团结。"

"周"和"比"之分，就是公义和私利的差别。从《论语》到《孟子》，君子与小人之别，或说大人与小人之别，重点就在公与私的觉醒上，即群众共同利益和私人利益的考量上。

"君子周而不比，小人比而不周"，君子对人、对事，都有能力做出更周到、更公正的处理。以西方人的观点来说，这种人发展出了更有深度的理性，并且能够更高更远地去看这个世界，俯瞰人类生命的问题和全球共同发展的问题。

任何理想的政治，都必须从拥有全面认知开始，也可以说是从拥有人生命觉醒后的深度理性开始。

孔子提出了在新时代知识分子该有的心胸、见识和行为能力。我们可以从这个角度来看《为政》篇、看政治事务。这些依然是从德入手，德是生命觉醒后，以及对人心、人情有所了解后所展现的善意和善行。如此，才可能有"周而不比"的表现。其实这一切都离不开"学"，这个学既是知识的学习，也是自我的生命觉醒，同时又是人的高度理性的活动，作为君子不可不学。所以下一章孔子谈"学"的问题。

15. 子曰:"学而不思则罔,思而不学则殆。"

《学而》篇所谈的学,重点在于自我觉醒,而《为政》篇所谈的学,重点在于向外学习。当然,两者都是人类觉醒的表现,即使在老师的教导下,学生们的学习也都包含着觉知的开展,而觉知的过程,重点在于"思","思"是深度的反省,也是高度理性作用的表现。

"思"字的下面是"心",上面是"田",用现代的观点来看,我们的心有着各种各样的状态,其中不仅包含各种意念,还包含潜意识、记忆、感受、情绪和热情,以及各种渴望和期待,当然也包含了各种偏见、价值观念或意识形态。如果我们能把这种心的状态理顺,让它变得有条不紊,就叫作思。

借用西方哲学的说法,所谓思,就是通过归纳、综合等抽象过程,再经过分析比较、推理判断的过程,把人的主观好恶,或者说个人情感的作用加以排除,而后得出完全合乎理性思维法则的结论,就是理性的表现。从人的认知来看,这是深度思考、深度反省的结果,在人认识外物、知识与任何新事物时,不再是依着本能直接接受,也不只是被动地被灌输。

然而现在,即使有些人受了高等教育,也只有感性,而没有理性。在一般人的生活里,充满来自感性的迷思,他无法用高度理性来厘清自己的各种困惑,因此人生中充满了各种冲突、矛盾。

"学而不思则罔"的"罔"古来有两种解释,一种是迷惘,另一种是误惘,亦即错误的认识,看不到真相,甚至以非为是。其实这两种解释可以合而为一,迷惘、误惘本来就互为因果。"学而不思则罔"的意思是,人在学习,甚至在自我认识的过程中,如果没有经过思考,或者不做根本的反省,必然会有所迷惘,如此,便会将似是而非的认识当作唯一的准则,去判别所有人、事物和经验,从而导致误解。

东晋文人陶渊明有段时间穷困至极,亲戚朋友都叫他出去做事,然而,他做事期间遇到了种种挫折，后来他发觉那样的工作违背了他的性情，于是毅然决然地离开了。后来，他在诗中说"知来者之可追，实迷途其未远"，意思是还好我迷失得不久，我知道未来我还可以把握。

人偶尔会因为一时糊涂、迷惘而做出某些决定，致使自己的学习被耽误，事业蒙受损失，究其深层原因，有时责任不全在引导者身上，而在于自己放弃了该有的深思。因此，人在学习中，在自我觉醒的过程中，都必须深思、反省和辨识。人唯有在深思、反省与反复辨识的过程中，才能清楚地分辨事物，做出正确的判断，如此人才能建立起自我的主体性，做自己命运的主人。

"思而不学则殆"的"殆"古来也有两种解释：一种是危殆，也就是危险，不过它的重点在于不安、不确定；另一种是疲殆，也就是精神非常疲惫，努力了半天却无所得。其实这两种解释也互为因果。"思而不学则殆"指的是人一天到晚思考、反省，而不去实际学习，没有增加知识，只凭着已有的知识去验证，以致没有真正地领悟。时间久了，会觉得疲惫不堪，在心理上也非常不安，甚至有时会对自己的生活产生厌倦，因为在整个学习过程中不知道自己在做什么，也不知道目的何在。

西方现代心理学中有这样一种说法，人固然会在十二岁时进入青春期，这段时间是理性快速成长的时期，青少年会不自觉地全力思索、探究许多事物的本质，因此他们会不断地提问。这个时候教师和家长应该给予适当的启发和开导，切忌一味压制、否定，以免让孩子产生挫败感，影响理性思维的发展。

"学""思"必须并重，不能只有学，没有思，也不能只有思，没有学，人是学与思合成的生物。就如康德所言，只有感性的经验，没有理性的认识，是盲目的认识；而只有理性的认识，没有感性的经验，则是空洞的认识。

清朝政府为了政治的稳定，大兴文字狱，并将所有地方书院都收归政府所有，学术的发展也只以考据训诂为重，禁止讲义理与思想，甚至连史学也不重视了。虽然当时的政府编了《四库全书》，但是废除、查禁了更多传播进步思想的书籍，再加上长期的闭关锁国，导致了近代中国文化的衰落、人的觉知的僵化，最后甚至导致了清朝从极盛而走向衰败，以致覆亡。

今天，我们该如何重建民族的智慧和创造力呢？我想最简便的方法就是通过教育和学习，不过，在教育和学习的过程中一定得有健康思想的启迪，亦即生命觉醒的启迪。人们有了健康的生活，才能有思想的自由，也才能有创造力。"学""思"并重，不偏执任何一端，可以有效地避免人生出现弊害。

16. 子曰："攻乎异端，斯害也已！"

子曰："攻乎异端，斯害也已！"这句话的意思古来一直众说纷纭，有人认为"攻"是治、研究，也就是专门去研究的意思。"异端"，简单来说就是不合乎人生正道的异端邪说。因此，整句话的意思是，如果我们专门去研究，同时全面肯定杨朱的绝对的个人主义，或者墨子的绝对的集体主义，就是"斯害也已"，这是有害的呀！"斯"是这，"也已"是语气词。

但也有人认为，"攻"是攻伐，一味提倡杨朱的绝对的个人主义，或墨子的绝对的集体主义，而不提倡孔子的仁道，最后人与人之间必然会相互攻伐。如果能清清楚楚地去辩证认识这件事，这些异端邪说之害就会停止，"已"乃停止之意。

只是孔子那个时候还没有墨子和杨朱的思想，那么就孔子所处的时代而言，"攻乎异端，斯害也已"，该怎么解释呢？

清代学者焦循在《论语补疏》中说，"攻"可以解释成治，也可以引申为错，即切磋琢磨之意。焦循认为，"攻乎异端"的"异端"不是指邪说，而是指事物两端中的一端，就像我们说的事情的正反两面，我们如果能够不固执其中一端，对另外一端也加以切磋琢磨，那么固执一端的偏见之害，就自然消失了。

钱穆先生在《论语新解》里也进一步解释，孔子教人为学，不当专向一偏，也就是说，他告诫我们不要胶着在正反两个极端上，尤其是在做人为学上，要知道天下殊途而同归，一致而百虑。作为一个有高度思考能力的人，当求通其全体，如果坚持在特殊的一端，整个社会可能会因为我们的坚持而分裂。钱穆先生又说，孔子言学，常兼举两端，就像谈仁的时候常会谈礼，或兼谈智，谈质一定会谈到文，谈学一定会谈到思，谈思一定会谈到学。《中庸》也说，要能够"执其两端，用其中于民"，在实际政治中，绝对不能偏执在某种特定的主张和观念上。换句话说，唯有执其两端，才能知道什么是中道，中道指的就是最适当的方法、认识、政策等，而此一中道，必然要在两端或整体中才看得到。

所以，"攻乎异端，斯害也已"最恰当的解释当如钱穆先生所说，如果只专向某一端用力，就是有害的。

17. 子曰："由，诲女，知之乎！知之为知之，不知为不知，是知也。"

"由，诲女，知之乎！""由"是孔子的学生子路。子路名由，为人热情、忠贞诚恳。以他的性格，容易对一些事情固执己见。"诲女"是教诲汝。由啊，我要来教你，教你知道什么是真正的知。

真知是"知之为知之，不知为不知"。这句话其实已包含两端，前文提到任何事物都有两端，其实在人的认知上也有两端，一端是知之，另一端是不知，两端合起来才是真知，而这个真知就是全知。钱穆先生在《论语新解》中说，人有所知，有所不知，但其中的界限有的时候并不是那么清楚，于是人常会不自觉地跨过这个界限，以不知为知，甚至以不可知为必可知。

近代强调人定胜天，认为科学的发展一定能解决所有自然的问题，但今天因科技的发展，致使全球变暖，人类开始面临许多新的环境问题，这是大自然的反扑，而自然科学到目前为止还没有找到解决办法，可见即使是科技，仍有它的不知之处。如果我们再问，世界是怎么来的？为什么地球刚好和太阳保持这个距离？为什么会有大气层？这一切是怎么发生的？万物的起源在哪里？我想这目前仍是人类未知的部分，同时这也不是科学所能知的。科学上的已知极少，而未知的部分无限多。

苏格拉底认为，不能只凭人的认知就认为人是真理的标尺，他要做彻底的探索，去寻找最根本、最正确的认知。于是全雅典的人都称苏格拉底是智者，是雅典最聪明的人，而苏格拉底自己的解释是，那是因为全雅典城内只有他一个人知道自己一无所知，所以苏格拉底强调人一定要认识自己。我们必须厘清什么是自己知道的，什么是自己不知道的，什么是人能知道的，什么是人还不能知道，甚至是不可能知道的。

《道德经》上说，这个世界有"有"和"无"两个部分。那么什么是"有"？"有"可以说是一切具体的存在，包括我们现在所看到的一切现实世界，或者已发生的状态，当然这也是人可以确定知道的部分，而"无"则是指不存在，或者还没有发生，甚至会消失的部分。人在认知的时候，能不能意识到"无"的部分呢？老子所提出来的真知是全知，也可以说这是中国式的真知。

孔子的说法和老子略有不同，但也是全知的方式，他说"知之为知之"，我们能确知我们能知道的是什么，或者什么是我们能知道的，又说"不知为不知"，我们能确知哪些是我们不知道的，或不可知道的，如此"是知也"，这就是真知，其实这就是前面所说的全知。

苏格拉底要求的真知是做彻底的探索，是本质性的追求，而孔子提出的是全然的理解。东西方对于人所能认知的真知各有看法，孔子提出的全知，着重在会通，因此谈"温故而知新"，谈"学而不思则罔，思而不学则殆"，谈"攻乎异端，斯害也已"，这就是全知的会通的说法。今天人们如能清楚地掌握西方的真知，亦即去彻底探索，以求本质性认知，且能加以运用，同时不放弃会通所得来的全知，我想我们的思维能力和创造力，一定会走向新的高峰。

18. 子张学干禄。子曰："多闻阙疑，慎言其余，则寡尤；多见阙殆，慎行其余，则寡悔。言寡尤，行寡悔，禄在其中矣。"

"子张学干禄"，子张是孔子的学生。"干"是求，"禄"原本解作俸禄，引申为出来做官。孔子所处的时代不再是严格的贵族阶级制了，如果平民足够优秀，就可以出任官职，得到俸禄。所以子张请教孔子如何才能做官。

上一章谈什么是真知，属于形而上的问题，这一章则是求官职的形而下的实际生活问题，这呈现了中国学术的特点在于道器合一、经世致用，形而上与形而下是一体两面。

孔子回答子张："多闻阙疑。""闻"是听，"多闻"是多听。"阙"是空、搁置。"疑"是心里还有疑问的部分。人在社会上做事，尤其是刚进入社会，或者刚进入新单位的时候，最重要的就是要多听，在听中了解、熟悉自己所不知道或感到陌生的事。倾听以后，先把有疑问、无法确信的部分搁置下来，不要轻易下判断。听，在与人相处或在做事中是非常重要的能力，借着听可以了解事物的整体状况，也可以学会客观、超然，深入人、事、物的内部从而认识真相，客观裁决，不意气用事。所以善于倾听的人通常容易成功。

"慎言其余"，意思是要谨慎地讨论可确定、没有疑问的部分，亦即精准的、确知的部分。换言之，处理事情的重要原则是不要人云亦云，而是要能够做出正确的判断。如此"则寡尤"，"尤"指在外面做事时容易犯下的错误，如果能"多闻阙疑，慎言其余"，就可以减少在外面做事时所犯的错误。

"多见阙殆，慎行其余，则寡悔。""见"是看，除了多听，还要多看。"殆"是经过反省，心中觉得不安、不确定的部分。"悔"是心中产生的悔恨。这句话是说，人要多看、多观察，把自己心中觉得不安的部分先搁置下来，然后再小心谨慎地去做可行、可信的部分。这里的小心谨慎，指的不仅是在日常生活中趋吉避凶，还要随时保持敏感和谨慎客观的态度，以便能随时自我调整，寻求其中最正确的部分。如此，才能减少因过度主观草率而犯下的错误。"尤"与"悔"都是人没有在现实世界中充分调动理性而要承受的后果。

最后，孔子说："言寡尤，行寡悔，禄在其中矣。"意思是说，如果我们做事时能保持冷静、理性，在言语上、行为上减少错误，那么工作或事业自然就蒸蒸日上了。

在这一章，孔子指出个人在做事、处事时应当严谨和稳重，同时也要表现出自己有被信赖和可托付的能力。这是人与人相处时，能否相互信赖、互相帮助的基本依据。今天，如果我们想在现实社会中有所行，这一章仍然是通则，甚至可以说是走向成功的座右铭。

钱穆先生在《论语新解》里便有这样的提醒："多闻、多见是博学，阙疑、阙殆是精确的抉择，慎言、慎行是自我行事的原则，寡尤、寡悔是实践的结果。"钱穆先生认为，孔子的这一番话，可说是古今的通义，直到今天还有效力。这不仅是每个人做事的基本规范，也是"知之为知之，不知为不知，是知也"的实践方式。

19. 哀公问曰："何为则民服？"孔子对曰："举直错诸枉，则民服；举枉错诸直，则民不服。"

上一章的子张问干禄，谈的是平民在社会上如何做事，而这一章是国家的最高领导者来问如何为政，这两个人的身份和地位完全不同，不过，孔子给出的都是人类共同智慧层面上的答案。

鲁哀公是鲁国国君，他向孔子请教："何为则民服？"意思是，如何行政才能使老百姓服气，并甘愿接受领导？

前几章说过，在《论语》中，孔子赋予了很多事物以新的意义，例如问孝、问君子、问干禄，这里的问政也一样，鲁哀公问政，孔子同样给出了新的提醒。

"孔子对曰"，在古代，"对"字用于回答上位者的提问，这里表示孔子对国君的尊重。"举直错诸枉，则民服"，"举"是用，"直"是正直，引申为正直的人。"错"是安置。"枉"是邪曲，指不正直的人。这句话的意思是，作为领导者，在选拔、任用干部的时候，要将正直的人安置在不正直者的前面或上面，如此才能让一切行政都合理、合法，甚至合情，人民自然就会服气，进而接受官府的领导。相反，"举枉错诸直，则民不服"，如果把不正直的人安置在正直者的前面或上面，人民自然不会服气，也不会接受领导。

在社会政治中，人们在服从或接受领导的背后，有着强烈的心理因素。"服"有心悦诚服的意思，所以为政一定要举用贤才，这是所有领导者最该注意的一点。不过，孔子在这里以正直代替贤能，一方面强调德政的重要性，另一方面则主张正直是贤才的第一要素，不容忽略。若从更宽广、更抽象的意义来说，为政者最重要的不只是选用人才，还当施行正确的政策。如果做不到，人民自然不服，反之，则一定心悦诚服，这是人们自然的心理反应。

20. 季康子问："使民敬，忠以劝，如之何？"子曰："临之以庄，则敬；孝慈，则忠；举善而教不能，则劝。"

季康子就是季孙氏，是鲁哀公的正卿，也是当时鲁国位高权重的人物之一。他问孔子："使民敬，忠以劝，如之何？""使"是推动、带动。"敬"是慎重、专一，不只是对人、对事，也指精神境界的提升。"忠"是尽己，亦即全力以赴，这同样是精神层次高的表现。"以"是而、同时。"劝"是勤勉、努力工作。整句话的意思是，领导者要怎么做才能推动人民，使他们在生活态度上认真、专一，并且在面对事务，包括自己的理想时，能做到全力以赴？

季康子希望有这样的人民，这代表他希望整个社会安定、和谐，而且充满温情，可见他不只是当权者，也是好的为政者。从这个问题中，可以看出他认识到了政治最本质的核心层面，同时他还重视人民的精神、心理问题。换句话说，为政的关键在于通过政治上的作为，唤醒人民内在的善性、善意和善念，使社会充满爱和温情。这就是"劝"字所要表达的政治哲学。

孔子回答他说："临之以庄，则敬。"主政者以严肃、认真、不轻率的态度对待人民或与人民有关的事务，人民心中自然就会产生敬意，并以敬回应。

"孝慈，则忠"，"孝"是子女对父母，包括对启发自己的人的爱。在很多电影中，知名作家、画家或学者在成功之后，常常会怀念当初那个启发他们的人，在陈述过往时那种爱的反应，甚至能扩展为对自己生命来源的感激和肯定。这些都涵盖在"孝"的情感中。"慈"是父母对子女或长辈对晚辈的无条件的爱和照顾。"孝""慈"是人的内心最深切细微的情感，人们若能意识到这种感情，心中就不会充满愤怒、怨恨，如此，社会自然会有祥和温馨的氛围。

人都是需要爱的，"孝"与"慈"强调的就是要对自己周遭的人付出真心的关怀。若为政者能真正关爱人民，人民就会意识到人与人之间最真诚的关系，也会勇于打开内心，表达对那份真诚之爱的支持和认同。

"举善而教不能，则劝"，举用善人。"善"是德，这是人在生命觉醒后，充满善意的行为表现。"善"字，上面是"羊"，往下是一横两点，这其实是一双手的简写，再下面是"口"，善的本义就是用手拿着羊肉吃，好吃极了，指有利于人生命发展的行为。孟子说"可欲之谓善"，能满足人的欲望、促成生命的成长就是善。所以，能使生命有所发展是善，而所做之事有利于社会大众的人就叫善人。政府在选用人才的时候，必须选择具有善意、能做出有利于众生事务的人来担任官职，并且通过这些人去协助那些能力不足者。如此，这个社会自然充满活力、希望，遇到困难时会互相协助。

孔子通过对季康子的回答提醒为政者，政治不只是权力的掌握与运作，也不仅是行政事务的推动和执行，其终极目的在于建立和谐社会，以及发扬人民的善性，提高人民的素质。

21. 或谓孔子曰："子奚不为政？"子曰："《书》云：'孝乎惟孝，友于兄弟。'施于有政，是亦为政，奚其为为政？"

孔子谈政治、谈为政以德，提出理想政治的大原则，甚至说政治的终极目的是提高人民的素质，所以，就有人问他："子奚不为政？""子"是尊称，相当于今天的"您"。"奚"是何。您为什么不去从政啊？

子曰："《书》云：'孝乎惟孝，友于兄弟。'"这里的《书》是《尚书》，当时，孔子以《书》和《诗》作为教育人的基本教科书，学习《书》的重点在于了解政治的意义与作为，可以说它是理性教育的范本。孔子引用《书》中的一句话，来说明自己为什么不积极参与政治，进而点明政治不只是狭义的管理群众事务，更重要的是要提高人民的素质，并求得全国上下情感相通，以至和谐。他说"孝乎惟孝"是对孝的赞美，简单地说，真正的孝就是对父母孝顺。"友于兄弟"，懂得父母的爱，然后把这份爱推展到兄弟姐妹，因为兄弟姐妹都是父母所爱的子女，我们爱父母，对父母尽孝，所以也该爱兄弟姐妹。

然后孔子说："施于有政，是亦为政，奚其为为政？""施"是推行、延及、扩大。"有"是助词，没有意义。孔子认为，爱是建立和谐社会的基础，把对父母和兄弟姐妹的爱推广到社会，让社会乃至全人类和谐起来，这其实就是为政了，何必要亲自去从政呢？"奚"是何。"其"是岂，解作难道，"奚其"用今天的话说，就是何必。换句话说，人人都可以从政，只要能去爱，能推动这份人间的温情，能让全社会都沉浸在和谐的爱中，不必担任政治职位。

孔子扩大了对为政的看法，也进一步说明政治的中心在仁、在孝、在悌，如同《论语》一开始就说"孝弟也者，其为仁之本与"，这就是爱，而这份爱也就是"为政以德"的"德"。

这一章还有更深的意思，那就是孔子致力于消除人类的痛苦，这痛苦起因于"我执"。"我执"的意思是一般人常常逢事儿就把自己放在第一位，或者认为一切非我不可，他们会坚持自己的意见或观点，听不进别人的意见，以致看不见客观的条件、情势。历史上许多失败者都是因为这样的刚愎自用，例如项羽，他到死都没能跨越的障碍是自己的固执，拿破仑失败的关键又何尝不是如此？因此佛学和哲学都以"我执"作为人生苦难的根源，基督教的《圣经》中也提到，人们很容易看见别人眼中的刺，却看不见自己眼中的梁木。

孔子带领人们跨越了我执的限制，他强调政道是仁道，仁道是人人合情合理的生活之道，而家庭和谐是政治和谐的基础。家庭的和谐直接来自家庭成员间的情感，这份情感不单是一份爱，还让人与人之间可以交流、沟通和谈心，走出自我的阻碍。

孝与慈、孝与友都是人类情感中最具正向的情感，政治的重要目的之一就是激发这份情感。如果社会上充满了正向的情感，自然就会有正义、公道，人们也就自然能分辨是非、善恶。

任何人，身为社会中的一分子，只要有这种生命觉醒，就能够深切了解人性与生命。不论处在什么岗位，都可以推及这份认识，促使人们获得这份爱的觉知，这就是为政。

22. 子曰："人而无信，不知其可也。大车无輗，小车无軏，其何以行之哉？"

儒家主张爱是人类社会的基石，而爱是从家庭的亲密关系中诞生的，但在社会人群中，人与人之间该如何表达这份爱呢？这份爱、这种以爱为人道的精神，在社会中要靠什么来连接、维系和表达呢？

本章孔子以"信"作为人与人之间联系的纽带，这也是爱在社会中的表现方式。"信"的基本意思是人能实现自己的诺言，"信"既有"人"，也有"言"，这表示人只有做到内外一致，才能实现自己的诺言。若人人有信，社会和国家都有信，就能将散漫的个人和社会、国家联合起来。相反，若无信，人与人便会失去对彼此的信赖，国家必然会走向瓦解。所以孔子说："人而无信，不知其可也。"这个"而"解释为如果，如果人失去了信用，我就不知道还可以做些什么了。这不只是说"信"是个人活下去的依据，也是整个人类社会发展的基础。

然后，孔子又说："大车无輗，小车无軏，其何以行之哉？"在古代，不论大车、小车都需要用马或牛来拉，因此车辕的前面会绑一道被称为"衡"的木头，便于把牲口套在车辕上，而车辕和车衡的连接处有插销，大车的插销叫作輗，小车的车销叫作軏。这句话的意思是，如果人类社会没有信，就好像大车或小车没有了插销，整个社会便不健全，难以运转。换言之，人类要是无法互相信赖，人类自身还能有什么作为？

西方也有类似的观念，例如，哈佛大学政治学博士弗朗西斯·福山主张，信任是人与人之间的凝聚剂，也是人类社会的重要基础，他引用社会学家科尔曼的说法，人这种互相信任共事的能力，是社会的资本，其中蕴含着庞大的经济价值。当然，这只是从经济的角度来谈诚信，由此可见信是推动社会发展的主要力量，甚至是人类能团结组成社会并在蛮荒自然的挑战中生存下来，进而创造文明的凭借。

因此孔子在这里提出了信，以此作为人类生存的必要条件，他认为信其实来自人类对历史经验的认识。从人类历史的发展变化中，可以获得共识，进而看到人性、人情、人心不可动摇的部分，这部分统称为人道，而这也是史学研究的重要意义所在。

23. 子张问："十世可知也？"子曰："殷因于夏礼，所损益，可知也；周因于殷礼，所损益，可知也；其或继周者，虽百世，可知也。"

古人的一种解释称三十年为一代，一代即为一世，十世就是三百年。子张问："十世可知也？"意思是，人类这样一代一代地更迭，真的能够知道三百年以后的事吗？另一种解释称王朝易姓叫作一世，也叫作一代，即改朝换代。换句话说，人类可以预知未来吗？我比较偏重第一种解释，亦即三十年为一世，不过这两种解释都是谈人类的未来，也就是想从人类的历史中看到未来的发展。

子张问十世是否可知，孔子的回答是肯定的，他说："殷因于夏礼，所损益，可知也；周因于殷礼，所损益，可知也。"礼是中国传统文化中非常独特且重要的名词，也是中国传统文化的核心，它是适当的分寸，对人的适当尊重的行为。深入一点说，它是人高度理性的表现；更广泛地说，它指一切典章制度、政令、仪式以及社会的各种习俗中所含藏着的人性、人情、人心所共有、共守的部分。如同爱和关心是人类共同的理想，也是人类共同的课题和向往。这就是礼的内涵，也是推动历史发展的动力，甚至可以说是构成历史发展的不可或缺的部分。如果依照宋代理学，这必然就是道，就是理，一切都是天地间本就存在着的。宋代理学家也说，礼就是体，是人类完整生命的表现。小至个人，大到天下，其实都是一个生命体，都有来自人性、人情、人心以及生命的必然性，如果我们能抓住这个必然性，大约就能预知历史的发展规律了。

此外，礼也是人类文化整体的表现。世界上任何文明都可以从礼的角度去看，正因为有礼，人才不再停留于动物层面，而开始有人的生命秩序，有理性、有知识，还有适当的爱人、爱世界的能力，能够对生命尊严有所了解，并发展出精神性需要。所以孔子在春秋时期赋予了礼这种新的意义，并以此作为历史的中心点。孔子通过这样的历史考察，认为夏朝是古老中国从原始社会正式进入文明社会的开始,也是社会从部落组织走向国家组织的重要时刻,因此他从夏礼开始谈起,说殷朝的历史文化和典章制度大都是从夏朝继承而来的,不过随着时代的变迁与人们生活需要的变化,自然有所增减,并形成了新的面貌。就像殷继承了夏,却有殷的面貌,周继承了殷,也有周的面貌。这就叫作损益之道,既是历史的常轨,也是历史发展的必然。依据这个前提,人们就可以推知未来的走向,譬如钱穆先生的许多著作中都有关于历史常轨和发展的看法。

所以孔子说:"其或继周者,虽百世,可知也。"意思是将来继承周的那些新朝代,虽百世,也是可以预知、了解的。在这里,孔子提出了四个重要的观念。第一,人类社会有常、有变,常与变是同时存在的。第二,人类历史依此常与变,在政治、经济或社会制度上就自然会有"因",就是继承,会有"革",就是革除,会有增有减,这叫因革之道。第三,社会组织、政治制度乃至文化活动,也就是礼,不可能一成不变,而是要与时俱进。所以古人说,礼以时为大,礼以时为用,意思是礼应该随着时代的改变而改变,随着时代的需要而有所增减。这里点出了"时"字,为政者只有能知时,才不至于闭塞固执。第四,在变革中又有不变之处,如同所谓的"传统",它不是一成不变的,"传"指时间的变化,只是在这变化中有"统","统"是在时间变化中有一致、不变的部分,在一切可变当中,有其不可变的部分,就叫传统。了解历史的演变与传统,并抓得住人性、人情、人心的共同性,便可鉴往知来,把握人类生命发展的方向与具体的文化进程,同时也能知道未来的状态或可能性。

礼是传统的核心和基石,也是各民族在不同生命经验里寻找出来的生命凭借。虽然每个民族的传统不同,但都是各有其礼,这可说是人类共同的大传统,也是人类生命发展中的共性。

"其或继周者","其",即不知道是哪一个,未来继承周代的不知道还有多少个朝代,总之是继承周而来的朝代,这是何等智慧的话!孔子是东周人,可是他竟然说"继周者",他知道没有万世一系的朝代,没有永不改变的体制,人类必然会一代一代地接续下去,生命也必然需要随时调整。

不过,孔子认识到了周礼的可贵,他说:"郁郁乎文哉!吾从周。"孔子认为周代的文化是丰富多彩的,但这不代表他保守,希望恢复西周的旧制。他从历史发展演变的角度,肯定了周礼的进步性,认为周礼是将中国正式带入文明社会的里程碑。从这个角度来看,孔子是肯定人类文明的发展,并且对人类深具信心的进步主义者,不过进步得以德为依据,德是礼的核心,是对人、对生命的爱。

"其或继周者,虽百世,可知也",孔子一方面表达了对后世人类的无限信心,另一方面清楚地说明了在人类历史的演变中,没有永恒不变的事物。如果有,那就是变化的本身,以及人类对生之大善的追求。孔子这种对人类生命的透彻了解,堪称人类历史上的最高智慧。所以下一章孔子谈生死,这是生命中最深邃的问题。

24. 子曰:"非其鬼而祭之,谄也。见义不为,无勇也。"

古人将这句话中的"鬼"解释为归,就是回去了,人死曰鬼,这里指所有去世的祖先。说到鬼,通常会带出"神"字,在经典中"鬼神"两字经常连用,近代有人把它当作神秘的超自然的力量来看,其实并非如此。鬼是已去世的祖先,神其实也是祖先,只是跟一般的祖先有所不同,它是对人类有具体贡献的人,也就是说,若其所作所为有利于人类的发展进步,便可以称为神。换言之,所谓神者,就是有遗爱、遗德在世者。这是中国人尊重生命的体现。

这一章是《为政》篇的结尾,孔子从"为政以德"将人逐渐带入政治最深层、最本质的问题中,让大家了解政治与人性、人情、人心的密切关系,进而又谈到历史文化中人类社会寻求生命发展的常与变,然后再以人死后的祭祀作结尾，第一方面是就礼而言。第二方面谈及生死，即人类生命中最深邃的问题。第三方面，人生命的发展、历史的延续，都是从祖先而来。第四方面，人类社会的宗教之所以存在，是因为生死无常，这是政治治理人群过程中所触碰到的人的最深切的感受。

孔子说："非其鬼而祭之，谄也。"从传统意义上讲，中国人祭祖是对生命的肯定与感谢，其中包含对生命和生者的礼敬，以及对祖先的纪念。然而，如果祭祀时祭的是别人的祖先，就表示他有额外的祈求，这种多出来的祈求是谄媚。"谄"就是求媚，乞求他人的喜欢，这是丧失自己、巴结别人的表现。人一旦没有了自己，就会总是去讨好别人，没有自主能力的人，就是欠缺生命觉醒意识的人。

"见义不为，无勇也"，这句话同样是谈自主性。"勇"是人生命自主的表现，没有勇就没有生命的自主性，这里再度呼应了前面提到的人必须具有自主能力才能"为政以德"。

公平与正义是见义勇为的表现，好的政治一定是合乎公平与正义的。治理众人之事时，必须有能力、有勇气排除一切私利，特别是要排除各种利益团体的包围、各种权贵的要求，以及地方势力的人情压力。见义勇为是人的生命高度觉醒的表现，人只有通过生命的自觉，才能从原始盲目的生存冲动中解脱，不再害怕失去生存机会，才能在生活中无所畏惧，不会因恐惧或焦虑而贪污、弄权、徇私。谄和无勇都说明人的内心怯懦，没有真正的自主性。

"为政以德"的"德"是源自人高度觉醒后的行为能力。人在面对生与死或面对公平正义时，可以直接测试出自己有没有自主的能力。真正的生命觉醒，有时会反映在一些特殊事件里，能突然发现自己过去没有发现的盲点。举个例子，有一次我突然肚子痛，然后发现是急性盲肠炎，被医生安排紧急开刀。医院的负责人正好是我学生的父亲，他细心地照顾我，还为我安排了最好的麻醉师和主刀医师，可是后来我肚子又不痛了，一切都恢复正常了，检验报告也显示什么事都没有。医生问我还要不要开刀时，我实在没有勇气说不，所以仍然接受了盲肠手术。事后我才发现，在面对人情的时候，我并没有真正的自主能力。

《为政》篇的编者以"为政以德"开始，再以"非其鬼而祭之，谄也。见义不为，无勇也"来结尾，真是高明极了！不谄而能勇，是"为政以德"的具体表现。意大利政治思想家马基雅维利在《君主论》中所谈的政治观点，可以与《论语》形成有趣的对比。《君主论》谈的政治是以权力和诈术为原则，所有努力都旨在巩固君主的权力，所以这本书成了西方统治者与政治家的最高指南。西方学者认为，这本书是人类有史以来对政治斗争技巧最精辟，也最诚实的展现。它是法国国王路易十四每晚睡前的必读书，拿破仑也称许它为英明君主的必读书。不过《君主论》与《论语》中的"为政以德"和要求生命的觉醒，是完全相反的主张。

中国哲学以人为研究的主体，也以人为真理的主体。人最大的特色就是一个生命体，这种生命体是无法用西方的逻辑思维或自然科学所使用的方法论来加以规范的，更无法用测量法、统计法来加以确定。因此，中国哲学呈现了完全不同于西方知识系统的风貌，若单就《论语》的体例来说，它就是围绕着一个活生生的人来开展的一类知识、一门学问、一本著作。但它该如何呈现人的完整生命活动，并体现出人真正的生命性呢？生命本身具有不同的层次，究竟哪一个层次能够说明人最特殊的部分？又该从哪一个层次去谈人呢？中国人认为应该从《学而》篇的"学"开始，也就是从人的觉醒开始，正所谓学者，觉也。

谈人，为什么不从人的欲望、人的本能谈起呢？西方从十九世纪末便主张人性是人内在的一种不可遏制的生存冲动，简单来说就是欲望或本能。其实从古希腊开始，神话、史诗、戏剧的核心，就是表现人内在那股原始生命力量的冲动。舞台剧《楼兰女》是根据古希腊悲剧《美狄亚》，也就是有名的"金羊毛"故事改编而成的。公主美狄亚爱上了漂流入境的贾森王子，并与他生下了一子一女，公主为助贾森出逃不惜叛父、杀兄、盗窃……可是后来贾森又另娶了别国公主，美狄亚为了报复，设计在婚礼上以毒火烧死新娘和新娘的父亲。为引人中计，她甚至以牺牲自己的一双儿女为代价来取信于人。许多观众都能理解美狄亚的恨，却无法理解她为什么忍心牺牲自己的子女。中国人有句谚语"虎毒不食子"，她怎么连自己的子女都能狠心杀掉？在希腊神话、史诗和戏剧中，这一切代表着人类内在天生的求生存的冲动，也就是宇宙原始的创生力，其中当然也含藏着毁灭力，因为没有毁灭就没有创生，所以创生是毁灭之后的另一种发展。他们通常把哀悼、狂喜，甚至悲哀、绝望、陶醉、迷乱通通地结合在一起，以表现人类内在的那股巨大且具有毁灭性的创生力量。也因此，西方特别强调理性，认为人如果没有理性，就没办法挣脱这股巨大的力量。

不同的民族会从不同的角度诉说他们对生命经验的感受，诉说他们所认为的人的特色，这个故事是古希腊乃至今天西方世界对人的了解、看法和解释。其实那种内在不可遏制的生存冲动，是生物所特有的，生物为了达成生殖或生存，往往会有惊人的举动。通过这些力量，我们可以充分了解宇宙中那股强大的生存冲动，以及古希腊的神话、史诗、戏剧为什么会有这样的展现。

在古代中国，因为生命经验的差异，人们选择用人的自我意识、自我觉醒和自主性来展现人的特殊性，它是人所独有的。学者，觉也，说明了内在觉醒是人独有的人性表现。换句话说，欲望本能，或者说内在不可遏制的生存冲动，是动物所共有的，并不是人的特性。所以孟子说："人之所以异于禽兽者几希。"人和禽兽之间的差别实在是极其微小，小到只剩下那颗心。孟子提出"心"来解释人，同时也解释仁，他说："仁，人心也。"这个"人心"就是自我意识和自我觉醒。孟子还说："学问之道无他，求其放心而已矣。"做学问没有别的方法，只要把我们丧失的自我意识和自我觉醒找回来就可以了，这里的"放"乃丧失之意。

相对于来自宇宙的强大的生存冲动，人的自我觉醒是很容易迷失的，不过，人可以通过积极主动的学习，建立起各种知识系统，这是人类文明所特有的现象。如果没有这份自我意识和自我觉醒，人类是不可能有文明的。

人的学习内容，除了大自然和人所生存的环境，最直接也最重要的就是人所处的社会，而政治是为政者管理人的行为，所以《学而》篇之后就是《为政》篇。因为孔子认为理想政治建立在人类自我觉醒的基础上，所以他说"为政以德"，"德"是理想政治不可缺少的基础和元素，也是人类民主政治的基石。今天所谓的自由、平等、博爱，就是人类德行的表现，也是人类自我意识、自我觉醒后的成果。

以自我觉醒为中心，《学而》篇到《为政》篇展现了人所特有的属性，这是中国传统哲学的重点所在。

八佾第三

论语

1. 孔子谓季氏："八佾舞于庭，是可忍也，孰不可忍也？"

《八佾》篇的主题是礼。人类在高度觉醒的情况下，要通过什么样的行为和方式，将政治的最高理想展现出来呢？古人是如何呈现他们理想的政治的呢？

三千年前，西周建立了具有丰富人文色彩的封建礼乐制度，从人类发展史来看，那是全人类最理想的政治制度。当时统治者将天下化为一家，试着让人与人之间互相尊重，不再因利益冲突而产生对立，是以孔子曰："郁郁乎文哉！吾从周。""郁郁乎"是丰盛多彩。"文"是人文，也就是今天所说的具有丰富的人文色彩。孔子说，从人文的角度，我认同周代的文化、礼制，还有封建礼乐制度。

古人说，礼者，体也。礼代表了生命群体的整体性，也是整个文化的表现，而文化就是生活的理想性和完整性的呈现。古人又说，礼者，理也。这是在群体生存的活动中所呈现的共同性、一致性、普遍性。比如，只要是人就有感情，就能感受到温情，就能有爱与对爱的渴望。人类最普遍的渴望，就是对感情的渴望，这份渴望通常集中在母亲的温情上，而这就是人的共同性、一致性、普遍性。

美国电影《太空争霸战》说的是机器人是无法表现出人类的感情的，而另一部电影《人工智能》中有一个小机器人对照顾它的女士动了心，并认她做了妈妈，之后它一直在追求那份亲子之间的依偎之情，并使之成为自己的生命目标。这是这部影片的动人之处，它触动了人的共同性、一致性和普遍性。

在古代中国，理的部分包括天理、地理、物理、事理、法理，还有情理，但是礼涵盖了所有的理，也只有在礼这样的群体生命活动中，才能呈现出所谓的生命秩序，同时表现出生命秩序的适当性。所以古人说，礼者，理也，礼就是一切生命的秩序。

古人又说，礼者，履也。"履"本来的意思是鞋子，当动词用时是走路，也就是践履，这代表人类主动地实践。

礼者，体也；礼者，理也；礼者，履也。从整体的展现到生命秩序的完成，再到人类主动去实践，这是礼的三个方面。

总而言之，在中国的传统文化里，礼是人类文化中最具理性的表现，它包含政治制度、社会经济、生活礼仪、民俗节庆，等等。也可以说，礼是人外在行为和内在表达的桥梁，是人内外调节后最适当的表现，也是人类高度觉醒后的表现。

《八佾》篇的第一章，孔子谓季氏："八佾舞于庭，是可忍也，孰不可忍也？"季氏是当时鲁国的当权大夫季孙氏。"佾"指行列。在古代的祭祀仪则上，舞蹈、音乐、诗歌全部融为一体，这在西周时表现得最为完整。在跳舞的时候，八个人为一行叫作佾，八佾就是八行，每行各八人，一共为六十四个人的舞蹈队伍。不过，这种规模的舞蹈在西周时只有天子可用，诸侯则是六佾，就是六行八排，一共四十八个人，大夫用四佾，共三十二个人，士用两佾，共十六个人。这在形式上呈现了西周封建礼乐所规定的贵族等级制度。

但随着时间的推移，到了孔子所处的时代，西周封建制度中的礼乐不被遵守了，所以季氏以天子所用的八佾，舞于自己的厅堂上。孔子听到这件事情后便批评季氏："是可忍也，孰不可忍也？""是"是这。也就是说，这样越礼的行为都能做出来，还有什么事做不出来呢？

钱穆先生在《论语新解》中说，"忍"有两种解释。一种解释为容忍。季孙氏以大夫的地位，僭越天子之礼，这样的事都可以容忍，那还有何事不能容忍呢？这是孔子因不满于鲁国国君不能制止大夫做出僭礼的放肆行为而说的。另一种解释是忍心，意思是季孙氏这种八佾舞于庭的行为，远则僭越了天子，近则蔑视了自己的国君，也就是鲁君，这种事都能忍心做出来，他还有什么事做不出来啊？钱穆先生认为第一种解释比较周到。但我以第二种解释为主，也就是说，季孙氏连这种事都能忍心做出来，还有什么事做不出来啊？这个忍心带有狠心的意思，这是汉代公羊学派今文经学家的说法。

西周的天子之礼不代表天子个人的权威，它代表的是天下人民向天地自然祈求生命不断发展繁育，所有人都能够生活得好，并表达感谢的典礼。天子所行之礼是天下、天地间的公礼，不是私礼，这是大义所在。

诸侯是地方首长，代表地方人民的意愿，因此诸侯之礼是代地方人民向天地表示感谢。卿大夫与士之礼，是就其职务所要达成的目的而行的祈求之礼，同时也代表着自己家族向天地自然与祖先表达感谢。老百姓则是以家礼为主，亦即以自己家的需求为主。所以，中国所谓的礼是以一层一层的人的祈求和生命的达成作为主体，天子要达成的是天下人共同幸福的意愿，并以此为主体。

因为季氏把关乎天下国家、民生大祭的公礼，拿来在自己家的厅堂上表演，所以孔子说，季氏在情感上、心理上没有天下、国家和人民，满心都是个人的私欲，他又居高位、任要职、掌大权，这种事都做得出来，还有什么事不能狠心去做的呢？这是春秋公羊学大义上特别强调的，政治人物把天下国家的事变成满足个人私欲的事，违背了公天下的政治原则，也是非礼的最严重的事件。

禅让制是儒家的重要政治观点和生命理想，也构成了古代中国最高的政治理想。太史公司马迁在《史记·伯夷列传》中尤其强调禅让制，把它放在列传的第一篇。因为伯夷、叔齐是西周初年孤竹国的两位王子，他们相互让国，舍弃君位坚持爱与和平，反对武王伐纣的以暴制暴，所以他们拒绝接受西周的俸禄，最后因饥饿而死。

在《史记·伯夷列传》中，太史公司马迁认为孔子对尧、舜已经做了考证，孔子乃至儒家所说的历史是比较合乎历史事实的，所以唯有考信于"六艺"，回归儒家的"六经"，才能确定整个古史的可信度。尤其根据《诗经》《尚书》的记录，确认尧传位给舜、舜传位给禹的历史，同时知道尧传位给舜、舜传位给禹并非私相授受，而是经过各方诸侯部落领袖的一致推荐，并且在通过试用期后才正式授任。这关乎全民、全天下的国家大政，是一项神圣重大的工作，绝不可掉以轻心，更不可私相授受。

此外，以历史的观点来看，孔子的学说来自周文王、周武王。《中庸》中提到孔子"祖述尧舜，宪章文武"，认为他的学说是以尧、舜禅让的理想作为本源和起点的，同时又继承了周文王、周武王封建礼乐制度的精神与理想。由于时代变迁，天下各部族各自发展，周文王、周武王推动异姓通婚，由此化天下为一家，建立和合亲密的关系和情感，从而达到了天下为公的理想状态。

中国经历了这么多的动荡，最终都能振衰起敝，融为一个大家族，重新开始一段新的历史，这都得益于尧、舜至周文王、周武王所建构出来具有和合性的民族性格。钱穆先生在《国史大纲》中说，一部五千年的中国历史，其实是一部五千年中华民族的抟成史，也是各个民族和合而成为一个大族的抟成史。不过他也说，尧、舜、禹的禅让大抵只是古代的君位推选制，经后人的传述而理想化。因为当时还没有国家组织，各部落之间互推一个酋长为诸部落的共主，所以这是推举性的部落共主制。不过，当时人们能够推举部落共主，承认有一个共同领袖，已经是人类在上古史上的很大进步了，其中包含了和平、共生的祈求和愿望。这和西方一个民族征服另一个民族、一个民族取代另一个民族的历史经验非常不同。因为孔子以此作为人类文明的起点，并且肯定西周的封建礼乐制度，所以他反对季氏仅因个人的私欲，破坏具有生命理想、展现人类生命意义的天子之礼。

下一章孔子就谈这具有生命大义的天子之礼，同时进一步说明季氏"八佾舞于庭"的更深一层的含义。

2. 三家者以《雍》彻。子曰："'相维辟公，天子穆穆'，奚取于三家之堂？"

"三家"是当时鲁国当权的三家，孟孙氏、叔孙氏、季孙氏，这三家都是鲁桓公之后，季氏还为鲁桓公立了庙。《雍》是《诗经·周颂》里的篇名。"彻"指祭祀完毕时撤除供品。"三家者以《雍》彻"，这是说在祭祀鲁桓公的时候，三家一起到祖堂来追思，而就在追思完毕后他们竟然演奏起《雍》诗。按照礼制，《雍》诗是周天子举行祭礼后在撤除所有祭品时所演奏的。其呈现方式是，有舞台、有音乐，也有歌唱，并按着音乐的旋律与节奏，逐步将供品撤离。这是非常完美的表现形式，也代表了整个祭祀礼仪的结束，象征着生命的和谐。然而，鲁国的当权者孟孙氏、叔孙氏、季孙氏，他们忘记了这个礼的意义，不但用了"八佾舞于庭"的天子之礼，还在祭祀完毕后用天子的乐诗来撤馔。

于是孔子就这件事，举出了《雍》中最重要的两句诗"相维辟公，天子穆穆"来说明天子之礼的大义。"相"是助，也指那些来帮助天子完成祭祀的人。"维"，可以作啊讲，也可以解释成乃是，用来加强语气。这些来相助的人啊，乃是帮助天子完成礼仪的人，而这些人是谁呢？是"辟公"，"辟"指一般诸侯的领导者，"公"特指杞公和宋公，他们都是前朝后裔。一个是夏朝的后裔，封在杞；另一个是商朝的后裔，封在宋。杞国和宋国的领导者都称"公"，在诸侯中的地位是最高的。"辟公"指所有诸侯。这句诗的一个含义是，周武王在完成天下的和平统一之后，举行天子的大祭，四方诸侯都来帮助他完成这个祭祀，这反映了天下的和谐。而能做到这一切的原因，就是"天子穆穆"，"天子"指周天子，亦即当时的周武王，"穆穆"指周天子的形象和举止端庄肃穆、至敬至美。这庄严美好的形象，是周天子德行的表现。周天子的"诚于中，形于外",使得天下诸侯,包括前朝的杞公与宋公都乐于相助,希望他能达成天下的和平统一。

这句诗的另一个含义是,能得到天下诸侯助祭者的人才是天子,这个礼就是完成全天下安定时,感谢上天和大祖们的大礼。

周武王遵从周文王的和平号召,平了商纣。周武王了解政治的清明与天下的安定,不是仅凭军事力量或政治实力就可以维持的,周公的制礼作乐,将天下带入超乎政治势力之上的社会,并化天下为一家,使人们能以礼、以情相待,和睦相处,减少了社会中的杀伐之气。"相维辟公,天子穆穆"就是《诗经》记录周武王祭祀时,诸侯从四面八方赶来,帮他完成答谢上天与祖先的大祭的场景。这场景让人们感受到了天下一团和气,整个国家同心一致、和乐相亲的氛围。同时也是提醒天子要记住天子的责任,这是国家生存发展的根本,是天子之礼,有它特定的用途和意义。

但如今三家竟然将诗、乐和礼用到私人的家堂上,那还有什么意义呢?不过是徒具形式,满足一点点的虚荣心而已。是以孔子说:"奚取于三家之堂?""奚"是何。也就是说,即使《雍》诗在三家之堂上被唱出、奏出,它又能有什么意义呢?《雍》诗、八佾舞代表的是天下为公的精神,也是礼的最高表现,而违背了天下为公的精神去唱《雍》诗、奏《雍》乐、舞《雍》舞,意义何在?即使位高权重或财富在手,如不知此大义、大礼的所在,不能确定自己的生命价值,那么这个人就等同于废人。

从这里也可以看出,鲁国当时的衰败就是由于为政者的私心。这说明了礼是政治最高理想的展现,礼能否被建立以及是否被尊重,关键在于这个国家的人们有没有确立、发展出高度的理性。如果没有高度的理性与生命的觉醒,真正的生命秩序是无法完成的,如此社会就没有礼、没有未来了。

有学生问,在那个时代除了孔子提出这样的批评,还有其他人同样提出这样的批评吗?这是非常好的问题,当人们全面觉醒时,社会才有向前发展的动力。虽然史料中并没有太多这样的记载，不过在《左传》中，也就是在孔子所处时代的前后，有许多哲人对礼提出了更深一层的见解。比如，"德礼不易"，这句话是在春秋时期提出来的，它说明了礼必须具有德的表现，礼是德的外在形式，德是礼的核心，没有德，礼就徒具形式，甚至可以说，没有德就没有礼。还有人说，"国家将亡，必有妖孽"，妖孽不是指鬼怪或神秘的超自然力量，而是指那些充满私心、僭礼、违礼、破坏生命秩序、没有高度理性的人，特别是当权而弄权的人。所以当时的人说，礼者，理也，强调礼是天地间不可违背的秩序，礼有先天的、普遍的、形而上的特殊性。

我强烈推荐大家看一部电影，名叫《背马鞍的男孩》。故事讲的是一个地主家的孩子在阿富汗战争中被炸断了双腿，地主为他找来了一个能背着他到处跑的强壮孤儿。这个断了腿的孩子因为有钱，社会地位很高，于是百般奴役那个被雇来的孤儿，把他当牛马般使唤，不但鞭打他，还要他背着自己跟骑驴的同学赛跑，甚至还给他架上了马鞍，嘴也套上嚼子。被雇用的孤儿有小脑萎缩症，他为了生存，卖力地满足雇主的要求，努力地做牛、做马，到最后竟然真的以为自己就是牛马，甚至吃着雇主孩子喂给他的马饲料。

电影中，整个社会只剩下奴役者和被奴役者，没有任何生命同情和生命觉醒，即使有教育，也全都是关于技能的培养，没有教导省察生命的方式。人们丧失了生命的省察力，只依循着原始生存的需要而盲目地活着，无法走上生命的大道。

通过电影，我们可以窥探到人生命的深处，如此也就更能理解孔子说的"'相维辟公，天子穆穆'，奚取于三家之堂"这句话的含义。

3. 子曰："人而不仁，如礼何？人而不仁，如乐何？"

这句话的意思是，人要是失去了对生命的爱，失去了对生命的省察与同情，那礼的意义何在？同样，人要是丧失了人性，丧失了对人、对生命的尊重与温情，那音乐、艺术的意义又何在？礼与乐最重要的是提醒人对生命的觉醒与爱，以及对人的关怀。

孔子强调礼的核心是仁，没有仁的礼，只是徒具形式，对人的情感、理性，对人心、世界不会有任何帮助。任何没有意义的礼，其规范、彰显的效力都不会持久。

孔子说："人而不仁，如礼何？人而不仁，如乐何？""仁"字左边是"人"，右边是"二"，合起来就是两个人，这表示真正的爱是人与人之间可以互相交流、互相沟通的情感，没有互相交流、互相沟通的情感，就不可能产生适当的爱。因为互相交流和互相沟通代表人超越了对自身的关注，而进入了对另一个生命的理解之中，从而接纳对方、体谅对方，为对方付出，与对方融合。这是人生命的进步和扩展，也可以说是生命的省察，是高度理性认知的表现。简单来说，人不能一味地要求别人给予爱，也要能够为对方付出爱。这既是生命智慧的呈现，也是生命达致高度理性的表现。传统儒家认为，这种认知是从人的爱的意识开始的。

钱穆先生解释说，"仁"是人与人之间的真情厚意。朱熹引用了程颢、程颐兄弟的话"仁者天下之正理"，他自己则说："仁者，爱之理，心之德。"也就是说，爱是人类社会最普遍的、共通的生命存在原理，也是唯有人才有的表现。只有这样，才能使人脱离动物本能的限制，从对自我的认识、对生命的省察中意识到爱，并对别人表达适当的爱，让生命得到真正的发展。

如果人没有这种高度的生命理性、没有爱的意识、没有情感、没有爱，那么礼的意义何在？音乐的意义又何在？质言之，如果礼与乐不能引发人对生命的深层感动，就是徒具形式而已。

在这里，孔子提出了礼的重要前提，即仁与爱，也就是对生命、对人的尊重，同时说明了人类社会中的一切活动，都以人心共同归向——爱为前提。这就是以人为主体，如此，才能真正形成以人为主的世界，也就是今天所谓的人文世界。

中国传统儒家提出了以人为主体的观点，用西方的哲学体系来套的话，勉强可以说儒家是"唯人论"，它不同于西方的唯心论、唯物论或者唯神论等哲学观点。甚至可以说，中国传统文化是"唯人论"的文化，这是中国的首创，在整个世界文化中显得非常独特。

中国唯人论的哲学观与文化观是从人的本性出发的，所以礼和乐的重要之处在于它是有关人和人心的活动。如果人缺乏高度的理性或生命省察，不能超越人的生存冲动所引发的自私、自利、贪婪等，不能清晰地分别公与私，就会在私心的驱使下破坏人的生命秩序，甚至自然秩序，进而会妨害整个宇宙的生命秩序。

人失了仁，失了对群体、对生命的爱和体认、觉察，终将给人类世界带来灾难。季氏越礼，只顾私欲而忽略群体生命，所以，孔子反问还有什么样的事情是他们不能做的呢？

《八佾》篇前三章的意义重大深远，是对人类心智的提醒与呼唤，也说明了人类的苦难其实源自人类的心智与生命理性的丧失。所以，孔子强调人的精神和人对生命的爱，是人类一切生存方式的核心，没有了仁的精神，一切形式都将失去真正的意义和作用。

举例来说，由著名小说改编的电影《香水》，讲述了一个天才通过自己特有的嗅觉和高超的技术，制造出世界上最具魅力的香水的故事。为了制出这惊人的香水，他不惜杀害多名少女，提取她们身上特有的香气。尽管他能用香水俘获人们的心，可是他感受不到爱，以致无法充实自己。即使他有如此惊人的发明，他的内心依然非常空虚，无法肯定自己存在的价值。最后，他只能将自己制造的香水洒在自己的身上，让香水的魅力驱使众人疯狂地想占有他，最后把他杀死。从这部电影可以看出，人若是没有自我生命的觉醒，就不会有爱，没有爱就不会有情，没有情就无法肯定自己的存在，以致空有天赋、技能、知识，却无法感受爱和幸福，一切都不足以使他体会到活着的价值，只能让他觉得活着是空虚的，最后只有走向自我毁灭。

"人而不仁，如礼何？人而不仁，如乐何？"在人类的文明活动中，最重要的是心灵与精神的活动，其核心是人对生命的省察和再认识，并由此产生对生命的珍惜与肯定，以及由生命的意识而衍生出爱自己和爱他人的能力，也包括被爱、被接受的能力。人能适当爱人，又能适当接受爱，还能适当拒绝爱，这就是仁的表现也就是通常所说的情。

从文字结构上看，"情"字有心、有青，青是绿色，代表生命的焕发，有再生的意思。"情"是人心中本具的爱，经过提升后，成为可以沟通、了解和体谅的爱。情就是仁，它包含体贴、尊重，但不是占有和控制，这也是德，是善行，是礼的核心。

4. 林放问礼之本。子曰："大哉问！礼，与其奢也，宁俭；丧，与其易也，宁戚。"

林放是鲁国人，他问孔子什么是礼之本。"本"是本源，也可以解释为本质，即林放问礼的本质是什么。根据这句话，我们可以了解在孔子所处的时代，西周封建礼乐制度已经发生变化了。前面说过，根据文献记载，这个时期是礼崩乐坏的时期，也是诸侯僭越天子之礼的时期。针对这个问题，孔子不但没有守旧，而且提出了新的观点。

其实早在春秋初年，人们就开始讨论什么是礼了。在鲁隐公时，人们提出"礼，经国家，定社稷，序民人，利后嗣者也"。鲁昭公二十五年，也有人提出"礼，上下之纪，天地之经纬也，民之所以生也"。甚至鲁国当时的大臣重新反省礼，并提出："先君周公制《周礼》曰：'则以观德，德以处事，事以度功，功以食民。'"这些都是在重新思考人类的新秩序，也是对礼的反省。

一方面，因为春秋时期整个社会都对旧有之礼开始反省；另一方面，孔子在教学时，对政治不断提出新的看法。毕竟到春秋时期，西周原有的礼制都还存在，议论者多，礼的含义非常繁杂，正好孔子批评季氏的非礼，所以这个时候林放就问孔子真正的礼到底是什么。由此可知，孔子所处的时代的确是人们开始反省和重新思考的时代，绝对不是今天所认为的混乱的时代。

孔子听了赞叹道："大哉问！""大"是赞美之词，"哉"是惊叹词，类似我们今天所说的"好啊，棒极了！"钱穆先生在《论语新解》中解释说，孔子喜其问而称叹之，意思是孔子非常开心听到林放提出了这么本质性的问题，于是赞美林放。

接着，孔子解释说："礼，与其奢也，宁俭。"孔子先从人们生活中直接呈现的礼说起。生活中之所以有礼，是因为人的内在情感可以有正确而且适当的表达方式，即如何让对方感受到，并欣然接受，而不是直接诉诸激情，以致给对方造成压力或误解，这就是孔子赋予礼的新的意义。

"奢"是超过、夸大，过于铺张，甚至有太多的繁文缛节。"俭"是不足、不及、质朴、简单。蒋伯潜先生在《语译广解四书读本》中说，俭是俭省到该有的东西也都不准备了。奢与俭，是过与不及，都不恰当，都不合于礼，不足以恰当、正确地表达人的心意和情意。

孔子说"宁俭"，这不代表孔子提倡俭，因为俭同样无法让人看到真正的内在情感与心意。譬如我们经常看到人与人之间该说的话没有说，或者话没有说清楚，以致产生了误会。又譬如有些人不善于表达自己的心意，不太会赞美人，甚至在谈恋爱时，都不会适时适当地说我爱你，把该说的都省略了，这都叫作俭。

礼就是要在两个极端之间寻找到最适当的表达方式，这其中含有高度的生命理性。只是就一般的礼仪来看，"与其奢也，宁俭"。为什么孔子宁可选择俭朴呢？就生活中的一般情况而言，浮夸奢侈、过于文饰容易让人丧失自我本质，模糊了真情，不如简单朴素更容易直接呈现人的内在本质，表达人最真实的情感。这也是"人而不仁，如礼何"意思的延伸，当然"宁俭"是不得已的选择。

从艺术上来说，过多的文饰会使人丧失最真实的表达，以及影响人对世界本质的认识和了解。老子说："五色令人目盲，五音令人耳聋，五味人口爽。"意思是要人尽量保持对这个世界的敏感，尽量掌握对事物本质的辨识能力，所以老子也主张俭。

孔子重视人的心灵本质和真情实意的呈现，所以他接着说："丧，与其易也，宁戚。""丧"是丧礼。为什么在众多的礼中，孔子单独说丧礼呢？自古以来，中国文化以人为本，人最重要的就是生命，而生命是有生有死的，死是生命中的一个重要环节，是生命发展中的一个组成部分。

譬如春秋时期，有一天齐景公和大臣们一起到山上游玩，齐景公看到美丽的风景时竟然哭了起来，大臣们吃了一惊，忍不住问："玩得好好的，国君您怎么哭了呢？"齐景公说："就因为玩得这么好，看着这样的美景，我突然意识到人的生命如此有限，等到死了就再也享受不到这样的风景与快乐了，越想越伤心，于是就哭了起来。"大臣们听了，也跟着哭。宰相晏婴看到君臣哭成一团，于是说："我今天看到了一位糊涂的国君和一群佞臣，人如果不死，世界上就堆满了人，我们还有机会像今天这样看到这么美丽的风景吗？好好活着吧，死亡是人类生命延续最重要的事。"

因为死亡是必然的，所以子路问孔子死亡的意义，孔子说："未知生，焉知死。"意思是如果你不能透彻了解活着的意义，从来没有真正好好地活过，怎么可能知道死亡的意义呢？死的哲学意义就存在于人活着的生命之中。庄子也讲过类似的故事，有一个公主要出嫁，因为她舍不得离开家，所以哭得死去活来，可是等她嫁过去做了王后之后，觉得生活得非常惬意，她就说："早知道我就不哭了，赶快嫁了。"庄子说："怎么知道死了以后会不会后悔当初的贪生怕死呢？"

从理性出发，中国人认为生命本身就是有生有死的，生与死合起来才是完整的生命。中国人认为死是另一种存在形式。中国在六七千年前新石器时代中期时，就非常重视陪葬品，一直到商周时期，大墓中都有丰富的陪葬品，陪葬是生者对死者心意和情意的一种表达方式。

古代中国的丧葬习俗以厚葬为礼，其实这是古人对死者所表达的纪念与怀念，同时也是活着的人借此表示对生命的敬重，是一种生命情怀。当然活着的人也通过丧礼来安慰、教导人们要正确地面对死亡，不要惧怕死亡。所以丧礼的意义不单纯是埋葬亡者，其中有着丰富的生命意识。

但孔子并不主张厚葬，他强调丧礼"与其易也，宁戚"。"易"是治，也就是周到、完备。由于丧礼的本质是真正的爱与情感，是对死者的敬意和怀念、对生命的礼敬。尤其是当死者是父母、祖父母等亲人时，出于对生命来处的感谢，人们很自然地就会希望丧礼隆重、周到，甚至铺张、奢华。可是，如果奢华掩盖了生者对死者的真情实意，就不如简单直接地表达悲痛和哀伤更有价值，哪怕答谢前来吊唁的宾客的礼数因哀伤而变得不周到也没关系，相对于过度的周到、奢华，哀伤更接近礼的本质。

孔子根据人真正的情感来说明这是礼的本质所在，强化了礼和仁的关系。爱和爱的行为能够相称，同时能引发对方的感动，就是礼。

我们从日本电影《入殓师》中可以看到丧礼中人的真情。片中的入殓师是为死者做最后的仪容整理的。在日本，真正专业的入殓师除了要将死者修饰得体，还要让他呈现出最美好、真实的样貌，这样才能够触动他所有亲朋好友对他生前的种种记忆与怀念。电影中，入殓师通过敬慎且如同演奏音乐般的优美动作，优雅地操作整个过程，表达出对死者真正的尊重，以及对生者真正的敬意，同时也引起了所有参加丧礼的人的同情和感动。

5. 子曰:"夷狄之有君,不如诸夏之亡也。"

周文王以爱与和平号召天下人来对抗商纣。后来,周武王在此基础上完成了革命的工作,灭了商纣,周公也由此建立了封建宗法制度,并以异姓通婚的方式,化天下为一家,然后再通过礼乐传情,表达亲人之间的感情。这种以感情、爱、温情的形式所形成的文化,和周遭其他民族的文化形式不同。

中国在生产方式上以农耕为主,农耕是最需要人与人之间协同合作的生产方式,因此也就强化了人与人之间的感情。当然,也就在这样的合作过程中,促成了人们对生命的觉醒。

据文献记载,西周初年分封了有着共同理念、共同理想的五十几个同姓国家,以及有着共同理念、共同理想的二十多个异姓国家。这七十几个国家关键不在功绩大小,而在于它们怀抱着共同的生命理念和理想,负责推展这份人类的爱和温情。而表达这份爱和温情的礼乐文明就是诸夏文明,简称诸夏。

我国考古发掘出大量五六千年前的新石器时代的器物,从中可以看到不同民族相互间的影响、关联与融合,而后慢慢形成中原文化、南蛮文化、北狄文化、东夷文化、西戎文化。从生产方式来看,各个民族间有着极大的不同,所以这不是纯粹的血缘上的划分。特别是北狄,他们的生产方式是游牧,一旦发生旱灾,草原不足以放牧,收入受到限制,掠夺就成了他们重要的经济手段。每当秋收之时,他们就南下牧马,连秦始皇都被逼得修建长城来防范。春秋战国时所说的"戎狄豺狼",并不是看轻这个民族,而是指他们骇人的掠夺性。诸夏的文化是依人性、人情、人心,然后有了高度的生命觉醒,强调人与人之间的爱,肯定每个人的存在价值,同时更希望维持人与自然、与一切事物的和谐关系,以达到世间万物共存、共荣的状态。所以,春秋时夷狄和诸夏的区别不在血统上,而在生活与文化上。

当时,孔子说了一句非常重要的话,影响了中国此后对待民族问题的态度。

他说:"夷狄入中国,则中国之;中国入夷狄,则夷狄之。"意即哪怕是一家人,一旦你采取了夷狄的生活方式和价值观,认为掠夺、征服、占有才是人该有的活法,那你就是夷狄;如果你选择了诸夏的生活方式,尊重人、尊重生命,爱人、爱生命,大家通过共同合作来求得共存、共荣,即使毫无血缘关系,你也是诸夏。

诸夏所指的地区是中原地区,诸夏文化就是中原文化,也就是我们所称的中国。中国原本不是一个国家名称,它指的是在中原一代实行这种理想文化的国家,也可称是能行中道的国家,它们在西周时被封在黄河南北两岸。

所以孔子说:"夷狄之有君,不如诸夏之亡也。""亡"是无。这句话的意思是,若从生命的觉醒上来看,夷狄即使有国君以及严密的政治组织系统,也不如诸夏在没有国君的情形下所形成的社会。政治的清明与否,不在于是否有政治领袖或是否有完整、强大的社会组织,而在于就算一时没有国君、没有领导者,也能维持正常的运作。一个国家不可无礼,礼是人类生命觉醒的表现,合理的政治必然有礼,这是人类之所以成为人类的主要依据。

孔子通过内心的觉醒,扩大了人们对政治的认识,说明了政治在人类社会中虽然重要,但并非居于绝对地位,政治只是人类社会生活中的一个环节,通往理想生活的一个方式、一个过程。人类生活中的礼的表现才是最重要的。但礼不是繁文缛节,而是人们情意的适当表达,同时也是人生命秩序的达成和理想生活的总体表现,它直接来自人的内心以及对生命的认识。

6. 季氏旅于泰山。子谓冉有曰:"女弗能救与?"对曰:"不能。"子曰:"呜呼!曾谓泰山不如林放乎?"

古代的祭祀依主祭者的职务、身份而行祭。因为诸侯代表地方人民,所以他只祭自己国内的山川,而大夫任职于官府,所以只需要在自己的家庙中行祭,感谢自己的先人就可以了。

"旅"是山川的祭祀名称，不过在这里是动词，亦即行旅之祭。季氏是鲁国的大夫，可是他竟然又有了僭越的行为，不只"八佾舞于庭"，还去行了诸侯的祭祀，跑到泰山去祭泰山神，这不只是目无鲁国国君，甚至是自认为鲁国国君了。

冉有是孔子的学生，鲁国人，当时正担任季氏的总管。孔子知道季氏要去泰山行旅祭，就对冉有说："女弗能救与？""女"通汝，指你。"救"有止的意思。你不能去劝止这件事吗？冉有回答："不能。"意思是，不能啊，没办法，季氏坚持要做。

孔子听了冉有的回答，忍不住叹气："呜呼！曾谓泰山不如林放乎？"意思是，哎呀，难道泰山的神明会不如林放知礼吗？"呜呼"是感叹词。"曾"作乃字解，是质疑的诘问词，有加强语气的作用，"曾谓"就是我们今天所说的难道。孔子之所以这么说，是因为林放能问孔子礼之本，如果泰山真有神明，那一定不会不如林放，一定懂得什么是礼之本，也一定了解行礼、行祭的依据。

钱穆先生在《论语新解》里说，孔子平日不轻言鬼神，如果说了鬼神，也一定是根据人道，从人世的常理来做推断。如果泰山有神，其神必定守道有礼，绝对不会不知道礼之本，而接受无道非礼的谄媚。

孔子的这句话，说明了他认为鬼神之所以为鬼神，是因为在生命最高智慧上有所体现，如此，天地鬼神和人在同一个宇宙天地的正道之中。在宇宙生命的前提下，一切都有适当的尺度与分寸，这个尺度与分寸就是人与自己、人与人、人与自然、人与天道共存、共荣的和谐状态。就像《中庸》里说的"鸢飞戾天，鱼跃于渊"，意思是在如此和谐的天地之下，自然天地位，万物育。

这样和谐共存而无竞争的世界，它可能存在吗？怎么实现呢？

7. 子曰:"君子无所争,必也射乎!揖让而升,下而饮。其争也君子。"

在生物的天性中,一定有竞争,这是生物在自然状态下的求生本能之一。因为受困于这个本能,所以人类有战争或各种各样的征服、占有,以及掠夺或奴役,甚至是虐待或者屠杀那些被奴役的人。

不过,除了生物的天性,孔子在这里提出人还有人性的存在,即对生命有深层的反省和再认识,能理解生命的可贵。人本能的冲动不过是在求生存而已,其实人类并不需要战争,没有战争,人类还是可以活下去的。孔子说"君子无所争",在生命觉醒之后,人类可以通过合作的方式达成共存、共荣,而不必用争的方式来与他人相处或处理人与人之间的事务。不过,在人完全觉醒前,肯定免不了会有所争。

"君子无所争,必也射乎!"这句话中间省略了一个字,若把它复原,可以这么说:"君子无所争。争,必也射乎!"意思是,只要是君子,一定不会用争的方式为人处事。如果免不了要争,就以射箭的方式来处理。

什么是射箭的方式呢?孔子接着说:"揖让而升,下而饮。其争也君子。"在射礼中,参与者要对同组射箭比试的人作揖、行礼,谦让一番后再登台射箭,"揖让"是举手为礼,拱手礼让,说"你请,你请",以表示对对方的尊敬。"升"是登台,即走到比赛射箭的台子上。等射箭比赛结束,确定胜负后再互相作揖行礼,一起走下赛台,互相举起酒杯致意,然后饮酒。也有人认为是输了下台,接受饮酒的处罚。名义上是受罚,其实是安慰。因为赢者证明了自己比较优异,获得了荣耀,这本身就是奖赏,无须饮酒为赏了。这是中国社会中所谓的人道精神在生活中的展现。

有一部很好看的电影,片名叫《摔跤王》,讲述了一位美国摔跤手的故事。大家去看了以后,再回想东方的柔道、射箭、武术等竞赛,就会了解其间的文化差异。一个是力的征服、力的表现，没有力就不能打倒对方；另一个是即使在竞赛中，仍强调礼让。

当人对人的生命本质有所了解、有所反省后，就会远离自然生命的原始状态，摆脱本能的支配，进而达到无所争的境界。所以，孔子说："君子无所争。"如果君子一定要有所争的话，就必定要像比赛射箭时一样，即使在最激烈的竞争中，也仍然能互相尊敬，保持礼让的精神和情感。

或许有人会说，这太理想化了。其实不然，奥林匹克运动会所强调的精神不就是这样的吗？这是人类的进步，是人类逐步跨出原始生存竞争状态的表现，也是人道主义精神的充分体现。古代中国贵族的射箭，它原本是一种作战方式，后来转化为礼仪，特别是到了西周，人们从各种武艺中有意识地选择出这项运动，从选拔人才到比赛、聚会、宴饮，都将这种精神全面地展现了出来。

因为有了生命的高度觉醒，所以在竞争中不论输赢，仍然相互尊重，甚至举酒致敬，把人的竞争导入了合情、合理、合法的秩序里，以此提升、净化人的内心。孔子在此就借着"君子无所争，必也射乎"这句话来点醒人们。

而"其争也君子"则含藏了东西方文化交流与世界和平的可能性，代表着人类的共同理想。

8. 子夏问曰："'巧笑倩兮，美目盼兮，素以为绚兮。'何谓也？"子曰："绘事后素。"曰："礼后乎？"子曰："起予者商也！始可与言《诗》已矣。"

"倩"指两颊美丽而圆润的酒窝。"巧笑"指美丽的笑容。"盼"指黑白分明的眼睛。"兮"是语气词，乃赞叹之意。"巧笑倩兮，美目盼兮"是说一个美人嫣然一笑，露出浅浅的酒窝，双颊显得格外丰润美丽。同时她的大眼睛黑白分明，眼神流转，灿烂得宛如天上的星星，令人不禁连连惊叹。

"素以为绚兮"，"素"本义是白色，引申为女性用来化妆，让自己更加美丽、更显白皙的白色香粉。"绚"是华丽的色彩。"巧笑倩兮，美目盼兮"，指天生丽质。"素以为绚兮"指后天的装饰。整段诗歌的意思是，一个人虽然天生丽质，但是再扑一点粉、化一点妆，会使原本的美丽更加灿烂明亮。

不过，为什么子夏还要问"何谓也"？汉朝时期，人们一旦提到传统的经书，就非常强调其中含有孔子的微言大义，也就是其中有更深邃的道理以及人类最高的理想。因此经书，包括《诗经》都不只是文字表面的含义，孔子借其文学的、音乐的或情感的呈现，传达更深刻的认知，这个认知往往指向人类更普遍的生命经验。用今天的哲学性话语来说，孔子建立起了以人为中心、以人为主体的中国哲学原理。

所以孔子回答子夏时，并没有说明《诗经》中那句诗的文学性含义，而是回答子夏说："绘事后素。"这句话表面上看似乎与诗句没什么关系，却正是微言大义之所在。"绘事后素"历来有两种解释，一种是指绘画的方式，先以白色打底，然后加上五彩的颜色，这种绘画方式到今天依然如此；另一种是古代绘画是以五彩画好的图样，然后再用白色线条去勾勒图中所有物象的轮廓，如此使得物和物之间、色彩和色彩之间的对比更加鲜明。这两种解释都有根据，若按照中国古代绘画方式来看，第二种解释比较准确，也就是在白色的底上作画，画完五彩的图样，再用白线加以勾勒，使物象轮廓与色彩更加鲜明。孔子以绘画做比喻，强调如果不用白线勾勒，就无法完全呈现五彩的绚烂和美丽，对绘画来讲就是不完整的。

子夏听了孔子这个比喻，便脱口而出："礼后乎？"意思是，人世间的礼是不是在人类文明以后才建立起来的？子夏的提问反映了唯有礼才能让人的生命更加完整。因为在礼的基础上，人可以更适当地表达自己的内心世界、深刻的情感，以及对生命的爱和向往。"礼后乎"也可以说成礼是在人性、人情、人心的基础上，建立起来的人类社会的生命秩序。这是人有生命觉醒的表现。自然生命与人文生命结合起来，可以让人的生命变得更加完整、更加灿烂。

"绘事后素"含藏了这么大的生命问题，这就是孔子借着经书呈现的微言大义。当孔子听到子夏继续问"礼后乎"时，便忍不住开心地赞叹："起予者商也！始可与言《诗》已矣。""起"是启发。"予"是我。"商"是子夏的名字。孔子开心地说："哎呀，给我很大的启发和提醒的，就是商啊！你能通过《诗》，对礼有这样的认识与见解，此后，我可以和你谈论《诗》的微言大义了。"

孔子传承西周文化，同时用《诗》教导人，基本上就是教人认识自己的情感、他人的情感、人类生命的觉醒和深度理性的挖掘，并教人从认识个人的好恶出发，建立起自我的平衡和协调机制，使自己始终有能力处在这个动态的平衡点上，而不陷入如弗洛伊德所说的本我和超我两者间的矛盾之中。礼就是这个平衡点的展现与完成，是理性与感性的合一，也是个人与社会群体相宜的生活状态。礼是人类生命共同需要的秩序，在这个生命秩序下，人类从个人到群体都可以相安，而后和谐相处，共存、共荣，走向繁盛。因此，对孔子来说，《诗》教与《诗》论主要以人的情感乃至欲望为出发点，然后通向人类特有的天性的完成。

从这一章，我们可以了解孔子所谈的"礼之本""不学礼，无以立"，不学礼就没有办法真正成为人，没有办法真正让自己站起来。也能进一步了解"人而不仁，如礼何？人而不仁，如乐何""礼云礼云，玉帛云乎哉？乐云乐云，钟鼓云乎哉"。孔子不断地向人发出提醒、呼唤，说明这其中充满着人类对生活理想的渴望。

孔子说："起予者商也！"其实不是孔子不知道这一番道理，而是作为老师，孔子抛开了老师的权威，给予学生以最大的肯定与鼓励。钱穆先生在上课的时候曾经对我们说："师生之间在道理上是平等的，要知道教学是相长的，你们的想法、看法，有的时候也能提醒、启发我。"

从这一章可以看到孔子"不愤不启"的教育方法，在学生没有疑惑的时候，他不随便开口说话，等学生有了百思不得其解的感觉，他才告诉学生答案。这也是循循善诱的教学法。当学生说出正确答案，或者提出具有创新性看法时，孔子发自内心地高兴以及对学生的赞叹和肯定，都在这一章完全表现出来了。

9. 子曰："夏礼，吾能言之，杞不足征也；殷礼，吾能言之，宋不足征也。文献不足故也。足，则吾能征之矣。"

人类历史是演化的过程，从旧石器到新石器，再到国家的成立，逐步发展，人类在不同阶段的觉醒中完成了每个阶段不同的礼。古人说"三代不同礼"，三代指夏、商、周，因为他们有着不同的历史条件，而且有着不同的生命觉醒状态，所以会建立不同的礼。礼是与时俱进的，只是在这一连串的变化中，永恒不变的是人们对生命不断发展的渴望，而这就是人性、人情、人心的共同诉求。所以孔子说："殷因于夏礼，所损益，可知也；周因于殷礼，所损益，可知也。"

三代的差别到底在哪里？夏朝很朴素，虽然卜卦，但都很简略。商朝，从文献中可知，其宗教性极强，因为整个国家是在高度的宗教崇拜的情况下运行的，几乎每件事都会卜卦，问可做不可做。到了周朝，同样也会卜卦，但慢慢转为用蓍草，不再用龟壳卜卦了。此外，周朝器物上的纹饰不再像商朝那样充满神秘力量，而是变成装饰性的图案了。商朝讲帝，周朝称天，这一切变化都非常清晰，并且具有连续性。其中的变与不变，基本上展现在人类的历史发展过程中，所以孔子接着又说："其或继周者，虽百世，可知也。"

西周灭了商纣，不是一般朝代的更替，其中的变化呈现了人类历史的特殊性。有的人谈到中国历史时，常常会忽略这个特殊性，无视西周在这个阶段的变化是人类在人性上的重大跃升和深度觉醒。

周，区区一个小国，如何能成功取代已经统治了六百年的高度文明的商王朝呢？从《诗经》《尚书》中可以很清楚地看到，当时周文王提出了保民、爱民的政治口号，同时提出了孝道，主张以生命的延续作为政治实践最重要的目标，而对于政治领导者的基本人格或心理特质，则提出了敬，并要以此来承担天下大事，因此他能得到天下三分之二的诸侯的支持。

西周一统天下的时候，就已经说明了天下的一统与和平不能只靠军事高压所形成的政治势力，更不能将前朝的子民赶尽杀绝，天下非一人、一家、一族之天下，乃天下人之天下。因此，西周在建立分封制时，不仅承认当时已存在的诸侯国，甚至还要恢复已被灭亡的诸侯国，让他们继承下去，这叫作兴灭继绝。这是上天赋予周天子的天命，也是武王革命成功的原因，天之大德是生生，就是让人们、让这个世界永远地发展、繁荣。天子一定要承担起生生的责任，不然就没有资格做天子，这是中国政治上非常重要的观点。

周初封疆建邦的时候，夏朝的后代被封在杞，商朝的后代被封在宋，尧和舜的后代也都有封地，这在政治制度上叫作存三统，说明天下是天下人的天下，同时也说明华夏历史的传承性与延续性。政治的最大目的和功能，就是通过这样的生命力量和生命觉醒，让人与这个世界生生不息，这也是尧、舜的禅让政治在不同时代的呈现。

按照现代人的历史回溯，尧、舜基本上是从所谓的部落政治慢慢走向了推举制。尧这一族可能很会做陶器，陶器是人类最重要的发明之一，它可以煮熟食物，这大大改善了人们的生活并保障了人类的身体健康，因此尧部族的首领在当时就被共推为各部族的领袖。舜的时代可能代表原始机械化时代的来临，舜擅长制造渔猎器具，于是人们共推舜为部族共主。这是原始部落共推一个共主的新的政治组织。

孔子认为部落共主制是人类、人性的极大觉醒，因为人们不再互相争夺杀伐了，这是禅让的精神，是公天下的历史事实在人性方面的呈现。西周时期，让所有被灭绝的国家重新恢复，让全人类都有再发展的机会，这是禅让政治在不同时代的另一种表现。不同时代有不同的礼，但是禅让的精神则一贯地在传承与延续着，而这就是孝道的孝所重的续。

礼在人的生命觉醒过程中建立起来了，随着时代的更迭，随着人性、人情、人心的演化，礼又有不同的发展。也唯有如此，人们才能整体活下去。这是《八佾》篇的这一章所展现出来的礼的深远意义。

总之，人类的共同目标就是要一代一代地好好地活下去。掌握了这一点，就能了解人类历史的发展进程、传统的成因、应对情况的调整等。了解了这一点，就能深入体会人在历史发展过程中的内在心理。孔子从人性、人情、人心的相同处说到华夏的族群，以尧、舜至春秋时期的人事活动和生命经验来做验证，说明人类为了生存、为了活得更好，在继承前代历史的同时又有所增减，从而有了不同时代的礼的建构，以及文明的建构。

可惜的是，因古史失落，春秋时的杞国、宋国都已经无法证明孔子所说的夏、商的历史经验、理论和礼的创造过程了。于是孔子慨叹："夏礼，吾能言之，杞不足征也；殷礼，吾能言之，宋不足征也。""征"是证明、验证。为什么这些古国的后裔都不足以验证其祖先的古文明呢？孔子接着又说："文献不足故也。""文"是典籍、历史资料，"献"是贤人，或者懂得古文化的长老们，"文献不足"是说杞国与宋国当时所保存的有关自己祖先的典籍、资料太少了，而且熟知自己历史文化的长老们也都不在了。这段谈话不只是孔子对当时事实的陈述，更包含了孔子对人类历史失落的慨叹。孔子又说："足，则吾能征之矣。"如果有充足的文献，我就可以更清楚地说明夏、商古史的发展、历史经验以及文明创造的过程。

所以，历史文化的保存，重点在于能留存历史典籍，并且有熟知这些历史文化的长者。只有学术资料的研究报告是不够的，还需要一份对人、对人类文化的温情与敬意，如此人类的历史与文化才是鲜活的，才能在现代重新展现出它原有的生命力，为人们提供活的生命经验。

美国探索频道曾报道，一位埃及教授全力发掘、研究古埃及文化，并从国外索回很多重要的古埃及文物。他说这些古文物必须在原来的地方才具有生命力，才会复活，才能展现出活的人类历史，并对人类有真正的贡献。此外，他还努力教育现代埃及人将古埃及文化传承下去。他以此作为自己一生所追求的目标，他的付出，让古埃及文化的精神在世人心中复活了。

民族的发展与延续，就在于人的生命觉醒。文献背后的生命热情与活力，才是一个民族存续的精神动力。

10. 子曰："禘，自既灌而往者，吾不欲观之矣。"

"禘"是王者之大祭，是历代最大的祭祀之一。王者建国一定要立始祖之庙，并且推溯历代祖先，将其奉祀为王，立于祖庙中一起祭祀。依照周朝的制度，新天子继位时必须捧着上一任天子的牌位入祖庙，在入祖庙之前先要在太庙进行大祭，也就是禘。禘是生命的大祭，是吉祥之祭，"禘"字左边为"示"，代表祭祀，右边为"帝"，代表整个生命。禘祭时，从始祖至历代祖先一一排列出来合祭，称为大祭。禘祭每五年举行一次，所以又叫尝祭，"尝"通"常"，指要经常举行的祭祀。禘在西周时是非常重要的祭祀活动，是对生命表示尊崇的重要仪式。

禘又可以解释为谛，意思是仔细地审视。也就是说，每当进行对列祖列宗的大合祭时，都必须仔细审视列祖列宗的排列顺序，不可错乱，也不可随意变动，因为它代表着国家的基本法统，也是人类群体生存的基本秩序。

不过，在鲁文公执政时期，他基于对父亲的感情，在大祭时把父亲鲁僖公的牌位调升到鲁闵公的前面，而鲁僖公是继承鲁闵公君位的，他的牌位依序应该在鲁闵公的后面。鲁文公这么做是违礼的，后来的鲁国人一直没有去调整它，就这样一直违礼下去。这代表在鲁国，法律和制度的原则已经不被重视了，甚至表明鲁国人已经不在乎自己的国家了。

所以孔子说："禘，自既灌而往者，吾不欲观之矣。""既"是已经。"灌"是盥，祭祀时要献酒，第一次献酒便是盥，这是古礼的一个动作。这句话的意思是，当鲁国举行禘祭的时候，孔子看到行礼官们献上第一杯酒时，说不想再往下看了，就是不想再继续参与了。因为鲁国这种违礼的祭祀流于形式，人们已经不再重视是非对错。在这里，孔子是在强调礼之本，人在行礼的时候，一定要知道礼的本质和内涵。

礼是人类生命的整体表现，而禘祭是远祖之祭，是列祖列宗之祭，也是生命整体之祭，这样的祭祀可以让人意识到个体生命不是孤立的存在。每个个体生命都是宇宙人类生命的存续，这是何等珍贵！《孝经》里说："身体发肤，受之父母，不敢毁伤。"这说明每个个体都有生命的来源，不能随便毁坏或伤害。古人通过禘这样的祭礼，来教导人们认识生命，并对它负责。

尤其是在西周时期，古人通过祭礼教导人们体会个体生命的丰富性、整体性和继承性，感受生命的神圣性和真实性，追溯、体验漫长的生命历程，并且学习尊重生命本身。这就是这一章孔子提出禘祭的深刻用意，他的主要目的是提醒人们，尤其为政者，要从禘祭去了解个体生命是整体生命的一个环节，天子与诸侯应当承担起整体生命的责任。

只是西周从周幽王、周厉王以后，好像不举行禘祭了。鲁国行禘祭，又违了礼。孔子在那个时候慨叹人们对生命失去了真实的认识，表达了对那个时代的失望，同时也是对那个时代、对有识之士的呼唤，提醒人们要学会尊重生命，并在生命中觉醒。

11. 或问禘之说。子曰："不知也。知其说者之于天下也，其如示诸斯乎！"指其掌。

西周设定禘祭来承载人类生命的真谛和理想，只是历经数百年之后，到了孔子所处的时代，天子乃至诸侯都忘了这个理想，于是孔子再次站出来教导学生们禘祭的意义。

"或问禘之说"，既然孔子说禘自既灌之后，只是徒具形式，就有人问什么是禘祭。孔子回答："不知也。"接着又说："知其说者之于天下也，其如示诸斯乎！"于是孔子"指其掌"。也就是说，要是真能够知道禘祭的大义，就能够懂得治理天下国家的最高原则了，这就好像把东西放在手中一样容易吧。说着，孔子指了指自己的手掌。

上一章讲过，禘祭是尊崇生命的表现。我们从这一章中可以体认到，人类同在此天地之中，都是天的子民。或许有人会说，这两章并没有这些内容，但这就是读经典时要特别注意的地方，经典是那个时代历史文化的总集结，一个禘祭就把从西周到春秋的历史过程及其丰富的含义都包含在内了。读《诗经》《尚书》就能知道禘祭代表着那个时代人们的理想。

比如《尚书·泰誓》说"天矜于民"，上天同情百姓，因为所有情感都在百姓身上，所以"民之所欲，天必从之"，百姓所要的，上天一定会赐给他们。《尚书·召诰》说"天亦哀于四方民"，上天是疼爱百姓的，"其眷命用懋"，它所给予百姓的福气是非常盛大的。《中庸》说："明乎郊社之礼，禘尝之义，治国其如示诸掌乎？"郊社之礼是天子祭天祭地之礼。这些都表明了天、地、人一体，这个世界是全民共享的世界，领导者若真能了解到这一点，同时能了解到禘祭之礼展现了人类历史在一代代发展过程中，有其不可违背的程序和原则，政治的重点就在于为全民服务，如此，治国就变得像摊开手看自己的手掌那么简单明了，容易见效了。

从人性、人情、人心出发，政治的不可动摇之礼就在人类生存的需要与满足上，因此政治最大的目的是有效地谋求人类群体生存的可能和发展。这也就是今天常说的，国计民生的完成就是好的政治的完成。使百姓能够生存下去，有好的教养，使国家能够欣欣向荣地发展，是为政不可动摇的最高原则，也是西周各项礼乐祭仪的大义所在。所以春秋时期解释礼乐，说："礼，上下之纪，天地之经纬也。"礼是不能改变的宇宙之律，是生民之本，也是人类生存的依据。

这里孔子没有直接说如何治理天下，依当时的礼，这是大政。古人说"非天子，不议礼"，有关国家的大政、大礼乃是天子或大臣所讨论、规划的问题，非平民百姓所能议论的。孔子不是天子，也不是大臣，他有看法但不方便议论，因而有所保留地说"不知也"，意思是我还没法说清楚，也还不能确定。这是当时作为人、作为知识分子的礼之所在，也是孔子对礼的实践与贯彻。

就好像古希腊哲学之父苏格拉底，他当年风靡整个雅典，后来因被人举报创立新说破坏了国家的政治和法律制度，被法院判处死刑。苏格拉底在狱中拒绝逃走，最后，他接受了判决，喝下毒药，以身殉道。

孔子也如此真实地展现了自己所主张的原理、原则。在那个时代，孔子带着人们重新思考礼的意义，谈人类高度理性的展现，并以此作为新时代新知识分子的依据，他的言论自然会有分寸。这一切也表现在他日常的生活状态上，譬如《论语》里有"不在其位，不谋其政"，这是礼的表现，也表明知识分子既要关心时局，也要对政治有独到的看法，但是如何提出正知、正见，以促使社会、国家走上健康之途，其言论当有自我的要求与适当的分寸，不能只是夸夸其谈。

12. 祭如在，祭神如神在。子曰："吾不与祭，如不祭。"

"祭"，是祭祖先，"祭神"，是祭天地神明。在原始社会，人们频繁遭受着大自然的威胁，于是通过内心对生命的渴望，向祖先与天地神明寻求庇佑，所行祭祀是对生命的肯定，以及对生命达成的感谢。

孔子平时是不谈怪、力、乱、神的，不过在祭祀的时候，他是全心全意参与其中的，所以，这里说"祭如在，祭神如神在"，就好像列祖列宗或神明真的降临在他眼前，并接受了他的请求。有人认为，这是孔子的弟子平日观察孔子行祭礼时的心理、情感或行为的表现，也有人认为，这是孔子内心情感的直接流露。这句话的主旨在于，人在行祭礼的时候，重要的不是外在的祖先、神明，而是自己内心最深处对生命的感受。

我记得小时候过年，大人们会提前准备好各种食物，到了黄昏便会带着我们小孩到街上等着，看着西边的太阳，时间一到，老人家就说："某某子孙谁谁出来，恭请列祖列宗回家过年。"然后行礼如仪，还欠身说："请请请！"仿佛祖先们真的跟着我们一起回家过年了。那场景很令我惊讶，明明看不到人，大人却煞有介事地在那里请着列祖列宗。一直到长大之后我才懂，古人通过这样的活动，把生与死、有与无、过去与现在整个融合了起来，让人了解活着并不孤单，生命是一种完整而全面的展现。

好莱坞有许多电影都谈回到过去，或者穿越到未来，甚至把过去、现在、未来融合在同一个时空下呈现，其实这都表明人在寻找生命的全面性，这是人类内心的共同向往。

孔子进一步解释："吾不与祭，如不祭。""与"是参与。在祭祀的时候，如果我没有真心实意地参与其中，就如同根本没有参与祭祀一样。"吾不与祭"的含义很深刻，"吾"是我，"与祭"不只是说亲自参加，还包含了全心全意地投入，感受到祖先和神明真的都来了，是被自己的诚心所感动。

今天，在有些地方会看到"诚则灵"三个大字，这就是"祭如在，祭神如神在"的另一个说明，意思是要想祭祀灵验，还得看人参与祭祀时的心诚不诚，否则即使祈求，愿望也不会实现。这呈现了古代中国以人为主体的文化特质，也是人类生命信仰中的共同感受。

在中国的传统文化中，自我仍然是最重要的部分，甚至在祭祀、祈祷时，个人心灵的真实投入才是自我真实参与的体现。也就是说，人心是沟通天地神灵的关键。所以，人最真实的是心，而心也就是天意，没有心，就不能了解天意。

中国传统文化的人文精神在孔子时走向了成熟，成为中国文化的特质。也因此，两千五百年来中国人尊敬孔子，并不是因为他被历代政治王朝所尊崇，而是因为他是中国人生命理想的代表，也是人生智慧的集大成者。后人读《论语》，甚至读"四书五经"，都是在培养群体生命的共同理想和情感，同时也是对人生正知、正见、正行的基本教育。

13. 王孙贾问曰："'与其媚于奥，宁媚于灶'，何谓也？"子曰："不然，获罪于天，无所祷也。"

"奥"指屋子的西南角，一般为尊神、祭神之所。一走进屋内，大堂的中间通道上设置了灶、大火塘，这是生活的中心，全家在这里做饭、吃饭，完成生活里最重要的事项，同时这里也是供奉灶神的地方。

西周继承了古来泛灵论的自然崇拜，认为凡山、水、树、石、日、月、星辰，甚至门、屋脊等万物都有神灵，要加以祭拜。不过，周朝人不再看重神秘力量，转而依其功能赋予神灵性，他们的祭拜充满了感谢、感恩。

在菜市场中，每到过年之前，古人都会祭拜蔬菜、水果、鸡鸭鱼肉，以及所有的器具，感谢它们提供了这一年的生活所需。在《礼记》中可以看到对这种祭礼的记载，这是尊重生命的态度，充分体现了中国文化是尊生的文化。

"与其媚于奥，宁媚于灶"是当时流行的话语，也是一种比喻。有人认为这是在劝说孔子，与其去巴结卫国的国君，他好比是"奥"（最尊者，可是他生在内室，不知道国事），不如来巴结"灶"（当政握有实权者），如此更容易达到理想政治的效果。

今天人们在生活中也会遇到同样的问题，人的认知常常受到二分法的影响，在有用与无用、有效与无效之间做判断和取舍，尤其在现实当中，特别容易以实效为唯一的价值判断和思考凭借。如果人只在奥与灶两者上纠结，哪个有效就靠向哪个，而不从自我的生命觉醒出发，那么人的主体性与社会公理正义将如何建立？

孔子的回答很精彩，他超然于奥与灶两者之上，他说："获罪于天，无所祷也。"西周时期人们把天看作超然于一切神明以及万物的最普遍的原理、原则。它就是人内在的德性，由此发展出人的独立性，使人成为有主体的人，一切依理、依德而行。若不依理、依德而行，得罪了天，即使有祈求，天也不会答应，而人就无处祷告了。依理、依德祈求，天才会受理，因为理和德是与天合一的。

印度影片《地球上的星星》讲述了许多有学习障碍却有独特天赋的小孩子，在以竞争为目的的教育体制下常常被牺牲的故事。片中一个有学习障碍的八九岁的孩子，在家长、老师，甚至校长的催迫、训斥下，吃尽了苦头，依旧无法识字，无法辨别抽象符号，而且不分左右。但他是个绘画天才，后来，他很幸运地遇到了同样有过学习障碍的美术老师。这位老师教他运用自己特有的形象思维来学习绘画，终于使他恢复了学习的信心和热情。文艺复兴时期的绘画大师达·芬奇、发明家爱迪生、物理学家爱因斯坦，他们小时候都被认为有学习障碍，但是后来都对社会做出了极大贡献。

孔子把人拉出现实的功利、效用的惯常思维，带着人们学习从更高、更普遍的角度来思考问题。如此，人就能逐渐摆脱动物原始生存本能的局限，获得生命发展的自由，这也是西周礼乐制度的最高境界。

14. 子曰："周监于二代，郁郁乎文哉！吾从周。"

前面说过，西周以天代替了商朝的国君，作为人们最高的信仰，并以天代表一切存在最普遍的原理、原则。换句话说，万物由天而生，天是一切（包括人）的本源。人内在的德性、善性来自天，是天生的，人和自然规律是合一的。

《诗经》说："天生烝民，有物有则。民之秉彝，好是懿德。"充分说明了人内在天生的德性和善性，是人与生俱来、与天合一的根本秩序，所以人天生就喜欢秩序，并依据它而生活、行动，让生命得以发展、繁荣。

西周时以周文王作为代表，因为他具有这种天的德性、善性，号召保民、爱民、行孝道，寻求从家庭、家族到国族的延续，同时他还提出以敬来彰显天德。所以周文王能接替商朝，建立周朝。这些在《诗经》《尚书》等古文献中，还有出土的青铜器上都有记录。西周根据这种天理、天德制定礼乐制度并教导贵族，提升贵族的素质，建立天下人共同的情感，再以这份情感作为最高的政治理想。这是何等惊人的创造！在三千年前将人们从原始社会，一下子带入以人为主的礼乐文明社会。今天也有学者认为，西周是人性萌芽的时代，是人进入文明的时代。

所以孔子说"周监于二代"，"监"是注视，可引申为鉴，"二代"指夏、商两代。孔子说周的文化、礼乐借鉴了夏、商两代。"监"字用得很好，它表明周朝文化是有意识地借鉴，即选择、参考、继承并吸收夏、商两代的生命经验，而不是盲目地继承或否定，有意识就是有生命的觉醒，这是文明跃升的原因，也是西周文明的特点。

"郁郁乎文哉！吾从周"。"郁郁"是昌盛、完备，"文"是礼乐文明典章制度。孔子通过研究和考证，了解到西周的文明是有意识地继承了夏、商的文明，因为其中有所损益，所以西周的礼乐文明、典章制度能够昌盛和完备，这就是孔子肯定周朝文化、文明的最主要的原因了。孔子学说着重讲仁道、人道，也是由周朝文化延续、发展而来的。孔子说自己"述而不作"，只是继承西周的文明和文化，有本有源，依传统而来，接续发展。

孔子在这一章中说明了人类文化只有在继承中才能壮大、才能持久、才能发展。只有一代的经验是不够的，人类社会无法靠自我否定而创造出特别的文明。孔子明确指出，周朝文化鼎盛的原因在于西周有意识地"监"，就是借鉴夏、商两代的典章制度，以求既合乎新时代的发展，又不违背人类生命经验的大传统，如此时代才会有进步，才会把人带入文明发展的新阶段。西周的"监"包含生命的觉醒，成就了礼乐文明和典章制度的昌盛美好，这是周公的伟大历史贡献，他将生命的觉醒放进了礼乐制度之中。

15. 子入太庙，每事问。或曰："孰谓鄹人之子知礼乎？入太庙，每事问。"子闻之，曰："是礼也。"

孔子十七岁就以知礼闻名于世，青年时期便到鲁国朝廷担任公职，还能够入太庙。太庙是鲁国最初受封的开国之君周公的庙。"入太庙，每事问"，孔子在太庙助祭的时候，凡是看到祭祀中的礼乐仪式，以及陈列的各种礼器，都要向人家请教，以了解其中的缘由。孔子问个不停，好像什么都不知道，于是就引起了一些人的批评："孰谓鄹人之子知礼乎？入太庙，每事问。"鄹是鲁国的小城，孔子的父亲曾在这里做过大夫，因此人们直接称孔子父亲为鄹人，称孔子为鄹人之子。大家的意思是，谁说那个鄹人家的小孩懂得礼啊？进到太庙里，每件事情都问个不停。

孔子听到大家这么说他，于是说："是礼也。"这句话历来有两种解释，一种是：这是礼吗？"也"是疑问词。因为当时礼崩乐坏，一般人行礼时难免僭越，不依古礼的大义随便行礼，鲁国太庙也多有违礼的行为，于是孔子借着助祭，每件事都开口询问，以此来委婉表明这是不合礼的，并从旁提醒什么是合礼的；另一种是：其实这才是礼啊。孔子十分自重、自谦，加上年纪轻、资历浅，绝不敢自专，于是他就不断向人请教，并且说明因为自己刚来太庙助祭，所以想要有更清楚的认识，必须问清楚，这才是礼。"也"表示肯定的语气。

但我认为这两种解释都有失偏颇。从整部《论语》来看，孔子强调人的生命觉醒与人的自我认识，以及知行合一。孔子曾说："学而不思则罔，思而不学则殆。"又说"多闻阙疑，慎言其余""多见阙殆，慎行其余"。孔子十七岁以礼闻名，所学一定略偏于理论，对礼仪细节不熟悉，经验也不足。现在他有机会入太庙助祭了，可以亲自去参与自古以来的重大祭祀，更何况是周公这位伟大而特殊人物的祭典，所以孔子非常重视。于是对每一件事、每一个细节，他都要探询、彻底了解，一方面验证所知、所学，另一方面确定它的基本状态到底是什么。对一个学习者或者真正的知识探求者来说，这才是礼，也才合礼。

孔子言礼，其实在这个时候已经展现出他的新见解。礼包含着对合理与不合理、得体与不得体的区别认识，而呈现人的自我省察是孔子赋予礼的新意义。也就是说，礼包含了个人清明的认知，而《论语》的核心观点就是人要学习清明的认知。孔子回应批评者"是礼也"，意指清明的认知才是礼该有的表现。

春秋时期，人们对礼已经有了新的解释，而说"礼，上下之纪，天地之经纬也"，礼是宇宙的秩序。孔子从这个大义上再提出问题，不仅合乎现代的学术精神，也合乎西方哲学所倡导的做本质性探求的学习态度和方法。

16. 子曰："射不主皮，为力不同科，古之道也。"

"射不主皮"的"射"指西周时期的射礼，周朝的射箭比赛，不像军礼的射箭强调要穿破皮革，以展现军事力量，而是以射中箭靶的中心为主，以观察射者的敬德。敬德是西周礼乐文化的核心，也是人身心合一、全神贯注的表现，而射箭能否精准射中靶心，恰好反映出射者的自我控制能力的强弱，也就是其敬德修养水平的高低。

"为力不同科"，"科"作等级解。孔子说，因为从天赋上来说，每个人的力量强弱分属不同等级，所以一般招待宾客的宾礼射箭的重点不在比力气，而是要看那个人能不能专心致志。这是西周选拔人才的重要方式，考核者可以趁机观察那个人是否具有高度的生命觉醒，当然，这也表明了周礼的细腻、精彩以及合乎人性之处。

接着，孔子又进一步强调"古之道也"，意为这是古人的道理啊。"古"指西周初年，"古之道"是武王克商之后，西周初年周公制礼作乐的真精神。周公把军礼的军射，提升到天子、贵族以至平民都可以参加的射箭运动，原因是射箭运动最具有回归自己本身、对自身进行全面体察的特性。比如说，当射不准目标的时候，不在于增强力量或调整箭靶等外在条件，而在于要先校正自己的错误动作，力求更加聚精会神，这才是能射中目标的关键，也是西周初年周公制礼作乐的目的，即借着礼乐促使人们的生命觉醒。

周公借着礼乐制度，使那个时代的人的耳目和心灵得到洗涤，并带领全天下人进入崭新的世界。西周的礼乐以人为主，那个时代的人已经意识到人的天赋不同，人们想寻找具有平等性的基础运动、比赛，以确保人人都可以参与，因此射箭成了全民运动，也成了天下共有的礼仪。所以孔子说，这是"古之道也"。这个"古之道"其实是呼应了前面两章，一是呼应孔子"入太庙，每事问"，所问的可能就是"古之道"，他想要彻底弄明白周公制礼作乐的真精神到底是什么。二是呼应孔子"吾从周"的原因，点出周朝文明在人文精神上能如此昌盛，就在于认识与体贴到每一个人"为力不同科"，而推广具有平等性的运动和竞赛，可以让全民参与，并借此打造健康文明的社会。

孔子在这里再次点出周礼的精彩之处，其核心就是对人的认识和尊重，并借着礼乐体现平等性。从礼乐之中，人们更能意识到自己的心理动向和情感需要，并能学会自我调整，进一步尝试化解来自原始生命的生存冲动。

以西方哲学来说，这种生存冲动是人天性中不可遏制的内驱力，也是悲剧形成的根本原因。人的本我，即原始的我，主宰了人的一切。不过，中国文化对此有不同的看法，因为古人通过这份深度情感和高度理性，化解了本我对人的捆绑，使人能摆脱动物生存冲动的局限。孔子说"君子无所争，必也射乎"，又说"射不主皮，为力不同科"，这些都是人类的深度情感、高度理性的展现，让人进一步意识到什么是真正的平等。大家读《论语》或谈古史的时候，一定要意识到，在距今三千年前的西周便已经有了这样的生命觉醒。

然而，现在有些人似乎不太相信我们的祖先已有的成就，对西周历史以及古文献中闪现的人性光辉求全责备，但是在面对西方的历史与社会时，又似乎完全认同那是真理的准则，西方只要有一点正面的成就便全面肯定，认为那是了不起的文明跃升。这种态度缺少了真正的生命自主意识和觉醒，也没有高度的理性思考和分析，因此无法形成公平、公正的认识。

孔子不是要我们偏袒自身的一切，而是要我们具备公平、公正的认识能力。孔子的教学目的始终都是点开人们的心灵之眼，这几章谈礼更是把西周礼的特质点了出来，他告诉人们，这是早就展现的"古之道也"，是周礼的精彩之处。

17. 子贡欲去告朔之饩羊。子曰:"赐也！尔爱其羊，我爱其礼。"

"告朔"是一种礼的名字，是以礼的方式来展现国家颁告来年时节的大政。"朔"是溯源，就是溯回到每个月的初一。自古一直到西周，"告朔"是非常重要的礼，天子颁告诸侯要他们能依时行政，并转知百姓依时耕种，制订一年的工作计划，这就叫作知时。

《尚书》一开始说"敬授民时"，就是国家、天子以至诸侯，都要用最慎重、恭敬的心来教导老百姓认识时间、节气，绝对不可轻视。因为华夏民族以农为本，农耕必须严格依照天时而作，否则农作物无法顺利生长。古代的教育、科学、天文等都不够发达，因此观察天文和掌握天时是国家的责任，国家通过财力、人力的投入，设置相关机构进行研究，以告知老百姓正确的天时知识。

所以知时是天下的大政，也是中国人智慧中的重要一环。知时是建构人们生存、生活、生命发展的秩序的依据，直到今天，我们还会根据皇历做事。

诸侯收到十二月的朔政之后，收藏到太庙，每逢初一在太庙行礼听政，也就是所谓的示朔，并颁告于民，此时祭一只生羊，称为"饩羊"，一种说法是杀了不煮，以生肉供祭的羊。"饩"字古人解释成生或者腥。古代把牛、羊、猪圈起来养的叫作牢，宰杀后煮熟了的叫作享，而宰杀后没有煮的叫作饩。这是古人处理供品的方式。"饩羊"的另一种说法是，当周天子的历书颁布时，诸侯杀一只羊祭于太庙，然后用这一只羊款待来告朔的使者，以表示答谢。

不过，西周后来到了周幽王、周厉王时，就不行告朔之礼了。鲁国在周公时获得周天子特赐，可以享有天子的祭祀，可以自行告朔之礼，但是到鲁文公时，鲁国漠视了这个礼。到了鲁哀公时，也就是孔子所处的时代，不再行这个礼了，不过还是照例杀一只羊，虚应故事。因此子贡主张"去告朔之饩羊"，既然告朔之礼已经虚应故事了，就不要再杀一只羊了。子贡是个商人，他站在经济实用的立场看，觉得杀这只羊太浪费了。

但孔子听了以后便说："赐也！尔爱其羊，我爱其礼。""爱"是珍惜。孔子的意思是，我了解你很珍惜那只羊，不想浪费，但是这件事情不能只从成本角度去看，我很珍惜这个残存的礼，即便它已经流于形式了。孔子真的只是为了维护传统吗？其实是因为告朔之礼中含藏着非常重要的观念，那就是对天时的认识与看重。天时是宇宙的秩序，也是地球生物乃至人类社会的政治经济秩序的依据。人只有知时，才能够依照秩序建构完整的社会，否则将无以为生。

从今天的考古学来看，中国在一万年至九千年前便已经进入农业社会，到西周时期，农业社会的发展已经非常成熟了。近代我们常说，因为缺少竞争力、征服力，农业文化比不上工业文化、商业文化，或者说比不上海洋文化、畜牧文化，这是从人的原始生存竞争的角度来说的。今天的人们已经意识到，盲目的生存竞争非常不利于人类未来的生活，只有全世界互相合作、和谐相处、共存共荣，人类的未来才有希望。

其实，提倡人类和谐相处、共存共荣一直是中国文化的核心。早在西周时期，人们便从农耕合作、尊重并顺应天时的生产方式中，体会到对天时所包含的生命秩序、宇宙秩序的重视和认识，会让人的心灵智慧有更大的发展。于是，对人内在生命秩序的探索，便成为中国文化的中心。

比如我们常说，人要有气节。其实气节就是节气的转化。如果真正意识到自我的特殊性，以及自我内在的生命秩序，人们才可能实现对气节的坚持，而这个坚持包含了物质层面的完成和精神层面的开展。

孔子回应子贡，生命的问题不全然是从成本计算、从局部去论断的，更当从人的生命本身、从生命的整体去考量。基于"敬授民时"的大义，保有告朔礼的形式，还可以借着它去教导人们重新认识宇宙秩序、生命秩序，并了解天时的重要性。礼的形式可以依时、依地、依环境而变化。时是非常重要而又抽象的概念，它不单单是时间或秩序的问题，还是中国传统文化中孔子哲学的大义所在，人不可不知。

18. 子曰："事君尽礼，人以为谄也。"

春秋末期是大动荡的时代，社会上的一切都在变化，连子贡都想要放弃告朔之礼。钱穆先生在《论语新解》中提到，这一章大约是针对鲁国当时的状况而说的。当时鲁国由孟孙氏、叔孙氏、季孙氏三家当权，鲁国国君势力衰微，大家都依附在三家的强权之下，当他们发现孔子依礼服侍鲁国国君时，就认为他是在谄媚国君。

"事君尽礼，人以为谄也。"虽然说的是鲁国历史中的状况，但是也展现了人事上的普遍的心理，说明当时人与人不再互相尊重，只知强权，并且以利作为行事的依据。当人们看到有人依礼行事，依礼表达对国家、对国君的尊重时，反倒认为那人在拍马屁。孔子以自己的经验说明在不知礼的社会中，人与人之间的疏离，使人丧失了对他人应有的尊重。

前一章的"子贡欲去告朔之饩羊"，说明人们丧失了对外在生命秩序之礼的认识，这一章则说明人们失去了对内在生命秩序的掌控力和理解力。

19. 定公问："君使臣，臣事君，如之何？"孔子对曰："君使臣以礼，臣事君以忠。"

定公是鲁定公，他是鲁哀公的父亲，鲁昭公的弟弟。当时鲁昭公因事出奔国外，其弟弟继位，是为定公，因此定公的地位就更加卑弱，无法有效地处理国政，因而问孔子："君使臣，臣事君，如之何？"

当时，君用臣叫作"使"，指使、派遣，而臣帮国君做事称为"事"。"如之何"，用现在的话讲就是该怎么去做。整句话的意思是，国君该如何指使臣子，臣子又该如何正确地为国君做事。即国君使唤臣子，臣子侍奉国君、为国家做事，最重要、最正确的方法到底是什么？

孔子回答："君使臣以礼，臣事君以忠。"意思是国君在派遣臣子做事时，最正确的方法是以礼来对待臣子，不但要依正确程序派遣，而且所派遣的事必须合理，同时派遣时对臣子要有所尊重。换言之，唯有礼和道理才能服人心，"君使臣以礼"，臣子才会尽心尽力地为国君做事。若君不使臣以礼，则臣无法"事君以忠"。

这两者的背后其实是心理与情感的反映。礼不仅是国家整体生活文化的表现，也是人与人之间合理平等的相处模式。这表示人不再用力去征服人，人与人的关系也不再是以利来决定，而是对每个个体生命都充满敬重和信赖。人的天性是追求被爱、被肯定、被信赖的，能有如此适当的表达，就是礼的表现。中国从西周起就强调这种情感，到了春秋时期，虽然礼崩乐坏，但是孔子在旧礼的基础上给予了礼新的意义，让它在新时代中有新的生命，重新唤起人们生命的深度觉醒。

中国农业社会理想人物的原型，不是西方崇尚的草原游牧英雄，而是所谓的圣贤，即生命觉醒的智者，这也是中西文化之间的差别。中国发展出来的集体意识、集体记忆中所呈现的生命原型或心理原型是尧、舜，甚至是更早的神农氏、伏羲氏、燧人氏和轩辕氏，等等。他们既是发明者，又是新文化的创造者，也是带领人们过着有别于原始生活的智者，尧、舜尤其被赋予了能让，能包容，能寻求共存、共荣之道的形象。

中国传统的礼，不是以力或利为标准的丛林法则，而是以农业社会的互助合作、互让相容，或者说共同生存的德性为法则，这种德性是生命觉醒后所呈现的状态，它跨越了你争我夺的动物原始生存形态。

相对于商朝，西周的礼已经有了倡导人的生命觉醒的意义。不过，为了维持社会的组织与秩序，仍有上下尊卑的地位差别。鲁定公就君臣之间的上下关系，来问该有的相处模式以及做事态度，这表明他的观念还停留在有传统尊卑贵贱关系的秩序中。

鲁定公与孔子同处在旧价值崩坏、新价值尚未建立、人际关系不明确的动荡时代，且当时鲁国国君大权旁落。这是一个大问题，甚至与现代管理学相似，相当于一个跨国集团该用什么方式来有效管理各国的分公司。也就是说，领导者要如何正确而有效地做好人事管理，并让整个组织可以有效地工作？而下属又该以什么样的态度为团队或上司工作？

孔子的回答直接排除了尊卑贵贱等一切分别，只就礼的本质深入回答，说明礼的本质是人性、人情、人心的自然需要，它超乎上下尊卑关系与阶级关系，是真正让人和谐相处的关键。在上位者只有依此打破尊卑贵贱的差别，给予人合乎人性、人情、人心的尊重，让人处在基本平等的状态，并能合理、合情、适才任用地派遣工作，人才能毫无压力地发挥潜力，远离怠惰、焦虑。对人的礼敬，就是把人当人看，而不是把人当作达到目的的工具，如此人与人才能够相互信赖，进而能尽心、尽力、尽情地将自我价值充分发挥出来。在今天来说，这种平等关系的建立，是健康社会的基本要素。

20. 子曰："《关雎》，乐而不淫，哀而不伤。"

《关雎》是《诗经·国风》的第一篇，也是《诗经》全书的第一篇，通过《关雎》可以知道整个十五国风的大义，甚至可以说《关雎》是整部《诗经》的宗旨所在。

《诗经》的宗旨是什么？孔子说："《诗》三百，一言以蔽之，曰：'思无邪。'"意思是说，用一句话概括《诗经》三百篇就是直出于心，直出于情。这是《诗经》的根本大义。

人的命运总是起起伏伏，难以预测，若深入去看，多半取决于人的情感。以古希腊悲剧来说，悲剧的发生是因为人打破了外在不可动摇的规律，可是人何以会打破规律？原因就在于人有控制不住的情感。莎士比亚描写的悲剧不再是起因于外在不可动摇的规律，而是起因于人的性格，然而，人的性格呈现仍来自情感的表达。可以说，情感是决定一个人自身命运的关键。

那么，什么样的情感是最适当的呢？孔子举了《关雎》来说明。他说这首诗所呈现出来的"乐而不淫，哀而不伤"的情感，就是最恰当的情感。"淫"是乱，古人认为凡是过分的，就叫作淫，有过度、泛滥之意。"伤"指严重到伤生（包括身体健康、生命求生的意志）的悲哀，譬如一个人得了抑郁症，有了轻生的念头，就是伤。虽然《关雎》充满了情感，但是它在表达快乐的时候不至于兴奋过度，让人乱了方寸，表达悲哀的时候不会损伤人的身体和生命意志。

《关雎》诗中说"关关雎鸠，在河之洲"，春天的时候听到河流的沙洲上有斑鸠"咕咕咕咕"的叫声，这是鸟儿求偶的相互呼应，以此引出了人们渴望爱情的情境。"窈窕淑女，君子好逑"，心思既体贴又细腻，而且充满善意与温情的女孩，应该就是有着高度生命理想的男孩的最佳伴侣。当他希望在人生路途上追求理想、大胆前进的时候，她一定会支持他。

《关雎》告诉人们，真正幸福的婚姻，或者说永久的爱情，不在于门当户对，也不在于年龄，而在于相爱者能相互体贴和支持。在婚姻中，两人生命成长的脚步要协调一致，这样的爱情才能延续。

《关雎》细述男女相恋的过程，君子看到他心中理想的女孩时，就会像一般人一样展开热烈追求，他"寤寐求之"，辗转难眠，醒着想她，睡着也想她。那份强烈的相思之情，"才下眉头，却上心头"。最后终于感动了女孩，两人就琴瑟和鸣般地谈起恋爱，最后敲锣打鼓、欢天喜地结婚，完成了人生中的大事。

人是感性的动物，不过人不能没有理性。古希腊强调人的理性来自抽象的思维，抽象的思维来自对客观世界的观察、分析。但在中国，理性、抽象的思维来自对人情感的认识，包括对自己生命及生命经验的认识，重点在于自我意识和自我认识。

《诗经》三百篇是人的各种情感的记录，读《诗经》的目的是教人认识人的各种各样的情感和情感需要。人的情感有不确定性。《关雎》放在《诗经》三百篇的第一篇，就是讲人在多变的情感里的不变，即以寻求最真诚的爱作为自己真正的归宿。

如此的爱情，也反映在脍炙人口的昆曲《玉簪记》里。故事中的男主角潘必正因为科举考试失败，就跑到他姑姑主持的尼姑庵小住，没想到在那里遇到了和家人失散、因痛苦自杀、获救后出家的年轻女孩陈妙常，从此两人的心都没有办法再安定下去了。这部戏曲唯美动人，真正体现了所谓的"乐而不淫，哀而不伤"，展现了年轻儿女的清纯之爱。潘必正情不自禁地展开热烈追求，刚开始陈妙常碍于规矩拒绝了他，这让潘必正得了相思病，等到陈妙常接受他的爱后，他才痊愈。后来潘必正的姑姑认为此举破坏清规，为阻止他们的恋爱，逼潘必正离开寺院，搭船进京赶考。陈妙常雇船冒着风浪赶来，表达了自己对爱情的坚持。她说："我来不是要跟你走，而是向你表达我的真心。你去考试，这是你的正途，我不能耽误你，重要的是，你将来还会不会记得我？"两人交换信物之后，陈妙常便回到了尼姑庵。剧中两人在大浪中相会，象征着情感、命运的不确定性。可是戏曲演到这里就戛然而止了，让观众带着惆怅和淡淡的哀伤离去，不过大家都觉得潘必正一定会回来，这就是"乐而不淫，哀而不伤"。

《关雎》中"寤寐求之""求之不得""辗转反侧"的种种情境，呈现出人强烈的情感，这是人在恋爱中最激烈的反应，属于人的非理性部分，须适当地处理。"乐而不淫，哀而不伤"是性情之正，人当从这种激情中学会自我调整，以达到均衡与和谐，乐，不至于迷乱失常；哀，不至于抑郁伤生。如此，人才会幸福，爱情才会成为人的幸福的体验，而不是痛苦的煎熬。这就是礼之本，也是"礼之用，和为贵"的和。礼让人有理性、有感性，且让理性与感性合一，不再对立、冲突，在哀伤和高亢中维持平衡与和谐。

中国的音乐不是激发人的情感，而是引导人的情感。如果读者听了南曲或昆曲，可能就更容易懂得音乐的情感价值。礼把这种情感通过某种形式、行为适当地表达出来，可以说，礼是情感的外在表现，而情感是礼的内在本质。

周代的礼乐制度提升了西周贵族和百姓的素质，使人类的文明程度向前跨出了一大步。这就是西周礼的重要性，也是我反复强调的中国文化的重要内涵。

在人类起伏不定的情感世界里，正道就是这份平衡与和谐，而礼是达成平衡与和谐最重要的桥梁。《礼记·乐记》说"乐由中出，礼自外作"，音乐、艺术是从人的内心自然流露出来的，是真实的情感表达，而礼则是人情感的适当表达。《礼记·乐记》又说"大乐与天地同和，大礼与天地同节"，音乐的最高境界在于展现宇宙天地共同存在的和谐性，礼的最高境界则在于展现宇宙天地中共同的规律和节奏。人能认识到宇宙天地共同的规律与和谐性，就能参与宇宙天地的生生造化，进入自我生命的创造之中，并从中感受到大喜悦。

在这个前提下，人不会盲目地只在求生存中挣扎，或者为了一时的冲动放任自己，以致破坏了宇宙天地，甚至是人类共同的生命秩序。

"《关雎》，乐而不淫，哀而不伤"，孔子提出了西周礼乐的和，也提出了人该有的气节。人心既和，且有气节，乃可享受生命，且可自我反省、认识、调整，甚至可以归零重新出发，如此，人才能合乎宇宙自然中的生之规律，生生不息。

孔子十分肯定周公这种有意识地制礼作乐，所以他说："乐而不淫，哀而不伤。""周监于二代，郁郁乎文哉！吾从周。"之前的考古挖掘出了西周文化发源地以及周公庙等遗址，这真是华夏民族最重大、最关键的考古，它见证了周公的制礼作乐使西周成为完整且成熟的人类文明，奠定了中国三千年来的文化基础。也可以说，这是人类最早的人道文化，它使得中国历代始终以人类的共存、共荣为生命的最高原则，甚至是最高的政治理想。

21. 哀公问社于宰我。宰我对曰："夏后氏以松，殷人以柏，周人以栗，曰：'使民战栗。'"子闻之，曰："成事不说，遂事不谏，既往不咎。"

"社"是祭祀土地神的地方。古人建国一定会立社，也就是立土地神，祭祀土地神。同时种植适合于当地土质的树，叫作社树，不但代表土地神，而且可使人们了解当地的土地性质与气候特征，供种植与开垦时参照，以符合水土环保，使人和自然可以整体共生，保持永续发展。社（土地庙）和社树是一个地方的代表，也是人民对于土地的感谢和标识，一直到今天很多乡村都仍可见。

中国的历史和文明源远流长，孔子十分重视立社这个关乎群体生存、生活、生命的大礼。

因为礼崩乐坏，鲁哀公已经不知道有关社礼的事，不知道种社树的真正意义，所以哀公问宰我有关社的礼，宰我对曰："夏后氏以松，殷人以柏，周人以栗。"

宰我是孔子的学生，他根据历史分别列出夏、商、周三代在社礼与种社树上的差异，夏后氏以松树为社树，殷商以柏树为社树，到了周，用栗树为社树。从这三种社树可以看到，夏、商、周建都之地的土质和气候各不相同。但宰我回答时，不是从天下国家，或是百姓的生命意义的角度来说明立社的本质，而是借机做了延伸，他说"使民战栗"，周人种栗的目的是使百姓恐惧战栗。

古来对"使民战栗"有三种解释，第一种解释是，当时鲁哀公在臣民间毫无威望，所以宰我用这个话来劝鲁哀公建立威望，以让百姓害怕。第二种解释是，古人常常在社里处置杀人犯，鲁国三家专政掌权，鲁哀公想讨伐他们，于是借这个问题问宰我，宰我便婉转地表示赞成。第三种解释是，鲁哀公四年，东周河南商丘这个地方发生了社灾，最重要的社被烧了，虽然东周天子的权威已衰落，但是仍和鲁国维持着最好的关系，鲁哀公问这件事，是想进一步了解社的重要性。

当时孔子身在陈国，所以"子闻之，曰"，代表孔子是后来才听到宰我"使民战栗"的说法。孔子虽不以为然，却说"成事不说，遂事不谏，既往不咎"，意思是，对已经做成、不可更动的事，就不要再多做劝说，也不要去阻拦或批评。对已经进行的事，就不要去劝止或批评。对已经过去的事，甚至做错了的事，就不要一直去责备，骂个不停。

这三句话的重点都是针对已经完成的事情、已经过去的事情。在现实人生中，当面对已过去、无可挽救的事情时，采用什么样的方式最合适？重要的不是追究、批评、责备已发生的错误，过度消耗精力、时间和才智，而是理性地妥善规划，向前开发出新的可能，让自己走出旧有的框架。

孔子说这三句话的原因，古来有两个解读，一个是说孔子责备宰我，不同意其言论，但宰我的话已经说出去了，对不可挽回的错误，孔子只好不再追究，只希望宰我以后说话一定要谨慎。另一个是说孔子知道鲁哀公和宰我的对话中有特别的用心，即想要讨伐专权的三家，可是三家专权由来已久，不是急切纠正就能成功的，再说鲁哀公和宰我并没有能力解决这件事情，因此孔子就奉劝鲁哀公不要轻举妄动，否则不利于国家安定。

鲁哀公最后被三家驱逐，宰我后来跑到齐国去，帮助齐国的国君赶走了掌权的田氏，结果被田氏家族的人杀了。这样看来，孔子劝导鲁哀公和宰我不可轻举妄动，是很有道理的。

子曰："成事不说，遂事不谏，既往不咎。"孔子认为，人应该了解整个事情的原委，甚至从历史的角度去了解它的真相，这样才能找到最有效的解决办法。人不可一味地只就现象做决定，必须有见识，能审时度势，寻找有效的解决办法，做事才能掌握分寸，最后获得成功。若只是停在原点追究责任，反而会陷入不可挽救的旋涡，导致问题无法解决。能审时度势，顺势而为，就是礼。所以这一章孔子谈的还是礼，即日常适当处理事情的礼，懂得这个礼，才能看懂下一章。

22. 子曰："管仲之器小哉！"

或曰："管仲俭乎？"曰："管氏有三归，官事不摄，焉得俭？"

"然则管仲知礼乎？"曰："邦君树塞门，管氏亦树塞门。邦君为两君之好，有反坫，管氏亦有反坫。管氏而知礼，孰不知礼？"

春秋五霸以齐桓公为首，而齐桓公能开创这个局面，除了靠他自己的才能和早年的器识，管仲更是功不可没。

管仲是齐国的宰相，他能审时度势，不但推行有效垦荒，利用大海资源开展渔盐贸易，使齐国快速成为经济、军事大国，而且喊出"尊王攘夷"的口号，重新推崇周天子，九合诸侯，重新肯定诸夏的文化及理想，并重建诸夏的社会政治秩序，以维持诸侯国之间的和平。

在齐国内部，管仲建立了新的生活秩序。他根据人民的需要推行政治改革，让人民在饱足的基础上，知道礼和节，有羞耻心和荣誉感。他还要求在上位者能遵守法令和制度，带动亲族，使家庭和国家趋于稳定。

管仲在短时间之内，使小小的齐国上下团结一致，通货积财、富国强兵，成为春秋五霸之首。孔子却批评说"管仲之器小哉"。钱穆先生认为，"器"指器量或气度，人心如器具般容量有大小，见识深则量大，见识短则量小，人的胸襟气度取决于他的见识、器识。

孔子批评管仲的根据是什么？有人感到疑惑，于是立刻问："管仲俭乎？""俭"是俭省，在这里引申为过度俭省，也就是吝啬。当时人们以为孔子说管仲太吝啬了。于是孔子回答："管氏有三归，官事不摄，焉得俭？"所谓"三归",古来有多种解释,第一种解释是,娶三个国家的女子。古人称女子出嫁为归。诸侯为了维持国家的稳定与和谐,可以娶三个不同姓氏部族的女子为妻。然而,管仲只是大夫,为什么他敢如此越礼呢?因为管仲是春秋时期最成功的政治家,他使齐桓公成为新时代的霸主,所以齐桓公尊管仲为仲父,容许他如诸侯般娶三姓部族的女子为妻。

第二种解释是,管仲家祭时用三牲。"归"同"馈",赠予人家的礼物叫作馈,不过在这里,馈是古代的祭名,三馈指三牲,也就是诸侯依礼祭祀时所用的牛、羊、猪三件祭品,大夫则用羊和猪。但是齐桓公允许居大夫之位的管仲在家祭时用三牲,所以说管仲有三归。

第三种解释是,管仲有三大藏财货的仓库,"归"指仓库。管仲有三个大仓库藏财货,这说明了管仲很富有。

此外还有人认为,"三归"是三处采邑,采邑就是收税的采田。也有人认为,是三个收取市场货物税的地方。更有人认为,"归"指府第,即今天讲的官邸。

"官事不摄"的"摄"是兼事,亦即三处官邸的官员不互相兼事,各有一套做事的官吏,即有三组人马在工作,这个花费是非常庞大的。若根据这句"官事不摄","三归"可以采用三处官邸的解释,同时可以涵盖娶三姓之女、有三个家、有三个仓库、有三处采邑等解释。所以孔子说"焉得俭","焉"是安,作何解,这样奢侈,怎么能说他俭省呢?

于是人们再问:"然则管仲知礼乎?""然则"是那么,那么管仲知礼吗?意思是管仲虽然有奢侈之嫌,但他的一切都来自齐桓公的赏赐,合乎国家的法制,如果管仲不接受,那不就是违礼了吗?即使接受是违礼,其过也不在管仲,因此管仲可算知礼。

对此,孔子说:"邦君树塞门,管氏亦树塞门。邦君为两君之好,有反坫,管氏亦有反坫。管氏而知礼,孰不知礼?""邦君"指国君。"树"指屏风,"塞"是掩蔽。依照古礼,只有天子和诸侯国的国君能在宫廷的大门外或内设置屏风,以区隔内外。只有天子和诸侯国的国君在宴请国宾的时候可用反坫之礼,"坫"是用土做的小台子,建在太庙进大堂的两根楹柱之间,用来放置酒杯和一些宴饮器物。在宴请国宾时,宾主见面,主人会先斟酒,举杯敬宾客,宾客受礼举杯而饮,以表示接受敬意,然后再把饮用完的空酒杯放回到土坫上,这是反坫之礼。之后国宾斟酒敬主人,主人依礼饮毕,再把酒杯放回坫上,也行反坫之礼。反坫之礼是国家的大礼,代表两国互相友好。但是管仲竟然在自己的官邸中设置了反坫,说明他在家有时会代替国君行国之大礼。在那个时代,是严禁大夫外交的,这一方面可以看出齐桓公对管仲的信任和宠幸,另一方面也可以看出管仲实在是志得意满。因此孔子说,如果管仲算是知礼的话,还有谁不知礼呢?这是孔子站在礼的角度批评管仲。

但是孔子并没有否定管仲的成就和对华夏民族文化的贡献,孔子曾说"微管仲,吾其披发左衽矣",意思是如果没有管仲,我们华夏民族就被夷狄同化了。可是为什么孔子说"管仲之器小哉"?这似乎互相矛盾。

孔子对管仲既否定又肯定,这并不矛盾,因为人的生命有多层次、多方面的表现。人的生命的真相无法用单一的逻辑或统一的静态概念、名词来统括。

依照太史公司马迁在《史记·管晏列传》中的描述,孔子根据管仲当时的政治成就,以及齐国的力量,希望管仲再向前跨一步,即如同周公辅佐武王、成王一样,把中国带到更高、更好的天地,甚至建立新的王朝、新的礼乐制度,把诸夏带入新的文明世界。但管仲没有勉励齐桓公树立王者之志,只是称霸而已,这代表他见识不足,而这就是他器量小的原因。

孔子的主张是具有革命性的,因此写《春秋》意在"贬天子、退诸侯、讨大夫,以达王事而已矣",这里的"王事"指王道之事,王者往也,天下之所归往也,有利于人类生命发展的健康社会叫作王。也就是说,周天子既已名存实亡,天下就应该走向新的王道,建立新的王朝,为人类社会建立新的理想而健康的世界。战国及汉代的今文经学家认为,孔子的主张就是如此。到了近代,康有为、梁启超直接就说孔子是革命家。

孔子的理论虽然具有革命精神和理想，但孔子并不是要做革命家，他认为自己是一介平民，在那样的时代背景下，无法有效地完成开创新天地的工作。可是管仲不同，他有能力辅佐齐桓公建立诸夏各国的新王道与新的理想社会，这是合乎礼的大义所在，也是礼的重建。然而，管仲只满足于齐国一国的成就和个人的显贵，这代表管仲的生命理想是世俗的，而不是在真正生命觉醒后，对生命理想的最高认识。因此孔子批评他的器量实在是太小了。

孔子的理想，在于他认为人类的文明当与时俱进，人类的生命觉醒是促成人类文明演进、跃升最重要的依据。

所以孔子说"管仲之器小哉"，又说"管氏而知礼，孰不知礼"。这不是成王败寇的世俗历史评价，而是对历史人物所做的超越事功与功利性的评价。孔子说"吾从周"，以人的心智成长作为国家或者文明建设的依据，而不是只以征服力、控制力作为国家最高的成就。据此，西周开国堪称中国甚至全人类历史的典范。

所以《论语》进一步说，齐国如果能够再进一步，超越功利，就可以达到鲁国以周礼为典范的状态，而鲁国如果在爱的基础上再进一步，就可以实现王道了。"管仲之器小哉"，是孔子在深深慨叹管仲以及那个时代的损失，也是在希望后世不要忘记为人类文明再开创出新的王道。

圣贤之所以为圣贤，是因为他能把天下带入新的王道，开创新的时代。孔子说管仲器量小，是认为他的格局不够大，用今天的话说就是管仲还没有全然地超越生物本能的快乐，还只是局限于功利性作为，寻求自我生存的、欲望的满足而已。

与管仲不同的是，许多人在物质上获得满足之后，便去寻找更大的精神满足，渴望登上生命的高峰。中国许多圣贤以及西方许多英雄，包括多位近代科学家，都超越了生物本能的快乐，立志造福人类，可见这是人类的通例，不是个例。

相反，像亚历山大或拿破仑，他们一生只求扩大个人的生物本能的快乐，有着太多私欲，这就造成了人类社会的种种不平衡，进而形成悲剧，这其实也是他们个人的悲剧，而他们的成功点正是悲剧的开始。

老子由此提出天道论，认为只有把排他性降到最低，才能够求得全人类的公平。所以他说，当全天下只确定唯一的美和唯一的善时，就是恶或不善的开始。一切"诚全而归之"，才是最大的包容和公平，这样就合乎天道，人人都能享有太平了。

《八佾》篇谈礼，礼基本上是人文精神的具体呈现。不过，中国凡是言礼时，就一定谈乐，因为礼乐是并行并重的，礼乐代表人性、人情、人心中不可缺少的部分。礼是人情感的提升，是人在自我觉醒以后情爱的适当表达，也是温情与敬意的表现。也可以说，礼是人在生命觉醒后的实践，乐是将人们复杂、矛盾的情感导向真挚、充满善意的方向。礼乐的合一是人性、人情、人心和谐的表现，也是西方美学中所说的理性与感性的合一。就如同动人的音乐，节奏和旋律条理清晰、情感丰富，有助于人放松身心，使心情宁静、喜悦，使精神凝聚、专一。

23. 子语鲁大师乐，曰："乐其可知也。始作，翕如也；从之，纯如也，皦如也，绎如也，以成。"

这一章是孔子和鲁国当时的大音乐家谈音乐的一段话。"大师"，"大"读为太，太师是官名，相当于现在音乐学院的院长。"乐"指音乐。"乐其可知也"的"其"是应该，引申为实在。这句话的意思是，音乐的形式和演奏的方式，是可以深入认识和掌握的。"始作"指开始演奏。"翕"是合起来。中国古代传统的演奏没有指挥，"始作，翕如也"，是说音乐演奏先敲锣或者敲钟，一旦鸣金声响起，全体参与者就会精神振奋。有人认为中国的传统乐队是由八音（八种不同材质做成的乐器）集成，代表宇宙天地的八方。在演奏这些乐器之前先敲钟鸣金，然后这八种乐器随之一起演奏，这也叫作"始作，翕如也"。

孔子接着说，"从之，纯如也"，"从"是放纵，"纯如也"指和谐完整。当八音开始齐奏时，乐声响起，加入人声合唱，完全进入了一片浑然和谐的状态，人声和乐器相互应和，纯一不杂。

譬如好的交响乐团演奏，即使是协奏曲，也会达到非常纯和的状态，让听众觉得天地一片祥和。所以《礼记·乐记》里说："乐者，天地之和也。"音乐可以展现出天地间最大的和谐性。古希腊哲学家毕达哥拉斯以音乐为代表，认为宇宙是一种大和谐。可见东西方的圣贤，或可以说只要是人，对此都有共同的认识和看法。

孔子又说："皦如也，绎如也，以成。""皦"是清楚明白，"绎"是连绵不断、相生相延。一种解释是，在一片浑然天成的和谐之声中，可以清楚地听见各种乐器的声音，以及音阶高低、清浊的变化，不过整个曲子是前启后继的，像水一般连绵不断、相生相延地进行着，就在这样的过程中，一首音乐完成了。

古人还有另一种解释。音乐开始演奏时敲锣、敲钟，接着是歌者升坛唱诗，这时所重的是人声，没有掺杂任何乐器，人声非常单纯，所以说"纯如也"。人唱完了以后，"继之以笙"，这时笙音非常嘹亮高亢，所以说"皦如也"。接着是歌声和笙音交织，加上其他乐器声交替进行，连绵不绝，所以"绎如也"。就像贝多芬的《第九交响曲》，情感丰富饱满，让人通过听觉感受到了生命的力量，至此，一首音乐完成了。

今天，我们可以在云南省纳西族的古音乐演出中，欣赏到这种中国传统音乐的演奏。据说，纳西族的古乐曲继承了唐宋音乐大曲，甚至可追溯到汉，它被誉为中国传统音乐的活化石。尤其当金声响起，人声高唱而出，清澈的女声宛如天籁一般。然后加入的笙音似乎能提神醒脑，奇特而美妙，完全不同于人们今天所听到的西方美声唱法。

那么，这一章是只就音乐的本质性进行说明，还是着重在陈述某个时期特殊古典音乐的演奏形式上？我认为两者兼有，一是音乐本质性的展现，表达了人类的共同情感和感受，同时也展现了宇宙天地的完整性、纯粹性、多元性和发展性，说明了音乐就形式而言，其本质和宇宙的发展规律同频。二是就音乐的某一种特定表现方式来说明，这是值得我们注意的，因为它目前仍存在着，是人类音乐史上的活化石。

这两种观点，让人看到人类如何从最简单的音乐开始，一直到今天完成最复杂的音乐。同时，也让人看到中国传统文化中，天人合一观念的表现方式，乐声、人声相互应和，连绵不断，最后合而为一，达到完整和谐。这是人类历史上非常重要的音乐表达，这种表达印证了华夏民族特有的文化观、天地观、宇宙观。所以说，前者展现了普遍性、客观性，后者展现了特殊性、主观性。合此两者才能有更广阔、更完整的认识。

身为人，最重要的也是最基本的，就是对认知力的拓展。能将这两种观点综合起来，就可以拓展出更广阔、更完整的认知力和理解力。其实西周礼乐制度的建立，就已经说明了西周在音乐上有着惊人的成就，所以才会用音乐作为国家建构的枢纽。春秋时期，音乐处于高度发展的状态。二十世纪七十年代从曾侯乙墓中出土的音乐器物，可以证明春秋时期音乐的繁盛，尤其是那套编钟，每件都有双音，音阶之完整，震惊世界。

我们从孔子的这番形容，可以领略到当时的音乐在形式、内容、表演手法、理论上都已经相当成熟，已经能表达人的内在情感，也能承载社会文化中的各种心理反应，这是《礼记·乐记》的论述能够完成的基础。

从情感反应上说，乐之"始作，翕如也"是在鸣金的"咣当"一响中，带动人们警醒和专注。而后，"从之，纯如也"，是将人的情感从各种对立和冲突中，带入和合纯净的状态，再从和合纯净进入条理分明且连绵不断的"皦如""绎如"的情境中，使人的情感在音乐声中被洗涤、提炼、熔铸，然后再把人引入无限的世界。

因此，当人与音乐交融时，能使人从自身狭小的形体和经验中挣脱开来，从生物原始生存的冲动中释放出来，从生物的功利性求存求活中解放出来，从而获得生命的觉醒。

我认识一位老太太，她在家工作、操心了一辈子。无意间她听到了西方古典音乐，尤其是莫扎特、贝多芬的音乐，她快乐极了。她说，突然之间天地好像变得很大，连叠衣服、洗碗、扫地、做饭都充满着节奏感、旋律感，她的心中充满美好和喜悦，而且这令她感到非常宁静，从此，她的世界里不再只是负担和抱怨，甚至觉得自己的生命就像一首歌、一段优美的旋律。并且，她更加愿意把自己和家人的身体照顾好，而这就是礼乐产生的根本原因。这种生命之乐不是外加的，是人类内心情感的自然流露。孔子拈出这一点，是希望能引起人们的注意。

24. 仪封人请见，曰："君子之至于斯也，吾未尝不得见也。"从者见之，出曰："二三子何患于丧乎？天下之无道也久矣，天将以夫子为木铎。"

"仪"是卫国地名。"封"是官名，为执掌封疆的官吏。"仪封人"指在仪这个地方负责看守边疆的官吏。这位仪封人是个有智慧的守边关者，他知道孔子，所以当孔子来到他所守的仪地时，他"请见"，请人介绍、引见，这是当时的见面之礼。因为无人可以为他引见，所以他就自行请见了。

仪封人说："君子之至于斯也，吾未尝不得见也。""君子"在这里指贤人，"斯"是这，指仪地，"尝"是曾。这句话的意思是，凡是贤人到了仪这个地方，我从来没有见不到的，甚至可以说，没有拒绝与我见面的。这句话很有力量。

于是"从者见之"，孔子随行的学生就出来引见仪封人。仪封人见过孔子以后，"出曰"，从屋子里出来，对孔子的学生说："二三子何患于丧乎？"这真是很大气的语言，他以"二三子"称呼孔子的随行弟子，等于今天说的"诸位青年朋友们"。"患"指忧虑，"丧"指孔子失掉官职，离开鲁国来到卫国。其实跟随孔子的学生一路都在担心，但仪封人告诉他们，何须担心孔子失位去国呢？根本用不着担心。不过也有人将"丧"解释成孔子的理想不行于世，也就是仪封人说的，何须担心孔子的圣道亡失呢？不必啊！

我个人比较倾向于前面的解释，也就是不要担心孔子失位去国。因为一般人总是根据眼前的事来论得失成败，眼前得，就是好事，就是成功，眼前有所失，就是坏事，就是失败。其实生命的发展与轮转不能只根据眼前的功利价值来评判。

孔子重新整理传统与人类的生命经验，并做深刻的反省和思考，他从人类生命的本质出发，提出新的生命观，教导人们重新认识自己、认识生命、重视知识、了解礼乐的本质，并教人提升自身的感情。他明确地指出人不再是被时代推着走的生物，而是可以主动掌握自己的命运，并推动时代巨轮的人。孔子可谓是一位伟大的生命导师。

所以仪封人见完孔子，出来后欢快地告诉那些从现实层面担心老师失位受困的学生："天下之无道也久矣，天将以夫子为木铎。"这真是石破天惊的一句话啊！

"天"字的语义非常丰富，不光指一般人所说的老天爷，也包含宇宙天地和人的生命中最高且不可言说的生之动力。"道"指天下共有的生命秩序。健康且有益于人们生活的时代，叫作有道，反之是无道。"木铎"是乐器，以木为舌的大铃铛，西周用这种铃铛向民众宣布重要的事务或政令。"夫子"指孔子，这是仪封人对孔子的尊称。整句话的意思是，人类社会失去对共有的生命秩序、生命大道的认识已经很久了，上天将让先生担任人类的导师，如同木铎一般到处行教，呼唤启发人们的心智。

仪封人既已知此，于是他嘱咐年轻的朋友们不要再从功利、现实层面来看待孔子，而是要从人类新生命的发展来看待他。换句话说，老天爷的目的就是要让孔子失位去国，行走于天下，宣扬新的大道。

这位居于偏远地区的小吏不但关心天下大事，非常有见地，而且还用心观察身边来来往往的人物，完全不受特定时空的限制，这是自我生命的提升和自我心智全面发展的表现。这种表现没有现实功利的目的，只有人在觉醒后对天下苍生的关怀和同情。通过仪封人，侧面写出了孔子所处时代的社会文化，并没有因动荡而变得浇薄，反而促使人们开始反省、反思，同时也反映出西周礼乐文化的深厚底蕴，恰恰是孕育孔子与仪封人的文化基础。

仪封人的这番话，相当于预言新的礼乐时代将因孔子而起，这是对孔子所说的夏、商、周三代之礼相因损益，对"其或继周者，虽百世，可知也"的深层注解。读书，尤其读经典，要能够从细微处读到整部书的要义、深意，这才是真读书，才是会用心，才能获得智慧。

记得钱穆先生在教我们的时候，经常提醒我们：你们认为自己是知识分子吗？你们拥有了身为知识分子的生活方式了吗？如果平日里仍和一般人一样，不应酬、不打牌、不和朋友吃喝就觉得寂寞、孤单，那就还不是知识分子。有了生命的觉醒，才具有成为知识分子、成为君子的条件。钱穆先生还说，当我们真正觉醒之后，就能够贡献智慧，与世人共同创造二十一世纪的人类文化，使之成为全人类新文化的开始。这正好印证了下一章，孔子说每一个时代都有其代表性的礼乐艺术，礼乐艺术是人类文化每个阶段的见证。这是知识分子关心文化时不可忽略的部分。

25. 子谓《韶》："尽美矣，又尽善也。"谓《武》："尽美矣，未尽善也。"

"《韶》"是虞舜时期所作乐曲的名称。《礼记·乐记》中说："《韶》,继也。"

也就是说，舜能够继承尧的德性、德政，人们以《韶》乐对其加以陈述、赞美。

因为音乐是人类直接表达情感的方式，所以孔子用它来说明时代的特色。今天听流行歌曲，可以看到当下人们内心的期待和渴望，听世界各地的民谣，可以看到世界各地的风土民情和社会心理。音乐通过情感感动人，引起人们的共鸣，是共同情感冀望的表现。完美的艺术形式能进一步引发人们的审美情趣和美感经验，满足人们对美的需求，并完成美的理想。

什么是美？这是个重大的问题。美不是指漂亮、美丽，而是指人的完善圆满的生命感动。

子谓《韶》："尽美矣。"孔子说《韶》乐，在艺术表现形式上是完美的。古人的乐通常是综合性的演奏形式，包含了诗、歌、乐、舞，甚至还带有故事性的叙述，这是原始乐曲的演奏形式，今天还可以在各种戏曲中看到。

同时孔子还说"又尽善也"。古人说，"善"指美之实，即今天所谓的美的核心。孔子认为《韶》乐在完美的演奏形式中，还蕴含着善的意义与理想。

什么是善？善有利于生命的生长与发展，而生命的完善，指能意识到生命的重要与可贵，了解活着这件事值得珍惜，一切有助于生的万物也都值得珍惜、尊重和感谢。《韶》乐表达了既完善又完美的情意，是对人的高度生命觉醒的赞颂。

古代帝王天子在治国成功后一定会制作音乐、歌舞，以展示当时的盛况，这也是后世所谓歌功颂德的原义。舜以文德受尧的禅让，是人类心智对生命觉醒的最高体现，让人看到不必通过战争也能够达成共同生存的目的，在三千年前的那个时代，这是崭新的生命经验。这件事使人们清晰地认识到，在变动改革的过程中不必经过杀伐，只要有爱和生命的教化，以及生命的觉醒就可以了。这是儒家最高的生命理想。

"《武》"指《武》乐，也就是周武王时的音乐。武王的"武"是谥号，他那个时代创作的音乐叫作《武》，这就说明武王不是以文德或和平之德取得天下，而是通过征伐取得天下的。征伐与战争，对周武王来说是不得已而为之的事，而且他已经努力把战争的损失降到最低了。毕竟发动了战争，虽然最终带来了和平，但是其间有生灵涂炭，终究是遗憾、不完善的。所以孔子评论《武》乐，"尽美矣，未尽善也"，也就是说在音乐的形式上或艺术的表达上，它是完美的，但其内在的含义就未尽善了。

孔子认为西周的这场战争是以武力得天下，并不是理想的生命大道。生命的大道是爱，是对整体生命的尊重，以及对所有有助于生的事物的尊重和感谢。唯有如此，人类才能够从掠夺、征服、猎杀中走向共生、共荣，而这就是生命的最大觉醒与人类最高智慧的表现，其中含义极其深刻，是中国文化的最高理想，它完全不同于西方文化。

在这一章中，孔子通过音乐，让人从音乐艺术、礼乐的展现中，看到时代的特性和社会心理，也让人借此更进一步了解人类与时代的历史。虽然孔子将人类的理想陈述得这么高远，但是理想终究要通过个人生命觉醒的行为来实现，因此下一章他急转直下，通过谈现实的个人人格特质来结束《八佾》篇。

26. 子曰："居上不宽，为礼不敬，临丧不哀，吾何以观之哉？"

"居上"是处在上位。"居上不宽"指在上位者要是心不够宽厚，缺少了爱，便不能对在下位者有所体谅，这是不对的。"为礼不敬"的"为"是行，"为礼"就是行礼。行礼时没有敬意，心神涣散，这是不对的。"临丧不哀"指参加丧礼、祭悼死者时缺乏对生死的真实感受，内心没有因为生命的丧失而感到哀痛。对这样的人，尤其是对这样的领导者，孔子说："吾何以观之哉？"意思是我拿什么去看他？我还能有什么样的期待呢？

宽厚是居上者的基本态度，唯有如此才能看到部下各自的特质，进而因才任用。人有敬意、能尊重，是行礼时最重要的内在情感活动。至于临丧的哀痛，是对死者最大的同情与怀念，也是对生命的肯定与认同，这是参加丧礼时最重要的心理状态。人若没有这些心理，则代表他还是不具有生命觉醒、尚未脱离生物原始需求的"半兽人"，因此不能成为社会的领导者。因为他是依生物本能、生存冲动和自我保护来做出某些行为，所以对这样的人无法冀望太多，这与《八佾》篇一开始说的"八佾舞于庭，是可忍也，孰不可忍也"是互相呼应的。同时也说明了只有以人类觉醒后人的性情为基础，才能建立合情、合理、合法的社会群体秩序。

孔子在《论语》中所说的生命的觉醒、生命的自觉，就是现代心理学常说的人在意识上有了觉醒，有了自我意识，并且通过认识自己进而认识别人、认识生命、珍惜生命，甚至能够对生命、对人、对事、对物付出适当的爱。如此，人和世界的关系就不再像西方哲学所强调的那样，是对立的、趋于悲剧的，而是相互依存的。在这种开放的心理状态下，人可以跟任何事物相互感应、沟通，如此融为一体，世界终将成为仁的世界。

里仁第四

论语

1. 子曰："里仁为美，择不处仁，焉得知？"

《论语》从《学而》篇到《为政》篇，在个体、个人建立之后，谈人类社会的群体生活秩序，其中包括心灵、情感的秩序，展现在外就是礼乐。《八佾》篇紧接其后，谈礼乐的典章制度、行为礼仪，这是政治的核心。不过，这些还是偏重在形式上。真正的人是有能力将外在世界与内在世界的理性和感性相结合的，这是人所特有的能力，是人生命觉醒的重要表现。人能有这个表现，有这样的认知，有这样的爱与情感的表达，就叫作仁。接下来的《里仁》篇就谈仁。

孔子将仁作为人类最大的特征及人性的根本，《中庸》说"仁者人也"，即仁是人之所以为人的根本所在。仁是孔子特有的主张，是中国传统学术人学的核心，也是中国传统学术具有系统性的根本前提。

仁，简单来说就是爱（不是动物性的爱），这样的爱能够让人产生强烈的觉醒意识，加深对自己的认识，从而试着认识、关心自己所爱的人，回头重看世界。这种爱是惊人且不可思议的，甚至还带有某种神秘性。人通过这种爱的反省、反思，逐步建立起真正的自己，并知道自己真正想要的是什么，不想要的是什么，然后知道自己真正的心理动向、情感需求，并拥有清明的辨识力、抉择力、爱的承担力，最后完成真正的自己。即使是做很小的事情，只要是自己真正想要做的，是真正可以让自己的生命得以安住的，就有助于收获圆满、自主、幸福的人生。

法国电影《杂货商之子》，对"仁"字做了很好的注解。片中一位青年，远离家乡，在大城市打拼。有一天开杂货店的父亲病重，他被迫暂时回去帮忙。刚开始他非常不耐烦，也瞧不起村民，可是在供货服务的过程中，他学会了许多生活技能。每天在工作之余，他徜徉在美丽的田园，阅读着喜欢的书籍。有一天，他突然明白了他在大城市中为何不快乐，因为大城市空间太狭小，而他喜欢行走于旷野中。他逐渐感受到村民的热情与爱心，并遇到了真爱，他恍然大悟，原来他真正想要的是真诚、自然且安稳的爱。于是他辞去城里的工作，继承了父亲的杂货店。当他有了生命的觉醒，自然就扩大了这份爱，之后他改变了经营方式，带领村民进行建设，并在这个过程当中发现了自己的潜力和创造力。

人只有在真正的爱与生命的觉醒中反省、反思，才能认识、发展自己，将自己的人生过得淋漓尽致，并享有真实的生活，同时也能认识世界，了解别人的需要，知道如何付出适当的爱。如此，人与人才能互相认识和沟通，才能有真正的关怀与尊重，人与人之间的隔阂才能被打破，实现真正的平等与和谐，这种爱就叫作仁。

孔子创造出的仁，是近代人们所说的真、善、美三者的总体表现，这是人类幸福的指标，也是人打开幸福之门的钥匙。

"里仁为美"，"里"的一种解释为邑，乃乡邑之意。这是说，能居住在有仁者的乡邑里，是生活中最美好的事。"择不处仁，焉得知"，作为人，如果没有能力选择仁道，与之一起发展，就算不上有智慧，"焉"乃安、何之意。

另一种解释，"里"作动词，是居的意思，"里仁为美"就是居仁为美，人若是能安居在仁道上，便是生命中最美好的事。如同孟子说的"仁，人之安宅"，仁是人心最安定的所在。当人有了因爱而产生的生命觉醒，便是内在最舒服的状态，就能够享有生命的喜悦，获得生命智慧，如此烦恼自然消失了。

有的人认为，这里的"美"应解释为善，因为仁属于道德，道德是善不是美。他们认为孔子那个时代美、善不分，中国社会以道德与伦理为主，美与艺术都附着在善之下。中国学术以人作为知识的主体与主题，这跟西方的传统学术，从宇宙物质的结构去探索物质的本质，进而建构逻辑系统，是不一样的。西方是对外探求宇宙，即所谓真的领域，它不涉及善或美的部分，因为善或美属于感性认知。中国以人作为知识探究的对象，就不只是物质的真所能涵盖的，它必须牵涉生命的善和情感的美，善与美因生命而联系起来。甚至可以说，客观世界的真、生命的善、情感的美，三者合起来才能展现人完整的生命，才能呈现以人的生命为主体的知识。

子谓《韶》"尽美矣，又尽善也"，谓《武》"尽美矣，未尽善也"。从这里我们可以很清楚地看到，美与善是两个不同的概念，但美与善能结合成更大的美、更大的善，因为人的生命是不断提升的，所以子曰："里仁为美，择不处仁，焉得知？"

孔子强调的里仁、居仁、以仁为居为美，其实指人的心居于仁为美。不做这样的抉择，怎么能称得上有智慧、有生命的觉醒呢？

我们看社会上有许多知名的智者，常常滔滔不绝地指导人们如何寻找幸福人生，可是他们私底下也常陷在困难之中。之所以陷入困难之中，是因为缺少真正的生命觉醒、真正的爱以及对爱的认识。所以，智者应当知道以仁和爱，以爱的生命觉醒作为自己生命的大道，并从中感受到生命的喜悦，享受因单纯地活着就能拥有的快乐。这就是《论语》所说的真正的生命觉醒者。

只有真正达到了生命觉醒，才会有正确的生命认知以及智慧认知，正如佛学里说的正知、正见、正行。这个正的准则是真正的爱，以爱为前提，由爱而来的生命觉醒，才是有智慧的认知。这也说明了人真正的生命来自有爱的生命觉醒，这就是仁道。

因此，"里仁为美，择不处仁，焉得知"是《里仁》篇最重要的意义所在。

2. 子曰:"不仁者,不可以久处约,不可以长处乐。仁者安仁,知者利仁。"

这一章是对上一章的延伸,比较具体。所谓"不仁者",简单来说就是未达于仁,他的心中还没有爱。仁有觉醒的意思,亦即从爱中觉醒,这是一种深层的生命觉醒,包括对自己性情的认识、对自己的生命发展的认识、对自己成为完整个体的认识。"不仁者"没有这种觉醒,他跟随着社会潮流,或者自己虚荣的、渴望补偿的心理去追求生活。

在这样的状况下,不仁者就"不可以久处约",即没有能力久处于困顿以及没有发展前景的环境中。"约"是困顿。换句话说,在这样困顿的环境里,他没有坚持忍耐的力量,也没有对理想与生命情操的坚持,所以他无法摆脱生存本能的限制,只能随波逐流。

同样,不仁者"不可以长处乐",没有能力长期处在顺境之中。即如果没有自我生命的觉醒,也没有真正的生命认知和生命理想,就无法摆脱自我生存本能的限制,只能在生物的快乐原则下追求满足。这种人很容易受到诱惑,尤其是当他处于顺境时,容易放松一切,不可控制地走向失败。

譬如齐桓公在管仲死后,禁不住诱惑,宠幸小人,最后走向了毁灭。其他诸如基督教所说的,你们的痛苦来自你们的不幸,或者佛家常说的,人们因为无明的业障而受到苦难,或者古希腊哲学中说的,如果人缺少了理性,只有感性,就会像动物一般凭本能去面对事情。在孔子看来,这些都只是不仁者在生命没有觉醒时所做的错误抉择,这使他们感到不安且无法真正享有生命中的福气。

那该怎么办呢?孔子说,当个仁者吧,也就是当个生命的觉醒者,如此就能久处约、长处乐了。生活中痛苦的根源是不仁,换句话说,只要觉醒了,即使约,也能久处,即使乐,也不会在乐中动摇而毁灭。这也是孟子后来所说的"贫贱不能移",不改变自己原有的志向,"富贵不能淫",不使自己的心迷惑，志与心都是人在自我生命觉醒后的生命理想。

"仁者安仁，知者利仁。"意思是生命觉醒者，即能以居仁为美的人，自然能安于仁道，这强调的是对生命之爱的追求、坚持与享有。至于"知者"，简单来说就是觉醒者。人的觉醒有深有浅，从《论语》来看，"学而时习之"代表自我意识，亦即自我认识，"有朋自远方来"代表自我建立。当我们进入反省、反思阶段，了解到自身生命想要追求的理想时，便能摆脱本能的限制，拥有高度的认知力、分辨力、抉择力，从而能够久处约、长处乐，向着理想努力，绝不动摇，这就是有智慧者。所以仁、知属于不同的层次，一个是拥有爱，一个是拥有认知力、分辨力、抉择力。

凡有智慧者，都有认知力、分辨力、抉择力，他一定能超脱于现实的功利、利害之上，选择有利于生命觉察、爱的理想追求、享有自我生命的道路发展，只是还没有到达"仁者安仁"的境界而已。

"仁者安仁"是更深层次的生命觉醒，达到更深层次的觉醒的人，能真正意识到爱，他的爱不再是源于本能的冲动，也不再是为了填补自身生命的空虚与不足，而是源于彼此间的沟通与交流，是对他人更完全的认识与更充分的尊重，也是对自己的欣赏。换句话说，这种生命觉醒是爱的觉醒，从爱中觉醒，也就是孔子说的"己所不欲，勿施于人"，即认识到自己有种种不欲之后，努力不让这种不欲发生在别人身上，这是恕道，也是推己及人的表现。

这样的心意包含着对人充分的尊重，甚至可以说，尊重是人在生命的觉醒中，对生命、对人、对天地万物的爱的起点。这就如《中庸》所说，只要人能够致中和，没有了暴戾之气，宇宙天地就能够回归到本有的秩序里，如此，万物也就自然能生长化育。人没有了暴戾之气，才能拥有对世界的耐性和理解力，才能真正地爱人。

3. 子曰："唯仁者能好人，能恶人。"

这句话中的"好"是爱，"恶"是厌恶。整句的意思是，仁者能够了解什么是真正的爱，什么是真正有利于生命发展的善，也能够了解什么是人类生命共通的发展大道，什么是对地球、对宇宙天地万物的爱。只要人不再有自我生存的私欲，也不再受生物本能的驱使破坏一切和谐，自然就能真正地对生命、对世界、对地球，甚至对宇宙表达出爱。同时，也能真正理解自己与他人无法爱人的问题之所在。

有些父母因为有自己特定的价值观，所以无法公正、公平地对待每一个孩子，常会比较疼爱成绩好、表现优秀的孩子，或者只关注弱小、身患疾病的孩子，从而造成其他孩子心灵的伤痛。有些父母溺爱孩子，其实是对孩子最大的伤害，有些父母把孩子当成摇钱树，一定程度上摧残了孩子的心灵。

人由于受生物本能的驱使，欠缺生命觉醒，没有自我省思的能力，又或由于被私欲和偏执蒙蔽，无法真正分别善与恶、是与非，从而无法真正地爱人和厌恶人，对许多罪恶视而不见，最后造成社会的动荡与悲剧，甚至引发战争。这都是不仁的结果。孔子这句话中的"唯"字有非常深刻的意义。

人若没有真正的生命觉醒或对爱的认知，即使有信仰，也无法真正给予他人适当的爱。当人有了这种认知力、分辨力和抉择力，才算拥有智慧。儒家的这种智慧不是宗教信仰，也不是西方哲学所强调的与感性相对的理性。这种智慧含藏着人类对一些事物，包括科学、哲学在内的正确认知，同时，这种智慧也是人在生存意志上的实践，它是人所特有的，是对生命整体发展的综合性的认识力，人因它才会有自我意识的觉醒、生命的觉醒以及爱的觉醒。

4. 子曰："苟志于仁矣，无恶也。"

"苟"，诚，引申为真真实实。"志"，心之所向。虽然钱穆先生直截了当地把"志"解释为存心，但是这个心有深刻、丰富的意思。"恶"是"亚"和"心"的组合字，古人解释"亚"为丑，也就是不够美，有人引申为次。换句话说，人的心有了丑，就是恶，亦即心还没有完全展开，这样的人还处在生物本能的生存冲动之下，容易行恶。

这句话的意思是，人若真真实实地存心于仁道，就能专一地走在生命觉醒的道路上，如此自然不会行恶。换句话说，当人真正有了生命的觉醒，意识到爱，意识到活着有多好，享有了生命本身，进而认识到周遭的一切存在，草木、沙石、阳光、空气、流水等全都为人们的生存付出了巨大的贡献，人自然就摆脱了生物生存冲动的患得患失的心态，内心也就充满了对万物的感谢。人不是绝对的单一个体，而是和天地万物共同存在的，所以人不能只求自我个体欲望的满足，必须与天地万物共存、共享。人能做到这个地步，自然不会行恶了。

5. 子曰："富与贵，是人之所欲也，不以其道得之，不处也；贫与贱，是人之所恶也，不以其道得之，不去也。君子去仁，恶乎成名？君子无终食之间违仁，造次必于是，颠沛必于是。"

当人有了生命的觉醒，不再受制于生物的生存冲动，同时能意识到爱，在与天地万物和谐共处时，他的内心就会对活着产生平和、喜悦的美好感受。这是仁的感受，也是生命喜悦的感受。这种爱充满着理解与尊重，让人如沐春风。这是有利于生命发展的善，这种善既体现在生活中，又能创造生活的美好。

一般人在现实生活中，总是无法实现自己的梦想，有时还会经历种种挫折。那么，人们要如何安顿自己的身心，使自己过得安宁呢？其实这种渴望获得安宁的心，就是孔子所说的仁。

钱穆先生在《论语新解》中讲"知者利仁"时说，人之所以为人，主要在于心，而不在于外部环境。外部环境有约有乐，若己心不能择仁而处，则约与乐都不可安，因为久约则为非，常乐必骄溢。人生一切可久可大之道本于仁，仁是一种心境，是人心所共同拥有的。

进一步说，仁是一种生命的觉醒，也是爱的意识的苏醒，这种觉醒和苏醒可以使人保持人类特有的清明认知，不再受制于生物本能。这如同康德所说的自由，也如同《庄子·逍遥游》中所说的无所待。但仁心是有待启发的，孔子在这里教导人们要能自觉，先发展为生命的觉醒，再发展为爱的觉醒，最后发展为适当的爱与关怀。只要是人，都渴望爱与被爱，只是爱是有待学习的。

弗洛姆在《爱的艺术》中谈到了适当的爱，他说，爱是一种态度，是品格的指南，这种指南决定了人与整个世界的关系。假定人只爱一个人或少数人，而不关心其他人，那么他的爱不能算是爱，只能算是共生式的依附，或是扩大的利己主义。

爱是一种生命活动，是一种心灵力量。希腊电影《希腊新娘》中的主角，为了家族的前途卖身远嫁，在惨痛的经历中表现出了强大的爱的心灵力量。她不仅爱某个特定对象，还爱整个世界及所有生命。

所以也可以说，仁是完整的爱，是真正的爱，只有通过这样的爱，人与人、人与天地万物才能和谐相处，个人与社会之间才不再有近代法国存在主义所说的对立与冲突，甚至个人也不再有自我冲突。如此，现实人生就不再是令人饱受折磨的场域，个人也不会因为爱而痛苦万分。

孔子说："苟志于仁矣，无恶也。"也可以说，恶是因为心中没有足够的爱，或者不知道如何爱，而对别人造成伤害。当人们懂得了生命的爱，自然不会行恶了。要如何"苟志于仁"呢？孔子说："富与贵，是人之所欲也，不以其道得之，不处也；贫与贱，是人之所恶也，不以其道得之，不去也。君子去仁，恶乎成名？君子无终食之间违仁，造次必于是，颠沛必于是。"

从现实人生及人类的生物性来说，"富"指拥有充足的物质，"贵"指拥有社会地位与权势，这些都是生物生存的保障与凭借，它们能让人免于饥寒、杀戮，并确定自我存在的价值，因而是人奋斗的目标。譬如人们都希望从事喜欢的工作，能在工作上取得成就，或是希望加入某个团体，获得人脉支持，从而得到更多的资源，有更好的发展，也希望全家人和乐地生活在一起。这是"富与贵，是人之所欲"的一般的写照。

人为什么要活着？活着的意义何在？这是全人类亘古追寻的哲学问题。如果富与贵代表人生的意义和价值，那么人世间的恩怨、是非等，便都是源于对富与贵的追逐。"物竞天择，适者生存"真的是宇宙中唯一的规律吗？儒家认为不尽然。

人的生命是多层次的，第一个层次是生物性、动物性的，只要生存的本能获得满足就可以了。第二个层次是人的展现，这是人特有的，是在人的自我意识发展之后，产生的心理层面及精神层面的需要。就像心理学家马斯洛认为的，人除了本能的需要，还有归属和爱的需要、被尊重的需要，以及更高层次的自我实现的需要。

古希腊哲学家认为，人有四种爱的表现。第一种是单纯的性欲，生物借此繁衍后代。第二种是爱欲，人与人借此产生爱情，渴望在一起，并走向共同的创造。可以说，人类的文明，由这里开始。这种爱的力量，甚至可以达到如弗洛姆所说的，即便爱上某个特定对象，如果是真正的爱，能同时爱整个世界、爱所有生命。第三种是知己之情、兄弟之爱，这是让人类社会能够团结、共同营生的爱。第四种是神圣的信仰之爱。弗洛伊德认为，个人至少有三种我：本我、自我和超我。人的复杂性就在于本我和超我之间常常产生冲突，我们需要凭借自我去化解。

中国和古希腊都认同人本身的复杂性。从人的生物性本能来说，人天生就想追求富与贵。孔子在这里提出，对富与贵的追求，是人共同的自然反应。但佛学上说，人类的生存是受宇宙中的无明的力量驱迫的，这无明是生命的盲目冲动。人类在其中很自然地会物竞天择，为生存而斗争，从而引发各种罪恶。因此人生充满痛苦，而这痛苦就来自生命的盲目冲动，也就是所谓的无明。人类历代都在追求富与贵，是人之所欲也，然而在骄人的成就背后，又含藏着多少不幸？

《论语》认为，幸福不在于富与贵，而在于人的内心。孔子提出了仁的觉醒，教人把仁带入内心，通过自我认识，审视自己的情感，试着了解自己内在的本能的冲动，以及宇宙的发展规律，然后调整自己的内心。因为单执其一，所以人不会觉得圆满与快乐，譬如人不能没有吃喝，但人生也不能只求衣食住行，人会在衣食住行中加入精神追求，因此就有了艺术的创造。人也不能只是自己单纯地活着，需要家人、朋友，需要信仰，当然还需要爱，需要和所爱的人在一起，如此才会觉得生命是圆满的。

想认识自己，这是人求真的部分。人活着不能只为了获得生存上的满足，生存上的满足只是人第一个层次的要求，人特有的天性会使人想突破这个限制。就像歌剧《卡门》的女主角想通过追求爱情来获得自由，哪怕有危险，她也忍不住迎上前去。这种方式虽然不见得正确，但是反映了人类对自身生命自由的追求。康德说，所谓自由，不是随心所欲，而是自我主宰。因为游戏最容易让人感受到自由，所以人们渴望在生活里有充满乐趣的游戏。人对富与贵的追求也一样，要是没有乐趣，我想任何人都很难坚持下去。当然还要有爱，在爱中人才能分享、合作，才能在活着的世界里有归属感。

人若是能认识到人的本能驱迫着自己，知道宇宙是无限的流动和创造，同时也认识到人不愿意受到生存的局限，知道自己真正想要的是什么，就不会像卡门那样，不惜以死亡来换取所谓的自由。孔子从人类生存的角度，说富与贵确实是人们共同的欲望，但在生命觉醒的前提下，"不以其道得之，不处也"，这个"道"是仁道。人在觉醒后，了解到人类生命不论个人还是群体，都是从爱出发的，大家和谐地共存、共荣，富与贵虽是人类求存、求自我实现所需，但若不符合仁道，违反了生命觉醒之道，虽得之不处。

"不处"的意义很丰富，古人解释"处"为安住，"不处"是不安住。如果不合乎仁道，即使得到了也无法安住。这是自我在生命觉醒后，对自我生活做调整的展现，这超越了生物的生存局限，表明了人有能力处理"不以其道得之"的富与贵。

只要人有了生命的觉醒、生命的爱、生命的同情与认识，就能超越生物本能的局限，取得只有人可以拥有的自由。

"贫与贱，是人之所恶也，不以其道得之，不去也"，这句话的含义更深刻。"贫"指财富极度欠缺，"贱"指没有社会地位，或者非常卑微。从生存的角度来讲，这是人人所讨厌的，处在这种状况中，生命会受到威胁。如果不能从自己的生命认识与发展中，寻找到真正的解决之道，贫与贱既得之，也不会轻易摆脱。换句话说，人不会为了摆脱贫与贱，轻易放弃最真实的生命，委曲求全地做违背性情的事，并伤害生命的独立性和自主性。

这里把"道"解作仁道，不只作正道解，就儒家而言，"正"的准则就是仁。仁道包含对生命、对自我有深刻了解后，对自我生命的超越与抉择。

孔子接着说："君子去仁，恶乎成名？""恶"是何。如果君子离开了仁道，他怎么还能成就君子的名呢？他就不再是君子了。只要是君子，内心就不会有片刻离开仁道，他时刻在生命觉醒的道路上享有着生命。到这里，孔子正式地、明确地赋予了君子新的意义，使其不再是西周以来贵族或为政者的专称。

孔子还说："君子无终食之间违仁，造次必于是，颠沛必于是。""终食之间"指一顿饭的时间，形容时间短暂，"违"是离开、失去，"造次"是仓促、急剧，"颠沛"指困顿。整句话的意思是，一个真正的生命觉醒者，即使在一顿饭这么短暂的时间内，也不会离开生命觉醒之道，不丧失他因对生命的领悟而产生的喜悦和爱。换句话说，他时刻都处在喜悦之中，即使是在紧迫的情况下，在颠沛流离的时候，也不会丧失生命理想及生命情感。

这让我想起了钱穆先生，他在极度困难的情况下创办了新亚书院，为未来的时代培育人才。今天新亚书院已是培育中国新人才的重要摇篮之一。钱穆先生即使到了身体孱弱的晚年，也没有忘记最大的生命关怀，他总是关心着国家和中华民族的未来。他说："我老了，身体衰弱了，不过这更让我懂得了中国所谓天人合一的意思，将来中国可以贡献给世界的，大概就是这天人合一的思想。"

这也是孔子给中国人最大的生命启发，也是最大的生命希望。人类只要能真正觉醒，就能和平相处，携手解决生活中的难题，扭转颓势，东山再起。中华民族能绵延不绝、生生不息，关键就在于生命的觉醒。同时孔子让人了解到，人类共存、共享、共有的仁道，即和合之道，来自每个人对自身生命的认识与珍惜。孔子没有否定富与贵的重要性，他借着谈富与贵，进一步说出心灵觉醒才是生命的正道。相反，背离了和合之道，必然会有冲突。

6. 子曰："我未见好仁者，恶不仁者。好仁者，无以尚之；恶不仁者，其为仁矣，不使不仁者加乎其身。有能一日用其力于仁矣乎？我未见力不足者。盖有之矣，我未之见也。"

孔子认为，仁道是人类生命觉醒的中心，是人之所以为人的根本所在，这强调了人对人，包括对自身以及对生活环境的关心。人具有生物所没有的能动性，可以根据理想规划自己的生命蓝图，人可以化育、成就自然，不但能发现自身的错误，而且能进行自我调整、自我改进。

早在两千五百年前，孔子率先提出了这样的生命观点，他呼吁当时的人一定要通过自觉，将自己带入理想的生命情境之中，并建立良好的社会人群关系，以及国与国之间的关系。

孔子说："我未见好仁者，恶不仁者。"意思是孔子在提出这种生命认知的时候，还没有发现"好仁者"，亦即喜欢仁道的生命觉醒者，也没有发现"恶不仁者"，即厌恶自己没有办法达到生命觉醒的人。

"好仁者，无以尚之"的意思是，当一个真正的生命觉醒者享受到来自生命的喜悦时，他自然会知道这种喜悦是无以复加的。"尚"是加、超过。"无以尚之"是再也无法超越，再也没有任何其他事物能带来这种喜悦。

"恶不仁者，其为仁矣，不使不仁者加乎其身"的意思是，一个厌恶自己还不能全然觉醒并享受到那份来自内心的喜悦的人，他已经意识到生命觉醒的重要性，已经处在觉醒之中，他在为仁的努力上，不使不合仁道的事或者不含生命喜悦的事加诸自己身上。其实这已经是仁的表现了。

在这里，"好仁者"与"恶不仁者"是两种不同层次的人，"好仁者"已经明白并享有仁道，也可称为得道者；"恶不仁者"还没有全然地享有仁道，不过他已经能够拒绝不合仁道的事了。其实这两者都已经知道了什么是仁，并努力地追求仁。

钱穆先生总是教我们要多花时间在真正的学习与生命的觉醒上，不要和别人打笔战。比如别人在吃酸苹果时，你不要一直去批评他，而是要在适当的时候拿甜苹果给他尝尝，如此他自然就会放弃酸苹果。他还告诉我们，教育要懂得引导，而不是一味地批评，这是尊重，是顺应人性和人的生命觉醒的。

既然生命的觉醒是天性，应该顺理成章才对，为什么还要别人去启发，为什么还要用力于仁道上呢？这是因为人的多重性，人有人性，有精神性，也有生物性。人在机缘成熟时自然会觉醒，不过容易被生物性的习惯所蒙蔽，会在不知不觉中回到生物本能的恐惧与自我保护中，所以还需要被人提醒或自我提醒，以保持敏感，保持清明，如此就能够走在生命觉醒的大道上。

最后孔子说："有能一日用其力于仁矣乎？我未见力不足者。盖有之矣，我未之见也。""一日"，形容时间短暂，就像今天说的一旦。"盖"是大约、或许。孔子说，有人一旦用力于仁道，便会不断自我提醒，我从来没有看到人有力量不足的时候。或许有些人会力量不足，但我到现在还没有见到。"我未之见也"是倒装句，原意是"我未见之也"。孔子在这里提供了修行或者说修养的办法，值得人们去尝试。如果有人做不到，可能是因为他的心思太分散，或者平常斤斤计较于某些有关生存利害的事物，而忽略了内在心灵的觉醒才是人生幸福的根源。

7. 子曰："人之过也，各于其党。观过，斯知仁矣。"

"人之过也，各于其党。""过"是错失，人之所以有错失，是因为做过头了。人为什么会做过头？因为人的内心含藏着某些欲望，人为了达成这些欲望，以及避开某些自己不要的，常会忽略其他客观因素。或是为了具备某种能力，而用力过度，于是就做过头了。"党"是类，解作类别或者类型。人在全力冲刺或全力闪躲时，难免会有失误，失误通常具有共同性。

"观过，斯知仁矣。""观"是看，不过是整体地看，不同于一般地看。看别人或自己做过头的那些事。"斯知仁矣"，知道一个人的想法与偏好属于生命觉醒的哪一个层次，进而了解其性情、个性。这是知人，也是认识自己的方式。

从古到今，悲剧一直是西方文学或艺术上不可避免的，同时是最高的美学范畴。从古希腊时期起，构成悲剧的原因就是不可捉摸的命运，主要是因为人无法与既定的宇宙规律相抗衡，这称为外在命运的悲剧。到了莎士比亚，构成悲剧的原因变为人的内在性情或个性，譬如李尔王的猜忌和妄自尊大，麦克白的贪婪与懦弱，哈姆雷特的怯懦与犹豫不决，罗密欧的冲动与不成熟，这些被称为个性悲剧。

如果没有生命的觉醒，这些性情往往会成为生存的陷阱，让人踩进一个接一个的陷阱里，并使人觉得自己的人生痛苦难耐，仿佛被带到了不幸的命运中。就像朱熹常说的"扶得东来西又倒"，不断重复某种悲剧的生活形态。人常常觉得一切都是宿命，表面上看似有某种力量在操弄，但实际上是人内心某种固定的情感形态，即无明，把人锁定在悲剧性过程里，这才是悲剧的根源。

如果人没有觉察到内在的性情是形成悲剧的原因，他就会一直固定在这种行为模式上，重复地做出同样的抉择，就像机器人一直被按同一个按钮，不停地做出相同的反应一样。当人有自我生命的觉醒和觉察时，就能够认清自己，看到自己的各种心理动向，不论好坏优劣都会试着调整，让好的能够发展，不好的则加以改变或停止，如此，人的命运自然会有所改善。

孔子的这段话正是提醒人们，要能从所犯的错误上深入内心世界，去了解人，去解决问题。近代西方哲学也从一味地向人以外的领域探求知识，转而关心人内心的问题，甚至连纯粹的唯物史观也开始探讨人以及人的精神问题、心理问题。

以往的西方哲学，常常说唯心论或唯物论，今天的西方哲学发现，这是人们将知识抽离出人的具体生命活动的结果。其实人不可能没有心，也不可能离开物而生存，只有在心与物的相互渗透、交融中，才能有生活或生命的发展，才能产生文明。

8. 子曰："朝闻道，夕死可矣。"

这一章谈人有了真正的自我认识和生命觉醒后，所达到的最高的生命境界。

"闻"是听到，古人常将"闻问"连用，就是听到了，而且明白了。"朝"是早晨，形容很短暂的时间。"道"是仁道，亦即充满了爱的生命觉醒之道。只要人真的有了生命的觉醒，意识到活着多么可贵与独特，同时又能享受到这份单纯的喜悦，就不会再陷在生存的各种烦恼中。如此才是人真正生命的开始。

仁道，就是人道，它是人所特有的生命所发展出来的生活，包括心智活动、情感等，尤其是群体互助互济、和谐共生的情感。

有一部印度电影《阿克巴大帝》值得观看，内容讲的是十六世纪的阿克巴大帝。他从小就表现出了仁爱的特质，打仗时拒绝砍掉战败帝国首领的脑袋，坚持释放战俘，宽待所有来归顺的国家，甚至还容许其他宗教的存在，平等对待各个民族，尊重各民族的信仰，并以此作为治国的方针。

后来，他决定娶印度古老民族的王族公主，打破同族内结婚的规定。为了达成各民族间的和平共存，他还允许公主在宫廷中建造神坛，有自己的宗教信仰。也因此，他赢得了公主的爱。公主告诉他，治国必须能了解人和人的感受，赢得人心。后来，通过对心的认识，阿克巴大帝赢得了当时所有印度人的拥戴，开创了印度最强盛的时代。

周武王和周公之所以能打赢商王朝，开创了近八百年的统治，就是凭借着爱以及对人的了解与同情。这让人看到人类其实是有共同的心的，就如同南宋陆九渊讲的，此心同也。换言之，有爱才有真正属于人类生命的世界。

"朝闻道，夕死可矣"的意思是，如果人早上明白了生命最真实的状况，享受到人被上天祝福的生命，即使到了晚上就去世，他的内心也毫无遗憾。换言之，人最大的生命追求，就是享有最真实生命的感受，进而拥有那份安详平和、没有生之恐惧的喜乐。

"朝闻道，夕死可矣"也是君子或真正的生命觉醒者的自我说明。当人真正懂了人道和仁道，了解并享有了生命的真实感受，便是他们真正生命的开始，那一刹就是永恒，死而无憾。

孔子从人特有的生命的觉醒开始，一层层提升，使人认识到人有能力挣脱生物的原始生存冲动的捆绑，且充分享有此结果。这个能力便是人最大的生命创造力，是人最重要的自我实现、自我完成。当人觉察到这样的生命能量时，就能产生"朝闻道，夕死可矣"的感悟，因为他掌握了最真实的生命感受。

这种对生命的感受与赞叹，不是科学实验或逻辑思维等所能推理分析得到的外在认知，而是通过人的心理领悟，逐渐了解、感受到生命自由后所产生的内在认知。这种内在认知，不容易被科学验证，但它并不神秘，是可以被清楚感知并表达出来的。就好像在美学审美上，美的事物不只是单纯的精神感受，它与视觉有关，是从人的生理反应和心理反应中逐步发展起来的。这种认知综合了人的感性和理性，也超越了人的生理与心理，达到了人对生命感受的完善性。当达到这个层次时，就能了解"朝闻道，夕死可矣"想要陈述的生命大义了。

顺着这种真实的生命感受，就有了下一章的理解。

9. 子曰："士志于道，而耻恶衣恶食者，未足与议也。"

"士"，事也，是名词，也指做事的人，以今天来说，就是在政府中实际执行事务的人。士分文士和武士，文士负责文书和举办礼乐活动，武士是战士等基层的国家防卫人员，他们都是实际做事的人。以往这些人多半是贵族的庶子，少数人是由贫民、农民选拔出来的。春秋时期，许多没落贵族或他们的子弟，为了生活纷纷去承担新国家的工作，从而成为士，他们是行政的最低阶层，又叫作仕。

在这种时代的变迁里，第一个把贵族教育推广到民间的人就是孔子。所以，很多没有土地的贫民，离开农村到孔子的门下学习知识、技能，准备出仕。孔子除了教他们礼、乐、射、御、书、数，还教导他们有关政治、言语、文学等方面的内容，不过，孔子所教有一项非常重要的科目，即德行科，德行指生命觉醒后的善行。孔子循循善诱，教导学生认识自己，开发自己的心智，进而认识生命的大道，认识什么是人，什么是仁道。

孔子之教，简单来说就是教导学生明道、行道，其他课程均在明道、行道的前提下开展。如果学生有机会出仕，就要在自己的工作范围内将此道推广于天下，以使天下人都能明白生命的道理，并能享有生命的喜悦，真正成为人。

孔子基本上是在推行生命的教育，他赋予了君子和士新的意义。在孔子所处的时代，士不只是单纯的行政事务工作者，还是教导生命认知的传道者。就如同今天的教育，老师在传授专业知识时，还能进行生命认知的教育，其所教的除了专业知识，还有人类的生命智慧。

我第一次接触计算机课时，计算机课老师的第一句话，我到现在还印象深刻。他说，电脑这种工具是人类当代最伟大的发明，它会改变人类未来的生活，这是新的工业革命。不过，它是人类发明的，它的运作是模仿人脑，因此绝对不要忘了人脑才是主体。这位老师如此呈现他的教育，可谓是生命的传道者。

"士志于道"，如果一个士立志于传扬人类群体的生命之道，"而耻恶衣恶食"，但仍然觉得没有好衣服穿或没有好东西吃是羞耻的事，"未足与议也"，就无法与他讨论生命之道。

这并不是说立志于道的士或者传道者，一定要死守贫穷。钱穆先生在《论语新解》里说，道关系天下后世之公，也就是说，道关系到天下后世的公正、公平、正义。衣食属于一人之私，如果士不能摆脱对衣食的好恶，他怎能为天下后世的大功全力以赴？

衣与食是人类维持生存不能缺少的东西，不过，当生命觉醒者有志于生命之道的推广时，心中却还挂念着穿好的、吃好的，这便代表他的心志还没有真正超越人原始的生存冲动，就不可能全然地走上生命大道。要注意孔子这句话里的"耻"字，耻代表一个人觉得没有穿好、吃好是自己能力不足的表现，表示他还有一己之私，当他出来做事时，是很容易受到诱惑的，很难真正全力以赴地为人类社会服务。

所以钱穆先生在《论语新解》里说，孔子之教在使学习者由明道而行道，或借着仕而能行道，不是使学习者为求仕而得仕，所以行道是最重要的，不是为个人的安富尊荣。孔子必先教导学生能志于道，存道于心，将道放在心上，否则志就是虚的。虽然他原本想做，但是最后可能心志不够坚定，受不了诱惑而贪赃枉法，总之为遂一己之私，心志未达于道，自然"未足与议也"，没有办法跟他讨论什么是生命大道以及如何传扬生命大道。

本章是对上一章"朝闻道，夕死可矣"的补充、延伸，属于从理想落实到现实生活层面。当人能真正享有生命的喜悦，并深刻认识到生命的真谛时，自然会超越来自满足感官本能的一时之乐，也就能了解众生，进而同情社会大众，如此，他的内心就不会坚持在自己的某些特定观念中，从而能走向通达。

10. 子曰："君子之于天下也，无适也，无莫也，义之与比。"

"君子之于天下也"，一个生命的觉醒者对于天下的人与事，"无适也，无莫也"。"适"（读音 dí）和"莫"有三种解释，第一种，"适"解释为厚，"莫"

解释为薄。身为君子，他对天下人没有亲疏厚薄的分别，一视同仁。第二种，"适"解释为敌，"无适"就是没有反对的人或事情，他没有坚持任何事，"莫"解释为羡慕，"无莫"就是没有羡慕，亦即没有一定要完成什么事。换句话说，他的内心如同明月一般清净，没有成见。第三种，基本上是朱子的说法，"适"是专注，也就是非如何不可，"莫"是不肯，也就是绝对不可以如何。所以"适"和"莫"都是顽固、固执的表现。

真正通达的君子，面对这个世界要无适、无莫，也就是不要固执、执着。

那么，到底有没有准则呢？有，"义之与比"。有着真正生命觉醒的君子，或说内心开阔自由的人，他在面对这个世界时，一切以"义"为准则，"义"是适当的裁决，而适当的裁决的准则就是人类共同的生命大道。"义之与比"是一切以合乎人类群体共同生命利益的事实作为裁决的准则，不会执着于真理概念，也不会坚持某种知识性观点。

孔子这句话是在叮咛我们，对生命有真实理解的君子，对于天下的人和事，没有个人刻意要达成的主张，或是一定要反对的观念，一切以人类的生命与共同利益为准则，这表明了生命觉醒者内心的宽广。真正的独立，是说他没有个人所执着的事情，也不会走上近代西方哲学所说的虚无，在面对现实世界时，能以人类群体共生、共存的利益为亲、为从、为准则。下一章孔子就来谈这种形而上的普遍性理论，如何再回到实际人生并加以实践。

11. 子曰："君子怀德，小人怀土；君子怀刑，小人怀惠。"

在此，孔子再次指出了君子和小人的不同，"君子"指高度的生命觉醒者，"小人"指还没有达到生命觉醒的一般人，或者说还不是完全有自我意识的人。小人仍偏重于生物本能的求存的努力，并以人的生物性的基本感觉、感知和感情作为直接需要的凭借，他们还没有生命的认知。

"君子怀德"的"怀"是思念的意思，也就是心中经常想着。"德"是德行，或说有利于别人的行为，亦即所谓的成人之美。"德"也是对生命的正向理解，中国人所说的德，一定含有内在的生命觉醒。如果一味强调德只是行为的规范，而没有内在的生命觉醒，即使是善行也不是真正的德。周文王以及孔子、孟子、庄子，他们都秉持着这样的观念，这是先秦传统思想中重大观点。

人有了这样的生命觉醒，才不会受制于原始的生存恐惧的局限，不会因担心自己的生存受到威胁而不去帮助别人，同时也能了解人最理想的生活方式是共同合作、互相信赖，当然这其中包含了对生命的爱。当君子有了这样的生命觉醒，他时刻想的是寻找人类共同生活的大道，做出有利于人类的行为，亦即所谓的德行。

但小人没有生命的觉醒，他们时刻想的是如何保有自己。"小人怀土"的"土"，古来多解释为乡土，亦即安逸舒适，小人心中时时挂念的是如何让自己安逸、安全。不过，也有人认为"土"指田地，象征财富，小人所想的是财富。

下一句"君子怀刑"，"刑"字古来多解释为刑罚，但我采用另一种解释，即"刑"是典型或典范之意，高度的生命觉醒者随时所想的是如何使自己的生命得以提升，走向更大的善，因此他随时怀念的都是具有生命觉醒的典型和典范，如尧、舜。

举例来说，史怀哲医生一辈子在非洲行医，宣扬人类的爱。许多怀有仁道的人纷纷仿效他，也到偏远的非洲去行医，或献身于为人类服务。由此可见，一个对生命有所觉醒的人，时刻怀想的是寻找人类生命发展的典范，并以此作为自己的榜样，尝试发展出自己生命的可能高度。为什么在家庭教育或学校教育中，父母师长的身教非常重要？因为学习者能从实际的行为里看到具体的生命经验，这是生命成长中很重要的学习方式。

"小人怀惠"的"惠"是实际的利益，小人只关心自己活得好不好，因此他随时计较的是自己最实际的利益。

《论语》在这一章阐述人在生命觉醒前后，所展现出的两种不同的生活观念。

"士志于道，而耻恶衣恶食者，未足与议也。""君子之于天下也，无适也，无莫也，义之与比。""君子怀德，小人怀土；君子怀刑，小人怀惠。"这三句话连成一气，可说是从"朝闻道，夕死可矣"衍生出来的。这说明人在了解生命的喜悦和真谛后，自然能产生"朝闻道，夕死可矣"的感悟。

当人产生了这样的感悟，那便是生命的再生或更新，便是从生物跨越到人的行列了。人在生命觉醒中所感受到的美好是无限的，感受到生命成长的无限美好时，自然就会看到事物的无限性。如此，他就不会再耽溺于好衣、好食、田产、货利这种有限的美好，也绝不会拘泥在小信、小谅、小我的事物及原则上，而是会以事实、以天下社会的实际需要，作为自己主要面对的对象，同时也会去寻求更大、更永恒以及再发展、再超越的部分，这就是怀德、行德了。人唯有通过德，通过生命的觉醒与实践，同时从典型的有德者身上获得经验和鼓励，才能不断成长。其实这种心理是人类所共有的，也是生命觉醒后的自然表现。

相反，有些人忙于练习特异技能，认为这才是生命的扩大或提升，或者急于获得生活中的快乐，以为这就是生命的觉醒和领悟。其实这些都还停留在小人怀土、怀惠以求得生存保障的观念上，在原始的生存恐惧下仍斤斤计较于实际的利益。这些都不是真正的生命自由，须仔细分辨清楚。

12. 子曰："放于利而行，多怨。"

这一章是对前一章的延伸。"放于利而行，多怨"中的"放"读 fǎng，它有两种解释，一种是放纵，另一种是仿效、依照。"放于利而行"，按第一种解释就是放纵行为，专注在谋利上，面对任何事情都以追逐利益为主，按第二种解释就是凡事都依照自己的利益去斤斤计较。

"多怨"自古以来也有两种解释，第一种，当我们放纵自己追逐利益时，会招来别人的怨恨。在现实中的确有这种状况，不过从整体来看，《论语》着重于教导人们进行内修，也就是自我反省、自我认识和自我觉醒，这是人可以把握的，而不是去左右别人的心理反应和情感动向，那是人无法把握的。第二种，"多怨"的"怨"是从自己的心里反应说起，如果只计较个人的利害，就一定会觉得自己没有得到想要的，这个怨来自自己心中的不平，最后一定会产生许多愤怒和埋怨，觉得这个世界不公平。

换言之，人如果每件事都根据自己的利益来盘算，心中就必然多怨，这是人内心的自然反应。即使是别人怨恨自己，也是自己的斤斤计较招致的结果。从这个前提来看，人与人交往，若是不断地在自身利益上做打算，必然会引起自己内心的不平和愤怒，但事实上未必真的遭受了不公不义的对待。

我曾经看过一部影片《冰雪公主》，一个天资聪颖的女孩，她被保送到哈佛大学，但入学之前她需要完成一个物理实验，她选择了以花样滑冰作为实验主题。后来她在投入研究的时候也开始学滑冰，学着学着，她发觉自己真正的兴趣是滑冰，最后她放弃了哈佛大学，毅然投身于滑冰运动。其实，人生重在找到真我，并安于尽力追求自己的理想。在这样的社会教育下，人们才不会在利益上斤斤计较，社会也会因此多些平和，少些怨怼。

这一章是说人在生物性、自利性的前提下，放于利而行，必然会产生怨怼的心理，也会招致社会纷争。人们若是真正了解于此，便能了解在政治上以礼让国的重要性。

13. 子曰："能以礼让为国乎，何有？不能以礼让为国，如礼何？"

礼不单是政治制度，也是根据人的心理情感、宇宙的生命秩序，建立起来的国家秩序、社会秩序，甚至是生活秩序。若上自天子、诸侯、卿大夫、士，下至百姓，大家都依礼行事，社会便会有合乎人为又合乎自然的社会秩序和心理秩序，每个人的情感也都能得到适当的表达。

所以《学而》篇说："礼之用，和为贵。先王之道，斯为美，小大由之。"天下国家由各自分立的社会联合而成，并以礼作为结合的枢纽。礼者，体也，天下国家就好像人的身体，天子是头，诸侯是四肢，人民是胸或腹，各个局部构成和谐统一的整体，人要健康就得全部具备，缺一不可。同时，各个局部须依天理各守其分、运作得当，这也是礼内在的深层含义。西周就是从这样的有机性的整体视角来看待礼的。

《诗经·鄘风·相鼠》中说："相鼠有皮，人而无仪。人而无仪，不死何为？相鼠有齿，人而无止。人而无止，不死何俟？相鼠有体，人而无礼。人而无礼，胡不遄死。"意思是连老鼠都有皮、有牙齿、有完整的身体，人要是没有仪节，不懂得适可而止，不知礼，还不如死了算了。这几句话说明，人类社会若要和谐且有更大的发展，关键在于有适当的表达，也就是守礼。如果人类社会各守其分，又能恰如其分地互动，人与人就能够适当地表达出情谊，同时也能用正确的方式来处理人、事、物的各种问题，并且按照这种方式，在法律允许的范围内完成社会的和谐与统一。

社会不能没有法，但也不能只有法。让社会群体生生不息是礼的终极目的，其关键就在于每个个体都能够对自我情感做适当的表达和处理，让社会不致发生悲剧。

《中庸》说："仁者人也。"意思是人之所以为人，是因为有仁心。人是有情感的动物，天生拥有满腔热情，这满腔热情以及生物的生存冲动，使得人难以处理自己的情感，当然也不容易看见别人的情感。所以我们常常说，人最大的敌人其实是自己。

礼是人的理性的高度表现，人在高度理性中可以了解自己的情感，而且有能力进行适当调整，不让热烈的情感遮蔽了眼睛。只要有礼，心里就有空间，也就能容得下别人，容得下客观事物。如此，人就会看得全面，就能考虑到自己和自己以外的人、事、物，也就有能力抑制生物的生存冲动，从而留出空间让我与非我同时存在。换句话说，人就能脱开生物占有性的限制，不再是自私自利的生物，而是变成能让，能与他人共存、共荣的新生物，也就是人类了。

礼的内涵、本质是让，所以子曰："能以礼让为国乎，何有？""为国"是治国，"何有"是春秋时期的常用语，意思是何难之有。这句话是说，既然懂得一般人"放于利而行"的生物性的心理习惯，那就反其道而行之，超越生物性与自利性，以礼让来治国，如此天下就能太平而无所怨，国家也就昌盛了，这件事有什么难的呢？

不过，不要误认为这是在讲实用的计谋，否则就失去了《论语》教人学会真诚，以及教人学会关怀和尊重的本意。

孔子接着又说："不能以礼让为国，如礼何？"如果领导者没有能力以礼让的方式带领团队，样样都要自己出头，不给同仁发挥的空间，那么即使有一些礼的形式，也没有什么意义。

礼的意义在仁，在对人有了尊重与了解后，所表现出的关怀和体恤。人在生命觉醒后能克服生物的生存冲动，摆脱来自生存恐惧的限制，自然就能以礼让为国、以礼让行事。若缺乏诚心，空有其礼，哪怕有再多礼仪形式也都毫无意义，即使制定了完善的制度，国家社会也依旧无法有效地运转。

所以，国家社会能否健康地运转，取决于人们生命觉醒的程度。

14. 子曰：" 不患无位，患所以立；不患莫己知，求为可知也。"

人类心灵的觉醒分为三个部分，第一个部分是自我的认识，第二个部分是生命的认识，第三个部分是具有真正爱的意识的发展。在心灵觉醒的过程中，人的心灵自然开拓，自我生命与爱的意识也自然加深。当人真正体尝到生命的觉醒，感受到内在的生命能量，享受生命的自由时，就不会让自己的心灵变为工具，更不会只为了财富、权利而放弃独立自主的能力。如此，人就不容易呆滞、腐化，即使拥有财富、权力，也能保持警醒。所谓权力使人腐化，只适用于没有心灵觉醒的人。历来圣贤都曾体验到比财富、权力更好的东西，所以能成为圣贤。孔子拒绝接受那些不能宣扬仁道的官位，宁可四处奔波传道。

"患"是担心、忧虑。"位"是职位。"莫己知"就是莫知己。整句话的意思是，有着高度生命觉醒的人不担心自己没有职位，他们担心的是没有能力胜任某项工作。他们也不担心没人知道自己，认为只要能够全力以赴，做出成绩后自然会被人们认识。换句话说，有着高度生命觉醒的君子，要本着自己的生命能力全力以赴。君子要的不是浮名，而是真正的自我的展现，这才是最真实的生命的发展。这超越了"放于利而行"的生物性、自利性，自然"能以礼让为国"。

这一章有以下含义，人生命的觉醒虽是理想，但与现实世界相连，在生命系统中形而上和形而下是不分的。也就是说，理想和现实在知识上可以分开，但就生命而言，它们是相连的、一体的。人在生命的觉醒中，一定会发现自身有许多没有被开发的潜力，只要适当发挥，社会上自然会有自己的位置，自然会有人知道自己，也自然会被需要。这是强调人要由外而内，在生命的觉醒中建立真正的自己。

15. 子曰："参乎！吾道一以贯之。"曾子曰："唯。"子出。门人问曰："何谓也？"曾子曰："夫子之道，忠恕而已矣。"

"参"是曾子的名字，他是孔子晚年的学生。"乎"是语气词，相当于今天说的呀。"吾道"，简单来说就是孔子的所有理论学说，也就是他所教、所提倡的一切。"贯"有贯穿、统括的意思。"唯"就是是，包含着敬意。孔子说："曾参啊，我的思想学说是由一个道理贯穿到底的。"曾子听了就说："是。"这表示曾子听懂了，所以他没有再回答。待孔子出了学堂的门，其他学生先前没听懂，所以问曾子："何谓也？"即"什么意思啊？""也"是疑问词。于是曾子回答"夫子之道，忠恕而已矣"，"夫子"指老师，意思是老师的道就是"忠恕"两个字而已啊！

这句话在学术上是有争议的，因为孔子说"吾道一以贯之"，他用"一"来概括，怎么又有"忠""恕"两个意思呢？

我们曾经说过，孔子的思想学说就是一个"仁"字，而仁是从爱出发的生命觉醒，如此不仅能了解爱，也能了解生命的价值，还能适当地爱别人、爱自己，甚至能了解人类的知识或者文明的发展，这都是人类肯定生命的表现。从个人到家庭、到国家、到天下，都处在爱中，有了爱，人类世界才能真正成为一体，也才能真正地和谐。

在这一章，孔子和曾子都没有说孔子是以仁概括一切，不过在其他章节中有。有子说，孝悌是仁之本，这偏重在爱上，曾子则说是"忠恕"。"忠"是尽己，将自己全然活出来，而后认识自己、面对自己。"恕"是推己，了解自己之后进而去了解别人，也就是能设身处地地为他人着想，这是爱的表示，是对生命的了解与同情。因此曾子回答他的同学，孔子的"一"指忠恕，其实这也是仁道的重要核心。孝悌与忠恕都是生命的觉醒，也都包含着爱，所以后世常以孝悌、忠恕来作为仁的内涵。

孔子提出仁道，教导人们意识到爱，并有能力完成爱，使世界充满爱，用今天的话来说就是把天堂建立在人世间了。也可以说，孔子的学说是以爱为中心的生命性哲学[①]，即以生命或人为主题，以爱为核心，他希望一切文化活动、文明建设都是珍惜生命和热爱生命的表现。这种爱和生命的觉醒是通过家庭教育的孝悌，以及个人觉醒的忠恕而产生的，社会因爱变得更加丰富多彩。

16. 子曰：" 君子喻于义，小人喻于利。"

"喻"是充分明白，"义"是以仁为准则做适当的裁夺，在这里引申为天下之大利，也就是在仁的前提下，人人共享的利益。真正的生命觉醒者，具有充分的爱的觉醒和爱的能力，他自然能明白人类共同利益的重要性。还没有觉醒的人，他的生命仍停留在生物求生存的状态中，只知道什么是有利于自身生存的条件。这里没有任何肯定君子、贬抑小人的意思，只是提出这两类人的生命方向的不同。

17. 子曰：" 见贤思齐焉，见不贤而内自省也。"

"齐"是平等，"思齐"就是想和对方一样。这句话的意思是，人在有了生命的觉醒或自我意识之后，当他看到更好的生命觉醒者时，自然会想跟对方一样，譬如人们对圣贤、英雄的崇尚。

人要是真正觉醒了，自然就会被那些真正优秀的人物吸引，同时，也不

[①] "生命性哲学"，不是"生命哲学"。如果讲"生命哲学"一词，就很容易把它归到伦理学、道德学、价值论里面去。

会责备还没有觉醒的人，只会自我反省。人若有了这样的生命觉醒，对自身有充分的认识，并由此推己及人，充分了解别人，明白只要是人，在生命成长的过程中总有曲折，他就不会再轻易苛责别人或要求别人，并拥有慈悲心与同情心。

18. 子曰："事父母几谏，见志不从，又敬不违，劳而不怨。"

真正的生命觉醒者，对人有充分的了解与体谅，即使是对自己的父母，也能从真正的理解开始，不会因为是自己的父母而更生气，或是不知所措。

所以孔子说："事父母几谏。""几"是微小，引申为婉转、不露痕迹，"谏"是劝谏，引申为建议。子女侍奉父母时，要有能力"几谏"，也就是在父母有过错或者还没有觉醒时，委婉而不露痕迹地劝谏。"几"也可以解释成机，意思是劝谏父母及其他至亲必须见机行事，要找适当的时机去劝谏，不要硬碰硬。

"见志不从，又敬不违，劳而不怨。""志"指子女的志，表示子女的建议是发自内心的，"又"是仍然。整句话是说，就算父母没有接受子女的好意，子女仍然要尊重父母，不说对抗的话。"劳"字用得很好，"劳"就是劳累，虽然有时候父母比较固执、啰嗦，但子女在照顾时，不会怨恨，也不会生气。人能够做到这一点，才会有超然的立场，也才会有高度理性的认识，进而能调整自身的情感。如此，生活就会和谐，家庭中也不容易有冲突。

这一章有两个层次，一个层次是，就一般人而言，子女尽孝需要忍耐、顺从，以父母为尊、为主；另一个层次是，当人有了高度的生命觉醒，对人有充分的了解与同情时，对尚未觉醒的父母，"事父母几谏"，用适当的方式，在合适的时机加以劝谏。即使父母不接受，或不明白这是子女的好意，子女也不生气，仍然能尊重父母、爱父母。就算父母带给他许多麻烦，他仍然能用心去照顾，不会抱怨。这种心理是人在生命觉醒后，脱离了生物纠葛的感情，从而对人有了更大的同情和理解。

19. 子曰："父母在，不远游，游必有方。"

当人对人有了更深刻的认识后，就会明白人在生物的生存冲动下，总是有对失去生命或失去其他东西的恐惧，从而对自己心爱的人、事、物始终放心不下。在这样的状况下，身为子女，要做到"父母在，不远游"。这个"游"，古人解释为游学或者游宦，就是到远方去寻师、访友、问道或者求官、求职。为了避免增添父母的忧惧和挂念，子女不远游。

古人讲这一章时，将重点放在远游时不能奉养父母上，亦即不能尽为人子女的孝道，所以不远游。但现在我们讲这一章时，将重点放在避免让父母忧惧、挂念上。这是人在生命觉醒后，基于对父母的了解所做的自我抉择。

儒家认为，人生是可以进行自我抉择的，是可以为自己的命运做主的。人生充满了不确定性，当遇到困难时，不管状况多么糟糕，都要全力以赴地去面对、承担、解决，这就是儒家说的人的主体性。

在生命觉醒后，我们能了解到父母的忧惧，于是"父母在，不远游"，非远游不可的时候，"游必有方"，一定要有方位、方向、联系方法。

中国古戏曲《琵琶记》虚构了东汉蔡邕进京考试，下落不明，后来家乡大旱，他的父母因饥饿而死的故事。这出戏展现了父母对不知去向的孩子所抱有的深深的挂念。我们在远游时，如何消除父母的忧惧和挂念呢？重点不在"不远游"上，而在"游必有方"上，这是在有了生命了解后，面对人世间切割不断的情感而做出的应对。

20. 子曰："三年无改于父之道，可谓孝矣。"

钱穆先生在《论语新解》里说，这一章是重出，虽然已见于《学而》篇，但是在《学而》篇中这一章强调的是观人的方法，而《里仁》篇这一章与其前后几章都是具体地谈侍奉父母的方法和态度。换句话说，再次谈及肯定有它的意义。

人在高度生命觉醒、对生命有了深刻认识之后，可以了解父母对子女的爱，尽管父母生前很固执、有偏颇，但是在父母去世多年后，子女仍然能保持对父母的爱，珍惜自己的生命，绝不耗损自己，这是"无改于父之道"的一种表现。

如同《孝经》上说的"身体发肤，受之父母，不敢毁伤"，身体、毛发、皮肤都来自父母，我们知道它是父母最珍惜的部分，这份爱不能轻易毁伤。《中庸》说"夫孝者，善继人之志，善述人之事"，也就是说，要让生命好好地延续。《礼记》说"大孝尊亲"，不要因为一时的昏聩，辱没了父母和祖先。这些都是"三年无改于父之道"的具体表现。

21. 子曰："父母之年，不可不知也。一则以喜，一则以惧。"

随着岁月的流逝，子女对父母的年纪"一则以喜，一则以惧"。一方面，因为过了一年，父母年长了一岁，这当然令人高兴，但是另一方面，子女觉得父母老了一岁，心中难免忧惧，这充分显示了子女对父母的孝顺。这是前人的解释。

在这里我想提醒读者，这几章从"君子喻于义，小人喻于利"和"见贤思齐焉，见不贤而内自省"开始，谈人的生命觉醒，那么在生命觉醒之后该如何面对实际生活呢？例如，在劝谏父母时，能做到"见志不从，又敬不违，劳而不怨",这是生命觉醒后的大爱。在生命中,形而上与形而下是一体的,理想与现实是合一的,切割不断。我们在现实生活中,要能运用智慧,适当地去调整自身热烈的爱,如此才是进一步的生命觉醒,也才能真正拥有生命的智慧。

"父母之年,不可不知也。一则以喜,一则以惧",依照古人的解释,我们能从这句话中感受到孝子之情。不过又要喜,又要惧,从庄子的无限的宇宙观,生死都一样来看,似乎有些古怪。但若从儒家有限的生命观去看,生死是一件大事,不能轻易地谈"齐生死,一夭寿"。魏晋南北朝时期,大书法家王羲之在《兰亭集序》里就直接批评当时那些提倡庄子主张的善于清谈之人,他们把生和死等同,认为活得长短无差别,但站在真正的生命立场来说,这太夸张、太轻率了。

譬如电影《深海长眠》中有关生死的课题。剧中的男主角受伤瘫痪二十八年,一直想要安乐死,但遭到了家人的全力阻止。年轻的侄儿认为这是小叔个人的事,也是他的生命权利,别人不能阻止他。侄儿的父亲,也就是男主角的大哥斥责孩子,问他是否真了解了生死,要知道死亡是一去不回的,完全失去了希望,放弃了所有可能,而人活着就有可能,人来世上一遭多么可贵、多么值得珍惜啊!

尽管人在生命高度觉醒之后,有了"朝闻道,夕死可矣"的感悟,但是实际地活着仍是最值得珍惜的事。只是人平常太容易忽视生命本身,认为它理所当然,因此就轻视了活着这件事,也轻视、虚耗了自己拥有的身体。

"父母之年,不可不知也。一则以喜,一则以惧。"这句话不是训斥,而是提醒。"惧(懼)"字,上面有两只眼睛,是人突然醒悟、张大双目的象形字。在中国的孝道文化中,我们对父母生命状态的觉知,也是对生命本身的再认识,其中包含着同情与慈悲。我们做子女的,当有这种敏感。

22. 子曰：" 古者言之不出，耻躬之不逮也。"

这里特别强调"古者"，一方面是相对于今者而言，另一方面孔子说过"好古，敏以求之者也"。深入去看，"古"指古代，也指古代的圣贤，亦即历史的开创者。在孔子的学说中，历史的开创者就是文明的缔造者，所以"古者"特指尧、舜、禹、汤、文王、武王、周公，他们可以说是人类历史中的先觉者，先觉者不同于基督教里的先知，先知在于展现神的启示，而先觉者是对人的生命进行启发和开导。先觉者的共同表现是"言之不出"，也就是不轻易说话，或者不轻易做出许诺。

其原因是"耻躬之不逮也"，"耻"是自我惭愧。有些学者认为，中国、日本、韩国等受儒家思想影响的社会，是一个耻文化圈，也就是由耻形成的文化领域，这和西方受基督教文化影响以原罪作为自己惭愧的感觉不同。中国的耻是在生命觉醒下的自我要求、自我期许，以至不屑去犯错误，免得无法向人交代。"躬"指自己的身体，它涵盖行、躬行，即自己亲自去做。"逮"就是及。

整句话是说，古代圣贤的共同特征是不轻易说话，因为他们担心自己的行为无法与其言论或许诺相符，觉得不能言行一致是可耻的，所以他们谨言慎行。

23. 子曰："以约失之者，鲜矣。"

"约"是检束，也就是收敛、不放纵，引申为谨言慎行、实实在在、不浮夸。"鲜"是少。前一章孔子说"古者言之不出，耻躬之不逮也"，谈的是谨言之人的人格特点，本章则进一步强调，人在行为上要能自我约束，并且能脚踏实地地做事，这就不容易有过失。"约"指自我生命觉醒后对自我的掌控。

24 子曰:"君子欲讷于言而敏于行。"

"讷"是迟钝。"敏"是敏捷、快速。这句话是说,高度的生命觉醒者,希望说话能慢一点、缓和一点、迟钝一点,希望行动能快速一点、敏捷一点,这是自我调整的能力。人在生命的觉醒中,会更清楚地看见自己不够完美的部分,从而随时做出自我调整,以求达到自我平衡。

自我调整的能力重在自我行为能力的锻炼,譬如"言之不出,耻躬之不逮"的自我修正、自我学习,以及"君子欲讷于言而敏于行"的自我要求、自我平衡。这种适当的行为与能力,就是礼的表现。礼不是规范,它是人人可以共同感受到的适当及恰到好处的部分,也合乎人的共同认知。所以人在生命觉醒、自我调整后的行为,符合人类的共同需求。

25. 子曰:"德不孤,必有邻。"

"邻"是亲近。人在生命觉醒后,他在自身的行为表现上是有利于人、有利于生命的,这就是德。虽然这是他自己的表现,但也是人人共同追求的理想,因此他不会孤独,会有人如同邻人般和他亲近。这其实就是孔子提出的仁。仁是人在生命觉醒后对生命的爱与肯定,因为是人人所共有的,所以人在行仁时,绝对不会感到孤独。

26. 子游曰:"事君数,斯辱矣;朋友数,斯疏矣。"

《里仁》篇一开始谈仁,将孔子学说的中心观念和主张提了出来,然后逐步深入日常生活中的孝道,谈父母与子女之间深藏的细致的情感,然后再回到生命觉醒的自我要求上，提出人在自我要求中有自我调整、自我平衡的能力，人在这样的感悟中，将理想与现实、个人与群体，完全结合了起来，最后落在"事君数，斯辱矣；朋友数，斯疏矣"上。以这句话作为《里仁》篇的结束，是《论语》编者的精彩之笔。

这一章是说，人不能只有爱。在现实世界中，如果用仁的理想不断去要求领导，会让领导受不了，可能还会因此遭到领导的责备，好朋友可能也无法承受这样的要求，所以要懂得适可而止。人在生命理想达到一定的高度后，要能低下头来看众生可能有的状态，并给予适当的爱与关怀。

中国的文章或书本体例有其系统性，或说理论关系，它不是西方那种如齿轮般紧密相扣的逻辑性的推理，也不是只依照外在事件的因果关系去排列，而是依心理的、生命的关联，做似有似无又相连为整体的连接。就如同人的身体，有头、四肢、躯干、内脏等等，各自具有的功能不可替代，但又互为主从、互相支持，完成活的整体生命的运作。

譬如在《论语》中，仁有很多种说法，不同的人来问仁，孔子给出了不同的回答。若以西方的知识论来说，没有统一的概念是无法成为真正的知识观点的。人们之所以认为中国的学术显得空洞、毫无意义，是因为它不够客观，不能成为科学的、哲学的知识对象，也不合乎科学的定义，因此顶多算常识，不是知识。如果我们没有超越西方知识论的前提，从中国人特有的知识前提去看，我们是非常容易自卑。但我们只要加以深思，就知道事实并非如此。

中国传统学术以人作为主体和主题，这不同于西方以研究物质为前提的学术。古印度和古希伯来的学术系统研究的是世界和神的关系，这似乎也被世界承认了，为什么中国以人为前提的学术系统就不被承认？这个问题非常值得大家深思。

在二十一世纪的今天，世界已经成为一个平台，世人公认健康的社会必须在多元的价值和认知下运转，而对世界学术的多元性认识，便是二十一世纪的关键。我很希望大家能够从中国以人为前提的特有角度，重看中国的学术，这也是我谈《论语》时最重要的观点。

《论语》的篇与篇、章与章之间的联系，如果说它具有逻辑性，那便是生命的逻辑，也是内在心理的逻辑。《论语》从《学而》篇开始，讨论人的生命自觉。《为政》篇，谈人与人之间的和谐相处以及群体的建立。然后依人的性情，做进一步的联结，这是礼的展现，也就是《八佾》篇。最后再深入呈现达成礼的关键是人内在生命的觉醒，包括生命的爱以及个人的道德修养等，这就是《里仁》篇。这四篇可说是《论语》的宗旨所在，也是儒家最重要的观点，或者说这就是以人为知识性理论的基础。

公冶长第五

1. 子谓公冶长："可妻也，虽在缧绁之中，非其罪也！"以其子妻之。

《公冶长》篇主要论述的是，孔子在生命觉醒的教学中，对学生所展现的人格特质的评论。从这些评论中可以看到，孔子能超越现实世界更深刻地认识人，以及肯定生命的意义。

子谓公冶长"可妻也"，公冶长是孔子的弟子，孔子评论公冶长说，可以把女儿嫁给他，这代表公冶长人品好，足以为人夫。公冶长"虽在缧绁之中，非其罪也"，"缧"指黑色的绳子，"绁"是捆绑。在春秋时期，通常用黑色的绳子捆绑犯人，在这里，"缧绁"指监狱。

根据《论语》的观点，好男人应该做到孝、悌、忠、恕，不过这样的人在现实世界里太容易相信他人了，只要对方说的话听起来正直，他们就会深信不疑，所以孟子说："君子可欺之以方。"意思是富有爱心的觉醒者很容易被欺负。虽然公冶长被欺负，甚至进了监狱，但这不影响他生命的本质，因为罪不在他。

孔子肯定了公冶长的品性，认为他能承担家庭责任，甚至"以其子妻之"，把自己的女儿嫁给他。当时男孩、女孩都称"子"，"其"指自己。

这是《公冶长》篇的第一章，代表本篇的宗旨，反映了孔子对生命本质的看重。

2. 子谓南容："邦有道不废，邦无道免于刑戮。"以其兄之子妻之。

孔子评论南容说："邦有道不废。""废"是放弃、抛弃，"不废"表示他不会被国家、社会抛弃，也不会自弃。也就是说，当国家走上正轨，治理得井然有序时，南容不会荒废自己，也不会无所作为，他的才华一定有用武之地。不过更重要的是下一句"邦无道免于刑戮"，意思是当国家非常混乱的时候，南容能聪明地避开这种混乱，不受刑罚和侮辱。"以其兄之子妻之"即孔子把哥哥的女儿嫁给了南容。

南容是孔子的学生，他不只有才华，更有智慧，在人生的道路上能够依正道而行，能进能退，又能自我保护。何以知道南容能依正道而行？即在"邦有道不废"，在有道之邦能有所作为，他一定能依正道而行。不过，他更有应对现实人生的智慧，在乱世中懂得适可而止、不冒进，不因生物本能而冲动，他有客观观察大局的能力，同时也有自主的力量，这是非常可贵的。

这两章正好是两个相反的案例，不论能不能避开别人的陷害，重要的是他们都展现了人的可贵的生命本质。

3. 子谓子贱："君子哉若人！鲁无君子者，斯焉取斯？"

子贱是孔子的学生，"君子哉"是赞叹词，"若人"是像这样的人。孔子评论子贱说："这个人真是君子啊！"

孔子接着又说："鲁无君子者，斯焉取斯？"鲁国要是没有了君子，子贱怎么能够学习到君子的品格呢？第一个"斯"指子贱，第二个"斯"指君子的品格。"取"有效法和学习的意思。

这句话有四层意思，一是赞美子贱是君子；二是赞美鲁国当时有很多君子；三是赞美鲁国的社会风气良好，文化底蕴丰富；四是提醒人们，社会教育对人有重大影响，这是人和社会环境之间的互动关系。

钱穆先生曾谈到社会风气、文化底蕴和人才的关系。他说，中国历代到了末年，哪怕是朝代灭亡，天下大乱，总会有优秀的人站出来重建社会，恢复秩序。只不过到了清末，没有看到建国的大人才，这代表清代的社会风气与文化因为政治方面的问题而变得黯淡。所以，培养人才得从纠正社会风气入手。

4. 子贡问曰："赐也何如？"子曰："女，器也。"曰："何器也？"曰："瑚琏也。"

子贡问孔子："赐也何如？"意思是"老师，我这个人怎么样？"学生经常会这样追问，他们希望得到师长的肯定并进一步认识自己。

孔子说："女，器也。""女"念 rǔ，即汝，你。相对于最高境界的"君子不器"，"器"虽然有限，但是在这里是指有用的人才。"何器也"，是什么器呢？孔子说"瑚琏也"。瑚琏由竹子编成，是装食物的器具，上面镶了玉石，后来改为青铜器，引申为国家的栋梁。孔子认为子贡是栋梁之材，从这里也可看出，孔子清楚地了解每个学生的特殊性。

5. 或曰："雍也仁而不佞。"子曰："焉用佞？御人以口给，屡憎于人。不知其仁，焉用佞？"

"或"是有人。"佞"指多才多艺、能言善道。口才在春秋时期是备受赞美的才能，有人甚至认为，人要出人头地就得有口才。

雍是孔子的弟子，在《论语》里孔子曾经赞美过雍，说他很简，就是沉稳寡言。有人说"雍也仁而不佞"，意思是雍是仁人，可惜没有口才，不灵巧，不能展现自己的才华。孔子听了之后便回答道："焉用佞？御人以口给，屡憎于人。"意思是何须用到口才呢？如果常常用利舌来应对人，就会惹人讨厌。"焉"是何须，"于"是抵挡，"以"是用，"口给"代表口才好，能辩论，"屡"是常常，"憎"是厌恶。

孔子又说："不知其仁，焉用佞？"也就是说，我不知道冉雍是不是已经达到生命觉醒的层次，这还有待观察，不过他在生活或为人上，不需要用流利的语言来应对一切，也就是说，重点在于人自身的生命本质。

这段话有三层含义，一是赞美冉雍是仁人。二是表达人在生命觉醒的道路上，重要的是对生命本质的认识，这无须用到口才，尤其无须用利口利舌来应付人。孔子点出，只在现实功利的前提下评论人，太表面化了。三是孔子提高了谈话的层次，重新提到人的生命觉醒，肯定冉雍的稳重是他的人格特质。

有许多人口齿伶俐，能说出很多令人彻底觉悟的道理，但是他们自己仍然处在痛苦中，没有真正解脱。可能一方面是因为有口才，另一方面是因为还没有真正进入生命觉醒，摆脱生物原始的恐惧。由此可见，孔子在人情事理上讲得非常深入。

6. 子使漆雕开仕。对曰："吾斯之未能信。"子说。

孔子派遣漆雕开出任公职，漆雕开却对孔子说："哎呀，我对出任公职这件事还没有充分的自信呢。"孔子听了以后非常高兴。

漆雕开是孔子的学生，"仕"是担任官职，或是为公家做事。"对曰"在当时表示在下位者回答在上位者的问题，是对在上位者的尊敬，也是人与人之间善意的表现。"吾"是我，是漆雕开的自称。"斯"指出任公职这件事情。"未能信"，还不能确信自己有能力出去做官，即婉拒之意。

这并不是孔子在试探漆雕开，而是基于人的复杂性和多变性，通过特殊事例去展现人的生命或心理的丰富的可能性。

孔子看到漆雕开对自我认知如此清晰，同时又能做出对自己生命负责的抉择，这代表漆雕开有了生命的觉醒，所以孔子非常高兴。这是身为父母、师长自然的心理反应。

7. 子曰："道不行，乘桴浮于海，从我者，其由与？"子路闻之喜。子曰："由也好勇过我，无所取材。"

古人解释这一段的时候说，孔子在周游列国之后，见仁道不行而感叹。有人说"浮于海"是经由海路到朝鲜去，重新寻找行天下大道的地方，"桴"是用竹子或木头做成的小船。为什么要去朝鲜呢？因为朝鲜是商朝末年的箕子开创的国家，民风非常好，孔子想去那里传扬生命觉醒的大道。

接着孔子又说："从我者，其由与？"意思是到时候跟随我的，应该就是子路吧。"其"表示应该，"由"是子路的名字，子路是孔子早期的弟子，他有勇气且侠义过人。这句话是孔子的慨叹，海上风浪险恶，大概只有子路敢跟我去吧。

"子路闻之喜"，意思是子路听到孔子这么说，高兴极了。于是孔子说"由好勇过我，无所取材"，意思是子路啊，你比我还勇猛，但"无所取材"，有人认为这是孔子责备子路不知裁度事理，甚至是责备子路除了勇没有别的长处。我不太接受这个说法，因为在《论语》中，孔子几乎都是给人肯定与勉励，很少责备或者否定，除非违背了礼。子路虽性格好勇，但并不违礼。子路因孔子的肯定而兴奋，反而显示出他的率直天真。因此"无所取材"应该是孔子说，哎呀，你高兴成这样，可是我连做船的材料都还没处找呢。

孔子的慨叹，表明了他传扬大道的决心和勇气，同时也表达了孔子对社会的深厚期待，以及对推行仁道的信心。子路虽没有体会到，但这并不是错，他勇猛的性格仍值得肯定。孔子说："到那个时候大概只有子路敢跟我去吧？"这是他针对子路的人格特质而说的。子路听了当然高兴，因为孔子了解他的勇武，知道他的能力。

孔子对学生个性的深刻了解就是关爱，子路的高兴反映了他对老师、对道的信赖，二人之间的对话饱含着师生之情。所以孔子没有呵责、纠正子路的兴奋和冲动，而是语带诙谐地提醒说："别急！我连做船的材料都还没处找呢。"这幅生动的师生互动图，展现了师生两人的不同性格与内心期望，同时呈现了孔子对人的体贴。

8. 孟武伯问："子路仁乎？"子曰："不知也。"又问。子曰："由也，千乘之国，可使治其赋也，不知其仁也。"

"求也何如？"子曰："求也，千室之邑，百乘之家，可使为之宰也，不知其仁也。"

"赤也何如？"子曰："赤也，束带立于朝，可使与宾客言也，不知其仁也。"

前面孔子谈论子路，或许被孟武伯知道了，也或许当时他就在旁边，他发现竟然有子路这样的人，为了老师、为了真理，不怕艰险，于是忍不住问："子路仁乎？"子路是不是已经达到生命觉醒了，不然怎么能够如此率真勇敢，如此有深情厚谊呢？孔子竟然说"不知"，还需要继续观察。

然后孔子进一步回答道："由也，千乘之国，可使治其赋也，不知其仁也。"孔子说仲由这个人啊，一个具备千辆兵车的大国，也就是武备充足的大国，可以让他去担任管理兵役的工作。"赋"指军队。这是仲由的才能，但是不确定他是否达到生命的全面觉醒。

孟武伯听了，可能还是不明白，于是再问："求也何如？"问孔子的另一个名叫求的学生怎么样,"求"是冉求,冉求也是非常优秀的学生。孔子再说:"求也,千室之邑,百乘之家,可使为之宰也,不知其仁也。"意思是冉求啊,以他的才能来说,一个千户规模的大邑、一个具备百辆兵车的小邦国,可以放心派他去担任总管的工作,他会是极好的总管,只是也还不确定他是否已经达到生命的全面觉醒。

"邑"是百姓聚居的地方,"千室之邑"是属于卿大夫的大采邑。"百乘之家"是封给卿大夫的小邦国,也叫作采邑,"家"指采邑,"百乘"是卿大夫可以拥有的兵车数量。采邑由卿大夫派人去治理,同时收取当地的租税。"宰"指家宰或仪宰,也就是卿大夫的家臣。

孟武伯大概不能清楚分辨"才能"与"生命的全面觉醒"的不同,于是他又提了一个优秀的学生来问:"赤也何如?""赤"是公西华,孔子早年的弟子。孔子曰:"赤也,束带立于朝,可使与宾客言也,不知其仁也。"结果还是"不知其仁也"。"束带",古代官员的朝服上有一条大带子,平常带子可以松开来挂在腰上,但在正式的朝堂上,就要把带子拉高至胸前。至于"宾客","宾"是上宾,如同国宾,在邀请"宾"的时候,有一定的礼仪和程序。"客"是一般的客人,不需要这些程序。孔子回答孟武伯,公西华这个人啊,当国家有宾客来的时候,可让他穿上礼服,束起腰带,站在朝堂上应对一切,他是个外交长才,至于是否已达到生命的全面觉醒,还不确定。换句话说,同样还要再观察,拥有才能不代表生命已全面觉醒。

钱穆先生在《论语新解》中说,孔子平日讲学极重仁,仁乃人生之全德,孔子特举以为学问修养之最高标准,而又使学者各才性所近,各务专长,唯同向此全德为归趋。因此孔子不轻易以仁德赞许人。

仁是生命的全面觉醒。仁德之所以大、全、高,是因为人只有在生命的觉醒上达到全面的开展,才能够超越生物本能冲动的局限。否则,都只是一段一段地逐步修正,提升生命觉醒的层次。人随着自我认识的逐步开展,慢慢才有才性的建立、才能的表现,而这些只是自我生命认识的初步阶段,它不能代表生命的全面觉醒。孔子将这两个部分清楚地分开，点明仁更深层的含义，同时也让人看到了因材施教的教学方法。

9. 子谓子贡曰："女与回也，孰愈？"对曰："赐也，何敢望回？回也，闻一以知十；赐也，闻一知二。"子曰："弗如也，吾与女，弗如也。"

孔子问子贡："你和颜回谁强？""愈"是超过、更强、更好。通常老师这样询问时，就是想让学生们面对自己，对自己做客观的评价。子贡回答："我哪敢跟颜回比较呢？颜回听到一个道理就能够了解全部，而我听到一节，只能够了解两节。"

从这句话可以看出，子贡不仅客观、清明，还能够坦然地面对自己、接受自己。这种自我认识的高度与深度，是生命觉醒过程中很重要的表现，同时也回应了前面知仁与不知仁的问题。

孔子听了子贡的回答，应该是非常高兴，所以接着说："弗如也，吾与女，弗如也。"意思是你说得真好，你是不如颜回啊，我和你都不如颜回。这是从天赋来说的。古人有的将"与"解释为赞许，认为这是孔子对子贡承认不如颜回表示赞许。但我不采取这个说法，因为孔子是站在老师的立场，肯定子贡的客观、清明与自我认识，也凸显了颜回的特殊性。孔子说，连老师我都不如颜回，清楚地展现出孔子的平等性、开阔性与超越性，也反映了孔子能与学生进行生命深处最真实的交流。

钱穆先生说，从这一章不仅可以看到孔门多贤，也可以看到孔子的胸襟和他当时欢悦的心情，将两千五百年前大教育家的气象，以及孔门师徒间其乐融融的相处状态，尽收眼底。

10. 宰予昼寝。子曰："朽木不可雕也，粪土之墙不可圬也。于予与何诛？"子曰："始吾于人也，听其言而信其行；今吾于人也，听其言而观其行。于予与改是。"

在《论语》中，孔子在教育上着重于肯定与启发，少有责备与讽刺。但这一章是责备的话语，而且责备得很严厉。

宰我名予，是孔子的弟子，他和子贡一样优秀。孔子何以会如此严厉地责备他呢？"昼寝"，古来有四种解释，第一种，白天睡觉。第二种，"寝"是卧室，依照春秋时期的生活规矩，白天出来，晚上才进去，可是宰我白天就待在卧室里面。第三种，"昼"是"画"的错字，"画寝"是在卧室的墙上涂上彩绘，画得很漂亮，这反映了宰我好逸恶劳。第四种，还是认为"昼"是"画"的错字，不过"画"解为计划，"画寝"是宰我计划休息的时间，这是说他太贪图休息了。

《韩诗外传》中写到，卫灵公因昼寝而起，后来越来越没有力气，也没有精气神，这是关乎志气与精神的问题。孔子知道了宰我白天睡觉，就说："朽木不可雕也，粪土之墙不可圬也。于予与何诛？"意思是腐朽的木头是无法雕刻的，松散的土砖垒成的土墙，是无法粉刷的。这两句话都是指人的精神涣散，失去了自我内在的凝聚力，无法再有发展。生命的觉醒是分阶段、分层次地提升的，当人放弃努力时，自然就会停滞不前。所以孔子对宰我说，对他不再有什么要求或期待了。"予"是宰我的名字，"诛"古来解释为责备，但它不是责骂，而是要求做好的意思。

接着，孔子再说："始吾于人也，听其言而信其行；今吾于人也，听其言而观其行。于予与改是。""始"表示从前，孔子说，从前我面对他人，听了他说的话就相信他的行为；现在我面对他人，听了他说的话还要再观察他的行为，这个改变是从认识宰我之后开始的。

这一章表面上看是孔子对宰我的责备，其实孔子是想告诉人们，可以从一个人的生活方式看到他内在的生命力量。一个人内在的生命力量逐渐衰弱时，自我生命的提升自然会停滞，如此就不能对他有过多的期待和要求了，因为他做不到。

这让我想到，有的医生会说，患者已经放弃了生命意志，这个自我内在的凝聚力，往往是人活着的基本支柱。衡量一个人生命觉醒的程度和自我提升的力量，不仅要看他的才智，还要进一步看他的行为，以及他对自我的要求，否则可能会误判。

宰我是孔子早期的弟子，他口才非常好，几乎与子贡齐名。在《八佾》篇，鲁哀公即位时，向宰我询问有关土地神祭祀的事情，宰我借机鼓动鲁哀公赶走篡权的三家。后来鲁哀公果然失败了，宰我就离开了鲁国到齐国去做事。宰我到了齐国，又参与了齐国国君铲除当权的田氏的事，结果又失败了，最后被田氏所杀。根据这段历史，我们或许可以说，宰我胸怀大志、能说会道，只是自身的力量不强，对自我的认知不足，自我内在的凝聚力自然也不够。

孔子在这一章教导人们要知人知己。有些父母望子成龙，把子女送去接受某些特殊教育，进行超乎正常发展的锻炼，这是不对的，人的超越与发展，关键在于有自我的认知力、凝聚力及自我调整的能力。

11. 子曰："吾未见刚者。"或对曰："申枨。"子曰："枨也欲，焉得刚？"

"刚"，坚强不屈、强毅果敢就是刚。这类似于有强烈的目的性、侵略性的人的初期表现。有些古人年轻时是积极的革命先锋，但到晚年后大多会变得保守。事实并非如此，可能是因为革命者展现的是旺盛的企图心，让人误以为他坚定、勇敢。人若真的坚强不屈，不但不会动摇，还会全力实现生命的最高理想。

就像孔子，因为不能在天下传道，所以他想乘桴浮于海，这是何等的坚定。孔子说："吾未见刚者。"意思是我没见过坚强不屈、强毅果敢的人。这时，有人回答"申枨"。申枨是鲁国人，是孔子的学生。但孔子说："枨也欲，焉得刚？"申枨有私欲，如何能做到刚呢？"欲"表示内心想要的东西太多，如此他的生命意志就容易随之动摇。人固然会被欲望裹挟，甚至因为欲望失去了真正的自己，如果人的私欲太强烈，就很难做到刚。

12. 子贡曰："我不欲人之加诸我也，吾亦欲无加诸人。"子曰："赐也，非尔所及也。"

子贡对孔子说，因为我不希望别人把我不要的或不喜欢的，甚至不仁不义的事，强加到我身上，所以我一定不会把别人不喜欢的或不仁不义的事，强加在别人身上。

"不欲"的词义很广泛，它包含了个人很多不喜欢的事，甚至是不想承担的事。因为每个人都有不欲，所以说"己所不欲，勿施于人"。古人把不欲之事解释为不仁不义或不合礼的事。子贡这么说，说明他有能力反观自己，并推及他人。有些人只关注自己的不欲，无视别人的不欲，这是因为生命还未觉醒，缺少对人的尊重。

孔子提醒子贡："赐也，非尔所及也。"意思是，赐啊，这不是你单方面能做到的。你有这种自觉很好，但是你不能要求别人跟你一样有这种自觉，这是你无法主导的。这是孔子根据子贡的反省，对其进行进一步的教导，体现了孔子循循善诱、循序渐进的教育方式。

前文孔子表示对宰我不再有什么要求或期待，在这里则带领子贡进入更深刻的觉醒，以使子贡能更清醒地看到自己，也看到别人。人在生命成长的道路上，最可把握的是自己，而不是别人，我们要先做到不把不欲加之于人，但不强求别人不把不欲加之于我。由此可见，我们在现实中要学会承担和忍耐。

13. 子贡曰："夫子之文章，可得而闻也；夫子之言性与天道，不可得而闻也。"

"文章"指诗、书、礼、乐，孔子是以西周流传下来的典籍来教导人的。"性"指人根据阴阳五行，发展出的有关仁、义、礼、智、信的生命本质。"天道"指宇宙的运行、阴阳二气的盈虚消长以及五行运转的部分，这正是《易经》和《春秋》所谈论的重点。

清代的今文经学家更是以"五十以学《易》，可以无大过矣"这句话，来说明孔子晚年谈性和天道。尤其是《春秋》，今文经学家说它是孔子改制后，开创新的时代的大义，更是孔子晚年的思想。所以子贡说，我们能听懂老师讲述的有关诗、书、礼、乐的知识，但老师讲的生命本质与天道的变化，我们不明白。

在《论语》中，孔子言性的只有一条，即"性相近，习相远"。孔子基本上是根据实际的人生经历来谈人性的，他不谈抽象的生命本质。孔子之前的时代或孔子所处的时代很少谈人性，它不是焦点话题，人性是孔子之后的时代慢慢发展出来的重要学术议题，天道也是如此。

14. 子路有闻，未之能行，唯恐有闻。

这句话是说，子路要是听到一个道理，担心还没有来得及去实践，就又听到另一个新的道理。这表明他是一个有闻必行的人，而他的能行、能实践，正是生命觉醒中重要的部分。生命的觉醒表现在实践力上，若没有能力实践，就等于没有真正的觉醒。生命的觉醒就是知行合一的状态。

15. 子贡问曰：“孔文子何以谓之'文'也？”子曰：“敏而好学，不耻下问，是以谓之'文'也。”

孔文子是卫国的大夫，又叫仲叔圉，"文"是他的谥号。子贡问孔子："孔文子的谥号为什么是'文'？"孔子回答说，孔文子做事非常勤快敏捷，他不仅天生聪明，还非常好学，能不断地自我要求，不以向地位比自己低、学识比自己浅的人请教为耻。

《左传》对孔文子的评价并没有这么好，这可能是子贡质疑这件事的原因。其实重要的是看他是否对整个社会有积极的贡献，而不是斤斤计较在一些小事上。从这一段问答可以看到，孔子肯定的是人的生命本质，执政者的生命本质关乎大多数人的命运。

16. 子谓子产："有君子之道四焉：其行己也恭，其事上也敬，其养民也惠，其使民也义。"

子产是当时了不起的政治家，孔子评论子产"有君子之道四焉"。从《公冶长》篇开始，孔子从人的生命觉醒的角度来评论学生的表现。我们通过子贡所说的"夫子之文章，可得而闻也；夫子之言性与天道，不可得而闻也"，可知孔子思想的核心是仁，仁道主要体现在行为实践中，唯有实践仁道，才能展现人在觉醒后的生命状态。

孔子认为子产有四种行为表现是合乎君子之道的，其一，"其行己也恭"，他的行为是非常自重、谦逊的，"行己"乃己行之意，"也"，等于今天的啊。其二，"其事上也敬"，他为在上位者做事时是非常谨慎的。其三，"其养民也惠"，他在教养人民、照顾人民的时候，会给人民谋福利，"惠"是恩惠。其四，"其使民也义"，他役使人民也是合乎法度的。

子产是郑国的贤相，执政二十多年。春秋末期，晋国和楚国两个强国征战不休，郑国正好处于两国中间，子产以他的智慧周旋在两个大国之间，不卑不亢，是位非常杰出的政治家，所以孔子认为他的行为合乎君子之道，这反映了生命觉醒者的清明与周全。也因此，子产能在那个动荡的时代，维持国家的稳定，且赢得其他诸侯国的尊敬。

17. 子曰："晏平仲善与人交，久而敬之。"

晏平仲比孔子年长，他是齐国的贤大夫，名婴，平是他的谥号。孔子说："晏平仲善与人交，久而敬之。""久而敬之"古来有两种解释，一种解释是，时间越久，人们越敬重晏平仲。另一种解释是，"久而人敬之"，多了个"人"字，认为这是晏平仲善于交朋友的重要原因。

钱穆先生说，人敬晏子是因为晏子有治国的才能，不单是因为晏子善于交朋友。他的解释是，晏子与人交友，相处久了，他仍然对这个人敬爱不衰。从实际的生命经验来看，这是非常不容易的。若相处久了仍能敬爱不衰，肯定是付出了真心的。孔子是在赞美晏婴这份特有的生命之德。

晏婴一生为齐国殚精竭虑，当时他并不信赖孔子，孔子周游到齐国时，他甚至建议齐景公不要重用孔子。此外，孔子当上鲁国司寇没多久，鲁国的政治就上了轨道，晏婴还派人破坏这个政策。不过，孔子并不认为晏婴那样做是错的，春秋时期，各个诸侯国之间纷争不断，而且孔子不是齐国人，晏婴自然不信赖孔子。

晏婴与人交，"久而敬之"，其实这句话的含义是双层的，敬人，人通常也以敬回报，不论是晏婴敬人，还是人敬晏婴，都说得通。

18. 子曰："臧文仲居蔡，山节藻棁，何如其知也。"

臧文仲是春秋时鲁国的大夫。"蔡"指大乌龟。因为蔡国盛产大乌龟，所以就称大乌龟为蔡。当时的贵族认为龟是灵物，龟越大越灵，可用来卜问吉凶，很多诸侯和大夫都珍爱大乌龟。

"居蔡"的"居"是藏，"居蔡"就是臧文仲藏有大乌龟。"节"是柱上承受大梁的方木，"山节"就是在方木上刻山的图形当作装饰，这在今天古老的庙宇里还可以看到。"棁"是屋梁上面的小短柱，"藻棁"就是在短柱子上画水草花卉。

本来"山节藻棁"只能用在天子的太庙里，但春秋时期礼崩乐坏，臧文仲作为一介大夫，却用山节藻棁来装饰养乌龟的房间，当时大家都认为臧文仲是有智慧的人。于是孔子就说，臧文仲把养龟室装饰得像天子的太庙一般，这代表他相信且依赖这只乌龟，认为它是灵物。换句话说，他不相信自己的判断，这样的人会是有智慧的人吗？

就如同现在有些人，虽有学历、有地位，但他们不相信自己的智慧，而去相信灵异的事物，甚至将命运寄托于算命先生身上，真是"何如其知也"。

19. 子张问曰："令尹子文三仕为令尹，无喜色；三已之，无愠色。旧令尹之政，必以告新令尹。何如？"子曰："忠矣。"曰："仁矣乎？"曰："未知，焉得仁！"

"崔子弑齐君，陈文子有马十乘，弃而违之。至于他邦，则曰：'犹吾大夫崔子也。'违之。之一邦，则又曰：'犹吾大夫崔子也。'违之，何如？"子曰："清矣。"曰："仁矣乎？"子曰："未知，焉得仁！"

子张问孔子"令尹子文三仕为令尹，无喜色"，子文三次担任楚国令尹，脸上都没有喜色。"令尹"是春秋时期楚国官名，相当于宰相，"子文"是楚国大夫。"三已之，无愠色。旧令尹之政，必以告新令尹"，他三次被免职，脸上毫无愠色，不仅如此，他每次被罢免的时候，还一定会把自己任内所做的一切事务都告诉新上任的令尹，供他们参考。"已"是停止，亦即罢免。"何如"，老师，您觉得楚国令尹子文这样的人如何？

孔子回答子张："忠矣。"这真称得上忠啊。"忠"，简单来说就是在自己的职务上尽心尽力。

于是子张再问："仁矣乎？"子张不确定人的平常表现是否等同于仁道，所以问："子文如此尽忠职守，是不是就是仁了？"孔子回答："未知，焉得仁！"只能看到他尽心尽力地完成工作，并不清楚他更深刻的思想，如此怎么能确定他是生命的觉醒者呢？

许多人不但努力工作、努力生活，而且努力帮助别人，为人也称得上正直，但这并不见得是生命的觉醒者，也许这只是习惯，或者是被训练得只知遵守规范，并没有真正深入地反省自己为什么要这么做。

于是子张再问孔子："崔子弑齐君，陈文子有马十乘，弃而违之。至于他邦，则曰：'犹吾大夫崔子也。'违之。之一邦，则又曰：'犹吾大夫崔子也。'违之。何如？""崔子"是崔杼，在当时是齐国的当权者，他杀了齐庄公。臣子杀国君称"弑"。陈文子是齐国大夫，他见齐国如此混乱，就放弃了家中的十辆兵车、四十匹马，也就是放弃了财产，避到了别国。

陈文子到了别国，发现别国也有权臣当国，他说："哎呀，这就像我们国家的崔杼一样！"于是他又离开了。"之"是前往，又到了另一个国家，他又说："还是像我们国家的权臣崔杼当国时一样。"于是又毫不犹豫地离开了。那么，像陈文子这样的人如何呀？

孔子说"清矣"，陈文子真是清啊，因为他对自己的禄位、财产毫不留恋，三去乱邦，他的内心真是清净。子张接着问："仁矣乎？"这是不是就达到了生命觉醒的境界？孔子还是回答："未知。"不知道，"焉得仁"，怎么能就此说他是生命的觉醒者呢？

现实中，有些人选择了修行人的生活方式，不问世事，不贪恋财货、名利，甚至避居乡野，躬耕自食，似乎已达到了生命觉醒的境界。事实上，他们并没有领悟到生命的真谛，甚至没有认识到生命的独特与可贵，也许只是因为不喜欢喧嚣，所以寻找清静之地。我们不能认为这样的人没有自我认知，相对于还活在生物本能冲动下的人，这种人真是淡然，可是仍未达到生命觉醒的境界。所以孔子没有就此许之为仁。

孔子从生命觉醒的角度来看在当时有成就的知名人物，像子产、晏平仲、臧文仲、令尹子文以及陈文子，认为他们虽然坚持理想，忠于职守，对自身有很高的要求，但是仍无法摆脱生物生存的本能，无法享有生命的喜悦。他们只呈现了生命的某个方面，这不是生命的全面觉醒。

20. 季文子三思而后行。子闻之，曰："再，斯可矣。"

季文子是鲁国贤明的大夫，他去世时，家里一贫如洗，没有多余的财货，连妻妾的穿着都很朴素，至此大家才知道季文子一生清廉简朴。当孔子听到人们最称颂的季文子做事很谨慎、三思而后行时，便说："再，斯可矣。""再"是再思，不必做到三思，只要思考两次就可以了。

朱熹认为，做事不可不仔细，但是又不可太仔细，"三则私意起而反感矣"，他甚至用《左传》中的故事来加以佐证。一些古注也认为，季文子对祸福利害计算得太清楚了，所以在行事上被赞美和被责备的次数差不多。

季文子之所以会成为有争议的人物，是因为他做事总是考虑太多，以致世故太深，时常为自己打算，这是出于生物生存的本能。也因此，三思不一定是对生命的反省，也不一定是生命的觉醒。一般而言，做事当以事为主，不要过分在意对自身的利害，因此思要适可而止。

21. 子曰："宁武子，邦有道，则知；邦无道，则愚。其知可及也，其愚不可及也。"

宁武子是卫国的大夫。孔子说："宁武子在国家安定时，能全然表现出他的聪明才智。当国家混乱时，他能韬光养晦，像是一个愚人。宁武子的聪明才智是人们可以学习到的，而他的愚昧是一般人做不到的。"

在上一章中，孔子说"再，斯可矣"，提醒人们要从客观的角度来看事情。这一章却是赞美人能在乱世中韬光养晦。这两章似乎有点冲突，前一章说别太算计，这一章却说要多一层考量。其实这两者的区别在于，人是否能够摆脱生存冲动的限制。若人始终以自己的得失来看事情，就代表人还处于生物生存的本能之中，如果能进退有度，就代表有自我掌控的能力。宁武子能够克服自我表现的冲动，清楚地认识到外在的客观环境，并根据客观环境来决定自己的为或不为，这说明他有真正的智慧。

历史上有一个有名的例子。西汉初年汉高祖去世，吕后当权，为了壮大吕家的势利，她不惜诛杀功臣，反对她的人纷纷遭祸。大臣陈平假装不反对吕后，每天快快乐乐地吃吃喝喝，什么事都不过问。吕后天天派人观察他，觉得陈平这个人好像没心没肺，于是非常放心，仍然让他担任副宰相。不过，待吕后一死，陈平就组织反对势力，重建汉代的国家秩序，从偏远地区找回汉文帝来做皇帝。汉文帝开创了中国历史上强盛安定的时代，还为后世建立了非常实用的典章制度。陈平这种在乱局中韬光养晦的自我掌控能力，就是智慧。

宁武子和陈平都能意志坚定地坚持原则，并能在适当的时候恢复原有的秩序，完成生命的责任，这是何等深厚的智慧！所以孔子才说，宁武子的愚不是一般人能做得到的。

22. 子在陈，曰："归与！归与！吾党之小子狂简，斐然成章，不知所以裁之。"

鲁国派使者去召冉求回国，因为当时冉求跟孔子周游到了陈国，所以冉求向孔子辞行，准备回到鲁国。于是孔子说，鲁国派使者来召冉求了，冉求回去后将会有大用。也就在当天，孔子兴起"归与"之叹，他想念家乡了。"与"是叹词，"归"是回去，"归与！归与"就是回去吧！回去吧！"党"是乡党，指家乡，"吾党小子"是弟子们。

孔子周游列国时，弟子们大多留在了家乡，随行的人并不多。孔子想要在其他诸侯国推行大道，可是大道行不通，因此他想念起家乡的弟子们。"吾党小子狂简，斐然成章，不知所以裁之"，意思是留在鲁国家乡的弟子们有抱负、有理想，他们已经展现了自己的才华，但是只有抱负，还不能够很好地呈现自己。"狂"是有大志向，"简"是疏略，也就是阅历少，"斐然"是极具文采，非常耀眼，"章"是文章，如同乐章。

孔子想回家乡教育弟子，以使他们能够更完整地呈现自己。真正的生命表现在于是否可以清楚地认识自己，自我认知越清晰，自我成长也就越完整，生命价值的实现也就有更多的可能性。

23. 子曰："伯夷、叔齐不念旧恶，怨是用希。"

伯夷和叔齐是商朝孤竹国的两个王子，他们的父亲去世以后，兄弟两人一个为了礼法，另一个为了孝道，互让王位，最后都逃离了自己的国家。后来他们在路上遇到周武王带着文王灵牌，率军去讨伐商纣。他们两人都不认可，后来还提出深刻的、至今仍然值得思考的问题："以暴易暴兮，不知其非矣。"用战争的方式真能换来人类的和平吗？

即使在周武王灭纣以后分封天下，伯夷、叔齐也坚持不食用粟，选择隐居，最后饿死于首阳山。他们是古之圣人，孔子非常赞美他们，说："伯夷、叔齐不念旧恶，怨是用希。"意思是他们不计较过去那些令人愤怒厌恶的事情，因而他们少有怨恨。这里的"恶"指宿怨，亦即原来就有的愤怒，"用"是用到，"希"是稀少。他们不活在消极的情绪中，就算挖野菜吃，心中也没有怨恨，只是坚持生命的理想，竭尽全力地活出自己。

这种坚持真是惊人！孔子在这里提出，坚持自己的理想，即使在一般人看来是不幸的，自己心中也不会有消极的情绪，这是生命的觉醒，也是生命的直道。

24. 子曰："孰谓微生高直！或乞醯焉，乞诸其邻而与之。"

"微生"是姓，"高"是名，微生高是鲁国人，在当时以直爽闻名。孔子说："孰谓微生高直！"意思是谁说微生高直爽？"孰"是谁，"谓"是评论。"或乞醯焉，乞诸其邻而与之"，意思是有人来跟他要醋，他不说自己家里没有，而是跑到邻居家要了一些醋，然后再转送给来向他要醋的人。"或"是有人，"乞"是要、求，"醯"是醋。孔子说，像这样的行为，哪里是直道啊？

孔子举出了微生高行事曲折的事例，认为那不是直道。孔子主张要以直道对事、对人。其实，微生高不妨直接告诉要醋的人自己没醋，即使好心替人要到醋，也当告知来源，而不该把一切功劳全揽在自己身上，他这样做，显得过于世故，一点也不正直。

25. 子曰："巧言、令色、足恭，左丘明耻之，丘亦耻之。匿怨而友其人，左丘明耻之，丘亦耻之。"

"巧言"是说好听的话。"令色"是展现讨好的脸色或漂亮的容貌。"足恭"有两个解释，一个是做过头了，过度恭敬，另一个是一有事就跑前跑后地帮忙，甚至躬着身体做出非常恭敬的样子。

在《礼记·表记》里，孔子说："君子不失足于人，不失色于人，不失口于人。"这不是教人摆架子，而是让人不要失去自我，做出讨好人的模样。《尔雅·释训》中也说，人有"口柔、面柔、体柔"，即说好听的话，做出讨好人的表情，弓着身子拼命地跑。

"巧言"是"口柔"，也就是"失口于人"；"令色"是"面柔"，也就是"失色于人"；"足恭"是"体柔"，也就是"失足于人"。孔子说，这些讨好人的行为，左丘明认为是可耻的，我也认为是可耻的。"丘"是孔子的名字。左丘明应该是长于孔子的人。

孔子又说，隐藏对人的怨恨，装作没有芥蒂的样子，表面上仍然和对方当好朋友，这样的行为，左丘明耻之，我也耻之。"匿"是藏。

巧言、令色、足恭，以及匿怨而友于人，这都是丧失自我主体性的表现，是虚伪的行为。孔子用"耻"字指出这种行为毫无生命觉醒可言。

26. 颜渊、季路侍。子曰："盍各言尔志？"

子路曰："愿车马衣轻裘与朋友共，敝之而无憾。"

颜渊曰："愿无伐善，无施劳。"

子路曰："愿闻子之志。"

子曰："老者安之，朋友信之，少者怀之。"

颜渊和子路侍立在孔子身旁，子曰："盍各言尔志？""盍"是何不，你们何不各自说说自己的志向？子路性格直爽，一马当先地说："我愿意把自己的车马、衣服、皮裘拿出来跟朋友共享，哪怕是穿破了也不觉得可惜。"有人认为"轻"字可能是多余的，可以删除。不过未必，"轻裘"可说是好的皮袍子，不然穿破了有什么可惜的呢？

接着，颜渊说："我希望能够做到不夸耀自己的善处，不张扬自己的贡献和努力。"颜渊说完，子路又脱口而出："可不可以听听老师的志向？"孔子说："我希望老人们都能获得安养，朋友之间都能相互信赖，年轻人都能得到照顾跟关爱。"这也说明，孔子希望有健康、安乐的社会。

从三个人的回答中可看到三种境界。子路心胸宽广，可以与人分享他的所有，不过他还在有我的境界。颜渊试着忘掉自己，放弃对自我的执着。孔子向往大同世界，心中没有自己，可说是无我的境界。

这三种生命境界层层递进，我们从中可以更清楚地认识到孔子所说的生命觉醒的层次。孔子总说："未知，焉得仁！"其实，"老者安之，朋友信之，少者怀之"就是仁者的情怀，也是仁德的全面展现。

27. 子曰："已矣乎！吾未见能见其过，而内自讼者也。"

"已"是止，"矣乎"是两个叹词，表示感叹得很深刻。"已矣乎"，用今天的话讲就是罢了罢了，还谈什么呢。孔子感叹道："我没见过能觉察到自己的过失又能反省自责的人。"这里的"其"指自己。孔子感叹他在当时看不到能够真实面对自己的人。

"讼"有更丰富的含义，即能够面对自己的内心，并能进行自我对话，包括不断地反问：我为什么会是这样的人？这样的人必然会发展出生命的觉醒。孔子曾赞美颜渊能"不迁怒，不贰过"，其实就是颜渊能借己过而内自讼。

28. 子曰："十室之邑，必有忠信如丘者焉，不如丘之好学也。"

孔子说："即使是只有十户人家的小村镇，也一定有像我这样天性忠信的人，只是没有我好学罢了。"

这说明忠信是人的天性，即使在很小的村镇里，人们也都可能具有忠信之德。只有美好的天性，但在生命的发展中仍然是不够的，必须努力好学，人的生命才能够不断地提升。好学的"学"在今天来说不只是"觉"，在《论语》中还指知识的学习，因为知识的学习是生命觉醒的基础。

《公冶长》篇通过孔子与学生的问答和历史人物的行为表现等，将仁与生命觉醒全部呈现出来，让学习者进一步认识了仁，了解了生命觉醒完整且深刻的意义。

雍也第六

《雍也》篇是以孔子与学生的对话为主，不过所谈内容不同于《公冶长》篇。《公冶长》篇是彰显个人的个性，而《雍也》篇除了展现个人的个性，还涉及社会政治层面。两篇相较，此篇的主旨更为宏阔。

1. 子曰："雍也可使南面。"

仲弓问子桑伯子。子曰："可也，简。"

仲弓曰："居敬而行简，以临其民，不亦可乎？居简而行简，无乃大简乎？"

子曰："雍之言然。"

子曰："雍也可使南面。"孔子赞美雍，说："雍啊，依你的才德是可以担任诸侯的职位的。"

按照中国的地理方位，坐北朝南的位置最好，冬天可以避寒风，又有太阳照射，比较暖和，夏天有南风吹来，比较凉爽，不会太热。因为坐北朝南是正位，所以是最尊贵的位置，天子、诸侯、卿大夫都面朝南而坐。

雍是冉雍，字仲弓。仲弓听了孔子的赞美后问道："子桑伯子会有什么样的为政表现呢？他也可以面南而任吗？"

子桑伯子是鲁国人，在《庄子》一书中叫子桑户。不过也有人认为他是秦国的贤大夫公孙枝。西汉刘向在《说苑》中记载"子桑伯子不衣冠而处"，即子桑伯子穿衣服不依礼，简单随意。孔子认为他"质美而无文"，品性好但不够庄重。后世学者虽多方考证，但都不能确定子桑伯子到底是谁。不过至少从子桑伯子这个称呼，可知他是一名卿大夫。

孔子说："可也。"这是说可以，但有不足。孔子又说："简。"他认为子桑伯子的特点是简略。此处有两层意思，一层是说可以的，他行事简略，但能抓大体；另一层是说可以的，只是太简略了。

仲弓接着说："居敬而行简，以临其民，不亦可乎？"仲弓可能认为孔子说子桑伯子可惜"简"了一点，于是回应说"简"其实没有什么不好，在日常生活中随意，但在治理百姓事务的时候，知道抓大体，不就可以了吗？"临"是治理。

不过仲弓又说："居简而行简，无乃太简乎？"如果在日常生活中做事不仔细规划，太简略散漫，在实际执行行政事务时，又只抓大体，这样不就过于简单，不够严谨了吗？

所以"简"有两面性，可以好，也可以坏，就看做事的心态。于是孔子说："雍之言然。"雍的这一番话是对的。

仲弓表达了处世治事的看法，孔子对此非常肯定。或许这就是孔子赞美雍可以担当大任的原因，因为他掌握了处世治事的基本原则。

2. 哀公问："弟子孰好学？"孔子对曰："有颜渊者好学，不迁怒，不贰过，不幸短命死矣。今也则亡，未闻好学者也。"

鲁哀公问孔子，学生中谁最好学，孔子说颜渊最好学，"不迁怒，不贰过"。从孔子的回答可以看出，孔子所谓的学，重点不在知识上，不在后世所谓的读书上，而在人的生命觉醒上。这就是古人说的要学做人，学习如何成为人，彰显人的特质，不再只是被动地受生物本能驱使。

孔子说颜渊好学，具备了生命的觉醒，自觉到"不迁怒"。有些人遇到挫折时，往往会通过怪罪他人、怪罪社会来发泄情绪，这样的人大多缺乏能力和勇气，无法面对现实和自己的错误，只好迁怒以推诿。颜渊能够面对现实，清楚地知道问题所在，绝不迁怒于不相干的人或事。这是高度理性和自制力强的表现，也是人在生命觉醒后自我修养走向完满的表现。

孔子还说颜渊"不贰过"，"贰"是重复。人在成长过程中难免会有过错，只要"勿惮改"，不要害怕面对自己的过错，通过"内自讼"，不断地自我反省，加以改正就好了。颜渊犯同样的错误，这反映他在生命觉醒中的境界。

只是颜渊短命，才三十一岁就死了。孔子痛惜其早逝，然后说"今也则亡，未闻好学者也"，今天再也见不到像颜渊这样全面觉醒的人了。

人在清明的认知中可以"不迁怒"，这偏重于对外在的认知与辨析，"不贰过"则偏重于内在的认知与努力。从中我们可以看到，颜渊的觉醒程度之深，以至孔子对他赞美备至。

这一章说明，"学"不只是知识的学习，也包含生命觉醒的展现与自我情感调整能力的提高。

3. 子华使于齐，冉子为其母请粟，子曰："与之釜。"请益，曰："与之庾。"冉子与之粟五秉。子曰："赤之适齐也，乘肥马，衣轻裘。吾闻之也：'君子周急不继富。'"

原思为之宰，与之粟九百，辞。子曰："毋，以与尔邻里乡党乎！"

子华，姓公西，名赤，是孔子晚年的学生，比孔子小四十二岁。"使于齐"，出使齐国。"冉子为其母请粟"，冉子请求孔子发给子华的母亲一些米。"与之釜"，"釜"是古代的容器，也是容量单位。孔子说："好，那就补助给公西华的母亲六斗四升米（大约是一个人一个月的食用量）。"冉有觉得少了点，所以"请益"，问是不是可以增加一点，孔子说"与之庾"，给她增加一庾吧，"庾"

是二斗四升。冉有觉得还是太少,"与之粟五秉",他没有遵照孔子的指示,私自多给了五秉,相当于八十斛。

孔子知道后,说:"公西华出使齐国,驾车的马非常壮硕,他也穿着轻暖的皮裘。古语说:'君子要救助那些急需帮助的人,而不是再去增加富人的财富。'"换句话说,在用钱方面,明白事理的君子应该做雪中送炭的事,而不必去做锦上添花的事。

"原思为之宰,与之粟九百,辞。"原思是孔子的学生,叫作原宪,字思。根据古文献,原思做孔子的家宰时,孔子担任鲁国的司寇,他给原思的俸禄是九百斛。虽然原思家里并不富裕,但是他觉得孔子给多了,就加以推辞。

孔子说"毋",即不要,命原思不要推辞。"以与尔邻里乡党乎",拿去给你的邻里乡党中的贫穷者吧。

这两段文字编在一起,展现了孔子对财物有着高度理性的处理方法。有些人认为孔子反对富有,鼓励守贫,其实这并不是孔子的本意。孔子教导的是如何正确地使用钱财。

4. 子谓仲弓曰:"犁牛之子骍且角,虽欲勿用,山川其舍诸?"

"子谓仲弓",古来多认为这是孔子评论仲弓的话。仲弓的父亲出身微贱,又有病在身,而仲弓担任季氏的家宰,有着不凡的表现。

这一章的一般解释是,孔子说仲弓有如同耕牛般的父亲,因为仲弓太有才华了,所以"虽欲勿用",虽然大家觉得他出身不好,但是"山川其舍诸",山川神明舍得吗?出身并不影响仲弓施展卓越的才能。"犁牛"是耕牛。"骍"和"角"都是选择牲畜作为祭祀品的条件。

不过钱穆先生在《论语新解》里说,这个解释不合理。即使仲弓的父亲名耕，字伯牛，以孔子的性格，他也不会当着仲弓的面，通过贬低他的父亲来赞美他。

钱穆先生认为，仲弓在担任季氏家宰期间，曾向孔子请教如何能够发现贤才而举用他们。这是作为领导者该思考的问题，因此孔子赞美他，认为他是极好的领导者，于是告诉他，虽然是耕牛，但只要长着一身赤红色的毛，两只角圆满端正，就可用于祭祀天地神明。即使人们受到某些观念的限制，不想用它来做祭祀的牛，山川神明也会舍不得的，这是天地间的精华，人们应当珍惜。

换句话说，治国用士最重要的是举用贤才，不要被家庭背景、阶级出身等条件限制。这是说孔子打破了那个时代的社会阶级限制，提出了人天生平等的主张，同时也是说父与子各有自己的独特性，不必牵连在一起，一切要依事实而言。人当明白事实，这才是生命觉醒、认知清明的表现。

5. 子曰："回也，其心三月不违仁，其余则日月至焉而已矣。"

本章孔子再从学生们生命觉醒的表现说起，颜渊可以长时间不离开仁道，不离开生命觉醒的道路，不断地自我发展、自我提升。"三月"指长时间，"违"是离开，"其余"指其余的学生。其余的学生因习性问题，只有一天或者一个月处在生命觉醒的仁道上，无法长期保持生命觉醒的清明。"日月"是一日或者一月，指短时间，"至"是到。

这正如顿悟一样，顿悟需要各种条件，即使突然有了这种全面觉醒，也不代表可以长时间保持住。人要想守住生命的觉醒、爱的意识，就需要常常自省，即使做不到"三月不违仁"，至少也要做到"日月至焉"。

6. 季康子问："仲由可使从政也与？"子曰："由也果，于从政乎何有？"
曰："赐也可使从政也与？"曰："赐也达，于从政乎何有？"
曰："求也可使从政也与？"曰："求也艺，于从政乎何有？"

季康子是鲁国的当权者，他问孔子："可以让仲由从事政治工作吗？"仲由就是子路。孔子回答说："仲由性格果敢，有决断力，从政何难之有？"

季康子再问："子贡可以从事政治工作吗？""赐"就是子贡。孔子回答说："子贡通达且明白事理，从政何难之有？"

季康子又问："能使冉求从事政治工作吗？"孔子回答："冉求多才多艺，从政何难之有？"

前一章孔子说，颜渊与其余的学生在生命觉醒的时间上有长短之别，不过这并不妨碍他们各自的天赋才能的展现。他们各有自己的个性特长，也都能展现自己的性情，从政是绰绰有余的。他们都跨入了生命觉醒的阶段，不会全然屈从于现实功利价值，也不会屈从于生物求生存的本能。

7. 季氏使闵子骞为费宰，闵子骞曰："善为我辞焉。如有复我者，则吾必在汶上矣。"

这里的季氏是不是季康子，文献上没有明确说明。闵子骞是孔子早年的学生，名损，比孔子小十五岁，鲁国人。《史记·仲尼弟子列传》中说他不食污君之禄，不接受不好的国君的俸禄。

季氏派遣闵子骞去担任费地的总管。"费"是地名，在今天山东省费县，当时是季氏的采邑，而季氏"不臣于鲁"，不肯做鲁国的臣子。

清廉的闵子骞回答："请好好替我推辞吧，如果再有来叫我的，那么我一定已经避居到齐国汶水边上去了。"其实就是逃到齐国了。他宁可离开家乡，也不愿担任季氏的邑宰。即使"日月至焉",孔子的学生在生命的觉醒上,也还是会坚守性情的。

8. 伯牛有疾,子问之,自牖执其手,曰:"亡之?命矣夫?斯人也而有斯疾也!斯人也而有斯疾也!"

伯牛是孔子的学生,姓冉,名耕,伯牛是字,鲁国人,仲弓的父亲。"有疾",指有了恶疾,患上了严重的疾病。《淮南子》说"伯牛为厉","厉"字古音"癞",也就是癞病,即麻风病,在那个时代这个病无药可救。"子问之",孔子就去慰问探望他。伯牛有恶疾,不能见人,孔子只能通过窗户拉着他的手。"牖"是窗户,"执其手"就是与之永诀告别。孔子感叹"亡之","亡"念 wú,真的没有希望了吗?"亡"也念 wáng,真的要丧亡了吗?"命矣夫?"这真的是命吗?"斯人也而有斯疾","斯"是这,怎么这么好的人竟然得了这样的疾病!

孔子的感叹、伤心包含着深层的意思,真正的生命觉醒不同于宗教信仰,它能使人从期待被保护的依赖中变得独立,能享有活着的快乐。如此,即使发生了不好的事情,也能够坦然面对。

9. 子曰:"贤哉回也!一箪食,一瓢饮,在陋巷,人不堪其忧,回也不改其乐。贤哉,回也!"

孔子赞美颜渊说:"颜渊真是好啊,他吃的食物非常简单,只是一篮饭、几口清水而已,住在小巷中低矮的房子里。""箪"是圆形竹器,用来盛饭,就像今天的饭篮或饭盒。"食"是饭。"瓢"是盛水器、舀水器,由干的瓠瓜对半切开做成。"巷",古时候乡里的小道,"陋"是简陋、低矮,"陋巷"也可以说是陋室。

孔子接着说:"一般人是无法忍受这种贫穷所带来的艰苦的,但颜渊仍然能不丧失掉他的欢乐。"这是对颜渊达到生命觉醒,三月不违仁的再次赞美。

孔子认为颜渊能在贫苦中充分享受生命,以及生命所带来的欢乐,这是颜渊最大的成就,因而赞美他。

当人生病且剩下极有限的时间时,该如何度过呢?有的人哭哭啼啼,有的人忧愁万分,有的人索性放弃了求生的意志。据《读者文摘》所载,美国有一个十岁的孩子得了癌症,只剩下三个月的时间,于是他父亲决定驾着帆船带着他环游世界。后来这个孩子说,他一点都不遗憾,他充分享受了可以拥有的生活。在仅有的三个月里,他没有浪费任何时间,这是了不起的成熟与智慧!

孔子赞美的不是颜渊甘于过穷苦的生活,而是"人不堪其忧,回也不改其乐"。这个"乐"是生命觉醒者能享受生命的欢乐和爱,不受现实世界任何功利价值的影响。也就是说,"乐"的重点在于觉得活着真好。

10. 冉求曰:"非不说子之道,力不足也。"子曰:"力不足者,中道而废,今女画。"

"说"读 yuè,喜悦的悦。冉求说:"不是我不喜欢老师您说的道理,不去走您说的生命觉醒的道路,而是我实在没力气去走。"孔子回答他:"你至少尽量去走,即使走到没有力气再停下来,也总是好的。但现在你连走都不想走,画地为牢,不肯前进。""废"是停止、搁置。"中道"是走到半路。"女"是"汝",即你。"画"是圈起来。

孔子点明了冉求真正的问题在于他困于自我。因为冉求在心里、在观念上，把自己给囚禁了起来，所以觉得力不从心。这是人无法使生命得到提升的问题所在。

11. 子谓子夏曰："女为君子儒，无为小人儒。"

"儒"，汉代文字学家许慎的《说文解字》解释为"术士"，术是技能。春秋时期，术士至少能通"六艺"，也就是能行礼、制乐、射箭、驾车、知书、算数，同时还能以"六艺"的技能来教人。教导贵族"六艺"的老师被称为儒，他们求仕于贵族，在贵族那里做官。

在孔子所处的时代，"儒"是行业的通称，孔子也有儒的身份和技能。后来孔子将贵族的"六艺"推广到平民中，首创平民教育，于是"儒"就成了孔门之学的代表和学派名称。孔门之学被称为儒学，孔门弟子被通称为儒，孔子成了儒学的创始人。"儒"也因为孔子而成为老师的名称，所以后来说"师儒"，可以说，孔子是中国师道的创始人。

孔子告诉子夏，要做君子儒，不要做小人儒。"君子儒"是有着高度生命觉醒的儒者，不论这个儒是求仕为官，还是做老师，都得具有生命觉醒与生命理想，如此才能为民众服务，或将知识的生命性展现出来，照亮学生们的心灵，开启学生们的生命智慧。

如今，有些学生，上课睡觉，不想听课，他们无法了解生命、生活和生存的区别，在生活或者学习中缺乏理想。所以，老师要想提升学生的品性，让其有能力调适情绪，进行自我管理，就需要从精神上开展教育。

如果老师能够借着知识，引导学生对智慧好奇，学生的精神世界自然会像拉开序幕的舞台，此后，他们就会主动追求智慧。当老师有生命意识、生命理想，甚至对生命有了真正的关爱，并能运用这些生命智慧去启发学生时，就是君子儒了。君子儒的含义非常丰富。

相反，小人儒没有生命意识，没有生命觉醒，他的生命精神还没有发展起来，这通常是指一般人，他们基本上还生活在生存恐惧中，孜孜矻矻地追求生存利益，努力为自己的生存寻求保障。孟子认为，小人是"养其小"者，就是只顾着身体，只想着要赚多少钱，要求多少利，自然没有心情来反省自己以及发展生命，最后只能画地自限。

从子夏后来的表现来看，孔子死后，子夏设教于西河，也就是卫国，西河的人认为子夏的贡献如同孔子一般，他教出了田子方、段干木、李克这些有名的政治改革者，这些改革者又教出了许多大学者。这些学者一直传承到汉代，甚至发展成一定规模，使中国的学术得以继续向前发展。由此可见，子夏真的遵从了孔子的教诲，他是了不起的君子儒！君子儒对于文明社会的重要性可见一斑。

12. 子游为武城宰，子曰："女得人焉尔乎？"曰："有澹台灭明者，行不由径，非公事，未尝至于偃之室也。"

子游是孔子的学生，他后来从政了。"为武城宰"就是做武城县的县令，武城当时是鲁国的城邑。

孔子问子游："你在这个地方找到贤能的人了吗？"为政最重要的是领导者能知人，能得人，尤其是能得到贤者来为国家做事。"焉"是于，在。"尔"是此。

子游回答，有一个叫澹台灭明的人才。澹台是姓，灭明是名，他是鲁国武城人，字子羽。澹台灭明做事不肯走捷径，不懂得权变，不会为了达到目的而不择手段。"径"是小路，"由径"是抄小路，即走捷径。澹台灭明做事一切遵循正途，如果没有公事，就不进子游的书房。"偃"是子游的名字。"室"是私人的房间或书房。这反映了澹台灭明的刚正不阿。

这也表明子游作为县令，遵照孔子的教诲，懂得知人善任。子游是君子儒，同时他也有一个君子做助手。

13. 子曰："孟之反不伐，奔而殿，将入门，策其马，曰：'非敢后也，马不进也。'"

孟之反是鲁国的大夫，名侧。"伐"是夸耀自己的功劳。孔子说孟之反"不伐"，即孟之反不喜欢夸耀自己。

鲁哀公十一年，鲁国与齐国发生了一场战争，鲁国由孟孺子泄所率的右军和冉求所率的左军共同对抗齐军的侵略，不过右军溃败，撤退的时候，孟之反驾着马车在后面拒敌，以掩护大军。这就是孔子说的"奔而殿"。

可是等到快进城门时，孟之反一边鞭打着马往前跑，一边说："不是我敢于在后面拒敌，而是这些马不肯跑啊。"孔子以此称赞孟之反既勇敢无畏，又有爱和谦德。他不夸耀自己的功劳，只守住自己作为国家公务人员的本分，可以称得上是君子儒。

从以上几个章节我们可以看到，不同的人从不同的生命经验中展现了不同的生命觉醒，这对孔子所处的新旧价值观念转变激烈的时代来说，就更具有意义了。孟之反的行为展现了人性的光辉，他的谦虚不是做作，而是他所选择的爱的表现方式。

14. 子曰："不有祝鲍之佞，而有宋朝之美，难乎免于今之世矣。"

"不有"是假如没有。"祝鲍"是卫国大夫，字子愚，"祝"是他所担任的官职。"佞"指能说会道，辩才无碍，极善于外交辞令。宋朝是出奔到卫国的

雍也第六 / 259

宋国公子，名字叫朝，他是当时有名的美男子，连卫国的国君夫人都成了他的情人。

孔子这句话古来有两种解释，第一种，假如没有祝鮀那种善于辩说的口才，也没有宋朝的俊美，在今天的社会里，怕是很难避免灾祸的啊。"而"作与、和讲。第二种，假如没有祝鮀的口才，只有宋朝的俊美，在今天的社会里，怕是很难避免灾祸的啊。

如果依照第一种解释，就表明了当时的社会不安定，百姓只能借着外表或虚名等来定位自己。如同今天有的人通过名牌来彰显身份一样。

第二种解释比第一种解释更为深入。人如果没有口才，只有俊美的外表，就不容易出人头地，甚至无法避免惹祸上身。在这样的社会风气下，人的生命觉醒显得更为珍贵。所以保全自我的主体，建立真正的自己，一定要从生命觉醒和自我觉醒开始。

15. 子曰："谁能出不由户？何莫由斯道也？"

孔子说："谁能够不经过房间的门而走出房间呢？""出"指走出房间。

孔子接着说："为什么没有人肯从人生大道而行呢？""斯"是这，"道"指仁道。《论语》里的道几乎都是仁道，仁道也就是生命觉醒之道。

孔子的意思是，大家都知道进出房间必须经过门，可是为什么在生命的发展中，人们不知道仁道是生命觉醒的关键，不知道走上开阔的生命大道呢？这一方面是孔子感叹人们尚未觉醒，不容易传扬仁道，另一方面说明生命要想发展，要想走向更大的自主和自由，唯有从仁道出发，这是必经之路。

16. 子曰:"质胜文则野,文胜质则史。文质彬彬,然后君子。"

"质"是本质,意为朴素的本质。"文"是人为的修饰,"野"是乡野、鄙野,有粗鲁之意,"史"指宗庙里的祝史,引申为掌管官府文书的官职。"彬彬"又叫斑斑,就是东西相配,恰到好处。

孔子说:"人的本质是朴素的,如果超过了该有的修饰,就会流于粗鲁。人若是一味讲究修饰,就会像宗庙中的祝史、官府里掌管文书的人员,难免流于浮夸。因此,人要有修饰,同时又要保留朴素的本质,二者配合适当,才是君子即生命觉醒者该有的风度。"

生命觉醒者不会在生命的觉醒中丧失自己的本质,也不会被人为的文明淹没。他有能力裁夺如何保有本质,同时又不失适度的礼数。所谓的"诚于中,形于外",既是内外的均衡发展,也是感性与理性的合一,没有偏离,这就是中正之道、中和之道。换句话说,唯有通过生命的觉醒,才能建立起生命的中和之道。

这句话还包含着更深一层的意思,即什么是人的本性。人性是人类自古以来在哲学思想上无法骤下结论的大问题。孔子在接下来的一章中,对此做了解答。

17. 子曰:"人之生也直,罔之生也幸而免。"

这里的"生",多半解作生活、生存。"直"是正直。"罔"是邪曲。这句话古来都解释为,人当依正直之道而活,那些邪曲的人之所以能活下来,是因为侥幸地避免了灾祸。

不过,我将"生"解作性,即人的天性是直的。

孔子在《论语》里说:"《诗》三百,一言以蔽之,曰:'思无邪。'""无邪"

雍也第六 / 261

就是直。《诗经》三百篇是直道的展现，直于人性，直接表达人的性情、情感，也是直于人道，人道包含人的性情。中国人将性情作为人的天性，亦即人的生命之道。

《中庸》说"天命之谓性，率性之谓道"，上天所给予的叫作性，将人的生命基础与根源放在人类共有的性情上，就是生命之道。

"人之生也直"，人类的天性是依直道而生，直道是人们想要活下去的愿望。如果违背了直道的天性，就是"罔之生"，如此若是不闯祸、不制造毁灭性的纷争，可真是侥幸了！

18. 子曰："知之者不如好之者，好之者不如乐之者。"

"好"是喜欢。孔子说，通过理性的判断，知道它很重要，知道应该去学习，不如从心底喜欢它，对它有感情，自然而然地想要去学习。不过，只有喜欢和了解就够了吗？孔子说，喜欢它不如乐在其中，以它为乐。乐比喜欢更进一步，乐是享有。

这一章呈现了心理层面逐步发展的过程，不仅可理解为一般生活中的反应和表现，还可理解为一切学问道德的修习方法。古人以孔子的"发愤忘食，乐以忘忧，不知老之将至"，以颜渊的"一箪食，一瓢饮，在陋巷，人不堪其忧，回也不改其乐"为例，来说明他们都享受到了真正的乐。

从生命的觉醒来看更是如此。人往往在理性上知道该如何去活，知道应不受负面情绪的困扰，但就是无法摆脱焦虑，所以只有"知之"是不够的。当转换了心境，随着心情去做时，便会很愿意付出努力。

就如同我鼓励学生从喜欢的课程入手，等到他们慢慢发现自己的个性、特长后，再引导他们依自己的个性发展出自己的学习方法，等他们看到成果，也享受到学习的喜悦时，自然就会产生自信，一直学习下去。当他们发现自己的天赋时，就会快乐地如同羚羊般跳跃起来，展现自己独有的创造性。

19. 子曰："中人以上，可以语上也，中人以下，不可以语上也。"

这一章是讲教学方法的，古人把人的智慧分为上、中、下三等，如果细分还可分为九等。人在资质上的确有差异，那么面对不同资质的人，是否可以只用一种方法、一部教材去教呢？

孔子提出了因材施教的教学方法，他认为对中等智慧以上的人，可以用高深的学问来教导，对中等智慧以下的人，就要从浅显的知识或者生活经验入手，慢慢引导。这是根据人的天性来给予的适当的教导，并没有歧视之意。如果采用循序渐进、因材施教的教学方法，使人人都可以接受教育，那就没有不可教的人了。

20. 樊迟问知，子曰："务民之义，敬鬼神而远之，可谓知矣。"
问仁，曰："仁者先难而后获，可谓仁矣。"

樊迟是孔子的学生，他多次请教孔子关于仁和智的问题，孔子给出的答案各不相同，因为他是根据不同的问题给予有针对性的回答，即所谓的因材施教、循循善诱。

从这一章来看，很可能当时樊迟刚出仕，孔子就公务人员该有的行事方式给予了回答。樊迟问孔子："如何临民治事，才算有智慧？"孔子回答："第一要务是能专心致志地为人民做事，满足人民的需要，但要恰到好处，合乎时宜。""务"是专心致志。"务民之义"是以义务民。有些人认为"义"是要化民于道义，不过我们还是将"义"解作适当、合乎时宜，这样才能有效地解决

雍也第六 / 263

人民的困难，满足人民的需要。如此就是有智慧的做事方法或原则。

第二要务是敬重先人，但又不依赖、迷信先人，这样才能进行理性的判断，做出有智慧的裁决。中国是尊生的民族，一切以生和生命为信仰的中心。"鬼神"泛指祖先。

樊迟再问："如何做事是合乎仁道的呢？"孔子回答说："先完成困难的事，把对自己有利的事放在后面，不要一遇到事就先算计对自己有什么好处，这就是合乎仁道了。"

在《孟子》中，梁惠王问孟子："老人家，你不远千里而来，是不是有利于我国的计策呢？"孟子回答说："王啊，你不要总把个人的利益放在前面。如果全国上下都只求自己的利益，那么国家就危险了。"孟子的观点是把自己的利益放在后面，这合乎仁道的精神。

本章是讲领导者在为政时，既要以义造福于民，又要敬重先人，尊重生命，如此就不会自我膨胀或者独断专行，也不会一味地求神问卜，丧失理性判断的能力。这就称得上是有智慧地做事了。人若能超越生物的生存本能，了解人的生命，对生命有觉醒，就可以享受到作为人的喜悦了。

21. 子曰："知者乐水，仁者乐山。知者动，仁者静。知者乐，仁者寿。"

这一章仍从人的天性来讲，同时接续上一章所说的智与仁的区别，进一步说明在天性上最出色的两类人。这里乐山、乐水的"乐"读 yào，当动词用，意思是喜欢。"知"读 zhì，通智慧的智。孔子说："善用心智的人，思想如流水般活跃，自然喜欢水。仁者有恻隐之心，内心充满着爱，同时仁者情感丰厚稳定，如山一样厚重且不易变化，因此仁者自然会喜欢山林。"

接下来，孔子说："智者心思敏锐，容易创造出新事物，所以总是如流水般动个不停。仁者能意识到生命的爱和对人的爱，并享有这一份深沉的感受，同时也就更珍惜这一份爱，甚至能坚持长久不变，如此自然而然就静处在那永恒的爱之中了。"

孔子又说："因为智者心思敏锐，不断创造出新境界，如鸢飞戾天，鱼跃在渊，生机流动，他的生命状态充满了欢悦。仁者充满了爱，借着爱的动力与人、与天地合一，自然而然地进入了宇宙永恒的生生不息的环流之中。""寿"即永恒，如同老子说的"没身不殆"。人的身体虽会消失，但人生命中的爱和能量不息，与宇宙共存。所以庄子认为，真正的神人、圣人，是能游于大化之中的。其关键就是爱，唯有爱能消融事物间的隔阂。

22. 子曰："齐一变，至于鲁；鲁一变，至于道。"

齐国是姜太公的封地，姜太公是军师，治齐以智，而智是霸术，所以齐国以智而霸。

鲁国是周公的封地，周公的儿子伯禽把周的礼乐制度带到了鲁国，鲁国保存了西周初年的礼乐文化，有仁者的情怀和风气。

孔子说："齐国以智而霸，要是能够再进一步，就能一变而成鲁国了。鲁国能够以仁、以爱建立国家，如果能在爱的基础上再往前跨一步，就能一变而进入大道的世界了。"

这个大道的世界就是生生不息的世界，在这个世界里，天下人都能和谐共存，也能在生命的觉醒中珍惜生命，走向和平，这也就达到《礼记·礼运》中所说的大同世、太平世了。这是中国人的理想，也是中国人对世界的看法，更是人达到真正觉醒后可以做到的事。正如《中庸》说的"致中和，天地位焉，万物育焉"。

这一章，孔子其实是在向人类传达他的期待，他期待全天下可以携手合作。由此可见，孔子在当时已经具有了人类生命的共同理想。

23. 子曰:"觚不觚,觚哉?觚哉?"

"觚"念 gū,古代的酒杯,也是行礼时的酒器,形状像喇叭,上面圆,下面方,腹部与底部有棱角。后来因为棱角、方形难做,于是工匠就把腹部做成了圆形。

孔子为什么这么说呢?这句话古来有两种解释,一种解释是,孔子看到觚都没有棱角了,大家还叫它觚,于是慨叹道:"这是什么样的时代啊?"所有事物名不副实,君不君,臣不臣,父不父,子不子,一切都乱套了。

另一种解释是,"觚",意即很少,行礼用觚饮酒,是提醒人们要少喝酒。《尚书·酒诰》提到,西周限酒,他们认为商朝之所以被灭亡,是因为纣王喝得太多了。到了孔子所处的时代,礼崩乐坏,人们即使用觚也还是会喝很多酒。所以孔子感叹道:"如果觚不像觚,那觚还是觚吗?还是觚吗?"

还有一种是我的解释,可供参考。从上一章来看,孔子希望人们在生命觉醒之下坚守爱和仁道,再进一步提升进入人类新的共生、共荣、共和的大同世界。所以孔子以觚自况,自己要是如同觚一样丧失棱角,放弃一生的坚持,那他还是孔子吗?如同那觚还会是觚吗?孔子绝不会放弃他的信仰与理想。

24. 宰我问曰:"仁者虽告之曰,'井有仁焉',其从之也?"子曰:"何为其然也?君子可逝也,不可陷也;可欺也,不可罔也。"

"井有仁"的"仁"借作"人"。宰我问孔子,一个仁者,如果告诉他有人掉进井里了,他会不会马上跳到井里去救人?

前两章孔子谈到对仁道理想的坚持,并通过齐鲁的历史演进过程,说明仁道并不难实现,主要就看人肯不肯跨出这一步。

仁者,生命觉醒者,必然勇于去做所有有利于生命觉醒的事,包括救人于危难。当人们刚开始意识到生命中的爱时，内心充满着热情，认为只要有人患难，就要不假思索地救助，如此才算合乎仁道，才是爱。其实，这仍包含着生物生存本能的推动，此时只是生命觉醒的初期阶段，对生命的认知还不够透彻。宰我处在这个阶段，自然会提出这样的问题。

孔子回答说："为什么会这样呢？为什么做这样的事啊？""也"读yé，是疑问词，"何"是为什么，"其"是那样，"然"是如此。虽然生命觉醒者充满了爱，但是他不会冲动，不会失去正确的判断力，不会盲目地跳入井中，因为他有理性的思考和判断。

孔子接着说："生命觉醒者会走到井边看看到底是怎么回事，不过他不会在别人的鼓动下盲目地跳到井里，因为他有清明的智慧，会做出正确的判断，进行合理的处理。君子可能会被人欺骗，但他很快就会重新思考、判断，不会陷入迷惘。""逝"是前往，"陷"是陷害，"罔"是迷惑。

25. 子曰："君子博学于文，约之以礼，亦可以弗畔矣夫。"

这里的"约之以礼"是回应前一章的"君子可逝也，不可陷也；可欺也，不可罔也"。换句话说，君子在觉醒之后会有着高度理性的思考力和判断力。

这一章孔子说："君子会广泛地学习知识。""博"是广博、广泛，"文"指所有知识和学问。那个时代的"文"是指诗、书、礼、乐以及一切典章制度。

孔子接着说："君子能够以礼仪来约束自己，也能够依礼来实践，不会盲目行动。""约"是约束。"礼"，古人解作规则、仪节，不过，"礼"也有实践之意。

这是说，生命觉醒者不仅有学问，而且有智慧、有实践力，因而能收束生命能量，拥有正确完成事务的行为能力。君子达到这个程度就不会违背生命的正道了。"弗"是不会,"畔"即叛。

君子在仁道上会一往无前。本章的重点在于,生命觉醒者要能放、能收、能知、能行,当达到这个状态时,就如同火车行驶在正确的轨道上一样,行事不会有所偏离。

26. 子见南子,子路不说,夫子矢之曰:"予所否者,天厌之!天厌之!"

这一章记录了孔子有趣的行为,同时呼应前一章,以示君子应有的行为。

南子是卫灵公的夫人,美丽、风流放荡又执政弄权,同时还有知人之明。据文献记载,南子听说孔子到了卫国后,就立刻派人邀请见面。孔子推辞不掉,只好去见南子。

子路因此不悦,有人认为这是子路担心孔子为了行道而委屈自己。子路是一个坚持原则的人,哪怕道不行也不委曲求全。

面对子路的不悦,孔子没有责备他,而是发誓说:"如果我有不合于礼的行为,天将厌弃我!天将厌弃我!""矢"是箭头,因为与发誓的"誓"音相近,所以借指发誓,又可解作陈述。"予"是我,钱穆先生说:"古人誓言皆上用'所'字,下用'者'字。""否"意为不合理,钱穆先生认为:"古者仕于其国,有见其小君之礼。"小君即君夫人,所以孔子见南子是依礼而行。"厌"是厌弃。

那么,为什么孔子不对子路明言?钱穆先生认为,依礼在他国做客,不可以批评他国的执政者,更何况是国君夫人。所以孔子不多说,避免触碰有关南子的话题,而用发誓的方式让子路放心,也让他进一步思考。

我们从孔子的誓词所呈现的依礼而行来看,这正是上一章"博学于文,约之以礼"中讲的君子的作风。

27. 子曰:"中庸之为德也,其至矣乎!民鲜久矣。"

《中庸》原为《礼记》里的一篇,后被朱熹选出来与《大学》《论语》《孟子》共称"四书"。《中庸》所谈的"中"指人的内心,指人深藏于心的情感,这个情感就是人的天性。情感是构成个性、性格的先天性要素。

"中"的观念出自《论语》,"中"是恰到好处。怎样才算恰到好处呢?《中庸》说"执其两端",任何事物都有两个极端,这两个极端是对立的。比如一棵树有本有末,一件事有好有坏。人能做的就是找到最恰到好处的部分,即"不偏不倚之谓中"。

"庸"是使用的用,那为什么不直接写成"用"和"中用"呢?因为要强调这个使用是很平庸的,它体现在人们的日常生活之中,让自己生活得舒服的部分就叫作"庸"。

《中庸》又可以反过来说"用中",就是人在日常生活中面对各种各样的对立、矛盾时,都能找到恰到好处的点,做出适当的裁决和判断,使所有事物都能达到和谐共存,甚至相辅为用的状态,这称为用中之道。这是人生命高度觉醒后的行为表现,同时又是最平庸的表现。

既是人类最高的行为表现,又是最平庸的日常行为,这就是礼的表现。自西周以来,礼便成了中华文明的特征之一。从人类的发展史来看,不论地域、人种或时代,每一个族群都有其赖以生存的基本礼制。礼不全然是法律,它维持着族群和谐的秩序以及和谐的生活方式,是使人们既能各自生存又能聚居的生活准则。它是人类所共有的,也是人类天性中达到和谐生存的自然表现。

因为孔子处在礼崩乐坏的时代,所以孔子说:"人们失去中庸之德已经很久了。""民鲜久矣",孔子点明了在那个动荡的时代,民众已无法确定怎么做才算是恰到好处了。

28. 子贡曰："如有博施于民而能济众，何如？可谓仁乎？"子曰："何事于仁，必也圣乎！尧、舜其犹病诸！夫仁者，己欲立而立人，己欲达而达人。能近取譬，可谓仁之方也已。"

子贡问孔子："如果有人既能够给民众带来很多好处，又能帮助民众生活得很好，您觉得这样的人怎么样？这可以算是有仁德了吧？"

孔子提倡仁道，推广仁道，并慨叹中庸之德民鲜久矣。在这里孔子却回答："博施济众不是仁者能做到的，它是圣者才能做到的事情。"

钱穆先生在《论语新解》中说："此处'圣'字作有德有位言。仁者无位，不能博施济众。有位无德，亦不能博施济众。"所以孔子接着说："即使是尧、舜这样有品德、充满了爱的政治领袖，也担心自己没有能力完全做到博施济众。""病"是力有所不足。博施济众就事而言，指无限量的工作，就算是有德有位的领袖，是否能用一生的时间来完成呢？这是现实问题，不能空有理想，孔子在这里做了特别提醒。

接下来，孔子说："至于仁者，充满了爱心的生命觉醒者，只要自己能站得住，就会帮助别人也能站得住，这便是最重要的作为。""夫"是至于。意思是人建立了真正的自我，就有了主体性，就能做自己的主人，如此就可以不再患得患失，并能坦然地面对生死吉凶，掌握自己的命运，这就叫作立，即"三十而立"的立。人能立己，就不会成为他人手中的提线木偶，进一步又能立人，即帮助别人有所立。

孔子又说："当我们从自我认识中逐步成长时，思虑也能够逐渐通达，同时还能帮助别人通达，这叫作达。"这是孔子说的"四十不惑"，能做到不惑就是达。

生命本身以及生命的意义等问题，并不是只有知识分子才会关切，其实每个人都在用不同的方式来关切。人想不通这些问题，就不容易前进，生命的道路也就不容易顺畅。孔子的学而不厌、诲人不倦，就是立己、达人。人的心中有爱，依着这份爱去做事、去帮助他人，其实就是在践行仁道了。

孔子进一步讲："仁者在觉醒的过程中，能根据自身的情况去设想他人，这就是行仁的方法。""譬"是譬喻。"方"是方法、路径。

这一章孔子几乎是总结式地、更深入地解说仁。"博施于民而能济众"，这是美好远大的理想，但它不是仁者所能为的，即使像尧、舜这样的圣者，也很难做到。仁者所能做的，是立己立人、达己达人。当每个个体都达到生命觉醒，博施济众的理想才有可能实现，其中自立是最简单的，只要一步步地去思索、实践，仁自然不远于身。

这一章是回应《雍也》篇的第一章，即"雍也可以使南面"。冉雍的才华不是每个人都能达到的。博施济众是政治家该担负的责任，是南面的为政者所要推行的政策，不是仁者一定要去做的。仁者只要在日常生活中随时引发自己的生命觉醒，并发展自己，这是非常简单易行的"中庸之德"。

述而第七

《公冶长》篇和《雍也》篇是孔子总论仁道以后，就学生和时人的各种个别状况来说明生命觉醒的状态，而《述而》篇则是从孔子的自身说起。有人认为这一篇是总论孔子的品行、为人、思想、教学，包括礼貌等。

1. 子曰："述而不作，信而好古，窃比于我老彭。"

本章是孔子自述自己的学术出处。孔子强调："我只是传承者，不是创立新说的人。""述"是继续、传承，即传述旧文旧说。"作"是创作、创立新说。虽然我们看到孔子在传承中赋予了事物很多新的意义，但是这新的意义仍是从传承中发展而来的，配合着新的时代、新的生命经验而说的。

所以孔子自言："我相信古人以往的经验，对于经典中的记录，我不但非常珍惜，而且十分喜欢。"因此孔子谈仁道，谈生命觉醒之道，不是创新，而是从人类的生命经验及历史的过程中，归纳出人特有的天性，即人是能觉醒的。也就是说，孔子从亘古以来人特有的天性出发，谈人最大的发展的可能性。

孔子说："如果要描述我，那么我私下里愿意被人们比作亲爱的老彭。""窃"是古人自己私下的谦逊之辞。"老彭"是谁？有人认为他是《大戴礼记》中好述古事的老彭。也有人认为，"老"是老聃，即老子，"彭"是彭祖。其实，早在司马迁写《史记·老子列传》时，就已经无法确定老子是谁了。孔子说"我老彭"，"我"字很亲切，这个人应是孔子极熟悉、极亲近、极喜欢的人，因此我们采取最贴近孔子所处时代的说法，即老彭是商朝的贤大夫，他以信古传述而闻名于世，或者说他是当时有名的历史学家。

2. 子曰："默而识之，学而不厌，诲人不倦，何有于我哉？"

上一章讲孔子学说的来源和特色，这一章讲他待人处事的方式。

"默"，沉默，不说话。"识"，读 zhì，解作记。孔子说，他平常对所见所闻，总是默默地看着，而后记在心里。这表明孔子是个冷静、理性的人，他能客观地观察，既不批评也不发表自己的主观意见。此外，孔子还说自己"学而不厌，诲人不倦"，不断地学习不会感到厌烦，教导别人不会感到疲倦。

这三件事，孔子行之不辍，是他日常的生活状态。所以孔子说"何有于我哉"，这三件事对我来说不难。"何有"是何难之有，即不难。从这里我们能够看出孔子有一颗活泼的心，也能够看出，他确实是一位好老师。

老师在面对学生时，如果能做到"默而识之"，即了解而不给予主观的批评，就不会对学生有好恶之分，也不会有情绪问题。老师在听到学生讲出奇特的话时，不仅不生气，还能教导、引导他们，直至看到他们有所理解，这是很难能可贵的。

这三句话可供老师及家长们参考，因为不同的孩子有不同的性格与表现，所以我们应该为他们提供各种可能的发展空间。

3. 子曰："德之不修，学之不讲，闻义不能徙，不善不能改，是吾忧也。"

孔子说自己最担心的事是不修德、不讲学、不徙义、不改善。

"德"是对生命有了心得，进而有能力去实践。"修"，即自我调整，有逐步调整的意思。当意识到好的行为时，要能够去实践，否则就是没有觉醒。

"学"是学习知识，更深入地说，任何学习都有觉醒的意思。人须在觉醒下学习。讲学是向别人复述所学习到的道理，在这个过程中可以发觉并检查自己没弄明白的地方，所以讲学是让自己成长的重要方式。听讲与学习必须要有讨论的过程，如此才能清楚地知道自己没有真正弄明白的地方。这是重要的互动学习的过程，也是古人说的教学相长。

"徙"是迁移。人在生命觉醒后能知道什么是义，即正确的事，并能进行适当的迁移、调整，以做出正确的事，这就是徙义。如果闻义而不能徙义，就代表人还没有完全觉醒，不然就是心志怠惰。对人来说，心志怠惰是最大的堕落。

当人知道什么是善，什么是不善时，依然没有能力、没有勇气改过向善，这同样是心志怠惰、怯懦和缺乏力量的表现。同时，这是人的生命中最大的损失，也是社会走向光明的最大的障碍。人们的勇于向善，是社会进步的最大的力量。

孔子所说的这四点，不只是个人心灵上的残缺，也是社会无法进步的原因。孔子最担心、最忧惧的就是人的心志残缺不全，还不肯自我修补。

4. 子之燕居，申申如也，夭夭如也。

本章是说，虽然孔子如上一章所说的超脱于日常生活之上，对人类的生命状态能不能前进充满着关心与忧虑，但是这不影响他在日常生活中拥有生命的喜悦。孔子的忧虑、喜悦是两种心情，互不冲突，也不对立。

第三种心情是指一般人在生命觉醒之前会忧心、焦虑以及恐惧，尤其是对贫穷的恐惧和焦虑。其实富有、贫穷是相对的，关键在于有没有能力摆脱对贫穷的恐惧。这与孔子的忧虑不同。

"燕居"，古人认为是退朝而居，今天讲"燕"是私人生活。春天，燕子会飞回来在屋檐下筑巢，然后一家子都住在那个小窝里，这可以用来比拟私人的生活，也代表退朝后的生活。也有人认为，"燕"就是闲。"申"是生长舒缓，"申申"代表心情和畅、舒缓、安闲自得。"夭夭"表示心情愉快的样子。"如"即那个样子。这是形容孔子闲居时的状态，他充分享受着生活，这对人来说是莫大的快乐。然而，这些快乐并不能让人不衰老，衰老是人生命中的自然规律。

5. 孔子说："甚矣吾衰也！久矣吾不复梦见周公！"

"甚"就是很。"衰"就是年老。孔子说："哎呀，不得了了，我真是老了啊！我已经很久没有梦见周公了。"这句话其实是孔子说自己年纪大了，无法实践周公当年的理想了。

周公的理想是什么？三千年前周文王提出将爱与和平作为人类的政治理想，武王灭商后，周公根据这个理想建立了礼乐制度，而后化天下为一家。这是人类生命觉醒后的飞跃。

很多人认为孔子是保守主义者，认为他的梦周公只是为了恢复西周的礼制，这是历史的倒退。但我们读《论语》会清楚地看到孔子的进步性。孔子自述"述而不作，信而好古"，他只是继承了人类的生命经验，然后提出仁的观念，并以这样的观念推动整个人类生命的觉醒。这是西周文王、武王、周公在当时能开创出大时代的根本原因，孔子想做到的就是在西周之后，再建立新的理想社会。所以孔子才会奔走天下，宣扬仁道。即使他后来看到自己所处的时代没人能接受，他也不放弃，并选择回到鲁国从事教育工作，寄希望于未来。

现在孔子面对自己年老不复梦周公的事实，仍没有丧失生活中申申、夭夭的喜悦。这说明人因生命觉醒而勃发的生机，如同树干茁壮有力地生长，如同枝叶曼妙婉丽地舒展，即使年老，也依然充满了希望。

6. 子曰：“志于道，据于德，依于仁，游于艺。”

在这一章孔子提出，生命觉醒者最理想的生活态度和生活方式，可以成为每一个人最健康的生活态度和生活方式。

仁者从对自我的认识开始，到对生命有了觉醒，当他下定决心，终其一生走在生命觉醒的大道上，让自己的生命逐步提升与扩展，并进一步推展到天下，这就叫作"志于道"。"志"是心之所向，就是心中的向往，从美学上来讲，就是人对生命的审美的理想。人类社会之所以会改进、能进步，是因为人对美有向往，有审美的理想。

"据于德"，"据"是坚守，坚守在生命觉醒后的德性上。这也是"志于道"的凭借。人唯有通过实践，才能够检验生命觉醒的状态，才能够明确觉醒达到的程度。比如我一开始有慈悲心，觉得要同情大众，可是当我看到乞丐时又避而不视，那就表明我的生命觉醒还有进步的空间。虽然我给了乞丐钱财，但是心不甘、情不愿，这就表明我的慈悲心还没有达到一定的程度。

不论是"志于道"还是"据于德"，其根本因素在于"依于仁"，在于不违背生命觉醒的爱，即仁道，一切皆出自爱，出自对生命的爱、对人的爱。"依"是不违背。

"游于艺"，"游"，像人在水里游泳，也像鱼在水里悠然地游来游去，强调的是那份畅然之情、快乐之情。在孔子所处的时代，"艺"指礼、乐、射、御、书、数。为什么都叫"艺"呢？因为礼乐带有强烈的艺术性，在那个时代，礼乐几乎是艺术的总称，是综合艺术的表现，它包含戏剧、音乐、舞蹈、美术等。从西周到春秋，人们将政治、军事等各种关系，借着礼乐而使其艺术化、情感化、审美化，也就是让人们的各种活动充满艺术的美感，从而激发人们内在的审美情感。

中国的传统美学是从礼乐开始的，礼乐贯穿于整个人类活动中，展现了人的审美特质，培养了人的审美情感。人置身其中，就会感受到活着真好、活着真是生命的享受。在人类的生活中，有各种各样的礼乐形式，这些礼乐形式引导人们走向生命审美的享受与感动，展现内心最深层的生命理想。

世界上许多国家，在从原始社会发展到近代社会过程中也都有礼乐的展现，因为这是人们所需要的，人必须活在情感之中，人的内心一旦被启动，觉得活着本身是幸福的，对生命就会有更坚定的信念和力量。

孔子认为人在生命觉醒后，还要能够"游于艺"，从艺术活动中享受到生命的美好。艺术活动的展现不仅限于礼乐艺术，还有高超的技术，包括"射"和"御"。"射"是射箭运动，其具有审美性的表现，"御"是驾车，既是技术也是运动。这样的运动可以使人达到人技合一，技术与心灵一致，不但是高度审美的享受，而且具有艺术性的表现。此外还有"书"与"数"，即读书和算术，这是知识的活动，可提高人的思考力、理解力、判断力，使人不受蒙昧，带领人超越感官的知觉，走向精神的全面发展与满足，使人感受到通透的快乐。这其实也是艺术上最高的审美享受。

孔子认为，生命觉醒者的理想生活是"志于道"，以自身生命的觉醒来推动整个生命的发展，并根据自身的德性、行为的实践来验证自己是否真正走上了生命觉醒之路。这一切内外的活动，全依赖于对人的爱、对生命的爱，以及对人的珍惜、对生命的珍惜，甚至对天地万物的爱和珍惜。此外，还将这些爱展现在艺术审美的情感中，带领人实现更高、更和谐的生命理想。

人是有情的动物。"己所不欲，勿施于人"所指的人的情。这个情不同于爱，它包含着对人，以及对自己的尊重与理解，没有强制性、威胁性、占有性。

人的生命的最大享受就是活在情之中，进而使他人接纳自己，然后顺着自己的性情、个性发展真正的自己。人活在这样有情的世界中，自然就能发光、发热，然后推动世界向前发展。

生命觉醒从自我认识开始，如果有人能适时地给予提醒与开导，就让人不会被固定的观念或意识形态所限制，或困在不愉快的成长经历之中，而是能很快脱离这些限制，实现生命的重生，如同久旱逢甘霖。

其实这句话的重要之处就是，孔子指出了实现幸福人生的方式。首先立志走在生命觉醒的大道上，然后对生命有所了解，进而逐步摆脱生物性欲望的支配，消除生物生存的恐惧，最后就走上了自主性的生命大道，并慢慢脱离人类社会的功利价值的限制。

就像现在问怎样才算活得有价值？有些人认为是发财，这些人的生命价值来自金钱上的成就。人能不能脱离这个观念呢？难道没有钱就不算有成就吗？当然，有生活费是前提条件，但是人在吃饱之后是否可以有其他生活方式？譬如买地、开民宿、做有机农业等，然后建立生活和事业兼容的生活，这些都是脱离社会功利价值规范和限制的成就。如此，有的父母可能就不会硬逼自己的孩子违背天赋、才华或者兴趣，非选择普遍认为最赚钱的专业不可。有些人或许能打破自己既定的观点，具有同理心，让自己有能力换位思考，有更多选择的机会，让自己的生命有更多的可能性。

人对生命有了深层体会后，通过不断实践，可以将生命带上更高的层次。这种坚定不移的实践力是有德的表现，它来自人们自己对生命的感受与觉醒，即"依于仁"。

当然，在生活和生命活动中，单单做到这些还不够，还要能够"游于艺"。为什么一定要有艺术的生活呢？因为艺术能展现强烈的审美性与情感性，能唤醒人们内在的情感，扩大人们的想象力，丰富人们的生活，为人们带来精神上的愉悦与满足，让人觉得活着真美好。

充满情感、充满爱的艺术生活，能让人走上更广阔的生命大道，使生命更为开阔、自由，如此人自然不会背离生命的大道，一定会快快乐乐地活着，而且会更充实。

《与神对话》是根据美国畅销小说作家尼尔·唐纳德·沃尔什所写的近于

自传的小说，改编成的电影。主角沃尔什在现实中经历了一连串的挫折，他丧失了原本拥有的一切。他不断自问为什么，最后终于醒悟，生活有各种可能性，他摆脱了一切旧有的习性、认知和价值，做回了真正的自己。他开始真正地理解了什么是生命，这可以与《论语》所谈的生命觉醒相互印证。

今天相较于以往，人类似乎更清楚生命觉醒的重要性，很多人都呼吁人类要真正地觉醒，如此才能够与天地和谐地相处，人类未来才有希望。人的残酷可能是在成长中欠缺安全感而产生的潜意识，如果人们被点醒，意识到这个问题，然后把它抛开，人就可以跨出一大步，这是一个人最好的机遇和福气。孔子把这样助人成人的方法，很自然地融入了教育中。

7. 子曰："自行束脩以上，吾未尝无诲焉。"

"束脩"，一种解释是，"脩"指肉干、肉脯，十条肉脯叫一束，"束脩"即十条肉干或肉脯。西周到春秋，人与人初次见面，一定会赠送见面礼。其实今天还有这个习俗，我们去拜访人一定要带一份见面礼，以表示敬意，这叫贽礼，贽礼中最薄的礼物就是束脩。另一种解释是，束身修行，即端正自己的身心和行为，怀着恭敬的心去做。这里以第一种解释为主，它比较合乎那个时代的礼节。

孔子说："哪怕是带一束肉干来看我，表示要学习的，我从来不拒绝，一定会教诲他。"孔子强调作为老师，只要学生肯学习，他就一定会加以教导。这也是人类生命中的大爱与慈悲，世界各大宗教都将这种无条件的教诲，看作人类最高的天性，即最高的、最神圣的人格的表现。

佛学中说，凡是教导人走向生命觉醒的，都是最大的功德，超过一切物质上的贡献。在《论语》里，孔子用一句云淡风轻的话"自行束脩以上，吾未尝无诲焉"，强调了学习必须从自我觉醒开始。中国的教师不只传授知识技能，还担负着启发生命觉醒的使命，这是中国文化与社会能延续的原因。

作为道的传承的关键性人物，传扬生命之道是教师的神圣职责。因此，很多人自古以来就不认为教师是职业团体，教师也很少积极争取自身的权益，甚至非常多的教师认为自己不该罢工，如同医生不可以罢工一样，因为他们承担着人类生命的教导工作。这是传统文化中教师所展现出来的重要特质。

当然，教师也是生命的艺术家。教师若能够把这个工作做好，就会有很多学生成为社会上重要的创造者。也就是说，作为教师要能传道，传生命觉醒的大道，即让人从生活中、知识里感受到生命的价值，意识到生命的特殊性。

我之所以不断地提到生命觉醒，是因为很多人认为自己了解了生命，但实际上他们并没有真正意识到活着的特殊之处。只有对生命有了特别的认识，才能真正意识到活着是多么可贵的事，是多么值得珍惜的事，从而进一步看到自己在这个世界上是独一无二的，并从种种生存本能的局限中发展出真正的自己。不论多么恶劣的生长环境，多么不愉快的生活经历，都能慢慢脱离潜意识的控制，重新选择生活，享受生命，拥有生命的喜悦。这是非常重要的认识，它不只是中国文化的重要组成元素，更是中国学术教育的基本组成部分。

今天，有些人的家里挂着"天地君亲师"的牌匾，其实这就是对生命的感谢。"天地君亲师"是构成人的生命不可缺少的部分，如果没有宇宙天地，就不可能有生命。"君"指社会，也指社会人群及群体中的领导者。人是群体性的动物，是社会性的动物，没有社会就不会有人的生命，也就不会有生命的发展。"亲"指父母，这是人生命的直接来源，此外，还指老师。人类的生命有两个层次，第一个层次来自生物，来自生存，但人不只是生物，不只有生存，人还有精神性的创造，即人有第二个层次的生命，老师提升了学生生命至第二个层次，这是人的精神性、智慧性得以发展的凭借。

《礼记·学记》里说："鼓无当于五声，五声弗得不和。"鼓不在五音之内，但音乐当中没有鼓就不能成乐了。若音乐只有旋律没有节奏，就不是完整的音乐了。同样的，在人伦社会中，老师不在五伦之内，但没有老师，人便无法认识五伦的意义和重要性，所以老师是构成人类生命发展、突破生物限制最重要的凭借。

人们对"天地君亲师"的尊重，其实是人意识到生命的重要性后对生命的尊重。因为生命来自宇宙天地，来自社会人群，来自父母，来自老师的教导，所以古人说，如果没有孔子开创平民教育，人类历史则万古如常夜。这就如同如果没有古希腊哲学中的理性，欧洲就无法实现近代文艺复兴，开启科学的道路，为人类近代社会发展带来巨大的力量。

8. 子曰："不愤不启，不悱不发，举一隅不以三隅反，则不复也。"

对生命的认识需要启发，而启发是有契机、有方法的，在适当的时候提醒，既不是强加的，也不是勉强的，而是自然而然地教导。孔子在这一章提出了这种适当的教育方法。

"愤"，古人解释为心想通，但是还不能通。这包含了因为求通所引起的心理反应，思考事情不知道卡在什么地方，仿佛心中堵着一块东西，想一吐为快。"愤"字从"心"、从"贲"，"贲"有高的意思，"愤"指心高了起来、鼓了起来。孔子说，当学生的心还没有到因想不通而急着求通的时候，就不需要开导他，不需要启发他。换言之，老师要能随时观察学生的学习状况，等学生有了强烈的求知欲再去开导他，启发他，他就能豁然开朗。否则即使老师教了，学生也一知半解。

"悱"，口欲言而未能，心里有感觉，嘴巴想说，可是说不出来。这同样包含着丰富的心理反应，说明学生经过了思考，有了强烈的求知欲，只是说不出来，因为他还没有彻底理解。这个时候老师要去引导他，让他有进一步的理解，否则学生不会真正明白，不会感同身受。

不过孔子又说了，当说明某个道理的时候，先举一个例子作为说明的起点，待说完了以后，若学生不能类推，不能有全面的认识，他就不再多说了，因为这表示学生在认识上有局限性。"隅"指角落。

孔子说，当学生无法做到举一反三时，"则不复也"。古人多半认为，"不复"是不复教，不再教他了。这样解释的话，似乎显得孔子的教学太严苛了。这与孔子说的学而不厌、诲人不倦，是不是矛盾？

其实，孔子的意思是，当学生还不能根据所举的例子进行延伸，做全面的了解时，他就不再就这个问题来讲解了，因为学生还未到能理解的阶段。这不是放弃教导。换句话说，老师教导学生时，要用学生听得懂的道理进行讲解，不要用很难的问题逼他理解。《礼记·学记》也说："语之而不知，虽舍之可也。"讲给别人听，别人听不懂时，就先将这个问题放一边，这在教育上也是可以的。即不要勉强，先把这个问题放下，等以后再说，或者换一种方式去讲，不要固执于某一种教学方式。

孔子这三种教育方式，目的只有一个，即如孟子所说的"欲其自得之也"，就是要让学生们通过自我的体会、自我的反省而全然明白，如此学生才能有所收获。

生命的觉醒、生命的认识、生命的感受、生命的爱，最重要的是自己真正感受到了、觉悟到了，而不是别人怎么说，社会怎么看，老天爷怎么安排。生命教育最重要的是帮助人建立真正的自我，即能对周遭的事物、对各种生命状态有所感知的那个我，才是生命的主体。

9. 子食于有丧者之侧，未尝饱也。子于是日哭，则不歌。

本章是对孔子的生活和生命情态的记录。"丧"指丧事。有人认为，这一章是讲孔子去丧家助行丧之礼，因为他心中充满着哀伤，所以无法像平日一样吃饱饭。根据《礼记·杂记》所说，"饥而废事，非礼也"，人在行丧之礼时，因为饿得没有力气不能做好行丧之事，是不合礼的，"饱而忘哀，亦非礼也"，因为吃得太饱而忘记了悲伤，也是不合礼的。魏晋南北朝时期的大学者何晏说："丧者哀戚，饱食于其侧，是无恻隐之心也。"即当丧家哀戚的时候，我们在旁边大吃大喝，是没有恻隐之心的表现。这提醒人们，有时参加丧礼时忙着聊天交际，忘了哀戚，这是不合礼的。这里不只是说孔子能守礼，更是说孔子面对生死能感同身受。

此外，孔子在吊丧的那一天，心中哀戚，于是一整天就不再唱歌了。"哭"指为吊丧而哭。这强调了孔子的情深义重，他对死者的怀念特别深沉，当他参加了丧礼后，一整天都处在哀戚之中，无法唱歌行乐。

依西周之礼，一直到春秋时期，大夫、士"日琴瑟"，每天必有弹琴瑟的艺术活动，以提升自己的心灵，陶冶性情，抒发情怀。如遇灾难或丧事就停止，以表示对受难者的同情和哀戚。《礼记·曲礼》上说："大夫无故不彻悬，士无故不彻琴瑟。"如果没有发生长辈去世或社会灾难等事故，大夫不撤悬，士不撤琴瑟。"悬"是可以悬挂演奏钟的钟架。这表明大夫、士或者贵族不是权力的享有者，而是责任的承担者，必须明白该如何调节自己的情感。某电视节目曾说，执法人员必须耐得住寂寞，否则很容易被社会的各种力量牵扯而受影响，人要耐得住寂寞，就得创造出自己特有的生活，以寄情抒怀，否则人在自身情感的冲撞下会很痛苦。

这一章有关孔子的心情、性情以及情感的记录，提示人们，儒家之学最重要的是教导人生命的觉醒，而生命觉醒的核心是生命的爱的启发，是情感的展现，即让人感受到爱，从而对人、对生命、对这个世界施以关怀。这不是热情，而是对生命的深情，同时也能让自我最真实的性情从生命中流露出来。人唯有顺着自我最真实的性情发展，属于自我的生命才能如花一般开放，然后成为真正的个体，亦即在世界、宇宙中独一无二的个体。如此，这个个体才能具有生命性，才能完全地展现出来，才能够有真正关乎命运的创造和抉择。

10. 子谓颜渊曰："用之则行，舍之则藏，唯我与尔有是夫！"

子路曰："子行三军，则谁与？"

子曰："暴虎冯河，死而无悔者，吾不与也。必也临事而惧，好谋而成者也。"

孔子对颜渊说"用之则行"，这个"用"是有所用，它包含了两种状态，一种是自己能有所用于世，让自己的才华有所发挥，做个对国家、对社会有贡献的士；另一种是自己能被赏识，或者被拔擢，成为国家、社会的栋梁，而后再将生命的大道行于天下。

许多人讲到孔子栖栖惶惶奔走于天下时，大都认为孔子是为了做官。其实，这是对孔子十足的误解。孔子奔走于天下是为了宣扬生命觉醒的大道。如果有机会通过政治来推动生命觉醒的大道，就能让齐国这种霸权国家成为拥有礼仪文明的鲁国，也能使鲁国向前发展，走上天下为公的大道，建立人人平等、共存共享的人道社会。这是儒家也是孔子的理想，他坚持在各国行道，只要无法行道便会离开。孔子推动的是全人类的生命觉醒，相当于那个时代的全民觉醒运动。

可惜孔子所宣扬的大道很少被人接受，但他不受影响，并说"人不知而不愠，不亦君子乎"，也没有因此丧失生命觉醒的喜悦。

孔子说，只要有机会，我们就去行道，促使人类觉醒，教导人们能爱、会爱。若是没有机会，不被社会接受，就"舍之则藏"。"舍"是舍弃，"则"是就，"藏"，古人解释为藏道于己身，亦即守住道，这个道就是生命觉醒之道。换句话说，能为世所用而行道于天下固然可喜，不为世所用且不能行道于天下，自己生命的意义与价值亦不会丧失。如此，在任何情况下，自我和道都会屹立不倒，不会受到任何功利价值的影响。

所以，孔子说"唯我与尔有是夫"，有能力做到如此的只有我与你啊。"唯"是只有，加强语气，"尔"是你，"夫"，语气词，相当于啊。

子路的性格非常直率，冲劲十足，加上他善治后勤军赋，有作战经验，所以当他听了孔子赞美颜渊能行、能藏时，忍不住问："老师啊，如果你是大将军，要率领三军出征作战，会选择与谁一起完成这个任务呢？"这个问题极有趣的地方在于，可行、可藏是非战时能做的事，而战时是特殊时期，只能勇往直前。这里子路不是在跟颜渊争宠，而是提出当无可选择，只能往前冲锋陷阵时，该怎么办？这是个深沉的生命问题。

孔子听了子路的质问，回答："至少我不会和那些赤手空拳与老虎搏斗，或者只想凭自己的勇力渡河，死都不知道怎么死的人共事。""暴虎"是说空手和猛虎搏斗。"冯"读 píng，凭借，"冯河"，过河时不使用任何工具。随着时代的进步、人类智慧的提高，人们不再鼓励暴虎冯河这种无谋无智的勇力了。

孔子接着说，我要找的共事的人，一定遇事谨慎小心，善于谋划且能全力以赴完成任务的人。换言之，孔子提醒人们做事要能够超越本能，要有理性并善用智慧，即使在无可选择的情况下，也要保持临事而惧、好谋而成的冷静。

从电影《阿凡达》中就可以看到这种人格的呈现。男主角在面对地球人猛烈的攻击时，教导潘多拉星球的人，不要暴虎冯河，要冷静思考、善用智慧，以自己特有的优势去应战，最后赢得了胜利。这跳出了西方戏剧以悲剧作为生命的最高表现的传统，强调人当从自身深层的生命感受出发，用理性和智慧去求得人生的圆满。这说明西方人认识了生命，享有了生命，知道在生命觉醒后生命的圆满是人最大的愿望，所以不再一味地颂扬悲剧英雄，这是生命觉醒的表现。

有些人总是赞美项羽是悲剧英雄，贬斥汉高祖为人奸诈。其实，读过《史记·项羽本纪》的人都明白，项羽之所以失败，除了好杀，还有他暴虎冯河的行事风格。刘邦能开创划时代的事业，主要是他有临事而惧、好谋而成的智慧，他有着自我的觉醒，了解自己的性情、自己的不足，知道天下大事应由众人一起来完成，而不是靠单打独斗。

在生命的觉醒上，人能行、能藏、能用、能舍，才称得上自我主体的建立。即使走到无可选择的绝境，也应坦然面对，善用智慧好好规划，以求成功。

11. 子曰："富而可求也，虽执鞭之士，吾亦为之。如不可求，从吾所好。"

这里"而"作如果讲。孔子说，如果财富是想求就能求到的，也就是如果人人只凭主观意愿，就可得到他想获得的一切，那么哪怕是执鞭之士，我都愿意干。"执鞭之士"，指为君、为贵族驾车的人，用今天的话讲就是司机。在那个时代，官家的司机是有正式编制的，不过他是公务人员中职位最低的。

人生的境遇具有不可知性，有的时候不是想要就能得到，其中还有很多不可知的状况。孔子说："如果不能按照人的主观意愿想要什么就有什么，那么不如'从吾所好'，随着自己的性情，追求自己的理想。""好"即喜欢的事。

人的生命中最真实的就是能被自己掌握的部分，比如天赋、才华、能力以及自己喜欢且擅长做的事情。就我自己而言，我喜欢读书，后来我发现我能教书，每当看到学生因为懂得了某个道理而改变自己原有的观念，让生命飞跃发展时，我便能感受到无比的快乐，也因此懂得了孔子学不厌、教不倦的内在喜悦。后来我虽在其他方面取得了一些成就，但我就是喜欢读书、教书，就是想要承继先贤的志业，传道授业解惑，把爱和生命的信息传播出去。只做我自己喜欢做的事情，人生如此走来，我便觉得活着真好。我能依照自己的性情追求理想，同时我也就越来越确定孔子提出的生命大道确实可行，而且能与古今中外各种生命大道相通，它不只可以雪中送炭，还能锦上添花。它从人性、从人类的根本需要出发，是古代中国能由许多民族组成同中有异的大民族的原因。

12. 子之所慎：齐，战，疾。

这一章记录了孔子之所慎，即孔子在生命觉醒中，在建立自我的主体中，绝不会忽略的三件事情。"慎"是慎重、谨慎。

第一件是"齐"。"齐"不只是指斋戒、吃素、沐浴更衣，还指要消除各种杂念，即收拾自己散漫的心志，以求专心致志，从而产生虔敬的心。孔子曾说"祭神如神在""吾不与祭，如不祭"，即祭神时内心专注、真诚，如同神在面前。因为人的心不诚，就等于神不存在，所以真正的祭拜，一定要全心全意。如此，我们在祭祀时才能真诚地感受到无限的自我以外的存在，从而进入人类历史和宇宙天地中，自然与人类历史、宇宙天地连成一体，变成大的生命体，形成大的和谐，才会产生同理心，意识到生命的共同性。这就是孔子说的"知之为知之，不知为不知，是知也"所展现的智慧。

第二件是"战"。《孙子兵法》上说："兵者，国之大事，死生之地，存亡之道，不可不察也。"战争是国家的大事，是关乎群众生死的大事，不可以不慎重对待。孔子重视人民的生命，不把人民当作执政的工具，因而他提出绝对不要轻启战事，面对关乎生死的战争，一定要谨慎对待。

有一个不可不慎重对待战争的例子。战国时期，赵国大将赵奢去世前叮嘱妻子，绝对不能让儿子赵括担任大将军，更不能让他率兵打仗。虽然赵括熟读兵法，但是没有实战经验，不知生死的重要性，如此轻视战争，在实际作战时一定会大败。可是赵王坚持任命赵括为大将军，结果与秦军交战时大败，四十万赵军被坑杀，这就是著名的长平之战。

第三件是"疾"。人有生命的觉醒，知道看重自己的身体和生命，意识到有健康的身体才会有真实且完整的生命。因而孔子慎"疾"，绝不忽略身体的疾病。《孝经》上说："身体发肤，受之父母，不敢毁伤。"这是"孝之始也"，我们要珍惜、看重自己能认识生命与认识真理的载体。

钱穆先生在《论语新解》中说，"慎"是不轻视、不怯对。"不轻视"是不看轻，以及不草率。"不怯对"是内心不害怕面对任何事物。孔子在面对齐、战、疾时，既不轻视，也没有任何逃避，同时严肃地看待。这个严肃有点像英文的"serious"，形容很严重，是人世间重大的事情。有时候人们在功利的价值观下，或是在特定的需要下，会以牺牲一些人、事、物的利益来换取另一些人、事、物的利益，包括发动战争。或者说以牺牲少数人来换取大多数人的幸福，如此让自己的所作所为合理化，这其实是"怯对"。那么"不怯对"是心中完全没有阴暗面，非常慎重、严肃地去看待这三件在人世间最为重大的事。

这一章是教人以生命为重，不可轻视生命。《论语》用孔子慎重的态度来提醒人们应当深入地认识生命，如同古希腊不断地用悲剧教育人们认识生命。今天很多人文学家、艺术家，甚至很多科学家，也都从人道的关怀上不断地提醒人们要重视生命，能够从生命中真正觉醒，然后了解生命的特殊性。

13. 子在齐闻《韶》，三月不知肉味，曰："不图为乐之至于斯也。"

《史记·孔子世家》里说，孔子三十五岁时鲁国动荡，鲁昭公逃到了齐国。当时孔子也到了齐国，于是与齐国的音乐大师齐太师讨论音乐，并请教有关音乐的理论，因此听到了《韶》乐。

《韶》乐呈现的是舜时代理想的完成，也是最好的音乐。西周初年，舜的后代被封在了陈国，他们保留了《韶》乐。后来陈国公子完因陈国的政争逃到齐国，把《韶》乐也一并带去了。孔子曾赞美《韶》乐"尽美矣，又尽善也"，它不但形式完整，而且在提高人类精神上达到了极高的境界，同时它还呈现了人们对和平的向往。

孔子在齐，不论请教《韶》乐，还是听到《韶》乐，都感动得"三月不知肉味"，形容《韶》乐的美妙可以令人长时间浸润在通体的喜悦中。"三月"并非三个月，而是指时间特别长。

人的快乐是有层次的，一般来说，第一层次的快乐是单纯的感官的快感，如痛快、过瘾，所谓"悦目"。第二层次的快乐是人觉得内心有一种安慰，如同获得别人的欣赏、同情，好像遇到了知己，或者获得某种突破时有会心的快乐，所谓"赏心"。第三层次的快乐是精神的解放，整个人从被捆绑的状态中全然舒展开来。真正的好音乐完全是从人的性情出发，在到达最高峰的时候，使听众浸润在通体的喜悦中，同时又能深入到骨髓中。

"知肉味"是来自感官的初级喜悦，属于第一层次。孔子在聆听《韶》乐时有通体的喜悦，以及拥有活着真好的感受，属于第三层次，也就是"三月不知肉味"这句话的真正意思。

这是美学上重要的课题，即真正的美、真正的动人，不只使人的感官畅快，也让人的心灵平静舒坦，更让人的精神全然解放，获得最大的自由的感受。

这如同聆听世界上最好的交响乐团演奏贝多芬的《第九交响曲》，听众听到最后完全进入饱满的精神境界，觉得自己摆脱了肉体的束缚，一身轻快，之后很多天都沉浸在通体畅快的喜悦中，有的时候甚至不需要吃饭、喝水，精神都很饱满。我记得以前去钱穆先生家中上课，从下午三点一直到黄昏，上完课走出来时通体快乐，精神饱满得好像可以不用吃晚饭一样。《诗经》里说的"既醉以酒，既饱以德"，就是这个意思。

孔子闻《韶》乐之后还说："没有想到欣赏音乐、享受音乐，可以快乐到这种程度。""图"即规划，引申为料到、想到。这表示孔子从欣赏音乐里，享受到审美的最高层次，以及生命的最高层次的快乐。"斯"是这、如此，引申为如此境界、如此地步。我们从这里或许更能了解，孔子认为最理想的生活是"游于艺"，艺术审美会更让人深入最大的生命享有中。人在艺术审美的享有中，能产生深层的生命感动，它能打开人的心扉，让人摆脱生物本能的限制，突破现实功利的局限，获得情感和精神的双重满足。如此，人就可以摆脱一味地求存、求活的本能，能够全力追求更高的理想。所以，下一章谈两位历史人物全力追求自己的理想。

14. 冉有曰："夫子为卫君乎？"子贡曰："诺，吾将问之。"

入，曰："伯夷、叔齐何人也？"曰："古之贤人也。"曰："怨乎？"曰："求仁而得仁，又何怨？"

出，曰："夫子不为也。"

冉有是孔子的学生，他问子贡："我们的老师会协助卫国的国君吗？""为"是协助。

当时，孔子、冉有、子贡等人都在卫国，卫国国君卫灵公已经去世了，之前卫灵公把儿子蒯聩（kuǎi kuì）赶出了卫国，另立蒯聩的儿子辄（zhé）做太子。卫灵公死后，辄继位为卫国国君。不过，晋国收留了蒯聩，卫灵公去世后晋国把他送回卫国，协助他夺取王位，并趁机侵略卫国。因此，卫国百姓支持新国君辄对抗他的父亲。孔子在卫国受到了新国君的敬重和礼遇，于是很多人，包括冉有，都在议论孔子会不会协助新国君。

子贡回答"诺"，好的。这是敬辞，代表很慎重，也是古人的应允之辞。然后说："我将去问他。""入"，子贡进到孔子的房间。不过，子贡没有直接问，而是借历史上两个特殊人物来了解孔子的看法，他问："伯夷、叔齐是什么样的人？"由此可见子贡的智慧，也足以体现他对孔子的了解。

伯夷和叔齐能以礼、以爱让国，他们坚守生命的最高理想，反对用战争取得和平，要求进行彻底的爱的实践。即使周武王消弭了战争，也为大多数人创造了和平，缔造了较以往进步的理想社会，但他们仍不能接受。当时，人们纷纷讨论伯夷、叔齐两位贤人有没有怨恨。

孔子回答："他们是古代的贤人。"子贡再问："他们有怨吗？"子贡的意思是，伯夷、叔齐坚守这样的理想和原则，做了与整个世界历史进程相违背的决定，从现实来看，这几乎是失败的抉择，他们有没有遗憾、怨恨？他们责备周武王，结果周武王成功了。他们拒绝受封，结果天下实现了和平，一直到今天，老百姓还在赞美周武王的胜利及周公制礼作乐建立的理想社会。伯夷、叔齐会懊恼吗？这是一个大问题。

孔子回答："这就是求仁得仁了，完成了生命觉醒。依自己的觉醒有了心愿，完成了自我，一切都是他们的抉择，又会有什么怨恨呢？"伯夷、叔齐在觉醒下依礼、依法、依孝悌让国，彻底放弃战争，坚持为人类寻求恒久的和平，这是人类真正的爱，展现了人类寻求生命延续的孝道。三千年前，他们已经有了屹立不倒的生命觉醒。他们的坚持成为人类历史进程的重要里程碑，也在人类史上真正呈现了独特完整的自己。孔子说，这就是求仁，何况他们真的得仁了，维护了生命的觉醒，"又何怨"，"又"字用得很好，加强语气。

《论语》最基本的是在讲仁，即爱人，也就是人在自我意识的觉醒下会关心所爱之人，也希望与爱自己的人相守，希望爱有归属。如此，人会对自己的爱、对生命有更深入的探索与发展，然后有生命的觉醒，即意识到爱与生命在宇宙中的特殊性，并进一步认识自己在宇宙中的特殊性。只有这样，人才会真正接纳自己，珍惜自己，努力成为自己。这个时候，自然会全力发挥自己的潜力，追求实现"成为自己"的理想。这便是近代西方心理学家马斯洛所说的自我实现，如此才是真正的人。真正的人会走向自我实现、自我创造，借此以完成真正的自己。这是人类最高的精神表现，亦是伯夷、叔齐的觉醒和坚持。

子贡听到孔子用这一句话赞美伯夷、叔齐，于是"出"。一个"出"字表示问完了，他走到外面和冉有见面。本章"入"和"出"两字用得极好，展现了鲜活的生活情境，既简练又生动。子贡告诉冉有："老师不会帮助卫君与他的父亲争夺君位。"换句话说，孔子极其赞美伯夷、叔齐一生坚持生命的大爱，极其推崇人类最高的生命觉醒，同时阐明了人类的生命成就不全是现实世界的事功，也不全是成王败寇庸俗的历史观和功利的价值观。伯夷、叔齐位列《史记》的第一篇，树立了人类生命觉醒的高度。人类的生命价值，或每一个人自身的生命价值，在于生命觉醒后的自我实现、自我创造，即使没有什么事业，走出自己的局限，开创出意想不到的生活，这都是创造力的表现，也是自我实现的生命成就。

真正的真理一定是脱离现实世俗功利的，尽管孔子当时受到卫国国君的礼遇，也还是会站在真理的线上。这是孔子的特别之处，同时展现了人类在功利之外的价值与意义。

15. 子曰："饭疏食饮水，曲肱而枕之，乐亦在其中矣。不义而富且贵，于我如浮云。"

"饭"是吃，名词作动词，更有具象、鲜明的表现。"疏食"，古来解释为一般的素菜，即孔子在吃饭的时候只吃素菜。或解释为粗粮，即"稷"，也就是今天的高粱，古代没有俸禄的人多半以稷为主食。"水"通常指冷水、清水。古代的汤指热水，今天我们喝的汤在古代叫作羹。"肱"是胳膊。"枕"，名词作动词，即把它当作枕头。这说明孔子不论吃、睡，一切都很简单。

孔子说，自己饿了就吃粗粮、喝冷水，困了就弯起胳膊枕在头下，片刻就睡着了。不合道义，不具备仁爱的富与贵，即单纯出于生物本能，不择手段地掠夺到的富与贵，对我来说如同天上飘浮的云，没有太大的关系。

孔子自述在生命觉醒后享有着真正来自生命的喜悦，即随心、自在的生活。这种毫无负担的喜悦，是人在摆脱了生物本能所苛求的富与贵时，自然显现的精神状态。

孔子在这一章展现了属于人类所特有的自由，这个自由就是近代西方哲学家所强调的。自由是一种本质上不可限制的权利，是人类的本质属性。很多西方哲学家强调人之所以为人，是因为拥有了自由，甚至西方近代美学也以此为人类最高的审美准则、审美范畴。

16. 子曰："加我数年，五十以学《易》，可以无大过矣。"

这一章自古以来有很多争论，许多人都将其解释为："孔子说，再给我几年时间，即使到了五十岁开始学《易经》，我也可以无大过。""大过"指大的错误抉择、悲剧性抉择。古人认为《易经》教人"穷理尽性，以至于命"，即穷究宇宙的根本道理，了解构成人类命运的原因，还认为读《易经》可以知进知退、知存知亡，能够趋吉避凶，如此就不会丧失正确的选择，可以无过失了。

问题是，根据许多古文献的考证，《易经》真正成书不在孔子所处的时代。《论语》谈学多半强调自我的觉醒和生命的觉醒，孔子从来没有教人读《易经》。秦始皇"焚书"，但没有列入《易经》，于是当时许多学者就把传统以来的易理、哲学等都放进《易经》中，因此《易经》成了最高、最完整的儒家经典。所以，《易经》不是孔子所写，也不是所谓"五十以学《易》"的那部《易经》。

后来有人根据鲁国所流传的《论语》，把《易经》的"易"当作"亦"，即"加我数年，五十以学，亦可以无大过矣"。孔子说，再给我几年时间，到五十岁有了生命觉醒，生命仍会有长进，也就不会做错误的抉择了。这是我们采取的说法。

很多人学了《易经》，还是有大过。如果将这一章解作孔子五十岁学《易经》可以无大过，就太普通了。因为人没有大过的重点不在于学《易经》，而在于生命的觉醒，只要人有所觉醒，不必"五十以学《易》"，同样可以无大过。

钱穆先生在《论语新解》中说，古代养老之礼以五十岁作为准则，不到五十岁就不算老，仍可以学。《论语》里强调的学是从觉开始，即生命的自觉。《论语》里有很多篇与之印证，例如说有德行者，"虽曰未学，吾必谓之学矣"，或者说"可谓好学也已"，学是觉，也是生命自觉，在生命的觉醒上有所努力。

在《易经》的文字中，虽有类似"读《易经》可以无大过"的话，但前提是在觉醒的基础上。那些读《易经》，甚至会卜卦的人，如果没有真正的自我觉醒，没有真正的生命觉醒，就照样有过错，有悔吝。即使到了五十岁，古代所谓的老年，只要有所觉醒，在人的生命、人生的路途中也同样无大过，同样懂得该如何去做生命的抉择。

17. 子所雅言，《诗》、《书》、执礼，皆雅言也。

"雅言"是正言，即当时通用的官话，或者普通话，这里指西周的都城所通用的语言。古时候，各个国家或者各地方都有自己的语言，就如同今天的方言。元、明、清时期都以北京话作为通用的语言，民国以后也就以北京话作为普通话了。

这一章是说，孔子平时多讲鲁国话，当他诵读《诗经》《尚书》或以《诗经》《尚书》教人的时候，就一定用雅言，即西周的官话。或者说，他主持典礼的时候，也一定用雅言。

我记得以前上鲁实先生的课，他说的是湖南腔的官话。钱穆先生上课的时候，说的是无锡腔的官话。钱穆先生说，孔子重视雅言，一则表示他重视自古以来的传统文化，二则表示他怀抱着天下一家的理想。

18. 叶公问孔子于子路，子路不对。
子曰："女奚不曰：其为人也，发愤忘食，乐以忘忧，不知老之将至云尔。"

"叶"读 shè，楚国地名，在今天的河南省叶县。叶公是楚国的大夫，叶是他的封地，一说他是叶县的县令。在楚国，县令可以称为公。

孔子周游列国到了楚国，因此叶公有机会问子路孔子的为人，但子路没有回答。孔子知道了，就说："你为何不说，他发愤起来就会忘了吃饭，快乐起来就会忘掉一切忧愁，不知道自己就要老了，如此而已。"这里的"女"读 rǔ，即你。"奚"是何。"其"指孔子。"愤"是用功。

大家不要忽略这两个"忘"字，这代表着一种心境，一种生命的境界，即生命觉醒，人不再受制于生物本能的自由状态。庄子认为，"忘"是走向自由的重要修养方法。"食"和"忧"都是生存本能的自然表现，孔子忘食、忘忧，正是体现了真正的生命觉醒。

"老"是人会衰退的生理年龄，是人在有限的生命中不可避免的无奈。不过，孔子在发愤与快乐中自然消解了对老的不安与焦虑，这是真正的快乐。"云尔"是如此，虽然只是语词，但是表意深刻，孔子在自我陈述的过程中说明自己很简单，就是这样。

因为人的性格有多重性、复杂性，所以人容易有自我矛盾，有自我冲突。孔子的这种纯真，既是人生的境界，也是人类从生存本能的限制中解放出来所呈现的状态。其关键就在于好学，"发愤忘食"指的是好学。孔子从生命觉醒中，平实地说明了人自我修持、寻找快乐的情况。

19. 子曰:"我非生而知之者,好古,敏以求之者也。"

这一章是孔子的自述。孔子认为自己不是天才,不是生来就知道一切事理,他只是"好古",即重视人类自古以来的历史生命经验,想要探求其根本的源头,并勤奋、积极地去弄清楚一切发展规律。"好古"是求知、求学的态度,不忽略事物、知识理论的源头,同时深入每一个特殊的生命经验。

今天有的人谈知识,大都以自然科学的方法论作为唯一的依据、唯一的准则,甚至只以西方文化的经验、历史的经验作为衡量人类世界一切事物的依据。由此可见,他们完全忽略了不同的文化,是由不同的生命经验集结而成的。

人们曾热烈讨论是否废除死刑的问题。全面废除死刑的以欧洲国家为主,也是加入欧盟的重要条件之一。有的人或许认为这是世界潮流,值得效仿,也有的人认为死刑不足以惩罚犯罪者,一定要学会宽恕犯罪的杀人者,如此才是觉醒的人道。不过,根据社会调查来看,大多数人是反对废除死刑的。

追溯问题的起源,从发生学的观点切入文化的源头,欧洲的文化传统之一是基督教。基督教强调上帝是一切的中心,人的生命是上帝给予的,因此人的一切只能由上帝决定。人绝对不能决定人的生命,否则就亵渎了上帝,这是西方文化重要的生命经验。

在中国传统文化中,没有西方文化的上帝观。从商朝的甲骨文的记录来看,虽然我们有上天,但是上天是展现在一切生命成长上,若没有生命的展现,上天就无法被人认识。西周继承了这个观念,认为生命本身就是人最高的信念,生命大如天,生命是最高的真理,所以在不合理、不合情的情况下杀人等于违反天道,以命抵命才合乎天道。

大多数人支持死刑,并不代表这些人没有生命的觉醒,只求复仇或惩罚等一时的痛快。今天我们面对各种问题,研究各种学问,不能忽略文化的源头是由各族群的生命经验凝聚而成的，所以要勤敏以求，这就是"好古，敏以求之"的意思。

孔子为人类提供了平实的学习知识的方法，即"好古"。探求一切本源应从发生学的立场出发，勤敏地去研究，弄清楚来龙去脉，这样才能真正认识多元的世界，才能建立高度的理性、清明的认知，这是人自立自强、追求幸福的基本方式。

20. 子不语怪、力、乱、神。

人人都能建立高度的理性、清明的认知，这是孔子基本的主张。因此，孔子教人寻求先天的清明的认知力，发展先天本有的高度理性。这是除了爱，人的重要特性。人能够真正有爱，同样是基于高度的理性与清明的认知。因此，孔子不说怪、力、乱、神。

"怪"指木石之怪、山精之怪，或者水精之怪等。《聊斋志异》基本上是在谈"怪"，《西游记》里的很多故事也都牵涉各种古怪的事件。好莱坞电影中的狼人、吸血鬼以及各种巫术，也都属于"怪"的部分。因为能满足人们对世界、生命等的好奇心，所以自古以来人们就喜欢谈论这类话题。孔子的学说不包含这个部分。

"力"指暴力，讲征服、占领，讲奴役，也就是以暴力作为取得胜利的手段，而不是以德、以礼取得胜利，这包括过度地提倡英雄主义。好莱坞充斥着以暴力为主的电影，暴力英雄的抗暴是以更大的暴来制暴。孔子基本上不提倡这种做法，而是强调德，强调礼，强调人的生命觉醒。

"乱"指做违背常情、常理、常法的事。就像有些人在说话的时候，喜欢靠否定、批判社会或者他人，来树立自己的正义和权威。孔子不采取这种做法，或者这种教育立场。

"神"是一般的鬼神、神秘事件，甚至是一切不可知的命运。孔子在整个教学上不以此为重，即使这是人们好奇且容易满足的部分。

人们在生存本能的恐惧里，面对不可知的命运，最容易依附更大的力量，希望获得保护。孔子鼓励人们建立高度的理性、清明的认知，这一切从自我认识入手，不掺杂任何古怪的事，这其实是人达到生命觉醒最正确的做法。

21. 子曰："三人行，必有我师焉，择其善者而从之，其不善者而改之。"

孔子说："三个人或一群人一起活动时，一定会有教导、启发我的老师。我选择那些好的方法、好的行为来学习，至于那些不善的事情，就自我反省，自我警惕，自我改正。"

这句话说明孔子从善如流，有一颗开放的心。他不自以为是，随时保持敏感，能从他人的言行中获得启发，并能自我调整。不论他人的好与坏，都能成为孔子自我教育的凭借。

这也表示，任何人只要让自己有开放的心灵，就能如孔子一样始终走在正向的生命大道上，而且会越走越好。因为构成真正的自己，那个我是清明、坚定，同时又是开放、敏锐的，所以能随时随地向有助于生命发展的方向转变，向新事物学习。这是健康的心灵，是真正自信的心灵，也是真正会辨识、判断的心灵。

22. 子曰："天生德于予，桓魋其如予何？"

上一章孔子说"不语怪、力、乱、神"，这一章孔子却说"天"，这个"天"是不是怪、神？这两章是不是前后矛盾？其实"天生德于予"的重点是，孔子在清明的认知、高度的理性下所展现的充分自信。

从西周开始,古人认为天与人是可以相通的,其能通之处在于德。最早将德呈现出来的是周文王,他在自身的行为和施政上,展现了上天赋予的生生之德、好生之德。古人认为,世界的繁荣与发展就是天的表现,否则世界不会存在,人类不会诞生。因此,人自身德行的表现便是自身命运的表现,也就是天的表现。

《诗经》说:"天生烝民,有物有则。民之秉彝,好是懿德。"天有好生之德、生之秩序,因为人类继承了生之秩序,所以人类先天就喜欢且具备珍惜生命的德性。这是孔子提出生命觉醒,提出仁爱之道,并将其推广天下,甚至从事平民教育,教导人们发展清明的认知和高度的理性的根据。他希望人们能够从自立自强中,寻找到生命的真谛。

孔子在自我认知中看到了自己先天特有的个性,因此他说"天生德于予"。这个"天"不全然指不可知的天,不可知并不一定指神秘,譬如不知为什么会有人类、生命。"天"是天生的力量,依据"天",每个人都可以拥有天生的个性与独特的生命。

我小时候对数学不敏感,常常考零分。不过,我发现自己喜欢读书,长大后我发觉我能教学,因而开始喜欢教学。当我能够把知识讲清楚,让听课的人高高兴兴地获得启发时,我也高兴极了。这种心理和行为是自身个性和先天能力的展现,就是德。每个人都是依照自己的心理和行为,活出自己,展现自己特有的生命情态、生活形式。个性、心理、才能不但是天生的,而且因人而异,只要把它们认识清楚,并真正地展现出来,人就会有自信,同时也能开辟一条属于自己的人生道路,即"天生德于予"。甚至可以说,这是上天给予每个人的使命、责任,是任何人夺不走的,正如《论语·子罕》篇所说的"三军可夺帅也,匹夫不可夺志也"。

这一章孔子说:"上天给予这份生命的觉醒,让我有这样的使命与责任,即使桓魋杀了我，又能怎么样呢？"桓魋是宋国的司马。孔子带着学生周游列国，宣扬大道，到宋国时，桓魋知道后便带兵赶来，欲杀孔子。当时学生们劝孔子快点走，孔子便说了这句话。孔子在当时展现了真正的生命觉醒者所拥有的自信和镇定。

当你知道自己这一生真正想完成的事和最喜欢做的事时，就能懂得这句话。没有人能够把你消灭掉，你一定会因自己想做的事和上天所给予的德，开辟一条属于自己的人生道路。

23. 子曰："二三子以我为隐乎？吾无隐乎尔！吾无行而不与二三子者，是丘也。"

"丘"是孔子的名字，也可读作"某"，不直呼其名，以表示对孔子的敬意。

从上一章接续来看，孔子展现了生命觉醒者的自信和真实的自我，集中表现在孔子的德行上。孔子说，桓魋能拿我怎么样？因为这是上天把我生成这样的啊！我不这样做，就不是我了。就像"觚不觚，觚哉？觚哉"，如果磨平觚的棱，还能叫觚吗？如果抛弃自己特有的德，就不是自己了。孔子的一切努力与表现，从言语到行为的坚持，都在展现自己的德，即使桓魋杀了孔子，又能有什么变化呢？死亡不是终点，这是儒家、是孔子提出的非常了不起的生命观。

"二三子"指诸位，也指孔子的学生，或者说诸位青年朋友。孔子说："诸位青年朋友，你们以为我还有一些隐藏着没教你们的东西吗？我完全没有任何隐藏啊！我没有什么心思、意念和行为未展现在诸位青年朋友面前的。这就是老天爷所给的真正的我。""乎尔"，语气助词，用来加强语气。"行"字的含义很深刻，是各种心思和作为合一的展现，即孔子通过一言一行以及所教、所学，让学生看到真我、本我，并借此提醒、教导学生们寻找自己，拥有上天所给予的在宇宙天地间独一无二的、真正的自己。不然的话，就像有的人为了活下去或求得肯定，常常自觉或不自觉地委曲求全，人前表现出一面，私下又是另外一面，甚至扭曲了自己，被社会功利性的价值所割裂，不再有真实的自己。

"我"是近代西方哲学极大的议题，当代西方哲学认为确立了自我，才能发展真实的生命，而后拥有真正的生活，否则都是虚无。"天生德于予"，孔子强调了"予"字，其实是确立自我，德是人内在的心得体悟，以至于展现在外在行为所形成的完整的我。这个源头是天，每个人都有其天生的部分，上天所造就的我，不是桓魋能以杀来改变的。孔子说"吾无隐乎尔""是丘也"，其中包含着哲学中"我"的意义。

"天生德于予"和"二三子以我为隐乎"，两者所说的我是可以联系起来的，指人在生命觉醒中成为完完整整、真真实实的我。这个我已经达成了一致性、完整性、统一性，其间没有任何矛盾，这是孔子教给大家的重要课题，即教大家做一个内外一致的人，也就是当代西方哲学所说的完整个体，真实存在的我。这样的我才会有真实的生命，有充实饱满的心灵和自信，亦即今天所说的独立自主。

人有真正的自我，有真正的个体，之后才能独立自主，才能有独立自主的表现，这就是自由。自由在哲学上最本质的说法是，人可以摆脱生物本能的局限，不再受本能冲动的控制，不再由冲动产生强烈的目的，不再因此产生人生的痛苦。

孔子所教的，无不是开导、启发人展现本我、真我。孔子一生的一言一行、一举一动，也无不是将本我、真我的状态展现给学生们，毫无隐匿，让年轻人知道这是人人都能做得到的，是不难的。也就是说，凡生命之教必得有身教，身之所行乃是教者修持与体会自身生命的呈现，如此才足以动人。教育的动人之处莫过于这种生命的感动。

24. 子以四教：文、行、忠、信。

孔子教人是生命之教，不过在生命之教中，他还有一些教人的具体内容，即文、行、忠、信。

"文"是知识，包括历史、文学、思想。古人认为，"文"是祖先留下来的各种典籍，既是学习知识的凭借，也是人类了解历史、文学、思想的方式。

"行"作名词，不仅指实践、行为，还包含道德的、行为的坚持和学习。虽然人们常常有所知，但就是做不到，无法实践。"学而时习之"，有时需要别人的引导，学习者只有在实际行动中学习如何做，才会有更深刻的认知和体会，然后才会去尝试、去表现、去扩展，以得到自己的生命经验。此外，古人的礼、乐，包含武术活动，都属于行为上的学习。

"忠"是尽己，全力以赴地将自己淋漓尽致地表现出来。这表示心中没有隐藏，或者说以忠尽己。

"信"是真实不虚。进一步说，就是不自欺，永远有真我，即将真真实实的自我建立起来。

从这四项内容来看，文的学习与教导是偏向内的，由外而内。行的学习与教导是偏向外的，由内而外。忠的学习与教导是偏向内的，信的学习与教导则是偏向外的。即内—外—内—外，这是内外相互渗透的学习与教导，即完整的学习与教导。进一步说，人在文与行的学习上，最后还要归本于忠与信的学习和建立。唯有内外相通才可以达成内外一致。

此四者都围绕着建立人的自我主体，是教人成人之法，即成为真正的人、真正的自我的方法。若人做不了自己的主人，不论对人对己，都无法真实地呈现与面对自己，这就不容易有信，不容易坚持，也不容易有忠。所以，践行忠、信得从建立真实的自己入手。

25. 子曰:"圣人,吾不得而见之矣。得见君子者斯可矣。"

子曰:"善人,吾不得而见之矣,得见有恒者斯可矣。亡而为有,虚而为盈,约而为泰,难乎有恒矣。"

这两句话中都有"子曰",有人认为第二个"子曰"是多余的,也有人认为《论语》的编者可能想保留更深刻、更完整的意思,同时强调孔子心中的理想与渴望。

根据《雍也》篇孔子回答子贡的话,可知"圣人"有仁心、有爱心、有德行,同时在政治上有权力,能够借着政治资源博施济众,完成天下生命之爱的工作。圣人亦圣君,如同尧、舜、禹、汤、文王、武王等。

孔子说:"在我所处的时代,我看不到像古代圣王那样有完全的生命觉醒,能完全地展现生命之爱,又能缔造新时代的圣者了。不过,只要能见到具有生命觉醒的政治精英,也就可以了。"有人认为,这句话是孔子慨叹所处的时代逐渐衰落,觉得自己生不逢时。

"善人"在《论语》中是指天生的好人,即生下来是仁德之人,能自然而然地展现自己的生命之爱,他不需要学习,他的所行所为就是善的体现,虽然无法深入,无法更细腻,但这样的人确实是天才。所以,孔子说:"在这个时代,我如果见不到这种天生就明白生命之爱、行生命之爱的天才,也没关系,只要能够见到有恒者,即坚持走在行善道路上的人,也就可以了。"

我个人认为,这两句话并不是消极的慨叹,而是孔子告诉人们无须用最高的标准来评判所处的时代,或者去要求自身的际遇。人生不是想要什么就有什么,就算没有如愿,也不是绝对的坏。虽然孔子所处的时代没有诞生圣人,但是诞生了君子,除了孔子自己,他所教出的政治领导者、平民百姓,很多人有了新的觉醒、新的生命。此外,孔子赞美过的晏婴、郑子产、管仲,不都是君子吗？孔子一生坚持宣扬大道，他自己以及教出的许多学生，不都是有恒者吗？所以，孔子这两句话是在积极地向前推展，即一切就从当下开始。

近百年来，有的人用绝对且完美的标准来批判中国的历史和文化，譬如严苛地责备先人没有开创出如同西方近代先进的科学，认为中国的历史与文化一无是处。其实，如果我们换一个角度来看，相对于西方历史的发展，中国历史将是另一种风貌。近百年来，我们全力从废墟中再建，这含藏了自我更新，重新站起来的信念与倔强，这是中国文化的力量，就是中华民族的力量，更是我们对生命的肯定，以及生命觉醒的表现。

两个"子曰"同时出现，正是编者想通过强调、加强语气来说明，虽然这两段语义类似，但是含义深远，读者要分别去看待，领略其中含藏的大义。

一般人受制于生存本能的恐惧，故免不了夸张、虚妄，掩饰真实的自己，随时处在担心有所损失之中。孔子说，这样的人明明很贫乏，却硬要装作很富裕，明明很空虚，却硬要装作非常充实，明明很困顿、痛苦、烦恼，却硬要装出从容、通达、快乐自在的样子。"亡"，古人读wú，表示无。"虚"是空虚，"盈"是饱满、充实。许多人不敢让自己闲下来，因为他们无法面对自己的孤独、寂寞，所以硬要让自己看起来非常忙碌，装作很充实的样子。也有些人明明没有学问，没有知识，却硬要装作很有学问、很有知识的样子。"约"是困顿。古人把这三句话大都解作人在财富上的虚夸和浮华，以掩饰自己的贫穷与自卑。不过，任何掩饰都是缺少自信的表现，因为没有深刻的自我认识，所以没有从生命的觉醒中建立真正的自信。

孔子说："这样的人要想有恒心，要想坚持，尤其在生命的善道上有所坚持，是非常困难的。"这句话强调人在不真实的状态下，是不容易有恒心的，生命的爱也无法持续地展现。

26. 子钓而不纲，弋不射宿。

本章简简单单一句话就展现了孔子的生命之爱。

"钓"是钓鱼，表示用一根鱼竿和一个钩子去钓鱼。"纲"，一种解释是渔网上的绳索，表示用大网捞鱼；另一解释认为，"纲"是在绳索上挂满钩子，然后丢到江中截断江流，好让游过的鱼纷纷上钩，这样一次性就可以钓到很多鱼。两种解释均有一网打尽之意。"弋"是在箭尾绑上丝绳去射飞鸟，又叫弋射。有人认为，是在丝绳的末端再绑一块石头，如此射出去之后，丝绳会垂在地上，便于抓住飞鸟。也有人认为，丝绳的末端捆在手上或者转轮上，带有丝绳的箭射出去之后，就像放风筝一样，方便打猎的人循着丝绳去找猎物。"宿"是止，也解作栖止，即栖止在树上，或者在草丛里。古人认为，若鸟栖止在草丛里，不是在夜栖，就是在睡觉，再不然就是在孵小鸟，此时的鸟最容易被射中。

孔子只钓鱼，不用挂满钩子的绳索钓鱼，射箭的时候只射飞鸟，绝不射栖止不动的鸟，以便给予它们逃生的机会。孔子钓鱼、猎鸟不求多，只求满足生活的一点需要。这就是孔子有爱心的表现，也是在生活中展现了生命之爱。

可能有人会认为，若是孔子真有爱心，为什么还去钓鱼、射鸟？人只要杀生，就没有爱。绝对不杀生的观念非中国原有，这种绝对不杀生的观念是近代人在生命意识下产生对事物的看法，希望人们不要再像以往那样轻视生命。如果以这种观点来否定孔子的爱，就忽略了孔子所处的时代的生活方式，钓鱼、射鸟是当时的游艺活动。只是孔子在生命的觉醒里展现了生命之爱，因此他和当时的人有了不同的做法。

孔子除了表现生命之爱，也表现了生生之道，这生生之道包含了如今提倡的环保观念和环保意识，一切都须留下生路，绝不赶尽杀绝，否则就是不依天理的妄为，是不对的。

27. 子曰："盖有不知而作之者，我无是也。多闻，择其善者而从之；多见而识之，知之次也。"

"盖"是大约、大概。"作"有创作之意，意同"述而不作"的"作"。孔子曾自述"好古"，不是躲进古代不顾现代，也不是一味守旧，而是喜欢从历史经验中寻找人事、人情、人理的脉络，勤于追本溯源。从发生学的角度来看，亦即从一切缘起中来审察事理。所以孔子说："大概有不知道所以然，不明事理就去创作的人，我不是这样的人。"

孔子又说："多听，然后再选择好的、善的事去做，不断地学习，去执行。同时也要多观察，打开我们的眼界，然后把重要的见闻记下来，以作为自己的知识，来认识事物与事理。"这样学而知之的学习方法，相对于生而知之者差了一等，不过仍是正确的方法。"识"读 zhì，当作记。"知"是生而知之者的知。

孔子在这一章指出，后天通过个人的努力来学习，这虽然不是天才型的知，但是可以使每一个人都走上求知的宽广大道。

28. 互乡难与言，童子见，门人惑。子曰："与其进也，不与其退也。唯何甚？人洁己以进，与其洁也，不保其往也。"

"互乡"是乡村的名字。"童子"，即已经过了十五岁，未满二十岁，未行冠礼的青少年。孔子与互乡人已经很难讲通道理了，现在来了一个小青年求见，孔子竟然见了他。孔子的弟子们很困惑，一句"门人惑"充分展现了当时的情境。

面对学生们的疑惑，孔子回答："正确的教学方法是，对于一心求学的人，一定要正向地嘉许、鼓励与支持，让他们更有自信地走上进步的道路。不要打击人们问学、求道的心，而使他们退缩。"两个"与"都有赞许、奖励的意思。因为人主动地求学是非常可贵的，所以要让有心求进步的人，更有自信地走上进步的道路。孔子这种教学的方法，到今天仍是最有效的，是当代乃至西方都强调的方式。

孔子在两千五百年前就提出了这种教学方法，他是真正的教育家，可见他的方法是爱的教育，他对学习者充满了爱，充满了关怀、鼓励与肯定。

孔子提醒学生："唉，何必待人如此严厉而过分呢？""唯"是叹词唉。"何"是为什么、何必。"甚"是过分。也就是说，站在教育的立场上，不要轻易地拒人千里之外，只要人们有一点进步空间，就要给予鼓励，教给他们向上提升的方法。

孔子再说："人们清除了自己的污秽，把自己的内外都整理好了再求上进，希望得到指导，我们就该赞许、鼓励、肯定和支持，而不要只抓住他的缺点，怀疑他到底能不能上进。""洁"是清除污秽。"以"是而。"保"是守。上不上进是学习者自己的事，不是教学者该去计较的。

这段话的"与其进也，不与其退也"是第一个层次。"唯何甚？"是第二个层次。只要人们肯"洁己以进"，就要"与其洁也，不保其往也"，这是第三个层次。这不只是正向的提醒，也是教导人们明白，正向的人生需要赞许、鼓励、肯定和支持，这是孔子的大爱，也是孔子心怀慈悲的表现。

孔子是教育家，他从人类的大爱、人类的慈悲出发，认为每个人都是有发展希望的，而这也是人获得幸福的依据。

29. 子曰："仁远乎哉？我欲仁，斯仁至矣。"

上一章所展现的是孔子对学习者的赞许、鼓励、肯定和支持，这是仁的表现，也是生命真正觉醒后的表现，而做到仁并不困难。

孔子说:"生命的觉醒和生命的爱,离人远吗?"意思是一点都不远。他说:"只要我们想要行仁,这个仁就自然浮现在心上了。只要我们不拒绝觉醒,这个生命的觉醒就自然浮现在心上了,我们就会自然觉醒。""斯"是这个。

觉醒是人与生俱来的天性。人之所以为人、不同于一般生物,就是因为人有自我意识,能够在自然情况下走上觉醒之路。人能反省,甚至能反思,反思是能看清自己为什么会有某些思想、言行。人渴望弄清楚许许多多的问题,希望彻底探索事物的根本原因,这是动物所没有的。人本是动物,不过人能够由受制于自然规律转向主动摆脱自然规律的限制,这也是今天西方哲学上所说的人是具有能动性的动物。人的能动性、创造性是从自我意识与生命的觉醒开始的,这是人的天性,因为这些本就存在于人的内心中,所以不必远求,只要有这样的意愿,自然就能从心里浮现、衍化、发展。

凡是人有陷入泥淖的状态,大都是有放不下的事物,这个也想要,那个也不想丢,不好的也舍不得摆脱。其实,只要人决定摆脱,自然就会摆脱。

30. 陈司败问:"昭公知礼乎?"孔子曰:"知礼。"

孔子退,揖巫马期而进之,曰:"吾闻君子不党,君子亦党乎?君取于吴,为同姓,谓之吴孟子。君而知礼,孰不知礼?"

巫马期以告,子曰:"丘也幸,苟有过,人必知之。"

"陈"指陈国。"司败",陈国官名,相当于其他国家的司寇。"昭公"是鲁昭公。鲁昭公在世时曾到晋国访问,作为晋国国宾,在从国界处的郊祭到贿赠酬谢国宾这一连串烦琐的礼仪中,鲁昭公没有任何失误。那个时候礼崩乐坏,鲁昭公竟然做得头头是道,这表示鲁昭公深谙国君之间交往的礼节,所以众人都称赞鲁昭公知礼。

孔子到了陈国,陈司败问孔子:"以知礼闻名的鲁昭公真是知礼的人吗?"

孔子回答说:"是的,鲁昭公知礼。"孔子回答完就退了出去。依礼,作为引荐者的巫马期应随孔子退出去,但陈司败想要巫马期转达自己的话给孔子,于是向巫马期拱手作揖,要求他上前来说话。"揖",即举起双手拱手行礼,古人相见或者要说话前都先行礼。"进",即要巫马期上前。

陈司败对巫马期说:"我听说有德的君子是不会文过饰非的,为什么孔子这个有德的君子要帮鲁昭公文过饰非?难道孔子是会结党、会偏私的人?""君子"是陈司败对孔子的尊称。孔子说过,"君子义以为质",君子"群而不党"。古人认为偏私、互相帮忙隐藏做的错事就是"党"。"文"是把过错擦掉。"亦",加强语气。"巫马期",鲁国人,孔子的学生。

接着陈司败又提出了质问:"鲁昭公娶了同是姬姓的吴国女子,在对外事务上都不能以正常的称谓来称呼国君夫人,还得直呼吴孟子,这样不合礼节的事情,如果鲁昭公知礼,哪一个人不知礼啊?"这是陈司败对孔子的严厉指责,甚至是严厉指控,意思是孔子是有德的君子,他怎么可以对同姓结婚的历史事实加以掩饰?

我们前文提过,西周灭商之后,除了继绝存亡,还规定了同姓不通婚的礼制,即一定要异姓通婚。

"君"是国君,即鲁昭公。鲁昭公是文王之子周公之后,是姬姓,而吴国是文王的大伯父泰伯的封地,也是姬姓。鲁昭公娶了同姓的吴国公主,属于严重违礼,因此鲁昭公娶的君夫人不能依礼叫吴姬,否则天下皆说违礼,于是只好对外叫吴孟子。有人认为,"孟子"是君夫人的字,不过可以从排行去看,孟是老大,即吴国的大公主。

巫马期退出陈司败的家后,就把陈司败的话转告给了孔子。孔子听后,于是说:"我真是幸运啊,只要有了过错,人们一定知道,并且来指正我。""也",即啊。这句话看似奇怪,孔子似乎并没有针对陈司败的质问做出正面回答,只是把昭公不知礼和自己文过饰非的事,模糊地一语带过。其实,个中缘由藏在曲折的故事之中。

深入来看，鲁昭公确实深谙西周时期的交往礼节，以懂得这些礼节闻名于世，而陈司败只是泛问"昭公知礼乎"，并没有特指昭公的婚姻，孔子当然就回答知礼。孔子的回答对应了他的问题，绝对没有错。鲁昭公是鲁国已去世的先国君，孔子是鲁国人，按照周礼的"讳国恶，礼也"，即依礼不谈自己国家之恶，特别是到了他国，作为国家级的客人，代表的是鲁国。也因此，古人说："臣不可言君亲之恶，为讳者，礼也。"臣子避谈自己的国君或者父母的不是，为他们避讳同样是重要的礼。所以，孔子没有偏私，没有为昭公辩解。孔子对陈司败的不是之处隐而不提，如果孔子说："哎呀，我是为了鲁昭公避讳的啊。"就等于直指陈司败不合礼了。

钱穆先生说，孔子的答问委婉正直，陈司败要是明白了孔子的话，应当知道自己作为陈国的接待人员，以东道主的立场和孔子初次见面就这样带着挑衅来质问，不但有些鲁莽，而且无礼。

礼是人类在自我意识、生命觉醒以及爱的意识上最适当的表达，是人类在满怀着情爱的感性中有了独立的辨识力和觉醒的表现，是人由本能的爱转化为仁的表现。它不受人的理性的控制，也不受严格的规范的限制。在中国的传统观念里，即孔子所提出的观念，理性是从人的感性中自然流露出来的，它属于人的天性，可以说理性是对感性的再认识，两者没有冲突可言。这是中国和西方对理性、感性不同的看法，任何冲突其实都是人在特定条件下，在选择上所产生的问题。

31. 子与人歌而善，必使反之，而后和之。

这一章是讲孔子对音乐的深切喜爱，叙述了孔子在生活中"游于艺"的状况。孔子认为，生活一定要有艺术，一定要有审美的情感，如此才可能真正拥有生命的喜悦。孔子和别人一起唱歌，如果合唱得准确，彼此和音和得好，他就一定会请对方再唱一遍，然后再和他一起唱，这表现了孔子对音乐的热爱，也表现了孔子的自在和开心。

音乐虽有一定的形式，但有丰富的变化，是感性与理性的完美结合。艺术的感受和享有，就是人类理性与感性和谐融合的表现。

32. 子曰："文莫，吾犹人也。躬行君子，则吾未之有得也。"

这句话是孔子的自述，"文莫"是忞慔（mín miǎn），古来认为它是双声词。"忞"，加强，"慔"，勤奋，两个字合起来是努力、勤奋。"躬"是身体，"行"是行动、实践。孔子说，在勤奋这一点上，我还赶得上人，可是在亲身实践，以让自己成为有德行、真正觉醒的君子这件事上，还没有真正的心得和成果，还需要再躬行实践。这点出了在生命觉醒这条路上，自我实现和自我完成是人终身的追求。"未之有得"，我还没有真正地完成。"得"字很重要，表示真正有了收获。

在这句话中，孔子说要成为君子，躬行、实践是验证指标的方法。实践得如何，人在面对自己时会很清楚地知道。在《论语》里，孔子提出了忠、信、智、仁、义、勇、节、孝悌等德目，这些就是用来客观检验自己的指标，身和心、知与行是不是真的达到了一定程度。

这些德目具有客观性，人们很容易将其作为规范与指标来约束行为。其实从《论语》的角度，忠、信、智、仁、义、勇、节、孝悌等都是人在自我认识、自我觉醒之后保有的真情实意，而后又恰到好处地在行为上体现了这份真情实意，即我们在展现自己最真实的性情的时候，所表现出来的行为，然后以这些共同经验归纳的客观依据为指标来检验自己。其重点就在于实践。

孔子说，他在躬行君子这点上还没有成果，说明生命的觉醒，以及生命发展的自我实现、自我完成，如同今天所说的终身学习，需要终身努力，终身实践。

33. 子曰："若圣与仁，则吾岂敢？抑为之不厌，诲人不倦，则可谓云尔已矣。"公西华曰："正唯弟子不能学也。"

"圣"与"仁"是《论语》中非常重要的两个概念，这两个字代表人在生命觉醒的过程中，所做到的自我实现与自我完成。

《雍也》篇第二十八章也提到过圣与仁。孔子对子贡说，博施济众不是仁者所能做到的，它是圣者才能做到的事情。仁者是从自己的生命觉醒出发，进而有了对生命的爱，然后再去助成别人觉醒，做到"己欲立而立人，己欲达而达人"。圣者的范围更大，是帮助天下人以至万物都达到生命的安然状态。虽然仁者不如圣者高明，但是两者都具有完成性和圆满性。

大多数人面对这种带有完成性、圆满性的事情，会觉得自己微不足道，以致无法做到。其实孔子也担心，故而说："要做到圣和仁，我哪里敢当？我怎么做得到？"孔子认为自己还没有达到自我完成，正呼应了上一章所说的"躬行君子，则吾未之有得"。

接下来孔子说："或者在圣与仁的追求中，我是学不厌的，同时教人们生命觉醒、自我实现、自我完成，我是教不倦的。我也就称得上如此罢了。""抑"是或者，引申为只是，有引起下文的作用。"为"指孔子自学。"之"指圣与仁这条道路。"则"是乃。"云尔"是如此罢了。"已"，加强语气，表示停止。

有人认为，孔子很早就达到这个水准了，只是自谦而已。我认为这不只是孔子的自谦，更是孔子在高度理性的反省下，非常明确地知道自己在生命觉醒的道路上所做的努力，以及做到了什么程度。

圣与仁有如此的圆满性，是人类终其一生的努力和追求，是至死才能停止的工作。孔子讲"若圣与仁，则吾岂敢"，这是孔子对自我实践的过程以及对自己所达成状况的切实了解，他看到了要达到圣与仁是何等了不起，由此对人类生命觉醒的努力发出了赞叹。因此他说自己只是在学不厌、教不倦上全力以赴罢了。

孔子的学生公西华，听到孔子的自述，便从第三者的客观角度说："单单是学不厌、教不倦，就已经是学生无法达到的，也无法做到的了。"

《论语》的编者真是既聪明又有智慧，通过孔子的谈话，客观而真实地展现了孔子的努力，以及他所达到的境界，同时表现了孔子有高度的理性，即在不断地觉醒、反省、反思之下，对自己有清明的认知。然后又通过公西华的赞美，让人看到孔子已处在仁且圣的位置上了。如此构成的文字真是别有一番情味。

这一章真是对生命理想完成的精彩表述，生动地呈现了自我觉醒的真实表现。孔子的理想、情怀，不仅有着理性，还有着丰富浪漫的情感，也有着人类共同的期望。

34. 子疾病，子路请祷。子曰："有诸？"子路对曰："有之。《诔》曰：'祷尔于上下神祇。'"子曰："丘之祷久矣。"

从上一章孔子与公西华的对话中，我们大约知道当时已是孔子的晚年了，是孔子对自己的评定。故《论语》的编者紧接着安排了这一章。

我们从这一章可以看到师生间真切的情意。"子"是孔子。"疾病"，古代称病或疾病，意思是病得很严重。子路非常担忧，于是请求准许为孔子代祷。为人代祷是西周时期人们常用的祈祷方法，周公也曾为周武王代祷。孔子就问："有这件事吗？有代祷的事吗？"也有人认为，孔子是问向天地神祇代祷是否合理，这是孔子委婉地表示不赞成代祷。虽然这是当时的礼俗，但是"子不语怪、力、乱、神"，孔子并不赞成这种方式。"诸"是之、于的合音，读作zhū，表示疑问。

只是子路没有明白孔子的意思，而是直接回答："有这件事。""之"指这件事。同时子路还引用了《诔》词上的话来证明。"诔"的本字是"讄"，但有人认为"讄"是为生者求福的，而"诔"是为死者哀悼，叙述死者生前的行为，同时是起谥号的时候用的。子路回答，《诔》词上说"代你向天地神祇祷告，请求他们降福于你"，表明子路的请祷是合乎礼俗的。"尔"是你。"上下"指天地，天地神祇。

孔子听了子路的回答，于是说："其实我做祷告已经很久了。"这是表示长时间以来，孔子每天的行为都是合乎天道的，每天都依天道而行，这就如同每天都在祈祷一般，所以子路不需要再祷告了。

《太平御览》中有一个故事："孔子病了，子贡很着急，于是从孔子的家里跑出去卜卦，问孔子能不能痊愈。孔子知道了就告诉他，我的日常行为都合礼仪，我的日常生活如同斋戒一般单纯、整洁，我日常饮食如同祭奠般恭敬、严肃，而且有分寸，如果卜卦需要用这样的态度才问得出吉凶，那么我已经用这个方式很久了。"此处子路的请祷是合乎礼俗的，同时表现了孔子每天都是依照着天地神明的要求去做事。

"丘之祷久矣"，这句话表明了孔子认为最重要的不是临时祷告以求神的保佑，而在于平时遵照天地神明所说的规范去做事。这个规范不是道德规范，而是人在生命的觉醒中如何达成内外、身心合一，不再有任何矛盾和纠葛，甚至可以质诸天地神明而无愧。

本篇的第二十三章，孔子对学生们说自己内外没有任何隐藏，他的所有行为表现都摆在学生面前了，这就是他孔丘。这一章则表明，孔子能毫无保留地呈现给天地神明而毫无愧色，所强调的是全然地走在生命觉醒的道路上，即孔

述而第七 / 317

子做到了内外合一、身心合一。人们想要做到如此，是要经过练习的，怎么练习呢？除了自我的训练，孔子在下一章提供了具体的方法。

35. 子曰："奢则不孙，俭则固。与其不孙也，宁固。"

"奢"是奢侈、奢华、夸张。"孙"作"逊"字讲，不逊是不顺于理，即不合理。"俭"是收敛，古人解释收敛是过于自我，过于看重自己所要的部分，而不达于物之情，不与外在事物相合。孔子说："人若奢侈、夸张、浮华，就不合于礼，失了分寸。如果日常生活样样都收敛、俭省，过度简朴，不依实际状况来调整，就自然显得粗糙、固陋。"

奢与俭是两种相反的心态和表现，两者都不合于礼，都有所偏私。奢，会越分，同时在表现上总想高人一等，凌驾于一切事物之上。俭，达不到礼的分寸，表达不出完整的情感。孔子说："与其越分，宁可固陋。"

俭虽不合于礼，但在收敛保守之中不丧失自己，既保有了原本朴素的自我，又保有了人的真情和真性，而夸张、虚华，常常是迷失了真实的自我的表现。就像社会上的许多人，越自卑就越容易表现出高人一等的样子，或者非常浮华虚荣。

人在日常生活中很容易陷入两难的境地，即不逊或者固陋，这两者都不合于礼。当人不断地面对自我冲突与矛盾时，该怎么办呢？孔子教人选择接近真我、真情的部分，也就是选择自己真正想要的部分，斩断拉扯。人有了真我、真情，在生命的觉醒上便有了希望。

依我看来，这真是极好且最简便的修养方法，即使人在选择之后会患得患失，但很快就会平复。如此坚持下去，烦恼会慢慢减少，内心的纠葛自然会淡去，身心会趋向单纯和平静。

36. 子曰："君子坦荡荡，小人长戚戚。"

"坦"是平，"荡"是宽广。"戚戚"是常常忧虑、恐惧。孔子说，一个生命觉醒者通过不断地躬身实践，让自己的内心世界越来越清明、安详，内心不再有冲突与矛盾，心胸自然平坦而宽广，安然而豁达。至于小人，因为他还受制于生物生存的冲动，受困在生物生存的恐惧中，所以每每涉及利害时，他就无法当机立断，以致常常处在担心、焦虑、害怕中。

那么，孔子在高度的生命觉醒和努力发展中，其整体表现是什么样的呢？我们常说人的外在是内在心理的显现，即《大学》中说的"诚于中，形于外"。《学而》篇的第十章说，孔子为人温、良、恭、俭、让，本篇的下一章则记述了孔子的生命状态。

37. 子温而厉，威而不猛，恭而安。

这是说孔子在自我调整、自我修持、自我超越中所展现的生命状态，他既温柔、随和、亲切，又不失慎重和严肃。既有震慑力、说服力、感染力，又不猛烈、不刚勇，不会让人害怕。他总是一副恭敬、庄重，又自在轻松、随意安详的样子。

一般人在待人接物时，有时过于随和、随便，而失去了该有的慎重，失去了对人恰到好处的体贴。或者由于威而带着猛，常常让人敬而远之。此外，人在庄重、恭敬时，常常会拘谨不安，这也导致了他人紧张不安。

孔子充分地显现了生命的自然状态，他的身心达到了合一，情与理达到了和谐，以至能够把一切相反的事和谐地融合在一起。这种相合的状态是一种自由自在，是人摆脱了生物的局限后，有了真正的自我的表现。孔子展现了人的可能性，提高了人们对自我生命觉醒的信心，告诉人们可以如此生活，没有限制。

《述而》篇几乎是关于孔子一生具体而细微的写照，清楚地展现了孔子成学成人的过程，同时也为人们提供了成学成人的方法。

泰伯第八

1. 子曰:"泰伯,其可谓至德也已矣。三以天下让,民无得而称焉。"

周文王姬昌在生命的觉醒下,提出政治的中心不是权力,而是保民爱民,要为人民创造生生不息的机会,要为人民开辟一条走向幸福的道路。唯有如此,国家民族才能够延续发展。国家民族的延续发展是后世子孙完成先人事业的最好表现,这不仅是孝的表现,也体现了上天有好生之德。当政治领导者完成了这生生不息的事业时,才表示他有能力承受天命,代天行道,照顾百姓。周文王从生命觉醒中,以保民爱民完成了孝道,并以此号召天下人。

周文王去世后,他的儿子周武王、周公旦以此得到了天下诸侯的支持,完成了西周的大一统。这在世界人类历史上是件辉煌的大事,也是中国文化正式发展的重要环节。这一人类演进的契机是因周文王的兴起,他的兴起是人类生命觉醒的表现。

周文王是如何得到这个契机的呢?是谁发现周文王有这样的能力和天分的呢?原来是周文王的祖父古公亶父,他观察到孙子姬昌有特别的天赋和个性,认为姬昌有能力带动整个族群发展人类的新生活和新生命,便想传位于他。但在那个时代,依照兄终弟及的君位继承制度,继位顺序是大哥泰伯、二哥仲雍、姬昌的父亲季历,然后才可能传位于姬昌。因为姬昌还有堂兄弟,所以这仍有不确定的因素。

泰伯了解古公亶父想要把王位传给姬昌的理由和用心,也了解父亲的忧虑。在亲情与国家大义面前,泰伯主动拉着弟弟仲雍一起将继承人的位置让了出来，以求成全父亲的心愿，促成西周的兴起。这次兴起对中国三千年来的发展，有着正向的决定性影响。在今天来看，这个影响使中国文化在世界文化中彰显出特殊的地位，成为世界文化的重要组成部分，即一切从爱出发、从孝出发，同时以敬、德来表达与完成。

爱和孝、敬和德都是西周时期人类精神文明的主轴，这不仅在文王身上有明显的体现，还在泰伯身上展现出来了。泰伯对其父亲的了解是共情与认知，他能了解到父母对子女的爱，能认识到爱是人类精神文明的结晶，是人性相对于生物求存、求活本能的超然表现。所以泰伯能让，使这份爱充分彰显了出来。

生物为了活下去，就要经历物竞天择的考验，这是严峻的生存法则。人类为了生存同样免不了竞争。所以说，人若能不争，便已是摆脱生物生存本能的表现了。不但不争，还能让，更是展现了人类的特性。

人所谓的自由，特别是近代西方哲学所强调的人的自由，就是人能摆脱生物生存本能的限制，所表现出来的行为和自由意志。这些力量是如何彰显出来的？在怎样的前提下才容易做到？其实这是在爱的意识、爱的觉醒中完成的，爱是人类世界发展的根本力量。

托尔斯泰说过，爱是人类唯一的理性活动。因为爱，人才会有知识，才会有思想，才会有认识。人类文明的发展是出自对生命的爱和追求，当然其背后有某种生物性的推动，这个推动衍化成爱，成为人类创造理想人生的重要力量。

当生命觉醒中的爱与生存中的爱相互冲突时，如何化解呢？这是需要智慧的。就《论语》来说，谦让能圆融地解决这一冲突。所以孔子赞美泰伯："可以称得上是具有最高德行的人了。""至"就是到，是最高的德行。泰伯在亲情和利益的冲突中，以让位实现了父亲的生命理想。

德的背后，除了有生命的觉醒，还有爱。当人有德时，便能摆脱生物生存本能的限制。泰伯具备爱和生命的觉醒，他不仅是至德者，还是摆脱生物生存本能的人。这在当时，甚至在今天的人类历史上都可称得上最高的典范。

不仅如此，孔子还说："为了完成父亲的大爱和理想，泰伯坚决让出君位，于是他跑出国，隐居在外，连名字、名义、事迹都隐没了，以至国人无法根据他的作为来赞美他。"

这里"三"是多的意思。三逊谓之终逊，"三逊"即三次让位，三次让位是终让，表示绝不接受，这是《孟子》书中说的："好名之人，能让千乘之国。"用让国换取好名声是真正的让，让到无名可称颂。"焉"是之，即指泰伯。孔子赞美泰伯的谦让之德，这种大爱是人类最高的觉醒、最高的行为表现。

孔子在这一章赞美了被淹没在历史浪潮里的泰伯，呈现了人类觉醒的高度和无条件的大爱与智慧，这个智慧在于泰伯能做到"民无得而称焉"。这说明泰伯的爱是无私、全然的奉献，并在理性的思考和智慧的观照下，圆融地、完整地呈现了出来。

2. 子曰："恭而无礼则劳，慎而无礼则葸，勇而无礼则乱，直而无礼则绞。君子笃于亲，则民兴于仁；故旧不遗，则民不偷。"

西周初期，在一切都不稳定的状态下，泰伯将政权做了和平转移，奠定了周武王一统大业的基础，实为一件了不得的事功。泰伯能通过理性的思考和智慧的观照，做得如此恰到好处，这就是礼的表现，也是礼的高度完成。

在《论语》里，除了仁，礼是极为重要的观点和指标。孔子赋予礼高度的理性和智慧的元素，使人能够在其观照下，完美而有分寸地将礼表现出来。本章更是具体地表达了礼的特殊性和重要性，孔子指出恭、慎、勇、直都是美德，可若是没有礼，没有理性的思考，那么做抉择时就会有流弊，不能恰到好处。

"恭"，孔子说："一味恭敬、庄重，而不合乎礼，就会太琐碎苛刻，让人不舒服。"

"慎"，孔子说："在没有礼的前提下，谨慎、小心会让人退缩畏惧。"我们在生活中常会看到这样的人，他们怯懦、保守，不敢有任何新的改变或者尝试，不论做任何事情，都会忧虑做错了怎么办，以致常常认为多做多错，不如不做。这就是"葸"，读xǐ，即退缩、怯懦。有的父母常常对孩子过分保护，嘱咐他们不要有任何冒险的尝试，这容易造成孩子在成长过程中过于小心谨慎，有碍生命发展。

"勇"，孔子说："如果鼓励冒险进取，没有智慧的观照，往往容易盲目冒进，造成混乱，为自己、为社会带来动荡与不安。"

"直"，即直爽。"绞"，即尖刻而伤人。孔子说："若是一味直爽，而没有适度的理性，就很容易在言语上伤到人。"很多时候，人们把讽刺当作幽默，把挖苦当作亲热，尤其是亲人、好友、师生之间，都应该以礼作为交往的准则。

孔子讲完了这些通则，强调了礼的重要性，继而讲"君子"。此处的"君子"指政治领导者，这是孔子提醒政治领导者该注意的部分。

"笃"是厚。孔子说："一个领导者，如果能够以深厚的情谊对待亲属，那么他就能唤醒老百姓的仁厚爱人之心，从而营造良好的社会风气。"

"故旧"指老亲戚、老朋友。"偷"是浇薄。孔子说："当人发达了，成了在上位者，仍然不忘记早年的老亲戚、老朋友，那么他治下的百姓以及整个社会风气，就不会变得势利而薄情。"

这一方面是提出在上位者与社会风气的密切关系，另一方面也说出了在上位者要注意个人的行为，个人对亲人朋友的情感表达，都将是带动社会发展的关键和契机。

国家不只是依法律、制度、规范来管理，还得有好的社会风气，因此在上位者得有深情，并以此来教化民众，以形成良好的社会风气。因为人生活在群体之中，所以人情厚薄、向善向恶，大都受社会环境和风气的影响。

此处孔子似乎在说，在上位者待人接物的表现，常常是形成风气的决定性因素。同时也从侧面写出，在孔子推动平民教育的影响下，许多平民百姓都受到教育并出来做官了。比如《论语》说"子张学干禄"，宰我、冉求、公西华，包括原思和子路都出来做官，从平民成为在上位者，他们对待亲朋好友的态度会无形中影响百姓内心的情感与社会风气。

本章前段强调了礼，后段强调了情，也就是爱。礼与情两者不可偏废，有情有礼，有礼有情，才是完整的作为。

《论语》里所谈的人情，不是个人日常生活中的人情。古书上所讲的情是生命的深情，也是在讲人类共同的心理反应，如同今天讲的慈悲、博爱。不过，即使是博爱，也得有礼，有礼才能有适当的表达。同时，人在高度理性的观照下还得有情，礼与情是双轨并行的。

3. 曾子有疾，召门弟子曰："启予足，启予手。《诗》云：'战战兢兢，如临深渊，如履薄冰。'而今而后，吾知免夫！小子！"

上一章谈人的完整性，这种完整性要有礼、有情。这一章谈人的完整性，则是从具体的生活中展现的。

曾子病重即将去世，于是把弟子叫过来，要他们掀开被子看看自己的手和脚是不是完好。然后曾子说："我这一生都在恐惧小心地活着，就像《诗经·小雅·小旻》里形容的：'像走在悬崖上一般，胆战心惊，也好像踩在薄冰上一样，步步谨慎。'""门弟子"是门人、学生。"启"是开。"予"是我。"战战"是恐惧、战栗的样子。"兢兢"是警觉、小心的样子。

曾子以孝闻名，据《大戴礼记·曾子大孝》记载，曾子引述孔夫子的话，天之所生，地之所养，以人最大、最重要。人是父母生养下来的，作为子女若

泰伯第八 / 327

是不能全而归之，就是不能尽孝。因此曾子自责伤了脚，没有保全自己以尽孝道，虽然后来脚好了，但是仍为自己的不小心而不开心。这与《孝经》中"身体发肤，受之父母，不敢毁伤，孝之始也"的意思接近。

由此看来，本章前两句是曾子提醒学生，人活着的时候要保全自己，不轻易受伤，否则会伤了父母的心，使自己不能尽孝。

然后曾子说："从今以后，我不会再有毁伤自己的可能和机会了，如此我便能够放心地走了，年轻人！"曾子没有惧怕死亡，只是在叮咛、提醒学生。"小子"是青年们、孩子们。

这一章的重点不只是教导人们保全自己以尽孝，更重要的是教导人们学会珍惜生命。自古以来，中国人谈孝就是指全生，即如何意识到生命的可贵，并懂得珍惜生命、爱护生命。

4. 曾子有疾，孟敬子问之。曾子言曰："鸟之将死，其鸣也哀；人之将死，其言也善。君子所贵乎道者三，动容貌，斯远暴慢矣；正颜色，斯近信矣；出辞气，斯远鄙倍矣。笾豆之事，则有司存。"

这一章依旧展现曾子病重、去世前的情况。孟敬子是鲁国的执政大夫，姓仲孙，名捷。孟敬子来慰问曾子，于是曾子对他说："鸟在将死的时候，发出的叫声含着悲哀，人在面对死亡的时候，会说出最在意的话。""问"是慰问。"之"指曾子。"善"不只是指善意、好意，也指人生命中最在意的事情，即含着对生命怀念的情感。这是曾子提醒孟敬子："我现在要好好地告诉你。"

于是曾子说："作为领导者，在领导的态度和方法上，最值得重视的有三个方面。""君子"指在上位者、领导者。"贵"是最重要的。"道"指正确的领导方法和态度。第一个方面，在日常生活中要有适度的仪容、姿态，有了合礼的行为表现，就能远离粗暴和放肆了。"动"指依礼而动。"容"指仪容，"貌"

指姿态，"容貌"包括行为、言语和心理活动等。"暴"是粗暴，"慢"是放肆、怠慢。

第二个方面，要能够警觉地意识到自己面部的细微表情，随时予以端正，这就能建立人与人之间相互信赖的关系。"正"是端正、调整。

第三个方面，在言语、声音、态度上平缓温和，就能引导人们远离固陋和本能的冲动。"辞"是说话，包括所用的言辞。"气"指说话的口气，包括声音、呼吸。

曾子是在强调，作为领导者，不仅要治理、管理人民，还要能够感动人心、带动人民，以此来培养社会群众的心理情感。在方法和态度上，为政者最重要的是要努力自修内心的情感，将外在的言行作为自我修持的落脚点，通过外在的言行传达内心深厚的情感，包括平静、诚恳、慈悲、尊重、包容等等。如此，他人就一定能感受到，也会放下来自生物本能的自我防备，自然就不会暴躁粗鄙、骄傲放肆，而能相互信赖了。这是为政者对自己和对他人生命教诲的重要部分。

曾子又说："至于行事上的礼仪制度，则是事务官的专业工作，不是为政者的工作。"所谓"笾"，是用竹子编成的器皿，用来装水果、米粮。"豆"是用木头刻的高碗，用来装汤汁、菜肴。笾豆用于祭祀或宴客，代表礼法或制度。

曾子的这段话提醒人们，政治与人心、社会风气是息息相关的，同时也提醒为政者要深入人们的内心，成为人们内心的引导者，也就是生命觉醒的导师。因为人们在生命觉醒的过程中，面临着困惑、选择、挫折或者不安，所以需要有生命觉醒者的引导，才能走下去，拥有未来。

曾子认为，当人能够真正表达出内心的真情时，就代表人已经远离虚妄，懂得守信，不再受来自生物生存冲动的限制。这一观念强化了政治与教育的关系，也是中国以往注重政教合一的原因，真正的政治必须具有教化的功能。

5. 曾子曰:"以能问于不能,以多问于寡;有若无,实若虚,犯而不校。昔者吾友尝从事于斯矣。"

当人遇到问题的时候,会向人请教、咨询、请求帮助等,这是一种能力,它不是人天生的,而是要经过学习和被教导才会有的能力。许多人在自己的生命经验里不具备这种能力,如果人没有意识到这一点,就不知道自己为什么没有能力解决问题。

曾子说:"有能力、有才能的人,能够向没有能力、没有才能的人请教问题。有见识的人,能够向没有见识的人请教问题。"这不只是强调为人谦虚,也强调好学能问。如此好学能问的人,他的内心一定是平和的,没有任何功利的想法。当人们学习并拥有这份平和时,不仅有能力向人请教,还能让自己不受社会功利价值的困扰,这是生命觉醒的成果。

内心在生命的觉醒下具有了平等性,既能"有若无",即自己有很多才能和学问,但并不自认为如此,又能"实若虚",即自己很有实学,有实力,但并不自认为拥有了这一切而与众不同,依然能够很清楚地知道自己只是一个人而已。

钱穆先生晚年说:"哎呀,我老了,记忆力不好了,我现在听新闻、听人念报纸,可是我都没有提出很正确的、像以前那样的看法。好吧,从今天起,你们来告诉我,你们看到了什么,教了些什么,读了哪些新书。"我们说:"我们不敢打扰老师。"他说:"你们都在教书,能够讲给学生们听,怎么不能讲给我听呢?你们的心还没有平等性,这是不行的。"

"有若无,实若虚"是人在高度觉醒和自我修养之后,所展现出来的内心的平等性,亦即不再受生物"总想高人一等,才有自我存在的价值和自我肯定"这种本能的驱使。这种生物本能的驱使是一般人感到痛苦和困惑的原因之一。

"校"是计较。曾子说:"当别人以无礼、不合理侵犯自己时,自己并不计较。"这是人在生命觉醒中达到了无我的境界，超越了那个一旦被否定、冲撞、违逆、威胁，就全力反扑，全面自我维护，否则就感觉被侵犯的自己。

这就是为何人们的生活总像处在战场上一样。西方古今的哲学家大多认为，人类的历史是战争的过程，人与人之间是斗争的过程。不过，中国的哲学家则认为"我"分为两个层次，一个在生物的层次上，因此争生存是必然的过程。另一个在生命觉醒的层次上，超越了生物本能的自我维护，展现了人性的我，这是人类能成为人类的关键所在。人类可以随时将自己超脱于生物的层次之上，人们有了爱和爱人的能力，才有和平、宽恕和原谅，这才代表着人类真正走向了文明，建立了人的世界。

曾子说："从前我的好朋友颜渊，他可是在这些事上下了大功夫的呀。"这个"吾友"，自古以来都认为是颜渊。"从事"是做了这样的事，下了功夫。"斯"是这一点。因为曾子说这些话的时候，颜渊已经死了，所以曾子称其"昔者"。也可以说，颜渊在自我修养上超越了只求生存的小我，达到了无小我的境界，因此他能够从人类的平等性上看问题。

能与不能、多与寡、有与无、实与虚，都不再是绝对的差别，了解到人们都各有所长、各有所短后，在遭受他人冲撞时，就能不在意、不计较。因为我们会知道，那是他人的一种不安的表现。

6. 曾子曰："可以托六尺之孤，可以寄百里之命，临大节而不可夺也。君子人与？君子人也。"

上一章曾子借着颜渊来说明，人只要通过自我修养就可以达到无小我的境界。这一章则说，无小我并不是真的没有自我。

近代西方哲学家非常强调自我的建立，认为没有自我就没有了个人。只有健康的自我和健康的生命个体、存在个体，才能够真正发展个人的创造力。笛卡儿有句名言："我思故我在。"即若没有真正的个体性的思考，这个世界是不容易被确立的，思想、知识也同样不能被创造。所以，无我不是没有了自我，只是不再受小我的局限，同时能发展出更高层次的我，这个我不会在面对生存利害时失去自我，不会从勇士变成懦夫，甚至不讲是否诚信、正义、公平，不讲是非、对错、善恶。

曾子说："可以把年幼的国君托给他，也可以把整个国家与人民的安危、命脉以及大政都托付在他手上，即使面临生死，他也不会动摇。"这是强调了真我的展现。"六尺"是十五岁以下的青少年。"孤"是孤儿，在这里指年幼时失去父亲，还没有行政能力的小国君。最了不起、最成功的例子莫过于周武王死前把年幼的周成王托付给周公。"百里"指诸侯国。"命"是国家的政令，引申为国家的安危、命脉。"大节"指关键的事件或者时刻，包括关乎自己生死安危的时刻。虽然人世的成败有很多条件，但是不改变对自我的坚持，就是对自我的掌握，像这样的人，曾子说："是君子了吗？是的，是君子了。"这个"与"是"欤"，疑问词。

曾子告诉人们，真正的君子是生命的承担者。在这一章，曾子基于孔子赋予君子是生命觉醒者的意义，用现实中的事件给予了君子更新、更具体的内涵和意义，提出能发展真实自我的人就是君子了，甚至说这就具有仁道的精神了。这是对仁的进一步认知，也是由孔子到曾子关于仁的思想的发展过程。

7. 曾子曰："士不可以不弘毅，任重而道远。仁以为己任，不亦重乎？死而后已，不亦远乎？"

在孔子所处的时代之前，士是介乎贵族与百姓之间的等级，也就是在行政中执行实际事务的人。文士负责一般行政文书的工作，武士则是战斗者。孔子推展平民教育，造就了大批的士，赋予了士新的意义。士既是读书人、学者，能参加战斗，有能力做事的人，又是具有高度的生命觉醒，如同君子一样的人。不过，士多半有能力承担实际事务，君子则比较直接地表现在高度的生命觉醒后所展现的德行上。

"弘"是大。"毅"是刚强坚毅。曾子说："一个士，他的心胸志向必须宽宏远大，性格必须刚强坚毅，士所承担的责任非常重大，要行走的道路非常长远。士要以仁为终身学习与推广的志业，这不是很重大的责任吗？这样的志业推广之路到死才能停止，不是非常长远吗？"

对于仁，古人大都解释为仁道。那构成仁道的核心是什么呢？今天说合乎人性就是合乎仁道。那人性是什么呢？儒家认为，自我意识、生命觉醒和生命觉醒后能有爱，能珍惜生命，并对世界充满了关怀，这都属于人性。

换言之，人在生命觉醒后，终其一生不断地自我反省与提升，并从事仁道的推广工作。所以，作为士不能故步自封，要有能力接受新事物，有能力开放地面对变化的世界，还要能看到新时代人们新的心理动向、情感需要，并以此来启发、引导他们走上生命觉醒的道路，帮助他们开发内心的爱和善意。这是很重大的责任，也是非常长远的道路。

这样的终身学习，是今天的人们面对社会快速发展下不确定状态的安然适应之道。

我每读到这里就会想到人类世界的所有圣贤，他们为了人类的幸福，不都是如曾子所说的士那样全力以赴、终身奉献吗？由此可见，这既是人类的共性，也是天性。这是士摆脱生物生存本能的限制的表现，他们不会为了自身的生存，就将自我封闭在自己认为最有利的生存状态下，其果断坚毅的性格更体现了生命觉醒的通达和坚定。如甘地一生为教导印度人民觉醒而努力，也如特蕾莎修女、史怀哲医生献身济助民众，至死方休。孔子、曾子在两千多年前提出这样的观点，使中国文化在人类世界中发出了耀眼的光芒，到今天依然闪亮。

钱穆先生常说，二十一世纪让全世界走向真正和平的，大概是中国文化中的儒家思想，因为它是直接告诉人们活着真好，活着且有爱便是最大的幸福。

我记得我有一次向钱穆先生报告："我把教书化成了对学生的开导，告诉他们如果有可能就做一个士吧。"他老人家问："你期待这个社会快点改变吗？"我说："社会有自己发展的路，我只能尽自己的努力。"他点点头说："是的，是急不来的，这是一条长远的路。我从十六岁开始教书，到今年八十六岁了，社会也并没有太多的改变。不过只要你有兴趣，能坚持下去，一代一代地推动，中国一定会变化的……当你决心做士，当你成为士，要记得曾子说：'士不可以不弘毅，任重而道远。仁以为己任，不亦重乎？死而后已，不亦远乎？'这真是一切就要看有心人的努力了。"

8. 子曰："兴于《诗》，立于礼，成于乐。"

《泰伯》篇的首章，孔子谈人类最高的行为表现是谦让，而后孔子谈到礼和情，此后五章全是自我勉励以及教导人们如何走上生命觉醒之路，并建立真正的自我。这些言语似乎让人觉得居高不下，而这一章仿佛从高山崖谷豁然进入了平原一般。

孔子说，想要带动人的心志，启发人走上生命觉醒的道路，当从人的性情入手。读《诗经》让人认识了情感，引动了情感，由此认识了人，认识了爱，并带动了心志，教导人踏上生命觉醒和爱的路途。"兴"是起、兴起，引申为引动、带动。《诗经》大多谈人的情感。孔子说："《诗》三百，一言以蔽之，曰：'思无邪。'"《诗经》的内容直出于人的内心，表达人的情感。人的生命觉醒在于情，情与爱不同，情与欲更有分别，这是儒家所说的关键。

欲是生之本能，就像车子的发动机，车子有发动机才能行驶。一切生物在欲望的推动下才能动，可说欲是生之动能。生物往往有惊人的生之举动，它们何以做到的呢？这一切都是在生之本能下完成的，生之本能、生之动能统称为欲。

爱也是生之本能，大多数生物，包括人类都会对生命本身有所珍惜、有所坚持，这是心理的动力。它是生之爱，或者说是原始的父母之爱，可以用来维持生命的发展。对人类来说，这本能的生之爱还包含了爱情，因此，爱情起初多半具有占有性，很容易引起人的焦虑、忌妒、猜疑等负面情绪。

情是人类特有的感受，是人类在特有的自我意识的推动下，回看自己的爱情，而后逐步意识到所爱之人真正的需要，从而调整自己占有性的爱，给予所爱之人尊重，给予适当的爱。

有一部美国电影叫《廊桥遗梦》，电影里一对陌生男女不期而遇，他们发觉对方是自己一生追求的理想伴侣，只是相见恨晚。最后女方告诉男方，她不能不爱自己的孩子，不能不关心自己的丈夫，她无法放下他们。这部电影所表达的爱就是情，是人类特有的情感。

这就如同唐代诗人张籍所写的诗："君知妾有夫，赠妾双明珠。感君缠绵意，系在红罗襦。妾家高楼连苑起，良人执戟明光里。知君用心如日月，事夫誓拟同生死。还君明珠双泪垂，恨不相逢未嫁时。""良人"，即我的丈夫，他在朝廷做官。我知道你是真的爱我，完完全全地爱我，可是我当年跟丈夫结婚的时候，曾经发过誓，但愿同年同月同日死。这怎么办？"还君明珠双泪垂，恨不相逢未嫁时"。有的时候人生的某些遗憾反而是最大的圆满，这就是情，为人类所特有。

当人认识了情感，认识了爱，认识到真正的爱之后，才有能力做最适当的表达与选择，这就是礼了。礼是最适当的爱的表达，也就是情的表达。

最后在礼与情之中，孔子说："让生命如同音乐般地完成吧。"凡是音乐就是有规律、有变化的。人的一生就如同曾子临死前所说的："启予足，启予手。《诗》云：'战战兢兢，如临深渊，如履薄冰。'而今而后，吾知免夫！小子！"

整句话的音律，令人感受到曾子在生命觉醒后有着严格的自我要求，其中充满着真情，以及拥有适当表达真情和长期维持热情的能力，因此将人生活成一首完美的乐章。这是曾子一生的完成，是他的一首歌。

本章具有高度的美感，让人感受到生命与生活充满了美好。人能够活在这样的生命感受之中，一定会快乐幸福。

9. 子曰："民可使由之，不可使知之。"

这一章在近代有许多争议，很多人认为孔子主张愚民，轻视民众，甚至认为孔子主张君主专制政体。由此将这一章解为，对于老百姓，只要他们遵照规定的道路去走，不必也不可以让他们知道其中的原因。然而，那些认为孔子不主张民主的人，其实是站在现代的角度去批评的，其观点不合乎古代的客观事实。

更何况，近代有注释家认为，这是孔子谈国家政策、国家法制，有的时候只能让老百姓遵从，无法让他们尽知为何这么做。因为国家人口众多，所以不容易广为宣传、教导，要等到人们全都知晓，一定会丧失时机，这样就根本谈不上为政治国了。

不过也有人认为，虽然孔子的这句话正确，但是似乎又不全然合乎孔子推广平民教育"有教无类"的主张。因而他们认为这一章的断句应是："民可，使由之；不可，使知之。"意思是人民若是有能力了，达到某个高度了，就让他们自己去行，自己去做吧。如果他们还没有能力，还达不到某个高度，还不足以那样做，那就教育他们，让他们去了解明白吧。"可"是能，"由"是去实践，去做，"知"是让他们明白。也就是说，这句话应写成："民可则使由之，不可则使知之。"我个人偏向这个解法。

我的理由是，这比较符合孔子"有教无类"的主张，也是孔子一生的努力目标，即推动平民教育，教导人民达到生命的觉醒，然后发展真正的生命的爱。在上一章，孔子提出："兴于《诗》，立于礼，成于乐。"这是最快乐、最好的生活方式。这样的生活方式让人们的感性、理性都能充分发展，同时又可以带领人们进入艺术审美的生活领域，绘制理想的生命蓝图，自然而然地跨越生物本能的局限。

孔子的审美理想之一，是人们在生命觉醒后拥有审美性的生活和生命。这是儒家的生活美学，甚至可以说是生命美学。这需要加以教导、引导、提醒，不是人们一下子就能完全体会的，也不是天生就能全然达成的。譬如一个艺术创作者，他为人类创造美好的艺术品，但他自己的生活，就情绪而言可能一塌糊涂。

这一章孔子的意思是，若老百姓有能力实现生命的理想，就让他们自己自然而然地去发展，否则就要加以教导，让他们学习、明白，从而有能力追求美好快乐的生活。

人们的生活，从金钱、物质到情感、精神，有各种层面的需要。譬如一个大型工厂，工人们除了吃、住，还需要有图书馆、娱乐场所、运动中心等设施，不然生活会无聊、枯燥。至于大的社区、学校、乡镇，甚至国家，更不能没有这些设施。

古代中国在国家建设上的第一等大事，就是对礼乐的建设，即打造以礼制、礼乐为主的政治社会，包括各种节庆、娱乐、教育活动。因为对人来说，最重要的是能好好地过日子、好好地生活。所谓好好地生活，除了工作，还有其他诸如情感以及艺术创造力的自然呈现。否则，就违背了人性，不合人心，难以有快乐的人生。

因此古代中国，包括政治在内，始终以儒家为主，法家为辅。法家注重效率，而儒家认为在效率之上得有文化，有艺术，有审美，有精神活动。当然，还要再参考道家思想的超然、自由。如果只求效率、利益，只用法家思想治国就会覆灭，秦始皇是最典型的例子。上一章和这一章，在教化人类上是有深意的。

10. 子曰："好勇疾贫，乱也。人而不仁，疾之已甚，乱也。"

前两章，第一章谈的是生命觉醒后展现的理想生活，以及社会对人们的教化和引导，第二章强调了教化的重要性。理想的生活和生命的觉醒固然是人的需要，不过对大多数人来说，这需要通过教化、教育才能拥有。

这一章，孔子说："人如果好勇、好斗，同时又怨恨、厌恶自己的贫穷，那就不容易依理性去做事，会不择手段地乱来。"这是就一般人，即尚未有生命觉醒，受制于生物生存恐惧下的人而言的。"疾"解作怨恨、厌恶、憎恨。

孔子接着说："没有爱，没有仁心，没有人性的人，还处于生物本能的冲动中，如果你太过讨厌他，最后他就会不顾一切、肆无忌惮地报复与作乱，甚至不惜毁灭一切。""不仁"是除了没有生命的觉醒，还没有仁心，没有人性的人。"已甚"是太甚，让他没有任何可能的机会。孔子在这里是说，对待这种人仍然要有所教导，要适当地提醒。

如何对待这种人呢？有人认为这些人属于社会的边缘人，他们总有被社会逼迫、遗弃的感受，会在不可遏制的愤怒情绪下闯出大祸。近代西方存在主义哲学家，以法国萨特和加缪为例，在他们的戏剧、小说里面透露了因个人和社会之间的对立性所导致的悲剧。他们会从这个方面重新思考个人的生存问题、生命价值问题，还有社会问题、理想社会的形态问题。

本章除了指出个人的性格好勇、不仁，还包含着社会性、社会价值观的问题，就是"疾贫"，即讨厌贫穷，认为贫穷是不可救药的病痛。这种价值观与风气，对一般人的压力是不容小觑的。

所以说，人一定要被教化，老百姓一定要被教育，任何企业、社会、国家的建构都该有文化、精神、艺术、审美的规划，以合乎人性、人心的需要。这样才能够引导人们过上正常、优雅的生活，也才可能拥有健康、均衡、正向的人格。

11. 子曰："如有周公之才之美，使骄且吝，其余不足观也已。"

这一章孔子以周公为例，强调健康、均衡、正向的人格是人类一切文明事业的基础。

周公是周文王的儿子，周武王的弟弟，周成王的叔父。他才华盖世，帮助周武王建立了理想的事业，以爱与和平为号令，率领天下诸侯剿灭了好战的商纣，建立了和平的社会秩序，将天下带给天下人。战争胜利没多久武王就死了，成王尚幼，于是周公摄政七年，直到成王长大。周公在辅佐成王时为西周制礼作乐，建立了理想的封建社会，使得周朝延续了约八百年，是中国历史上存在时间最长的朝代。

可以说，周公翻开了中国古史最辉煌、最具创造力的一页。孔子说："即使有周公那般出色的才华，假如人格是不健康的，既骄傲又恃才凌人，而且小气，对人没有善意，那也就不值得一看。"孔子是儒家的代表人物之一，他认为人必须要有德，德是人在生命觉醒后有着爱，有着善意的行为表现，同时也是健康人格的表现。在人类文明的建设上，真正有益于人类的事业，无一不是建立在德行的基础上。骄且吝的人，不足以为人类带来真正的幸福。

12. 子曰："三年学，不至于谷，不易得也。"

"学"指一般的学习，包括入大学、入小学，也包括学生们到孔子那里去学习。古人的学校分为大学、小学。

小学是训练基本能力的地方，以洒扫、应对、进退、书数的学习为主。训练孩子治理环境、完成事务、承担责任的能力，教他们学会如何清晰地思考，能适当地回应别人，并表达意见，教他们如何为人处事、掌握进退时机，并做出正确的命运抉择，其中包含认识自身的生命秩序。

大学是国家培养人才的地方。古人将大学称为"大人之学"，指执政者、领导人之学。《礼记》里的《大学》，这一篇教导为政者从生命的觉醒入手，自己先要"明明德"，即要发挥自己先天的善良与潜能，而后要"亲民"，即要认识人，并在对人的认识与了解的基础上教化人民。

《礼记》里还有一篇《学记》，主要谈教育的目的和方法，同时还说"比年入学"，就是每年都要有学生入学。"中年考校（jiào）"，到了期末，老师要考核学生学习的状况。大学的完成是九年，三年为一个阶段。

本章孔子说："大学学了三年，他还能够不出仕做官、不求俸禄，这种人可是不容易得到的。""谷"是俸禄。这说明人学习了知识、技能、专业课程，不代表就有了生命的觉醒，一般人还只是停留在求生存的阶段，人们入学校学习，包含到孔子那里去学习，大多只是为了有工作，有俸禄，有饭可吃而已。

13. 子曰："笃信好学，守死善道，危邦不入，乱邦不居。天下有道则见，无道则隐。邦有道，贫且贱焉，耻也；邦无道，富且贵焉，耻也。"

本章的"学"以及《论语》中绝大多数的"学"，都包含着生命的觉醒的意思，即孔子所提倡的仁道，也就是孔子所说的"君子之学"。孟子所说的"大人之学"，是提高自己的心态之学，建立自己的理想之学，亦可说是养心之学。孟子说："学问之道无他，求其放心而已矣。"学是把丢失的心找回来。"放"是丢失。孟子提出的"学"基本上是延伸与发展孔子的"学"。

"笃"是厚、厚重，用今天的话讲是坚持，是能够深深地实践"信"。"信"是诚信。诚信是真实不虚，这包含了真真实实的自己。坚定地做真正的自己就是笃行的表现。"好学"指生命觉醒的学习，这是孔门最重要的学习。"笃信好学"是做真正的自己，以至"守死善道"，至死都能坚持走在生命觉醒的道路上，这是生命中充满善意的道路。"善道"即最好的道路。唯有如此，人们才可以真正享有这个宇宙中极其特殊的生命。

　　不过，不要认为必须为善道付出生命，忽略了生命的重要性，轻易为善道而死。所以，孔子就说："当一个国家已经危机四伏、动荡不安时，我们不要因为某种利益或交情，轻率地前往，将自己置身于危险的环境。即便还没有到随时会覆灭的危险地步，但纲纪法律、行政制度、是非正义已经紊乱了的国家，也不要留居其中。在这样的国家，真真实实的自我无法伸展，更不可能全面发展。"这一方面是孔子勉励人们要"守死善道"，另一方面是提醒人们要懂得自我珍惜，不要轻言牺牲。"不入"指不入仕或不进去，不入居。

　　钱穆先生在他的《论语新解》里说，不入危邦是不受其乱，不居乱邦是不受其祸，这是全身以成善道的方式。不过，从道义、情义上讲，当自己的国家危乱了，君子无法轻易离弃，甚至还得临危受命，承担责任，这其实也是求善道的方式。从更深的层面来说，"守死"包含着可以死、可以牺牲，又包含着可以不死、不必牺牲。当人能做适当抉择的时候，一定要懂得不入危邦、不居乱邦的深意，死与不死，一切以坚持完成善道为主轴，才可以完成"守死善道"的大节。

　　儒家谈生命的觉醒是教人懂得生命的可贵，教人重视生命，教人真正意识到活着是件非常美好、非常重要的事。如此，人才能真正掌握"笃信好学，守死善道"的关键与"守死善道"的方式。

　　孔子接着说："国家上了轨道，社会有了秩序，能行道时，君子就出来为国家做事，或者担任公职，展现自己处事的才能。当国家不上轨道，或者是非正义得不到彰显的时候，就不出来担任公职。"这几句话的衔接是有深意的。

"天下"指社会，也就是说真正的生命觉醒者在出入、进退之间，不仅要有选择、辨识的能力，还要有宽宏的心量。因为有能力做事、创造的人，其能力、动力连接着生物本能的生存动力，所以会自然地表现出来。他若不做事，隐居不出是很痛苦的，除非懂得生命的抉择，不受生物本能及来自宇宙的创造力的驱动，能稳住自己。

"危邦不入，乱邦不居"是思想层次的智慧判断，"天下有道则见，无道则隐"是自我行动力的掌控。从字面上看，人们可能会认为孔子的说法太消极，甚至会认为孔子太过看重自己，太过保护自己。因此孔子再说："当国家上了轨道，人人都能展现才华，不再受困于社会底层时，甚至提高生活质量，自己却困守在贫困低贱的位置上，这就代表自己不努力，这是可耻的行为。当国家是非混乱时，自己却借着各种机会发财，并且跻身上位，这也是可耻的行为。"

所以，重要的是当人真懂得了生命之道，真能珍惜生命，真正拥有自我生命的主体之后，不论是在好社会、好国家，还是坏社会、坏国家，天下"有道则见""无道则隐"的两种情况都是生命的完成。"邦有道，富且贵""邦无道，贫且贱"，同样也都是生命的完成。人在进退存亡中能不失正确的抉择，就是完成自己生命之道的圣人了。

"笃信好学，守死善道，危邦不入，乱邦不居"是建立自我主体的重要前提。"天下有道则见，无道则隐"，要懂得进退存亡的抉择。结论是"邦有道，贫且贱焉，耻也；邦无道，富且贵焉，耻也"，在适当的时候，人不但在发展自我的过程中有所努力，而且要依正道而行。

14. 子曰："不在其位，不谋其政。"

这一章可说是上一章的延伸，有人说这两章是相互印证的。

"谋"，即议论，政者事也。孔子说："不在那个职位上，就不议论那个职位上的一切事情。"这不是要人小心谨慎地做事和议论，而是教人言行有分寸。特别是在居官任职的时候，要有能力知道自己职务的范围，以及该承担的业务，不可跨越到别人职务的范围内。一切都条理清楚，依法依礼，质询答复简明清畅，言之有物。

其实，有时政治上的乱象就是不在其位而谋其政的结果。一些司法的判案也有这个问题，若法官不依法断案，而是跨越到道德的范畴，就会显得有失公允。如果能根据法理来论事，而不轻易以道德同情来判决，司法的公正性就会更明确。这就是"不在其位，不谋其政"的重要原则。

从任何事情都有其一定的范围来看，一般人也就能够守住基本的分寸，对别人或者别人所做的事情，一切依理来议论。凡是超过理的不臆测，也不批评，以免流于主观，背离事实。只议论而不深察事情本身和自己该有的理性的分寸，未免缺少了自我主体性。

这两章所强调的都是自我主体性的建立和表现。

15. 子曰："师挚之始，《关雎》之乱，洋洋乎盈耳哉！"

"师"是鲁国负责音乐的官职名称，又叫太师。"挚"是乐官太师的名字，简称师挚。"始"是乐曲的前奏曲。古代奏乐，开始时是笙歌，一般由太师演奏，同时有前奏曲。因为师挚是鲁国的太师，所以孔子说："鲁国演奏音乐，由师挚开始演奏。"

《关雎》是《诗经》的首篇。"乱"是音乐的结尾，又称为乐之终。古乐的演奏不仅有前奏，还要唱歌，唱歌的时候以瑟伴奏。然后奏笙，最后是合乐，即歌、瑟、笙、磬并作。

"乱"是配合音乐来演奏，有合唱。"乱"也解作理，即有条理。在演奏中，虽然音乐到了大合奏、大合唱这种情绪高昂的时候，但是仍能清楚又有条理地展现出来，所以用"乱"字来代表音乐的演奏过程。"《关雎》之乱"指合奏、合唱《关雎》，而后结束。

"洋洋乎盈耳哉"，"洋洋"是盛大而又美妙的样子，孔子赞美在太师挚的带领下，演奏出来的音乐盛大而美妙，整个音乐充盈在耳朵里。之后每当回忆起来仍是洋洋盈耳，这说明孔子心中时刻都充盈着美妙的音乐，体现了孔子的浪漫和理想。

在西方，感性与理性是对立的，理想与现实是冲突的，浪漫与实际是矛盾的。在中国，从孔子主张的生命觉醒中，世人明白了感性与理性、理想与现实、浪漫与实际，可以完全合一地展现在人们的生命之中。生命真的如同一首完整的音乐，能够既和合又有条理地演奏出来，同时又充满了浪漫。

记得钱穆先生在晚年时，他常常坐在椅子上看着窗外，手中会不经意地轻轻打着拍子。甚至在他搬离故居素书楼那一天，搬家工人搬动家具，虽然噪声很大，但他老人家仍然怡然自得地坐在角落的椅子上，脚轻轻地打着拍子。我曾经问他："老师，您心中有曲子吗？"他笑着点点头，没说话。当人的心中能够随时有歌曲时，当人的生命如同音乐一般时，那就是美好生活的开始。

本章谈通过音乐展现人的生命是不冲突、不对立、不矛盾的，是能将生命中的感性和理性融合在一起的。

16. 子曰："狂而不直，侗而不愿，悾悾而不信，吾不知之矣。"

人的生命像一首美妙的音乐，其根本原因在于人类特有的天性，即人会对自己，对生命有回应、有肯定，因此人才会有真正的生命觉醒与自我认识。

人在生物本能的基础上，在其特有的天性上，感性与理性、理想与现实、浪漫与实际的差距上是无法合一的。因此人在没有生命觉醒前，没有调整差距和矛盾时，通常会有对立与冲突，同时也会有性格上的偏执。

人类由于特有的生命觉醒，突然让心有了光明，而能摆脱生物性，远离悲剧。有的人认为，这是人的良心使人不至于蒙昧沉沦，无可救药。也可以说，这是人性所在。比如"狂"指狂者，这种人多半性格直率。"侗"音tóng，意思是无知，没有见识，不能很精明地随时做判断，这种人多半"愿"，即敦厚。"悾悾"音kōng，能力不足，这种人多半"信"，为人可靠。

可是现在，狂者失去了直率，侗者不再敦厚，能力不足的人不再信实可靠，这些人失去了原本该有的好的本质。

虽然原是人类天性中好的本质，但在生物本能的限制下，在人类现实功利社会的架构中，人们没有走上生命的觉醒之路，始终限制在生物追求生存的本能中。如此人类天性中好的本质就无法彰显出来，人性就被遮盖、扭曲了，人也会丧失原本的可能性，以致"狂而不直，侗而不愿，悾悾而不信"。孔子说："对这样放弃觉醒的人，我也不知道该怎么办了。"这其中有着深深的惋惜之情。

17. 子曰："学如不及，犹恐失之。"

上一章孔子提出了人在生物生存的恐惧之下会扭曲自己，使自己丧失平衡。弗洛伊德说，人有三个我，即本我、自我、超我。超我，即朝着社会理想、生命理想前进的我，这种朝着理想前进的力量是人天生具有的。本我与超我是矛盾的，得有健康而完整的自我来协调、平衡，而自我能健康、完整，主要在于自我的觉醒、生命的觉醒。

本章所说的"学"，即使是读书求知识、学技能，都含藏着自我的觉醒、生命的觉醒，以及爱的意识（这是人想要学习，想要活下去的原因）。人类的一切学习活动和政治、经济、文化、社会制度等，都有着生命觉醒的教育意义，这是人脱离了自然生存竞争后展现的人性，也是通过互相合作达到共存、共荣。即使有竞争，也是良性的竞争，就像世界杯足球赛、奥运会，人们通过互相合作，传递追求希望、爱、和平、荣耀的心声，这是人类最大的理想。

今天从自然科学的角度，很容易以生物性来谈人性。像达尔文的进化论认为人本是动物，以动物性来谈人性，其实这是有偏差的。又如弗洛伊德认为人的竞争性、征服性、占有性、控制性都来自欲望、本能，其实这是生物求生存的表现，即有限的生存资源条件，自然会引起恶性斗争。

然而，人在生物求生存的基础上，竟然能发展新的脑细胞。人有语言、思维、自我意识，人会自我反省，并因此能互相合作达到共存、共荣，共同解决难题等。所以，当人们真的意识到生命的脆弱和可贵，就会懂得珍惜生命，并保护生命。人在觉醒的刹那，会突然觉得自己觉醒得太晚了，这就是孔子说的"学如不及"，还是会担心自己有遗漏，学得不完整，觉醒得不彻底，这就是孔子说的"犹恐失之"。这种觉醒后的心理状态及寻求真理的热烈情怀，就是来自人所特有的人性。

18. 子曰："巍巍乎！舜、禹之有天下也而不与焉。"

这一章谈的同样是人真正觉醒后的表现。

"巍巍"是如山般高大的样子，是高度的超然。"乎"是感叹词啊。孔子说："舜和禹所表现出来的真是超然的气象啊！"人能超然才能高大，才会伟大。

《论语》一直都在讲，人之所以会超然，是因为有了真正的自我认识，从而有了真正的生命觉醒，其所作所为不再只是为了满足生物本能的需要。人在生命觉醒下，能够脱离小我，关爱他人，爱不只是交换或者依附，爱成了生命共同体的感受，能推及每一个人、每一个生物，从而会关心社会，甚至关心世界。如此，人的一切思考、行为都能包含所有事物，自然就"巍巍乎"，变得崇高、伟大、超然了。

舜和禹崇高到什么地步呢？孔子说："舜和禹拥有了天下，但是天下的权力、财富、地位好像跟他们没有关系，他们只是在做事。""而"作如讲。"与"是有关联、参与。这是说舜和禹没有小我，不再受生物本能的冲动的限制，不像很多人利用高职位、高权力为自己谋私利，完全被控制在小我上。孔子赞美舜和禹虽然做了天子，但好像自己不是天子一样，一切仍都是自自在在的。这就是舜和禹超然于社会功利价值之上的表现，也是尧让位给舜，舜让位给禹的原因。

传说或古文献上有舜和睦持家，禹无怨治水的事迹，也都说明他们超越了小我，成就了大我。

这是生命的爱的表现，甚至达到了神圣无私的爱的境界。所以孔子说，即使舜和禹担任了天子之职，也没有动摇自己的爱，他们摆脱了生物本能的限制，成为真正的生命觉醒者。

孔子认为，中国历史真正始于尧、舜、禹时期，这说明当人类有了真正的生命觉醒，同时能付出生命的爱，能有生命的爱的作为时，才算是人类历史的开始。因为这代表着人之所以为人，而不再是生物了。人的历史、人的文明也当从这里开始，而这就是中国史学大义的源头。

19. 子曰："大哉尧之为君也！巍巍乎，唯天为大，唯尧则之。荡荡乎，民无能名焉。巍巍乎其有成功也，焕乎其有文章！"

在孔子的影响下，学者们不断地追溯族群、民族的源头，以及人类历史、文明的开始。

禅让代表着人类能摆脱来自生存本能、生存冲动的限制。换而言之，生存成为众生的生存，人类不再为自己的利益去争夺，可以携手来解决物竞天择的问题，可以为其他人的利益而退让。

一位天文学教授说，从自然历史的角度来看，地球上的生物没有不灭绝的，包括人类，因此"人定胜天"是不可能的。《尚书》中说，人要修补天工没有完成的部分，让人与自然和谐相处，这才是人类最大的智慧。人类最必要的学习，就是从自然历史的演变过程中学习如何面对未来可能发生的灭绝。

如果人类有了真正的生命觉醒，了解自然规律给予人类的生存底线，就可以凭智慧来共同研究如何巩固这个底线，以求人类生命可能的最大的延续。此外，如果人类不去恶意竞争，恶意消耗地球有限的资源，就不会自取灭亡。

当年钱穆先生常说，人类只有一个地球，资源有限，如果所有国家都肆意使用资源，地球能负荷得了吗？如果科技来不及发明新能源，该怎么办？世界上只有中国能大、能久，其重要原因就是中国不主张浪费资源、竭尽资源，国家施政讲究依时而行，人要与天地和谐共存。这才是人类生生不息的凭借。

中国这种顺天、法天的观念是极其特殊的，起源非常久远。从本章来看，尧是一个很好的代表。孔子说："真是伟大啊！真是像天一样广阔啊！尧这样的君王。"孔子忍不住用"巍巍"两个字来赞美尧："真是崇高、超然啊！"为什么呢？孔子说："在这个世界上，只有天是最大的，也只有尧效法、学习了天。""唯"是只有。也有人说，"则"是准则，即尧以天为准则。

"天"是生生不息。天具有无限的创造力，其表现是有生生不息的生命力量，也就是仁爱。天之德，是对万物公平无偏私。尧能法天，向天学习，表现了他的仁爱、仁德。尧为了使人类社会中的每一个人都能生存发展，建立了合乎人类理想生活的健康社会。因此孔子说："广远无限啊！以至人民没有适当的语言来称赞尧。""荡荡"是广远无限。"名"指语言。"焉"指尧。

孔子又具体地说："真是崇高、超然啊！尧在政治事业上是有功绩的，人民深受教化，社会达到了极高的水准。这真是光辉灿烂啊！尧建立了礼乐以及典章制度！"这是孔子赞美尧将人们从蒙昧带入了高度文明、先进的时代，同时带领人民建立了有秩序的社会。"其"指尧。"功"是功绩。"焕"是光明的样子。"文章"指礼乐及典章制度,礼乐指人类的精神文明,典章制度指政治、经济、社会的各种措施,包括法律。

这样的生命之爱和伟大的成就,尧是怎么做到的?其实说来简单,即孔子所强调的是自我认知和生命觉醒,而自我认知是生命觉醒的前提。

我们看上位者的成功与失败,以及国家的兴旺与衰败,其关键不就是上位者及人们的生命觉醒程度吗?所以,不可轻视人的自我认知、生命觉醒。

20. 舜有臣五人而天下治。武王曰:"予有乱臣十人。"孔子曰:"才难,不其然乎?唐虞之际,于斯为盛;有妇人焉,九人而已。三分天下有其二,以服事殷。周之德,其可谓至德也已矣。"

尧带领人们建立了秩序井然的现实社会和高度文明的理想世界。舜能够传承尧的工作,促进社会、时代实现和平繁荣,并建立健康、宜人居住的社会。所以孔子说,代表尧、舜时期的《韶》乐是"尽美矣,又尽善也"。

这一章孔子告诉人们,舜的成就,除了在于舜自身的品德,还在于舜有五位贤能的臣子,因而天下被治理得繁荣昌盛。舜的五位贤能的助手是:大禹、后稷(擅长农作)、契(推动教育)、皋陶(负责司法)、伯益。"治"是有条理而和平。

在现实的人生、现实的社会里,最重要的是人才用世。然而,真正的人才是不易寻得的。开创理想的政治局面,不只是靠领导者因生命觉醒而有卓越的德性,还要有一群有着共同理想,有着生命觉醒的助手。尧提拔了舜,这就是发掘人才,也是培养和训练继承人、传承者。

从舜到禹,以至周武王时期,更是人类文明飞跃提升的时代。尤其是武王建立了新天下,他说:"我之所以成功,是因为我有十个能干贤明的大臣。""乱"

作治讲，乱的本义是理顺丝线，让丝线不乱作一团。"予"是我。"乱臣"是治臣，能治理事情的臣子。这十个人，包括周武王的两个弟弟——周公旦、召公奭（shì），以及著名的军师姜太公等。这说明一个时代的成功，不仅要有清明、觉醒的领导者，还得有贤明能干的大臣。即一群生命觉醒者，能干、能治世的人共同努力，才会有好时代的到来。

孔子说："人才难得，不就是这样吗？"这一句承上启下，是双关语，强调在开创事业时人才的重要性，说明人才不易得，舜只有五个人，周武王也只有十个人而已。不过，这些少数人却完成了如此伟大的政治工程、心灵工程。

可是，五人、十人实在不多，所以孔子又说："从尧到舜，以至周武王时期，算是人才鼎盛的时代了。不过真正算来，周武王得力的大臣只有九个人，因为其中一位是女士。""于"是到。"斯"是这个。

本章孔子说"有妇人焉，九人而已"，这是说在外做事的是九个人，至于这个女士呢，虽不是在外做事，但她成了重要的助手。有人认为她是周武王的夫人、姜太公的女儿邑姜。她没有参与外在的事务，而是帮助武王安顿家庭，让他无后顾之忧。这不是看不起女性，只是强调当时的状况。

然后孔子又说："当时商纣无道，全国三分之二的诸侯都归顺了周文王，但周文王仍率领天下归顺的诸侯听命于商纣，做商纣的大臣。西周时期，因生命觉醒而来的爱所表现出来的德行与作为，可以说是至德了！"自古以来，许多注解者认为这句话可以与上一句分开，另起一段。"三分天下有其二"基本上指周文王的作为，孔子用一句话点明周文王的不争与能让是人类最高的德行，也是西周成为飞跃的觉醒时代的关键。"其"作应该讲。"已矣"，两个叹词代表了孔子的高度赞美。

短短四句话，孔子把一个既长远又具有和平理想的盛世，以及它出现的原因，从人才到领导者的德行，说得清清楚楚。

21. 子曰:"禹,吾无间然矣。菲饮食而致孝乎鬼神,恶衣服而致美乎黻冕,卑宫室而尽力乎沟洫。禹,吾无间然矣。"

前面孔子赞美了尧、舜、周文王、周武王,这一章则是对禹的赞美和肯定。前文说"舜、禹之有天下也而不与焉",如何不与呢?这一章清清楚楚地说明了原因。

孔子说:"对大禹,我没有负面批评的话了。""间"是空隙,引申为非,即否定或批评。"然"是焉,也就是之,指禹。这是什么原因呢?

孔子接着说:"大禹的饮食非常简单,但是他在祭祀感谢鬼神的时候,饭菜却非常丰盛,以此完成行孝的工作。""菲"是简单。"而",是但是。"鬼神",泛指祖先。"致孝"即完成行孝,感谢先人给予生命。

此外,"禹平常穿的衣服非常粗糙,甚至破旧,但是他在祭祀祖先、行孝道,以表达感谢的时候,礼服、礼帽做得极为精美"。"恶"是粗糙。"黻"(fǔ)是祭祀的时候穿的礼服。"冕",古代大夫以上的人戴的帽子叫冕,后来到秦始皇的时候才变成帝王专用的帽子,在这里指祭祀时所戴的礼帽。"致"是达到。"乎"是与。"致美乎黻冕"就是"黻冕致美乎"。

孔子最后说:"禹所住的宫殿建造得非常简陋低矮,但是他把田间通水的水道修建得非常好。""尽力乎沟洫"指禹为了让老百姓的生产活动更加便利,他把所有力量都用在为百姓修建农田的水道上了。换而言之,大禹不仅治理了洪水,还继承了尧、舜的政治理想,从而建立了伟大的生命事业,开创了夏朝,扩大了国家规模。老百姓太感动了,直接推举他的儿子启来继承王位,这象征着古老中国从禅让政治开始走向父传子的世袭政治。

在历史上,《春秋公羊传》的今文经学家认为这是一件可惜的事,是政治的倒退,因为从此不再是公天下,开始走向家天下了。本章孔子的意思是,大禹大公无私、全力为民,为整体的生命所做的努力,使得老百姓自发推举启来继承王位，从而使中国社会变为家天下，我没有否定和批评。

不过，我们也不必采纳今文经学家的解释。孔子在这一章开头说："禹，吾无间然矣。"最后再以这句话作为《泰伯》篇的总结，说明《泰伯》篇的重点是强调人能大公无私，不论是能让还是不争，只要大公无私，全力为人类整体的生命着想，就是生命觉醒的完成和生命之爱的贡献。

孔子最后说的"致孝乎鬼神"很有深意，人类生命觉醒的完成不只是在某一代上，而是在贯古通今、通于未来的大道上，这是对生命大善的认识与完成。"致美乎黼冕"，是说生命的完成不只是单纯的延续生命，还包含着提升精神境界。"卑宫室而尽力乎沟洫"，是说在对大自然有所了解后，经过政治群体的努力，建设合乎全民健康生活需要的公共设施，打造理想的生态环境。这就是善、美、真的完成，也可以说这是古代中国对善、美、真的看法。

因为大禹带领着人们完成了善、美、真的建设，人类文明向前迈了一大步，所以自古以来人们认为夏朝是新时代的开始，或者说是由部落转向国家的开始。质言之，国家的领导者，最重要的是有至德的表现，至德不只是胸怀宽广，还能带领人们过上美好的生活，拥有纯真的心灵，让人们在物质与精神上都富足，如此才会有幸福的可能，这就是文明生活。

子罕第九

论语

1. 子罕言利，与命，与仁。

这一章是孔子的学生们记述孔子的话及主张。"罕"是稀少。"与"是赞许、赞同。"命"指天命，也就是所谓的天道，即世人不能确知的部分。

虽然人类社会免不了追求自身的利益，但是只强调个人的利益，社会就会陷入争夺、欺诈的旋涡，所以孔子少言利。

孔子曾说："知之为知之，不知为不知，是知也。"人只有真正清楚自己的不知，才能确定自己的真知。"五十而知天命"，孔子在五十岁知天命的时候，明确地知道自己应该做什么，于是全力以赴地从事教育工作，从而开创了教育的新时代，所以孔子最后说："不知命，无以为君子也。"

甲骨文里没有出现"仁"字，《诗经》中只有三处用了"仁"字，不过只解作善意的人，《论语》里提到的"仁"多达五十九处，共一百零九次，同时还有"仁者爱人"这个中心思想。因此可以说，仁是孔子学说的中心。

仁是人自我觉醒的完成，即完成对自己的认识、接受、肯定、建设、发展、实现。同时因此认识他人，了解生命和爱，这便是人的生命中最完美的部分。

我们可以将这句话解释成，孔子很少谈有关私利的问题，他赞许人能知天命，以及对仁的认知。

2.达巷党人曰:"大哉孔子!博学而无所成名。"子闻之,谓门弟子曰:"吾何执?执御乎?执射乎?吾执御矣。"

"达巷党人"指达巷这个地方的人。他认识了孔子,并赞美道:"孔子真是博学啊!他的学问渊博,几乎无所不知、无所不能,只可惜没有足以树立名声的专长。""名"指树立名声的技术或专长。

孔子听到后就问弟子们:"我该专执哪一项技能或技艺呢?是专执驾车,还是专执射箭?我还是专执驾车吧。"

这句话看来简单,其实有三层含义。第一层含义,指人们对自身的认识、对自身能力的确定,往往局限于有限的经验或一技一艺的专长上,这是人在自己的生存经验中认为比较可靠且容易认识的部分。第二层含义,指人们缺少生命的觉醒时,常常困守在追求生存的实用价值上,对超乎实用价值之上的精神与心灵的部分,常常拒绝了解或不关心。直到今天,我们看到人类社会仍然如此。因此达巷党人觉得孔子虽知识广博,但思想太空泛,以致无所用于世,会被社会淘汰。第三层含义,在那个时代,驾车、射箭是了不起的技术,会驾车就能够为尊者、长者驾车。由此可见,第一,孔子为百姓服务的心愿与对世人的爱。第二,孔子"人不知而不愠"的气度。第三,孔子在生命觉醒后,并没有高高在上,脱离社会,他仍然尊重人们在现实生活中的需求和看法。

虽然有人劝孔子去当隐士,但孔子说,我们就活在这个世界上,离开后能去哪里呢?难道去跟草木禽兽为伍吗?这就是孔子思想中贴近人的独特之处。

3. 子曰:"麻冕,礼也;今也纯,俭,吾从众。拜下,礼也;今拜乎上,泰也;虽违众,吾从下。"

"冕"是帽子,又称缁布冠,缁布是黑色的布。据说西周时期的年轻人行冠礼时要戴这种用黑布做的帽子,代表能进入太庙或家庙参与祭祀。缁布冠比较昂贵,到了孔子生活的时代,人们改用"纯",也就是用黑丝线来做冕,因为黑丝线比较便宜。孔子说:"用麻做的冕,合乎古代礼仪。可是现在的人大多改用黑丝线做冕,以节省经费,所以我就跟随时代潮流,改戴黑丝线礼帽。"

不过,孔子又说:"臣子觐见国君时,先在堂下拜,这合乎礼的规定。可是现在的人都是直接登上大堂才拜,这有些傲慢,对国君不够尊重。即使和大家不同,我也是坚持觐见国君时先拜于堂下再登堂。""泰"是骄傲、傲慢。

这一章有多层意思,特别是以礼而言,它说明了时代的礼制不是一成不变的,而是与时俱进的。不过在与时俱进之中,又有不可改变的地方。也就是说,如果人们失去了表达自己内在敬意的能力和方式,就不如用古礼表达,不要一味地追随潮流。在这变与不变、守与不守之间,最重要的是如何做得恰当。所以孔子说,我戴黑丝线帽子是跟随潮流,可是在觐见国君的时候,为了表达我对国君的敬意,我选择不跟随潮流。换句话说,礼的重要之处在于抓住礼的本质,也就是完全传达人内在最真实的情意,如此才能展现自己作为主体的辨识力、判断力、抉择力,而不是一味守旧,也不是一味跟随潮流。

4. 子绝四:毋意,毋必,毋固,毋我。

孔子自觉地杜绝了一般人容易犯的四种毛病:意、必、固、我。

"意"是"臆",乃猜测之意,引申为凭着主观意识去猜测、推断事情的发展方向。在日常生活中，大多数人都是如此，以致远离了事实。这是人们看不见真相的重要原因之一。

"必"是必然，非如此不可。人们根据主观意识产生了一些念头，乃至设置了框架，因此常常看不见客观事实，甚至超出框架就不知如何是好，人生仿佛失去了目标，茫然无措。

人们常常因偏见而"固"，即偏执、顽固不化，并因此导致生活中出现许许多多的障碍、挫折、痛苦。上一章孔子说自己从众，不戴麻冕，但在觐见国君时则违众，坚持拜下之礼，这充分展现了"毋固"，即不固执的自由状态。

"我"是私我、私己，这是西方心理学大师弗洛伊德所说的本我、原始的我，是没有超越生物本能的我。

这四种毛病都是生物求生存的本能和冲动的自然反应。人们会因为担心而想象出很多对自己有害的情境，并以此来臆测人、事、物，同时表现出"必""固""我"。因为生物是依照这种行为方式守卫自己生存的领域，凸显自己的存在，所以人会唯我独尊，死守自己认定的部分，一旦认为被侵犯，就通过过度反应来保护自己。

孔子意识到只有在生命觉醒的过程中做到"绝四"，达到"毋意、毋必、毋固、毋我"的自由的心理状态，才能不再受到生物生存冲动的影响。这也表示人只要通过生命觉醒、自我觉醒，就能摆脱因生存恐惧或生存冲动带来的过度自我保护。也可以说，这是人走向超然，得到身心自由的方法或捷径。

5. 子畏于匡。曰："文王既没，文不在兹乎？天之将丧斯文也，后死者不得与于斯文也；天之未丧斯文也，匡人其如予何？"

这一章紧接着"子绝四"，表示孔子在摆脱生物生存冲动的限制后，所拥有的深切的自信。这也是《论语》章与章之间深刻的联系。

"文王"是周文王。三千年前，周文王在生命的觉醒下以爱与和平来号召天下人，建立新的国家和社会，所以周文王死后谥号为"文"。古人解释"文"，一说它指礼乐典章制度，另一说它指诗书典册，虽然这都是那个时代的记录，但也是带领人们走上爱与和平大道的资料与凭借。

不过，经过数百年之后，人们有所遗忘了，以致春秋时期礼崩乐坏，于是孔子出来继承，他仍然以爱与和平为中心，提出了仁。仁是人类共同向往的生命大道，也是人类不可动摇的价值观。孔子宣扬这一理想，悾悾惶惶地奔走于列国，到了匡地竟然被包围、拘禁，匡人甚至还要杀掉他。"匡"是地名，春秋时期卫国的边缘小城，"畏"乃包围、围困之意。于是孔子说："文王死后遗留下爱与和平的理想，这宣扬人类文明大道的责任，不就在这里，不就在我身上吗？"孔子不仅慨然提出自己与大道的关系，还说出了自己生命的价值与责任。

接着，孔子再说："如果老天爷要灭掉爱与和平的文化，那么文王之后的所有人就无可参与了。如果老天爷还不想让爱与和平的文化消失，匡人能够将我怎么样呢？即使杀掉我，我宣扬的大道也依然会留存在世界上。"

在变化多端的年代里，孔子能够根据事情的本质与人类真实的性情做出超然的反省，做出适当的裁决和选择，这使他能够毋意、毋必、毋固、毋我，即使在被匡人包围，面对死亡的威胁时，也能泰然处之。这表明孔子获得了完全的自由。因为他在生命的觉醒下，看到爱与和平是人类共同期望的生命大道，也看到了个人体悟生命价值与意义是天人合一的表现。如此，孔子是不是已经通天而成圣人了呢？

6. 太宰问于子贡曰："夫子圣者与，何其多能也？"子贡曰："固天纵之将圣，又多能也。"

子闻之，曰："太宰知我乎！吾少也贱，故多能鄙事。君子多乎哉？不多也。"

"太宰"是官名。吴国的太宰问子贡："你们的老师是圣人吧？他为什么这么多才多艺啊？"换句话说，吴太宰认为多才多艺才是圣人。

不过，子贡不同意吴太宰的说法，因此他回答吴太宰："本来就是这样，老天就是要我们的孔老夫子成为圣人，同时老天又要我们的孔老夫子多才多艺。"这里"固"是本来之意。"纵"是放纵，不加限制。"将圣"指圣人。子贡认为孔子既是圣人，又多才多艺。

孔子听到子贡的赞美，也听到了太宰的问题，于是回答说："太宰真的了解我吗？我年轻的时候，因为地位低微、生活贫苦，所以学会了许多琐碎的技艺和技术。""鄙事"指琐碎的事务，相对于大事而言，是一般人做的事。孔子接着又说："作为君子，需要学会很多琐碎的小技巧或小技能吗？不需要那么多啊！"

孔子没有回应圣人的话题，只就君子来回答，这一方面表示孔子没有接受人们赞美他是圣人，就如同孔子在《述而》篇里所说："若圣与仁，则吾岂敢？"孔子认为自己不是圣人，也不是仁者，他觉得自己还有努力的空间。另一方面，人要达到圣人的境界，得先成为君子，孔子赋予君子生命觉醒的意义，同时主张君子是能行德者。生命觉醒的重要之处是对自我的认识，对生命的认识，并不在各种技艺的学习上。

当然，如果技艺的学习能帮助生命成长，就会带动人认识生命、觉知生命，而不是只偏重技术，否则无助于生命觉醒。所以孔子才会说，做君子不见得一定要多才多艺啊！

7. 牢曰："子云：'吾不试，故艺。'"

"牢"是孔子的弟子。古人认为孔子在回答太宰与子贡的对话时，可能牢就在旁边，他听了孔子的话后便说："孔子说，因为他没有被重用，所以有机会学习许多技艺。""试"是用。换句话说，作为人，技艺不是不可学，但重要的是要学做人。学做人最重要的是从自我意识中走向生命觉醒，然后拥有真正的爱的意识和认识，这才是生命能焕发出光辉的部分。

8. 子曰："吾有知乎哉？无知也。有鄙夫问于我，空空如也！我叩其两端而竭焉。"

有人认为这句话是孔子的自谦之辞，但若再往深一层看，这不只体现了孔子具有谦德，更展现了他有着强大的反省能力。孔子不依赖自己认知的任何事物和经验，更不会执着在主观的成见上，随时都能做深层超然的反省，他的心思也常常能归于零，让觉知呈现皎洁如月、清净无瑕的状态。

这一章，孔子在深层超然的反省中问道："我有知识吗？我真知道了什么吗？"然后说，"我并没有真知啊"。

接着孔子又说："乡野之人来问我，空空如也。""鄙夫"是乡野之人。"空空如也"有两种解释，一种解释是孔子没有任何成见，另一种解释是这些乡野之人心中并没有成见，他们只是诚恳地提出问题。这时，孔子并不以自身主观的认知去回答他们，而是让自己客观超然，他说："我就提问者的问题所呈现的正反两面，去逐步反问他们，最后让他们自己去思考，进而自行领悟。"

钱穆先生说，这个"叩"是叩门，使门内的人闻声而来开门，同时又如叩钟，使钟发出声响。"两端"是任何会让人起疑的事情，一定都有正反、头尾或本末。"竭"是尽，也指全力以赴。换言之，孔子能不受知识的限制，随时保持客观超然，即使面对乡野之人，也会尝试教导，让他们能自行领悟。因为生命的觉醒或自我的认识，关键在于自行反省，而不是被灌输单一的知识。人学会了自行领悟与反省，在生命的觉醒上就会有更大的进步。孔子真是一位了不起的老师。

9. 子曰："凤鸟不至，河不出图，吾已矣夫！"

"凤鸟"是凤凰，乃祥瑞的象征。据说，只要凤鸟一出现，预示天下太平。相传尧舜时，凤凰飞来过，周文王时凤凰也曾飞到岐山鸣叫。"河图"也是祥瑞的象征，古人认为，只要有圣人受命为天子，黄河中就会有名为龙马的动物，背着八卦般的图纹出现，这叫作"龙马负图"，预示天下太平，盛世来临。

这句话是孔子慨叹所处的时代，仿佛没有清明的希望，他没有机会行道于天下，吉祥的凤鸟不再飞来了，黄河的龙马也不再背着图纹出现了。"吾已矣夫"，古人解释为："哎呀，我这一生恐怕完了。""已"是止。"矣夫"是两个叹词，加重语气。

但从整部《论语》来看，对此我另有看法，"吾已矣夫"也可以解释为疑问词，也就是孔子在动荡的春秋时期，了解到自己的道不可行，但这并不是完全绝望的状态。所以孔子说："吉祥的凤鸟不再飞来了，黄河龙马也不再背着图纹出现了，我在这样的时代就什么都不能做了吗？"答案是："不，我还是有可行的。"孔子在他所处的时代，从来都没有停止努力，哪怕是乡野之人向他请教，他都会全力以赴地教导。

10. 子见齐衰者、冕衣裳者与瞽者，见之，虽少必作；过之必趋。

"衰"是"缞"，读 cuī，是用最粗的生麻布制成的丧服。它分为两种，一种是没有把丧服布边缝起来的，有毛边，叫作斩衰，这种丧服是给直系子孙穿的；另一种是用熟麻布制成，把边缝得整整齐齐的丧服，叫作齐衰，读为 zī cuī，穿这种丧服的人与死者的关系略远。不过在这句话里，齐衰包含了穿斩衰丧服的人。

"冕"指大夫以上的人所戴的冠，"冕衣裳"指穿上衣下裳的礼服以及戴礼帽的人，亦即卿大夫。不过，有人认为《鲁论》用的是"绵"字，《论语》误写为"冕"，"绵"同样是丧服，穿"冕衣裳"的人不戴礼帽，只用麻布绑在头上代表服丧，当然这表示他们与死者的关系更远了。我采取"冕衣裳"是服丧的解释。

"瞽者"指失明的人，亦即我们今天所说的残障人士。"作"是站起来，"少"指年纪小。孔子若是遇到了服丧者或残障人士，即使他们年纪很小，也一定会站起来。孔子若是从他们旁边经过，必然会稍微加快步伐向前走，避免打扰他们。这表示孔子在那样的乱世，仍坚守着对人的尊敬之礼，这是对服丧者或残障人士表达哀痛与同情。孔子随时在提醒人们领会生命教育的重要性。人类社会若没有这种最基本的教育，人就会慢慢活得如动物一般。

11. 颜渊喟然叹曰："仰之弥高，钻之弥坚；瞻之在前，忽焉在后。夫子循循然善诱人，博我以文，约我以礼。欲罢不能，既竭吾才，如有所立卓尔。虽欲从之，末由也已。"

"喟然"是叹息声。颜渊说到孔子的时候，不禁赞叹起来。他感受到孔子所教、所引导、所启发的，以及孔子的德性和学问，真是深不可测。他说："我跟着老师学习，感觉像登山一样，本以为已经到达山顶了，抬起头来向前看时，却发现老师在更远、更高的山头上。于是我努力钻研，越钻研越了解到老师之道深不可测。"

记得钱穆先生教我们读书的时候，常提醒我们不要一味地到处找新材料，或是故意找别人完全没有碰过的题目来标榜自己的意见，而是要熟读经典，能从人们都熟悉的旧资料、旧事件中看到新信息，阐发新见解。当时我们跟着钱穆先生读书，越读越发现钱穆先生的高深莫测，惊讶他怎么能够从人们熟知的旧材料中提出崭新的看法，有些甚至还是上千年来大学者们不断讨论的话题，几乎是无须再讨论了，可是钱穆先生忽而提出了石破天惊的看法，一下子动摇了牢不可破的结论。

所以当我读到"颜渊喟然叹曰"这段文字时，真是心有戚戚焉，同时也了解到人类知识的广阔。颜渊形容孔子的心灵启迪，最重要的是引导学习者发现自己的盲点，或者看见完整的事情后了悟，知道何为事情的本质，进而再引导学习者进入广阔无限的自由空间。

颜渊又叹："老师的指导让我突然觉悟，也看到了老师对生命的深刻认识走在前面，可是忽然之间，老师似乎是站在后面，指出了我的盲点。"这是说孔子随时随地又恰如其分地给予颜渊指点，使他的心灵再次开放，对生命的认识也更加丰富。同时也呈现了孔子教学的活泼与自由，他随机教导、提点，不拘泥于任何形式，甚至没有可依循的规则，以使聪慧的颜渊发现更大的世界，并真正做到毫无障碍地学习，发展自己。

颜渊接着说："老师会依着学生的性情，逐步引导，让人慢慢进步。"也就是说，孔子不只在思维上进行开导，还根据学生的个性、心智、思维的特殊之处带领他们认识自我，然后走上生命觉醒的道路，使他们摆脱生物本能的限制，摆脱功利的、现实的限制，进入开阔的世界。

颜渊又说："老师用广博的知识与各种典章制度教育我，让我有见闻、有见识，不拘泥在小知、小慧上，他还通过教学的训练，让我能够以礼约束自己。"这样的教导可以使人有能力掌握、约束自己，学习正确的行为方式。

在自我能力的认识和发展中，颜渊说："那种生命的喜悦，被触动的学习的快乐是无法停止的，于是我全力以赴。等到用尽了一切才智，好像有了一些成就时，才看见老师仍在我面前高高地立着。""罢"是止。"既"是已经。"竭"是用尽。"如有所立"表示好像有了一些成就。"卓"是高。

换句话说，当自己还没有建树的时候，是无法真正懂得有建树者达到的高度的。颜渊在全力以赴有所建树之后，抬起头来才会看见孔子已经达到的高度。

所以颜渊慨叹："虽然我想要跟着老师再继续下去，但是我还没有找到往下走的路。""末"是无。

这一章是颜渊对孔子教学的赞美，也是颜渊陈述跟随孔子学习的心得和体验，真是既深刻又精彩。这不只是在知识上受教的心得和认识，更重要的是来自心灵的启迪。孔子随时随地地指点、提醒和启发，让颜渊发现了自己始终没有注意或没有看见的部分，看到了自己心理认知上的最大可能，也看到了自己内心无限的灵动性，以及自身所处空间的广大和宽阔。由此也真正看到、感受到孔子绝妙的观察力，以及他所处位置之高、之广。这种教育没有可依循的规则，它是孔子依照每个学生的个性、性情、心灵成长的次序，由浅入深、由近及远地逐步引导，然后打开学生的全面认知，以至于真正能够深入地发现自我。

12. 子疾病，子路使门人为臣。病间，曰："久矣哉！由之行诈也。无臣而为有臣，吾谁欺？欺天乎？且予与其死于臣之手也，无宁死于二三子之手乎！且予纵不得大葬，予死于道路乎？"

孔子在回鲁国的路上患了重病，子路担心孔子的身体，于是派了孔门弟子来做孔子的家臣。"臣"是家臣。依当时的礼制，上大夫在治丧的时候可以有家臣，而治丧需要在上大夫死前就开始筹备，从制作丧服到筹备一切治丧用具等，都由家臣来操办。只是当时孔子已经辞去鲁司寇（位阶为上大夫）一职，而且离开国家后不能再依上大夫的礼，只能按照普通人的礼来安葬，否则就僭越失礼了。

孔子是守礼的人，当孔子的病情好转之后，听到子路要孔门弟子当家臣来治丧，他便说："已经有一段时间了吧，由啊，你在这治丧上行了诈骗之术，我明明已经不是上大夫，也没有家臣了，你却做出仿佛我有家臣的模样，我要欺骗谁呢？难道要欺骗天吗？""间"是间隔，也就是稍后病好了一点。

孔子说的这段话是有深意的。现今社会上，有一些人为了面子，常用一些不符合事实的形式操办丧事。其实那是自欺，人不能自欺。

孔子再说："况且我要是真死了，与其由那些家臣来治丧，不如由你们这些亲近的学生直接来治丧啊！""予"是我。"无宁"是不如。"二三子"指孔子的学生。孔子这是直接告诉子路和孔门弟子，丧礼重在表达情谊，他看重的是师生情谊，情是丧礼的本质。孔子教导人们要认识事情的本质，同时也带领人们认识生命中最真实的部分，即人与人之间的真情和真爱。

钱穆先生在《论语新解》里说，依古礼，大夫之丧是有定礼的，不过士在那个时候还没有定礼，孔子若真在那个时候病逝，其实也没有士的丧礼可以依循。子路尊敬孔子，因此才想用大夫之礼来为孔子治丧。后来孔子在七十二岁时去世，弟子们在心中服丧三年，这是从无礼制中兴起的新丧礼，代表师生之间的亲密关系，也成了师生之道、师生一伦的由来。

孔子还说："再说，即使我不能用卿大夫的葬礼，难道我还会死在路上没有人来葬我吗？""大葬"是依国家之礼、国君之命，葬以卿大夫之礼。孔子再度清楚地点明了师生之间的深厚情谊。

孔子曾说："人而不仁，如礼何？人而不仁，如乐何？"又说："丧，与其易也，宁戚。"可见人的生命中最重要的是情谊。

13. 子贡曰："有美玉于斯，韫椟而藏诸？求善贾而沽诸？"子曰："沽之哉！沽之哉！我待贾者也。"

"韫"乃藏、装之意。"椟"是柜子、盒子。"沽"是卖。子贡跟随孔子周游列国，看到有些诸侯国国君以极高的官位请孔子任职，可是孔子总是婉辞，就好像有块美玉老藏着不卖。于是子贡就以美玉为例，问孔子："有块美玉在这里，是要把它藏在盒子里，还是该求好的价钱把它卖掉呢？"孔子回答："卖掉吧！卖掉吧！"孔子连说两次"卖掉吧"，表示他绝对有为社会服务的心。只是孔子接着说："我在等待好的买者啊！""贾"，有人认为是指价钱，也有人认为是指出价买卖的商人。两种解释有可通之处。

孔子的回答主要是想明确地告诉子贡，虽然他有用世之心，但是在现实人生中，许多事不是一厢情愿就可以做成的，需要各方条件汇合才能完成，尤其是有道者想要为世所用，行道于天下，使百姓真能受益，更不是单方面就可以完成的，得有可行道之时。

在历史上，姜太公宁可在渭水边钓鱼也不轻易出仕，直到周文王出现，他们相谈投契才一起合作。据说，那个时候姜太公已经七十岁了。秦汉之际，张良遇到了刘邦，刘邦听得懂张良所讲授的兵法与战略规划，张良才协助刘邦打天下，建立了汉朝。东汉末年，诸葛孔明隐居隆中，刘备三顾茅庐，一席长谈，刘备完全认同孔明对天下大事的分析后，孔明才帮助刘备三分天下。

在本章子贡与孔子的对话中，"求"与"待"两字都含藏着一个"礼"字，孔子点出一切当依礼而行，哪怕有再伟大的理想也是如此。

14. 子欲居九夷。或曰："陋，如之何？"子曰："君子居之，何陋之有？"

"九夷"是东方群夷所居之地。孔子见道不能行于中原，于是想要移居到九夷去。有人说："九夷这个地方缺乏教化，文化闭塞，怎么办呢？"孔子说："君子住到那里去，那个地方还会没有文化，还会闭塞吗？"也就是说，不论君子走到哪里，都会把文化传播过去，并且能担负起教化的责任。

这也是孔子赋予君子的意义。君子有责任教育人们，让人们走向生命的自觉。历史上许多不出仕、不做官的君子，以及许多在朝为官而被贬到偏远地区的读书人，像白居易、韩愈、苏东坡，他们在被贬之地兴学校、修水利、建桥、铺路，推动教育，改善风俗，使当地人讲信修睦，安定平和。古老的中国是因为有这些君子，各个地方才慢慢得以开化。中国文化的宏大长久，和这些读书人的教化密切相关。

15. 子曰："吾自卫反鲁，然后乐正，雅、颂各得其所。"

《诗经》有三百零五篇，分风、雅、颂三个部分。风是西周初年及后来到各地采集的民歌，为政者借以了解各地民情，同时也作为施政的凭借和参考。雅是士大夫通过诗歌，表达对政治、社会的批评或称赞。颂表示对先人的追念和赞颂，经常搭配乐舞，成为具有历史性的戏剧演出，以展现先人的事迹。

孔子受鲁国的召唤，从卫国回到鲁国，虽然没能在朝为政，但他并没有气馁，除了从事教育工作，他还整理了诗、歌、礼、乐，让雅、颂之乐有了一席之地，也让诗歌可以重新在典礼中被唱出来。

这一章回应了上一章"我待贾者也"的"待"字，"待"不是被动地等着别人来买、来请，而是主动地衡量这个贾者有没有行道的可能性，如果没有可能，就绝不接受。还不如"从吾所好"，按照自己的想法去做。行道是孔子最高的理想，但人不能为了行道而不择手段，道虽不行，但自我的生命发展仍当继续前进，并为后世做行道的准备。这不也是"君子居之，何陋之有"的展现吗？

16. 子曰：“出则事公卿，入则事父兄，丧事不敢不勉，不为酒困，何有于我哉？”

孔子作为生命觉醒者，教人认识生命之道，这是他终身的志业，也使他最终成为君子，走上了旁人认为的圣人之路。不过，孔子说："我非生而知之者，好古，敏以求之者也。""吾少也贱，故多能鄙事。"孔子总是告诉人们，他是一个平凡的人，然而生命的觉醒就是从平凡之中开始的。

本章孔子说："离开家出仕，就认真工作，以尽忠诚。回家后则认真对待父兄，尽孝悌之道。面对丧事，认认真真地尽礼，以表达对死者的怀念，以及对生者的同情与尊重。"当时这三件事是士在日常生活中的重要之事。即使孔子行大道于天下，也认认真真地做这三件事，没有丝毫轻率和忽视，而这三件事也不会因为孔子有了生命的觉醒和远大的理想，就变得不重要。

此外，孔子还说："在生活中，我不会受困于酒。"这句话讲得简单，引申开来便是不借着喝酒来麻醉自己，同时不草率地过日子。从两千五百年前至今，人类社会有很多人受困于酒，特别是当心情不好、无处发泄时，或者工作压抑时，都忍不住喝酒解闷，最后却因醉酒肇事。

最后孔子说："做到前面这四件事，对我来说何难之有？"即对我来说都不是难事。孔子有远大的理想，即使在现实生活中不顺遂，也不影响他认认真真地过日子，尤其是"不为酒困"这句话，真是有点睛的妙用。

17. 子在川上，曰："逝者如斯夫！不舍昼夜。"

孔子站在河滩上，看着滚滚而逝的河水说："时光就如同这河水一样，昼夜不停地流。""舍"是止。"逝"是去。"斯"是这样子。有人认为，这是孔子在谈宇宙的道体，是孔子的宇宙论。

子罕第九 / 369

不过，这句话正好呼应了上一章，就像钱穆先生常说的，悠悠宇宙将无穷，期望我友朋，勿草草人生。作为生命觉醒者，一定会意识到生命的珍贵，以及自己的独特性，因而即使在日常生活中，也都认真对待所有事，这是珍惜生命，也是确定存在真实的我，认为生命不是虚无的表现。

18. 子曰："吾未见好德如好色者也。"

"好色"是人类生物层面的天性，这是生物为了繁衍生命的自然表现。由此看来，好的色代表健康，因为生物为了下一代会本能地选择好的色，所以生物天生好色，而人有审美性，所喜欢的好的色包括相貌好、身材好等，这种好色的天性不分男女。

但是好德，喜欢德，是生命觉醒的表现。好德者是可贵的，并值得珍惜的，尤其是真能懂自己的爱人或配偶。《诗经》上说："窈窕淑女，君子好逑。""窈窕"指心思细腻且能体贴人、理解人，"淑"指充满着善意，凡是这样的女子便是君子的好伴侣。当然，如今男女平等，也可以反过来说，女君子想要能懂她、支持她的帅哥为伴侣，这也是好德。所以孔子说："我还没见到好德如同好色的人。"这说明在孔子所处的时代，生命觉醒还不普遍，而这也是孔子一生努力的目标。

19. 子曰："譬如为山，未成一篑，止，吾止也；譬如平地，虽覆一篑，进，吾往也。"

孔子说："人生好比堆土成山，只要再堆一筐土就成一座山了，但停下来不堆了，是自己停的。又譬如填平凹地，一筐一筐地填，虽然感觉很慢，但是坚持下去，就能成功把地填平，不断努力前进的也是自己。""篑"是筐。"平地"

指把凹地填平。"进"是继续。孔子举这个例子是想说明，对生命理想的追求，包括对现实事业的追求，不论成功或失败、前进或停止，一切都取决于自己。唯有生命觉醒者能建立生命主体，真正的生命主体就是自己。

20. 子曰："语之而不惰者，其回也与！"

孔子说："听我说道理而从不疲倦、怠惰，同时认真去实践的，应该就是颜回了。""语之"除了有告诉他之意，还有说道理的意思。这是孔子再一次赞美颜回的高度觉醒。

21. 子谓颜渊，曰："惜乎！吾见其进也，未见其止也。"

谈到颜回时，孔子说："非常可惜他已经去世了，他活着的时候，我只见他不断地进步，从没见过他停下来。"人生命的觉醒或建立自我主体，虽然无法保证人在现实中一定长命百岁或富贵显达，但是生命的觉醒是人拥有的特质，所以说"朝闻道，夕死可矣"。全世界很多学说、思想都认为人的生命是从觉悟之后开始的，在这里，孔子也是这么认为的。

有人认为，这句话是孔子感叹颜回太用功了，努力过头了。人在生命的求进中，还是需要平衡和中道的，这种平衡和中道是生命的自然秩序，也就是礼。人要活得好，就得守礼。

22. 子曰："苗而不秀者有矣夫！秀而不实者有矣夫！"

虽然颜渊很用功，但是早逝，孔子说现实人生中也有这样的情形，他说：

"就像庄稼发了芽，长成了苗，却不一定吐穗开花，开了花也不一定结出谷粒。"孔子想借着颜渊的早逝，说明生命觉醒与生命的自然状态是并存的，自然状态并不会因为生命觉醒而消失。有些人在生命觉醒中，无法改变自身命运的状况，不过这并不妨碍人的生命觉醒，也不妨碍人的生命因觉醒而提升。

生命觉醒是人超然独立于现实的功利之上，这是人最真实的生命价值所在。这有点像古希腊悲剧人物普罗米修斯，他在生命觉醒中看到人类的不幸，同情人类，他明明知道盗天火会受到惩罚，生命会遭到伤害，但还是义无反顾地盗了天火给人类。他的行为展现了人性的可贵，这并不代表他在现实生活里一定会富贵显达。不过，他摆脱了生死对人的控制，得到了自由，这才是生命价值之所在。

23. 子曰："后生可畏，焉知来者之不如今也？四十、五十而无闻焉，斯亦不足畏也已。"

孔子说："年轻人是可敬畏的，我们怎么知道晚一辈的人一定会不如我们这一辈的人呢？人若是到了四五十岁，还没有树立好的名声，也就不足以令他人敬畏了。""后生"指年轻人。"焉"是安，乃如何之意。"今"指现在的成年人。

"无闻"，自古以来有两种解释，第一种是在世上没有名声，第二种是既没有闻道，也不能行道，也就是没有建立自我。古人认为，四十岁、五十岁是建立自我（立德）与彰显名声的时期，亦即行道而得君子之名的时期。两种解释皆通。

在这一章，孔子就古人的看法提出建立自我，行道而得君子之名的重要性，勉励人们要及时努力。同时也提醒人们对年轻人要有敬重、期待、信赖的心理和情怀，因为生命就是一代一代地接替延续。如果老觉得年轻人不好，这是对未来失去信心，也是对自己的衰老感到悲伤的表现。年长者只有对此进行自我提醒，内心才会充实、乐观。大家要知道生命向上的提升是人类自古以来共同的天性，也是生命的秩序和法则。

24. 子曰："法语之言，能无从乎？改之为贵。巽与之言，能无说乎？绎之为贵。说而不绎，从而不改，吾末如之何也已矣！"

"法"是法则。孔子说："当别人用严肃而又合乎生命法则的话语来提醒我们时，我们能不接受、不服从吗？不过，重要的是要能够反观自己，从而加以改正。"

孔子又说："当人家用恭顺、委婉的话来赞美我们时，我们当然会高兴，但重要的是能够仔细分析话中的深层含义，然后提醒自己，加以改正。""巽"是恭顺。"与"是赞许。"绎"是仔细分析。"之"指那些令人高兴的赞许之言。

最后孔子说："听了巽与之言，只知道高兴，而不去仔细分析话中深切的真理，以及自己犯错的原因。就如同听到道理，只是表面服从，实际上根本不去探索自己不清楚的地方，也不从根本上加以改正，调整自我，对这些人我就没有办法了呀！"这两种人都不利于生命觉醒，他们缺失真正的自我认识能力，因而孔子没有办法教导。"末"是没办法。换言之，自我深层的省察是高度理性的体现，是生命觉醒中重要的部分。

25. 子曰："主忠信，无友不如己者，过则勿惮改。"

这一章是重复出现。"主"是标准。孔子说："以忠信为准则，所交的朋友都讲忠信，那就不会有朋友不如自己了。有了过错，不要逃避，不要害怕面对，只要有勇气改正就好了。"这是孔子所提供的让生活走向幸福的便捷方式。

为了让人的生命朝着正向发展，得在生活中立下合乎生命秩序的原理与原则，而不是肆意地去尝试、实验。往往朋友的影响是无形而巨大的，如果交友全在忠信的范围里，就是幸福快乐的事，如此不用再恐惧被人出卖、背叛。

人都会犯错，重要的是能仔细深切地省察，然后自我调整和改正。如此，人生就没有不可化解的沮丧与痛苦。

26. 子曰："三军可夺帅也，匹夫不可夺志也。"

"三军"泛指军队。西周制度，凡是诸侯都有三军。"匹夫"本是平民之意，不过这里指普通人。孔子说："如果一个国家的军队无法万众一心，就算是大统帅，也会被打败。然而，即使是一个普通人，只要从生命的觉醒中立下真正的志向，别人是无法动摇他的。"

这一章强调了人能立志的重要性。钱穆先生在《论语新解》中说，《子罕》篇从第十七章一直到这一章，都是勉励人求学、为学，不过求学、为学最重要的是立志。人有志则进，如逝川之不止，人如无志则如堆山，只差一篑，结果仍是失败。所以凡求学、为学，被外在事物引诱而动摇的人，都是没有立志的人。

人能够立志，就有了生命自觉，如此人就建立了自我主体，拥有了真正的生命。事情的成败不能只看人数多寡，在于人是否有真正的觉醒。

27. 子曰："衣敝缊袍，与衣狐貉者立，而不耻者，其由也与！'不忮不求，何用不臧？'"子路终身诵之。子曰："是道也，何足以臧？"

"敝"是破旧。"缊"指零碎杂乱的丝絮，乱絮容易团成疙瘩，不好看也不保暖，用它制成的袍子就是"缊袍"。"狐貉"指用狐狸或貉的毛皮做成的衣服，是富贵人家穿的。孔子说："身穿破旧的缊袍的人，和身穿狐貉皮袍子的人站在一块，而不觉得有任何羞愧的人，应该就是子路了吧！"这是孔子对子路的赞美。

孔子引用《诗经·国风·邶风》中的诗句说："当人不嫉妒人，也不贪求好东西时，那还有什么东西用起来是不好的呢？"也就是说，样样东西都是好的。"忮"指嫉妒。"求"指贪求。"臧"是善。

子路听了孔子的赞美，"终身诵之"，即这成了子路一生的座右铭，子路以此来时刻提醒自己。孔子知道之后，怕他困在这一点上，于是告诉他："这一点道理，如何能够真正使生命完善？""不忮不求"只是一个观点或方法而已。"是"有加强语气的作用。

在这一章，孔子主要是提醒所有有志于生命觉醒的人，不要固执地停留在一个观念或方法上，更不要沾沾自喜，以免阻碍生命的觉醒，妨碍生命的发展。生命的觉醒与发展须按阶段进行，也需要时间的积累，不是一蹴而就的。

28. 子曰："岁寒，然后知松柏之后凋也。"

孔子说："到了岁末隆冬最冷的时候，才知道松树和柏树是最后凋零的。"这句话的意思虽简单，但意义深远，孔子点出了生命发展的顺序，以及其中必然会经历各种各样的考验。

钱穆先生在《论语新解》中说，孔子这句话是比喻君子处于乱世，宁可遭遇祸难也不改变节操。不过，松柏的叶子虽会落尽，但也会抽出新叶。在动乱的时代，人难以逆天改命，可是圣贤、君子能守道，不与世俗同流，那么道就有所传承了，而这是中华文化能够历久弥新的主要原因。

君子之所以能坚守在生命之道上，是因为他们能摆脱生存本能需求的限制，展现自我认识和生命觉醒后最深切的向往，自然不会动摇。

《庄子·让王》篇扩展了孔子的话，说："隆冬中，松柏茂盛的意义如此丰富，我在陈、蔡遭受困顿和危险，其实是好事，因为这让我重新思考，反省自己的人生与坚持的大道。"庄子的学说是对孔子的生命觉醒、生命之道的扩大与再发展。

29. 子曰："知者不惑，仁者不忧，勇者不惧。"

这一章点出了圣贤、君子在乱世中仍能守道的原因。当人在生命觉醒后，知道真正的自己与生命的所在，便是智者有智慧的展现。所以孔子说："智者不会有困惑。"

当人在生命觉醒中，意识到生命在宇宙中的独特与珍贵，自然就有同体的大悲和大爱，真正懂得爱惜所有生命，这便是仁者。因此孔子说："仁者没有个人利害得失的忧虑。"换句话说，仁者不会关注自身的利害，也不会因为有限的生命而恐惧，他会好好享有生命，认为这是天地之间的奇迹。

当人有了智与仁，孔子说："他就成了勇者，一往无前，努力达成自己生命的理想目标。"

钱穆先生在《论语新解》中说，智者心中无困惑，仁者心中无忧虑，勇者心中无惧怕，这都是自然表现出来的生命状态，也是人生的最高境界，亦即智、仁、勇三达德的展现。

当然这需要时间的积累，有其次第，先是对生命有了觉知，而后激发出生命的爱，如此在爱的推动下自然一往无前了。

30. 子曰："可与共学，未可与适道；可与适道，未可与立；可与立，未可与权。"

承接上一章所讲的，人在觉醒后可以达到自然、圆满的境界，这一章回到现实世界，孔子教人在成为传道者的同时，不能忽略现实世界里仍有许多未觉醒者，觉醒者既不能逼迫未觉醒者，也不能从主观的角度去看待未觉醒者，一切都要依礼而行，恰到好处，达于中道。

孔子说："有的人可以和他共学，可是未必能拥有共同的生命认知和生命理想，这是适道的问题。有的人可以与他同在生命大道上，可是未必能够和他一起坚定不移地守在大道上。即使有人可以和自己一起坚定不移地守在生命大道上，未必能够共同通权达变。""适"是往。"权"是权衡轻重、通权达变，通权达变而不失中道是最难的。

31. "唐棣之华，偏其反而。岂不尔思？室是远而。"子曰："未之思也，夫何远之有？"

前四句是没有收进《诗经》中的佚诗，意思是唐棣之花在风中摇曳翻飞，怎么会不想念你呢？只是家住得太远了。"唐棣"是一种植物。"偏"是翻。"反"是翻。"尔"是你。"思"是想念。

这是诗人看到唐棣之花开满了树，在风中摇曳，似有情又无情，因此兴起，诉说人们的情感或心理状态总是飘忽不定，即使在恋爱时也是如此。因为人多从感觉出发，所以对任何事都觉得似有似无、似真似假，甚至认为人生是梦幻泡影。

孔子听了这首诗便说："这是因为人还没有真正的思念，否则距离再远，也不会阻挡这份情爱的发展。"若有真正的思念，才能真正意识到那一份深情。

所以，人的生命最重要的是发展真情真爱，它让人们勇往直前、义无反顾，这就是生命觉醒与生命大道得以发展的根本动力和原因。

　　本章的重点是"思"，人的生命自觉以及生命之爱的意识，都是由思产生的。《论语》里所用的思，都是高度反省、反思的意思，属于发展深层意识，它使人生变得清晰、踏实、明确，不再梦幻。甚至可以说，思是人生命成长的起点。"未之思也，夫何远之有？"这句话总结了《学而》篇到《子罕》篇所谈到的重要的人的生命中心，以及这九篇的主旨思想。

乡党第十

1. 孔子于乡党，恂恂如也，似不能言者。
其在宗庙朝廷，便便言，唯谨尔。

《乡党》篇是孔门弟子记录孔子在日常生活中，与家乡的人相处时的神貌举止，以及在朝廷议政、参加祭祀时的各种表现，这些是认识孔子，或者学习孔子所说的道的依据。《子罕》篇一方面展现了孔子生命觉醒后的生命之爱，这是仁；另一方面陈述了孔子在各方面恰到好处的行为表现，这是礼。所以《乡党》篇展现了孔子仁与礼相互融合的生活，同时也呈现了丰富多彩的人生。

这一章，孔子在家乡表现得非常温和谦逊，甚至不太会说话。孔子出生于鄹邑的昌平乡，后来迁居到曲阜的阙里，阙里又称阙党，文中的"乡党"大概兼指这两个地方。不过也有人认为，"乡党"只是泛称故乡。

"恂恂如"是温顺平实的样子。如果从与家人、亲友相处的角度来看，孔子的这种表现就是对乡里老人家以及家人、邻居的敬重之情。他不特意表现自己的聪明、能干和博学，以免与他人拉远距离。他表现得像一般人，大多是听别人说话，借此多了解别人，如此才有互相亲近的机会。

孔子在鲁国的宗庙和朝廷上，讨论国家大政或社会福祉时，与日常生活中的行为表现有所不同，他既不退让，也不保持缄默，论辩清晰流畅，分析事理明白真确，言论非常谨慎。换句话说，孔子不诉诸情绪，在论辩事情时以高度清明的理性作为论说方式。"宗庙"是祭祀先人的地方，有关战争的事通常都在先人面前讨论，以表示慎重，这是礼。因为战争关乎国家成败、族群兴亡。"朝廷"指最高阶层的政治办公之地，"朝"是早上，古人觐见国君，议论国家大事都是在早上，这表示想尽早解决问题。因为古人议政都是在平地上，没有台阶，所以就叫作"廷"。"廷"有平的意思。"便"是辩。"唯"是只是。"尔"是罢了。

2. 朝，与下大夫言，侃侃如也；与上大夫言，訚訚如也。君在，踧踖如也，与与如也。

这是说孔子上朝，在国君还没有来视朝的这段时间，他和乐、温和地与下大夫对话，即便有看法，也温和、自然地直接说出，并与大家讨论。孔子与上大夫谈话的时候，庄重、中正，依理直说，毫不讳避。"侃侃"是和乐、温和的样子。"訚訚"读 yín yín，是中正而有诤的样子，含有是非明辨之意。"如"是样子。当国君上朝听政的时候，孔子则表现出恭敬慎重的样子，走路时也显得安定自在又符合礼仪。"君在"即当国君上朝。"踧踖"读 cù jí，是恭敬之意。"与与"是仪容合宜的样子。

孔子面对不同的对象，虽有不同的表现，却又恰到好处，还能达成同样的目的。原因就是孔子不再受阶级或层级观念的限制，他面对的是人，只是各自担负的责任和事务不同而已。如此他自然展现出适当的敬意，不会以礼压人，一切言行都在和乐之中。

3. 君召使摈，色勃如也，足躩如也。揖所与立，左右手，衣前后，襜如也。趋进，翼如也。宾退，必复命曰："宾不顾矣。"

"摈"是傧，接待宾客的人员。"使"是派遣。这一章是说，国君召孔子，派遣他负责迎接国宾的工作，孔子的面部表情从平常的松弛快速变得庄重严肃，走路迈步时脚悬在空中晃一晃才踩下去，显得非常小心，这种走法带着仪式与审美。"勃如"是变了脸色。"躩"读 jué，脚掌没有踩地，悬着摆来摆去。这很像我们走在溪水中石头上的样子，用脚小心地试探前面的石头，确认牢固后才踩上去。

孔子为傧相，当国宾尚未抵达时，他先向站在左右两旁的其他傧相作揖行礼。依照古礼，向左行礼时，左手掌覆在右手背上，向右行礼时，右手掌覆在左手背上。随着作揖时的鞠躬俯仰，他的大袍子像被风吹动一般飘荡着，这是合于礼仪所表现出的优美形态。"揖"是向人作揖行礼。"襜如"是衣服飘荡摆动的样子。

当国宾进到庭内后，傧相快步从中庭走到台阶处迎宾，同时双手不能大幅度摆动，须放在自己的腹部，身体略弯，并将大袖子里的手臂、肩膀撑开，好像鸟舒展翅膀一样。这说明孔子的动作得体、优美，合乎礼仪。"趋"是快步走。"翼"指鸟的翅膀。

等宾客走了，孔子一定会向国君复命：宾客已经走远了，不回头了。古人送宾客至门外，一定得等宾客走远了才可以转身，同时还要向国君复命，这才算完成了傧相的工作。

4. 入公门，鞠躬如也，如不容；立不中门，行不履阈；过位，色勃如也，足躩如也，其言似不足者；摄齐升堂，鞠躬如也，屏气似不息者；出，降一等，逞颜色，怡怡如也；没阶，趋进，翼如也；复其位，踧踖如也。

"公"指国君，"公门"是国君的门。依西周礼制规定，天子有五个门，诸侯有三个门。这一章是说，孔子要进入国君居住与工作的地方，他过第一道门时低着头，微微弯着身体，就像鞠躬一样，很恭敬地把身体收紧。同时也不站在门的中央，这是礼仪。不过，另有一说是不站在国君出入的拱门中间。

古人的房子有三个门，中间的大门平常是不敞开的，只有中了状元或有特殊的事，才会走中间的门，平常走左右两边的门。在宫廷中，中间的门是国君走的，臣子一般走左右两边的门，不站在国君出入的拱门中间，经过门口时不踩门槛。"履"是踩、踏，"阈"是门槛，不踩门槛的规矩到今天依旧存在。

国君依礼每天都要到治朝的地方，听取臣子们对国家政事的意见。当孔子经过国君在议政堂所坐或所站的位置时，面色庄重、不轻浮，脚步沉稳、谨慎，即使国君不在场时也依然如此。因为国家政事关乎百姓的生命福祉，会影响国家的盛衰成败，所以在议政堂中一定要肃静、沉着。也就是说，古人制定这些礼仪规矩，是想让参与人情绪稳定、精神集中、思路清晰，从而举止得当，以便能周到地考虑政事，并非扼杀人性、束缚个性。

孔子在议政堂上，语速轻缓，仿佛力气不足，说话也不流畅。这是因为在议政堂上，一切言行要从容、舒缓、平和，如此才能深入思考，说理才能周到、深刻。这些形式是秩序的呈现，有秩序才能合理地讨论。大家在争论中有序发言，便是礼仪。

古代国君听政的地方分为外朝和内朝。外朝是大臣们议事的地方，国君会先到外朝向大臣们行礼致意，然后再进入内朝听政，与大臣们正式议事。孔子把下摆提起来，再登上国君正式听政的治朝之堂，这是当时的礼仪。同时要屏息，在重要场合中不能大声喘气，这也是礼。"摄"是提起。"齐"读zī，长袍的下摆，缝着边的叫作"齐"。"升"是登。"屏"是藏。"息"是呼吸的鼻息声。

孔子退朝走出议政堂，走下一级台阶后，呼吸自在、表情放松，并变得和悦起来，这是礼的体现。"出"是退朝，走出治朝之堂。"怡怡"是轻松和乐的样子。

当走完所有台阶到平地上后，孔子就用小快步向前走，不过不可失了仪态，要像小鸟收着翅膀滑翔一样快速向前走，再度经过外朝空着的君位时，还要态度恭敬地经过，这表示有始有终，收放自如。"趋进"指小快步向前走。"复"是再。

古人的礼和礼仪，将理和人的心情合而为一，都是教导人们在不同场合，如何调适情绪和感受。这是锻炼自我约束，将理性与感性合一的能力，也是孔子所说的仁与礼的和谐关系。

5. 执圭，鞠躬如也，如不胜。上如揖，下如授。勃如战色，足蹜蹜如有循。享礼，有容色。私觌，愉愉如也。

"圭"是一种长形玉器，上端尖，下端平，像一把无柄的短剑。依照周礼，公、侯、伯、子、男五等爵位的诸侯各有天子所授的玉器，他们派遣自己的大臣出使其他诸侯国时，使臣会手执国君所给的圭作为信物。当然平常见面，君臣有的时候也会拿着圭。

孔子受鲁国国君之聘，担任使臣，他便捧着圭觐见他国的国君。依礼，使臣手捧圭时要表现出圭很重，仿佛拿不动，不能胜任的样子，如此递给出使国的国君，代表着慎重至极。使臣捧圭的高度与胸口齐平，行礼时向上至作揖的高度，向下至给他人拿东西的高度，不能太高，也不能太低。此时孔子的神情特别庄重肃穆且小心谨慎，走路时收着脚，脚步间距很小，不仅不抬高，还走成一条直线，好像地上有轨道一般，同样代表着谨慎、恭敬。"揖"是作揖。"授"是给人家东西。"战"是战战兢兢，非常庄重的样子。"蹜"读 sù，相当于缩。

"循"是轨道，有所依循。

这里记录了孔子担任使臣，全心全意、恭恭敬敬地按照礼仪规范授圭的过程。当时，国与国之间的交往，都要有授圭的礼仪，目的是表达彼此的信赖与诚恳。

行完授圭礼，接着是行享礼。"享"是奉献礼物之意，将礼物一一摆放在厅堂中间让大家参观。因为这是大家共同欢乐的时刻，所以不需要很严肃，此时包括孔子在内的使者，神情都不再庄重矜持，而是满脸欢欣，举止从容。

孔子行完授圭礼、享礼之后，便以使臣的身份与出使国的国君会面，这时他表现出轻松愉快的模样。"覿"读 dí，是见的意思。就像今天的外交活动，大家在正式的礼仪结束以后，参加晚上的外交宴会便不需要严肃，轻松愉快才是合理、得体的。这表明了使臣在不同场合、不同状态下，应有适度的变化与表现。

春秋时期礼崩乐坏，有许多因不知礼而使自己、国君甚至国家蒙受羞辱的事情。本章则表现了孔子知礼、有学养，也说明了在那个时代人须知礼。其实现代社会也须知礼，如果在正式场合因不知礼失了分寸，同样会蒙受羞辱，这是人类文明社会中自然存在的状况和需求。

6. 君子不以绀緅饰，红紫不以为亵服。当暑，袗絺绤，必表而出之。缁衣羔裘；素衣，麑裘；黄衣，狐裘。亵裘长，短右袂。必有寝衣，长一身有半。狐貉之厚以居。去丧，无所不佩。非帷裳，必杀之。羔裘玄冠不以吊。吉月，必朝服而朝。

如今各个文明国家、各种场合依旧保有着装规范，甚至有一定的准则和样式。因为穿着失当代表不知分寸，所以得穿能带给人良好的第一印象的服装。

孔子所处的时代，各阶层的人有其基本的着装准则和样式。他们平时不穿黑红色或深青近黑色的衣服，以免让人产生误解。"绀"指黑红色，这是古代祭祀时所穿礼服的颜色。"緅"读 zōu，是深青近黑色，这是古代守三年之丧的人所穿丧服的颜色。"饰"指衣服领口与袖口镶的边。

至于"亵服"，是平常在家中穿的便服，亦即私服。私服不会是红色或紫色，一个原因是，在古代红色和紫色都不是正色，所以一般不会用来做衣服；另一个原因是，孔子所处的时代流行红色、紫色，大家都抢着穿，所以这两种颜色的布料变得很贵，孔子不用它们做衣服，以免浪费。

夏天天气炎热时，孔子会穿上轻薄的细丝单衣，或者是用夏布做的衣服，但是出门时一定会加件外衣，以免透光。"袗"读 zhěn，是薄薄的单衣，这里作动词用。"绤绤"读 chī xì，指夏布，细的叫"绤"，粗的叫"绤"。"表"指外衣。

这些礼具有丰富的审美性和艺术性。这不只是规矩，更是生活艺术的体现。冬天时，孔子穿皮袄外加罩衣，穿黑衣服时搭配黑色羊皮做的皮袄，穿白色衣服时搭配白色鹿皮做的皮袄，穿黄色衣服时搭配黄色狐毛皮做的皮袄。"麑"指小鹿。一般人或许认为读书人不需要在乎外在，但读书人的内在修养是体现在审美上的，如何把知识转化为审美气质展现出来呢？最直接的就是通过搭配衣服的色彩，体现人内在的精神状态。

冬天孔子居家时穿的皮袄过膝，以求保暖。依照比例，袖子也会长一些，于是他就把袖子卷起来，以免妨碍做事。这是兼顾审美与实用的处理方式。"亵"指居家的便服。

君子睡觉时一定要穿睡衣。孔子的睡衣要比身子长一半以上，如此在翻身时手脚不会外露，避免受寒。用厚厚的狐貉皮做坐垫。家有丧事或是在居丧期间，身上不能戴任何装饰品，不过服满丧期便可以佩戴了。除了礼服的下裳，平常的袍子一定要用剪裁的布拼接做成，这样既节省布料又便宜。礼服的下裳一定要用整匹布做成，以表示全心全意和敬重。"寝衣"指睡衣。"居"是坐，引申为垫子或褥子。"帷"指整匹布。"裳"是礼服的下裳。

黑色皮袄搭配黑色的礼帽是吉服，也就是举行吉礼时穿的。每月初一叫作"吉月"，这一天君臣们都要穿上朝衣朝服到太庙行报时之礼，正式宣布当月的时间表，以使人们遵循生活秩序与生命秩序。

本章是提醒读书人应有读书人的样子，如此才能展现读书人应有的精神面貌，这里面含藏了审美性的自我选择和自我看待。

7. 齐，必有明衣，布。齐必变食，居必迁坐。

"齐"是斋，古代祭祀前一定要斋戒、沐浴。沐浴后便不能再穿平常的衣服了，而是要换上洁净的衣服，这叫作"明衣"。"明衣"是用布做的，不过不是棉布，而是麻、葛织成的绤布。

孔子在斋戒的时候会改变自己的饮食，既不吃荤以及蒜、葱、韭菜，也不饮酒，以维持身心干净，表达诚心敬意。此外还会改变平日的起居位置，甚至会换到位于大堂的房间，这是斋戒与生病时的专门住所，通常称为外寝，又叫正寝。换句话说，这时不与妻子同住在内寝了，必须换到外面的房间。"居"是坐。

8. 食不厌精，脍不厌细。食饐而餲，鱼馁而肉败，不食。色恶，不食。臭恶，不食。失饪，不食。不时，不食。割不正，不食。不得其酱，不食。肉虽多，不使胜食气。唯酒无量，不及乱。沽酒、市脯，不食。不撤姜食。不多食。祭于公，不宿肉。祭肉不出三日。出三日，不食之矣。食不语，寝不言。虽疏食菜羹，瓜祭，必齐如也。

孔子说，主食越精致越好，肉类切得越细越好。"厌"是饱足。"食"即饲，主食。"脍"是切得精细的肉。

如果饭馊了、变味了，就不吃。如果肉腐烂了，也不吃。食物失了正常的颜色，不吃。食物的味道不对，也不吃。煮食物的火候不足，还是生的，或者煮糊了，都不吃。"馆"读 yì，指饭馊臭。"餲"读 ài，指饭变味了，有时还会变色。"馁"是鱼肉腐烂。

不到时令，蔬果还没成熟，不吃。如果端上桌的肉是未依程序切割的，或者肉块摆置错乱，不吃。"割"是宰杀牛、羊、猪，古人有一定的切割法，《庄子·养生主》中的庖丁说，宰杀牛羊要顺着天理的方式，不按照这个方式便是不敬、不合理，煮熟切割的肉块后，用器皿装着端上桌，再由客人自己切着吃。不过，在上菜时是依不同的部位端上桌的，不同部位的肉代表不同的敬意。

肉没有酱、醋等调味品，不吃。这是根据不同气味与物性搭配适当的调味品，既是礼，也是对身体有益的。虽然桌上的肉多，但是吃肉的量不能超过主食。"食"是饭。"气"是饩，也是饭。"食气"指主食。即要以主食为主，以肉配着主食，才是适当的吃法。

孔子说，因为喝酒是主客尽欢，所以酒不限量，可依自己的酒量来定，重点在于不喝醉、不失仪。"乱"是神志混乱。在街上买的酒或肉干，不吃，因为不卫生。"沽"是买。吃完了饭，留着姜不撤，可以吃一点姜以去除口中的余味，不宜多吃，适可而止。"撤"是去掉。

助祭于公的祭肉不能再搁置了，必须立即分给所有助祭者。因为在祭祀当天的清晨宰杀牲畜，隔一天再祭一次，这叫作"绎祭"，绎祭之后才将祭肉分出去。这些祭肉已经搁置了两天，若再搁置一夜就坏了。在家祭祀的祭肉也不能超过三天，一定要在三天内分送给亲友。

吃饭的时候不说话，睡觉的时候不交谈。这两句话强调吃饭和睡觉要专心，要能回归到自己的本身，这是自我修养、自我省察的方式。即使只用了粗饭、菜羹和一些瓜来祭祀，也一定要斋戒、沐浴。孔子认为，祭祀的重点在于内心专一、沉静，不在乎祭品是否丰盛。"疏"是粗，"食"是饭。古代的粗饭多半指稗子饭。"菜羹"是用菜和米饭煮出来的羹。

这一章强调饮食不必求精美，但要有一定的准则。这些都是当时的礼，孔子依礼而行，以维持身体健康。

9. 席不正，不坐。

"席"指铺在地上的垫子。古代人坐在席子上，坐垫有偏移就不坐，一定要把它扶正再坐。今天也是如此，这就是礼。正席表现恭敬，国君坐北朝南，臣子坐南朝北。主人东向坐，客人西向坐。宴席时，有席次的安排。所以，当座席不合理的时候，大家不要坐，以免失礼。

10. 乡人饮酒，杖者出，斯出矣。乡人傩，朝服而立于阼阶。

古代的乡饮酒礼，通常用于四种活动。第一种，每三年由国家宴请地方的贤能之士，现在世界各国都有类似的活动。第二种，由乡中的大夫、县令等宴请地方的贤能之人，向他们表示敬意。第三种，地方的官员举办活动结束之后，大家饮酒同欢。第四种，年末时由地方举行感谢天地万物的祭祀，重点是表达对老人的敬重之情。

"杖者"指老人，亦即拄着拐杖的人。依照古礼，人到了五十岁可以在家中拄拐杖，六十岁可以在乡间拄拐杖，七十岁可以在国中拄拐杖，所以古人称老人为丈人。

本章的乡饮酒礼，以敬老、养老为主。孔子参加乡饮酒礼，大家欢聚礼毕，等老人退席走出去以后，孔子才跟着退席走出去，以示敬老。由此可见，孔子这时还没有六十岁。

"傩"读 nuó，是古时的风俗，主要是为了祛除瘟疫，或者安抚无主及早夭的仪式。季春时，由各个地方的诸侯举行，仲秋时，由天子举行，到了季冬，也就是年末，则由老百姓举行。"阼（zuò）阶"指大堂东边的台阶，按照古礼是主人走的台阶。本章说，家乡在季冬举行傩祭仪式时，孔子穿上礼服站在代表主人的东边台阶上，迎接来家里祛除瘟疫的人，同时也表示保护祖先，避免祖先受到惊扰。这展现了孔子对乡人的敬重与感谢，因为乡人是为孔子及他的家人祈求平安。

11. 问人于他邦，再拜而送之。康子馈药，拜而受之。曰："丘未达，不敢尝。"

孔子周游列国，与各国人交往。依古礼，当他回到鲁国后，需托人或派遣使者带着礼物到他邦，以表示敬意与问候。当使者出发时，孔子一定会行再拜之礼，借以表达对他邦最高的敬意，并感谢使者传达自己的情意与怀念。"问人"是带着礼物前去问候人。"于"是到。

古人行拜礼有奇拜与偶拜之分。奇拜是单数拜，通常拜一次，表达一般的谢意。偶拜是双数拜，拜两次，亦即再拜，表示最高的敬意和谢意。

鲁国的当权卿大夫季康子给孔子送药品，从人情的角度来看，就是送补品。孔子依礼接受了大夫之礼，便行礼拜谢，不过拜完以后，孔子直接告诉使者："我还不清楚这份药品的药性，就暂时先不尝了。""达"是通、明白。"馈"是赠送。"先尝"指在收到食物的时候，依礼一定要尝一尝，以表示对送礼者的感谢和尊重。孔子这样告诉使者，就等于告诉了季康子，这说明了孔子的谨慎，同时也体现了孔子的诚恳。慎重不是自我保护，而是不失理性与自我的主体性。这就是礼，也是礼的真精神。

12. 厩焚。子退朝，曰："伤人乎？"不问马。

"厩"是马圈，有人认为这是国家养马之处，也有人认为这是孔子的私人马厩。我们在此采取后者的看法。马厩失火了，孔子正在上朝，退朝之后知道家里的马厩失火了，于是着急地问："伤到人了吗？"而没有问马是否受伤，这表现了孔子对人的重视。

可能有爱护动物的人士，会责备孔子对动物缺乏爱心。其实，爱护动物的想法是人们在生命觉醒后，随着时代发展而产生的。两千五百年前，虽然孔子是个生命觉醒者，但在那个时代最重要的是重视人，于是他提出了人的平等性、生命的重要性，以及认为生命的爱是人活下去的根本力量。这在人类的演进历史上，是石破天惊的事情。至于孔子是否爱护动物，《论语》里说"子钓而不纲，弋不射宿"，可见孔子懂得给动物生存的机会。

可以说，孔子并非不爱护动物，只是当时的爱跟今天提倡的爱有点不同。读者要有能力认识自己所处的时代，以及这个时代的新观念，同时也要避免用这些观念对他人或古人加以批评。若要了解孔子，就要掌握孔子的整体思想，避免因断章取义产生误解。

古人对本章有另一种解法，即"厩焚。子退朝，曰：'伤人乎不？'问马"。也就是说，孔子先问是否伤到人，而后再问马，表示孔子既重视人，也不轻视马。不过，我们还是采取"'伤人乎？'不问马"这种说法，原因是在孔子所处的时代，最大的生命觉醒就是看重人。

13. 君赐食，必正席先尝之。君赐腥，必熟而荐之。君赐生，必畜之。侍食于君，君祭，先饭。疾，君视之，东首，加朝服，拖绅。君命召，不俟驾行矣。

国君赐给孔子煮熟的食物，孔子依礼一定会先调整好座席，然后接受食物，接着自己尝一尝，表示对国君的感谢，尝完后再分给其他人，与他人分享国君的关心。

如果国君赐了没有煮熟的生肉，孔子就会先将其煮熟，然后献给祖先，而后分给大家。这既是礼，也是情感的表达。"荐"是献。"腥"指生的肉。今天仍是如此，朋友送来的食品，有些人会在祖先的供桌上摆一段时间，然后再拿出来分给大家吃。这既是礼，也是行孝的表现，其背后代表着时间的完整性，即过去、现在与未来是完整的一体。

如果国君赐了活的牲口，孔子就会先畜养起来，等举办重要祭典时才会宰杀，这代表对这份礼物的看重。

孔子受邀到国君住的地方陪国君吃饭。依礼，国君在吃饭前要先把每一样食物都挑出来一点，并放在碟子的旁边，简单地拱手行礼，以对创造这些食物的人表示感谢。这就是"君祭"的"祭"。这时陪着国君吃饭的孔子，依礼吃一小口饭，和国君同样行这种表示感谢之礼。

孔子病了，国君来慰问他，虽然病得起不来，但是孔子会把床摆在朝南的窗子下边，头朝东躺着。如此，国君站在床前时，正好是坐北朝南，这代表对国君的尊重。

不仅如此，孔子因生病无法起身穿礼服，但又不能穿便服面君，以免失礼，孔子把朝服当被子一样盖在身上，再把腰带垂挂在衣服上，这是对国家、国君的尊重和感谢。

国君有事召见孔子，孔子接受召令，来不及等驾车的人备好马车，就依礼先步行前往，等马车追上来再乘坐。这说明孔子全力以赴，绝不耽搁公事，而这也是侍君、侍国，为众人服务的礼数。"命召"是下达命令。

这一章全面地呈现了孔子面对国君时依礼而行的状况，以及礼蕴含的精神和情感。

14. 入太庙，每事问。

孔子进到太庙，每件事都会问一问，确定一下。这句话在《八佾》篇记述得比较详尽，孔子认为，一切都弄清楚才是礼。

《乡党》篇中记录了当时许多礼的形式，也陈述了孔子行礼时具体的表现，这里加上一句"入太庙，每事问"，呈现了孔子对事物彻底探究的精神。如此，在孔子坚持所行的礼仪上，通过形式表达出内心的真情，就不只是形式而已，更不是繁文缛节。

所以，礼不在于形式，而在于人类在觉醒过程中，彻底弄清楚事情的缘由，明白真理，寻求真相。这就是礼之所以为礼最重要的精神所在，也可以说是礼高级的呈现形式。既是人之所以为人的展现，也是人的主动性、能动性的体现。

15. 朋友死，无所归。曰："于我殡。"
朋友之馈，虽车马，非祭肉，不拜。

当没有家人的朋友死了，没有任何亲人来帮他办理丧葬事宜，孔子义不容辞地说："我来帮他办理一切丧葬事宜。"《礼记·檀弓》篇记载，朋友来拜访孔子，因病危没地方去，孔子说："他活着的时候就住在我家，由我招呼吧。如果死了就由我办理一切丧葬事宜，包括在家里停灵，以及出殡埋葬。""殡"指人去世后，家人帮他穿上寿衣，收殓好放入棺内，以殡礼待之。

人的死生是大事。人们都不喜欢面对死亡，甚至会视其为不吉祥，或认为是件麻烦事。不过，孔子毅然将病危而无所归的朋友招呼到自己家里，甚至愿意让他在自己家中停灵。《论语》的编者用简短有力的"于我殡"三字表明，孔子毫不犹豫地揽下全面照顾病危朋友的事务，这是何等的气魄与担当！孔子这种毅然的做法不在礼仪的规范中，而是相当于开创了更大的礼。

这表示了礼乃是人情适当的表达,也显示了孔子的大义与无私。仁学是将人的理性与感性合而为一,现实和理想是可以一致的,人生的一切冲突也可以由人来调和,这是孔子学说中非常重要的部分。在《乡党》篇中,清楚地呈现了这个部分。

朋友送了食物或礼物,即使是车马这么贵重的礼物,孔子也会接受,但他不行拜谢的大礼。除非是朋友馈赠了祭肉,他在接受时才行拜谢的大礼。"祭肉"是祭祀先人,而后分享给亲友的肉类。由此可知,孔子对待朋友时,重友情、重仁义、轻财利,既不滥情,也不崇尚物质。因为祭肉是朋友祭祀祖先的,所以孔子拜谢以对朋友的祖先表示尊敬,其中包含着深情。

只有读了全本的《论语》,知道孔子的整体思想后,才不容易陷入个别章节的某些词句上,误以为孔子自相矛盾。

16. 寝不尸,居不容。见齐衰者,虽狎,必变。见冕者与瞽者,虽亵,必以貌。凶服者式之。式负版者。有盛馔,必变色而作。迅雷风烈,必变。

孔子睡觉的时候,不会像去世的人那样直挺挺地躺着,原因是太僵硬了,身体不能舒展,无法休息。《论语》里说孔子,"饭疏食饮水,曲肱而枕之",这是他的生命之乐。"尸"指去世的人。

"居不容"有四种解释。第一种解释,平日在家里生活是自自在在的,不需要庄严肃穆的仪容。第二种解释,"容"解作客,亦即平日居家,不要像做客般拘谨恭敬,太不自然了。第三种解释,"居"是坐,意思是在家里坐着的时候,不必像做客般端坐着,即不必腰背挺直跪坐,否则太累人了。第四种解释,"容"解作搈,为动摇之意,意思是孔子坐着的时候不摇晃身体,以免显得轻佻。这里我们采取第一种解释。"容"指庄严肃穆的仪容。

当孔子见到服重丧的人,虽然平常和对方极为熟悉,但是一定会改变自己的态度和神情，以表示同情和哀悼。当孔子见到服轻丧者或者残障者，即使他们地位卑下，孔子也一定以礼相待。"齐衰"是服重丧者。"狎"是非常熟悉、亲近。"冕"是头上绑着布，代表与死者关系比较远，所以"冕者"为服轻丧者。"亵"有两种说法，一种是指日常生活，另一种是指地位比较卑贱的人，我们采取第二种说法。

当孔子遇到出殡、送葬的队伍或穿着凶服的人，一定扶着车前的横杆，俯身行礼，以表示哀悼。"凶服"是出殡时所穿的丧服。"式"通"轼"，就是车前的横木，古人乘车是站在车上，手可以扶着轼，以确保站得更稳。

孔子在车上看到背着重物往来的人，虽然这些劳动者地位卑下，但孔子遇到他们时会行轼礼，对这些于人类有贡献的人表示尊重和感谢。"版"是贩，苦力。"版"有两种解释，一种指国家的图集资料，另一种指最重的丧服，这种丧服的领子上有特殊标记。这两种解释，我们都不采纳。

孔子受邀为宾客，面对丰盛的酒席，一定站起来向主人致谢、致敬，这一做法到今天还通行于世界各地。

如果忽然电闪雷鸣或吹起一阵大风，孔子遇到这样的天气变化，也会变得严肃认真，以对自然表示敬畏。

17. 升车，必正立执绥。车中，不内顾，不疾言，不亲指。

孔子登车时不但会站直，而且手会拉着扶手带，表示孔子重视行车安全，每个动作都是小心谨慎的，也表示他不掉以轻心，做每件事时都是一心一意的。"绥"是登车用的扶手带。

因为古时候乘车是非常颠簸的，所以乘车时要站着，不能坐。只有老人、病人、孕妇可以坐车，这时车轮就用皮裹着蒲草，让车不那么颠簸，这叫安车。

车在前行的时候，孔子不会回头看，以免身体失去平衡。引申为不东张西望，摇晃身体，以免因不平衡而摔倒。"疾"指说话又响又快，"不疾言"是不大声说话，以免影响车夫，况且马是很敏感的动物，如果人突然大声讲话，就容易被吓到，很危险。"不亲指"，自己不随便指挥驾车的人，以免车夫乱了神而失了安全，这一点到今天还是如此。也有人认为"亲"可能是"妄"的误写，意思是在车上不要指手画脚，以免影响车夫。

18. 色斯举矣，翔而后集。曰："山梁雌雉，时哉时哉！"子路共之，三嗅而作。

"色斯举矣，翔而后集"是当时流行的一首诗，不过没有收录在《诗经》中。孔子在山中行走，惊扰了山鸡，于是山鸡展开翅膀高飞，等它认为安全之后，又再度飞到地上。孔子看到这般情境，忍不住吟出"色斯举矣，翔而后集"。"色斯"是惊慌的样子。"举"是高举翅膀，也有高飞的意思。孔子接着又说："你看在高处的雌山鸡，受惊扰而高飞，当它看清楚情况，确认安全之后，才又飞到地上来栖息，它们可真懂得什么是适当的时机啊！""山梁"指山脊，也就是山的高处。"时哉"是适当的时机。

子路听了孔子的赞美，于是向山鸡拱手行礼，表示敬意。不过山鸡又被吓到了，便拍打着翅膀飞走了。"共"是拱，亦即以手作揖。"嗅"是惊惧端视的样子。"作"是飞走。

这一章是《乡党》篇以及《论语》上编的最后一章。《乡党》篇记录了孔子谨于守礼的情况，结尾以此章描述孔子遇到山鸡，子路向山鸡拱手所展现出来的生命情境，再用"时哉时哉"点出构成人类生命、命运之礼，最重要的是在时机的抉择上。此章可谓是含义深奥的千古妙文。

根据古人考据，《论语》是先编了前十篇，人们自相传习，大有所得，而后又再编接下来的十篇，以补前面十篇不完整的部分。人们是怎么知道这些的呢？因为《论语》前面九篇所说的都是关乎孔子的学说、教学，及师生相互切磋的对话，还有学生对孔子的评论，当时的人对孔子的评论与请教，甚至包括孔子对自身学说的自述，对时政的批评，谈政治的最高理想，还有人与政治的关系等。《乡党》篇则记录了孔子的日常生活与时代背景，借以总结前九篇，所以《乡党》篇被编在前九篇的末尾。此后，再开后十篇。

如果读者跟随我们进入《论语》的后十篇，就会发现文字上的些微变化。譬如，在前十篇，孔子回答当时国君的问话都用"对曰"，以对国君表示尊重，而回答当时权重一时的卿大夫时，用的是"子曰"。不过到了后十篇，孔子与重臣的对话用了"对曰"，这代表后十篇在续记时，时代已经变了，当时卿大夫的权力地位更显赫了。

此外，就文字的记录来看，《论语》前十篇的文字比较简略，后十篇的文字比较复杂，也比较长。时代变了，文章也扩展了。前十篇除了《子罕》篇，每一篇的第一章都是子曰如何如何，即孔子说，或者子谓如何如何，即孔子的评论。但是在后十篇便以特殊事件作为开始，这在当时杂记古人的言论中，就文章、文体与语句来看，也与后来的记录相近，可见它是时代较晚的记录。

至于《论语》原本有三种，它们分别是齐国的《论语》，即《齐论》，鲁国的《论语》，即《鲁论》，以及从孔子家的墙壁中发现的《古论》。我们今天的《论语》传本，乃是东汉大学者郑玄以《鲁论》为基础，再参照《齐论》和《古论》编成的。

——— 华夏道善人与经典文库 ———

论语大义

下

辛意云 著

华夏出版社
HUAXIA PUBLISHING HOUSE

图书在版编目（CIP）数据

论语大义．下 / 辛意云著． -- 北京：华夏出版社有限公司，
2024． -- ISBN 978-7-5222-0749-0

Ⅰ．B222.25

中国国家版本馆 CIP 数据核字第 2024XU1447 号

先进第十一

中国传统学术思想看似没有西方那么严密的逻辑系统，但并不是没有理路的，它的理路在于人们共同的心理反应所构成的内在逻辑。中国传统学术思想以人和生命为前提，为知识的主轴，展现出完整的生命形象和体系。其方法论与西方的现象论可会通。

《论语》中的每一句话都是呈现了普遍性真相的生命案例，树立了人生真理性的指标。它所体现的不是个别事例，而是众人共同的心理反应。

如《学而》篇开头的"学而时习之，不亦说乎"，指出人的生命从觉醒、觉知以及实践开始。《学而》篇作为《论语》的首篇，是整部《论语》的宗旨所在。《论语》是有机的生命体，展现了活的生命教本，而不是死板的道德规范，同时也呈现以人为主的思想。中国传统学术思想有着人学的逻辑。

1. 子曰："先进于礼乐，野人也；后进于礼乐，君子也。如用之，则吾从先进。"

"先进"一词古来有多种解释。我们采取的解释是，"先进"是先辈、前辈，指先受教于孔子的学生和较早的受业时间。"后进"是后辈，指后受教于孔子的学生以及较晚的受业时间。

"野"在西周时指郊野，也就是离城镇有一定距离的区域。郊野之人就是旧时称的野人，即没有受城市文明影响，也没有受礼乐教化的农夫，又称朴野之人。"朴"是朴素之意，"野"则与文化、文明、礼乐相对。至于"君子"，指已受礼乐教化和被教育影响的人，甚至是已经入仕的人。

根据《论语》中的记载，孔子的学生大致可分为前后两批。孔子二十九岁左右开始从事教育工作，子路、子贡、闵子骞、颜渊父子、曾点、冉伯牛、仲弓、宰我等人都是孔子早期的学生。这时的孔子有着强烈的宣道、用仕、为政的渴望，讲学偏重实践，多谈为政之道，这批学生中有多人从政。

孔子五十多岁回到鲁国，他的为政用事之心比较淡了，转而以教育弟子为主要工作。早些时候先进的学生多来自乡野，所以孔子施行的是以礼乐为重的教育，而随着时代的转变，孔子的教育逐渐推广，如《公冶长》篇所说："吾党之小子狂简，斐然成章，不知所以裁之。"年轻的弟子已经先受到父兄教育或社会教育的影响，不再是朴野之人，而是所谓的"君子"（知识分子）了。因此在教育上，孔子不再以礼乐为先，而是更重视知识文学（不是今天的纯文学）。曾子、子夏、子游、子思等人都是后进的学生，他们在孔子死后将孔子的教育思想推广于天下，奠定了后世的教育基础。

本章，孔子说："早期我所教的学生是一批朴野的农民，因此我先以礼乐实践作为教育他们的最重要的内容。后来的学生已经汲取了许多礼乐知识，成了彬彬有礼的君子（知识分子），所以我教他们时侧重于文学知识，而不重礼乐实践。只是如果我可以举用承担政治责任的人，我还是会选早先那些出身于朴野的学生。""用"是举用。"则"是那么。"从"是随着，有选定的意思。

在以贵族教育为主的时代，孔子率先把贵族的礼乐、知识教育带入民间，使乡野之人有机会受到同样的教育。《先进》篇主要就是宣扬孔子对平民教育的推动。

孔子认为为政用事，是以实践、实干来解决人民和国家的实际问题，他强调应让先进的朴野之民从政，后进的学生如果偏重于借助概念治国为政，就不容易解决实际问题，难以有所作为。

孔子的教育重在救世，他希望借着教育构建宜于人民安居的理想社会，这后来成为儒家特有的情怀和精神。凡是儒家学者，都认为知识分子应当承担起促进社会发展的责任。

何以"先进于礼乐"就有益于为政呢？除了先进之民性格上的质朴务实之外，还有一些客观依据。从尧、舜、禹、汤、文、武、周公继承发展而来的历史中，社会主轴、知识主轴都是为天下人谋幸福生活所需的礼乐制度。周公是历史传承下礼乐之集大成者，西周是人类文化、文明的时代高峰，所以孔子说"郁郁乎文哉，吾从周"，还说自己"述而不作，信而好古"。

2. 子曰："从我于陈、蔡者，皆不及门也。"
德行：颜渊，闵子骞，冉伯牛，仲弓。言语：宰我，子贡。政事：冉有，季路。文学：子游，子夏。

"从"是跟随、随着。"于"是介词，到、在。"陈、蔡"是陈国和蔡国。本句是讲孔子六十一岁时带着一群弟子周游列国，从陈前往蔡国途中遇上吴国攻打陈国，楚国出兵援陈，孔子及众弟子因而受困，甚至绝粮，即孟子所说的"君子之厄于陈、蔡之间"。后来幸亏楚国的大夫派人迎接孔子到楚国去，孔子及弟子才得以脱困。

根据钱穆先生《论语新解》中的说法，这一章记录的是，孔子回到鲁国后，有一天想起了周游列国时师生困于陈国和蔡国的情境，说："那些与我在陈、蔡共患难的学生，现在都不在这儿了。"他怀念那些同遭困厄的学生，感叹他们目前都出去应仕，不在自己跟前受教了。"门"就是孔子教学的门庭。

至于第二句话，古人经过考据后认为这是另外一章，与第一句其实并不相连。在《论语》中，孔子称弟子时多半直接叫他们的名，而很少称他们的字。第二句话里全是这些学生的字，故古人认为是后人所记。这句话也表明孔子的教学风格先后有所不同。句中前三科所标举的学生代表，都属于第一章所谓的先进弟子。只有第四科文学科的代表子游、子夏属于后进弟子，当时他们年龄太小，并没有跟随孔子出游，也没有被困在陈、蔡之间。这说明孔子困于陈、蔡与孔子教学四科的学生代表之间并无关联。

这一章记录的四个学科，以德行科为首，其次是言语科，接着是政事科，最后是文学科。这是有次序的。德行是人生之本，是人在觉醒后达到内外一致的表现。言语是政治交际上宾主间的交流表达，训练学生的辞令，以使他们能够出使四方，这是侧重于外交工作的科目，训练为政的重要能力。当然，言语也能够流露出德行如何。政事是将人事分门别类地处理，实际担负起治国大政。文学指自古以来圣人的典章制度，以及《诗》《书》等文献。学文学可以为政，也可以从事教育工作。

这句话是说，孔子教学有四科，德行科的学生代表是颜渊、闵子骞、冉伯牛、仲弓，言语科的学生代表是宰我、子贡，政事科的学生代表是冉有、季路，文学科的学生代表是子游、子夏。我们要注意的是，这四科是相通的，不同于现代专业性、技术性知识教育的分科。孔子所教、所言的《诗》《书》、礼乐、文章和外交、政事，其根本在于德行。德行是指人在生命觉醒、自我觉醒之后，达成感性与理性、理想与现实的统一，并且拥有充分的爱，能完成仁道。所以，德行列在四科之首。除了这一章节所举出的学生代表，孔子还有很多弟子也有极好的表现，后来分散在各地，开创了崭新的文教时代。这也是诸子百家兴起的原因之一。

3. 子曰："回也非助我者也，于吾言无所不说。"

孔子说："颜回对我在教学、修道、觉醒上是没有助益的人，因为他对我所说的话、所讲述的事情，没有一句不喜欢。"这是孔子对颜回在学习上、在生命觉醒上的赞美。"助"是帮助。"于"是对于。"说"就是悦。

子贡曾赞美颜回"闻一以知十",孔子听了,说:"我跟你都不如颜回。"可见颜回是一位了不得的觉醒者。

这一句话也显现出孔子在学习上有开放、健康的心态。孔子虽然身为老师,但也是求道的觉醒者,他希望在生命觉醒的学习上,能够不断有人一起切磋琢磨。如《八佾》篇中,子夏问孔子,《诗》中有这样一句话,"巧笑倩兮,美目盼兮,素以为绚兮",这是什么意思?孔子说,这就像绘画时先有白底,后施五彩。子夏听了就说:"礼后乎?"人世间的礼,也是社会发展后才建立起来的吧?孔子听了非常高兴,说:"给我很大的启发和提醒的,就是商你啊!此后我可以和你谈《诗》的微言大义了。""商"是子夏的名字。这里表现出孔子被自己学生启发而产生的喜悦。

钱穆先生《论语新解》中说:"道本难穷,问难愈多,精微益显。颜子闻一知十,不复问难,故曰非助我者。其辞若有憾,实乃深喜之。"在生命之道、真理之道的学习过程中,有人不断提问,老师回答时会越讲越仔细、越讲越精微,从而对自己亦有极大的帮助与启发。只是颜渊听到"一"就能全面了解,不再多问;孔子的话看似有一点遗憾,其实他高兴极了。师生是难得的际遇,能够有此学生,是老师最大的欢乐。

4. 子曰:"孝哉闵子骞!人不间于其父母昆弟之言。"

"孝哉"是对闵子骞的赞美,即闵子骞真是孝子啊!闵子骞是孔子的学生,名叫闵损,字子骞。孔子称呼学生多半称名,而这一句称闵损的字。因此古人认为,这一句不是直接记录孔子的话,而是孔子转述别人的话,并以此来称赞闵子骞。也有人认为,《先进》篇可能是闵子骞的门人所记,所以称闵子骞,而不是闵损。

闵子骞在历史上是有名的孝子。在民间传说中，他生母早逝，继母非常疼爱自己生的两个孩子，但虐待闵子骞，冬天给他穿的棉衣都是用芦花絮填充的，不能御寒。闵子骞帮父亲拉车的时候冻得使不上力，被父亲发现了棉衣的真相，父亲大怒，要赶走他的继母。他跪地告诉父亲："母在一子寒，母去三子单。"继母、弟弟和父亲都大受感动。

古代文献中说，闵子骞去孔子那里学习，以学孝为主，回家后实践孝道，故而父母兄弟都赞美他"人不间于其父母昆弟之言"。很久之后，仍然没有人非议、反对这一份赞美，可见他真正做到了孝。"间"是离间、挑拨，引申作非议。"昆弟"是兄弟。

5. 南容三复白圭，孔子以其兄之子妻之。

南容是孔子的弟子，名叫南宫适。"三"表示多。"复"是反复。"白圭"出自《诗·大雅·抑》："白圭之玷，尚可磨也。斯言之玷，不可为也。"意思是那美好的白玉圭，即使有了玷污破损，还可以加以琢磨，去掉污损，使它完好如初；人说出去的话，如果有了污点，就很难弥补了。"玷"是缺损。这首诗或说是写给周厉王的。周厉王说话随便，卫武公作这首诗劝谏他，身为王者应当谨言慎行。

南容常常诵读"白圭之玷"这首诗，以提醒自己要谨言慎行。在《公冶长》篇中，孔子说南容在"邦有道"的时候勇于行道，为国、为民服务，在"邦无道"的时候谨言慎行，免遭灾难。这样的人是不是收放自如、行止有度，进退不失其正呢？是不是可以托付大事，能承担责任呢？答案显然易见。于是孔子把侄女嫁给他，这说明了孔子对南容的信赖与赞许。

爱情与婚姻在古今都是大事。人要收获爱情，并且有成功的婚姻，除了爱意、包容，还得有承担力。

《先进》篇从一开始到这里,围绕孔子的教学重点,在礼乐、德行上展开,同时又各有所重。此后每个学生依各自的禀赋特长而发展,闵子骞能孝,南容能谨言慎行、承担责任。

6. 季康子问:"弟子孰为好学?"孔子对曰:"有颜回者好学,不幸短命死矣,今也则亡。"

季康子是鲁国当权的执政大夫季孙肥。"孰"就是谁。"为"就是是。季康子问孔子:"哪一个弟子最用功呢?"

这里孔子回答季康子的问话,用了"对曰"这个表示恭敬的说法。古人认为,不应生而生,叫作"幸";不应死而死,叫作"不幸";父母在而死,叫作"短命"。孔子用"不幸"强调自己对颜渊去世的遗憾。颜渊死的时候,他的父亲还在世,所以称他"短命"。

《论语》上编强调"学",不只是学习功课、知识,更重要的是生命觉醒和自我觉醒。在孔子的学生中,颜渊在生命觉醒、自我觉醒方面能闻一知十,觉醒得最深透、最全面。孔子赞美他的成就,"一箪食,一瓢饮,在陋巷,人不堪其忧,回也不改其乐",这说明颜渊在生命觉醒后超然、自在的生活状态,以及生命的喜乐。孔子接着说"今也则亡",现在没有像颜回这般用功于生命觉醒的学生了。"也"是语气词。"则"是乃。"亡"音 wú,就是无。

生命觉醒以至自我觉醒,是人认识自我、认识生命的学习,与一般专业知识、技术的学习是不一样的。很多人重视专业知识、技术的学习,想要找到好工作、赚取高薪,过上好日子。其实要保障幸福的人生,还要加上心灵的智慧,才能使声望、权力、金钱等形成正面影响,否则有时这些东西会带来痛苦,而心灵的智慧就来自生命的觉醒、自我的觉醒。

人真正达成生命觉醒、自我觉醒,即使没有太多的声望、权力、金钱,也可以拥有极其充实而幸福的人生。虽然颜渊早逝，但从各种文献上看，他似乎没有遗憾，真的是"朝闻道，夕死可矣"。他觉得自己真的活过了。孔子死后，儒家分为八派，颜渊也传了一派，他这一派的宗旨是乐，谈如何享有生命真正的喜乐。

北宋的理学开山大师周濂溪说，读书当"寻孔颜乐处"，探寻孔子和颜回的快乐是什么。稍晚的程氏兄弟——程颢、程颐大受影响，而后也成了理学的奠基者。

有人认为，颜渊这一派喜乐的学脉可能传给了庄子。《庄子》开篇的《逍遥游》谈的是人的大喜乐，只是他向前跨了一步谈"逍遥"，讲人的生命的自由。庄子在文章里高度赞美了颜回。

7. 颜渊死，颜路请子之车以为之椁。子曰："才不才，亦各言其子也。鲤也死，有棺而无椁，吾不徒行以为之椁。以吾从大夫之后，不可徒行也。"

颜路是颜渊的父亲，名由，他只比孔子小六岁，是孔子开始教书时就来学习的学生。"请"是请求。"子"是孔子。"以为之椁"，就是用来做椁。古人去世，尤其是有过一点社会地位的人，下葬时棺木有两层，一层是内棺，叫作棺，另一层是套在内棺外的外棺，叫作椁，如此下葬才是完备的葬礼。但是颜路家贫，无法为颜渊买椁，于是就请求孔子卖掉车子为颜渊买椁。

孔子回答他："虽然人有有才慧和无才慧之别，但颜渊是你的孩子，而伯鱼是我的孩子。"第一个"才"指颜渊，他是极有才慧的学生。"不才"指孔子的儿子孔鲤，字伯鱼，他也是孔子的学生，在学习的才慧上不及颜渊。站在教育的立场，老师一律平等地看待、教导学生，但学生有才与不才的分别。有才如颜渊，孔子对他视如己出，而孔子自己的孩子不才，这是客观判断。"亦"是再。"各言其子"，是指站在父亲的立场各自说自己的孩子。丧葬之礼遵从父子之亲来完成才是合情合理的。孔子的儿子伯鱼先于颜渊去世，当时孔子也因为财力不足，致使伯鱼下葬时只有棺而没有椁。

孔子又说："我不能卖掉车子来帮颜渊买椁，否则以后我出门就得步行了。""徒行"是步行，徒步而行。

孔子继续解释："因为我随行在大夫的后面，所以出门不可以步行。""以"是因为。"从"是跟随。"大夫之后"是大夫的后面。虽然孔子致仕，但依礼仍在大夫的行列之中，仍要经常随大夫出行，大夫出行都有车，孔子不能单独在他们车队的后面步行，这是国家之礼。

何况自古以来的习惯是丧事不外求，也就是说，丧事可以接受别人的奠仪等馈赠，但是主家不能因为丧事主动去求人家赠与东西。颜路请求孔子卖车来完善颜渊的葬礼，虽出于父子之情，但是不合于礼。

所以孔子说，即使老师对出众的学生有特殊的情感，但于葬礼而言，得从父子之情与礼的角度来看。换句话说，孩子的葬礼是父亲该完成的事，老师也不可越界。

本章中，孔子的话有多处转折，先是站在教育的立场做出解释，然后是站在父亲的立场说明什么是合乎情理的丧葬之礼，再到维护国家大礼。孔子这些曲折的解释涵盖了社会人情、事理和人的心理，其实是在教人如何合情合理地思考问题、处理问题，以实现周全得当，如此才是礼。

8. 颜渊死。子曰："噫！天丧予！天丧予！"

这一章是对第七章的补充。第七章一方面强调了礼，一方面也有让人觉得孔子有不近人情的地方。这一章则言情，孔子因颜渊的死而哀伤，哀伤到难以平复的地步。

"噫"是惊叹词，如同今天的哎呀，表示深沉的伤痛。"天"指老天。"予"

是我。孔子得到颜渊去世的消息，痛苦地大声哀叹："老天爷要灭亡我呀！""老天爷要我的命啊！"孔子连用了两个"感叹句"，表达极度的哀痛之情。这表明孔子对颜渊的看重以及深深的疼爱，他将颜渊看得如同自己的孩子那样重要，这也是颜路会情不自禁地向孔子提出卖车买椁的原因。

9. 颜渊死，子哭之恸，从者曰："子恸矣！"曰："有恸乎？非夫人之为恸而谁为？"

"恸"是哀伤过度，连表情都变了，所以有人解为动容。"从者"是跟随的人，作名词讲。"夫"是此，"之为恸"就是为之恸，也就是为此人恸，是倒装句，表示强调，使意思更为明确。"而谁为"就是而为谁，也是倒装句。

这句话是说，颜渊去世，孔子带着学生去颜渊家里致哀，孔子情不自禁，哭得非常悲伤，哭得整个人都变了样子。跟随的学生就劝孔子："老师啊，您哀伤得过度了啊。"孔子回过神来，回答："我真的哭得这么哀伤吗？我不为这个人的死哀痛，还为谁这样哀痛呢？"从这里可以看出孔子对颜渊的不舍。这是孔子对知己之情的表达。

10. 颜渊死，门人欲厚葬之，子曰："不可。"门人厚葬之，子曰："回也视予犹父也，予不得视犹子也。非我也，夫二三子也！"

"门人"指孔子门下与颜渊（即颜回）同期的学生。"厚葬"是用隆重的仪式来完成颜渊的葬礼。门人想要厚葬他们最敬服的同学颜渊，以尽生者之情，他们去问孔子，孔子回答不可以。

首先，从古礼上说，丧事是否隆重，依家中贫富决定。家贫而厚葬，依古礼是不可行的。再者，颜渊生前能为自身的理想而守贫，死后竟然被以不合礼的方式厚葬，这将置颜渊的理想以及颜渊本人于何地？所以孔子说不可以。孔子看待颜渊虽死犹生，认为应该尊重颜渊这一生的理想和作为。

可是同学们实在敬服颜渊，不忍心薄葬他，仍然厚葬了他，这也是人之常情。"视"是看待。"予"是孔子的自称。"犹"是好像、如同。孔子知道后说："颜回看待我如同父亲一样，可是我不能够以对待儿子的方式来对待他。"孔子葬自己儿子的时候，是依着自己的财力而薄葬，这也合乎伯鱼生前的性情和心愿，可是门人不忍薄葬颜渊，使孔子无法成全颜渊一生的心愿。所以孔子说："不是我要这样的呀，是那些学生做的决定啊！""夫"是那些。

这段话展现出孔子和门人极其曲折的心思、情感。这里还有一层意思，"二三子"能做主厚葬颜渊，除了有同学的情谊在，也算是达成颜渊的父亲颜路的心愿。这里婉转地呈现出不同选择背后的深意：葬一个人，是应当依照这个人生前的性情、心愿去葬他，以完成他终身的愿望，还是按照活着的人的意愿去葬他，让活着的人在面对死亡的时候没有遗憾？门人将颜渊生前绝不接受的方式加诸其身，因为他们内心认为颜渊已经死了，但孔子内心认为颜渊仍然活着，当依颜渊生前的性情、心愿来对待。这是两种不同的心思、心境，因此生出不同的感受和做法。

这里彰显出在孔子所处的时代，人的意志越来越强，礼也就越来越不足以指导人们的行为。所以孔子在回答门人林放问"礼之本"的时候，说"礼，与其奢也，宁俭；丧，与其易也，宁戚"。礼贵在表达真心实意，尤其是在丧礼中表达真正的哀伤之情和对亡者的想念。

《论语》前十篇所谈的都是大义，可是到了后十篇，尤其是从《先进》篇第一章读到这里，孔子所说的话表面上并不复杂，却非常曲折，有很多细微而深沉的心理、情感藏于其中。这也是《论语》前十篇与后十篇所谈的义理不同的地方。钱穆先生在《论语新解》中说："或曰：颜渊死凡四章，以次第言，当是'天丧'第一，'哭之恸'第二，'请车'第三，'厚葬'第四；而特记请车在前，因若连记请车、厚葬，使人疑孔子不予车，即为禁厚葬，故进'请车'章在前，使人分别求之。"也就是说，编者把请车一事放在这四章的最前面，有特别的原因。如果把请车和厚葬这两件事连在一起，很容易让人误以为孔子不答应卖车是严禁厚葬，其实孔子的主张是一切要依礼。把这两章分隔开，人们可以分别了解这四章所表达的深层意思，了解孔子对颜渊的疼爱以及对知己的看重。孔子这样情深义重，仍主张依礼处理颜渊的丧事，以体现对死者最深切的尊重和敬意，这才是最适当的爱的表达。

孔子的学说以仁为主，仁就是爱人，完成对人的爱，没有任何偏颇。这一份深层含义，在这四章所示孔子的主张、坚持中，表达得很清楚。

11. 季路问事鬼神，子曰："未能事人，焉能事鬼？"敢问死，曰："未知生，焉知死？"

这一章是从前面的礼延伸而来。"季路"是子路。"事"是侍奉、服侍。"鬼"者归也，就是回去了，所以死者曰鬼，也泛指人的祖先。"神"也指祖先，不过这里的"神"是就老天而言的。

子路请问孔子："祭祀、侍奉鬼神如何尽礼？"孔子回答："还不能够服侍人，如何去服侍鬼神呢？""焉"是何、如何。第二个"鬼"包括神，是鬼神的简称。

这句话是说，人与鬼神其实是一体的，过去、现在、未来是一个大的整体，侍奉人与侍奉鬼在心态、方法上是一致的，都得以诚信敬爱为主。孔子说过"祭如在，祭神如神在"，这是祭祀、侍奉鬼神最重要的态度，也是侍奉人的最重要的态度。人在真实的生命中淋漓尽致地展现了自己，有了生命的真情，自然就能以此真情去侍奉先人和神，其中充满感谢、敬爱、真诚、虔敬等情感。

"敢"是敬辞。子路说："我贸然再问一句，什么是死？人死后，他的情境、意义是什么？"孔子回答："还不明白活着的情境和意义，如何能够知道死亡的情境和意义呢？"这句话强调死和生不是绝对一分为二，是一体的。人唯有充分的生命觉醒，让自己活得淋漓尽致，到生命的最后一天，自然就知道死亡之于生命的意义了。

中国传统的生死观和其他文化有很大的不同。大多数文化认为天人对立、生死永隔，中国传统则认为天人合一、生与死合一，生死是一体两面，合起来才是完整的人生。如果只有生而没有死，就不是完整的生命。所以，想要知道死亡在人生中的意义，就得全力以赴地将自己活出来。

人如何才能全然活出自己呢？就是《学而》篇一开始所说的，人要能觉醒，从觉醒中认识真正的自己，认识什么是生命、什么是自己的可能性。人认识了真正的自己，意识到活着是宇宙天地间非常美好的事情，自然就活出了自己，如此才不枉费这一生。这个观念如同现代西方心理学家所说，人的天性除了满足生物性的生理需求，还有精神上的需要，譬如归属的需要、被尊重的需要、自我实现的需要。由自我实现再向前，走向自我创造的生命道路，就是真正地活出了自己。

本章这两句话的重点都是人先要重视自己的生命，在真实的人生中将自己好好地活出来。传统中国人肯定生命、人生，肯定人在世间正向的、能动的生命力，这种生命观可以说是人类文化史上特殊的、唯一的，其中饱含着对给予自己生命的先人或神的感恩之情，而这也是少有的。

12. 闵子侍侧，訚訚如也；子路，行行如也；冉有、子贡，侃侃如也。子乐。"若由也，不得其死然。"

"闵子"是闵子骞，古人认为"闵子"后面漏了"骞"字。"侍"是陪侍。"侧"是身旁、身边。卑者陪侍在尊者之侧，叫作侍。"訚訚如也"是恭敬、平正、和乐的样子。这不仅是闵子骞在孔子身边自然表现出的态度，也说明闵子骞的个性就是恭敬、平正的。

"行行"读 háng háng，指勇猛刚强。子路即便在孔子身边陪侍，也表现出非常刚强、勇猛的样子，毫不修正、掩饰。这也说明了子路的性格。

"冉子"是冉有。"侃侃如"是非常从容、温和而欢乐的样子。

"子乐"即孔子非常高兴，指孔子喜欢这些英才在身边，而且有机会教育他们。"若"是像。"由"是子路的名。"其死"是自然走向死亡，也就是寿终，得其天年。"然"是大概。孔子见子路直来直往、勇猛刚强、行事鲁莽，忍不住说："像子路这样的性格，恐怕将来不能享有天年吧。"这应该是将另一句话放到了这里。此处提出了很重要的观点，即很多时候人的命运其实是由个性、性情决定的。

在西方，悲剧代表文学和艺术美学的最高境界，古希腊就有展现命运的悲剧的作品。到了文艺复兴，人们对自己的认识深刻了，于是转换成性格的悲剧，特别是在莎士比亚悲剧中，往往可见性格决定了人的命运。而《论语》此章也提到了性格和命运的关系。

孔子的观点出于他对人的认知，也就是中国传统学术中的知人思想。这呼应了本篇第二章，孔子所教的德行、言语、政事、文学四科，核心是人唯有在生命觉醒、自我觉醒中，才能够调整个性，而后开创自己真正的命运。

13. 鲁人为长府。闵子骞曰:"仍旧贯,如之何?何必改作?"子曰:"夫人不言,言必有中。"

"鲁人"指鲁国当权的三家:季孙氏、叔孙氏、孟孙氏。"为"作动词,是改造的意思。"长府"是存放货财的仓库,有人认为"长"是大,"长府"就是大仓库,大概相当于今天的银行。根据《左传》的记载,鲁昭公讨厌当权的三家,就以长府为根据地,谋划攻打、剪除他们,特别是要消除季孙氏。结果反倒促成三家联合,赶走了鲁昭公,最后鲁昭公只好逃到齐国去。过了几年,三家准备改造长府,消除这段不愉快的回忆。不过,这里不点明鲁国的这段历史,直接称"鲁人",是避讳的说法。

春秋时期,依周礼谈论事情、论断事情,对国家的尊者(包括本国国君)、于国家有贡献的贤者以及自己的长辈亲人,有所谓的避讳。就像这件事,季孙氏的执政者是被百姓支持的,百姓不支持鲁昭公,因为鲁昭公在行政事务上不讲求从根本做起,轻举妄动,不仅自己失败,还让国家动荡不安。至于当权的三家,自私自利,同样危害国家的发展。他们都不知礼,不合于礼,没有分寸。因此,说这件事的时候,就以鲁人来概括一切,笼统地说这些鲁国人,这就叫作为尊者讳。这依礼而来的讳言,蕴藏着对自己国家的尊重、温情和敬意。

闵子骞听了长府将被翻新改造的消息,批评道:"改造长府的时候,沿用旧制度,只略为翻修,而不是全面新建,怎么样呢?""仍"是因,就是顺着、沿着。"旧贯"是旧的制度。

孔子听了闵子骞的评论而赞美道:"此人少言,不开口,然而一开口、一评论,必是一语中的。""夫"就是此。"中"是合理、中肯。

这句话表面看来平平淡淡,只是孔子赞美闵子骞的评论,其实婉转地提出,人在自身发展的历程中,国家在自身发展的历程中,不需要消除一切曾有过的

先进第十一 / 415

历史。这是不恰当也不现实的，还会引起心理上的不平衡。本章开头就为鲁人避讳，提出若要求得国家、社会真正的安宁，就得在人心上保有一份尊重、温情和敬意，这样才能真正获得整个社会人心的支持，社会才能稳定。西周以至春秋有避讳之礼，否则，一些人的愤愤不平会逐渐酿成社会的动荡与国家的灾难。

近代人谈到避讳，都说掩盖事实是不可取的方式。一些文史学者引用古代史学大家刘知几的说法，认为避讳不合乎史实，站在史学角度上是不可取的。

孔子所言、《论语》所记，属于经典性文献，不是历史。不仅在中国传统学术上如此，在西方、在任何其他民族，经典都不属于史学的范畴。经典可以成为历史的材料和研究对象，但它不在史学的范围内。经典不是对历史的记录，经典之所言、所重在义理，用西方的观点来说，是在哲学性的理论上。经典是对生命哲学的探索与解释。

再说，"鲁人为长府"其实也不违背历史事实，这并没有掩盖其所指的历史事件，只是言辞简略。至于这段历史事实，则被详细记录在《左传》之中。中国传统学术有经、史、子、集，它们各有所重、各有所记。经之所记，在义、在理，用西方的学术观点说，是形而上的普遍之理。而探究人的亲密关系、儿女私情，就要向集中探寻，集中有大量的、丰富的材料。《左传》早先不在经之中，相对于《春秋》，以及《公羊传》《穀梁传》，它更偏重于对历史事实的记录。我们不要把经、史、子、集混为一谈，笼统地讨论中国传统学术史。

14. 子曰："由之瑟奚为于丘之门？"门人不敬子路，子曰："由也升堂矣，未入于室也。"

"由"是子路的名字。"瑟"和琴同类，属于拨弦乐器，不过瑟的弦比较多，拨起来声音比较响亮。"由之瑟"指子路用瑟弹奏的音乐所表现出的音调、风格。"奚"是为何、怎么会。"为"是作,引申为发生。"于"是在,"于丘之门",丘是孔子自称,指发生在我孔丘的门下。这是孔子评论子路所弹之瑟的音调、风格和意境,与自己所教的音乐不同。

孔子曾经评论周武王的音乐"尽美矣,未尽善也",即"真是好听极了,可惜没有达到生命的至善"。他听到尧舜时代的《韶》乐,则赞美说"尽美矣,又尽善也"。

这是什么原因呢?周武王的乐是战胜商纣王时的纪功之乐,虽然好听,却仍带着杀伐之声。古人说:"子路鼓瑟,有北鄙杀伐之声。"这或许是因为子路的性格刚强勇猛,因此他弹奏出来的声音、意境不够平和中正,而孔子所教授、所赞美的平和中正之音能让人回到自身温柔、深情、清静的性情中,弹奏出的音乐自有勃勃生机。所以孔子说:"子路这样刚猛的琴音怎么会是我教的呢?"他是用这样的说法婉转地提醒子路。

"门人"就是孔子的学生、子路的同学。他们听了孔子的评论,就不再尊敬子路了,或许门人误以为孔子说子路仍在孔门之外,其学尚未入门。孔子发觉因为自己的评论,门人有所误会,所以接着说:"在为学、为道的次第上,子路不但入了门,而且登上了大堂,只是还没有进入内室罢了。"先在门外,而后入门,再登堂,最后入室,这是学习的四个阶段。"堂"是厅堂。"室"是屋内。"升堂"是指在学习上掌握了脉络,清清楚楚地知道学术的走向,等到"入室",就是进入了精深的境地,能够把握老师所教的生命的学问特有的关键点,进而将其内化成生命的一部分。

在中国传统学术中,或者说在生命觉醒、自我觉醒后的修养上,读书、为学、求道是有次第的。好学者在这一点上当有自我认识,要有能力看到自己在学问的哪一个位阶上,这样在学习和修养上更容易进步。

15. 子贡问："师与商也孰贤？"子曰："师也过，商也不及。"曰："然则师愈与？"子曰："过犹不及。"

子贡是孔子早期的重要学生之一，和子路、颜渊是同期的同学。子贡聪慧过人，不过他认为颜渊超越自己太多。"师"是孔子的学生，姓颛孙，名师，字子张。"商"也是孔子的学生，姓卜，名商，字子夏。他们都是孔子晚年的学生。此处回应了前面的"先进于礼乐，野人也；后进于礼乐，君子也"。子贡是师和商的师兄，看到两个小师弟学习，就关切地问孔子："子张与子夏谁学得好啊？""孰"是谁。"贤"是好。孔子说："师常常过头，商常常还没到达最后就停了。"

古人说子张"才高意广"，境界极高，想法极多。至于子夏，他"笃信谨守"，即谨慎保守，不愿意有任何错失。古人讲，做人、求学、行事、应世当如射箭一样，最重要的是射中目标，射得太偏、过高或过低都不是正确的结果，是过或不及的状态，合乎中庸之道才是恰当的。中庸不是折中，而是如同舜那样，"执其两端，用其中于民"。面对社会中不同乃至对立的各种状态，挑出最好、最适合大众的制度用于行政，以造福人民。

于是，子贡再问："如此这样，师是胜过商了？""然则"是如此、这样。"愈"是胜过、超过。这说明子贡认为做过头比做得不够要好。孔子回答："过与不及其实完全一样。"二者都不符合中道。"犹"是如同、一样。

这句话的第一层意思是，一切都得适当，过与不及都是不适当。孔子强调中，他说"有鄙夫问于我，空空如也，我叩其两端而竭焉"，又说君子"无适也，无莫也，义之与比"，都是在讲中和、中道。

第二层意思是，"恰到好处"是孔子对西周以来的礼所赋予的新的、抽象的哲学性意义。《礼记·仲尼燕居》中，孔子说"礼乎礼，夫礼所以制中也"，礼用来展现何为恰到好处，让人能够掌握恰到好处的分寸。《论语》中的礼除了指西周的礼乐制度、春秋时的生活礼仪，还指礼所蕴藏的抽象的哲学性意义。孔子说："礼之用，和为贵。先王之道，斯为美。""和"是孔子从历代礼乐中抽绎出来的哲学性意义，西周以此达成了社会的和谐。

第三层意思是，由对过与不及的认识，了解每个人在气质、性格上都有所偏向，人们可以通过学习和觉醒获得自我认知，从而调整个性、改善气质，让自己慢慢走向适中。这样人的命运就不会完全受制于所谓的先天个性了。

16. 季氏富于周公，而求也为之聚敛而附益之。子曰："非吾徒也，小子鸣鼓而攻之可也。"

"季氏"是鲁国当权的卿大夫季孙氏。"周公"是周天子之臣，这里指周公旦次子。西周开国大功臣周公旦的封地在鲁，初时由他的嫡长子伯禽担任国君，而后历代鲁君便出自伯禽的子孙，包括季氏等鲁国当权的三家，都属于周公的这一支。周公旦则被留驻在周天子的王朝做宰相，即所谓的冢宰。西周有世禄制度，世袭为周公、冢宰的人选出自周公旦留在王畿之内的子孙，地广禄厚。这是周公的另一支。

对国家有极大贡献的臣子，他的后代会继承他的位置。如果子孙能力强，就可以实际负责政事，而如果子孙能力不够，就享有先人的余荫。

可是鲁国季氏的财富超过在天子朝中做公爵的周公，这就是"季氏富于周公"。

"而"是但是。"求"是冉求。"为"是替、帮。"之"指季氏。"聚"是聚会、会合，"敛"是收取，"聚敛"指搜刮民众的农作物、田赋、田税等财富。"而"是而且，"附益之"就是为季氏增加更多财富。冉求很有才华，孔子赞美他在税收方面是专才，结果他却为季氏从民间搜刮财富，这违反了孔子的教导。

孔子所教，以仁、以礼为首。仁是爱人，礼是懂得分寸、作为恰到好处。

季氏的行为已经不合于礼了，现在再加重赋税，对人民就更没有爱了，而冉求竟然助季氏行这些不仁不礼之事。所以孔子宣说："冉求不是我门下的学生了。"

"小子"指青年，也就是孔子的学生。"鸣鼓"一词有其特殊含义。中国在西周时已经具备相当成熟的礼乐制度，即使发动军事战争，也得合乎礼，不能因自身的欲求随便发动战争，任何战争必须遵循"正其不正"的原则，即校正不正的行为，所以叫作征。战争必须伐有罪，"伐"是讨伐，有责备的意思，责备对方犯了过错、罪行。《左传》里说："凡师有钟鼓曰伐。"凡是军队，一定有钟鼓的设置，当伐有罪、正其不正的时候，要用钟鼓。《国语》里说："伐备钟鼓，声其罪也。"伐罪出征、准备作战，一定要通过钟鼓来宣说、声讨对方的罪行。所以"鸣鼓"是指声讨其罪，也就是责备对方有罪。"攻"是攻击、责备。

孔子最后说："学生们，你们可以打起鼓去声讨冉求了。"孔子在这里强调的是生命的理想。

17. 柴也愚，参也鲁，师也辟，由也喭。

"柴"是孔子晚年的学生，小孔子三十岁或四十岁，姓高，名柴，字子羔。"愚"表示好仁过了头，即慈爱、慈悲过了头，不知变通。《孔子家语》中说，子羔的脚不去踩别人的影子，表示对别人的尊重。到了春天惊蛰，春雷响了，所有虫儿复苏了，他在这个时候绝不杀生。到了夏天，一切植物都在快速地生长，他绝对不去折断这些植物的枝叶根芽。不仅如此，子羔父母去世后，他还守丧，泣血、悲痛了三年。孔子说他愚，是说他在仁的前提下显得有些愚昧，也就是不适中。

"参"是曾参，就是曾子。"鲁"是迟钝。古人说："曾子之学，诚笃而已。"这是说曾子实实在在坚守原则，绝不改变。《论语》里，曾子将要去世的时候，对家人及弟子说："启予足！启予手！《诗》云：'战战兢兢，如临深渊，如履薄冰。'而今而后，吾知免夫！小子！"从这里就能够了解"参也鲁"的意思，他非常谨慎守礼，绝不轻易改变，以至于面对事情的时候反应比较迟钝，这也是不适中。

"师"是子张。"辟"是偏，有些偏颇。本篇第十五章说"师也过"，这里再说"师也辟"，就是才情太高，难免过激、偏激，这也是不适中。

"由"是子路。"喭"读 yàn，是刚猛之意。子路刚猛，孔子说他弹瑟的声音也同样刚猛。

这一章可以对应第十五章，孔子认为，过与不及其实是一样的。这句话隐含着极深的哲理，就是适中，即一切要能恰到好处。但这不是绝对的、不可动摇的标准，而是可以在生命觉醒、自我认识的过程中，根据自我的特性逐步调整。

每个人天生有自己的个性，既然称之为个性，就有一偏，人受其影响、限制。不过在生命觉醒的过程里，人可以根据自身的特性逐步开辟、创造出新天地，调整、弥补自己的不足，而接近适中，这也就是《学而》篇中"学而时习之"所表达的更深刻的意思。

适中是每个人依自身的性格调整，走向属于自己的恰到好处，走向自己的圆满，这也就是孔子所谓的"从心所欲，不逾矩"。孔子自述"十有五而志于学，三十而立，四十而不惑，五十而知天命，六十而耳顺，七十而从心所欲，不逾矩"，其实讲的是在生命的觉醒中自我调整的过程。每个人都可依自己的性格特质开展自己，让生命得以成长、得以圆满。

这生命的圆满虽是非常个性化的，但又不是封闭的，不至于像西方一样陷入绝对的个人主义里。西方近代哲学（包括社会哲学）常常强调，人必须有清楚明确的自我，展现这个自我才具有自己的特色、自己的生命。然而这在一定程度上使他们走向了绝对的个人主义，有其封闭性，对不同于自己的自我就会产生对立、冲突。孔子所提出的恰到好处，虽然依着个人的性情，但这种个人的性情已经自然地包含了自己与社会相融的状态。

"学而时习之，不亦说乎"是说个人的建立，"有朋自远方来"则是说人社会性的完成，完整的人是既有个人性，又有社会性的，会因生命本身而博爱群体的生命，相依相附，因此生命才能圆满。如同近代西方心理学家所说，人除了自己的特殊性，在天性上还会自然加入社会的因素，因为人无法离开社会而生存，所以人自然要与他人相亲。

每个人从自身性情出发，选择适合自己的觉醒过程，逐步调整以成就自己的圆满。中国人传统上不认为人是绝对先天命定的生物，人的命运有自己可以掌握的部分。

在生活中，人如何让自我的独特性全面伸张，而不因为冲撞带来极大的不安？孔子认为，人的独特性、不完整性不是绝对的，人可以在生命的觉醒上顺应自己的性情进行调整、弥补，如此既可以走向属于自己生命的适当道路，也可以根据自己生命的发展可能，选择在社会中发展的方向。如此，人不会局限在自身的独特性上，可以不断地开展自己，这就是人生幸福的道路了。

18. 子曰："回也其庶乎，屡空。赐不受命而货殖焉，亿则屡中。"

"回"是颜回。"其庶乎"是"其庶几乎道"的缩略，"庶几"是大约、接近，"乎"是于。这是说，颜回在生命觉醒、自我觉醒的过程中不断学习，不断调整生命的道路、自己的个性，他所选择的生命状态已经接近于道了。

"屡"解作每、屡屡。"空"是空乏、欠缺。贫与穷两者皆曰空。"贫"是没钱，"穷"是在社会上没有出路。颜回学得这么好，米缸却总是空的，钱袋也是空的，总是生活在贫困之中，这是他选择的生命状态。

"赐"是子贡。"命"是官家政府之命。"货殖"是商业贸易。春秋时期以前，商业贸易都由政府主持。春秋时期，这一情况有所松动。子贡没有接受政府的任命，而是自己经营商业贸易。"亿"是猜度或者推测。"中"是正确。这是说，子贡每一次推算一定准确，是一位极为成功的商人。在历史上，他是富可敌国的商人。

这段话说明颜回、子贡各依自己的性情选择生活方式，开展出自身的命运。虽然一个屡空，另一个富甲天下，但是他们都认为自己的生命有所开展，是圆满的，没有遗憾。

孔子曾经赞美颜回："一箪食，一瓢饮，在陋巷。人不堪其忧，回也不改其乐。"又说颜回"其心三月不违仁"。而其余的学生呢？"则日月至焉而已矣"。

子贡说"回也，闻一以知十"，自己"闻一知二"。他的评论不带有任何的羡慕和嫉妒，客观、真实地赞赏了同学颜回的出色之处。他也曾经说过孔子的特殊之处，如"夫子温、良、恭、俭、让以得之""文武之道，未坠于地"等，从中可看到子贡清明的智慧。

颜回、子贡各自选择了自己的性之所近，完成了自己的可能性，在生命的过程中直至最后，都尽己了，让自己淋漓尽致地发挥出来。从颜回和子贡的生活情态中，可以明白孔子所提出的自我调整的意思。

颜回有如此高的智慧，却过着如此穷困的生活，西方人会认为这是悲剧。可是在中国，这不被认为是悲剧，因为他没有任何不得已，没有被逼迫，一切都是他生命中最好的选择。这就如同伯夷、叔齐，因不赞成周武王伐纣，而选择不接受西周的赏赐，隐居深山，以挖野菜为生，最终因营养不良去世。孔子说："这是他们依自身的性情和自身最高的生命哲理、原则选择的结果，这叫作求仁得仁，有什么遗憾呢？这不是悲剧。"

19. 子张问善人之道，子曰："不践迹，亦不入于室。"

朱子解"善人"是"质美而未学者"。"质美"是先天本质美好，表现在心理上是非常健康、正向，表现在情感上是非常热情，充满同情心，表现在才智上则是非常聪明，甚至很有智慧。至于"未学"，学者觉也，"未学"就是没有达成真正的生命觉醒、自我觉醒，对自己的性情和生命的特质还没有深刻的认识。所以"善人"的天赋极好，甚至在现实生活中的表现称得上品德善良，但所差的是还没有觉醒，无法真正认识自己的独特性、自己的个性。"道"指方法和途径。

"践"是依循、遵循。"迹"是前人的事迹，包含前人的话语和经验，即所谓的前言往行。这前人可不是一般的前人，而是先圣先贤，是对人类生命发展有贡献的人。他们做出有利于天下苍生的事，而后被记录在经典中。前言是指这些经典文献，往行是指记载着圣贤事迹的历史典籍。这不是一般人说的话，甚至也不完全是传说中的事迹。

"亦"就是也，加强语气，包含"但也还不能"的意思在内。"室"就是道之室、道的内室。

这个道是什么？前面颜渊"庶（几）乎（道）"的"道"是仁道。孔子说"吾道一以贯之"，所以这里的道也是仁道。简单地说，仁道是人通过觉醒，达成生命的完成、完善、完美之道。曾子说从"忠恕"入手就可以达成，也就是说，这种生命完善之道是从自我的觉醒开始，逐步认识自己，然后全面地展现，让自己淋漓尽致地活出来，这就是忠。同时，了解众人都有各自的独特性，从而尊重他人，体贴他人，推己及人，就是恕道。恕道是能知人之道，人达到忠恕的状态，心中就会充满自我认知后的满足，同时也能因了解众人而有极大的同情。因此，在这种生命之爱的前提下，不断地自我调整，让自己的行为、性格趋近于恰到好处，不限于一偏的个性之中，这就叫作入于室。

所以这句话是说，子张向孔子请教怎样可以成为善人，孔子回答，天赋极好的人只要依照自己的天性而行，就能够品德良善，实现自身生命的某一种发展。但是，如果不依照前人在生命觉醒中的做法，他的生命就无法有进一步的超越而进入真正的生命觉醒，以致无法走上生命完善的道路。

善人禀赋优良，会很自然地依禀赋发展自己，在现实的世界中良好开展，赢得许许多多的肯定以及世俗意义上的各种名利成就。或许这会被认为不需要受前言往行的教育，子路曾经就对孔子说："何必读书，然后为学？"这里子张也问："怎样可以成为善人？"

虽然子张的天赋极好、才华极高，但是很多时候做事情会过头。孔子这句话承接前文，告诉子张："即便是善人，如果不能从前言往行的教育中学习，也没有办法深入生命觉醒之道的内室。"

生命觉醒之道的内室，就孔子而言，是开展仁者最深远的内在生命。孔子的道是仁，是爱人，在觉醒中完成对人的爱。人有出于生物本能的占有欲、控制欲，所以有的时候爱人反而是伤人。要达成对人的爱，即让对方因为我的爱而变得更好，就一定得有觉醒，使自己能够认识对方，了解对方的需要并给予他所需要的适当的爱，而不是单方面主观地把爱强加给对方。人的认知、心理、情感在这种觉醒下发展到对生命有深刻的认识，觉得活着真好，对生活充满无限的热情、喜悦、赞赏，对生命没有任何疑惑，就是进入了生命觉醒之道，也就是仁道的内室。

中国传统的学问，就是这样的有关人生命的学问，简单来说就是追求幸福快乐的人生，有爱的人生。

20. 子曰："论笃是与，君子者乎，色庄者乎？"

"论"指言论。"笃"是笃实、厚实。"是"，加强语气，如同唯你是问的"是"。

"与"是赞许。"色",古人说颜色,就是指现象。"庄"是庄严、庄重。

这句话的意思是,孔子说:"人们通常总是对言论笃实、切中实际、不夸夸其谈的人说的话加以赞许,认为他说得合理、中肯。但是这种会说话的人,到底是真正的君子,还是表面装作很庄重的样子呢?"这里"君子"是指高度的生命觉醒者。孔子这句话中有很深刻的意思。言语是人与人接触的桥梁,言语精巧、准确,通常代表说话者聪明机敏,具有极高的天赋才智。比如能言善道的小孩子,善写体现修养的精妙文章的媒体人,他们是有真正的生命觉醒、自我觉醒的体悟和实践力,还是只有表面上矫饰出来的样子而已呢?

这句话提出了三点。一是人们听到言论有趣、称心,就立刻感性地给予肯定、赞赏,其实这是不够的,还当进一步去理解、体悟。二是人不能只求依天赋把话说得好听,还当身体力行,在生命觉醒、自我觉醒中成为君子。三是回应前面孔子所说,善人如果"不践迹,亦不入于室",也就是只凭天赋,容易成为"色庄者",而不容易成为君子,即高度的生命觉醒者。

21. 子路问:"闻斯行诸?"子曰:"有父兄在,如之何其闻斯行之?"冉有问:"闻斯行诸?"子曰:"闻斯行之。"公西华曰:"由也问闻斯行诸,子曰'有父兄在';求也问闻斯行诸,子曰'闻斯行之'。赤也惑,敢问。"子曰:"求也退,故进之;由也兼人,故退之。"

这一章有趣极了,也鲜活极了。"闻"是听闻、听到。"斯"是此,这里泛称合乎义理之事。"行"就是去做、去实行。"诸"是之乎的合、音,疑问助词。子路请问孔子:"听到了合乎道义的事,可以毫不犹豫地去做、去行吗?"

"如之何"是怎么能够。"其",作就那样讲。孔子回答:"家里还有父亲以及兄长在,听到了合乎道义的事,怎么能够贸然去行呢?"这表示得与父兄商量。有古人考证,子路提这个问题的时候,已经四十四五岁了。子路的父母早逝，但还有哥哥在家。依古礼，"父母存，不许友以死，不有私财"，即父母（包括兄长）健在时，个人不能轻易地为了知己牺牲生命或者把钱财私下送给朋友而危害到家里。这表示孔子要子路缓一缓。

冉有也问孔子"闻斯行诸"，孔子说："是的，只要听到合乎道义的事，就即刻去做吧，不要犹豫。""赤"是公西华自称的名字。"敢问"是斗胆问、请问，是谦辞。公西华听到孔子回答同样的问题，却给出两个完全相反的答案，说："我真是糊涂了，不知道哪一个才是正确的答案。"

"求"是冉有的名字。"进"是进取。"之"指冉求。"兼人"就是兼倍于人、好勇过人。"退"是退让、和缓。孔子解释："冉有在性格上太谦让了，以致显得怯懦不前，所以我就勉励他勇敢去做。子路在性格上过于勇猛，听到什么马上就去做，毫不考虑，所以就教他退让一点、缓和一点，要依礼，父兄在，不可轻易躁动。"

每个人都有天生的性格，也就是所谓的个性。凡有个性就一定有所偏颇，偏在某一个地方，不过这一偏不是封闭的，是可以调整的。只要有所觉醒，人的认知、心理反应，自然呈现开放的状态。开放的心灵可以依照性情逐步调整，并走向合乎个性、性情圆满的地步。

中国传统的生命之教、性情之教，是人摆脱悲剧与苦难，走向幸福的关键。而性情之教怎么教，这一章就是鲜明的例子。读《论语》，学习孔子采用启发式教学，针对每个人个性、性情的特质加以引导，这叫作因材施教。同时循循善诱，让他发现原来自己不可能一出生就完美，而是要慢慢地调整，走向自我圆满、自我实现，甚至自我创造。

22. 子畏于匡，颜渊后。子曰："吾以女为死矣！"曰："子在，回何敢死！"

"子畏于匡"是历史事件，也是孔子的亲身遭遇。"畏"是民间的私自的械斗。"匡"是地名,这里指匡地的人民。孔子周游列国,到了卫国的匡地,因为长得有点像匡人最讨厌的当权大臣阳货,所以被误认作阳货。大家包围起来要打他,后来被当地官员救了出来。"畏"也可以引申为惊吓,即孔子在匡地受到了惊吓。

"后"是落后,"颜渊后"就是在匡人包围孔子的动乱中,颜渊被冲散了,没有紧跟在孔子的队伍之中。后来孔子与学生们冲出重围,重新相聚,颜渊也跑来会合。孔子一看到颜渊,忍不住说:"哎呀,我以为你遭难而死了呀!""曰"就是"颜渊曰"。颜渊回答:"老师还活着,我怎么敢轻易去死呢?"这句话实在充满了画面感。在"子畏于匡"的动荡场景之后,紧接着出现意外令人欢喜的劫后重逢,这一章用了两个场景来表达生命中深刻的况味。后来的记录者用"吾以女为死矣"来表现孔子对颜渊的担心与挂念,以及当时情况的危急。以此对应第八章,颜渊死后,孔子大叹"天丧予!天丧予!",以及第九章,孔子哀悼大哭,说:"不为这样的人伤心,还能为谁伤心呢?"从中可见孔子对颜渊的看重。

而颜渊的回答也是得道的体现。孔子是传道人,他所说的道是真理的展现。颜渊很有智慧,了解孔子在那个时代所说的道的意义,因此他以孔子作为道的代表,作为他活下去的最大动力。道在哪里,他就向哪里追寻,以此我们可以知道颜渊求道的深刻和精准。

23. 季子然问:"仲由、冉求可谓大臣与?"子曰:"吾以子为异之问,曾由与求之问。所谓大臣者,以道事君,不可则止。今由与求也,可谓具臣矣。"曰:"然则从之者与?"子曰:"弑父与君,亦不从也。"

"季子"是鲁国季氏家族中一位年轻的先生,名字叫然,所以称"季子然"。当时子路、冉有都在季氏家族做官,他们两个是孔子的大弟子,季子然就来问孔子:"子路、冉有可以称得上古来所谓的大臣吗?""与"是疑问词,作吗讲。

孔子回答:"我以为您会提出异乎寻常、很特别的大问题呢,没有想到您竟然问子路和冉有算不算得上大臣。""吾以子"就是我以为您,"子"是您,"为"是作,"异"是异乎寻常,"异之问"就是很特别的问话。"曾"是乃,作竟然讲。

接着孔子就解释什么是大臣:"古来所称的大臣的标准在于用正道,为君上做事合乎礼法、仁义的准则。当君上的所作所为不合于礼、不合于道、不合于仁义时,大臣就要婉言劝之。如果再三劝谏他都不听,大臣就当立刻辞职离去,绝不流连。""以"是用。"道"是正道,就孔子而言,是仁道。作为大臣,尤其是孔子所教的学生,当以仁义事君,方合乎道。依西周的礼而言,道就是根据正确的礼制以及治国为人的原则来治国。《礼记·曲礼》说:"为人臣之礼,不显谏。三谏而不听,则逃之。"即不必直接劝谏,可以委婉劝谏,如果再三劝谏国君仍不听,那就辞职离去。这里用"逃",不是逃走的意思,是赶快辞职离去,绝不流连。

孔子接着说:"如果根据这个准则,现在仲由和冉求所表现的行为,只能称得上一般充数备位、听从君上旨意做事的臣子罢了。""具臣"就是只充实官位的数目,不真正担负起作为臣子的责任,实际上做不了大事,一切顺着国君、上司的旨意去做事而已。

季子然听了,再问:"那么他们只是服从季氏命令、一切听令行事的臣子吗?""然则"是那么。"从"是顺从、依从。"与"是疑问词。孔子回答:"像违逆而杀掉自己的父亲或国君这种事,他们是绝对不会服从的。"春秋时期,太子杀父、大臣杀国君的事时有发生。"亦"就是乃,在这里起加强语气的作用。

前一章展现了孔子与弟子之间深厚的情感。师生的关系,除了直接的相处,最重要的是老师能对学生在智慧上有所启发,开展出学生的生命觉醒和自我觉醒，让他可以放大封闭的、个人的我，因觉醒产生新生命、新可能、新创造，这就叫作道。本章孔子说的"大臣者，以道事君，不可则止"，可以呼应前一章的深意。《论语》篇章之间，往往是在这一章进一步呈现上一章，或者点出下一章潜藏的意思，这是中国传统说理或编书的方式、逻辑，也就是体例。

24. 子路使子羔为费宰，子曰："贼夫人之子。"子路曰："有民人焉，有社稷焉，何必读书然后为学。"子曰："是故恶夫佞者。"

我们从前面的篇章得知，子路担任了季氏的重臣。当时，季氏的费宰反叛了，被平定后，子路就举任子羔去做费宰。"费"是季氏的采邑，"宰"是总管。"使"是派遣、举任。

子羔是孔子的学生，也是子路的同门。当时的子羔很年轻，学业尚未有成。孔子知道后，告诉子路："你这么做是伤害还没成长起来的年轻人。""贼"是害，"夫"是那个，"夫人之子"指年轻人。孔子的意思是，子路这么做表面上是好事，可是子羔没有经验，怎么能够承担这么复杂的政务工作呢？这会害了他。

子路回答："费是大城，有很多人事工作要处理，还有很多关于社稷的祭祀之礼要完成，这些都是学习。何须一定先读熟了书，才算是有所学习呢？"古代中国是农业社会，生产主要依赖土地，"社"指土地神，"稷"指五谷之神。他们原先都被供奉在庙里，有不同的祭坛，特别是春秋两季会设大祭以表示对他们的感谢。就一般的小国家而言，处理人民日常事务和祭祀事务，是执政者最重要的两项工作。

孔子说："所以我最讨厌那些只用口才辩解，随便说一个理由，却掩盖了真正的道理的人。""是故"就是这样，所以如何。"恶"是讨厌、厌恶。"夫"就是那些。"佞者"，指道理上站不住脚，无法说理，可是才辩极伶俐，随时可以用话去回应、答辩，但是从来不直面问题的人。

从子路的回答来看，或许他是经验主义者，强调从经验中学习。问题是，什么是学？其实学习分多个层次、领域。职场的学习是直接做事，是技术上的学习，今天大学里所教的大多是专业知识或者技术。更深层次的学习，是觉知的学习，也就是生命觉醒，展现自我意识、生命意识的学习。在孔子所强调的学习中，这是绝对不可忽略的部分。

孔子重视人在生命觉知、觉醒方面的学习。他觉得子羔太年轻了，在生命觉知、觉醒方面还没有学得非常清楚，子路就让他去承担那样充满人事纠葛，甚至功利性的事务，于是责备子路"贼夫人之子"。

孔子的教学除了教授知识，更重要的是开发人的自我意识，让人有高度觉知的能力，在觉知中开展出新的生命能力。这种觉知的能力，是人天生就被赋予的能力，是人的属性，不是人的生物性。只要是人，一定具有觉知的能力，不过，如果没有经过教导与学习，就不容易开窍，其自我意识是飘忽不定的，对真理的认识也只能是一瞥而过。人会受到生物性本能、欲望的局限，在感性和理性之间、理想和现实的冲突中摇摆不定，从而造成生命、心理的动荡。许多人认为人生如同梦幻的泡沫，色彩缤纷，而后破灭，也好像一出戏剧，自己只是个演员，一切都不真实。这种认知、感觉，大都是因为没有生命觉醒、自我觉醒所导致的。

西方哲学说，真理越辩越明。在逻辑分析中，让意识逐步开展，同样有觉知的效果，这是人类非常重要的认知能力。孔子能成为全世界重要的哲学家、思想家、教育家，就是因为他直接通过教育，帮助人打开了这一份觉知。

25. 子路、曾皙、冉有、公西华侍坐，子曰："以吾一日长乎尔，毋吾以也。居则曰'不吾知也'，如或知尔，则何以哉？"子路率尔而对曰："千乘之国，摄乎大国之间，加之以师旅，因之以饥馑，由也为之，比及三年，可使有勇，且知方也。"夫子哂之。"求，尔何如？"对曰："方六七十，如五六十，求也为之，比及三年，可使足民。如其礼乐，以俟君子。""赤！尔何如？"对曰："非曰能之，愿学焉。宗庙之事，如会同，端章甫，愿为小相焉。""点，尔何如？"鼓瑟希，铿尔，舍瑟而作，对曰："异乎三子者之撰。"子曰："何伤乎？亦各言其志也。"曰："暮春者，春服既成，冠者五六人，童子六七人，浴乎沂，风乎舞雩，咏而归。"夫子喟然叹曰："吾与点也！"三子者出，曾皙后。曾皙曰："夫三子者之言何如？"子曰："亦各言其志也已矣。"曰："夫子何哂由也？"曰："为国以礼，其言不让，是故哂之。""唯求则非邦也与？""安见方六七十、如五六十而非邦也者？""唯赤则非邦也与？""宗庙会同，非诸侯而何？赤也为之小，孰能为之大？"

本章是《论语》中少有的大文章、长记录。子路、曾皙、冉有、公西华都是孔子的学生，曾皙是曾子（曾参）的父亲。"侍坐"就是坐着陪侍。《论语》的其他篇章常用侍或侍侧，而这里是侍坐，说明学生们围坐在孔子的身边。

孔子说："我们来聊聊天，不要因为我比你们年长一些，你们就不好意思，你们今天尽情说出自己心里的想法吧。平常的生活里常听你们说：'哎呀，现在真是没有人知道我啊，所以我无可用之于世。'假使有这么一天，有人知道你们了，要用你们了，你们要如何展现自己的才华呢？""以"是因。"吾"是我。"一日"是一些时间。"长乎尔"是年长于你们。"毋"是不要。"吾以"就是以吾。"居"是平居，即平常的时候。"不吾知"是不知吾，不了解我，即生不逢时。"或"是不定代词，指有的时候或有的人。"则"是那么。"何以哉"就是"以何哉"。孔子要他们尽情说出自己内心的志向和抱负，其实就是要他们在抒发自我认识之后，明白自己最擅长的事，以及清楚自己的才干、兴趣和最有自信的部分。

子路非常急促、不假思索地说："假设有千辆兵车的国家夹在大国之间，外面有军队来侵伐它，国内还连年饥荒。形势这样险恶的国家，如果由我来治理，大约三年就能使这个国家的民众有参与战争、保家卫国的勇气，并且我还能让他们懂得什么是礼法、什么是道义。"孔子听子路讲完他的想法，露齿微笑。

"率尔"是率然，"率"有轻率的意思，子路太草率、太轻佻了。因为依照古礼，"侍坐于君子，君子问更端，则起而对""侍于君子，不顾望而对，非礼也"。当侍坐国君，或者长辈、长者、有德者时，自己被问到问题，要先看看四周其他人再回答，不要抢先。如果不这样，贸然而说，那就轻率了。"摄"是迫。"加"是凌驾其上、欺凌其上。"师旅"作军队讲，古代两千五百人的军队叫作师，五百人的军队叫作旅，引申为侵伐、侵略。"因之"是还有、仍然有、连带有。"饥馑"就是饥荒，"饥"是五谷不收，吃不饱饭，"馑"是蔬菜水果没有收成。"由"是子路的自称。"为之"是治理它。"比"是靠近。"及"是到达。"方"是道义、道理以及礼法。"哂"是露齿微笑，表示笑得比较开心。

孔子再问："冉有啊，你有什么想法呢？"冉有说："方六七十里或方五六十里，这么小的国家，我去治理它，大约三年就能使百姓丰衣足食，而那些礼乐的事，只有等待君子来完成了。""方"是指地方的范围、国家的大小而言。"如"作或讲。"为"是治理。"可"是能。"足"是富足。"如其"是像那些、至于那些。"以"是乃。"俟"是等待。国家物质的丰富非常重要，人在物质上、在生命本能上一定需要获得满足，但在物质生活获得满足之后呢？还有精神满足的需要，即礼乐。

《论语》中的君子，常常指的是生命高度觉醒的有德之人。在这里，冉有觉得自己还未成为君子，这是自谦之词，不像子路那么直率。《先进》篇几乎都在谈学生的性格，每个人都有特殊的个性，重点在于如何开展自己。

孔子又说："赤啊，你有什么说法呢？""赤"是公西华。公西华更谦虚了，他说："我不敢说一定有能力把我想做的这些事做好，不过我愿意全力以赴地去学习它。像国家宗庙祭祀的事，还有诸侯见面相会的各种活动和会议，到时候我愿意穿上合规的礼服，戴上礼帽，担任小相的工作，完成这些事务。"

春秋时期，各诸侯国宗庙祭祀的传统并没有间断，诸侯国中最重要的事仍然是祭祀。其中有许多复杂的礼制、礼仪，可学的东西很多。"如"是与，作以及讲。"会"是两诸侯见面相会，会商两国间的事情，有的时候也说会盟，即有了事情、纠纷后，重新议定盟约。"同"是多位诸侯共同会面。"会同"中也有很多事务，必须经过专业的学习才能完成。

作为宗庙事务以及会商事务的襄赞者，即负责赞礼的官，要遵守一定的礼仪、制度。单单是说话，要说得正确、得体，也有一定的方式。《左传》记载，祝鮀因善于外交辞令，被推荐陪同卫国国君参加外交大会，可见这是一种专业能力。

"端"是玄端，即当时大夫参加祭祀、朝会的时候所穿的礼服。"章甫"是当时所戴的礼帽。"小"是谦辞。"相"是古代帮助国君完成礼仪的助手。

孔子问："曾点（即曾皙）啊，现在轮到你了，你怎么做？"当时曾皙正在鼓瑟，闻言瑟音渐小，节奏渐缓，铿然一声作罢，然后推开了瑟，停顿片刻，站起来答话。"鼓"是弹。"瑟"是古代的乐器。"希"指声音渐渐稀落，代表鼓瑟已到尾声。"尔"是然。"铿尔"就是铿然，形容瑟发出的声音。"舍"是放下、放开。"而"是而后。"作"是站起来。

当时师生相聚，聊天谈心，孔子让学生不要拘束，完全说出自己心中的抱负。曾皙带了乐器，随性伴奏。这种情境点出孔子跟学生相处，不只是学习、讲道、谈心，还有情感的相通，他们的相处真是和乐融融。这就是礼乐的教化，也是情感的教化。

"对曰"的主语是曾皙，这是敬辞。曾皙回答："我跟他们的诠释、说法不同，我说的抱负没有他们说的那么完好。""异"是不同。"三子"指子路、冉有、公西华三人。"子"是尊称,即这三位先生。"撰"是诠、诠释,也有完好的意思。

孔子说:"这有什么妨害呢?也不过各自说说自己的志向。""伤"是妨害。"亦"是也不过。

于是,曾晳回答:"当暮春时节,气候稳定了,人们可以把冬衣收起来,穿上新做好的春服。这个时候,再邀约五六个青年人、六七个少年人,到沂水边洗洗脸、洗洗手,走到舞雩台,在台上享受一下那吹来的春风,然后大伙儿唱着歌谣回家。""暮春"是夏历三月到四月中,也就是晚春,所谓暮春三月,莺飞草长。"春服"是春天穿的衣服,单夹衣。"既"是已经。"成"是定了。春服穿上了,可以不用换了,气候稳定了。"冠者"是年满二十岁、行了冠礼的年轻人,已经是成年人了。"童子"是相对于"冠者"而言的,是未满二十岁,还没有行冠礼的少年。古人在夏历三月、暮春时节要到水边去,洗洗手、洗洗脸,这就是"浴"。"沂"是山东的沂水,处于邹、鲁之间。"风"是乘凉,作动词,吹风。"乎"是在。"舞雩"是古代祭天祷雨之处,即祈雨台。"咏"是唱歌。

曾晳谈他内心所向往的理想和生活,呈现出一派美丽的田园风光与生命的欢畅,以及生活中高级的审美情感,也展现了曾晳对美好生活的享受。同时,他带着孩子、青年与天地合而为一,自然地教学。

所以孔子听了曾晳的陈述,忍不住长叹一声,赞美曾晳:"我完全赞同你这一份理想啊。""夫子"是孔子。"喟然"形容长叹的样子。"叹"是赞叹。"吾"是孔子自称。"与"是赞同。"点"就是曾点。

何以孔子会有这么深的感叹呢?钱穆先生在《论语新解》中说:"盖三人皆以仕进为心,而道消世乱,所志未必能遂。曾晳乃孔门之狂士,无意用世,孔子骤闻其言,有契于其平日饮水曲肱之乐,重有感于浮海居夷之思,故不觉慨然兴叹也。"大约是因为子路、冉有、公西华所谈的都是关于入仕、做官的理想和抱负,可是在道消世乱的不确定的年代,理想和抱负未必能实现,而曾皙所述与孔子的理想相契合，这样的生活让人喜乐，因为没有负担，完全享受生命的超然、自在，超越现实的利害。孔子在超然的生命觉醒的喜乐之中，回过头来，更清晰地看见，在这道消世乱的时代，想要有依道而行的发展很不容易，所以他甚至说不要再待在动荡不安的社会了。只是孔子真的能忘世，不再救世了吗？钱穆先生说："然孔子固抱行道救世之志者，岂以忘世自乐，真欲与许巢伍哉？然则孔子之叹，所感深矣，诚学者所当细玩。"孔子对曾皙的赞叹中，他的内在感受是极其深刻的。钱穆先生要我们细细地玩味这段话中孔子的各种心理状态。

或许有的人会认为孔子充满自我矛盾，他要救世，不能施展抱负，又要隐居。就像东晋的陶渊明，虽然有救世之心，甚至在诗句里赞美荆轲的雄心，但是又要避世隐居。中国传统文化相对于世界上其他文化而言，其实是最成熟、最纯粹、最宏大的农业文化，对宇宙、自然中那生生不息的特质体验得非常深刻，认为人可以感受、可以经验、可以认知到的最大价值，莫过于生生，即生命的创造，以及一切的创造。生生是中国传统文化的基础，孔子在此基础上进一步以人的生命作为探讨的对象，将人的生命分出两个层次：一是生命本能的层次，也就是生物性、动物性的层次，另一个是生命觉醒的层次。孔子说："君子喻于义，小人喻于利。"人要是没有觉醒，就是所谓的小人，一切努力都只是为了生存，全面争取对自己最有利的东西。可是人有了生命的觉醒，就知道真要活得好，就不能只顾全自己。不仅要有自己，还要有他人，两者都得顾全，才有幸福可言，这就是"君子喻于义"的意思。西方心理学家马斯洛也讲，即使从人的本性出发，当生理需求被满足后，人也一定会追求精神的部分，包括自我实现、自我创造。

《论语》从"学而时习之"开始，以生命觉醒、自我觉醒为中心。人有了自我实践的努力，或者有所得，自然会感受到深层的生命喜悦，所以说"学而时习之，不亦说乎"。孔子以人的觉醒，也就是仁作为人真正生命的开始。人有了这样的觉醒，就会获得、拥有甚至享受生命的喜乐。不然的话，只在生物性本能的冲动下所做的工作，即使有所成功，内心的快乐也是一时的，不是真正的快乐。很多事业成功的人，直到去世前仍觉得一生还有很多遗憾，原因就在其中。

人有了因觉醒而来的生命喜乐，自然就能超脱不义的富与贵等一切现实人生的功利价值，从而真正享有生命。有了这份生命的觉醒，才显示出真正的行道救世之心，而不是出于自身本能的冲动，想要在社会中出人头地。孔子之所以有行道救世之心的纯粹性以及对世人、对生命的爱的真切性，是因为他有了完整的生命觉醒和自我觉醒。只是在现实世界的动荡中，要救世、要行道是有难度的，有的时候是根本无法完成的理想。如此，人将这向外救世的热情收回来，进而将其调整为一种动力，开展出新的生命高度，而不会因为不能施展抱负就破坏了自己生命的完整性。

孟子说："穷则独善其身，达则兼济天下。"孟子讲的穷是各种条件不足，以致无法展开行道救世的工作。这不是绝望，也不是悲剧。在准备时期，好好地调整自己的不足，等到社会条件充足了，再出来兼善天下，将有利于大众的一切推广出去。也就是说，在现实的世界中，即使没有办法施展自己的才华，也不是生命绝望的时刻，重要的是能通过生命觉醒发展自己的能力，在自我调整的努力中，使自己的生命走向完善。

曾皙自述的生命理想，是从现实世界中超然而出、体验纯粹的生命，同时全然展现出生命之美、生活之美、自然之美，这也是自古以来的礼乐教化的根本精神之所在。礼乐教化的重点是开启人的生命的高度审美、生命的艺术创作。古人说："盖三子者之撰，礼节民心也。点之志，由鼓瑟以至风舞咏馈，乐和民声也。乐由中出，礼自外作。故孔子独与点相契。唯乐不可以伪为，故曾皙托志于此。"子路、冉有、公西华的说辞，只是将礼义与人心的问题做理性的陈述，而曾皙弹着瑟，听着同学和老师的谈话，然后回答，带着青年、少年去舞雩台，享受温和的春风，再唱着歌谣回家，这是带领人们完全融入生命的喜悦之中。音乐是内在情感的直接陈述，"乐由中出"的"中"指内在、心中，礼只是外在的表现。因为曾皙的举动展现出内外协调、天人合一，所以孔子唯独赞美曾皙。音乐艺术是作不了假的，完全是人内心情感的流露，曾皙以此展现自己的生命志向。

在人的学习中，理性的开展非常重要，但是深层感性的开展也绝对不可忽略。如果人们在感性上没有得到开展，就会像机器人一样没有爱；如果对生命没有爱，就不会真正重视自己的生命。礼乐教化就是要让人认识自己的性情，即认识自己的好恶、心理动向，是生命觉醒的最重要的教育。

至于孔子，是不是真能放得下行道救世的心呢？在《述而》篇里，孔子对颜渊说："用之则行，舍之则藏，唯我与尔有是夫。"看国家、社会能否让我们发挥作用，贡献一己之力，使我们的行或藏、进或退都能得宜，过上理想的、发展的生活。楚国隐者劝孔子避世隐居，孔子做了深入的思考，他说："鸟兽不可与同群，吾非斯人之徒而谁与？天下有道，丘不与易也。"也就是说："站在人类的立场，我们无法跟鸟兽一起生活在大自然之中，我不跟人类生活在一起，将和谁生活在一起呢？对于人类社会的发展，大家有着无可推卸的责任。若天下已上轨道，何须我来努力呢？现在需要我努力的原因，就是社会动荡。"从这里可以看到孔子真正的情感、心志。他对世人怀抱着无尽的关怀、无尽的爱，可是要在现实世界中行道救世，同时开创新的观念、新的道路，让人觉醒，并调整、改变人的生活，是不容易的。如果人没有生命的觉醒，只有一腔热情，知进不知退地投身于现实社会做事，就很容易遭遇挫折，甚至可能被时代湮没。所以孔子才说"用之则行，舍之则藏"，"藏"是生命觉醒后超越现实、实现自己热情的抱负，为自己重辟新的生命道路。这新的生命道路，也就如曾皙所描绘的蓝图，即带着青年们去开展自己的性情，认识自己与自然最和谐的关系，教导他们学会调整自己的热情，并以此作为一切生命的开始。

之后，子路、冉有、公西华离开，曾皙独自陪着孔子。曾皙问孔子："刚才那三位同学所说的理想和抱负怎么样啊？"孔子说："也不过就是说说自己的理想和抱负。""出"是退出。"后"是后出、较晚离开。"亦"是也。

曾皙问："老师，你为什么会笑子路呢？"孔子说："治国以礼是最重要的。但是子路说话完全没有礼让，所以我忍不住笑他。""为"是治理。"其"指子路。孔子一说完话，子路立刻抢先答话，都没有向其他同学示意一下。虽然子路性格直率，但是他始终没有觉知到自己的直率，没有把别人放在心上，换句话说，就是不知礼。为政以礼，处理众人之事，最重要的是心中一定要有他人、要有百姓，要把别人的需要放在自己的需要之前。即使自己心中充满理想，也得先从别人的需要做起，看清别人真正需要什么，不然忙了半天，只是满足了自己的热情，而人民没有得到任何帮助和益处。

孔子的学说以人的生命觉醒、自我觉醒为中心，而仁就是觉醒的圆满的展现，其中充满对人、对生命的爱。孔子说，这觉醒与爱的表达是从"己所不欲，勿施于人"开始的，最重要的是看得见自己的不欲。不欲是指个人作为独特的个体，有原则和底线，既有自己想要的，也有自己绝对不想要的。认识自己的独特性，了解自己无法改变的部分以及底线，由此推想到所有人。如此尊重、体贴别人，才能完成自己的个性，也才能完成他人的个性。这就是爱的开始，包括对自己的爱。

"仁者爱人"，一个有爱、有完整觉醒的人才能完成对人的爱，在《论语》里，这就是礼的表现。溺爱不是真爱，它不合乎礼。礼是在觉醒后对人、对己的适当的情感表达，是适当的分寸，展现出属于人特有的智慧。为政以礼，是为政成功的基础。礼是在自我觉醒、生命觉醒之后能脱离生物本能的限制，不再只是为了满足自己的欲望和虚荣心。在这样的觉醒下，为政者的心中自然有百姓、有社会、有国家，如此才能做出真正合乎大家利益的决策，而不再是争权夺利。

子路既有用世之才，又有用世之心，可是容易受到冲动性格的影响和支配，使他努力的效果打了折扣。孔子看着子路侃侃而谈远大的抱负，却没有觉察到自己尚未知礼的地方，所以忍不住笑了起来，这表示子路的自我觉知和自我觉醒有待加强。

曾皙又问："这么说来，难道冉有所说的不是治理国家吗？""唯"是岂。"则"是乃、乃是。"非"为不是。"邦"是国家。孔子回答："怎么见得面积小，方六七十里或方五六十里的地方就不是国家，就不是在为政呢？""安见"是何见。"如"是或。只要处理众人之事，使人民富足，就是为政。既有为政的心志，却不清楚自己是在治国，仍然是不知礼。

曾皙接着问："那么公西华所说的不也是治国吗？"孔子说："宗庙、会盟不是诸侯国的事，又是什么事呢？公西华只是小相，那谁能够去做大相的事呢？这不就是大相的事吗？"因此，公西华的问题还是不知礼。

礼是人有了觉知能力，在生命觉醒后，对人、对社会，包括对自己，都有适当的表达，其中包含仁觉，即圆满的觉醒，这代表人的心智的开展，也就是所谓的智慧。子路虽有心治国为政，但没有警觉自己过了头，不合于礼。至于冉有、公西华，他们虽有治国的理想与抱负，但又谦虚过了头，以致礼有所不及。过和不及都不是恰到好处，而礼是恰到好处，包含了志，也包含了情。孔子说"执其两端，用其中"，能使用正确的方法去做所有事，这叫作中道。

郑玄说："礼者，体也。""体"是整体的展现。能合礼，就能展现事物的全体大用。近代心理学家认为，人的意识越被开发，人就越能清晰地认识自己、认识事物，就越具有反思的能力，也就能更准确地定位自己。人能清楚地知道自己的位置，在日常生活中自然不会做过头的事，也不会一味谦虚而违背事实。

孔子说："礼也者，理也。""理"指宇宙中不变的准则。能知礼，就能知理，而能知礼，以及能知理，就是获得智慧的体现，也是人开展心智的体现。中国传统的儒家就是在这样的个人觉醒、生命觉醒、礼乐教化中展现智慧。如果从人的修养上看，这就是日常生活中的修行。

颜渊第十二

1. 颜渊问仁，子曰："克己复礼为仁。一日克己复礼，天下归仁焉。为仁由己，而由人乎哉？"颜渊曰："请问其目？"子曰："非礼勿视，非礼勿听，非礼勿言，非礼勿动。"颜渊曰："回虽不敏，请事斯语矣。"

颜渊向孔子请教如何达成仁，如何才能获得圆满的觉醒。"问"是请问、请教。"仁"是孔子学说的核心，即完成对人的爱。

人能完成对人的爱，依礼表达出适当的情意，这就可以称为圆满的觉醒。在《先进》篇最后一章，孔子借着子路、冉求、公西华的陈述，说明他们尚未真正展现出知礼，没能明确找到自己的位置，这代表他们在仁的觉醒上还有不足，所以这一章沿着礼的观点继续陈述。

孔子回答："只要超越封闭的自我，不固执在私我的限制中，自觉醒后一切依礼而行，拥有从整体看世界的能力以及展现礼的全体大用的能力，而后做出正确、恰到好处的判断与认知，这就是仁。""克"，有古人说作胜字解，引申为超越。"己"是私己、私我，只从自己的角度、自己的需要看待、判断事情，这是封闭的自我。"复"是返回，也有人说是实践、去做。"礼"是恰到好处。

孔子又说："一旦克己复礼，天下的一切人和事就会回归自己内心圆满的觉醒，不再受制于私我。要想达到仁的圆满觉醒，完全得靠自己不断反省，即使在觉醒后，也要不断开展自我意识，使之越来越清明，这难道能靠别人的帮助来完成吗？"孔子最后用反问句，意思就是绝不可能靠别人来达成。"一日"

是一旦，形容时间非常短暂。"归"是回归。"为"是行、去做。"由"是凭、靠。"而"是岂、难道。"乎哉"是疑问词。

孔子告诉颜渊，"克己复礼"是为仁的大纲。颜渊进一步说："请问其中有哪些细则可以遵循？""请问"是敬辞。"目"是条目。"其目"是合乎礼的细则。

孔子回答："不合乎礼就不看、不听、不言、不动。"《论语》的这一句是要人们听到不合宜的谈话，不去探询；遇到不恰当的事情，不去掺和；到了不该去的地方，适时离开；参与与自己身份不符的活动，及时退出。总之，锻炼出适可而止的能力，借此超脱来自生物性的本能，去实践礼的全体大用，让自己不困在一偏之见、一偏之听、一偏之言、一偏之动上，如此就能够达到圆满觉醒的仁道。

接下来，颜渊说："虽然回不够聪慧敏达，但是请您准许我去实践这句话，按照觉醒的细则去调整自己。""回"是颜回的自称。"不敏"是不聪明。"请"是敬辞。"事"是用、行。也就是颜渊想从"非礼勿视，非礼勿听，非礼勿言，非礼勿动"的细则中达到生命的圆满觉醒。颜渊之所以问仁，是因为颜渊有智慧与修养，所以孔子给出的答案是实践生命觉醒的最高指标。

"非礼勿视，非礼勿听，非礼勿言，非礼勿动"不是消极的禁律、戒条，而是人内心真正的觉醒，知道什么是自己最适当的状态，所做的一切是恰到好处的表现，这是生命觉醒后自我调整、自我修行的最好状态。

这一章中，孔子说明人一旦能做到克己复礼，那么天下的一切事物都将归于觉醒，可以被再认识，这就是天下归仁。到了这一步，天下事物就不会再分裂、对立、冲突，而是会通合一，在会通合一的通透的认知里，人自然走向自我生命的圆满。

2. 仲弓问仁，子曰："出门如见大宾，使民如承大祭。己所不欲，勿施于人。在邦无怨，在家无怨。"仲弓曰："雍虽不敏，请事斯语矣。"

仲弓是孔子的学生，名叫冉雍。冉雍也来问孔子如何行仁，如何达成生命圆满的觉醒。

孔子说："出门到社会上去做事，如同接待国君、诸侯般行朝觐之礼；指使、指派人民去劳动，如同担负起大祭的责任。""大宾"，古人解为公侯之宾，就是地位大约是公侯的贵族。"见大宾"是当时外交的大礼。"使民"是指派人民为国家做事，那个时代人民是需要为国家服劳役的。"承"是奉承，有接受、受命的意思。"大祭"是国家的郊禘之祭。"郊"指祭祀天地的大祭。"禘"，简单地说就是远祖之祭，也就是在太庙祭祀祖先的活动。

"出门如见大宾"，这句话点出了"敬"和"慎"。人面对一般事务，通常容易轻视、草率应付，只有在接待高级别的来宾时，才会谨慎、恭敬。孔子教人出门在外凡事要有平等心，无论大大小小的事务，都要一样怀抱恭敬慎重的心理和情感去面对。西方哲学认为，处理任何事务都要展现高度的理性，不要掺杂个人情绪和片面的价值判断。

"使民如承大祭"，指派劳动人民为国家做事，在心理上要如同负责祭祀天地、奉祀祖先一样，专心一志、充满敬慎，还要有爱，感念天地、祖先给了我们生命。

仲弓有担任诸侯国国君的才能，孔子由他性格的特殊处切入，教他也是教人们由此进入仁道。

"己所不欲，勿施于人"是达成对人的爱，是生命圆满觉醒的开始。"不欲"，可以说是孔子所创的心理学名词。今天的西方心理学、存在主义哲学认为，"不欲"是构成独立、完整个体的基本界限，是人的生命本质的展现。人从觉醒中认识到自己的不欲，推而想之，别人一定也有不欲的地方，因此不去触犯、冲撞、撩拨别人的不欲。这是仁道，也是适当的爱的表达，足以代表对人的尊重、体谅、理解、同情。

"在邦无怨，在家无怨"，"邦"指邦国，"怨"指遗憾、怨恨。"家"，春秋之前指大夫的小国，不过在春秋时期已经可以泛指家族。这是说，当我有了生命觉醒、自我觉醒，有了尊重、体谅、理解、同情他人的爱，这时如果别人拒绝我的爱，我也不会有太大的遗憾。我的爱不会因此消失，所以在国家中做事、在家族中担任事务，都不会有怨恨和遗憾。

仲弓听到这里，说："虽然我不够聪慧、敏锐，但是一定会去实践这一番话的道理。""请"是敬辞。"事"是去行。"斯语"是这一番话。

这是孔子对仲弓说达到生命圆满觉醒的方式，也就是爱人的方法，而其表现就是在高度觉醒下尽力而为，不论成功与否，都不会再有任何遗憾。

3. 司马牛问仁，子曰："仁者，其言也讱。"曰："其言也讱，斯谓之仁已乎？"子曰："为之难，言之得无讱乎？"

本章孔子针对司马牛的特殊个性，提出走上生命觉醒道路的方法，体现了孔子因材施教、循循善诱的教育方式。司马牛是孔子的学生，名犁，也有说叫耕的。他是宋国有名的权臣司马桓魋的弟弟。《史记·仲尼弟子列传》中称"司马耕，字子牛"，说他性格"多言而躁"，话多且说话非常急躁。

所以孔子在这里说："觉醒圆满的人，说话总是慢慢的，好像有些迟钝的样子。""仁者"指觉醒圆满的人。"其"是这个人。"言"是说话的方式。"讱"读 rèn，本义是钝、迟钝，引申作难。

司马牛听了孔子的话，觉得不可置信，他认为太简单了，于是问："一个人说话有些迟钝，这就是行仁之道了吗？""斯"是这。"谓之"就是称这是。

孔子回答："只要想圆满地完成一件事，一定可以感受到它的细微处或者难处，一定会意识到只有经过仔细、专心的思考才能去做，这样说话的时候能不反思，能不平缓下来吗？""为之"就是行之，泛指做事。"得"是能。"无"就是不。这是孔子依司马牛的性情而说的。

人都有自己的个性，凡有个性一定有所偏。孔子针对每个学生的性情去启发对方，使其从自我性情中有所反省，从而引导学生做出自我调整，不受限在个性中独特的部分，逐步圆融，然后达成自我生命的圆满。

"仁者爱人"是人性所特有的，不是人的生物性所拥有的，而人性是有己、有人、有我、有群、有父母、有子女、有爱人，甚至有家、有社会、有国、有天下。人与人之间有种种情爱，父母子女、兄弟姐妹、百姓社会、君臣国家、夫妇男女，因爱而相互包容。这就是仁，也是人性中特有的爱人之道。今天西方的存在主义哲学也说，爱来自人性，是人的生命本质。

有古人认为，司马牛之所以问仁，是因为他的哥哥司马桓魋身为宋景公的宠臣，却有夺权之心，这让司马牛非常难为情。所以，他来问孔子："在这种情况下如何做到仁？如何让自己的生命走向圆满的觉醒？"孔子知其情、知其心，告诉他："就从你难为之情、难为之心、难言之处去认识自己。你怎么这样为难啊？你的心为什么痛苦啊？你为什么在情感上会有这么大的忧虑？认识了这些，就认识了自己真正的性情。这就是觉醒的起点，由此可以走向圆满觉醒。"

总而言之，人们在认识自己真正的性情后，加以逐步调整，自会走向生命的圆满。

4. 司马牛问君子，子曰："君子不忧不惧。"曰："不忧不惧，斯谓之君子已乎？"子曰："内省不疚，夫何忧何惧？"

司马牛接着问孔子："什么是君子？如何才能成为君子？"

孔子说："君子不忧不惧。"作为君子，最重要的是不让自己总处在忧惧之中。这是孔子针对司马牛因哥哥司马桓魋谋权，心中常怀着忧惧而痛苦不堪所作的回答。

司马牛再问："不忧不惧就叫作君子了吗？"孔子说："经过内在深层的自我反省之后，心中毫无愧疚、不安，哪里还有什么可忧惧的呢？"自我反省属于人自觉的心理活动，是自我意识、生命意识的表现方式。"疚"是病。"夫"是如此。内省不疚、不忧不惧，内心可以坦荡，那么自然就成为君子了。

这一段谈话有三点深刻的含义。第一，虽然为亲兄弟，但是在生命发展的道路上，家人各有其个性以及生命发展的独特途径，各自发展方向不同，亲情或血缘关系已经不是绝对的要素了。第二，既然不能有效劝止亲人会为家族带来灾难的所作所为，所怀的爱与关心就不能只停留在忧虑上，这样的爱不仅太消极，而且会伤害生命本身。积极向上的生命道路是通过自我反省，清楚地认识到自己是独立、完整的个体，虽然与亲人之间有血缘关系，但是仍然有其独特性。第三，孔子提出最简便的方式是，在内心彻底觉知、反省后，超然、客观地面对这些事情，看清楚自己力所能及的界限和力所不及的部分，看清楚自己的立场和可能的作为，然后回过头来面对自己，心中不要感到任何亏欠。由此先去掉因这些事带来的忧伤和恐惧，不让自己陷入负面情绪里，才能真正想到适当的解决办法，这才是正确的人生态度。

5. 司马牛忧曰："人皆有兄弟，我独亡。"子夏曰："商闻之矣：死生有命，富贵在天。君子敬而无失，与人恭而有礼，四海之内，皆兄弟也。君子何患乎无兄弟也？"

"兄弟"指贤兄弟。"亡"音wú，通无。"独"是只有。"我独亡"就是独我无。

司马牛非常忧虑地说："人们都有好兄弟，怎么只有我没有呢？"他对生命孤独的忧伤，在这句话中充分展现出来。这句话回应上一章孔子教司马牛作为君子只要不忧不惧就行了。

人陷入孤独、忧伤，通过内在的反省，能够从痛苦中逐渐解放出来。人可以不断地问："我为什么这么忧伤？忧伤的原因在哪里？"而后看清楚真正让人忧伤的是孤独无助的感觉，于是请求他人伸出援手，或者寻求其他办法，慢慢地就可以脱离孤独而痛苦的状态。

子夏说："我听老师说过'死生有命，富贵在天'。"子夏是孔子晚年的学生，非常优秀，也是后来传孔子之道，将儒学推广出去的重要代表。"商"是他自称的名字。"闻"是听说。"死生"是指人的生死。"命"指天命，是上天所给予的，不是人力可以决定的。人的生死确确实实不是人自身可以完全掌握的。"富贵"指在现实社会中拥有财富及尊显的地位，这也不是人为的力量可以完全掌握的，而是"在天"。这个"天"是上天、天命。

孔子曾经说："富贵若可求，虽执鞭之士，吾亦为之。若不可求，从吾所好。"孔子援引齐国晏婴的马车夫的故事，说明富与贵的机运不是人人都能拥有的，以此勉励人按照自己的性情、兴趣、才华去开展自己，这样才能够真正走向自我实现、自我创造的生命道路。不然的话，只想追求财富、尊荣，大多数人都会失败，最后一无所有。成功与失败不完全取决于个人，因为有太多意想不到的外在因素，所以人们归之于天命。

那么该怎么办呢？子夏说："作为高度的生命觉醒者，重要的是做事的时候专心一志，谨慎，不偏失、不偏激，一切依正道而行。与人相处不要因为自己的忧伤而失了对人的恭敬，要进退有据，不失分寸。人若能做到这样有德，天下人都可以亲如兄弟。""与人"是与人相处、对待人。"恭"是尊重。"有礼"是进退有据、不失分寸。"四海之内"指天下。

所以子夏说："君子何患乎无兄弟也？"作为高度的生命觉醒者，充满爱和关怀，何须担心没有兄弟呢？也就是说，只要有爱，就能与人相亲。

司马牛的哥哥司马桓魋不但曾加害孔子，而且在宋国恃宠专权，甚至还想谋害国君，最后逼得国君起兵讨伐他。司马牛的其他兄弟也随桓魋起兵，最后都遭到驱逐或消灭。司马牛也放弃了自己的封地，出奔齐国，而后又流亡到吴国，但吴国国君和人民不接纳他。当时晋国的赵简子、齐国的陈成子都因为敬重司马牛的德行而邀请他前往，然而司马牛在前往齐国途中，经过鲁国的时候，因兄弟们的死伤而感到十分忧伤，竟病死了。

由此我们更能体会司马牛的心情，也更能理解孔子跟其他弟子想要开解司马牛，希望他脱离忧伤痛苦的情绪。

作为高度的生命觉醒者，就不要让自己陷溺在因家人的不幸和灾难性作为而带来的忧虑、恐惧等情绪中。很多人总让自己陷在忧伤中，以为那就是爱，其实这是错误的认知，也是不健康的心理状态。我们要有能力切断这些负面的情绪，以平常心来对待人生，意识到自己对家人的爱和关怀，并以此来对待自身和他人。

很可惜，司马牛没有摆脱自己的身世和生命经历的忧伤，最后死在流亡的路途中，据说这是在孔子去世两年后发生的。也可以说，司马牛在生命的觉醒中还没有达到仁，即没有来得及让生命有圆满的觉醒。

我们也不妨借着司马牛的经历想一想，一旦自身或者亲朋好友深陷在痛苦里，该如何走出痛苦、忧伤的旋涡呢？能预先做这样的思考，就是对生命的觉知。人生真正的幸福就取决于人能够觉知，以及由觉知所带来的智慧。

6. 子张问明，子曰："浸润之谮，肤受之愬，不行焉，可谓明也已矣；浸润之谮，肤受之愬，不行焉，可谓远也已矣。"

子张是孔子晚年的学生，非常优秀。他向孔子请教，什么是"明"，如何才能"明"？也就是如何才能明察事理人情，并且保持头脑清明，不受蒙蔽。

孔子说："如水般不知不觉渗透的谗言，如切肤般迫切的控诉，这些在你这里都行不通，这就叫作明察事理人情，是保持清明而不受蒙蔽的状态。""谮"读 zèn，谗言，就是故意毁谤别人的言语。"愬"读 sù，诉说，但不是一般的诉说，而是诉冤、控诉。"焉"是啊。"可"是可以。"谓"是叫作。

孔子接着说："浸润之谮，肤受之愬，不行焉，可谓远也已矣。""远"非常重要，古人说"远"是明的最高表现，也就是能有深远的见识，看得很长远、很透彻。当人能不受浸润之谮、肤受之愬的影响时，他其实已经超出明的程度，进入有英明卓著的远见的境界了。

《论语》的编者把这一章放在第五章后面，让人更可以知道如何走出像司马牛那种痛苦。第五章中，司马牛感伤于自己没有兄弟，子夏宽慰他，只要对人恭敬有爱，四海之内都可以成为兄弟。第六章中，根据孔子所谈以及司马牛的经历，就能理解司马牛遭受了多少"浸润之谮，肤受之愬"的痛苦与煎熬。如果他达到明、有了远见，或许就能脱离来自家庭的焦虑与痛苦了。

我们的日常生活充满"浸润之谮，肤受之愬"，人们会情不自禁地去表达内心的种种感受，而有的时候，内心的痛苦其实也来自因为感受到"浸润之谮，肤受之愬"所带来的情绪。如果人能用冷静、客观、理性的态度看待现实世界里的一切事情，就能达到明，甚至因为明而更上一层楼，有深远的见地，也就能成为坦荡荡的君子，心中没有挂碍。孔子在此告诉人们在生命的觉醒中爬出现实世俗泥沼的方法。

7. 子贡问政，子曰："足食，足兵，民信之矣。"子贡曰："必不得已而去，于斯三者何先？"曰："去兵。"子贡曰："必不得已而去，于斯二者何先？"曰："去食。自古皆有死，民无信不立。"

子贡向孔子请教治理政事的原理、原则。孔子说："足食，足兵，民信之矣。""足"是动词，"足食"就是让国家有充足的粮食。"兵"指军备，"足兵"是让国家有充足的军备，也就是有防守自卫的能力。"民信之矣"是让人民有信心，相信政府、相信国家，这是要通过教化达成的。所以"民信之"是总结词，"之"不单指政府，也指所有事务。人民信赖所有事务，认同国家、政府、社会等。

子贡说："如果国家处于非常时期，迫不得已的时候，这三项事务哪一项可以先减少呢？""斯三者"就是"足食，足兵，民信之"这三项事务。孔子说："先减少国家的军备。"

子贡又说："国家在紧急、不得已的时候，在'足食，民信之'这两项事务中，可以先减少哪一项？"孔子回答："再迫不得已，就只好'去食'了，把粮食减少。"国家经济不好了，人民没办法吃饱，这不是国家面临的最严重的问题。

为什么呢？孔子说："自古皆有死，民无信不立。"人总有一死，国家到了最危难的关头，老百姓不见得一定害怕死亡。如果国家和政府无法得到人民的信赖、肯定、认同，那也就不可能立足于世界了。换句话说，人民的信赖是国家、民族能存世的关键。

"自古皆有死"，死亡是人类的必然归宿。在一般情况下，人都会努力求活，怕死而乐生。可是到了特殊的时刻，人们也会视死如归，就像孟子说的"所欲有甚于生者""所恶有甚于死者"。有的时候，死的价值大过活着。孔子也说过："朝闻道，夕死可矣。"因为真正地活过了。这强调人在生命中真正的觉醒是最重要的，不然活着和死并没有太大的差别。这些都说明，死亡是常态，并不特别。许多人重视某些价值超过生命本身，就像中国传统戏剧中少有彻底的悲剧，大多是悲喜剧，结局大都是团圆。哪怕梁山伯与祝英台都死了，也不代表这是悲剧，他们化成了蝴蝶，他们的爱情进入了生命的、宇宙的永恒中，超越了有限的生命。

孔子认为，自古皆有死，而人活着的时候，更重要的是"民无信不立"。"民"不仅指人民、百姓，也指群体、社会整体，包括家、国、民族，等等。这其实是人类能生存、存在的凭借，而社会群体及国家之所以能聚集而立，成为人类生存的凭借，关键就在于"信"。人与人、人与社会、人与国家之间，有相互可信赖的元素，如果失了这个元素，社群、国家就不存在了。

中国传统文化中，死亡是生命构成的一个部分，如果没有死亡，生命就不完整了。这不像古希腊，人的死亡始终是悲剧构成的重要元素，这个观念如今还在影响西方文学。但是，不论人活着还是死亡，他所凭借的价值都离不开社会群体，而社会群体构成的关键就是"信"。

8. 棘子成曰："君子质而已矣，何以文为？"子贡曰："惜乎，夫子之说君子也！驷不及舌。文犹质也，质犹文也。虎豹之鞹犹犬羊之鞹。"

棘子成是卫国的大夫，他说："作为君子，只需要维持质朴就可以了，何必加上任何文采呢？""而已矣"是就可以。"何"是何必。"以"是用。"文"是文采。"为"作助动词。

棘子成这么说，不同于孔子所说的"文质彬彬，然后君子"。他针对春秋时期礼崩乐坏，各诸侯、大夫竞相以礼乐来自我夸饰的现象，认为既然主张高度的生命觉醒，就应该直接表现人的本质。

子贡听了，回答："可惜啊！棘大夫如此论说君子，话一出口，连最快的马车都追不上，想要改都来不及了。""夫子"指棘子成，那个时代的大夫被称为夫子。"驷"是四匹马拉的车子，速度极快。"舌"是舌头，指话语。"驷不及舌"就像今天说的"一言既出，驷马难追"。

子贡又说："文就是质，质就是文。"换句话说，文采是本质展现的一部分，本质就在文采中展现，这两者不可分。以礼为例，古人认为，礼无本不立，无文不行。礼要是没有了本质，根本不能成立，但要是没有了文采，没有好的表现形式，本质不能展现，礼也无可表现。"本"是人的真情，而"文"是适当的表达，所以孔子说："文质彬彬，然后君子。"

西方哲学的知识论主张，"文"与"质"是两个不兼容的对立概念，文就是文，质就是质，"文犹质也，质犹文也"是不可能成立的。可是在中国传统文化中，形式与本质本来就是事物的一体两面，是可以合一的，就好像手心和手背同样是手，合起来才是一只完整的手。

子贡最后说："虎豹之鞟犹犬羊之鞟。""鞟"读kuò，是去了毛的皮，又称为革。这句话的意思是，虎豹的皮毛比犬羊的皮毛贵重，其间的差别就在于皮毛上的花纹、花色。如果虎豹的皮毛没有了这花色，毛发全部被剃掉，只剩下一张白白的皮，这和犬羊的皮有什么分别呢？这里比喻如果君子去除该有的文采，只保留质朴，该怎样与一般人相区分呢？

人的生命觉醒，固然是本质性生命的表现，但是君子生命觉醒后的人生态度和一般人表现得不太一样。因此，棘子成说君子只要有质就好，所有文采都不必表现，这是不对的。也因此，子贡刻意称棘子成为夫子，以提醒他身为国家有名的大夫，说话要慎重，因为他可能会影响国家、社会的风气和未来的发展。

《论语》下编比起上编，就原理、原则的展现在文字的表达上有所不同。棘子成认为君子只要保留本质、本性就可以了，不需再用美丽的形式来装点。但是他忽略了就人世间生命的表现而言，文采与本质、适当的表达方式与真情，是一样重要的，绝不可偏废。人不能只有真情而没有适当的表达方式，否则爱有的时候会变质。这里子贡提醒棘子成，后者对君子的论断不够周全。

什么是生命的本质？什么是人的本质？如果从《论语》来看，生命的本质、人的本质就是后来成为儒家学说的中心思想的仁，也就是爱。仁和爱之间的差别在于仁者能够达成对人的爱，"仁者爱人"。这有两层含意：第一，只要是人就一定会对爱有所渴望，所以爱是生命的本质。现代心理学和脑科学都证明，有爱的婴儿的脑神经发育比起没有爱的婴儿要更快速、完整且健康。这是人性所特有的，不是生物性中单纯生殖性的爱。第二，人渴望完成对人的爱，能适当地表达爱，不过人不一定有能力爱得适当。适当的爱需要觉知、觉醒，而这觉知、觉醒是要被教导的，也就是被启发后，认识到爱基本上是一团强烈的情愫，其中掺杂着许许多多的东西，包括情绪、意志力，还有正向的爱、有智力的爱等。人们意识到自己的情绪、情感，并学习如何表达自己的情绪、情感，这是学习适当地表达爱的第一步。如此不断地做出调整，人的情爱才会像一首乐曲，被适当地演奏出来。

棘子成针对当时的社会现象，只肯定质，而否定文。子贡更加深入、周全，就人类社会的文明而言，认为"质"与"文"是不可分的。只有这样，人类才能够正常、健康地生活，才能建立正常、健康的社会。

9. 哀公问于有若曰："年饥，用不足，如之何？"有若对曰："盍彻乎？"曰："二，吾犹不足，如之何其彻也？"对曰："百姓足，君孰与不足？百姓不足，君孰与足？"

哀公指鲁哀公，有若是孔子晚期的学生。"年"指一年的收成，"饥"是饥馑、饥荒，"年饥"就是收成不足。"用"是国家的用度，"用不足"就是国家的用度不够了。"如之何"就是如何之，怎么办呢。

颜渊第十二 / 457

有若回答："何不恢复到只收十分之一的'彻'的税法呢？""盍"是何不。古代中国以农立国，因此尊重农民的辛劳。在租税制度方面，夏朝行贡法，商朝行助法，西周行彻法，都是只收十分之一的田税。汉代人说"彻，通也，为天下通法也"，也就是说，这种十分之一的税率是天下的通法，可通万世而行。

哀公很惊讶地说："收取了十分之二，我还不够用，怎么能恢复彻法呢？""二"指十分之二的田税。鲁宣公十五年，改变了彻法，而收取十分之二的税。"犹"是还。"何"是如何、怎么会。"其"是那个。"也"表示疑问。

有若再回答："如果老百姓都富足了，那么国君和谁会不富足呢？如果老百姓都穷了，那么国君和谁能富足呢？""孰"是谁。"与"是和。"孰与"就是与孰。这是说国君富足的基础在于百姓，君富民贫或国富民贫都不是国家健康发展的表现，这样的国家又能够维持多久呢？

自古以来，好的为政者都能体会农民劳作的辛苦，只抽取十分之一的田税。这是夏、商、周三代不轻易改变的传统，是国家与民共享、共有、共荣的仁政。春秋时，各地方的诸侯及大夫为扩充自己的军力和财富，改变了原有的彻法，如鲁宣公十五年开始抽取十分之二的田税。鲁哀公沿用了这项税法，但年年用兵加上蝗灾，致使老百姓放弃了耕种，造成饥荒，国用仍是不足。有若针对这种情况故意提出"盍彻乎"来提醒鲁哀公，鲁哀公听了，没有警觉，没有明白。有若进一步说，为政之道要从整个国家的需要来思考，不能只从自身的利益出发。君民同体，不可分割，为政者要正确且清楚地了解实际的民生状态、国家发展的可能，并以此来制定新的经济规划，不能一味以赋税榨取百姓。

虽然春秋战国时期的诸侯及大夫为了称霸而横征暴敛，致使民不聊生，但一旦动乱过去，新的、好的朝代重建起来，田税又会降到较低的征收标准。这个传统直到清朝后期都是如此，即使民贫国困，朝廷也不敢随便增加田税。这是我们谈中国传统文化、社会的时候不可忽略的地方。

10. 子张问崇德辨惑，子曰："主忠信，徙义，崇德也。爱之欲其生，恶之欲其死；既欲其生又欲其死，是惑也。'诚不以富，亦只以异。'"

子张向孔子请教："如何才能尊重德行，辨别迷惑？""崇"的本义是高，这里指崇尚、尊崇。"德"是善行，就是有利于生生之道的行为。古人说，"德者，得也"，行道而有得于心者曰德，即行善有了深刻的内心感受叫作德。"辨"是分别。"惑"是迷惑、困惑，即内心昏昧不明，看不清楚方向，不能了解事情的真相。

孔子说："将忠信存于心，心中以忠信为主，以正义为从，只做合乎正义的事。这就是尊崇、坚持德行了。""忠"是尽己，把自己淋漓尽致、完完全全地活出来，不论对事、对人都真心真意。"信"指守信诺，其基本的含义是真实不虚。"主"也可以解作准则。"主忠信"就是以真实、诚恳为内在情感的准则，没有半点虚假。"徙"是迁徙、改变。"义"是适宜、正确，合于仁、合于道，才会有正当、正确可言。

孔子接着说："爱那个人，就要他一定得活着；厌恶那个人了，就要他死亡。既然爱这个人，要他活下去，怎么又讨厌他，要他去死呢？这就是迷惑、困惑。""欲"是要。"其"就是所爱的那个人。"恶"是厌恶。孔子谈的是自我认识、生命觉醒，要人辨明自己的心理动向。大多数人在没有觉醒时，在生物性的冲动下，根据一时的感觉、感受来决定心理动向和感情，觉得舒服的时候就爱了。当有爱的时候，人会忍不住想要永远掌握、控制对方，将自己的意志强加给对方，如果对方违背了自己的意愿，就恨不得对方去死。孔子讲："是惑也。"这就是人生的迷惑。

至于"诚不以富，亦只以异"，意思就是人真真实实地被赞美、被称颂的原因并不是人的富有，而是人特有的、异于常人的德行。"诚"是真真实实地赞美。"亦"是也。"异"是特殊的德行展现。

这也是孔子要人读《诗》的最重要的原因。孔子说："《诗》三百，一言以蔽之，曰：'思无邪。'"《诗》的每一篇都是直出于人的内心，是情感的直接记录。特别是十五篇《国风》，大都在谈情感的变化，谈在这些变化中人们对真爱的渴望和追求。孔子教人读《诗》，说："不读《诗》，无以言。"这是在教人认识人情世故并真正传达自己的情感，以促成人的生命觉醒。

所以孔子说："唯仁者，能好人，能恶人。"只有觉醒且真正懂得爱、能够适当表达爱的人，才能够真正爱人，或者不喜欢人。不然，人就会受困在"爱之欲其生，恶之欲其死"的矛盾之中。唯有在这样的爱的前提下，人才能完全发展出来，不再自我扭曲、自我隐藏，而是自然地展现出自己最真实的一面，诚恳、坦然地表达自己，同时愿意去做合乎正道、真正有利于生的事，如此就是崇德。传统儒家的道德不是教条、规范，而是讲如何适当流露和表达人的真情实意。

全世界的文明社会，在哲学、宗教、文化、学术上，大都认为人生命中的苦难是由爱所带来的生命困惑、感情变化以及情绪的不可控制。人想要脱困，只有从觉醒、自我认识开始，学习能爱，让爱有所完成。人能爱，能完成对人的爱、对生命的爱，就是幸福的开始。

11. 齐景公问政于孔子，孔子对曰："君君，臣臣，父父，子子。"公曰："善哉！信如君不君、臣不臣、父不父、子不子，虽有粟，吾得而食诸？"

齐景公名叫杵臼，景是他的谥号。齐景公请教孔子为政治国的道理。鲁昭公末年，齐景公放任由陈国而来的陈僖子专政，陈僖子一味讨好百姓，笼络民心。齐景公则偏袒小儿子，甚至借故把大儿子赶走，不立世子，还宠爱很多妃子，不理朝政，以致朝廷上下失了秩序。这时孔子正好到齐国游历，所以齐景公有此疑问："该如何为政，国家才能有秩序、上轨道？"

孔子对曰："君君，臣臣，父父，子子。""君君"是作为国君要能行君道，最基本的是知道自己是国家的领导人，为众人所仰望，应当自觉有领导者的样子，一切场合都要表现得负责、稳重、积极，不能轻佻、草率、推托、放任。所有大政、小政的厘定，都要从全体人民的需要和利益出发，绝对不能根据个人的好恶、私利和主观意愿去做，更不能争功。国君要做到《老子》里讲的："后其身而身先，外其身而身存。"即把利己的各种想法、嗜好、欲望等置于诸事外，如此才能带领众人完成共同的工作，才能履行领导者的职责。"君君"的第一个"君"是名词，即国君；第二个"君"是动名词，即尽国君的本分。

同样，"臣臣"，第一个"臣"是名词，臣子；第二个"臣"是成为好的臣子。臣子是服务于国家、服务于百姓，实际承担、执行事务的人，要谨守工作职责。

"父父"，父亲要尽父道，即做称职的父亲，完成父亲该做的工作。最基本的是要能爱、能慈。"慈"是适当地爱护子女，让子女在适当的爱中成长，培养子女拥有健康的人格，使子女能够始终正向地面对自己的生命。

"子子"，也就是作为子女要尽子女的责任。子女至少要能意识到父母的辛劳、父母的爱，能懂得父母的心意，并给予回报，这就是尽"孝"。

这一章所谈的"父父""子子"，其中包括父母子女。古人言"父"，包括母亲；言"子"，包括女儿。

齐景公听了就说："说得好啊！如果社会真到这个地步，做国君的不能尽君道，不像个国君；做臣子的不能尽臣道，不能完成臣子的职责；做父亲的不能尽父道，不能成为称职的父亲；做子女的不能尽子女之道，是不像样的子女，即使国库有很多米粮，我能够吃到它、享有它吗？""善哉"是好啊。"信"是诚、真。"信如"就是真是这样。"粟"是小米，即古人主要的粮食，"有粟"就是有富余的米粮，指国家富裕。"得"就是能。"诸"是疑问助词，是之、乎的合音。

这一章谈为君、为臣、为父、为子该有的表现，是有深意的。人应当有自我意识，意识到自己在这世上现有的位置以及所承担的责任，而后去完成在这个位置上应尽的责任。

齐景公听了孔子的话，虽然有所赞美，但是并没有真正自我觉醒，更没有在心中有所了悟。他因为始终无法平抑对小儿子的溺爱，迟迟不立世子，不仅使齐国诸子间起了纷争，也埋下了后来田氏篡权、弑君的祸根，最终导致姜齐终结。不觉醒的作为，终会引发灾难。

12. 子曰："片言可以折狱者，其由也与？"子路无宿诺。

孔子称赞道，能用只言片语就把诉讼断得清清楚楚，这大概只有子路做得到。"片言"有两个意思，一个是词语，就是最简单的话、最简约的言语。另一个是单方面的供词。我们采取前一种说法。"折"是断，就是裁断、判断。"狱"是诉讼。"其"是大概，或者应该。"由"是子路的名字。

接下来是对子路平日作为的说明："子路在为人上，允诺的事会立刻执行、完成，绝不耽搁，因此没有隔夜未实践的诺言。""宿"是隔夜。"诺"是允诺。这说明子路"主忠信，徙义"，一切讲究合礼合义，认认真真、实实在在、全力以赴，没有诬枉之词，没有模棱两可之私。

孔子赞美子路能片言折狱，这不只是展现子路的才能，也说明子路有高度的理性和清明的分析、推理能力。"子路无宿诺"，体现了子路的个性、性情，虽然有的时候孔子会责备"野哉！由也"，但是孔子也赞美"由也果"，即子路具有实践力、决断力、完成力。在断狱上，他不会想"该怎么做才能讨好人、不得罪人"，而是一切都划分清晰，所以他能片言折狱。

13. 子曰："听讼，吾犹人也。必也使无讼乎。"

孔子说："论审判案件，我和一般能听讼审理的法官一样。可如果要我去做，那么我（要做的不只是审判官司谁输谁赢而已）一定要试着（推动礼乐人心的教化，启发人生命的觉醒）有效地消除社会上的纷争和诉讼。""听"在这里是治理、处理的意思，"讼"是诉讼、打官司，简单地说，"听讼"就是审判案件。"犹"是如，"犹人"即如人，就是和那些能听讼的法官一样。"必"是一定要，"也"是啊，"必也"就是一定要啊，带有假设的意味。"必也"连着"无讼乎"，是假设语态。

如何使民间无诉讼呢？这就要推行孔子所提倡的德化教育，也就是礼乐教化。古人认为，德化是让老百姓有道德，让道德内化，以及在道德中化除戾气、平定人与人的争斗，这也是启发人们生命的觉醒。

孔子曾经说："导之以政，齐之以刑，民免而无耻；导之以德，齐之以礼，有耻且格。"以德、以善意、以爱来引导人，再用礼乐教化让大家懂得分寸，有适当的表达方式，做出正确的行为，那么老百姓不仅不犯罪，还能走上正道。政治、社会教育都要从人性、人情、人心的根本教化上做起。

柏拉图认为，人是矛盾的，人有理性，同时也有强烈的生物冲动，人的复杂、矛盾也从这里开始。怎样让人没有矛盾呢？就得从人性、人情、人心上着手教化，让人慢慢摆脱生物冲动的限制。这不只是针对社会现象治标，更是要从根本上解决问题：深入人心，使人民对生命、对自我有所觉醒，能适当地表达爱，而后自然知道怎么做是正确的。社会不只需要法律及知识教育，还要有礼乐德化教育，也就是人心的教化、生命的教育。

14. 子张问政，子曰："居之无倦，行之以忠。"

子张向孔子请教为政的原则及方法，孔子说："居官任职，内心始终如一，毫不懈怠。至于做事、行政，须尽心尽力，没有任何私心。""居之无倦"可以写成"无倦居之"，"行之以忠"可以写成"以忠行之"。"居"是居官任职。"倦"

是懈怠、疲倦、厌倦。"行"是从事行政工作。"以"是用。"忠"是尽自己最好、最大的力量去做，不带有一点点私心。

有人认为，子张问政，孔子是针对子张张扬的性格才这样回答，以补其不足。但是，孔子曾经回答颜渊："郑声淫，佞人殆。"郑国的音乐很奢靡，演奏激情过度，很会说话的人会带给人危机。古人问："难道颜渊好郑声，是佞人吗？"

这真是重要的提醒，不能一直守在"孔子针对学生的毛病、缺失来回答其问题"的角度上。孔子有的时候针对学生的性格缺失回答问题，以求补足和教育学生，有的时候则是为了开发学生的心智，让对方以更开阔的眼界看待问题，还有的时候只是针对具体问题作答。

15. 子曰："博学于文，约之以礼，亦可以弗畔矣夫。"

《雍也》篇第二十五章说"君子博学于文，约之以礼"，这一章是重出。前者加了"君子"两字，可见不同记录者会依自己之所闻而记，如此就有了区别。

"文"指诗书礼乐，以及一切典章制度，今天泛指所有的学问、著作、知识，等等。"博学于文"就是"于文博学"。"约之以礼"就是"以礼约之"，"约"作要点讲。孔子先教学生广博地学习一切知识、学问，然后再依礼实践，用礼约束他们，使其做出正确的表达，能够掌握要点。正确的要点能够成为行为的原理、原则。

深入来看，"博学于文"是说人要广博地学习，做全面了解以增长见闻、开阔眼界、提高见识，这都非常重要。今天社会上好些问题是人们眼界狭窄、知见浅薄所造成的。"约之以礼"则是说人要增强自我要求的能力，也就是不受生物本能冲动、强烈情绪的支配和掌控。如此，人就能够自主选择自己的方向，不被一时的好恶或心理上的恐惧所遮蔽，从而生出正见（正确的见解）和正行（正确的行为能力）。若能如此，自然"弗畔矣"，不会背离道。"弗"是不。"畔"是叛，作背离讲。"道"是正道，也就是仁道，即人类生命的觉知之道。

16. 子曰："君子成人之美，不成人之恶；小人反是。"

"君子"是具有高度的生命觉醒、自我觉醒，而又充满生命理想和爱的人。"成"是成全，即古人说的"诱掖奖劝"，"诱"是引导，"掖"是提拔，"奖"是奖励，"劝"是勉励。"成人之美"，即助成人之美事，助成人们做好事。"不成人之恶"就是不助成人做恶事。

"小人"是还没有实现生命觉醒的普通人，他们做事常从生物求生存的本能出发，以致有所谓"人不为己，天诛地灭"的想法。这是站在生物求生存的立场，背后的心理是对活不下去的恐惧。如此，自然会"反是"，"是"就是此，"反是"指与"君子成人之美，不成人之恶"相反，即助成人之恶，这很容易毁坏、消耗自己以及他人正向的生命力量。

这值得我们警惕，社会上许许多多的不幸不都是这样发生的吗？人的生命本质是爱，只是人在生命没有真正觉醒的情况下不会爱，爱反而成为悲剧的主要原因。孔子说"博学于文，约之以礼"，说"君子成人之美，不成人之恶"，都是在说仁、说觉醒，希望人在实现生命觉醒后，有最适当、合乎礼的爱的表现。

17. 季康子问政于孔子，孔子对曰："政者，正也。子帅以正，孰敢不正？"

季康子是鲁国季氏当权的上卿，是当时鲁国大臣们的首领。他接位后向孔子请教为政的原则及方法。孔子回答："政者，正也。""政"指政治，就是处理群众、百姓的事情。"正"是端正、公道、不偏私的作为。总而言之，为政要依正道而行。

如何才是合乎正道呢？在《论语》中，"正"的大前提是生命觉醒后对生命的肯定、对生命的爱、对人的爱，让一切作为都合乎爱。其中没有偏爱，因为一旦偏于某一方面，就是不公平、不平正，就会激出不平之气、不平之怨。这就是说，在政治上，在社会上，任何政策、制度当以爱为前提，而这爱、这一切决策不得偏私，不能只维护某些特定人物的利益，不能只顾着某个阶层、某个群体。正道当使天下人都能受益，不论是有形的物质，还是无形的精神慰藉，都要能让大家共有共享。这就是为政之道。为政以"正"也可以说是为政以"直"，一定要依正直之道而行。

"子帅以正"可以写成"子以正帅之"。"子"是那个时代对人的尊称，相当于您。"帅"是率领、表率，也就是领导。"您率先以正道作为自身做事、做人、执政的原则以及方法，并以正道来领导大众，还有谁敢不归于公正、不依正道而行呢？""孰"就是谁。

政治依正道而行，达到不偏私，就是爱人的表现，也就是仁政。政治是群体共同完成的活动，要顺畅、和谐地完成，必须贯彻浓浓的仁爱，不然往往会引发社会动荡。

18. 季康子患盗，问于孔子。孔子对曰："苟子之不欲，虽赏之不窃。"

这还是季康子提出的问题。季康子为政，最忧虑的是国家盗贼太多，盗贼就是夺人财物的人。"患"是忧虑。于是他向孔子请教该怎么办。

孔子回答他："如果您没有对于物质财货的贪欲之心，以廉政治国，如此，即使想用奖赏的方式鼓励人们偷盗，人们也不会去干偷盗的事。""苟"是假如、如果。"子"是您。"之"是语气词乃。"虽"是即使。

这句话是接着上一章而来的。孔子在这句话中强调了德化的重要性。以德化民最重要、最有效的办法是领导者、为政者以及年长者都要以身作则，也就是上一章所谓的"子帅以正，孰敢不正"，通过自我生命的展现去感化人。

《老子》第三章说："不尚贤，使民不争；不贵难得之货，使民不为盗；不见可欲，使民心不乱。"意思是，国家的社会政策、文化政策的原则，第一是不推崇能干或成功的人，否则老百姓就会不择手段地竞争，以让自己的生命价值被肯定；第二是不推崇稀有的珍宝、奢华的财物，否则人们就会去做盗贼，窃取这些财物；第三是整个社会的文化政策要让大家真实地享受到自身生命的美好状态，不轻易使用各种诱惑性的事物来引发人们的欲望，否则老百姓会因内心不安而骚动。

由此来看本章孔子的话，只要上位者灭除了自己的贪欲，老百姓就自然不去盗取财物，同时他们也会觉得为盗和自己的生命之道相违背。这中间有人对自我生命真谛的认识，也就是孔子所说的生命觉醒，有了这个认识，人自然会向自己理想中的生命发展。为政者对生命有真正的觉醒，并将这种觉知表现在生活上，本本分分地展现真实的自我，以此带动全民觉醒，人们也一定会随之追求自己的真实人生。如此人心自然平正，成为盗贼的心理因素自然减少，盗贼也就逐渐消除了。

19. 季康子问政于孔子曰："如杀无道以就有道，何如？"孔子对曰："子为政，焉用杀？子欲善而民善矣。君子之德风，小人之德草，草上之风，必偃。"

季康子向孔子请教为政的原则及方法，他说："如果杀掉、处死那些不走正道、作奸犯科之人，推崇那些走在正道上的善人，用这个方法来遏制社会上的歪风邪气，怎么样？""如"是如果。"以"是用。"就"是成就。"何如"就是如何、怎么样。

孔子回答："您处理政事，何须用到严刑峻法乃至杀人的手段呢？您作为领导者，只要真正从心里想要行善，那么人们自然就跟着为善。因为身在上位的领导者由内心而表现出的行为，像风吹过一般，百姓的行为就像长在地上的草，当风吹过，地上的草一定会随风而倒。""君子"在这里是就地位而言，指身在上位的领导者。"德"，作心得讲，就是内心有了体会，进而表现在行为上。"风"指像风吹过一般。"小人"是一般百姓。"上"是加。"偃"是倒。"德"是充满了爱和善意。君子内心充满了爱，并正确、适当地表现在行为上，人民也就自然走向善道。这是"德风"的意思。

"君子之德风"并不只适用于孔子所处的专制时代，上位者以绝对的权威统治，所以有"小人之德草"的结果。深入来看，即便在今天，凡所谓上位者，如政治人物、企业界代表甚至媒体，影响力也非常高，往往是人们所仰望的对象。他们的观念、行为、政策、意见也像"君子之德风"一般，为普通人所追随。"小人之德草"在今天还是社会群体行为常见的表现方式。

孔子在这里特别用了"德"，因为唯有符合德的观点、行为、政策，才能够真正吹到草上，使草随风飘动。德本身是来自内在，具有善意、爱意，有利于人之生的行为，这是人类所共同向往、自然追随的。

孔子在《为政》篇第一章提出"为政以德，譬如北辰，居其所而众星共之"。中国传统的政治系统是以德为中心发展而来的，从历史文献来看，只要"为政以德"，就会"众星共之"，大家都会支持。曾国藩在《原才》一文里说："风俗之厚薄奚自乎？自乎一二人之心所向而已。"只要有少数有德的领导者，就能改变国家风气，使国家走向好的方向。这个观念其实适用于古今中外的人类社会，为政者真正了解人心所向，是带领人民走向善道的关键。

20.子张问:"士何如斯可谓之达矣?"子曰:"何哉尔所谓达者?"子张对曰:"在邦必闻,在家必闻。"子曰:"是闻也,非达也。夫达也者,质直而好义,察言而观色,虑以下人。在邦必达,在家必达。夫闻也者,色取仁而行违,居之不疑。在邦必闻,在家必闻。"

子张问孔子:"作为能承担重任的士,要如何做才能成为达者呢?"古人说,士者,事也,"士"是做事、成事的人。不过孔子提出了生命的觉醒、自我的觉醒,赋予士新的意义,也就是能够承担重任的有德之人。"达"是通达,指被人信赖,因为在推动事务的时候能够通达,所以在现实社会里能够显达。朱子解释:"达者,德孚于人而行无不得之谓。""孚"是信。"得"是完成。"斯"是才。

孔子听了,反问他:"你所说的达是什么意思呢?""何哉尔所谓达者"是倒装句,强调"何哉",可以改为"尔所谓达者何哉"。"尔"是你。这是孔子非常好的启发方式、教学方法,一方面让子张重新思考,另一方面让子张深刻、清楚地记得他所说的。

子张回答:"就是不论任职于诸侯的邦国还是卿大夫的家中,都有广泛的声誉、知名度。"子张对达的界定就是"必闻"。

孔子听了,就告诉他:"这只是有知名度、有响亮的声誉而已,不是达。""是"即这。

孔子接着对"达者"下定义:"达是要保持自己原有的性情,不矫饰,而且乐于去做合乎正义的事,并能从别人的言语表情中体察其内心情感,同时思虑周全,态度谦逊地居人之下。这样为人处世,任职于诸侯的邦国或卿大夫的家中,一定会得到信赖,做事也就通达,没有阻碍。"

"质"是就人的个性而说的。"好义"也就是前面所说的"主忠信,徙义",其中包含高度的自我意识和自我省察。所以后面说"察言而观色",这表示高度的觉醒者一旦对自己有认识,对他人也可以有深刻的认识,有所了解。

"虑"是多想一次,"再思曰虑"有深思、思虑周详的意思。"以"是而、而且。"下人"是居人之下、居人之后。能居人之下,表示没有强烈的争胜之心,不争功也不争名,同时不会因为自己有长处就骄傲地显摆。

至于"闻也者",也就是在社会上有浮名的人,孔子下定义说:"这样的人表面上像是仁者,以有爱心、有觉醒性的表现来装点自己,但是所作所为完全违背仁道。他们平日不怀疑自己虚伪,自以为是仁者,没有半点羞愧之心。这种人到诸侯的邦国和卿大夫之家都只有虚名,因为他们的生活目的、生命理想就在乎虚名,可是这只是虚名,不像达者为人所信赖。""色"是外表、外貌。"行"是所作所为,也作实实在在讲。"居之"就是平日居家生活。

孔子在这一章提出了达和闻两个概念。也就是说,这两种人在社会中的表现,一种是主忠信,真真实实地做人、做事,另一种是所作所为的目的都在自我宣传上,只为博得好名声。如果达者多,社会风气一定淳朴、善良,人们能够针对事实辨析明理;闻者多时,社会风气一定浇薄、浮华,人们受现象的影响,而不会深究事实本身,也不会对真理感兴趣。

我们可以从孔子和子张的对话中知道,春秋时期的闻者一定非常多,所以孔子要人们分辨自身是趋向于闻者还是达者。达者是高度的自觉、觉知、觉醒者,已经跨越了生物性的竞争,而真正寻求自我的展现。闻者仍然处在生物性竞争的不安全感之中,为求更多的生存保障,争取一时的浮名、权力、钱财、社会地位等,一切都还是出于利己。

21. 樊迟从游于舞雩之下,曰:"敢问崇德、修慝、辨惑。"子曰:"善哉问!先事后得,非崇德与?攻其恶,无攻人之恶,非修慝与?一朝之忿,忘其身,以及其亲,非惑与?"

樊迟是孔子的学生。"从"是随从、伴随着。"游"是游玩、游逛。"于"是在。

"雩"是祈雨台,舞者在祈雨台祈雨的时候跳舞,所以叫作舞雩。祈雨台四周种有树木,因生长时间长而非常高大,如同园林,人们可以在里面游逛。

樊迟跟随孔子在祈雨台之下游逛,顺便请教孔子:"请问老师,要如何才能提高品德,修治心中的恶念,并且明辨生命中的各种疑惑?""敢问"是敬辞,即请问。"崇"是崇尚、提高。"德"指品德、德行。"修"是治,就是治理的意思。"慝"读 tè,指隐藏在心中的恶意恶念、行恶的冲动。"辨"是辨别。"惑"是疑惑、困惑。

孔子听樊迟这样问,于是说:"问得好啊!遇到事情先认真做,而后再考虑利益、报酬,这不就能够提升品德了吗?""善"是好。"哉"是感叹词。"问"指问题。"非"是不。"与"是疑问词吗。

孔子又说:"攻治自己心中的恶念,不去攻击别人的恶念,不就是修治自己的恶念了吗?""攻"是治理、修治。"其"是自己。"恶"是心中的恶念,属于"慝"的一部分。

孔子再说:"为了一时的愤怒,而忽略自己生命的安危,甚至牵累家人,这不就是生命中最大的疑惑吗?""一朝"就是一旦、一下子。"忿"是愤怒。"其身"是自己。"身"可以引申作生命安危。"以"是而。

这一章所提出的"崇德"其实包含着自我觉醒,也就是通过生命觉醒、自我觉醒提高生命的自主性,让自己的内心有更多自由,而不被生物的生存恐惧支配。

"修慝"是去除恶念。在一般生活中,个人的想法容易利己,而不利他,或固执己见,总想强化自己的权威,压服别人,用"攻人之恶"来证明自己的能力,掩盖自己的缺失。这都是恶念,亦即自我性。

"辨惑"同样是通过自我觉知、调整情绪,建立高度的理性,不因一时的愤怒而失去认知事物的能力,避免因冲动自伤并累及亲人。

樊迟问"崇德""修慝""辨惑",孔子的回答都是从自我觉知入手。也就是说，人要减少、抛除因生物性生存冲动而产生的种种矛盾，以求达到自我的统一，形成完整的自我。

这不单是道德性问题，更是自我修行的问题，即如何解决各种情感、情绪上的矛盾。现在很多人希望消除自我矛盾，让心灵开放并多一些善念，却因受限于一些人错误的看法，而不相信中国传统中有这样的方法，误认为儒家只重视政治问题或道德教条，道家所谈只是神仙之事或帝王统御之术。这让许多人内心的痛苦得不到排解，陷入空虚、茫然之中，其实儒、道两家是教人获得生命智慧的学问，教人学会从内在寻求幸福之道。为师者在教学的时候要教导学生正确认识中国传统文化和学术，并启发学生自我认识、反躬自省，使他们不再陷在自我的固执中。如此，他们将来多半会有利他、爱人的行为，心中自然滋长出爱，对未来的社会发展发挥正向影响。

22. 樊迟问仁，子曰："爱人。"问知，子曰："知人。"樊迟未达，子曰："举直错诸枉，能使枉者直。"樊迟退，见子夏，曰："乡也吾见于夫子而问知，子曰：'举直错诸枉，能使枉者直'，何谓也？"子夏曰："富哉言乎！舜有天下，选于众，举皋陶，不仁者远矣。汤有天下，选于众，举伊尹，不仁者远矣。"

这一章还是樊迟提出问题，请教孔子："什么是仁？如何达成仁？"孔子回答："爱人。"

"爱人"可以作为整部《论语》中所有"仁"的核心内容，甚至可以作为所有德行的根源。人人会读"爱人"两个字，却不知道这是《论语》中关于"仁"的最重要的定义，也是人性的定义，有着丰富的内涵。

什么是爱人？西方心理学家弗洛姆的《爱的艺术》认为，对爱不遗余力地追求是人类的天性。人不能没有爱，没有了爱，人的生命就没有了归属，也就无法赋予自己生命的意义、生命的价值，在心理、情感、精神上就没有了依附，而成为飘荡孤独的灵魂。其实人心中与生俱来充满了爱，只是人并不会爱，所以常常因为爱而伤人、伤己，这是人们在生活中充满痛苦、遗憾的重要原因之一。

人要怎样才会爱呢？在现实世界里，如果人们没有从自我生命的觉醒上来认识自己，就没有办法真正认识爱。如果能够通过自我认识看到人对生命的肯定，就可以进一步看到人同样在爱的追求之中。

既然如此，是什么阻挡人们获得爱，甚至爱人呢？那就是人们常常沉醉于自己单方面的爱，而忽略了对方对爱的向往和接受方式。每个人之所以成为独立的、自主的个体，是因为各有其心理上的底线。即便是爱，如果表现在行为方式上不是对方想要的，他也会拒绝。《论语》中提出人有"不欲"的底线，孔子让人们认识"己所不欲"，推而想之，所爱的人也有其"不欲"，所以"勿施于人"，不要将"不欲"强加在对方身上。爱人，一定要了解对方的"不欲"在哪里，然后尊重他、理解他、体贴他。"仁"这个字，是由"二人"构成的，强调爱得从互相认识、沟通、理解开始，表达尊重之情，爱才会完全开展。

《论语》第一章"学而时习之"，讲人的觉知、觉醒，进而讲爱人之道。人唯有在爱人之道中，才能完成对人的爱，本章孔子说爱人的完整意思就在于此。这是中国传统学术思想中最重要的哲学性命题，也是中国传统思想、文化、学术的核心。

樊迟接着"问知"，孔子说："知人。""知人"是对人的认识和理解，这也是中国传统思想、文化中的重要课题。要达成对人的适当的爱，完成爱人这一份生命的渴望，重要的入手处是展现生命的智慧。

只是"樊迟未达"，"未达"就是没有明白。"达"是通达。孔子进一步举例："譬如在做事的时候，尤其在政治上，作为领导者，举用正直，即依正道直行的人，并将其安置在邪曲的人之上，这样不但做事能成功，而且能使邪曲的人也变得正直。""错"通"措",是安置、安放的意思。诸是之、于的合音。"枉"是枉曲,也就是不正直,就人而言,是指性格扭曲的人。邪恶的人通常也是性格扭曲的人,而凡是性格扭曲的人,做事一定不依直道而行。

樊迟退出孔子的居所或教室,去拜访子夏。他告诉子夏:"刚才我去见了老师,请教他什么是智者,怎样才能展现出智慧,老师说'举直错诸枉,能使枉者直',这是什么意思呢?""见"是拜访。"乡"音xiàng,指刚才。"而"是并且。"何"是怎么。"谓"是说。"也"是呢。

子夏说:"好丰富、好有内涵的言论啊!舜有了天下,从众人中选拔出皋陶来担任大臣,帮助他治理天下,令不仁之人远离。""富"是丰富、盛大。"举"是举拔。皋陶是舜时候的贤臣,舜因为他的辅佐而能够推行善政,造就新的好时代。"不仁者"是没有爱心、没有生命觉醒的人,也就是指邪曲的人。凡是邪曲的人,心中没有对人真正的爱,一切都以对自己是否有利为准则。即使他有爱,所表现出的爱人的方式也都从自己的好恶出发,而无法给予所爱之人适当的爱。子夏用"不仁者"作为统称,孔子则直接称之为枉曲的人,指其人格是扭曲的。

同样,商汤灭了无道的夏桀,成为天子,他知人善任,也从众人中选出伊尹作为大臣,天下大治,开创了理想的善政时代。"汤"是商朝的开国之君。

皋陶、伊尹被国君举拔出来,领导所有为政者,使得那些本来没有爱、只从私利出发的人格扭曲的人不再危害这个社会。这就是知人善任,通过政治完成对人的爱,也展现了爱人的智慧。

本章孔子以及子夏所说,指出统治者当使人才尽其用,举贤才而用之。古人说,这种人才选拔制度乃是尧、舜时代以至夏、商、周任用人才的重要方式之一。但是到了春秋时期,礼崩乐坏,"选于众"的制度也就不周全了。孔子在这里提出《春秋》大义,严厉地批评了"选于众"制度的没落。

23. 子贡问友，子曰："忠告而善道之，不可则止，毋自辱焉。"

"友"是交友。古人对于"友"还有深层的说法，"朋"是同道，"友"是知己，不是普通朋友。子贡向孔子请教交朋友的原理、原则，孔子说："真心诚意地告诉他、劝导他，而且用最好的方式委婉地引导他，把道理说清楚。如果朋友听不进去，不接受忠告，你就适可而止，不要再多说，不要让自己遭受委屈、羞辱。"这里"告"音 gù，"忠告"就是真心诚意地告诉他。"而"是而且。"善"是好好地，也指委婉地，用最好的方式。"道"是导、引导。"不可"是不可行、行不通。"则"是就，"止"是停止劝说，"则止"两个字简短明确。"毋"是不要。"自辱"是自取其辱。

这种做法不是因为生气，而是出于高度的理性，是有知人智慧的表现。一般人会因为控制不住感情而多说话，其实这并不适当。做了错事的人，或许自己也在懊恼中，当然还有自尊心的问题。他们不听劝，那么劝说者要懂得适可而止，不然就会自辱。人与人的交往，感情再好，关系再亲，也当有分寸，这就是礼。孔子回答子贡交友之道，说"忠告而善道之"，这是为友者尽心尽情的表现。"不可则止"，是对朋友的尊重，也是爱的表达。"毋自辱"，则是对自己的尊重。如此尊重，才能达成人与人之间的圆满。

孔子在这里所言的礼，一方面是自尧、舜、禹、汤、文、武、周公以来的礼，特别是到了西周，更以礼为基础而完善礼乐制度，令孔子大加赞美；另一方面，孔子又赋予礼新的意义，即礼是情感的适当表达，而其中最基本的情意与心意是对人的尊重，其带有的情感和西方的纯粹理性有所不同，两者各有各的妙处。不过人的心理情感是值得玩味的，能玩味这种心理，才能深入人的内心而知人。

24. 曾子曰:"君子以文会友,以友辅仁。"

曾子说:"生命高度觉醒的君子,以讲习诗书礼乐所带来的生命觉醒之道,与人交往而成朋友、知己,又以这样的朋友、知己来助成自己生命圆满的觉醒,完成对人的爱。""以"是用,就是凭着。"文"是文德,古人说的文德就是诗书礼乐。

"诗"是《诗》三百篇,即后世所说的《诗经》。古人读《诗》,是借着诗歌蕴含的情意,教人认识自己的感情。人是有感情的动物,而且人的感情复杂多变,所以孔子说:"不读《诗》,无以言。"因为《诗》从人的内心直出,是人对情感的记录,读《诗》能对他人的感情、自我的感情,以及在感情推动下的心理动向有所认识,进而认识高度的生命美感、审美情感,帮助人获得归属性的爱,认识并肯定生命是如此美好。这是人走向生命觉醒的路径。

"书"是《书》,即后世所说的《尚书》,是人类历史活动的记录。读它足以使人了解人类的整体活动,包括国家的兴衰存亡,提高对人类整体认识的能力,也提高人的理性和再思考能力。

"礼乐"不只是上古时代的政治制度,还具有强烈的艺术性、审美性。它含藏着对人的情感教养、品德教养,通过政治教化,教人温柔敦厚,懂得尊重人,懂得爱人。

人至少有两个生命层次:一是生物性的生命层次,二是人的生命层次。有的人之所以觉得人生充满苦难和矛盾、对立和冲突,主要是因为总摆荡在人的生物性和人性之间。如果人通过觉醒,逐渐培养更多的人性,痛苦就会越来越少,也会越来越享受生命的喜悦。古人以诗书礼乐来陶冶、开发人的性情,这性情被称为品德,"德"是人体认生命觉醒后的表现。因此诗书礼乐被统称为文德。

本章谈的是人觉醒后自然展现的生活方式。《颜渊》篇从仁开始，又以仁结束，其中从各个层面切入，展现了仁与礼、生命觉醒和生命情感的适当表达的种种状况。

子路第十三

1. 子路问政，子曰："先之，劳之。"请益，曰："无倦。"

子路向孔子请教为政的道理、原则。孔子说："为政者要一切都做在人民的前面，以身作则，如此不必命令，人民自然就会遵循该守的准则。凡是关乎人民生计的事务，为政者同样也当先行，做出榜样，人民自然会辛勤工作而没有怨言、不平。"第一个"之"指人民。第二个"之"没有意义。"劳"有勤奋、亲身劳动的意思。国君在春天要亲自下田耕种，王后要亲自养蚕、缫丝、织布，这是西周以来的古礼，表示统治者与人民共同劳动生息，如此人民自然而然也都能走上正道。这句话，苏东坡解释得很好："凡民之行，以身先之，则不令而行。凡民之事，以身劳之，则虽勤不怨。"

"请益"的"请"是请求，"益"是增加、补充。子路觉得孔子讲得太简略，请求再多讲一点、补充一点。孔子回答他两个字："无倦。"不要疲倦，也就是要能坚持"先之，劳之"。

这是说为政者最重要的是能以身作则，并做好关乎人民生存、发展及幸福生活的规划，并坚定不移地执行。中国传统的政治，重点在于责任的践行，不像西方强调权力的掌握和分配。在这里，孔子极其简要地将为政的道理、原则和作为领导者该有的责任说得非常清楚。

2. 仲弓为季氏宰，问政，子曰："先有司，赦小过，举贤才。"曰："焉知贤才而举之？"曰："举尔所知。尔所不知，人其舍诸？"

仲弓是孔子弟子中有雄才之人。"为"是担任。"季氏"是鲁国的权臣。"宰"是总管。仲弓被聘请去季氏的采邑做总管，于是他向孔子请教为政之道。

孔子说："先责成属下完成专职工作，建立责任制。长官则以有司工作的效能来检验工作，不过不要苛刻，要宽谅属下的小错误，如此，有司才能自我修正，否则很容易因受到挫折而懈怠。此外，要举拔、任用贤能的人。""有司"是总管的属下、部下。"赦"是赦免、宽赦、原谅。"贤才"，古人认为，有德者为贤，有能者为才。

仲弓再问："怎么能知道谁是贤能的人而举用他们呢？""焉"是安、何、如何。孔子说："先举拔、任用你所知道的人才。只要举用得当，那些你不知道的人才，别人又怎么会舍弃呢？一定会推荐给你的。""尔"是你。"举尔所知"就是举用你所知道的。"人"指其他人。"其"是岂、难道。"舍"是舍弃。"诸"是之、乎的合音。"人其舍诸"就是人们怎么会舍弃呢？

这是心理上的同伴效应，只要领导者心胸开阔、头脑清明，有知人之明而举用贤才，同时不苛刻，人们一定会推荐人才给领导者。这种心理是人们共有的生生之理、生生之道，是寻求幸福之道的自然表现。不论古今中外，领导者都是人们生之希望的领头羊，在求生的大前提下，只要领导者品行好，人们就一定会助成他。为政者不只要在看得见的地方用力，也要善用看不见的心理效应。

3. 子路曰："卫君待子而为政，子将奚先？"子曰："必也正名乎！"子路曰："有是哉，子之迂也！奚其正？"子曰："野哉，由也！君子于其所不知，盖阙如也。名不正，则言不顺；言不顺，则事不成；事不成，则礼乐不兴；礼乐不兴，则刑罚不中；刑罚不中，则民无所措手足。故君子名之必可言也，言之必可行也。君子于其言，无所苟而已矣。"

"卫君"指卫孝公，名辄，又称出公。这个故事大概发生在鲁哀公六年，当时孔子六十三岁，从楚国返回卫国。卫出公的父亲蒯聩是卫灵公的世子，性格极其急躁。他讨厌卫灵公的宠姬南子，认为她不但生活混乱，而且强行干预国家政治，于是想杀掉她。蒯聩行动失败，逃出卫国。卫灵公死后，宫廷中有权力的人，包括南子，就立蒯聩的儿子辄为卫君，即卫出公。诸侯都责备卫出公，要求他让位给父亲。当时孔子有很多弟子在卫国做官，所以卫出公很想请孔子去为政，正好孔子也游历到了卫国。

子路就问孔子："卫君等待您为他执政，您要是去了，会先做什么事情呢？""待"是等待。"子"是您，指孔子。"而"是同时。"为政"是治理政事。"将"是时间副词，就是将会。"奚"是何。

孔子回答："一定要先恢复名与实的合一，重新建立名实相符的准则啊！""必"是一定。有古人认为"正名"就是《颜渊》篇所说的"君君，臣臣，父父，子子"，是端正君臣父子之名，把名分弄清楚。当时卫出公的父亲蒯聩还在世，而且有世子的名分和其他国家的支持，甚至晋国的大臣率领军队要把蒯聩护送回卫国。蒯聩不得入，于是住在戚这个地方，卫人派兵包围戚地十数年之久。卫人认为卫出公得以继承王位，是奉祖父卫灵公之命，因此无法让位于自己的父亲。

不过，孔子提出"必也正名乎"，不是单一地就卫君名位而言。"正名"有形而上的哲学意义，即端正百物之名。凡事物古来必有其名，有其名就必有其实。社会的一切名类、伦序清清楚楚，根据名类、伦序而建立的礼制、规范也就清清楚楚，这是自古以来良好的社会状态。西周建立了名实相符的制度，开创了理想社会，盛极一时。但到了春秋时期，西周的制度被破坏了，名不能实，实也无法有其原有之名。孔子面对这样的社会状况，说"必也正名"，不只是正君臣父子之名，还要使整个社会都名实相符。

子路听了孔子的话，脱口而出："有这样的道理吗？您也未免太不切实际了吧！卫国这父子相争的状况，您要从何正名啊？""是"是这，引申为这样的道理。"之"是的。"迂"是远，也就是远离事实，即迂阔而不明事理。"奚"是何、何须。"其"是那个。"正"是正名。子路没懂孔子话中的深刻含义。

所以孔子责备子路："由啊，你真是个粗鲁无礼的人。你既为君子，有着相当程度的觉醒，又受了礼乐文德的教育，对于不知道的事情应该保留或者搁置，不要轻率地论断、批评。""野"是粗鲁无礼。"哉"是叹词。"于"是对于。"其"是自己。"所"是乃。"盖"是大约。"阙"是缺，就是搁置。"如"是然。孔子这是在告诉子路，既然不知道正名的意义，就不要说自己不知的事，不要说不知为知。

接着孔子就说："如果名与实不相符，名不能代表实实在在的东西，那么言语中的名词、概念就无法明确，思考也就不能通畅、周详。""则"是就。名词、概念是人的言语的重要成分，思考也借由名词、概念才能完成。当名与实不相符时，人的言语就不明确，思考也不通达，所谈的问题不可能周全。如此怎么说服人？怎么清楚地告诉人们如何执行某些事务呢？又如何号召天下人呢？

所以孔子又说："言语、说理无法清晰而顺畅，那么关乎政治、社会、群体的事务就不容易被人们理解、认同，就无法推动、完成。"如此，整个社会就停滞不前，无法进步。唯有人在情感上有共同的反应，用共同的名词、概念思考、说话，相互理解、交流，大家才能全力以赴地推动事务完成。

"当社会人群的事业不能顺利地被推动、完成，礼乐教化就不能推行，人心就躁动不安，人与人不能够友好、和谐地相处，也就不容易存在共同的生命理想。"广义而言，"礼乐"指对人心的教化、对生命理想的向往、对善恶的清楚分辨等，关乎社会风气，所以古人说"礼以安上，乐以移风"。礼是合乎人性、人情、人心的，是由人的内在认知而达成行为合乎分寸的制度。如此可使在上位的人不会滥用权力，能够自知分寸。乐，狭义地说是音乐，实际上指所有艺术活动，是用来改变社会风气的。艺术在社会中的整体展现，能使国家、社会、人民通过艺术审美的情感而相通，走向和谐，从而带动整个社会的风气发生变化，使社会走向明智、有情，而不至于凭个人的喜好、利害来行动。礼乐是奠定良好的政治环境的基础，礼乐的展现就是上下人心的善的开展。"兴"可以作行讲。

"当礼乐不兴，人心动荡不安，失去了善良的依据，失去了对生命的同情与认识，人们就会在冲动中不断触犯法律，就连司法审判也会模糊、混乱，导致对大小罪行的刑罚失去正确的判断准则。"古人认为，"刑"是大罪，"罚"是小罪。"中"是正确、准确。人心有失平和中正，人们就容易根据既定的价值观坚持自己主观的看法，从而造成误解与冲突，甚至影响司法判决的公正、合理。

法律是人道德上最后的防线，"人们要是觉得司法都不足以保障自身安全，就不知道该如何好好地生活了，如同不知道该怎样安置自己的手脚一样惶惶不安"。

而后孔子再说："所以说，受过文德、礼乐教育的人，所用的词语、概念，一定要精确、明晰，在说理上清楚、通达、顺畅、无窒碍。同时，所说的理还要能实行，推展到实际生活中，有利于人生的开展，也有利于人们好好地生活。君子用词、说话、论理，绝不可苟且随便，因为关乎整个社会的风气，就得如此。""名"作动词，"名之"就是给予名称、名号。"必可言"是必然能依此名称而顺言，也就是可以用言语把事理说得通顺、流畅、合理。"言之"的"言"是动词，"言之"是用言语把话和理说得清楚、通达，特别是把事理、情理说得顺畅而无窒碍。"行"是实行、实践。"于"是在于。"苟"是苟且、随便。"而"

子路第十三 / 485

是乃。"已"是止，引申为"此"。

孔子教导社会上的高级知识分子，作为社会的核心力量，必须在言语表达上清晰、精准，对自己所不知道的事情，要懂得保留不同的看法，这是基本的尊重和礼貌。十七世纪西方大哲学家笛卡儿也提出言语的精准性、定义的明确性，并影响了整个欧洲文化和知识学术的发展，推动西方跨入新的时代。只是中国传统学术讲究名与实必须合一，而在西方，概念的发展可以脱离事实以及经验。

在《论语》中，孔子的大多数谈话或者针对专门问题的回答，都蕴含着超然而合乎人的生命普遍性的道理。这是孔子在《论语》中展现的特色，他不是停留在特别的事件上，而是超乎事件之上，指出人的普遍生命之理。这也是有关人学的重要的表达方式。

中国传统思想、文化以人为主体建立知识理论，我们称之为人学。这与西方继承的古希腊以物质、以客观世界的物理作为探索基础的物学有所不同，与犹太、古印度等探讨神的神学也不一样。一部《论语》其实就是一部人学的基本记录和奠基理论的重要著作。

4. 樊迟请学稼，子曰："吾不如老农。"请学为圃，曰："吾不如老圃。"樊迟出，子曰："小人哉！樊须也！上好礼，则民莫敢不敬；上好义，则民莫敢不服；上好信，则民莫敢不用情。夫如是，则四方之民襁负其子而至矣，焉用稼？"

樊迟是孔子的学生，名须，字子迟。"稼"是种植五谷，这里指耕稼的技术。樊迟请求学习耕稼的技术，孔子回答："我不如老农啊。"以此拒绝了樊迟的请求。"农"指耕田之人，开垦土地、种植五谷者曰农。"老农"是长久从事耕种的农夫。樊迟再请求学习种蔬菜的技术。"为"作治理讲。"圃"原本指种蔬菜的院子，引申为种蔬菜。孔子又回答："在这方面我不如长期种植蔬菜的老菜农。"鲁哀公时，连年干旱，人们因饥荒而流散四方，樊迟大概想教人稼、教人圃，从种植入手，重新开展经济生产，并且以此把流散的人民集中起来，解决人民的生计问题。

樊迟问完问题，退出了课堂，孔子说："小人哉！樊须也！"这是孔子发出的感叹。"小人"指普通人，就是还没有实现生命觉醒的人。这种人看事情偏重在事物的表象上，无法深入本相之中，也不能从整体去理解、思考，只关注局部的问题，《庄子·逍遥游》里称他们为"小知"。樊迟满心想解决国家、社会的大问题，可是提出的问题都是着眼于小处、小技术，于是孔子忍不住感叹："这可真是小知小见，是不能识大体的普通人的看法啊！"

孔子接着说："执政者如果真正从内心遵守国家、社会的制度，并以礼表达对人的尊重，同时做出合礼的行为，人民自然也就依礼而行，没有人敢不存敬意。""上"指为政者、在上位的人。"好"是从心里真正喜欢而能实践的意思。"民"指人民。"敬"有慎重的意思。古人说"礼主敬"，敬意其实也是慎重。

"如果上位者能从心里表现出对人或对事的公平、公正、正义的坚持，那么人民在这种风气下，没有不被带动，不服从公平、公正、正义的。""义"古来指宜也，即适当、正确，引申为公平、正义、公正。"服"是服气，指心服口服、自然遵从，而不是无差别地服从。

"领导者所作所为能够真实不虚，并能信守承诺，在这样的社会风气下，人民自然敢于真心实意地展现自己。""信"指真实不虚，因而能够信守承诺。"情"指真实的状况，也指真心实意。"敢"在这里有加强语气的作用。"莫敢"说明人民都实实在在，不会轻易去做虚假、虚妄的事。

接着孔子又说："如此，四面八方的人民，就会背着自己的孩子移居到这个可以生活得好的地方，国家的经济自然会有所发展，哪里还用去教人以农作为生计？""是"就是此。"襁"是背着小孩的包袱、背篼。"负"是背着。"其"

是自己。

孔子从事教育工作，推动再造礼乐教化，教导人们从生命觉醒、自我觉醒中，成为守礼、守义、守信，甚至是好礼、好义、好信的领导者，以及能为人民谋福利的君子。同时，他也教导人们在没有成为为政者时，同样要成为能敬、能服、能用情的人。樊迟不谋求现实社会问题的解决办法，却只求掌握专业技能，因此孔子感叹这是小知小见，是普通人的想法。

孔子将西周至春秋时期的古典贵族的教育推广到民间，除了要提高人民的素质，还想培养出为政、治国的贤才，促成礼乐教化良好的时代，如同尧、舜、禹、汤、文、武所完成的工作一样。而樊迟只看重一些小的、专业性的生产工作，所以孔子感叹："小人哉！樊迟也！"

《先进》篇第一章，子曰："先进于礼乐，野人也；后进于礼乐，君子也。如用之，则吾从先进。"人的所见、所关注的事物和想法是有差异的。所以孔子认为，那些先进的学生要专注于国家、社会的事务，他们的胸怀要比后进的学生大气、宽广而热情，在看待问题的时候，直接面对问题本身，不带个人的成见，不局限于精细而具体的层面，会从大处着眼、大处关怀。

5. 子曰："诵《诗》三百，授之以政，不达；使于四方，不能专对。虽多，亦奚以为？"

这句话的意思是："将政治事务交给熟读《诗》的人处理，结果他却不能通晓事理、达成任务；派他出使外国，从事外交工作，他却不能独立去应对、谈判、酬酢，完成外交使命。如此读了再多的诗书，有什么用呢？"

"诵"是背诵，也是大声朗读。"《诗》三百"就是后来所说的《诗经》。"授之以政"是"以政授之"的倒装句。"以"是用，就是拿、把，作动词讲。"政"指政事。"授"是给予、授予、交给。"达"是通晓、明白。为政者要通晓事理、政理以及心理、情理。政治是众人的事，面对众人如果不从事理、政理、心理、情理去把握，就不容易把事情做好，也就是没有能力治理政事。

钱穆先生对这一句的注解是："《诗》实西周一代之历史。其言治闺门之道者在《二南》。言农事富民之道在《豳风》。平天下，接诸侯，待群臣之道在《大、小雅》。《颂》乃政成治定后始作。而得失治乱之情，则《变风》《变雅》悉之。故求通上下之情，制礼作乐以治国而安民者，其大纲要旨备于《诗》。"钱穆先生这一段说明了读《诗》的理由，在中国传统的看法中，处理政治事务的前提是一定要懂人的心理、情感。如此，才能把纷杂甚至带有利益偏向的事务处理得当，不然会产生更多的纷扰、争端甚至仇恨。仇恨的背后就是情感打了死结，所以读《诗》是要了解人性、人情、人心。建国、立国、治国、安民的要旨，其实就是《诗》三百大义之所在，诵读《诗》三百，也就基本掌握了为政的原理、原则。

朱子也曾经说："《诗》本人情，该物理。可以验风俗之盛衰，见政治之得失。""其言温厚和平，长于风谕。故诵之者，必达于政而能言也。"为政非常重要的是能知言，特别是在外交辞令上要用适当的比喻。孔子说《诗》"可以兴，可以观，可以群，可以怨"，即激发我们的热情、情感，唤起社会群体共同的心理感情和共鸣，借此诉说出心中的遗憾，表达自我的情感。

读经、读史、读子、读集，都是教导人们通晓人情事理，了解人类的心理、情感活动。古代社会动荡时，往往有绝世人才能够脱颖而出，解决时代的问题，他们的才能就在于读经、读史，进而拥有对政治、人心的理解能力。

"使"是出使，去做使臣。"四方"指四方各国。"专"是独立、独自。"对"是应对，就是处理外交事务。"专对"是使者没有办法事事请教，必须以己意判断实际状况，去应对、谈判。从西周到春秋，使者出使各国，"受命不受辞"，只接受命令，而不会被安排必须说什么话，如何应对和交涉完全靠使者的随机应变、独立行事。《左传》中的许多外交活动，有关谈判或者宴饮、酬酢的，多以诵《诗》来传达言语无法表明的心意。所以孔子说"不学《诗》，无以言"，这个"言"可以狭义地说是外交"专对"。《汉书·艺文志》引毛传说："登高（台会盟）能赋（诗、外交辞令）可以为大夫。"《周礼》说大司乐"以乐语教国子"，这都是在培养外交、政治人才"专对"的能力。

"虽"是即使。"亦"是也、又。"奚"是何。"以"是用。"为"是做。"虽多，亦奚以为"，即使诵《诗》三百，读得再多还是不会用，那有什么意义？

孔子教学重视学与行，不能只学而不能行。《论语》中孔子说"博学于文，约之以礼"，这是学行并重、知行合一。古人说，学者，觉也，学有觉知的意思，也有实践的意思。觉行兼并，这是中国传统学术的特质，而行就是实践于世，为人民、苍生带来幸福的生活。所以古人认为，读书当能经世济民。

6. 子曰："其身正，不令而行；其身不正，虽令不从。"

上一章谈学行并重，这一章回到为政者的基本原则上。孔子说："为政者本身在行为上正当，就算不下命令，人们也会遵守国家法律，政令通达。相反，为政者行为不正当，即使三令五申、严刑峻法，老百姓也不会遵从。""其"指领导者。

为政者一定要以身作则，才能收到领导的效果。在实际生活里，父母、师长以及任何小团体的带领者，只要以身作则，孩子、学生、属下往往也会跟着走上正确的人生道路。而为政者能正身而行，一定是有高度的自我觉醒，才能放下私心，以众人的福利为重，同时承担起责任。

中国传统社会中，父母为子女，老师为学生，领导者为人民、为属下，不仅要承担起重大的责任，而且在自我觉醒的过程里还要能够以正身正行来引领人。人满怀着爱面对人生，对待人、对待事情，就不会只从个人的角度去看，而会情不自禁地为周遭的人与事着想。特别是有了自觉性和自我意识后，人会通过反省来做适当的调适，进而抉择。因为爱而负起的责任，常常不会觉得沉重，这就是所谓爱的承担。《论语》一开始就谈生命的喜悦，而后谈爱，爱是整个生命培养过程中最重要的基础。

中国传统社会与西方近代社会，各有长处和特点。中国传统社会着重爱，着重于人由自觉而形成自律，在自觉、自律的前提下承担并践行责任。西方近代社会则制定出社会制度、法律规范，以避免人过于个性化而导致失序，影响社会稳定。

健康的社会，应该既有爱，又有自我觉知，使人们自愿完成社会责任与生命责任，同时有适当的制度、法律，使没有能力自我觉知的人也必须遵守社会秩序，使社会生活有更明确的规章与保障。

7. 子曰："鲁卫之政，兄弟也。"

鲁国是周武王的弟弟周公的封地，卫国则是周武王的小弟弟康叔的封地。周公和康叔不但是亲兄弟，而且感情特别好，他们治国的传统都是德治、德化。这个传统从西周初年传到春秋中期，诸侯都说鲁、卫多君子，只是到了春秋晚期，也就是孔子的时候，鲁国和卫国的政治几乎同时走向了衰败。所以孔子说："鲁、卫两个国家在政事以及发展的走向上，可真是像兄弟一样。"这是深层的慨叹。孔子原先对鲁国和卫国的德治、德化政治寄予厚望，认为"鲁一变"而可"至于道"，走向理想的社会，然而现在鲁、卫竟然都走向了衰败。

8. 子谓卫公子荆："善居室。始有，曰：'苟合矣。'少有，曰：'苟完矣。'富有，曰：'苟美矣。'"

孔子谈到卫国公子荆，赞美说："他擅长处理家中事务，是居家过日子的人。从他开始任职有了一点收入，添置了一些家中的器物之后，他就说差不多够用了，不要再花钱了。之后收入增加，他又去置办了一些不足的东西，然后就说这样非常完备了，不要再增添了。后收入再增加，他就说这已经完美了，够富丽堂皇、够幸福了，不必再增加了。"

"谓"是说、谈，含有评论的意思。西周初年，凡称"公子"的都是国君的孩子，不过是庶出，不是嫡传。"荆"是卫国公子的名字，这里标明"卫公子"是因为当时鲁国也有公子名荆。"善"是擅长。"居"指治理家事。"始"是刚开始。"有"指财物。"苟"是大约、差不多。"合"指足。"少"是略微。"少有"是略微增加了一些财物。"完"是完备。"富有"就是资产、收入又多了一些。"美"是富丽堂皇。

春秋时期礼崩乐坏，诸侯、大夫、士卿居家都崇尚奢侈、华丽，卫公子荆则崇尚简约，够用即可，而卫公子荆能如此，是因为有着高度的自我意识、自我觉醒，他在生活中依据自己的性情做了抉择，因此才能够特立独行于崇尚奢华的社会风气之中。在那个时代，不只孔子赞美他，吴国的大贤人季札也赞美他。

点评人物是史学家非常重要的工作，孔子点评卫公子荆成为后世点评人物的典范。这影响了太史公司马迁，他写《史记》的时候常常点评一些特立独行者，如伯夷、叔齐。

9. 子适卫，冉有仆，子曰："庶矣哉！"冉有曰："既庶矣，又何加焉？"曰："富之。"曰："既富矣，又何加焉？"曰："教之。"

孔子前往卫国，冉有为孔子驾车，孔子赞叹道："卫国的人口可真多啊！"冉有听了问道："人口已经如此众多，那还可以为这样的社会增加些什么呢？"孔子回答："让百姓富足。"冉有再问："等到富足以后，还可以为社会再增添些什么呢？"孔子说："要从事教育，提高百姓的素质。"

"适"是往，"卫"是卫国。"仆"原本的意思是在身边服侍，又称给事者，就是帮忙做事的人,在这里指驭车、驾马车。依古礼,年幼者或者地位、辈分较低的人要帮尊长驾车,所以孔子前往卫国,冉有帮孔子驾车。"庶"是众多。"矣哉"是两个叹词连在一起,加强语气。"既"是已经。"加"是增添、增加。"富"当动词,也就是让人民富足起来。孟子、荀子、管子都讲,政府和为政者有责任教导人民生产,引导人民投入经济生产,而使人民富裕。"之"指人民。"教"就是教育。

在这一章,孔子简要地提出治理国家的基本法则。所谓的"王道""王政""王天下"理想的达成,得依"庶(众)""富""教"这三个原则,让国家人口充实,而后让百姓生活富足,最后教育百姓,提高人民的文化素养、精神境界等。从前一章到本章,孔子借着卫公子荆擅长居家生活,表明人的真实生活、真实生命就是不丧失真实的自我,而唯有真实的自我才有幸福的人生。

10. 子曰:"苟有用我者,期月而已可也,三年有成。"

孔子讲:"如果真有用我的人,让我来为政治国,大约只要一年就可以使国家、社会进步,展现出好的变化。如果能让我执政三年,就一定有大的成效。"

"苟"可以作假如、如果讲。"有……者"就是有何样的人、有何样的为政者。"用我"指任用我治国、为政。"期"音 jī,"期月"多解为一周年。"而已"是就这样。"可"是大约、差不多,代表不能确定。"可也"是大概就可以有些成效了,这表达了孔子在治国为政上的自信,也表达了他是有方法的。"成"是成功,而且是大成效、大成就。

《史记·孔子世家》说,孔子说这句话时人在卫国。卫灵公因为年老志衰,不能勤政了,不过他并没有请孔子帮忙执政。这是孔子看到卫国的问题,喟然而叹的话。也有古人认为,这是孔子向他的学生,比如子路等人做的说明。当时卫国有两个权臣想邀孔子参政，孔子打算答应，子路非常生气，虽然这里孔子说出了他想答应的原因，但是最后并没有去。

孔子之所以如此，并不是一定要做官、执政，贪恋权贵。他念兹在兹的是构建"老者安之，朋友信之，少者怀之"的安乐社会，他随时随地挂念的是如何为人民带来幸福，是如果有动乱，如何救人民于水火之中，让国家、社会走上正道。在孔子看来，只要为政者勤政，并抓住治国的要点、原则，以有效的方法、程序去做，一定能为百姓带来幸福。

或许有人会认为孔子是为自己不能执政、不能逢时而慨叹，其实不然。孔子主张"君子不器"，不会只为自己不得志而难过。这几章读下来，我们得到一个体会，为政不难，主要是在高度的觉醒下有真实的自我，而后负起责任，勤政、不怠惰，同时知道为政的大方向，能根据前文所说的"其身正，不令而行；其身不正，虽令不从"以及"庶之""富之""教之"去做，一定大有成效。只是有多少政治人物肯这样去做？许多人放任自己，依私己而行，造成生灵涂炭。这才是孔子真正所慨叹的，他针对那个时代诸侯争霸所造成的社会动荡而提出这样的看法，发出爱的呼唤。

11. 子曰："'善人为邦百年，亦可以胜残去杀矣。'诚哉是言也！"

孔子说："'由善良的人相继来治理国家，大概也要经过百年才可以感化教导残暴的人，使他不再行恶。到了这个程度，国家才能够废除刑杀，不再用刑杀来制止、惩治犯罪的人。'这句话说得可真对啊！"

"善人"是善良的人。"善"简单地说是有利于生，即大家都能好好地活下去。《易经》乾卦说："天行健，君子以自强不息。"《周易·系辞传上》说："天地之大德曰生。"中国传统以宇宙的创生、天地的生生不息作为最高的、形而上的普遍之理。"生"也就成为人类内在最普遍、最真实的情意，成为人生最高的价值、信念，落实在现实人生中，就是以活下去作为共同的心理愿望。

"善"，从生的观念中发展出来，其结构从"羊"、从"口"，再加上"手"，像人用两只手抓着羊肉大口而食。这就叫作有利于生，因为能让人吃饱、吃得健康，这是"善"的本义。善良的人内心充满着爱，在生命觉醒的情况下，充分表达出对人的好意。"为"是治。"邦"是国。"亦"是也。"胜"作克服讲。"残"是残暴。"去"是去除、废除。"杀"是刑杀。"诚"是确实。"哉"是叹词。"是"就是这。"言"指这一句话。"也"是叹词。"诚哉是言也"是"是言也诚哉"的倒装，表示强调。

钱穆先生说，自周平王东迁以后，诸侯争相彰显自己的势力，各自称霸，于是天下进入动荡不安之中，人民困于残暴、刑杀的生活中近两百年了，因求生存而养成了残暴的习性。只有"善人为邦百年"，国家才能"胜残去杀"，百姓才可以重新活在爱的世界中，有真正安乐的生活。这句话不是孔子说的，是在孔子以前就流传的，孔子就人世间的事实证明这话完全符合人的生命经验。

《老子》说："大军之后，必有凶年。"这是指长期的战乱之后，一定会有凶灾之年的延续。凶灾之年的含义非常广，其中包含人的心理在长期动荡的生活中、在高压的政治环境中被扭曲，为了求生存而变得胆怯、残暴，对生命没有任何同情，只以求生存为唯一的生命目标。如此自然追逐金钱、权力、社会浮名，崇尚狡诈，只为自己的目标去努力，没有恕道的精神，没有能力推己及人。甚至因自己承受了苦难，为宣泄曾有过的痛苦、愤怒和不安，而让别人受苦难。这样的人只知道向势力靠拢，一切都只为了获得活下去的权利。

从这个角度来看孔子的这句话，其深层含义是，善良、爱和生命的觉知确确实实是人类在经历战乱、灾难之后自我修复、自我疗愈的良方。

12. 子曰:"如有王者,必世而后仁。"

"如"是如果。"王",古代多解为圣人受天命而兴起,做天下的领袖,圣人指既善良、通达又有德行的人。善良是内心充满了爱,有生命的觉知,对人能充分表达出善意。善意是充满对生命的同情,所作所为都尽量有利于人。同时圣人没有任何自我冲突,一切都通达且和谐。"王"所带领的社会就是王道的社会。古人说,"王者,往也,天下所归往也",就是说圣人受命于天,承担起天下的责任,能建立让人幸福的社会,让人好好地生活下去,因此天下人都会自动归向他、投奔他。

"必"是一定。"世"指三十年为一世。孔子认为即便有圣贤的领导者,即所谓的"王者"为政,也一定得用三十年时间,才能把仁道推行于天下。将仁道推行于天下,人民或多或少有了生命的觉醒,在觉醒中去除旧有的恶习,有了对生命真正的同情和爱。

从这个角度看孔子说的这句话,可知孔子教导人们对生命抱持爱与同情,希望人人心中有爱,能行仁道。这需要时间,通过教育、启发,才能把人的意识开发出来。意识是人类最高的思维认知,是创造力的来源。当意识被开发出来,人性(不是生物性)才能伸张,人才能不再被来自生物性的自我对立与矛盾、理论与现实之间的冲突所限制,而能通过自我意识将它们协调起来,确立生命的真实性和意义,从而确定自己的存在,不会觉得生命虚无。如此世界才有行仁道、真正实现爱的可能,也才有和平的可能。

13. 子曰:"苟正其身矣,于从政乎何有?不能正其身,如正人何?"

"苟"是如果、假如。"其"指自己。"身"指身体、行为,不过身体、行为其实也包含了人的心思。"于"是在。"从"是为。"何有"是"何难之有",有什么困难呢?孔子说:"假如为政者能调整、端正自己的身心和行为,如此为政，何难之有啊？"也就是说这一点也不难。

孔子接着说："相反，如果没有能力端正自己的身心和行为，那如何有能力去协调、端正别人的身心和行为呢？那如何为政呢？"

或许朋友们会问，为政有那么简单吗？今天的政治事务纷繁复杂，不单纯是人事的问题，怎么可能只要正己身就能处理好呢？孔子的思想是否太古老，不适用于今天呢？

但我们深思，如果领导者能协调、端正自己的身心和行为，他一定有极好的自我协调能力、自我平衡能力，他一定拥有高度的生命觉醒和自我觉醒，在对自己的认识中，也对人有了了解，从而通情达理、知人善任，能适时解决难题，而不是一味苛责部下，如此一定会赢得部下的拥戴，使部下主动努力地工作。如此为政、做事，是很容易有成效的。再者，人因为生命觉醒、自我觉醒而不闹情绪，不自我冲突，以身作则，一定会使部下起尊敬、效仿之心，团结的精神由此凝聚起来。

"正"可以引申为正确地带领。孔子所说的是做人、为政的根本原则，端正自己的身心和行为，是在自觉、自我意识、生命意识下表现出自我协调、自我平衡，而不是一般所谓的道德教条。

14. 冉子退朝，子曰："何晏也？"对曰："有政。"子曰："其事也。如有政，虽不吾以，吾其与闻之。"

"冉子"就是冉有。这里称冉有为冉子，有古人认为这一章或许是冉有的学生记录的。不过又有古人认为，这一章的内容是孔子责备冉有，如果是冉有的学生记录的，似乎有点不近人情，所以这个"子"可能是误写。我们没有更多资料来证明、判断，也不轻易推测。"退朝"本是指从朝堂罢朝而归。古代为臣者，清晨天微明就上朝言政、议政，言罢、议罢就退朝而归。不过，当时冉有只是担任季氏的家宰，也就是季氏家里的总管，他"退朝"只是退出季氏的私朝，而不是鲁国的公朝。

"晏"是晚、迟。冉有从季氏的私朝议事完毕回家，而后去看孔子，时间比平常晚。孔子问冉有为什么这么晚，冉有回答"有政"，指当天有国家大政需要讨论。

孔子说："那只是季氏的家事而已，不是为政的事。""其"是那个。"事"指私事，就是季氏家里的事，不是鲁国朝廷的政事。古人称国家公事为政，不是国家的公事，就是私事。接着孔子又说："如果真有国家大政需要讨论，我虽然已经退休，不用事于国了，但还是会参与讨论国家的事情。""虽"是即使。"以"是用、任用。孔子虽已退休，但他毕竟是大夫，与闻国事是公议，是公开的讨论。孔子的意思是说，自己并没有与闻，那么冉有所讨论的是季氏的家事。

孔子说这句话是有根据的。《左传·哀公十一年》有一段记录，季孙氏想要增加鲁国的田赋，派冉有去问孔子的意见，问三次孔子都不回答。季氏后来责备孔子："您是国之老臣，有关国家的大政等您的答案好去实行，您怎么一句话都不肯说呢？"

孔子提醒冉有私事不是国家大政，这也就是孔子在《子路》篇第三章谈到的"必也正名"的意思。尤其在新旧交替、是非不确定的年代，"正名"是厘清事物、明辨是非的必要方法，不然理性无法通行于社会，世界也将成为所谓的"理盲"、感性的世界。到了这个地步，人民无法判断真正的是非对错，也无法真正安定地生活。所以孔子说："君子名之必可言也，言之必可行也。君子于其言，无所苟而已矣。"

孔子的这些话不同于今天西方社会的某些思潮强调个人的生活，不需要承担社会正向发展的责任。中国传统社会能振衰起弊、否极泰来，与知识分子义不容辞地承担起引导社会正向发展的责任有不可分割的关系。

15. 定公问："一言而可以兴邦，有诸？"孔子对曰："言不可以若是其几也。人之言曰：'为君难，为臣不易。'如知为君之难也，不几乎一言而兴邦乎？"曰："一言而丧邦，有诸？"孔子对曰："言不可以若是其几也。人之言曰：'予无乐乎为君，唯其言而莫予违也。'如其善而莫之违也，不亦善乎？如不善而莫之违也，不几乎一言而丧邦乎？"

鲁定公问孔子："用一句话就可以振兴一个国家，有这样的话吗？""兴"是振兴。"邦"是国家。"诸"是之、乎的合音。

孔子回答："说话不要用这么急切又期求必然有结果的心态。用一般人常说的话：'做国君非常困难，而做臣子也不容易。'如果为政者真能够知道做国君的困难，如此不就接近一言而兴邦了吗？""言"指说话。"若是"就是如此。"其"是那样。"若是其几"的"几"是期待、期望。"也"是语气词，等于啊。"几"解作近。

于是鲁定公又问："那么用一句话就能丧亡一个国家，有这样的话吗？"孔子回答："说话不要用这样急切又期求有必然结果的心态。用一般人常说的话：'我做国君一点也不快乐，除了我说的话是没有人敢否定的。'如果国君说的话是有利于国家、民众的，没有人质疑，这样不就还是件有利于众生的好事吗？如果国君说的话是不好的，不利于民众、国家、社会的发展，不利于生生之道，却没有人敢于指正，这不也就接近一言而丧邦了吗？"

"予"是我。"乎"是在。"予无乐乎为君"可以改成"予为君无乐也"。"唯"是只有。"其"是自己。"言"是说的话。"而"就是乃。"莫"是不。"违"是违背。"而莫予违也"可以改成"而莫违予也"。"如"是如果。"其"指国君说的话。"善"是好的，也就是有利于生的。"而"是如此。"之"是国君说的话。"莫之违"就是"莫违之"。"亦"是就。

孔子的回答极具智慧，他的重点不是否定鲁定公的言论，而是将鲁定公的

子路第十三 / 499

观点拔高，提醒他在面对事情的时候，如果能站在更高、更广的角度去看，不陷溺在自己的某些观点、偏见或者期待的答案中，认真、客观地探讨问题，那么即便是一般百姓的一句普普通通的话，也能成为金玉良言。这就是所谓的"一言而兴邦"。

在这一章，孔子提醒人们认识自己的语言、用词，由此认识自己的心理动向，这也是《孟子》中所说的"知言"。人能意识到自己的内心或者别人的心理，就是知己、知人，有深层的反思。这是人在自我觉醒、生命觉醒后，实现了自我调整、自我平衡。

16. 叶公问政，子曰："近者说，远者来。"

"叶"是楚国叶县的地名。"叶公"就是叶县的县长。孔子从蔡国前往楚国，到了叶县，县令子高来向孔子请教为政的道理。

孔子说："为政应当使近的地方的人民能够欢欢喜喜、安居乐业，如此远的地方的人民就会自动来归附，移居到这里。""近者"指近的地方的人民。"说"就是悦。"远者"指远的地方的人民。

这是孔子针对叶公的问题而提出的为政原则。人有形而上的部分，也包含形而下的部分。中国传统学术要解决实际问题，不能只有空洞的概念，所以是经世济民的学术。孔子回答叶公的话，就是从经世济民的角度出发的。

17. 子夏为莒父宰，问政，子曰："无欲速，无见小利。欲速则不达，见小利则大事不成。"

子夏是孔子晚年的学生，他向孔子请教为政之道。"为"是担任。"宰"是总管。"莒父宰"是鲁国的莒父这个小地方的总管。

孔子说："不要急着有所成就、有所表现，不要贪求一时的小利益。要知道急着有所成果、有所表现的话，常常达不到预定的目标。如果只能见到小利益，被小利益吸引，而改变原本的目的、计划和做事的方式，那就不可能成就大事了。""无"也可以作勿，是诫止词，告诫不准如此，不可以、不能行。"欲"是想要。"速"是急切。"小利"和"大利"之间是有对比性的。"大利"者，必有利于全民的经济、民生。"小利"通常只是一时之利，或者是为政者的私利。"则"是乃。孔子其实是要子夏能见到什么是"大利"。

18. 叶公语孔子曰："吾党有直躬者，其父攘羊，而子证之。"孔子曰："吾党之直者异于是。父为子隐，子为父隐，直在其中矣。"

"语"是告诉。"党"是乡党，指家乡。"躬"指身体，引申作行为讲。"直躬"是直身而行，做起事情来非常直接、率直、坦白。

"攘"是偷窃。"证"是告，就是告发、检举、揭发。"之"是代名词，指偷羊的父亲。做儿子的直接告发了自己的父亲，叶公以此事告诉孔子，他们这个地方上正直者的表现是这样的。

孔子回答："我们家乡直身而行的人的表现与此不同。父亲不主动揭发儿子的过错，儿子不主动检举父亲的过错，直就在这不主动揭发的过程中。""异"是不同。"是"就是此，指去告发父亲的这件事。"隐"是遮蔽、隐藏，可又不是完全遮蔽、完全隐藏，而是不主动揭发、检举。这个"直"是出于人天性中的父子亲情。

孔子所说的，不是全然反对今天我们所主张的大义灭亲的观点，而是强调父子亲情的自然表现。人轻易、直接、主动地告发自己父亲或者儿子的过错，动辄诉诸诉讼，似乎有点轻视人真正的情感。这"直"是真的直，还是说有点带着矫情？孔子针对叶公所强调的直，提出了不同的直来做对比。

叶公所说的直是直接站在外在公义的立场，去告发自己的父亲偷羊。孔子所说的直是人内在的感情，父亲不直接告发子女不好的行为，子女也不忍心直接去告发父亲不好的行为。

而这个议题中非常重要的一点，就是孔子提出父子之情乃天性，因此亲人间会忍不住互相包庇，这从人的心理、情感来说是很自然的反应，孔子借此要人们重视人性、人情、人心的问题。

人当如何正确地培养这一份爱，让它恰当、不过分，同时也不会贫乏呢？这个问题到了孟子时代，还被讨论着。孟子的学生桃应问孟子说："舜为天子，皋陶为士，瞽瞍杀人，则如之何？"意思是说如果舜的父亲瞽瞍杀人，而舜为天子，要如何处理呢？他是以天子的特权放了自己的父亲，还是依法判父亲重罪，作为大义灭亲的表率呢？孟子回答，这的确是人性、人情、人心上的大问题，是两难的问题。不论舜依法判决父亲或徇私包庇父亲，他都难以心安地面对自己的情感和良知，难以面对天下。所以孟子说："我只能假设，如果我是舜，只有放弃天子的高位与责任，趁着夜深人静，偷偷跑到监狱背着父亲逃到天涯海角，将自己终身放逐，和父亲一同老死在人迹罕至的江湖上。"孟子的这个回答中包含了许多作为人的终极性问题，从西方文学艺术的角度审视，它可真是大悲剧。这是最深刻的爱的问题，这份爱让人在理论与现实中无法两全。

19. 樊迟问仁，子曰："居处恭，执事敬，与人忠。虽之夷狄，不可弃也。"

第十八章谈到以爱为中心而引发的问题，这一章就以仁、爱人来做衔接。樊迟问孔子什么是爱人之道、如何行仁道。孔子说："即使在日常生活里，甚至在独处、独居的时候，精神、心神始终不涣散，也有适当的生活秩序。做事情能聚精会神，内心始终维持专注、认真，不马虎、不懈怠的态度。与人交往，真心诚意地将自己最好的一面展现出来。""恭"指慎重，古人说，"恭，敬也"，"恭"是表现在外的，"敬"是凝聚在内心的。"居处恭"包括对他人、对自己的生活保持尊重。"执"是行。"与人"是与人交往。"忠"是尽己。

这三者其实都是对生命的爱的表现，即不草率、不轻忽、不虚伪。人在日常生活中散漫而无所追寻，尤其是独居、独处时，觉得什么都可以做，认为这是放松。可是放松到无节制，就是自我生命的耗损，就是不珍惜生命了。心神不凝聚，在日常例行的事务上怠惰，懒得保持工作上的严谨，这同样是自我生命的耗损与浪费，也是对人、对事的不尊重，而尊重是爱和珍惜的起点，人失去了尊重之心，也就丧失了对人、对事、对生活的爱和珍惜。至于与人交往不真诚，具有功利心，那便是心中丧失了爱，而只追逐权和利了。

孔子最后说："即使到了夷狄文化区域，对爱和生命的珍惜，对人的尊重，对朋友的信义，也都是不能放弃的，即不放弃生命的自觉性。""虽"是即使。"之"是动词，就是前往。"夷狄"是相对于华夏而言。

殷周之际，周文王提出孝与德，也就是以爱与和平号召天下。周武王、周公依照文王的理想建立了大一统的西周，以各民族的共生、共有、共尊、共享、共荣发展出充满人情和爱的社会，标榜礼乐治国，不再通过掠夺的方式和以强凌弱的方式去求得生存，而是通过合作、相互支援形成了华夏文明。即便是不同的种族、民族，以此为共同的生活方式，也会亲如家人。相反，如果仍以掠夺别人财物、资源的方式来作为自己生存的保障，就是夷狄。所以夷狄与华夏有着不同的生活形态、文化、资源取得方式和经济发展方式。

爱是不分民族的，只要是人都想要有爱。所以孔子说，即使到了夷狄的区域，也不能放弃生命的自觉性。有些古人将"虽之夷狄，不可弃也"解释为恭、敬、忠的表现，到了夷狄的环境里，也会被夷狄尊重，而不被遗弃，能够活下去。不过这种说法是从功利的效果上来谈，把恭、敬、忠当作生存的手段，希望在现实中能得到好处。钱穆先生特别提醒人们，这个观点跟孔子平日教人是不同的。孔子平日教人要从自我觉醒中建立起真正的自己，让自己有真正的主体。"居处恭，执事敬，与人忠"，这三个生活之道是人在生命觉醒中的表现，是维持自身生命的警醒和本质性的自我要求，是对生命的珍惜，如此才能够真正享受到自己的生命。大家读《论语》，一定要明白孔子的本意，而不要只从现实的功利目的去理解。

孔子教导人们在生命觉醒中打开内在的爱，这才是人幸福的可能。他讲："仁远乎哉？我欲仁，斯仁至矣。"只要有圆满的觉醒，有因觉醒而来的爱，"仁"就自然从心中生起。一般人总说人生如梦或人生如戏，其实是因为不能够"居处恭，执事敬，与人忠"。简单地说，就是心中没有真正的爱，没有觉醒，以致无法珍惜生命。

《论语》中有三次樊迟问仁。第一次孔子答以"先难而后获"，强调不要为了收获而去实践，要以实践为主。第二次孔子说"爱人"，以完成对人的爱来说明人的自我觉醒的圆满。本章是第三次。这三次具有不同的思想发展层次。

20. 子贡问曰："何如斯可谓之士矣？"子曰："行己有耻，使于四方不辱君命。可谓士矣。"曰："敢问其次。"曰："宗族称孝焉，乡党称弟焉。"曰："敢问其次。"曰："言必信，行必果，硁硁然小人哉！抑亦可以为次矣。"曰："今之从政者何如？"子曰："噫！斗筲之人，何足算也！"

"何如"就是如何、怎么样。"斯"是乃、才。子贡问孔子，如何才算是士？士者，事也，士是直接承担事务的人，保家卫国的是武士，做行政笔墨工作的是文士。孔子赋予士新的意义，以高度觉醒的人为基本含义，在高度觉醒之后有能力做事，有所作为又有知识的人叫作士。

孔子说:"行己有耻,使于四方不辱君命,可谓士矣。""行己"的第一层意思是己行,就是自己在实践、做事的时候。第二层意思是即使做事,也是自我完成的努力。由此有羞耻心,这表示自己内心有尺度,凡不合道义、让自己觉得可耻的事情就不去做。所以"行己有耻"指在自我的高度觉醒之中,建立起明确的主体性,没有任何是非善恶的模糊,有所为、有所不为,做事乃是自我的完成。

"使于四方不辱君命",是说士出仕为官,被国君派作使臣出使各诸侯国,为国家争取利益,有能力不辜负国君的信任。

子贡忍不住再问:"这是第一等的士啊,还有没有次一等的可能呢?"孔子回答:"同宗家族中,人人都称赞他孝顺父母、能行孝道。在家乡,大家都称赞他尊敬长辈、能行悌道。如此,也就是次一等的士了。"虽然不像第一等的士可以肩负国家使命,但是能在自我生命的觉醒中守住本分,展现出爱与温情,完成基本的爱人之道。

子贡听了又问:"还有没有再次一等的士呢?"孔子说:"言语一定信实而不虚伪,行事一定果断,给人交代,就像普通人,虽然没有全然的生命觉醒,见识、才干有所不足,但是如同岩石一般坚定不移,能守住自己的本分,也就可以算是再次一等的士了。""果"代表行事有一定的结果,也指行事果断。"硁硁"读 kēng kēng,指坚硬如石头。"然"是一样。"抑"就是或者。"亦"是也。

子贡听了,于是再问:"那现在这些从事政治工作的人,他们算不算士呢?""何如"就是如何。孔子说:"哎呀,他们都是些心胸狭窄、见识才能不足的人,就如同那些量小器窄的容器一样,他们怎么算得上士呢?不算不算!""噫"是叹词,即哎呀。"斗"是装米的容器,容量是十升。"筲"读 shāo,是装饭的容器,容量是五升,指小容量的器具。"何"是怎么。"足"是足以。"算"是算数。

"行己有耻"非常重要。独立自主、有着完整个性的人,基本上内心都有不可动摇的原则，一旦动摇了，那就不是自己了。所以说，人心中当有一把衡量自己的尺，这是在自我认识中逐渐形成的，是行事作为的准则。如果再深入地看，其中还含藏着羞耻心，也就是孟子所说的"羞恶之心"。

"行己有耻"是摆脱烦恼的方式之一。在现实中，一般人总有些许患得患失的烦恼，以致生活中有太多的不开心。譬如烦恼来自矛盾，或者让自己犹豫不决的事情，那就切断矛盾，停止犹豫不决，做出选择，接受承担失去的遗憾。人陷入矛盾、犹豫不决的原因通常在于想拥有一切，这是贪念，而当自我主体性建立后，人会很清楚地看到不可违的底线，根据这个底线做明确果断的抉择，烦恼自然会减少。如此，真正的自我挺身站立在天地之间，仰不愧于天，俯不怍于地，心中自然能坦荡荡而不会长戚戚。

"使于四方不辱君命"，这是说人要培养外交的能力和智慧。首先当为国家、社会做事，内外兼顾，这就是士的最高表现。其次是为宗族尽孝、行悌，以仁爱凝聚宗族的情谊，并以此寻求宗族乃至民族的延续与发展，这也是士负责任的表现。最后就是做能自我负责、可被信赖的人，"言必信，行必果"，哪怕只是普通人，还没有到达高度的生命觉醒，也就是士了。

21. 子曰："不得中行而与之，必也狂狷乎，狂者进取，狷者有所不为也。"

"不得"是不能得到，不能遇到。"中行"是行得其中，也就是"行能中的"，指所行、所为恰到好处，"的"读 dì，就是靶标、靶子。孟子称"中行"为中道，也就是得其中道而行。

孟子赞美孔子是"圣之时者也"，可以担任官职、承担社会责任的时候，就去从事这项工作，不能做的时候就绝对不碰。也就是进退存亡都不失其正，孔子能够恰到好处地展现全面的自我。

孔子有强大的自我调整能力，诚如他所说的"君子无适也，无莫也，义之与比"，高度的生命觉醒者没有非干不可的固执，也没有绝不可干的固执，一切以合乎人类最大的利益为准则。孔子之所以能做到这样，是因为他说："吾有知乎哉？无知也。有鄙夫问于我，空空如也，我叩其两端而竭焉。"即不用自身的主观认知去告诉人们，而是就提问者的问题所呈现的正反两端，去逐步反问他们，让他们自己去思考领悟。孔子又说："毋意，毋必，毋固，毋我。"即不要猜测，不要建立牢不可破的意识形态，不要过度地以自我为中心，以致"君子不器"，高度的生命觉醒者当有自由开阔的心理状态，才会不受限制。由此可知，孟子赞美孔子"圣之时者也"是有根据的。

这里孔子说"不得中行而与之，必也狂狷乎"，就是如果不能够与中行者交往的话，就一定要和狂狷者交往。"与"是交往。"必"是一定。"也"是啊。也就是说，孔子非常想和那些心思空阔自由、没有偏见、不固执的人交往。"狂者"是有大志，能勇于在善道中全力求进，而不知该有所退的人。"狷者"，古人说是"守节无为"的人，坚持在自己最高的原理、原则上，不胡乱作为，但该前进时却不前进。这两者都有所偏，未得中行之道，不过都不失真性情、主体性，能依自己的主体性展现出对真理的追求和坚持。

这一句话所谈的交友之道，在于要与真性情者交往。唯有和真性情者交往，才能获得"与朋友交，言而有信"所带来的快乐，这也是孔子教导人们如何知人、如何交友。在现实社会中，即使得不到中行者为友，也能与那些有理想、奋发有为的浪漫主义者，或是有所不为、坚守在正道之中的保守主义者交往，也将是人生一乐。

22. 子曰："南人有言：'人而无恒，不可以作巫医。'善夫！"

"'不恒其德，或承之羞。'"子曰："不占而已矣。"

"南人"指南方人，就是南方诸侯之国的人。"有言"就是一句格言。"人"

指一般人。"而"是如果。"恒"是常。"无恒"是没有恒心,心变来变去,以致言行变化无常。"不可作"就是不能担任。《公羊传》说"巫者,事鬼神","巫"和"医"在古老的时代是可以不分的,他们专门做有关宗教信仰的事,沟通天地神灵,同时为人祷告,祈求赐福、治病、解灾。"善夫"是好,孔子说,人若没有恒心、恒德,绝对做不成巫医这样专业的事。此处简要地提出了做人最基本的恒心、恒德。

"不恒其德,或承之羞。"这一句话是孔子引用的《易经·恒卦》九三的爻辞,是说如果人没有恒心、恒德,言行变化无常,那么接连而来的是自我羞辱。"德"是所作所为和生活表现。"或承之羞"可以作"或羞承之"。"或"是常,也可以作将、乃。"承"是承续、接下来。"羞"是羞辱、羞耻的事。

而后孔子进一步说:"对于没有恒心、恒德的人,即使占卜也是不准确的,所以也就不用去占了。""而已矣"即就是这样子。因为这种人还没有建立真正的自我,所以一直变来变去,打乱了最真实的目标。

前几章孔子强调人的自主性、主体性,讲人要开展出真正属于自己的生命,一定要通过觉知打开自我意识,从认识自己中建立起自我的主体性。有此主体性,人才会清楚地知道自己的生命目标,才会在生活行为上有恒心、恒德,并朝着自我实现前进,不会随意改变。所以孔子说:"造次必于是,颠沛必于是。"无论什么状况都不会改变,这就是有恒心、恒德。

人还没有实现生命觉醒时,在生活上必然容易受外界事物的诱惑而改变或摇摆不定。值得注意的是,有的人感觉生活无聊、一成不变,不是没有恒心、恒德,而是没有生命的觉醒,无法意识到生活中真正的情味。人无法享有生命的情味,就会不断期待有新的诱惑、变动,于是就不断改变生活状态,即使如此仍然感觉无聊,所以活得并不快乐。

孔子提出恒心、恒德,包含了宇宙及人事之间必然、不可违逆的趋势。有些人依赖占卜,可是占卜对人整体的生命发展、整个命运的吉凶祸福其实是没有助益的。唯有在生命觉醒后走向自我实现的追求之中，发展出恒心、恒德，人才能把握整体生命的发展并掌握自己的命运，这也就是孔子和孟子所说的能"知天命"。

23. 子曰："君子和而不同，小人同而不和。"

孔子说："有生命觉醒的君子，能与众人、众事、众物和合相融，没有冲突、矛盾，而且又能保有自己的特殊性和主体性。没有生命觉醒的一般人，只有在利益相同的时候才能够和谐相处，一旦利益有了冲突，就不能够和谐相处了。"

人不再只是追求自身的生存利益，也不再只是为了凸显自己而去表现，才能睁开眼睛看到别人，内心也才容得下别人，才能真正知道这个世界是由众多的人、物共同组合而成的。

所以说"君子和而不同"。"和"是调和，就像食物各自有独特的味道，却能够调和成为更美好的味道。"和"表示各个事物融合成新的事物，却又不失自己的独特性。"和"，同中有异、异中有同，是"大同"。"和"之所以能成，是因为所有参与者心无所争，没有私我，各自根据自己的志向来展现自己的特殊性和自主性。

人要是没有生命觉醒，那一定是处于自我求存的冲动中，其所有活动都出于本能，都是为生存而努力。这样的人心中、眼中很难容得下别人，对他们来说，任何不同于自己的人，都不能触碰到私我的生存底线，否则就一定会起冲突。小人相处仅靠共同的利益，彼此间不容易和谐。小人因利而同，不过也会因利益冲突而不和。君子与小人的区分关键就在生命的觉醒上，这一点需要特别注意。

24.子贡问曰："乡人皆好之，何如？"子曰："未可也。""乡人皆恶之，何如？"子曰："未可也。不如乡人之善者好之，其不善者恶之。"

子贡向孔子请教，一乡的人都喜欢他、肯定他，这样的人如何？子贡的意思大概是："这样的人可以肯定了吧？"孔子回答："还不可以啊。"子贡听了，忍不住从相反处问："那么一乡的人都讨厌他，这个人怎么样啊？"但是孔子还是说"未可也"。

孔子的回答说明，多数人认同的事不代表就是正确的。如果把这个观点拔高，从哲学的角度来看，真理不一定是由多数人来决定的。

孔子最后说："不如让一乡人中的善者或者贤者来评论谁是好的、谁是坏的，这比一乡之人的认定更为确切。"这里孔子进一步提出什么是判定事情对错的前提。

"善者"是内心充满善意的人，为善有利于生命的发展，善意就是指对人世间充满着爱与关怀，有成人之美的心。人有此成人之美的心，才能与人相和合，否则只能在利益上暂时合作，当利益不和的时候就会相互排斥。若人内心只有私利，是无法成人之美的，对人、对事、对物的评论也就不容易公正、公平。

人只有不带私利、不受私己控制、不带偏见，评论才能够公正、公平，所以孔子说"不如乡人之善者好之，其不善者恶之"。善人、圣贤的评论并不是纯粹道德性的主观判断，因为这些善人、圣贤之所以为善，主要是因为他们都是高度的生命觉醒者，或说内心良善者能超越私利，不受制于生物生存的本能，因而有清明的认知，对人、事、物有公平、公正的认识。

西方是依哲学、理性来判断的，中国传统则是依善人的清明认知来判断的。这二者有异曲同工之妙，不过又有不同。西方以理性为主，中国传统的充满善意的认知包含着理性和感性，理性、感性相合才能成为完整的认知。

以多数人之所好、所恶来评论人、事、物，仍然是生物生存性认知的表现。什么是好或不好，其实需要深刻地分析、探索，人得有生命的觉知、觉醒，才能公正、公平地评论。

25. 子曰："君子易事而难说也，说之不以道，不说也，及其使人也器之；小人难事而易说也，说之虽不以道，说也，及其使人也求备焉。"

孔子说："有着高度生命觉醒的人，很容易共事，但很难讨好。讨好他的方式如果不符合正道，他会不高兴。他任用人，一定会因才量力，依每个人的才性指派适当的工作。没有生命觉醒的人，也很难共事，但容易讨好。即使不依正道去讨好他，他也会非常高兴。他任用人，不因才量力，而是求全责备，只要是想达成的工作，他都要属下去完成。"

"易事"就是易于共事，相处时没有任何猜忌，容易达成共识。"而"是但是。"说"作悦字讲，就是喜悦，即讨好。君子不容易被讨好。"说之不以道"就是"不以道说之"。

有人把"道"解释成正确的方式，其实"道"还有更深一层的意思。《论语》中有："富与贵，是人之所欲也，不以其道得之，不处也；贫与贱，是人之所恶也，不以其道得之，不去也。君子去仁，恶乎成名？"这个"道"就是仁道，仁是充满着爱的圆满的觉醒。本章的"道"也是同一个意思。

君子不再受制于人的生物性所引出的私己、私利，已经拓展出更大的心灵空间，看得见外在的事物和客观的事实。因为君子有这样的见识、心胸，所以容易与其共事，人们为他做事都比较容易，但很难取悦他、讨他欢心。因为取悦、讨欢心是"巧言令色，鲜矣仁"的表现，这里面没有真正的自我，没有真正的觉醒，所以不是君子喜欢的方式。孔子更进一步说，君子的喜怒哀乐绝对不是出于私己或私利，而是在合乎道的前提下以道与人相处，一切合乎道，他才会高兴、心安。

人有了觉醒，并不会丧失喜怒哀乐，只是喜怒哀乐以道为前提。有道的喜怒哀乐更为纯粹，道是人在生命觉醒之后，有所觉知而看到生命本身的奥妙，于是珍惜生命所表现出来的状态。其中不再有生物性私己、私利的纠缠，一切都公正、公平，大家共同享有利益。

"及"是到、等到。"其"指那个君子。"使人"就是任用人。"器"指人的才具、心量，偏重在人的品德或者性情上。"之"是被任用的人。"器之"就是按照人的才具、心量去任用他。"及其使人也器之"，意思是对人不会要求十全十美，而是可以接受人在才能上有所不足，同时能够依照人的才具、心量任用，以达成最好的工作效能。

"小人"缺少安全感，缺少自信，他眼中看不见客观事实，看不到别人，只是一味担心自己的安全。因此违背了他，他就不高兴，而讨好他，他就高兴。

"求备"是求全责备，"责"是求也，"备"是全也，也就是完备，所以"求全"与"责备"的意义相同，就是对人要求十全十美。小人没有办法依人的才具来给予他人适当的工作，只会一味苛求他人什么都会做。

君子与小人的区别，关键就在于自我生命有没有觉醒、觉知。

26. 子曰："君子泰而不骄，小人骄而不泰。"

"君子"是生命的觉醒者。人有了生命觉醒，自然地会从生物性私己、私利的桎梏中逐渐释放，不再深陷为了活下去所产生的恐惧中，不会患得患失，所以多半身心舒坦、没有焦虑。"泰"的本义是大，引申作宽广、坦荡、舒坦。

"小人"是还没有生命觉醒、觉知的一般人，仍然受制于生物生存的本能，面对死亡的恐惧，为确保活下去以及确定自己的存在，会很自然地表现出张扬的、高人一等的心理，这叫作骄。"骄"是高，本义是高大的马，引申作矜持。

在《论语》中，孔子常用简简单单的句子，如"君子坦荡荡，小人长戚戚""君子喻于义，小人喻于利"，来说明君子与小人的不同，即生命觉醒者和未觉醒者所展现出来的不同的生命情态、生活状态，提醒我们觉醒的重要性。

27. 子曰："刚、毅、木、讷近仁。"

前几章谈的核心都是生命的觉醒，也就是仁，而在这一章，《论语》的编者用了"刚、毅、木、讷近仁"这一句话，似乎有总结前面众章节的意思。

孔子说"仁者静"，生命觉醒者脱离了生物生存的本能的驱迫，不再受外物的诱惑，在生命的情态中是稳定的。刚者公正无私，不多欲，不受诱惑，所以近乎仁者。坚毅者果敢坚韧，遇事坚决不屈，能果断地下决定，充满了生之勇力，能够坚定地朝着生命觉醒的美好方向前进，也是切断人生烦恼的修行功夫。木是做人朴实无华，在心理、情感上都维持着纯朴与诚恳，没有矫揉造作，一切以本性展现，这和仁者真实的生命表现相同。至于讷，不轻率发言或者不会说巧言者，同样和仁者相近。

人真正有了生命的觉醒，便不会向那些不属于真实自我的事物靠拢，也不会摇摆在利害之中，自然呈现出刚、毅、木、讷，如同人在高度觉醒后所达成的状态，但这还不是圆满仁道的完成，所以是近仁。

28. 子路问曰："何如斯可谓之士矣？"子曰："切切偲偲，怡怡如也，可谓士矣。朋友切切偲偲，兄弟怡怡。"

"何如"就是如何。"斯"是才。"之"是助词。"士"原本指能任事、能成事的人，不过孔子赋予了士新的意义，既有高度的生命觉醒，又能承担责任的读书人或者知识分子。子路因此请教孔子，要如何作为、表现才是士。

孔子说："在外和朋友相处，能够在正道上相互勉励、相互切磋琢磨。在家里跟兄弟姐妹相处，则以和乐欢悦为主，如此就能享有天伦之亲、天伦之乐。要记得相互勉励、切磋琢磨，是朋友相处之道，而和乐欢悦是兄弟姐妹间亲情的享有。"

"切"在《说文解字》里引申作物与物相互摩擦，所以古人解作责字讲，"切切"就是责勉，即要求好好地做、勤奋地做，也就是以道义切磋琢磨。"偲偲"读 sī sī，就是劝勉详尽，针对人的不足之处加以劝告、勉励，然后仔仔细细地说清楚。"切切""偲偲"都是朋友间的相处之道。

"怡怡"是和乐、和顺的样子，指在家庭里尽人伦亲情的相爱之道。"如也"是如此的样子。"切切偲偲，怡怡如也"是当时社会上的常用语。

朱子认为这是孔子针对子路的个性，教导他和朋友交往的原则、和家人兄弟相处的原则。因为子路有的时候会要求人，将这种行为方式用之于家庭会伤害亲情，不是说对家人不能够有要求，但相对来说要以和乐为主，朋友间同样不是不需要和乐，而是相对来说要以择善为主。

这一句话在今天社会上仍是有意义的。如果朋友能够相互择善勉励，相互在正道上切磋琢磨，这个社会一定会充满良善。如果兄弟相处能以和乐欢悦为主，那么亲情就能得以存续，家庭也就不至于分裂。

29. 子曰："善人教民七年，亦可以即戎矣。"

"善人"指善良的人。善良的人心中一定有爱，一定是高度的生命觉醒者。"善"是有利于生，通过爱完成有利于生的行为。如果国君以正确的生命觉醒之道来带领、教育人民，那么七年之后他们就能上战场了。

这就是古人说的"教民者，教之以孝悌忠信之行，务农讲武之法"。"孝悌"指人感受到爱，从爱中觉醒，而回报自己的父母、兄弟姐妹。"忠"是尽己，用适当的方式活出真实的自己，也是《论语》第一章"学而时习之"的意思，即在生命觉醒后将自己展现出来，向生命的发展前进。如此就会真正、深刻地认识自己，活出自己，这就是"信"。"信"是真实不虚，将自己真正地呈现在世界上，呈现在朋友之间。这样，人才会有真正的自主性，知道自己生活、生命的真正目标，并朝着自我实现的方向全力以赴，同时自然展现出刚、毅、木、讷，有承担起自己生命的勇气。这样的人再教导他们务农，专心于生产技术。"讲武"指学习战斗技能，大概花七年时间"亦可以即戎矣"，也就是可以使人民懂得爱家、爱乡、爱人，有能力、有勇气保卫国家。"亦"是也，引申作乃。"戎"是兵事、军事，即战争。

这一句话看起来简单，但有着深层的意义。战争的成败不完全取决于武器的精良程度或数量的多寡，而常常取决于人民抗敌的勇气和决心，最鲜明的例子就是近代中国人民在抗日战争中充分展现出的精神和力量。

爱和生命觉醒的力量，会给人无限的勇气和能力。这一句话的重点在"善人教民"上，也就是国家得有充满着爱和生命的觉醒，对生命关怀、珍惜的领导者来带领、教导人民，人民才会有力量保家卫国。这里说"七年"，有两个原因。一是传统上中国人常以奇数来表示阶段。二是"九"才是代表完成；三年一考核，经六年两次考核，"七"是进入第三次考核的开始，代表勉强可用。所以句子中加了"亦"，以表示不完美。

30. 子曰："以不教民战，是谓弃之。"

"以"是用。"不教民"指没有被教导过的人民。"战"是出去打仗。"弃"是抛弃。古代一定要及时教民以礼乐，礼乐即礼、乐、射、御、书、数，其中射、御是战斗技能的训练。让没有受过训练的人民去作战，这就是抛弃人民。

孔子说"国之大事，在祀与戎"，"祀"是祭祀，就是借着祭祀和先人、祖宗联系，将古今融为一体，是祈求国家、民族生存永续发展的重要活动。但人在无法全然超越生物性时，会为了生存而走向竞争，这不可避免地会有战争。所以重要的是教导人民在认识生命的过程中，正确地认识到人的生物性会引发战争。

战争关乎生死，生死是人之大事，而人民的生命是值得珍惜的。所以孔子主张慎战，慎重地面对战争，但不避讳谈战争的事。让没受过训练的人去作战，就等同于送人民去死。孔子说，这是放弃人民、不珍惜人民的生命，同时还会为国取祸。因战败而让国家遭受更大的灾难，甚至亡国，这是没有生命觉醒的领导者对人民最大的伤害。

宪问第十四

1. 宪问耻。子曰："邦有道，谷；邦无道，谷，耻也。"

宪是孔子的学生，姓原，字子思。宪问孔子："在我们的生命中有哪些事或行为会让人感到羞耻？"孔子回答："国家太平的时候领俸禄，这并不可耻。可耻的是在国家混乱不上轨道时，照样坐领很高的俸禄。""邦"是国家，"有道"是上轨道，即政治清明。"谷"指俸禄，古代做官出仕所领的薪水是用谷米来代替的，所以这里就直接用"谷"来代表做官出仕的俸禄。

不过朱子认为，"邦有道"是在可作为的时候，即在政治清明的时候，人才就该有所作为，展现自己的才能，对国家有所贡献。如果无所作为，只是坐领俸禄，就是件可耻的事。

有人针对朱子的说法提出反对意见，他们认为，原宪在孔子的学生中是非常狷介有守之人。孔子去世后，他选择隐居，不再跟社会人士往来，堪称可以为道而守贫的人。因此，孔子告诉原宪"邦有道，谷"，以此来鼓励、启发他。孔子在《泰伯》篇便说"邦有道，贫且贱焉，耻也"，在邦无道时仍谷，这才可耻，我个人比较倾向于这个解释。

2. "克、伐、怨、欲不行焉，可以为仁矣？"子曰："可以为难矣，仁则吾不知也。"

这章还是原宪请教孔子："如果没有好胜、自夸、怨恨、贪婪这几种毛病，可以称得上仁吗？""克"是样样都喜欢争胜。"伐"是自夸、自矜。"怨"是愤怒、怨恨。"欲"是贪欲。"不行焉"即能够克制而不再表现。孔子回答他："这可以称得上难能可贵了，至于他是不是仁者，我却不知道。""则"是却。

仁是自我生命觉醒最圆满的表现，其中充满着爱与对生命的关怀。孔子对仁的解释就是爱人，即能完成对人类的爱，这是孔子学说中非常重要的哲学性命题。后来墨子根据这一点进一步说明"仁者兼爱"，兼爱就是全面地爱，能如此才是圆满的生命觉醒。

人不再"克""伐""怨""欲"，就不再受制于生物性而一味夸耀、彰显自己，以在竞争中取得一席之地。不过这只是人对生物性的基本跨越，是走向生命全面觉醒的第一步，虽然已属难能可贵，但还不是仁道的全面展现，因此孔子说还不清楚。

3. 子曰："士而怀居，不足以为士矣。"

孔子说："志于道的士，如果只是一味眷恋、追求生活环境的舒适安乐，那就无法成为士了。""而"是如果。"怀"是怀念。"居"指居处环境。在孔子的学说中，"士"不只是高度的生命觉醒者，还是能承担大事、负起责任的知识分子，孔子在《里仁》篇里就说："士志于道，而耻恶衣恶食者，未足与议也。"这样的士根本还没有觉悟，所以不足以议道，还不能和他谈关于生命的觉醒之道。

在古代中国，士被孔子赋予如此高的期望和价值，使其在生命觉醒中，怀抱着对天下人的大爱，不顾自身的贫富、生死存亡，义不容辞地担负起发展国家、社会的使命和责任，以使中国传统能绵延不绝。

就像南宋的文天祥，他考上了状元被皇帝重用，可是任官后看到朝廷里的人争权夺利，不顾蒙古人在北方虎视眈眈，于是他便退隐了。然而，他目睹一批批因北方大乱而逃难的人，明知不可为，最后还是忍不住重新承担起救亡图存的大任，展现了作为士的力量。这种人可说是史不绝书，班班可考。

北宋理学创始人之一张载所提出的"为天地立心，为生民立命，为往圣继绝学，为万世开太平"，以及明末东林大学者顾宪成提出的"风声雨声读书声，声声入耳；家事国事天下事，事事关心"，至今仍然极大地鼓舞着许多读书人。

在历代中华文化与学术的熏陶下，士很自然地承担起社会永续发展的责任。近代中国确实发生了惊天动地的变化，因此有人说，传统的士已经消失，但事实果真如此？我想作为读书人，还是可以拭目以待的。

4. 子曰："邦有道，危言危行；邦无道，危行言孙。"

孔子说："国家太平、政治清明的时候，言语可以高峻正直，行为可以刚正不阿。国家混乱、政治腐败的时候，行为还是可以刚正不阿，依直道而行，但在言语上要谦逊合礼。""危"的本义是高峻，在此引申为正直、方正。"逊"是谦逊、谦退，但不是指为人谦虚内敛，而是指在说话的时候，必须有清楚的言论，不是放言高论。

或许有人会觉得孔子似乎在教人要避祸，事实上孔子是在教导人们，在乱世中，说激烈、愤怒的话是会招来祸害的，这是作为君子，或是作为能承担社会责任的人不会轻易去做的。我们要保留各种可能的机会，不要因言语招致祸害。

或许有人会问，这样做还是君子依直道而行吗？其实这才是生命觉醒者的直道。

从这个角度再看孔子本章所提的，除了提醒君子作为自我生命觉醒的人，不能受到社会风气的影响，应当坚持在正道上，也归纳出人与社会的关系，特别是在动荡的社会中，社会风气的好坏往往决定社会是前进还是后退，是兴盛还是衰败。由此看来，这句话的意义特别深刻。

5. 子曰："有德者必有言，有言者不必有德。仁者必有勇，勇者不必有仁。"

"德"在古文献中有三层意思，第一层意思是行为、行动，吉德、凶德，这种说法是就行动而言的。第二层意思是善行，善行是有利于生之行。中国传统的最高信仰是生生，即生命在宇宙中被创造，并不断发展且绵延不绝。生、生生的核心都是生命本身。第三层意思是德者得也，"德"与"得"的意思相通，不过"德"指得道于心，从道（整体的不可违背的规律、整体的生命状态）中有所体会、有所心得，然后自然表之于行。

孔子说："凡是自我生命有了觉知、觉醒，对生命、对自我有了再认识的心得，表现在行为实践上，就能说出有利于生、有利于人的言语。""言"是美言、善言，能成人之美，让人有智慧，也是有利于生的言论。相反，"很会说话，有强烈表达能力的人，不一定有自我生命觉知、觉醒的体会"。

孔子又说："仁者必有勇。""仁者"是充满爱的生命觉醒者。"仁者爱人"，今天世界上不少地方还有战火，这都是没有爱的结果。爱人是人类生命的本质内涵，然而在这世界上，至今几千年都没有达成，更不要说一般人了。从这些地方思考，就知道仁者爱人有着深层的含义。人如果真能在自我生命的觉醒中达成对人、对生命的爱，必定有生活的勇气。

生命觉醒者的内心充满着爱，他们会真正意识到自身的特殊性，进而去关怀生命，建立真实的自我，并希望实现自我，走向自我创造，真正活出自我。这才是真正享受自己生命的重要方式，也才能真正感受到自己活在这个宇宙中是多么幸运。如此他一定充满生之勇气，不论遇到任何挫折，都会继续努力，不轻言放弃。

我推荐两部艺术性极高、生命哲学意涵展现极丰富深刻的电影。第一部是荣获奥斯卡最佳男主角奖的《荒野猎人》，片中淋漓尽致地表现出一个人如何在充满原始生存竞争的世界中，用尽一切生之力量，想办法在遭受重伤的状态下活下去。一般影评都说男主角是为了复仇而坚持，但这说法不够全面，复仇是消极的，影片中还有积极的含义。他一开始是想复仇，可是在大自然中求生的过程中，他一步步领悟到复仇意义的有限性。他之所以存活，是因为靠着各种动植物的补给，以及善人的救助，更重要的是，他深爱的妻子临死前不断叮咛他要懂得爱生命、爱自然，这些都成了支撑他活下去的力量。

后来，他开始走出悲痛，倾听大自然的声音，在梦中借着妻子的爱，理解了大自然之道，不再用顽固而封闭的一己之力来决定一切。最后，即使他逮到仇人，也放弃了亲手杀掉他的机会。这部电影呈现出他对妻子、孩子的爱所迸发出的力量，即使他们死了，这些爱也让他有了无限的勇气，这就是孔子所说的"仁者必有勇"。

第二部电影是《房间》，女主角也捧回了奥斯卡最佳女主角奖。故事描述一位十六岁的女中学生在回家途中被变态的爱慕者绑架，然后被囚禁在一间约十平方米的工具间中。其间她被性侵，还生了孩子，但她没有气馁，努力克服恐惧和沮丧，坚强地活着。她充分认识到孩子的无辜，所以并不迁怒于孩子，还用爱好好教育孩子。她让十平方米的封闭房间因心的通达而成为充满爱和自由的世界，但她仍然随时准备逃出那个可怕的地方。

后来，她终于找到机会，和孩子一起逃了出去。可是之后，除了她的父母需要重新适应本以为早已失去的她，她自己也要重新适应已经发生变化的世界和不同于过去的家，甚至还得面对自己内心的各种变化。她怨恨自己何以如此不幸，而当年的同学、好友都享有正常的人生。后来她甚至恨母亲教她要善待求助的人，不然自己也不会被绑架。因为她陷入抑郁，她的孩子也丧失了和她相依为命的机会，而且身处全然陌生的环境，面对各种生活的难题。

这对母子该如何走出生命低谷呢？母亲的爱支撑着女主角，让她在六年的囚禁生活中还能爱自己的生命，爱自己的孩子，同时用爱激励、融化孩子，使他享有自由、正常、健康的生活。最后，孩子因为外婆的爱而融化，接受了外在的世界，又回过头来鼓励自己的母亲。女主角母亲的爱，让我们明白爱能让人有勇气走出一切阴影。

仁充满着爱，并在自我生命的圆满觉醒中达成了对人的爱，它所展现出的生命力量，包含了生之勇气，使人不论遇到任何挫折都不会轻言放弃。

孔子又说："有勇气的人，未必有生命觉醒，他只是单纯地或者天生有勇气而已，这种未经生命觉醒的勇气，通常又叫作血气之勇，在人的生命历程中无法成为支撑人实现自我的生命力量。"

本章孔子指出了人生的两个层次，一个是自我生命觉醒后的生命情境，充满对生命的热爱与关怀，另一个只是平常人生。我们必须仔细地去分辨，了解自己处于哪一个层次中。

6.南宫适问于孔子曰："羿善射，奡荡舟，俱不得其死然。禹、稷躬稼而有天下。"夫子不答。

南宫适出，子曰："君子哉若人！尚德哉若人！"

南宫适就是南容，是孔子最喜欢的学生之一。他借着古代的人与事来请教孔子："夏朝的后羿是善射之人，他取代了相而成为天子，后来被自己的大臣寒浞杀了，而寒浞的儿子奡（ào）力大无穷善于水战，能用舟船左冲右撞来打赢战争，不过最后还是败于夏朝的中兴之主少康之手。这两个人都是善战者，也都有着精锐的武器，可是因为不修德行，只靠武力去征服别人，所以没有带领人们走向安康和平的道路，结果都不得好死。"

他接着说："大禹亲自带领人们劈山开渠，疏导天下的洪水回归江海，人民因此能够安居乐业，这使天下百姓感念于他的大功德，也使舜将天子之位禅让给他，开立了新的朝代——夏朝。稷亲自带领人民耕种，教授人民耕稼的技术，使人民学会农业生产，生活安定富足，这充满了爱的生生之大德代代传于子孙。至商朝末年，周文王主张爱与和平，得到天下诸侯的拥戴，最后由儿子周武王带领天下诸侯灭了穷兵黩武的商纣，建立新的朝代——周朝。这个历史事实，应该值得今人借鉴吧？"

"荡舟"是左右摇晃舟船，亦即用舟船来冲锋陷阵。"俱"是都。"不得其死"就是不得好死的意思。"稷"是周文王、周武王、周公的先祖后稷。今天我们认为，神农氏是带给我们最大贡献的古代帝王之一，因为他教人种田，而他之后的后稷，同样成为中国传统社会中的农业支柱。"躬"是亲身。"稼"是耕种田地、栽植蔬果。后来他们都因此成了人民拥戴的天子，这句话强调的是，凡有利于人或有德行的人，都能被人所敬重、拥戴。

孔子听了南容对历史人物的这一番评论后，没有做任何回答，因为不需要回答，他的说法非常正确。南容离开后，孔子说："像这样有历史见地的人，是真正的君子啊！像这样真正了解爱人的力量与德行的人，是真正崇尚德行的人啊！""君子哉若人"可以调整为"若人君子哉"，"尚德哉若人"可以调整为"若人尚德哉"。"尚"是崇尚。

孔子的赞叹有着深刻的含义，也点明了南宫适这段对历史的评论有着极高明的见地。用历史的眼光看，只靠武力并不足以让国家屹立不摇，武力有时候反而是自我毁灭的原因。相反，若一切作为都有利于人的生命发展，反而是生存保全与发展的基石，这个观点甚至可以用来解释中国传统为何能绵延流传到今天。

中国传统以天德、道德为主的政治观念，并不是要国家放弃一切军备、国防，而是要依照《孙子兵法》所说"百战百胜，非善之善者"的战争哲学观点来处理。也就是说，真正善于打仗的，不需要开战就能够击退别人的侵略。又说，不要心存侥幸，希望敌人不来侵略，而是当对方来侵略的时候，要有足够的自我防卫与取得胜利的机会，同时能以德行化解敌人的侵略。天德就像暖阳，是人生存、生活的凭借，能行之自然会受人民的爱戴而拥有天下，如果只靠武力威胁，或只想征服人、压制人、掌控人，都不是长久之计。

有人认为，南宫适这句话是用来赞美孔子的德行，他说孔子才是真正合乎天子条件的圣人，所以孔子不答。也有人认为，汉代今文经学家称孔子为"素王"，就在于孔子有天子之德，只是没有天子之位。针对这个说法，我持保留态度，也无法确知孔子为何听了南宫适的话后静默不答。不过以我教学的经验来看，有的时候学生提出有智慧的、惊人的观点时，他其实并不需要老师的回答，不知道当时南宫适是否也是如此？

7. 子曰："君子而不仁者有矣夫，未有小人而仁者也。"

"不仁者"是还没有自觉圆满，达成对人的爱的人。"矣夫"，有加强语气的作用。"而"，可以作为乃，即是的意思。孔子说："有的君子虽然已经达到高度的生命觉醒，但是还没有自觉圆满，还没能达成对人的爱，这样的人是有的呀！"圆满的、爱的生命觉醒，是依生命自觉的道路一步步修治才能达到的境界。

孔子又说："停留在小人的阶段，只求争取自身利益的这种自私自利的人，绝对无法达到圆满的、充满爱的境界。"仍然受限于生物性的欲望和冲动的本能中，当然不会有圆满的觉醒，或者对别人的关爱与同情。

人们所谓的"遇人不淑""亲信倒戈""用人不当"，这变化的关键在于所信赖的人还没有达到生命的觉醒，他的一切表现都是为了自己的利益，会倒戈是意料之中的。

这就如同西方的一则寓言故事。河流涨水的时候，一只青蛙准备游到高地，蝎子要求青蛙载它一程。青蛙说："不行不行，你那尾巴的刺会蜇伤我。"蝎子说："怎么会呢？我自己也要活命的呀。"青蛙一想也对，于是便背着蝎子过了河。没想到青蛙才游到一半，蝎子就忍不住用刺蜇了青蛙，青蛙大叫："你怎么蜇我呢？我都还没有游过去！"蝎子无可奈何地说："没办法，这是我的天性啊。"同样小人在生物生存的本能驱动下，一切为己，所以不会有充满爱的、圆满的生命觉醒。

古人认为，这一章是孔子提醒人在生命觉醒中，应有能力分辨人的真实状态，就如同《学而》篇第六章所说的"弟子入则孝，出则弟；谨而信，泛爱众，而亲仁"。人在生命觉醒之后，对世界、对人一定会充满着爱与关怀，可是不能因为爱而失去分辨力，以及辨识事物状态的能力。在爱中应当了解谁是真正圆满的觉醒者，进而亲近他，否则"泛爱众"的泛就成了泛滥的泛，是非善恶就分不清楚了，就是孔子说的"乡愿，德之贼也"。乡愿是破坏社会道德的最大推手，人世间绝不能因为爱而丧失了对是非善恶的辨识力。

8. 子曰："爱之，能勿劳乎？忠焉，能勿诲乎？"

"爱"是真正的爱，也就是真正的关心、体贴。人有了生物性的、爱的冲动，便忍不住要亲近、拥有对方，为了不让所爱之人离开，有的时候还会采用溺爱的方式，将所爱之人照顾得妥妥帖帖，不想让他付出任何劳动。今天有许多父母都是这样溺爱子女的，有些人则是这样宠爱自己的爱人，这将会削弱被爱者的生命力、创造力，使他（她）成为无能的依赖者。其实这种爱是可怕的爱，是具有伤害性、毁灭性的爱，心理学上认为，这并不是真正的爱，这种爱只是人们本能的占有欲。

本章孔子说："如果真正爱他，能不让他勤劳吗？""劳"是勤劳。换言之，如果真正爱他就要尊重他的个性，让他能够在实践中有健康成长的机会。千万不要溺爱他，而是要鼓励他，让他多做事，以发掘他潜藏的能力。

孔子又说："尽心尽力地爱人、事、物、家、国的同时，能不加以教导吗？"古人说"尽己之谓忠"，"尽己"是尽自己最大的能力，换句话说，就是在爱人的前提下，对朋友、国家尽心尽力。"忠"是对人的爱。"诲"是教导、忠告。即使在尽心尽力地爱人的时候，也不能对对方的错误视若无睹，一定要提醒对方改正，如此才是适当的爱，也才叫作"忠"。

北宋文豪苏东坡就这句话说，如果爱而不使之劳动，就如同养一只宠物，这是对待禽兽的爱。爱他一定要让他劳动，这才是生命的深层之爱。忠而能诲之，才是真正尽心尽力的忠爱。这些观点与西方心理学家弗洛姆所谈的真正的爱完全一致，也就是说，真正的爱是让被爱者依照自己的性情与兴趣发展自己，是见到所爱之人有缺失、错误时，必定提醒他，这才是真正具有正向力量的爱。

9. 子曰："为命，裨谌草创之，世叔讨论之，行人子羽修饰之，东里子产润色之。"

孔子说："郑国发布的国书，特别是有关外交辞令的国书，一定会经过四道程序。第一道，由裨谌（chén）起草。第二道，由世叔详细依礼研究、讨论内容。第三道，由负责派遣使臣的子羽，依外交辞令增损修正，使文字更为精准。第四道，由子产在辞藻上加以润色，使它更具文采，更有打动人的力量。"

"为"是作，可以引申为写。"命"是国书，即国家的文告，在这里指国家的外交文书。"草"是初步写成。"创"是做。裨谌是郑国的大夫，古人说他虽然在性格上欠缺决断力，容易退缩，但是当国家有文书要发布的时候，他就会主动去民间各地做各种调查，然后回来写成草稿。

世叔也是郑国的大夫，字游吉，因为他是郑国的贵族世卿，所以被称为世叔。"讨"是研究治理，也可说是仔细研究。"论"是评议、讲议，也就是通过辩论来议定。"之"指国书，外交辞令的文书。

"行人"是郑国当时的官名，负责管理国家出使的大臣，类似于今天的外交部部长。"修饰"是针对国书的文字加以增减调整，以求精准。子羽也是郑国大夫，他担任行人这一官职。

"东里"是郑国大夫郑子产所居之地，古人认为，用东里子产来称呼子产，是对他的赞美。因为子产在郑国执政时，通过改革使郑国由小诸侯国成为强国，并左右着当时的局势，同时他又是思想家，提出了以仁为主体的哲学思想，所以孔子非常尊敬他。郑子产有极好的文采，自然由他来负责润饰国书的文字。

在当时动荡不安的局势中，郑国在齐桓公、晋文公的大国争霸里趁势崛起，郑子产扮演了关键性角色。郑国的崛起乃是因为子产出众的才华，更重要的是他对自己国家的爱，同时，他也尽心尽力地完成自己的工作。孔子举出郑子产用这样严谨的程序，精准地完成一份国书，也借此说明郑子产不仅知人，还能善用每个人的特长，达成对国家的爱与忠。

这一章可说是对前面九章的总结。这八章说明了什么是君子、尚德之人，以及什么是适当的爱、尽心尽力的忠。

10. 或问子产。子曰："惠人也。"问子西。曰："彼哉！彼哉！"问管仲。曰："人也。夺伯氏骈邑三百，饭疏食，没齿，无怨言。"

本章孔子进一步评论子产，同时也在回答学生们的提问时点评了其他主政者，这是教导学生们知人。中国传统学术以人为真理的前提，所以知人是重要的认知，善任是知人的重要表现。

有人问："子产的为人究竟如何？"子产为政相当严格，他说："唯有德者能以宽服民，其次莫如猛（严格）。"他在郑国进行改革，把新的法律铸造在鼎上，向全国宣告一切以该法为准，强调依法行政。

不过，虽然子产不再沿用西周传统的礼制，但依法行政是惠爱于人，并且要求在行政上有效率。所以，孔子直接说子产："惠人也。"意思是他能够爱人，并将恩惠、生之利益带给人们。孔子听到子产去世的消息，哭着说："古之遗爱也。"

人们又问，那子西这个人怎么样呢？孔子回答："彼哉！彼哉！"这个人，就是你们知道的那样，无须再多说了。"彼"是这个人，"子西"是郑子产的堂兄郑子西，他们两个相继为郑国执政，人们问了郑子产，很自然地顺带着问郑子西。

接着，人们再问："那管仲又是什么样的人呢？"孔子说："管仲是一个仁人，他达成了对人的爱。"古人认为"人也"的前面应该有"仁"。孔子说管仲是仁人，与前面说子产是惠人相呼应。孔子在《宪问》篇第十七章也赞美管仲"如其仁"。

惠人和仁人都是爱人，但有程度上的差别。惠人是施小恩惠于人，所谓的小恩惠就是给人好处，这种有利于生的利是比较有限的。因为郑子产以郑国人的利益为主，没有给予更多的人。但管仲帮助齐桓公称霸，建立了新的政治形态，虽然霸政算不上王政，但是在周幽王、周平王之后能一匡天下、九合诸侯，而后尊王攘夷，重新确立了华夏和夷狄之间的分别。华夏文化以爱与和平作为天下共同的生命理想，不像夷狄以掠夺、征战去达成生命理想。管仲建立的霸政仍然以爱与和平为号召，是大爱的推广，所以孔子称赞管仲"如其仁"，意思是这就是爱人之道。

至于在实际的行政事务上，孔子说："譬如大夫伯氏有罪，管仲依法剥夺伯氏所有的财富，使伯氏从此陷入贫穷，但是伯氏自始至终对这个判决没有怨言。""夺"是旧时的法律名词，指做臣子的犯了大罪，家产被充公。伯氏是齐国的大夫，"骈邑"是地名，"三百"指伯氏受封的采邑共有三百户。"饭"有吃的意思，"疏食"是粗糙的食物。"没"是终，"齿"代表年岁。孔子说明了管仲能秉公执法，让被判决者毫无怨言。

从孔子对子产、子西、管仲的评论，我们可以更明确地知道孔子认为为政者的觉醒要有切实的表现，特别在政治上的表现，能直接达成对人的爱。这是孔子教导人们如何知人，如何评论历史大事及关键人物。

11. 子曰："贫而无怨难，富而无骄易。"

"贫"是生活陷入饥寒贫穷，"难"是困难。"富"指生活上物质充裕，钱财丰厚。孔子说："人在饥寒交迫的困苦生活中，心理上很难做到毫无怨怼。人在生活富裕时，心理上不带任何骄傲之心，这一点相对比较容易做到。"

这个讲法让人想起在《学而》篇第十五章，子贡曾请教孔子："贫而无谄，富而无骄，何如？"孔子回答："可也。未若贫而乐，富而好礼者也。"就如同孔子曾经赞美颜渊，虽生活贫苦，但仍然是乐的，这个乐便是享受生命，觉得活着真好。这种喜悦能让人不再受制于生物的本能冲动，不会因为生活困苦而产生任何否定生命的心理和情感，所以"贫而乐"比"贫而无谄"积极。至于"富而好礼"，就是在富有的生活中不失自我生命的觉醒，若能在这种警觉里了解别人、了解自己，适当地尊重他人，并且对自己有适当的约束，就更能展现出深刻的自我觉醒。

而在本章，孔子说明了"贫而无怨"需要更多自觉性才能达成，因此是比较难的。相反，"富而无骄"在生命觉醒上比较容易达成，只要尊重他人，又意识到自己的特殊性，便不会骄傲。

由此回头看前一章，孔子赞美管仲的为人后，又进一步举例说明。管仲依法没收了伯氏的三百户采田，使伯氏自此贫穷，但伯氏至死没有怨言，这说明伯氏的生命觉醒程度之高，也可以看出管仲所作所为的正确性。齐国的这些人才代表文化教育的成功，他们自我生命的觉醒达到了极高的程度。可以说，国民生命的品质影响着国家的兴盛衰颓。

12. 子曰："孟公绰，为赵魏老则优，不可以为滕薛大夫。"

孟公绰是鲁国的大夫，古人说他清静寡欲。"为"是担任。"赵魏"指晋国的上卿权臣，家大势大，后来在战国时代瓜分了晋国（赵、魏、韩三家分晋）。"老"是官名，亦即上卿采邑的总管。"优"是绰绰有余、从容不迫。"滕"是滕国。"薛"是薛国，春秋时代的小国。

孔子说："孟公绰这样清静寡欲的人，如果担任赵、魏这些重臣采邑家的总管，在管理上就不会牵涉朝廷事务或国与国间的外交事务，工作比较简单，做起来会绰绰有余，并且能胜任。但他如果担任像滕国、薛国这种小国的大夫，毕竟是诸侯国，会牵涉国家外交与祭祀等事务，国事非常繁忙，那他就无法胜任。"

孔子的意思是，每个人各有天性，因为天性不同，做事的才能受到个性的影响，所以各有长才，有德的不一定有才。即便是滕国、薛国这种小国的大夫，也需要有才能的人去担任，即使孟公绰有德，他也无法承担。孔子在这里提出了德、才、个性间的关系问题，这也是教人懂得知人善任。

13. 子路问成人。子曰："若臧武仲之知，公绰之不欲，卞庄子之勇，冉求之艺，文之以礼乐，亦可以为成人矣。"曰："今之成人者何必然？见利思义，见危授命，久要不忘平生之言，亦可以为成人矣。"

"成人"，朱子说是全人。子路请教孔子，怎么样才算是成德之人。德行就是善行，就是有利于人的行为，其背后一定有爱。孔子回答："如有像臧武仲一样的智慧，像孟公绰那样不贪财，有卞庄子的勇气，如冉求般多才多艺，再以礼乐修饰，就是成德之人了。"

"知"指聪明智慧。臧武仲是鲁国的大夫，他在鲁国因为政事的问题逃到齐国，后来被齐庄公看中，他分析齐国的政治，预测齐庄公会在政争中被杀，所以就婉辞了齐庄公赐给他的采田，避免卷入政争旋涡中。"公绰"即孟公绰。"不欲"就是不贪财。"卞"是地名。"庄子"是鲁国的勇士，古文献上记载他能与虎格斗。冉求是孔子的学生。"艺"是才艺，孔子曾赞美冉求多才多艺。"文"乃修饰之意，引申为增添、成就。"礼乐"指生命中美善的展现。

在孔子之前，从尧、舜、禹、汤、文、武、周公以来，礼乐是贯穿政治的最重要的学术传统，也是中国在全世界最特别的文明展现，政治不以战争、权力的分配为主导，而是在农业生产的需求下相互合作。如此传到了西周，再由周武王、周公建立封建制度，通过异族通婚使天下融合成一个大家族，如此一来，维系天下的枢纽不是权力的分配，而是情感的互通。因此全天下人都要受礼乐的教化，所以礼乐所代表的人文精神是人在生命觉醒中的具体展现。

到了孔子，更以礼乐作为人类情感和爱的表达。孔子除了教授知识，更以礼乐陶冶人的性情，推动人的生命与心灵的觉醒。孔子的学生，以至孟子都说孔子的思想前所未有，因为孔子提出了什么是仁、人性，并以之区别于人的生物性，所以人性、人情、人心的真善美爱，成了中国传统的生命理想。到了今天，更可见到人性的光辉。

前面说的成德之人，也就是能将爱带给别人的人，而人能有爱，尤其能对人有适当的爱，他一定有着自我生命的觉醒。人的天性是有层次的，第一个层次是生物性，将人定义成动物。可是人又不完全是动物，因为人的天性的第二个层次是人性，人经历心灵与精神上的演化，从生物性的人转化成有着爱与生命觉醒的人，也就是能够去做有利于人的事，并且对人能付出爱，如此就成了成德之人。

朱子说："成人，犹言全人。"其中包含着真正成为人的要义。要成为人，最重要的是自我生命的全然觉醒，所以本章孔子说，在知、不欲、勇、艺四德的基础上，再用礼乐的人文精神教养、修饰心灵就可以成人，亦即成为全面开展的人，就具有自我觉醒的高度了。

臧武仲的聪慧、孟公绰的不贪、卞庄子的勇敢，以及冉求的多才多艺，这当然都是自我生命觉醒的表现，与其称这四者为德行，不如说是能力。这些能力当然也来自生命的觉醒，但它不代表拥有深情和爱。所以孔子说，还要再加以礼乐教化，让礼乐开启人心灵中的深情和爱。因此，也有古人说，孔子并不是说人要四种德行俱全，这太不容易了，而是说有了其中一种，再加上礼乐教化就可以了。我不同意这种说法，但是同意礼乐是深情和爱的教化的凭借。

孔子在《学而》篇说"学而时习之，不亦说乎"，"学"是觉醒，人有了生命的觉醒，有了生命发展的可能，就能感受到生命的喜悦，就是人自我生命的开始，也是人从生物走向人的起点。孔子以生命觉醒的教育推动着平民教育，随着时代的发展，人们对生命觉醒也有了更大的敏感度，于是孔子提炼出了成人的新状态。他说，今之成人者，何须像以前那样呢？首先能"见利思义"，这种生命的自觉就是成人的关键起点。其次能"见危授命"，最后是"久要不忘平生之言"，并有能力实践它，这种完成更是成人最重要的正向生命力量。

做到这三项，就能成为自我生命觉醒的人，也就是有能力展现有利于人的成德之人，在此觉醒的大道上前进，进而提升到全人的阶段。

当然，人最为难的就在于，人有自我意识和生命意识，觉醒后不受制于生物性，但人毕竟还是根植在生物求生存的本能中，人不仅是人，又是生物，这就是人的复杂性和矛盾性。也因此孔子提出只要人在自我生命的觉醒中，便可以洞察并化解来自生物性的捆绑和限制，使人真正的性情得以开展，从而能明白什么样的生命理想、什么样的生命之爱才是自己最渴望的。

14. 子问公叔文子于公明贾曰："信乎，夫子不言，不笑，不取乎？"公明贾对曰："以告者过也。夫子时然后言，人不厌其言；乐然后笑，人不厌其笑；义然后取，人不厌其取。"子曰："其然？岂其然乎？"

公叔文子是卫国的大夫，也是卫献公的孙子，名叫公孙拔，谥号文。公明贾也是卫人，当时他正在公叔文子的封邑当差做事。孔子初到卫国的时候，有人告诉他公叔文子是有德行的人，所以孔子见到公明贾就问他："这是真的吗？那位老人家平常不苟言笑，也分毫财物不取于人？""信"就是真的。"夫子"是老先生，指公叔文子。

公明贾回答："他们说得有点过头了。老先生只是在恰当的时候才开口说话，所以人们不厌烦他说的话。老先生在真正快乐的时候才开口笑，所以人们不会讨厌他的笑。一定要合乎道义，他才收取财物，所以人们不会厌恶他收取财物。""以"是此。"告者"是告诉你的人。"时"指恰当的时候。"其"指公叔文子。"义"是合乎道义。

不过有趣的是，孔子初到卫国，便打听卫国代表性人物公叔文子，并非常惊叹。后面这一句不是否定公叔文子的德行，而是质疑公明贾说的会不会有一些过头了，因为公叔文子的言行恰如其分，如同圣贤一般，这可是不得了的，所以孔子就说了这个疑问句："其然？岂其然乎？"真是这样吗？难道真是这样吗？

在《论语》中，孔子不会挖苦人，他的言语多半是正向勉励人"与其进也，不与其退也"，换言之，孔子鼓励人向前看，让生命能向上成长。所以，他在这里所提出的疑问是一种理性看待，同时带着智慧的提醒，这也是教人如何知人。

15. 子曰："臧武仲以防，求为后于鲁，虽曰不要君，吾不信也。"

鲁襄公二十三年，臧武仲得罪鲁国的权臣孟孙氏，被孟孙氏挑拨离间，于是臧武仲只好出奔到邾国，然后再从邾国回到自己的封邑防，并要求鲁君让自己的孩子接续自己做大夫，他可以离开防到齐国去。当时臧武仲拥有防，且防地邻近齐国边境，他表示鲁国国君如果不答应他的请求，他就会背叛鲁国。所以孔子说："即使许多人说臧武仲用词谦卑，完全没有要挟鲁国国君的意思，不过我不相信。""以"是凭借。"求"是要求，或者说要挟。"为后"是立后代。"于"是在。"要"是要挟、威胁。"君"指鲁国国君。

这一章的文字简要，但是故事很曲折。古人认为孔子这是"春秋诛意之法"，也就是孔子看事情不是只从表象观察，他还会进一步看人以及真正的事实。

事实是，臧武仲被逼出奔齐国，看似委屈，不过他又从齐国的邻国邾国回到了自己的封邑。用今天的话讲，臧武仲可不是省油的灯，他凭着封邑的守备和邻近齐国的优势，表明随时可以倒向齐国。于是他以此请求鲁国国君允许自己的孩子继承自己的大夫之位，以维持臧氏家族在鲁国的地位。虽然事情成了以后他依约离开鲁国，长居齐国，但不可否认这种作为是为家族利益而要挟国君，这一点论事者不可忽视、模糊。

孔子以此教人知人论世，不可根据表象而模糊关键点。

16. 子曰："晋文公谲而不正，齐桓公正而不谲。"

齐桓公重用管仲，建立霸业，一匡天下，重新号召诸侯共同尊崇式微的周天子，并标举和平、合作的华夏文明，排斥以军事进行掠夺的夷狄文化，他还要求强大的楚国继续对周天子进贡。所以孔子赞美他依直道而行，不行狡诈之事。"谲"乃权诈诡辩之意。

其后晋文公成为霸主继承齐桓公的霸业，以维持春秋时期国与国间的秩序，但他的做法有所不同。就从一件事来看，晋文公同样大会天下诸侯去朝拜周天子，以此尊崇周天子，但是他又说不要惊扰到周天子，于是就以打猎为名，要求周天子离开京城，到京城旁边的地方会合，制造出君臣不期而遇的情景，然后完成对周天子的君臣之礼。以周礼来讲这是对天子的大不敬，因为臣子竟然召天子出来会合，所以孔子说："晋文公好用奇谋，不依直道。"在这里"谲"有兵法上说的用"奇"之道的意思。

周文王、周武王、周公根据尧、舜、禹、汤以来的历史文化，凝聚熔铸出人类三千年而来的新文化，在政治上称之为封建制度。同时，通过联姻化天下为一家，使各民族之间不再因为血缘的不同而对立，大家共享伦理关系，然后再用礼乐建立起世界上独有的华夏文明。

再后来周幽王祸国、周平王东迁，天下秩序崩坏，幸有齐桓公、晋文公相继建立霸业，尊王攘夷，重新凝聚了西周以来崇尚礼乐和平的华夏文明，中华民族也因此能继续发展。孔子非常肯定他们的贡献，只是在达成霸政的方式上，孔子有所批评。

由这里可以知道，孔子在政治作为上主张德政，所以《为政》篇一开始就说"为政以德，譬如北辰，居其所而众星共之"。也可说孔子总结了由尧、舜、禹、汤，特别是文、武、周公以来的政治经验，主张凝聚人心，展现出爱与和平的政治理想，这爱与和平就是上天创造万物的表现，属于上天之德，也是政治领袖应该学习、拥有的德行。

17. 子路曰："桓公杀公子纠，召忽死之，管仲不死。曰：未仁乎？"子曰："桓公九合诸侯，不以兵车，管仲之力也。如其仁！如其仁！"

齐襄公在位时傲慢无德，政令反复无常，当时辅佐齐襄公三弟公子小白的师傅是鲍叔牙，他认为将来朝廷必然会有动乱，于是力劝公子小白离开齐国到莒国去。当时召忽和管仲是齐襄公二弟公子纠的师傅，他们也劝公子纠离开齐国，于是公子纠去了鲁国。后来，齐国果然发生了政变，齐襄公被杀，公子小白先回到齐国，国人就拥立公子小白为国君。鲁国曾协助公子纠回齐国争君位，于是公子小白成为国君后举兵征鲁，并大获全胜，之后鲁君就杀了公子纠请罪，同时想要把召忽和管仲送回齐国。不过公子纠死的时候，召忽立刻自杀身殉，但管仲没有，他回到齐国后，在鲍叔牙的推荐下成了齐国的宰相。当时的人都批评管仲不如召忽能守死节，甚至责备他竟然还去担任政敌之相。

子路因当时人的看法，加上其个性忠信，他对这件事充满了疑惑，于是就请教孔子："这样应该不算是仁道了吧？"

孔子曾说，学生中只有颜渊"其心三月不违仁，其余则日月至焉而已矣"。在《论语》中，孔子不曾轻易称许人们已达成了仁道。

而对于管仲这件事，孔子回答子路："桓公九合天下诸侯重建社会秩序，没有发动战争，人民因而没有受到战争的荼毒，仍能拥有和平的生活，这可是管仲的功劳。这乃是管仲合乎仁道的作为啊！这乃是管仲合乎仁道的作为啊！"这里的"九"，代表很多，也有人说"九"是纠。"兵车"指军事力量的威胁。"如"是乃，"其"指管仲。

在这一章，孔子赞美管仲合乎仁道、仁德，并达成了对人的爱。这是孔子论仁义的关键，也是传统儒家在经书上知人论事的大义之处。后世有许多人没有深刻了解这一点，常常就以孔子曾经批评管仲器小而觉得孔子的论述前后不一致，所以此处需要特别注意。

18. 子贡曰："管仲非仁者与？桓公杀公子纠，不能死，又相之。"子曰："管仲相桓公，霸诸侯，一匡天下，民到于今受其赐。微管仲，吾其被发左衽矣。岂若匹夫匹妇之为谅也，自经于沟渎，而莫之知也。"

当时的人对管仲的作为有许多质疑，前一章子路已经提出疑问，这一章则是子贡的质疑。子贡直接说："管仲不是仁人吧？桓公杀掉公子纠，他不但不以身殉，还辅佐桓公担任他的宰相，这种人会是仁人吗？"

孔子听了子贡的质疑后说："管仲担任桓公的宰相，辅佐桓公，使桓公成为天下诸侯的领袖，而后重新整顿天下，建立新的国与国间的秩序，人民直到今天还享受着他带来的和平的恩赐。""霸"有长的意思。"匡"作动词用，是正的意思。"其"指管仲。

接着孔子再说："如果没有管仲，我们应该都会被夷狄征服，披散着头发，穿着左衽的大褂成为夷狄，亦即丧失华夏文明。""微"是没有。"其"是应该。"披发"有两个解释，一个解释是披散着头发，夷狄游牧民族很多都披散着头发，不像汉人或中原人把头发扎成髻。另一个解释就是把头发绑成辫子垂在背后。这两种发型都是夷狄的发型。"衽"是衣襟，当时中原人的衣襟是向右掩的，叫作右衽，而夷狄的大衣领是向左扣的，所以叫左衽。

西周早期，周天子有能力维持天下的和平秩序，各诸侯也拥戴天子，人民也就生活在和平中，华夷杂处各以城邦、原野为居地。后来，周幽王祸国，招致了西戎夷狄的侵略，周平王东迁洛阳，天子无法维持和平的秩序，地方诸侯开始分裂，各自为各自的利益争夺，于是礼崩乐坏，中原华夏的文明不再是天下共同的生命文化理想，夷狄之道大盛，大家各凭武力、各自征战。

这个时候，管仲协助齐桓公九合诸侯、一匡天下，重建华夏文明，阻挡夷狄的侵略，让天下人民不受战争的荼毒，免于沦落为夷狄的奴隶。这是何等的功勋啊！孔子从这个角度来回答子贡的质疑，并以民族大义来提醒子贡。

而后孔子又说："难道要像一般没有知识、没有见地的普通百姓，只能完成一些生活中的小信用？就好像有人在水稻田旁边的路上自杀，但没有人知道。""岂"是难道。"之"是乃。"为"是成为。"谅"是小信用，不是大的忠信，只是对日常生活中某些信用的实践。"自经"是自缢。"沟渎"指稻田旁的路，以往这里通常会种树。"莫之知也"，表面上的意思是没有人知道，更深刻的意思是淹没在历史的洪流之中。

古人认为孔子的这个评论似乎太重视管仲的事功，但他们忽略了孔子在评论时，更深刻地呈现了民族大义，这个大义不只关乎管仲事业的成功，还关乎天下的和平，天下人民因此免于战争带来的灾害苦难。更值得注意的是，孔子批评子路、子贡所重视的只是一般无知识、无见地的百姓的小忠小信。

为什么说是小忠小信呢？《学而》篇说"为人谋而不忠乎？与朋友交而不信乎"是觉醒的开始，何以这里又不要人尽这种小忠小信呢？其实，曾子说"三省"，这虽是在自我生命觉醒中重要且普遍的原则，但其中有高低层次的区别。召忽、管仲辅佐公子纠，召忽为公子纠而死，虽然他称得上是尽忠守信，但只是师生私人情感上的忠与信，并不是为齐国尽忠守信，因为公子纠不代表齐国。

而管仲所做的事业，则是达成了对齐国的尽忠守信，他辅佐齐桓公后，把齐国推向了历史的高峰，开创出九合诸侯、一匡天下的局面，并且重建天下和平的新秩序，重整华夏文明，使天下人都享受到和平带来的巨大福利。就以孔子来看，在夷狄的统治之下，是不可能出现像孔子这样的人的，而孔子的平民教育教出了三千弟子，其中优秀的有七十二人，虽然战国是七雄争霸的时代，但是整个时代的重要进展，离不开当时奔走于天下的知识分子，这些士大夫大都在孔子的教育下诞生，而后又酝酿出所谓的诸子百家，单就这一点，管仲对历史的贡献堪称巨大。孔子着眼于管仲的贡献，说他"如其仁！如其仁"，这可真是独具慧眼啊！

19. 公叔文子之臣大夫僎与文子同升诸公。子闻之，曰："可以为'文'矣。"

公叔文子的家臣大夫僎（zhuàn），因为贤能被公叔文子推荐到卫国的朝廷去任职，卫国国君给了他大夫的职位，所以他便和公叔文子同立于卫国的朝廷之上，同任大夫之职。

"臣"指家臣。有人认为大夫僎是在公叔文子家中担任家臣，大夫是他的职称，僎是他的名，所以就叫大夫僎。不过也有人认为，僎原本是公叔文子的家臣，后来去朝廷做事被封为大夫，所以就叫大夫僎。"同"是一起。"升"是登上。"公"指朝廷，即诸侯的朝廷。

孔子听说这件事后，就赞美公叔文子说："有这样的美德，就可以担得起'文'这个谥号了。"

古人认为，这章足以证明公叔文子能知人，又能忘己无我、无私心。一切都为国家、社会、百姓的利益，给他"文"的谥号是对他最高的赞美。

20. 子言卫灵公之无道也，康子曰："夫如是，奚而不丧？"孔子曰："仲叔圉治宾客，祝鮀治宗庙，王孙贾治军旅，夫如是，奚其丧？"

"子言"就是孔子谈到。"无道"的意思是不走正道，指卫灵公在做人、做事上昏昧糊涂,最有名的例子就是卫灵公宠幸南子,并且让她干涉朝政。此外,蒯聩曾因批评南子与卫灵公,而被卫灵公赶出国。

康子说:"像这样,何以他不失位,何以他不亡国?"康子是鲁国的当权者季康子。"奚"是何。"丧"是亡。孔子回答:"卫国的朝廷,有仲叔圉负责外交与接待国宾的事务,祝鮀负责管理国家宗庙祭祀与同宗贵族的事宜,国家军队与军事上的种种事务则由王孙贾负责统率。这三个人都有治世的才干,各在其位、各司其职,这样怎么会失位亡国呢?"仲叔圉就是孔文子,在《公冶长》篇第十五章中,孔子曾赞美他敏而好学、不耻下问,可见他是贤人、能人。"治"是治理,也可引申为负责任。祝鮀是卫国的大夫,"其"是语气词。

虽然春秋时期礼崩乐坏,但是各个诸侯国仍延续着由西周而来的贤人政治传统,因此孔子强调为政以德。德政的具体内涵,其实就是贤人政治,所以钱穆先生认为,中国传统政治其实是以贤人政治为中轴线的。

从《诗》《书》中可以看到西周初年所谓的德政与贤人政治,《论语》《墨子》中也都强调贤人政治、为政以德。但现代有些人对这个部分完全忽略不论,如果用这种态度来面对自身的历史,或者来讨论中国传统的社会历史人文,是否会有偏差呢?

从自我生命的觉醒的角度来说,凡论事、论理、论人,如果在面对历史事实时不够周全、有所偏执,就属于自我生命觉醒不足。自我生命觉醒不只是修养,还有助于达成思维认知的清明,使人的行为逐渐接近平和中正,从而有正知正见。只不过人为了生存,很容易被自己的习性、偏见或意识形态遮蔽,特别是当人渴望达到某个目标时,很难看清事情的真相,只能看见自己想看的部分。所以,自我生命觉醒的重要之处在于,如何跨越生存习性所造成的限制与障碍。

21. 子曰:"其言之不怍,则为之也难。"

孔子说:"好说大话,而不会感到一丝惭愧的人,让他真正去实践、承担事情,会有一定的难度。""怍"是惭愧,"其言之不怍"就是今天俗语说的大言不惭。"则"是那么。"为"是实践。"之"指他说的那些话。一个人好说大话,他的内心一定很空虚,只好借着说大话来填补内心的空虚。这样自我欺骗的人一定没有自信,缺少主体性,也不会有充足的生命力和生命能量,难以实践他所说的大话。

治疗内心空虚的最好办法,就是自我生命的觉醒。因此,有人常说,人要能修行,要有修养,就能度过痛苦的人生岁月。所谓的修行,简单来说就是修补、修治心理上的不足,而后调整行为,锻炼能力,让自己有能力走上更好、更幸福的生命道路。

22. 陈成子弑简公,孔子沐浴而朝,告于哀公曰:"陈恒弑其君,请讨之。"公曰:"告夫三子。"孔子曰:"以吾从大夫之后,不敢不告也!君曰:'告夫三子'者。"之三子告,不可。孔子曰:"以吾从大夫之后,不敢不告也。"

陈成子专政于齐,杀了齐简公。"弑"是杀,专用于在下位者杀掉在上位者。这一消息传到鲁国后,孔子斋戒沐浴后上朝,向鲁哀公报告:"陈恒谋逆杀了齐君,请您兴兵讨伐陈恒弑君之罪。""沐"是洗头。"浴"是洗身。"朝"就是上鲁国的朝廷。依周礼,凡下臣要面君,一定要先斋戒沐浴,以表慎重。"恒"是陈成子的名。

鲁、齐两国是同盟国,有相互救援的责任。现在齐国有了动乱,鲁国依礼、依同盟国的关系,理当举兵平乱。有些古人用《春秋公羊传》中的解释:"上无天子,下无方伯"说明孔子要求讨之的含义,"方伯"指诸侯,不论是天子

宪问第十四 / 543

还是诸侯，若做了违反道义的事，任何一个诸侯都可以前去讨伐。

鲁哀公告诉孔子说："去向那三家报告就好了。""告"是告诉。"三子"是鲁国当权的三家，亦即季孙氏、孟孙氏、叔孙氏。鲁君自己无法做决定，也不敢找三家来商量，还要孔子自己去向三家当权者报告。

孔子说："因为我还是在大夫的行列里，国有大事不敢不向国君报告，同时建议兴兵讨伐陈恒。国君却说：'去报告给那三位当权的大夫听吧。'就这么命令了。""以"是因为。"从"是跟随，跟随在大夫行列之后，是谦虚的表示。虽然孔子当时退休了，但他曾担任过鲁国的大夫，依礼依法仍有责任参与国家大政。孔子感慨鲁哀公的怯懦，所以用"告夫三子者"的"者"表达自己深深的伤感。

于是孔子依君命向三子报告，三子听了之后，拒绝了孔子的要求。孔子出来只能感叹地说："因为我仍在大夫的行列里，必须尽大夫之责，所以我不敢不把这重大的事件向国君及国家主事者报告。"由此可以了解孔子在面对自己责任时的态度，相对于鲁哀公与三桓，孔子的特殊之处显而易见。

这一章被安排在前一章"其言之不怍，则为之也难"之后，有没有深意？孔子听了齐国的事，虽说依礼去上朝面见国君，并建议兴兵讨伐陈成子，只是当时鲁国的国力比齐国差很多，实际上鲁国并没有能力去讨伐。根据古文献，《左传·哀公十四年》："齐陈恒弑其君壬于舒州。孔丘三日斋，而请伐齐，三。公曰：'鲁为齐弱久矣，子之伐之，将若之何？'"意思是孔子再三请求讨伐齐国陈成子，鲁哀公说："鲁国相对于齐国已经衰弱太久了，你建议讨伐齐国，凭什么呢？就别说大话了！"此处呼应了上一章提到的"其言之不怍"。

《左传》同条，孔子对曰："陈恒弑其君，民之不与者半。以鲁之众，加齐之半，可克也。"意思是陈恒杀了齐简公，齐国不赞成的人民占了一半以上，如果将鲁国赞成讨伐的人民，与齐那一半不赞成杀齐简公的人民联合起来，便可以赢得讨伐陈成子的战争。鲁哀公听了觉得不错，但也只是跟孔子说："子告季孙。"孔子在这无奈的环境中，明辨国家人事上的道义，一切当依礼行事，践行自己的责任。不过很重要的一点是，他在提这个建议的时候，已经清楚地衡量过凭实际力量讨伐陈恒的可行性，可见孔子不是"言之不怍"，因为空言绝不可能将大义伸张于天下。

《论语》的编者以这一章孔子的言行，补足了前一章所说的道理，也提醒人们不要空言大义，言语、行为和实践必须合而为一。

23. 子路问事君，子曰："勿欺也，而犯之。"

子路向孔子请教为国君做事的原理原则，子曰："勿欺也，而犯之。"意思是说，不要言过其实而欺骗了国君，但是可以当面犯颜直谏。"而"可以解释为但是，不过也有人说要解释为能。"犯"是触犯，也就是当面触犯，正面直接地给予建议。

古人说，为人臣者常常为了完成任务，或是为了国家的利益而夸大事实，要求国君一定要听从建议。这虽然是为了国家，但孔子说这并不好，不过可以犯颜直谏，据理力争。古人又说，以子路之贤德、忠诚，孔子不担忧子路会欺君，但依子路知进而不知退、凡事直言不讳的性格，反而担心他以不知而进谏，所以孔子在这里以"勿欺也，而犯之"来提醒他。

从第二十一章的"其言之不怍"，到第二十二章的孔子声言讨伐陈成子，再到这一章事君"勿欺也，而犯之"，《论语》的章节顺序极具深意，是要借着这些顺序展现孔子在社会上做事不离正道的方法与原则。

人一出生受制于生物求存的本能，一切行动都只为了活下去而已。等到人能够自我觉醒，人的意识开始活动，再加上文化教育的启迪，人被压抑的人性才开展起来，然后才成为人。《论语》是一部成人之学，也是教导人如何成为真正的人的圣典。

24. 子曰："君子上达，小人下达。"

在《论语》中，君子与小人以生命的觉醒程度作为分野。"达"是到达、通达。"君子上达"就是君子是向上走到人性可能的最高点，让人性全面地展现。君子向上到何处呢？古人认为"上"指仁义，也有人认为"上"指天道、天理。君子打破了生物性的阻隔，日日在高度生命的觉醒中向上长进，而能完成对人的爱，直到人性、人情、人心的最高点，也就是所谓上通于天道或天理，就是仁义的境界。

"小人下达"就是小人往下走，往下通。下到何处呢？古人认为，下指财利，也有人认为指私欲、私利。小人活在生之恐惧中，于是全力追求财富、权力，以此满足私欲、私利的需求，不顾念其他人，受限于生物性。

25. 子曰："古之学者为己，今之学者为人。"

孔子说人是觉醒者，他以仁来说明人性最重要的本质性意义。孔子之后的学术界，从墨子、杨朱、孟子到庄子、老子，一路下来都在不断探讨人的特质与表现。如此，中国传统学术就围绕着仁来发展，这种学术性其实和人类其他文明社会是相通的，只是其他文明社会不从人出发，像古希腊从物质本质的探索出发，古印度、古犹太人则以造物者、创世者作为探讨的对象。

在孔子之前，中国没有这样的学术，不过有传统的礼乐制度，它从尧、舜、禹、汤、文、武一路传承下来，是当年的贵族之学。孔子说："夏礼，吾能言之，杞不足征也；殷礼，吾能言之，宋不足征也。"同样，周礼是传承殷礼而来的，也因为时代的不同，有一些损益改变。

孔子说："古之学者为己。"古人所学为先王之道，先王之道就是礼乐文化，他们想要有能力成己，目的是发展自己的能力，达到治国平天下，同时超越私己的限制，走上自我实现的成己之路。"古之学者"指孔子之前的学习礼乐文化，或者说学习礼乐制度的人，也可以是当时的知识分子。

接着，孔子又说："今之学者为人。"也就是说，跟孔子同时代的那些贵族知识分子，所学不再只是增强自己行德的能力，以完成治国平天下的任务，他们想有更多胜过别人的能力、技术，好让人来赞美自己。"为人"是为了胜过别人，让别人赞美自己而学习，像季孙氏、孟孙氏、叔孙氏，甚至陈成子这些人都把学习当作增加财富、提高权势的工具。

荀子说："君子之学也，以美其身；小人之学也，以为禽犊。"意思是，以往的君子，学习是为了使自己有更高度的生命觉醒，让自己达到更完善的状态，可是小人的学习只是把知识当成礼品，作为社会上的晋身之阶。有些人就用荀子的这句话来解释孔子所说的"古之学者为己，今之学者为人"。

不过钱穆先生对这一章有特殊的看法，他说，因为孔子把贵族之学带给平民，所以这个学风才刚刚开始，学者大概还没有把知识当作商品求人肯定，进而产生交换自身地位的念头。因此，"为己之学"应该是孔子所教的德行科，亦即专讲德行、修养，所学乃是为了增强自己行德的能力，这是正向人格的建立，而"为人之学"，则如孔子所教言语、政事、文学等科，他们学外交、政治、文学等知识，目的是在社会上做事，为人民与国家服务。

钱穆先生还说，孔门绝不会轻视为人之学，孔子说的"己欲立而立人，己欲达而达人"，这句话里的己立、己达就是为己之学，立人、达人则是为人之学。并且孟子称伯夷、柳下惠、伊尹都是古代的圣人，他们有的为己，如伯夷、叔齐，有的为人，如伊尹、柳下惠。钱穆先生说，其实不管为人、为己，能有所成的，都得以德作为基础，有德能行德，方能为己，也方能为人。

我个人认为，以时代来说，钱穆先生的说法合乎那个时代的状态，学术刚开始发展，不会一下子就变成商品。可是就今天而言，有的学者求知识是为了谋职业，把知识当作敲门砖，以换取别人的肯定和称许，这符合社会现实的发展需求。因此，这两种解释应该是可以并存的。

26. 蘧伯玉使人于孔子，孔子与之坐而问焉。曰："夫子何为？"对曰："夫子欲寡其过而未能也。"

使者出，子曰："使乎！使乎！"

蘧伯玉派遣使者前去探望孔子，孔子和使者一起坐下来，并向使者询问蘧伯玉的事。"于"就是到、往。"与"就是和。"之""焉"都是指使者。"而"是而后。蘧伯玉是卫国极贤德的大夫，孔子和他有很好的交情，孔子周游列国，或者去卫国访问的时候，常常住在蘧伯玉家，蘧伯玉当时将近一百岁。这两句话展现了极其温馨亲切的场景，而且流露出孔子自然的关切之情，他看着使者就像看到了蘧伯玉一样，于是说："来来来，坐！你们家的老夫子好吗？"这是《论语》中写法极其精练又醇厚的地方，它不是只有表面的意思，还带有深厚的情感。孔子问使者："夫子何为？"意思是蘧伯玉最近都在做些什么。"夫子"指蘧伯玉。使者恭敬地回答："我们家夫子想要减少自己的过失，但尚未能做到。"古书上说，蘧伯玉五十岁的时候，还时时刻刻反省他四十九岁时有哪些需要改正的事。可见使者不是在说客套话，蘧伯玉确实是勤于改正自己过失的人。使者这样的回答既是事实，又是谦虚，他将蘧伯玉的人格特质彰显得清清楚楚，而且回话也非常得体。"寡"是减少。"其"是自己。"过"是过失。"而"是但是。

使者告辞出门，孔子就赞美他说："真是称职的好使者啊！"而且忍不住连说两遍，可见孔子对人才的欣赏。

27. 子曰："不在其位，不谋其政。"

这一章已经被编在《泰伯》篇第十四章，此处是重出。不过将它排在《宪问》篇第二十六章之后，紧扣工作分工的问题，可见编者是别有用心的。孔子通过"不在其位，不谋其政"这句话，教导人们做事，特别是为政的时候，如果不在那个职位上，就不要去参与计划，或评判不属于自己职务内的事务与政事，这是人在职场上要有的基本的分寸。

28. 曾子曰："君子思不出其位。"

这一章承接着前两章而来，还是谈人在工作上的分寸。此处"君子"指负责事务的人或执政者。"思"是深思。"位"是职位。这句话的意思是，优秀的执政者，在工作上的心思不会越出自己当前的职位，他会尽心做好自己分内的事。

需要注意的是，这是指在职场上，至于在做学问时，则不能"思不出其位"。古人说，在学思的过程中要好好地思，必须能够贯古今、穷天人、周民物，也就是要包容人民和所有事物，一切都得通过思去探索、追寻，只要有所学就得有所思，这才是做学问，也才能够有高度的自觉性。"思不出其位"这句话也出现在《易经》艮卦的象辞中，曾子引用它来解释、延伸孔子说的"不在其位，不谋其政"，同时它也可以让人了解、把握自身在职场上该有的分寸。

29. 子曰："君子耻其言而过其行。"

孔子说："负责任的执政者认为，自己说的话超过了自己的行为实践是件可耻的事情。""君子"承接前一章，指负责事务的人或执政者。"耻"是羞耻。

"其"是自己。"过"是超过。当然,这句话也可以用于另一个意思的"君子",那就是具有高度的生命觉醒者,他会要求自己言行一致。

30. 子曰:"君子道者三,我无能焉:仁者不忧,知者不惑,勇者不惧。"子贡曰:"夫子自道也。"

孔子说:"成为君子的路有三条,可惜我一条都没有走对。""道"是路,也可以引申为方式。"无能"是没有能力完成。"焉"是之。孔子所说的这三种方式,第一种是"仁者不忧"。"仁者爱人",从哲学的命题上来看爱人,就是达成对人的爱,也可以延伸为完成对生命的爱。人若想达成对人的爱,就必须有高度的生命觉醒,就是孔子所说的忠。古人说,"忠者,尽己也",也就是把自己淋漓尽致地活出来,而后达成高度的生命觉醒,如此就可以清楚地认识自己。根据自我认识的经验,才能去认识他人,并了解他人的特殊之处与特殊需要,这就是恕,所以恕又叫作推己及人。推己及人的制高点就是"己所不欲,勿施于人","己所不欲"是自我生命中的底线,我无法接受越过那条底线,否则我就无法成为独一无二的个体了。知道每个人都有生命的底线,就应当尊重各人的底线,不要去冲撞它。换句话说,即便是爱,也不要让爱冲撞了被爱者的底线,甚至干预、限制对方。我们尊重别人的不欲,如同希望别人尊重自己的不欲一样。

第二种是"知者不惑","知"念 zhì,即智,指有智慧的人。从文化上来看,全人类都推崇有智慧的人。西方文化推崇英雄,英雄固然是战争的胜利者,可是深入地看,他能在战争中赢得真正胜利的,不只武艺高强,一定还拥有智慧。

人懂得了爱,便是智慧的开始。佛学里也同样说到慈悲和智慧,大智慧来自生命的觉醒与对生命的同情。孔子这里说"知者不惑",同样是指人有了高度的生命觉醒，就不会受制在困惑中。凡是困惑皆因迷茫，如此人才会陷入自我矛盾，亦即今天常说的理性与感性的冲突，而人之所以会有这种自我矛盾，是因为人没有摆脱生物本能的冲动，如此自然就会有生之恐惧，为了活下去就控制不住地向外索取，得不到就愤怒，以致不分青红皂白、不择手段地盲目索取，最后不论有无所得，都陷入矛盾、迷惑之中。所以人也唯有在其特有的自我意识下，才能摆脱生物本能的冲动，并看清楚自我的渴望以及基本事实的状况。一旦了解这一切，人我、物我就可以圆融起来，不会陷入对立、冲突，如此就不会有惑的存在了，所以"知者不惑"。

第三种是"勇者不惧"，人之所以惧，是因为人的生物性。人在成为生物的同时，就有了对死亡的恐惧，即所谓的"生之恐惧"，而所谓的"生之渴望"，亦即我一定要活下去的这种生之意志和力量，是与"生之恐惧"共同诞生的。这两种矛盾同时存在于生物性的生命中，所以在人的生物性中，人会害怕死亡、失败，害怕被否定、被羞辱，渴望成功、荣耀，渴望被认同，渴望活下去。如果人没有真正实现自我生命觉醒，不论多么成功、富有，内心都有着"生之恐惧"，并且随时都在担心失去，人的痛苦也就从患得患失里产生。人唯有通过自我觉醒，真实地意识到活着真好，确定真正地拥有生命，就能够摆脱"生之恐惧"，才能够成为真正的勇者，唯有勇者才能不惧。

这三句话基本上是以仁贯穿，无论智者不惑还是勇者不惧，都是在充满生命之爱的圆满觉醒中才可能达到。古人说智、仁、勇是三达德，"达"是通达，由智、仁、勇通往君子所能达到的高度的生命觉醒之路。有人问我，在生命觉醒的道路上，必须与自己达成和解，接受当下的自己才可能开展生命吗？答案是肯定的，因为人在自我的生命觉醒中，除了意识到自己、认识自己外，进一步就是学习接受当下的自己。也就是说，不论你多么不满意自己，真正的觉醒就是认清当下的自己，与自己和解，并不再遗憾，不再愤愤不平，质言之就是顺承天意、接受自己。如此你的新生命，超乎生物性之上的最真实的生命便由此展开。

孔子说这三条成就君子的生命之道，他一条都没有通达，可是子贡听了就说："夫子自道也。"意思是："哎呀，这不正是老师对自身生命觉醒之道的陈述吗？"有了这些经验，孔子才能这么说。"道"是陈述。人们总会觉得自己有所不足，即便是像孔子这样的圣人。不过，这是孔子每天修治身心而不停止的原因，这是他的终身学习。其实，孔子这一生已三德皆备，他在完成仁者对人的爱中，使自己有了圆满的生命觉醒。

31. 子贡方人。子曰："赐也贤乎哉？夫我则不暇。"

"方"有三个意思，第一个是比方，也就是比较、评论。第二个是正，"方人"是以道正人之行。第三个是谤，"方人"是批判他人，公开指责他人的过错。在孔子的学生中，除了颜渊，子贡也智慧过人且能知人，他对孔子的评述也极为精准。

譬如有鲁国大夫批判孔子，子贡回应："你这种批评没有用，不可能诋毁孔子，因为一般人的贤就像丘陵一样，还能跨越过去，可是仲尼之贤如同日月，你是跨不过去的。"这真是一语中的，所以子贡真能"方人"。然而，自我生命的觉醒在于自我反思，并不断调整、修治自己，而不是过度关注别人。孔子针对子贡的"方人"提出："你在自我觉醒的过程中都做得很好了吗？对我而言，我还在努力自我修治，所以没有太多空闲时间去批评人。""贤"是所行所为达到很好的状态。"夫"就是彼，指那些批评人的事。"则"就是乃、却。"暇"是空闲。孔子的这句话不是禁止子贡批评他人，在《论语》中，孔子对许多人都有所评论。但是子贡常"方人"，这反映出他的注意力容易被外在的事物所吸引，这对自我生命的觉醒是有妨碍的。人不断以正道去论断、纠正别人，似乎是在表示自己已经都做到了，已是贤者，但这样会自我膨胀，不合乎生命觉醒之道。

32. 子曰:"不患人之不己知,患其不能也。"

孔子说:"不担心别人不知道、不理解、不接受自己,而是担心自己的能力不够。"这是谈有关自我生命的觉醒过程或自我生命主体的建立。"患"是忧虑、担心。"人"是指他人。"之"是的,助词。"不己知"可以换作"不知己"。"其"是自己。《论语》中像这样的句子还有三处,譬如《学而》篇"不患人之不己知,患不知人也",《里仁》篇"不患莫己知,求为可知也",《卫灵公》篇"君子病无能焉,不病人之不己知也"。《论语》里如果有两章文字完全相同,那就是重出。如果意思相近,文字有稍许不同,这大概就是孔子常说的话,代表是孔子重视的道理,因此反复叮咛、提醒,然后学生各自做了记录。这四句的重点都放在自我生命主体的建立上,重要的是在自我觉醒过程中的自我发展和自我实现,这也是人该培养的能力。

33. 子曰:"不逆诈,不亿不信,抑亦先觉者,是贤乎!"

孔子说:"不预先怀疑别人会欺诈自己,也不预先揣测别人会失信于自己,但是遇到事情又能及早觉察到别人会欺诈、失信,有这种预先觉察能力的人,应该就是个能干的人吧!""逆"是迎,事情还没有到,就迎上前去做种种的预测。"诈"是欺骗。"亿"是臆测。"信"是守信用。"抑"是或,引申为但是。"先觉"指预先觉察。针对这一句,钱穆先生解释,我不臆测他人之诈与不信,但是,他人如果有诈与不信,我也能事先觉察到。钱穆先生又说,这种觉察是自我已经具备清明的智慧所能预见的,如果一个人能有清明的智慧,就一定不会对事物、对人预先做出种种揣测。钱穆先生的这种说法就是叮嘱人要生发清明的智慧。

人应如何生发清明的智慧呢?就是要让自己成为高度的生命觉醒者。当人还停留在一般人的状态中，也就是还没有实现生命觉醒时，人仍然受制于生物本能的冲动，随时都害怕自己活不下去、受伤害，被那份恐惧所推动、压迫，因此总是揣测，而有清明的智慧的贤者，能预先觉察到什么样的人、事，在什么样的状况下是具有欺诈性或是不守信用的。这种预先的觉察力，也是古人所说的知人论世的能力。古人认为读经典、读历史，然后有修养，能修行、能知人论世，是人活在世界上该有的智慧和能力，这样才能够践行孔子所说的忠恕之道。

34. 微生亩谓孔子曰："丘何为是栖栖者与？无乃为佞乎？"孔子曰："非敢为佞也，疾固也。"

微生亩是隐士，生平不详。微生亩看孔子游走四方到处向各国国君陈说，他以为孔子想靠口才游说当时的国君，以谋求官职，于是就问他："丘啊，你为什么这样栖栖地周游列国，居无定所，莫非你想成为专靠言辞口辩去取悦他人的人吗？"微生亩直呼孔子的名，古人推测他的年纪比孔子大。"栖栖"即居无定所，用现在的话说就是东奔西跑。"无乃"就是无非是。"佞"是极有口才，善于言辞口辩的人。

孔子回答："不是我大胆地想要成为以言语巧辩、讨好别人的人，而是因为我不喜欢世人因自身的固陋无知所带来的不通达，所以我才栖栖地不停宣说仁义与生命觉醒之道啊！""敢"是胆敢。"疾"是厌恶。"固"是固执己见、顽固、固陋，即认知上不通达，昧于事实、真理的理解。有人说，孔子宣说仁义之道时，许多人拒绝接受任何可以让人重新思考、开放思想的观点，从而在思想上变得浅薄鄙陋。有人对孟子说："你为什么这么好辩啊！"孟子回答："哎呀，这个时代邪说横行，因此我不得不辩，不然人们如何认识真理呢？不是我好辩，我实在是不得已啊！"中国传统文化之所以能绵延流传，就是因为在孔孟思想的教育下，历代儒者都有这份义不容辞的救世之心，凡是到了时代存亡的关头，就会有有识之君子站出来宣说生命的正道，借以启迪人心，避免固陋无知，进而使人民、社会、家国走上生命觉醒的道路，再开创出新的未来。

35. 子曰："骥不称其力，称其德也。"

孔子说："一匹能行千里的骏马，人们称赞它不是因为它天生的力量，而是因为它能接受最优良的调教的品质。"千里马虽先天品种好、力气大、耐力够，但它还需要经过驯马师训练、调教，然后才能展现它日行千里的能力，这种能接受调教的品质就是德。如果一匹马的先天条件非常优良，但性格暴躁、不能接受调教，最后它也不过是一匹力气大的普通马而已。"骥"是一日能跑千里的良马。"称"是赞美、称道，"力"指一日能行千里的力量。"德"是品性。

其实人也一样，虽有聪明才智，但若桀骜不驯，不接受任何启迪，不打破自己的固陋之见，他的才华很难充分地展现。即使他有极好的命运或时运，取得了光辉的成就，也可能刹那间就烟消云散了。就如同千里马得经得起驯马师的各种训练，然后懂得在不伤到自己的前提下日行千里，这样才能够将长才全力发挥出来。

历史上有许多类似的例子。譬如战国时代帮助秦始皇达成天下统一的李斯，他虽受学于荀子，却没有真正努力学习如何使生命觉醒，一生只想求名、求利、求权。他在秦始皇身边担任丞相，虽然充分展现了才华，但是一味追求名利与权力，最终死于非命。

这也是孔子所强调的，人即使天生有才，若没有好好学习，打开心智，就算极其幸运地展现了自己的才能，这种展现和由展现所获得的成就也都只是昙花一现。从表面上看，他成功了，而他成功的那刻就是他失败的开始。

36. 或曰:"以德报怨,何如?"子曰:"何以报德?以直报怨,以德报德。"

有人问孔子:"以恩惠去报答自己痛恨的人,这个做法怎么样呢?"孔子回答:"如果你以德报怨,那么你拿什么去回报对你有恩德的人呢?应当用公平无私的方式回报伤害自己的人,用恩惠回报对自己有恩惠的人。""或曰"是有人说。"以"是用。"德"在这里解释为恩惠。"报"是报答。"怨"是怨恨,亦即伤害自己,让自己有所怨恨。"何如"是如何。"直"是直道,就是公平无私之道。所谓"以直报怨",就是以公平无私的方式对待有仇怨者,遇事不去报复他。

古代中国,从西周开始就以爱、敬、德为最高德行,也就是在行天之德。到了春秋,这个观念进一步发展成以德报怨。当时有许多纷争,人们希望以此来疏导人与人之间各种纠结的情感,并解决心理问题,有人就拿流行的观念来问孔子。以德报怨虽然比以怨报怨好,但是流于虚伪,甚至压抑了人的真实感受,不合乎人性。

那么,要怎么样才合乎人性呢?那就是在生命的觉醒下以直报怨、以德报德,而这也才合乎孔子所说的礼。礼是适当的爱,是人在情感上的适当表达,如此,人类才可能和谐,社会才可能和平,因为这一切都合乎人的真性情。

在真正的生命觉醒下,人有了对人性的理解,便会公平理性地对待他人,一切都依人之情、人之理处理。即使面对待自己不好的人,也会就事论事、就理论理,这就是以直报怨。能如此,才能够以德报德,唯有在生命觉醒中,才能抛开自己的生物性需要,真正看得见有恩于自己的人,并以真情回报对方。同时不会刻意抹杀伤痛,不会为了表达宽厚而忽略被伤害的事实。这样,真情实意才能如实表达,世间的是非善恶也不会被混淆。

第二次世界大战后,德国犹太裔社会哲学家汉娜·阿伦特站出来对杀害犹太人的纳粹进行审判。汉娜·阿伦特没有严厉谴责那些疯狂杀人的纳粹战犯,坚持用理性来看待，这引起了犹太人的愤怒与严厉责备。因为汉娜·阿伦特认为这些战犯只是平庸的普通人，而且这件事太残酷了，这不仅是犹太人的创伤与悲剧，也是极大的人性问题。人类何以做出如此疯狂的行为？人类应当好好地了解，避免重蹈覆辙，而不单单只是加以谴责，这番公平无私的理论和观点，真可谓是以直报怨的典范。如果从中国传统文化的角度来看，她更是一位展现人类理性与慈悲的圣贤。

37. 子曰："莫我知也夫！"子贡曰："何为其莫知子也？"子曰："不怨天，不尤人，下学而上达。知我者其天乎！"

孔子说："哎呀，没有人能理解我了呀！"子贡问："为什么老师说没人理解您呢？""莫"是没有，这里指没有人。"莫我知"就是"莫知我"。"也夫"代表深刻的感叹。"何为"就是为什么。"其"，可以解为那样。"何为其"，为什么那样说。"子"就是您。"也"念 yē，作疑问词"呢"。

孔子又说："不埋怨老天，不责怪人。"虽然孔子之道不能行于世，不为人所了解，也不被当时的国君所器重，但是孔子并不因此而愤怒，以致埋怨老天。因为孔子深刻了解天是人存在的凭借，天超乎人之上，而天命有穷、有通，这是人无法掌握的，所以一切尽其在我，至于能不能见用于世，就听天由命，他没有迫切地贪求。"尤"是责怪，孔子也不会责怪社会大众的智慧浅。

接着，孔子说："下学而上达。""下学"指我只渴求人世间的一切知识，全力以赴地学习，并将这些理论贯穿在生活实践之中。"上达"是尽性知天。尽性是尽己之性，也就是在"下学"的过程中，依自己的性情将自己淋漓尽致地发挥出来，并从中认识自己。人对自己有了深刻的认识，了解自己天生的个性，或说天性中自己不可动摇的部分，就是知天，即知道自己的天命所在。

孔子说"五十而知天命"，我既然知道了自己，进而接受自己被限定的独特处，我就从这个独特处全力以赴，走向自我实现、自我创造，这就是尽性。由尽性而能知天，知道天赋所形成的我、无可替代的我，这是全力开发潜力的起点。天人在这里是合一的，就是"上达"。也因为自己能尽性知天、知天命，所以自然不会怨天尤人。命运的通达或困窘，其实都是自己生命觉醒后所做的选择。命运只是自己完成自我抉择的过程而已，"求仁而得仁，又何怨"，一切选择都该由自己承担。

最后，"知我者其天乎"，意思是这样深邃的生命觉醒与体验，自我内在的转化与超越，是一般人不容易了解的，能知道我的应该就只有老天爷了吧。"其"是应该。前人说"知我者其天乎"古今有不同的解释，我的这个解释是孔子在《学而》篇所提出的，人的生命是从自我生命觉醒开始，再依据孔子说的"五十而知天命"，并以"求仁而得仁"这条线索去展现孔子强调的天人合一，或许这样更能够了解孔子内心最深刻的自我反省与自我觉知。

38. 公伯寮愬子路于季孙。子服景伯以告，曰："夫子固有惑志于公伯寮，吾力犹能肆诸市朝。"

子曰："道之将行也与，命也；道之将废也与，命也。公伯寮其如命何？"

公伯寮是鲁国人，有人认为他从学于孔子之门。子服景伯是鲁国的大夫。子路当时担任季孙氏的家臣，公伯寮在季孙氏那里说子路的闲话，"愬"是诉，在此引申为进谗言。子服景伯知道后，把公伯寮在季孙氏面前说子路闲话的事告诉了孔子。

子服景伯对孔子说："季孙氏听了公伯寮的闲话，对子路起了强烈的怀疑之心。以我在季孙氏那里的影响力，我可以向季孙氏说明公伯寮对子路的诬陷，甚至我也有能力诉诸季孙氏，让季孙氏处死公伯寮，使其陈尸在市集上。""夫子"指季孙氏。"固"是确实。"有惑志"是有疑惑。"志"强调疑惑之强烈。"肆"

是陈列。"诸"是之、于的合音，也就是到。"市朝"可以解释为市集或朝廷。在春秋时期，罪人被处以死刑时，士以下陈尸于市集，大夫则陈尸于朝廷。公伯寮是士，此处"市朝"连言，实际上是"肆诸市"。

孔子告诉子服景伯："我所主张的生命之大道，若是能够实现，其中有天意，有其自身命运的发展。我所要行的这生命的大道，若是不能实行于天下，那也是天意，也有其自身命运的发展。公伯寮对这天意会有什么样的影响呢？"孔子的意思是，不必这样在意公伯寮对大道的伤害，同时也无须处死公伯寮。"道"指孔子所主张的大道，也就是生命觉醒之道，也可以说仁道，亦即充满着爱与关怀的生命觉醒之道。"之"在这里指"的"。"将"，作乃字讲。"也与"表达深深的感慨。"行"是实行。"废"是停止。"其"指公伯寮。

本章与前一章都谈到天意和命运，前一章的天意和命运重点在自我认识、自我发挥与自我完成上，属于自我的努力，而人有趣的地方就在人既是人，与天不同，但是人又来自于天，有天人合一的共通处，这和西方文化中天与人互相对立、不能相融合的说法有很大的区别。所以孔子说，人只要实践尽己之道、忠恕之道，然后能知人、知天命，亦即知晓上天赋予每个人的独特处，就能够知道天意之所在，如此就是尽人性而知天道了。

如同某些史学家认为人类历史有其自身的发展规律，人类社会从表面来看，有时似乎被强大的力量（或是国家，或是一时杰出的人）所引领，向某个目的地前进。可是实际上，这所有发展都在沿着人类的共同命运走，而让人类走向某种状态的那些事件，其实受制于外在"天意"的驱使。在这种属于社会群体的、世界性的大趋势中，个人能发挥的影响力其实微乎其微。从历史上来看，秦始皇统一天下其实是全天下人共同向往的结果，秦始皇只是用了各国第一流的人才帮自己达成统一天下的目的。汉高祖统一天下也不全然是汉高祖一人所为，而是秦以后全天下继续在统一的路上前进，只不过由汉高祖来完成这件事。汉高祖之所以能完成这件事，是因为自身天赋的品性能得到大智者，如张良、陈平、萧何、韩信等一流人物的辅佐、协助，于是顺着整个趋势，完成天下统一。

在这些关乎天下的大势中，公伯寮又能影响些什么呢？孔子借着谈话，开阔了人们的视野，让人们俯瞰整个天下、知晓人类历史的走向与未来。这两章蕴含着深刻的生命哲学，值得大家用心去体会。

39. 子曰："贤者辟世，其次辟地，其次辟色，其次辟言。"

"贤者"指贤德的人。"辟世"指离开社会去隐居，也就是当天下无道、社会政治紊乱时，贤德的人就隐居起来，天子无法请他出来做大臣，诸侯也无法与其交友。伯夷、叔齐以及庄子就是典型的代表。"其次"的本义为次一等，不过在这里，我把它解释为此外。"辟地"是避开这个地方，亦即避开混乱的国家，前往有秩序、可发挥自己才能的国家。"色"是脸色，"辟色"指当国君或为政的主其事者礼貌不周，脸上不再有尊敬之色时，做臣子的就立刻辞去职位，绝不留恋。"其次辟言"则是说，再其次是国君的言语若不合乎正知正见，是非混淆，臣子就避开或离职。

我选择的是钱穆先生的说法，"其次"不是指贤者的等次，而是就避世离职所面对的情况而言。钱穆先生之所以如此说，是因为孔子在楚国遇到了一些隐士，亦即避世之人。他们劝孔子在这滔滔乱世里不要再做任何努力了，贤者当避世不出。孔子回答道："人无法避开人类社会，什么事都不关心，只和山林中的鸟兽同群。我作为人，不和世人相处，要去和谁相处呢？"孔子接着又说："就是因为天下滔滔，我才要出来宣说人类的新道路、新未来。天下要是有道的话，我孔丘也不会想来参与改变这天下的局面。"这个回答传达了孔子的救世之心，他认为自己对天下人有救亡图存的责任，这是他对人类的生命之爱，也是对人类生命的悲悯与关怀。其实孔子也知道，在滔滔乱世中是不容易达成目标的。

在乱世中，究竟该怎么办？孔子认为，最重要的是要保持自身的生命尊严，维护自身生命理想的原则。自己已尽心尽力，如果遇到主其事者言语轻薄、是非混淆，不再尊重任何生命，就可以离职，这是贤者为社会尽心尽力的原则和应有的进退之道。所以这三个其次不是贤者的等次，而是所能做到的分别。

我个人非常认同钱穆先生的说法，因此以它作为这段文字的释义，因为这样解释才能和《论语》中孔子所说的大义相吻合。我们深入地去看孔子对伯夷、叔齐的赞美，不在避世能隐，而是在他们兄弟能让国，同时还能坚持自身生命的最高理想与原则。至于孔子则尽忠于人事，不过只要主其事者色不尊、言不正，孔子必离去。

孔子在本章的说法重点在于，人生的生命理想与现实社会层次是有差距的，在这样的差距里人如何做出适当的抉择，以达到两端的平衡？即必须依客观的状态，仔细观察、调整，直到达到平衡为止。

同样，贤者面对乱世与自身生命理想的巨大差距、矛盾，若想要维持身心的平衡，甚至是生命的安全，就得对自身的处境有所了解，并正确地抉择。

孔子认为"辟世"是最好的选择，可是现实世界中的条件不尽然充分，于是"辟地"，其次"辟色"，再次"辟言"，这个过程充分展现了贤者的生命觉醒。在乱世中能做出适当的进退，就能求得自我生命的完善，这也就是诸葛亮在其代表作《出师表》中"苟全性命于乱世，不求闻达于诸侯"的体现。

我们需要注意的是，孔明说的是苟全性命，而不是苟全生命。生命只是指单纯地活着，而性命则指上天赋予的天性的生命特质。在乱世里想要保全生命的特质，依照性命与天性来展现，这并不是件容易的事。

孔子在这里谈"辟世、辟地、辟色、辟言"，就是要在乱世保全性命。换句话说，即使身处乱世，也要力求自身性命的完整，要努力用智慧、用生命的觉察，让自己不被乱世的现实撕裂。

40. 子曰："作者七人矣。"

这一章本来与上一章合为一章，不过宋代朱子注《论语》的时候，把它们分开了。"作"是作为，也有人解释为起，也就是起而行，古人引申为见机而作，也就是根据时机而有所努力。"七人"是七个人，古人说根据《论语》，自古以来如此"辟世、辟地、辟色、辟言"的人，已知的有长沮、桀溺、丈人、石门、荷蒉、仪封人、接舆这七人。

不过到了魏晋时期，经学家王弼说是伯夷、叔齐、虞仲、夷逸、朱张、柳下惠、少连这七人，他的这个观点其实是来自东汉大学者郑玄。郑玄说，伯夷、叔齐、虞仲是辟世者，荷蓧丈人、长沮、桀溺是辟地者，柳下惠、少连是辟色者，荷蒉、楚狂接舆是辟言者。不过后世的许多学者不太认同这种说法。朱子则认为，在乱世隐而去之者是七个人，不过孔子这么说就代表他已经不确知这七人到底是谁了，没有必要根据某些事实或历史事件就认定是这七人。

但有些古人强调本章独立成章，与前面无关，朱子就是其中的代表。同时，本章的重点在于"作"，也就是有所作为，亦可进一步解释成有创造性。换句话说，面对乱世而能有所创作的是尧、舜、禹、汤、文、武、周公，这七位不再只是贤者了，而是圣者。古代称圣，特别是《论语》中所称的圣者，并不是后世人们所说的纯粹道德性的表现，而是新时代的缔造者，就如尧、舜、禹、汤、文、武、周公等人的德行与道德行为，包括开创出一个好的新时代，让人民有好的新生活。

《论语》中孔子所言的道德或德行，是人生命觉醒后完善的表现，而这完善的表现，如果就政治人物来说，乃包括好的政治作为，所以在《为政》篇开头便有"为政以德，譬如北辰，居其所而众星共之"。在《论语》里，说为政者施政不良，就是说他在德行的表现上有所不足，为政者的德行体现在为政的成效上，也就是有没有带给百姓安乐和幸福。因为一般老百姓没有行政的权力，所以单纯地从善行来论断他们的德行。如果从缔造良好新时代的创造者这个角度来看，这一章的"作者七人"其实含有深刻的义理。

41. 子路宿于石门。晨门曰："奚自？"子路曰："自孔氏。"曰："是知其不可而为之者与？"

子路是孔子的大弟子。有一天，他外出归来到了鲁城外的石门边，当时天色已晚，于是他就在石门外住了一夜，等第二天早上再到石门等候守吏开门。石门的守吏开门后看到子路就问："你来自何处啊？"子路回答："我来自孔家。"于是守门小吏说："就是明知道这不是行道的时代，但仍然不放弃理想，不断东奔西跑而努力不倦地行道的那位先生吗？""宿"是隔夜住宿。"石门"是位于鲁国城外的一个门。"晨门"指早晚负责开关门的小吏。"奚"是何。"可"是能。"而"是但是。"与"是吗。

这句话点出了当时的隐士对孔子的作为的看法。单就守吏对孔子的这句评语，就足以展现石门的守吏是有见地的人，但他只做城门小吏而隐世不出，因此可知他就是孔子所说的避世隐者。从春秋到战国，很多守城门的小吏其实都是避世的隐者，他们懂得谁是"知其不可而为之"，而他们自己则是"知其不可为，故不为之"，通过来来往往的过客，知道天下大事的变化，而后做出更清楚的判断与抉择。尤其在战国那个动荡的时代，很多可歌可泣的故事都有守门小吏的参与，多见于《左传》《战国策》《史记》的记载。

而在《宪问》篇，从孔子所说的"贤者辟世"到"作者七人"，再到本章守吏所言，既前后衔接又独立成章，同时又能充分表现那些贤者隐士对孔子的评论，也展现出孔子特有的生命态度和社会责任感。所谓"知其不可而为之"，也是明末清初的大学者顾炎武先生在明亡时所喊"天下兴亡，匹夫有责"的体现。

42. 子击磬于卫。有荷蒉而过孔氏之门者，曰："有心哉，击磬乎！"既而曰："鄙哉！硁硁乎！莫己知也，斯己而已矣。深则厉，浅则揭。"子曰："果哉！末之难矣。"

孔子在卫国游历的时候，有一天他击磬作为消遣。这时，有个人背着草筐经过孔子和其弟子所住的地方。"击"是敲。"磬"是古代乐器的名称，这种乐器以石片制成，略呈弓形，演奏者以锤子敲击，叮叮咚咚而成乐。"荷"是挑担。"蒉"是用草编成的筐，后来也用竹，更好的用藤。"过"是经过。"孔氏之门"指的不只是孔子之家，同时还包括孔子和他的学生们所居住的地方。"者"是那个背着草筐的人。

背着草筐的人听了孔子击磬的声音，于是评论："心中有着救世的深情，这个击磬的人呀！""有心"即有诚心，也可以解释为心中有着深意。这句话原意是"击磬乎！有心哉"，倒过来写是为了凸显"有心哉"。古人认为声音本来不含情意和心意，人心感于外在事物，或者被外在景物触动，便自然产生情，这时声音才会表达出传音者内心的情意和心意。

孔子在《论语》里也说："人而不仁，如礼何？人而不仁，如乐何？"意思是人要失去了爱人的热情，那么礼仪只是徒具形式，音乐还能动人吗？所以他又说："礼云礼云，玉帛云乎哉？乐云乐云，钟鼓云乎哉？"礼乐必须包含人的爱、情感，形式符号才能展现那份美和情感。也就是说，艺术的展现一定要有人的心在里头才能展现艺术的形式符号和内涵之美，也才能够引动人的审美情感，否则艺术只是没有生命、情感的形式符号，没有美感可言。

荷蒉的隐士评孔子："有心哉，击磬乎！"第一，评出了孔子在击磬时所传达的深情厚谊。第二，可见孔子确实是击磬高手。第三，显示出荷蒉者是位贤能隐士，他既是知音之人，也是懂得艺术的高手。

过了一会儿，荷蒉的隐士又再次发出评论："内心真是固执啊！磬音敲得如此扎实而坚定。要知道世人如果不理解你，无可作为，那你就适可而止，不必再做什么了，人生就是这样。就像《诗》中所说：'行路如果遇到水深，那就不必脱衣服了，索性和衣而过。如果水浅，就撩起衣服，涉水而过。'""鄙"是狭窄、固执。"硁硁"是形容心志坚定，孔子击磬之声传达出他救世的坚定心志。"莫己知也"即莫知己也，孔子的磬音中传达出他不被世人所认识、理解，但是仍然有"不可为而为之"的决心。"斯"是则。"而"是这样。"而已"是这样吧。"深则厉，浅则揭"，是荷蒉者引用《诗·邶风》里面的句子。"深"指水深。"厉"指和衣涉水而过。"揭"是把衣服撩起来涉水而过。这表示处世应当识时务，根据实际状况来决定进退，不需要固执于救世而不知变通。

孔子听了这段评语后说："这个荷蒉的隐士在陈述他的人生抉择时，说得如此清楚而坚定，这样我也就不必有任何反驳、质疑的话了。""果"是形容坚定的样子。"末"是没有。"之"指荷蒉的隐士。"难"是反驳、质疑。

古人认为，孔子不批评荷蒉者，这说明孔子对与自己有不同生命抉择的人是包容且尊重的，也就是孔子所说的"攻乎异端，斯害也已"。换句话说，孔子没有意识形态的坚持，正如孔子所说的"无适也，无莫也，义之与比"，即道不同不相为谋，在生命的抉择中各依己志而行。

从这里可以很清楚地看到孔子对天下的关怀，这就是孔子的特殊之处，是后世儒家的精神所在，也是中华民族能长存于世的原因之一。

43. 子张曰："《书》云：'高宗谅阴，三年不言。'何谓也？"子曰："何必高宗，古之人皆然。君薨，百官总己以听于冢宰，三年。"

子张是孔子的学生，他问孔子："《尚书》上面说：'商代的高宗武丁居丧，住在凶庐里面，三年不谈论国家政事。'这是什么意思啊？国家怎么运作啊？"孔子回答："不仅高宗这么做，凡古代国君守丧时都这么做，只要老国君去世，刚继位的国君都不谈论国事，朝廷的官员各自承担起相应的责任，然后听从太宰的命令，如此治理政事达三年之久。"《书》指《尚书》。"高宗"是商朝的中兴之王，名叫武丁。"谅阴"，又被称为凶庐，是天子居丧时所住的房屋。"谅"是指梁柱。"阴"通庵，指房屋。"谅阴"是最简单的房屋建筑，中间立一根梁柱，然后上面覆盖茅草，茅草中开一个小门，方便出入。"言"指谈论国家政事。"君薨"指国君去世。"总己"是总摄己职，也就是将自己的职务完全承担起来，各负其责。"冢宰"是太宰，亦即后世的丞相或宰相。

我们今天在读经典的时候，常常会不自觉地把经典中所陈述的事件概念化，甚至把它浓缩到似乎没有时间变化的静止状态，而忽略了经典中所记录的事件其实也是从远古逐步演化而来的。这演化一方面经过了很长的时间，另一方面也在生命的觉醒中逐渐发展改良，在不同时代依不同的需求而形成，最后到了某个阶段以文字的形式记录而成为经典。至于注解者，有时他们会依自己所处时代的特质去注解某个事件或观点，从而忽略了古人生命中的自然变化。读注解的人，有的也忽略了那是为了时代的特殊需要所作的特殊注解，于是把注解绝对化了。

在这一章中，根据子张所问的话来合理地引申，可以知道子张所处的时代，政治观念和经验已经改变了，也就是说，作为国君，甚至是总理天下事务的天子，因居丧而离开自己的位置，那繁重的国家事务怎么办？孔子所讲的"三年之丧"，到了子张的时候，从朝廷到社会都已经不通行了，对此子张不能理解。宰我也问过孔子，行三年之丧得不得当，他认为这实在太花费时间了，完全不合乎社会经济效能。孔子所提的三年之丧，虽然是西周的礼制，但不是西周时所创，而是承袭了商朝的礼制，所以在《尚书·无逸》篇会记载着："高宗谅阴，三年不言。"可见这个礼是自古以来的延续，这证实了孔子所说的殷因于夏礼，周因于殷礼的历史事实。

再从历史事实来看，守三年之丧的礼制到了周康王时期，也就是西周中期以后，在朝廷中已经不通行了，但是春秋末期的孔子还在提倡，因为他强调人的孝思、深情。孝，是人之道的重要体现，也是人之情的重要体现。人之道，就是从人类的天性中发展出来的生命之道。孝是人们意识到、感受到父母的爱对自身生命发展的重要性，于是从这份爱的感受，以及父母亲情关系的认识中回报父母。所以孝是在人性的基础上所表现出的本质性特征，这个特征中充满着生命觉知、觉醒后对爱的认识。孔子说"子生三年，然后免于父母之怀"，所以父母去世后，子女以三年之丧来表达对父母的爱，这就是守三年之丧礼制的由来。

孔子强调三年之丧，重点在于如何展现人之道、人之情，从而推动人自我生命的觉醒，他并不是想通过丧礼将社会牢牢地控制在道德教条之下。所以当宰我不赞成推行三年之丧，表示有损社会经济成本与效益时，孔子问他："丧期不满三年，你就吃大米饭、穿锦缎，你心安吗？"宰我说："心安。"于是孔子说："好，那你就不必守三年之丧。"可见这不是强制的，它是对人性、人情、人心的提醒。所以本章高宗谅阴，孔子强调三年之丧的重点是从人心的角度出发，在社会上呼唤。

虽然三年之丧不再实行，但是父母子女的亲情仍然继承下来了。古代中国以至今天，比起西方，父母和子女之间的爱显得更亲密。现代人本主义心理学认为，爱是人类生存、生活、生命发展的基石，没有爱，人类就无法健康地活下去。中国人追求的不只是爱，我们仍然不失父母子女间的亲情关系。即使有的华人居住在西方国家，父母子女间的亲情关系也还是强于西方人。

西班牙导演阿莫多瓦拍的电影《胡丽叶塔》，是一部关于母爱的电影。一位失去丈夫的女子，因崩溃而罹患抑郁症，于是她彻底依赖十几岁的女儿生活。女儿被逼着一下子长大，一边强忍着失去父亲的哀痛，一边照顾失去生存能力的母亲。女儿去上大学前，不告而别，母亲遍寻不到，再度经受了一次打击。十八年后，母亲突然收到女儿的来信，讲述自己当年为何离家出走。事实上，长久以来，她一直对父亲的死心怀芥蒂，因为她认为父亲去世前跟母亲争吵是导致父亲去世的原因。可她不忍心抛下脆弱的母亲，便全力扶助母亲，直到十八岁成年才逃离，希望拥有自己的一片天。她要切断旧有的关系和经历，成为全新的人。直到她结婚后，她的大儿子意外去世，失去孩子的悲痛与对孩子的爱，让她突然想到母亲当年失去她时的悲伤，于是她鼓起勇气写了一封信，请求母亲原谅。

子女对父母的孺慕之情乃人类共有，特别是因为中国的传统观念，所以它也是我们的情感重心之一。这种人情就是孔子所谓的"性相近"，不过因为生活方式、文化发展、生命经历不同，所以也就"习相远"了。

44. 子曰："上好礼，则民易使也。"

孔子说，在上位的人若能从生命的觉醒中真心好礼，对一切表达出适当的尊重、适当的爱与适当的礼敬，如果他对天地文明、社会、人民，以及传统都能有敬意与关怀，那么他为政时就绝不会掉以轻心，也绝不会受自己私心的控制，人民自然就容易遵循、尊崇他所推行的政策和法律。

"上"指在上位者，也就是执政者。"好"是真心喜欢、尊重。"礼"包含三个部分，第一个部分是自古以来维系社会秩序的礼乐制度，包含天下共有的生命祭祀，亦即对天的祭祀、对地的祭祀，还有根据天文地理而来的耕种生产的自然规律，最重要的是对人们的基本教化，让人们能将文化系统延续下去。第二个部分是从第一个部分延伸出来的礼仪、规范，还有法度，也就是人们生活行为该有的秩序。第三个部分是读《论语》时，我们常常强调孔子从人的生命觉醒的角度，赋予礼更深刻、更丰富的意义，即人在生命觉醒之后，有能力认识自己的情感并适当地表达，同时对人有真正的尊重与爱，在辨识事物、认知世界的过程中不固执，其中还包含了适当的自我约束力。

"则"是就,"民"是人民。"易使"二字,从旧有的社会关系来讲,我们可以理解为容易被指使,容易服从。有人读这种注解时,很容易从西方近代所强调的社会阶级性来看这件事,认为在上位者表现出礼敬,是为了让人们心甘情愿地被役使。所以,这些人常以这句话为依据,认为《论语》中展现了非常严重的阶级性。

其实这句话被《论语》的编者放在"高宗谅阴,三年不言"之后,强调的是在上位者好礼是有情的展现,具有真正的生命觉醒,能从心底对一切表示尊重、表达适当的爱,对自我有所约束,一切依礼而行,绝对不让自己的需要影响社会大众正常有利的发展。如此一来,人们自然会拥戴他,人们的心也自然会归顺于他,整个社会上下和睦,没有隔阂。所以"上好礼,则民易使也",有这样的认知才能真正看到人性、人情、人心的部分,而孔子在《论语》中所提出的,也就是全人类共有的人性。

45. 子路问君子。子曰:"修己以敬。"

曰:"如斯而已乎?"曰:"修己以安人。"曰:"如斯而已乎?"曰:"修己以安百姓。修己以安百姓,尧舜其犹病诸!"

"君子"指在上位者,也就是领导者、主政者。子路请教孔子:"如何才能成为好的上位者?"孔子回答他:"用专心致志的态度来修养、修治自己,让自己对待一切事物都能认真、慎重。""敬",自古以来解释为聚精会神、专心致志,在这里有尊重、慎重、认真之意。"修己以敬"即以敬修己。"以"是用。

子路不相信这么简单,所以他问:"就这样了吗?没有别的?""如斯"就是如此。"已"是止。孔子于是再进一步说:"修治自己,好让人心安。"这一句重点是"人",古人说的这个"人"是指在上位者周围的人,包括他的家人以及文武百官。"安人"是要使这些家人和做事的人非常安乐，而"安"要从自我的生命觉醒，以求自己心安开始，这回应了前面的"修己以敬"。

让自己心安是让他人心安的前提。换言之，自己一定要能够觉察到自己的心理缺失，并加以弥补，也就是通过生命的觉醒，培养正向健康的人格，从而能够坚定地维持自身清明，不受外界诱惑，不受负面情绪的干扰，不陷入自我矛盾的分裂中，让理性和感性统和起来，避免出现人格分裂。这个方法就是以敬修己，用敬的方式来修持自己。

古人解释"敬"还有另一个意思，即"敬者静也"，人聚精会神、专心致志，就是心理沉静的表现。换句话说，人要先使自己的心平静、不躁动、不混乱，才有能力驾驭情绪，调和矛盾，使理性和感性统和起来，不致人格分裂、自我冲撞。这样自己就能和自己相处安乐，不容易陷入愤怒的状态，就容易和他人融洽相处，而且不论是家人还是同事，也都可以安心地生活、工作。所以孔子说的第二步，就是好好地修治自己，让周围的人可以安心地生活、工作。

子路听了，再问："就这么简单吗？就这样吗？"孔子于是再进一步说："在上位者修治自己的终极目的，就是使天下百姓都能安乐。""百姓"指天下众生，因为这些人生活在不同的地区，有着不同的地方文化，所以生活的需求不一样，生命的理想也有差异。人情风俗各自不同，如同《墨子》说的"一人一义，十人十义，百人百义"，每个人各有自己的天地，在上位者要如何使这么复杂且各不相同的天下众生都能安乐呢？孔子说："修己以安百姓。"在上位者只有进一步了解天下众生共同需要的安乐生活是什么样的，才可能推展出合乎天下众生需要的大政，使天下众生获得安乐的人生，而这也就是修己的最高境界。

最后，孔子再提了一句："修治自己，使百姓安乐，这件事应该是连尧、舜这样的圣君都觉得困难，无法做到尽善尽美。""其"是应该。"病"是困难，也就是有所不足。"诸"指安百姓之事。

"修己以安百姓"，这句话充分地表现出孔子对人的生命价值的肯定，可是，孔子最后告诉子路："修己以安百姓，尧舜其犹病诸！"这说明安顿天下众生极其艰困且不容易完成，宇宙在不断运动，时代在不断前进，众生在这变化多端的世界上不断发展，如何安顿才算是完善呢？也因此，在上位者要懂得适可而止，不可为追求绝对的完美，或者达到某个目的才罢休，这就是告诉在上位者要有"知天命"的能力。

每个人的性格，其实都是天命的表现，如此每个人才有自己的独特处。每件事、每个社会、每个时代也都会呈现天命所赋予的独特处。孔子是提醒在上位者，要想带领这个时代的人们走向理想的世界，一定要能超然地觉醒，看到时代天命的特殊处和限制处，不能一味只求完美，而走向极端、绝对化，以至于理论的建构和批评流于空泛或虚无。

46. 原壤夷俟。子曰："幼而不孙弟，长而无述焉，老而不死，是为贼！"以杖叩其胫。

原壤是孔子的老朋友，可能是因为他们从小一起长大，所以孔子去看他时，他就蹲在那里，没有展现出任何待客之礼。"夷"是蹲。另一说是两条腿岔开，屁股坐在地上，就像簸箕那样，也有人认为是东夷族的坐姿，不是蹲着就是坐在地上。蹲已经很失礼了，这种坐法就更不礼貌了。"俟"是等待。

孔子说："你年轻的时候，不择手段地竞争，不守谦逊之礼，年长以后又没有任何在生命觉醒中所展现的善行、德行可被称述，老了还不知礼，活到这么大年纪只成了一个苟且偷生的人。"说完，忍不住用手杖敲他的小腿。"孙"是谦逊。"弟"是悌道，换言之，做弟弟的对待哥哥要谦让，如此扩大到社会上就不会竞争，所以悌道也是谦退不争的意思。这不代表做弟弟的要一味退让，而是说要能够从容不迫、依序而进。"长"是年长，指成年。"述"是称述。"而"是还。"是"就是这。"贼"，偷生之谓贼，换句话说，没有任何作为、表现，不展现自己的个性，如此勉强地活着，就叫作苟且偷生。"胫"是小腿。

孔子对原壤严厉地谴责，看到他至迟暮之年仍是如此狂放，在生命中没有觉醒，于是忍不住念叨他。孔子念叨完了，还用手杖敲敲他的小腿，这是对老友亲近的表现，如同念叨完了，拍拍他的肩膀。

从孔子念叨原壤的话来看，这是在提醒人要有自我的生命觉醒。若人一生都没有达到生命觉醒，只依照生物本能的驱使而活着，看似自由自在，可是如同没有真正地生活，也完全失去真正的自主性，而人天生在大脑皮质层里就有觉知的细胞，它会让人不自觉地回想、反思，导致没有觉醒的一般人总是活在后悔、疑虑等不安的心理状态中，这就是人生的苦痛之一。所以，与其痛苦地度过一生，荒废了一生，不如从生命的觉醒里调整自己，从而享有生命之乐，这才是真正地活着，也就是孔子所说的"朝闻道，夕死可矣"。

就原壤的表现来看，他大概是位狂者。孔子的学生中也有这种人物，曾子的父亲曾皙就是其一。只是狂者也需要有自我的生命觉醒，否则生命将飘浮不定、无所依归，也是偷生。

47. 阙党童子将命。或问之曰："益者与？"子曰："吾见其居于位也，见其与先生并行也。非求益者也，欲速成者也。"

孔子居住的阙党这个地方，有一个未成年的童子被派遣来向孔子传达信息。有人问孔子："这个童子是要求上进的人吗？"孔子回答："他在传达信息的时候，大模大样地坐到成年人的席位上去了，和长辈们走在一起的时候，没有依照礼仪走在长者的后面，而是和长者并肩而行，我看这个童子并不是想要学习礼仪，让自己有所长进，而是想快快成为大人而已。"

"命"是主人的言辞。"将"是奉命，奉主人之命。"益"是进益、长进。"其"指童子。"居"就是坐。"位"是正席上的位置。"先生"指成年人。"并行"指并肩而行。

即使在现在来看，孔子的这句话也依旧非常贴近真实人生。十几岁的少年在心理上是想要快快长大成人的，只是真正地长大成人是要依生命的时序，也是依礼逐步完成的。孔子说："礼也者，理也。"这个"理"指的是天理、地理，换句话说，大自然的演化其实都有一定的秩序，这是人不可违背的生之秩序，礼是依此理而制定的。人需要适当地依此理（礼），才能成长得健康、自信，而且需要大人依理、依礼适当指点、教导，同时以此提醒与启发青少年自身的生命觉醒。

以美国游泳健将，绰号"鲱鱼"的菲尔普斯为例，他十多岁参加奥运会，迅速功成名就，创造了世界奇迹。然而，他回国后却沉沦了，后来经过长者的提醒，再加上自我的觉醒，他开始认识到自己真正的爱好是游泳，于是痛改前非重回游泳池，全力以赴地重新训练，才有后来辉煌的成绩，成为泳坛传奇。

所以孔子的这句话就是要提醒大家，人的成长要依着生命的秩序而完成，还需要长者的提醒、教导，如此青少年才能有自觉求长进的心，才能够实现自我价值。

卫灵公第十五

论语

1. 卫灵公问陈于孔子。孔子对曰："俎豆之事，则尝闻之矣；军旅之事，未之学也。"明日遂行。

在陈绝粮，从者病，莫能兴。子路愠见曰："君子亦有穷乎？"子曰："君子固穷，小人穷斯滥矣。"

孔子周游列国，到了卫国，卫灵公向孔子请教有关军事战阵的事。"陈"读zhèn，就是作战时摆出战阵。孔子回应："俎豆之事，则尝闻之矣。""俎豆"是礼器，"俎"是行礼的时候安放牲肉的架子。"豆"是装米饭、肉糜的盛食器，如同今天的高脚杯，"豆"是象形字。"俎豆之事"指礼乐祭祀、礼乐教化、行礼之事。"尝闻之矣"，"尝"是曾经，"闻"是闻问。这句话是说孔子明确地告诉卫灵公，为政当以礼乐教化为主，不可轻易动武。所以后面孔子说"军旅之事，未之学也"，有关军事战阵的知识没学过，"未之学"可以作"未学之"。"明日遂行"，第二天孔子即刻离开了卫国。

"在陈绝粮，从者病，莫能兴"，孔子在陈绝粮，以至随行弟子个个饿得爬不起来。当时，身体健壮、性格要强的子路起身到孔子面前，生气地问孔子："君子亦有穷乎？"这句问话非常有生命哲学的深意，子路心里仍有着善有善报、恶有恶报的观念，同时也认为，成为君子是善行的最高表现之一，可是上天竟然没有给予适当的好报，反而让他们困厄绝粮在陈国。

《子罕》篇第五章说"子畏于匡"，孔子被匡人包围囚禁了五天，但他镇定地告诉学生："文王既没，文不在兹乎？天之将丧斯文也，后死者不得与于斯文也；天之未丧斯文也；匡人其如予何？"《述而》篇第二十二章说，宋国大将军桓魋讨厌孔子,他听闻孔子在大树下为弟子们讲学习礼,想杀孔子便带兵前去。面对这个困境,孔子仍然非常镇定地说:"天生德于予,桓魋其如予何?"孔子的这份心得内化成的生命行动,其实就是"文王既没,文不在兹乎"的"文",也就是三千年前周文王创建礼乐文明的核心,即爱与和平。其后周武王、周公就以此开展出礼乐教化,并带动人民进入新时代,这样的文化传统一直延续到了孔子,孔子继续努力推崇的"文",也就是"天生德于予"的"德"。

孔子遭难的这两件事是在离开卫国去陈国,陈国大乱,于是又到曹国,曹国不纳,再经宋国时发生的。经过这些波折,当孔子一行人到了陈、蔡之境时,他们所有的粮食都被吃光了。这一路的颠沛流离导致子路提出"天问"的问题,那就是我做尽了好事,为什么还要遭遇这样的恶报呢?

不过孔子的回答非常特别,他没有针对子路的问题说是或者不是,而是超然地说:"君子固穷,小人穷斯滥矣。"孔子这句话其实有三个层次的含义。第一个层次,天地间并没有"天道好还"这种铁律。第二个层次,孔子告诉子路,即便是君子,也一样会有遭遇困窘的时候。第三个层次,君子之所以为君子,是因为在遭遇困顿时,他们可以在生命觉醒的前提下,坚定不移地守住自己的原则,继续走在自己的生命大道上。至于凡夫俗子,他们在没有生命觉醒之下,一旦遇到困难、困顿,就会失去分寸而胡作非为了。此外,我还延伸出另外一层意思,那就是小人们胡作非为,结果造成不幸,这是悲剧,如果君子同样没有走上生命大道,却也遭遇到不幸,这不是悲剧,正如孔子说:"求仁而得仁,又何怨?"

天不是凡夫俗子所想的天道好还,善有善报、恶有恶报,而是充满了人文精神。人们真正理解了这充满了人文精神的天,就越来越能够跨过生物性的限制,走向人性的开展,这才是人幸福的指标。

2. 子曰："赐也，女以予为多学而识之者与？"对曰："然，非与？"曰："非也，予一以贯之。"

孔子说："赐啊，你认为我是广博地学习各种知识，而后再一一把它们记住的人吗？"子贡回答："是的，难道不是吗？"孔子说："不是的。即使我学得再多，也都是用一个基本的观念和道理，将所有学问贯通起来。""女"是你。"予"是我，孔子的自称。"而"是同时。"识"解释为记，乃背诵而后记在心中之意。"之"指那些广博的学问。"与"是吗。"以"是用。

《里仁》篇第十五章，孔子在课堂上对着曾参说："参乎！吾道一以贯之。"而后便走出课堂。这时，其他学生就问曾子："何谓也？"曾子回答："夫子之道，忠恕而已矣。"我们曾经说过，"忠"是尽己，也就是让自己真实地展现出来，清楚地了解、认识自己，看到真正的本我。"恕"是根据对本我的了解，再推己及人，了解、尊重别人的特性，做到"己所不欲，勿施于人"，这就是恕道，也就是真正的爱人之道。只有在忠恕的相合圆融中，才能够真正认识人、认识生命，然后展现爱，并达到仁。再以仁来贯通所有学问，取其最大公约数，展现人的可能性，这就是"一以贯之"的意思。

不过，现在西方学术界开始强调跨领域的学习，这就有贯通的意味。中国传统学问以人作为前提，这是人在生命觉醒的层面发展的，同时也是人类为追求幸福所做的努力。换句话说，能不能贯通所有学问，是人幸福与否的关键。就如同心理学家运用心理学治疗患者，但他能否获得幸福的人生，则须看他有没有能力将自己的生命贯通，勇于面对自己、调治内心、控制情绪，方能解决自己生命中的问题。

3. 子曰："由，知德者鲜矣。"

孔子说："仲由啊，今天在生命上有所觉醒的人太少了，因为真正能对自我、对生命有体会、有心得的人实在不多。""知"是确实知道。"德"指心得，也可以说是对天地、生命感悟的心得，甚至是对道、义理、感情的心得。自己心中有了体会、心得，并内化为自身生命的一部分，就自然会表现在行动上。"鲜"是少。"矣"是叹词啊。

自我生命的觉醒，说来简单，但如果没有教育、提醒、启迪，人就容易被困在习性中，很难有所觉察和反省。有一对令我极其尊敬的夫妇长辈，他们以爱和真诚待人，后来老太太去世了，老先生终日哀伤，不管做什么都提不起精神。就这样过了很多年，他的儿子忍不住问老先生："除了哀痛，您还有没有别的方式可以表达对妈妈的怀念和爱？您可以用快乐的方式来纪念妈妈，妈妈在世的时候不是一直都给我们带来快乐，也希望家人都快乐吗？"老人家说："呀！我从来没有想过，我来想一想。"儿子说："您一定要想，您这样哀伤，妈妈一定非常不安。"

人从生物性出发，在求存中建立了生活方式，所以也就坚持活在习性里了，而人的生命觉醒，则是要带领人摆脱生活的习性，走到更开阔的生命大道上。孔子从文化的继承里掌握到生命觉醒的大道，并以此教育、启迪人们，但又感叹于天下觉醒、有德的人还是太少了。所以孔子纵然栖栖奔走于天下传道宣道，从事教育工作，也不免受困。

4. 子曰："无为而治者，其舜也与！夫何为哉？恭己正南面而已矣。"

孔子说："能够通过无所作为而达到天下大治的，大概只有舜了。他做了什么呢？其实自己只是非常慎重、恭敬，而后端端正正地坐在天子之位上，同时举用贤才让他们负起政治工作者的责任，如此而已。""其"是应该。"与"，疑问词。"恭己"是自重，恭敬己身，行为慎重。这也就是前几章说的"修己以敬"。"正"是端端正正、规规整整。"南面"是君位。

孔子说："昔者，帝舜左禹而右皋陶，不下席而天下治。"舜有治水的大禹以及为教育立法的皋陶辅佐，所以他不必离开他的席位，天下就大治了。也就是说舜以德得人才，所谓的"为政以德"，就是恭己而正南面。

这个"正"有深意。因为舜为人端端正正，修德以敬事，所以他能让所有的贤人都在适当的位置上，并自觉地担负起政治职责。事实上，我们能体会"恭己"，对任何事都能够实践完成，这就是"修己以敬"。

5. 子张问行。子曰："言忠信，行笃敬，虽蛮貊之邦行矣；言不忠信，行不笃敬，虽州里行乎哉？立则见其参于前也；在舆则见其倚于衡也，夫然后行。"子张书诸绅。

子张是孔子晚年的学生。子张问孔子："如何才能够到处行得通、行得顺利啊？"孔子回答："说话要诚诚恳恳、信守诺言，做事的时候要慎重，若能如此，即使走到遥远的南方或北方，在不同民族文化的邦国里，也照样能够畅行无阻。相反，说话不讲忠信、不诚恳、不信实，在行为上不庄重、不恭敬，即使在自己国家的州里，也是行不通的。""忠"的本义是尽己，引申为诚诚恳恳。"信"是信实、真实，引申为守信诺。"行"是做事。"笃"是厚重、不随便。"敬"是慎重。"蛮"指南方国家。"貊"指北部地区。

换句话说，虽然南蛮和北貊有不同的文化，属于不同的族群，但是他们建立的社会之所以能发展，是因为能相互信赖，行为信实可靠。所以"言忠信，行笃敬"是人类社会基本的行为表现，也是人心凝聚的关键。

接着，孔子又说："随时随地都不能忘记'言忠信，行笃敬'，同时要让它深化为内在生命的一部分，不会离开片刻。就如同站在这里时，仿佛看见它就在前面。坐在车子里时，仿佛看见它就在车子前的横杆上提醒着人。如此去行，就能行得通了。""立"是站立。"参"是直立。"舆"是车子。"倚"是靠，也有人说是刻。"衡"是车子前面的横杆。

我们把最重要的生命精华，包括智慧之言"言忠信、行笃敬"等，化成内在的一部分融入自己心中，通过自己的一言一行自然地表现出来，就是德。有了德就能够到处行得通。于是子张就把"言忠信，行笃敬"书写在自己的衣带上。"诸"是在。"绅"是衣服的带子。

在《颜渊》篇第二十章，子张问孔子："作为士，要如何做才能通达呢？"孔子反问他："你所认为的通达是什么样的呢？"子张回答："在邦必闻，在家必闻。"也就是说有名望，有知名度。孔子听了就告诉他："是闻也，非达也。夫达也者，质直而好义，察言而观色，虑以下人。在邦必达，在家必达。"《为政》篇第十八章则描述了子张在孔子那里学习如何求官职得到俸禄，孔子告诉他："多闻阙疑，慎言其余，则寡尤；多见阙殆，慎行其余，则寡悔。言寡尤，行寡悔，禄在其中矣。"

从这两章中可以看出子张所提的问题非常务实，再加上本章，可见子张是偏好在现实社会做事的人，而孔子都以正面又有效的道理来教导、提点他，告诉他正确的方向，所以子张后来也能成学，并成为当时对社会有正面影响的学者，推动了社会进步。

由此可见，长辈及师长对年轻人的教导，无意中会形成社会风气，这风气的好与坏，会影响时代的兴衰成败。

6. 子曰："直哉史鱼！邦有道，如矢；邦无道，如矢。君子哉蘧伯玉！邦有道，则仕；邦无道，则可卷而怀之。"

孔子赞美卫国的大夫史鱼和蘧伯玉两个人，孔子说："史鱼可真是一位正直不阿的人啊！你看在国家清明上轨道的时候，他的言行正直得如同箭一样。当国家混乱、不上轨道的时候，他的言行表现仍然正直得如同箭一般，绝不拐弯。蘧伯玉可真是一位有着高度生命觉醒的君子啊！当国家清明上轨道的时候，他就出来做官行道。当国家混乱、不上轨道的时候，他就隐退，把自己的才能隐藏起来。"直"是正直不阿。"矢"是箭。"仕"是在朝廷为官任职。"则"是就。"卷"是收卷起来。"怀"是藏起来。"之"可以作助词。

据古代文献记载，史鱼病危时把儿子叫到跟前说："我不断在国君面前推荐蘧伯玉的贤德和贤能，可是国君不起用他。我同时也不断劝国君贬退宠臣弥子瑕，结果也没有成功。作为国家的大臣，我没有完成自己的工作，所以我死了之后，没有资格在正堂办丧事，你就把我放置在房间的窗子边吧。"然后他的儿子就遵照他的嘱咐去做了。卫灵公依礼前来吊丧，看到这种情形，问明缘由后惭愧地说："这是我的过错。"于是立刻起用蘧伯玉，贬退宠臣弥子瑕，并要求把史鱼的遗体放入正堂完成丧礼。孔子听了这件事赞美说："竟然有史鱼这样的大臣，即使死了也要劝谏，最终感动了国君，有这种作为，能不赞美他是正直的人吗？"

或许有人会问，孔子何以只赞美史鱼的正直，而未言其是君子，又以君子来赞美蘧伯玉？根据古人的注解，蘧伯玉进退随时，他会依时间上各种事件的实际状况，来决定自己是出仕还是退隐。古人认为，这是君子之道。根据古文献记载，蘧伯玉生活的时代正是卫国的动乱时期，他经历了四代国君。因为他非常贤能，所以担任过卫国的宰相，能使侵略者不敢轻举妄动。不过，当卫国政治最动荡时，他则拒绝一切邀约，全然退出政坛，没有卷进朝廷内部的政治斗争，而且还活得非常平静快乐，所谓的人不知而不愠，着实需要极高的修养功夫。这种生命的高度觉醒，让孔子赞美他："君子哉！"

史鱼以直展现了自己的生命之道，这是精彩的人生呈现，也是精彩的道德呈现，孔子直接赞美他的直，这凸显他生命中最特殊、最不可掩盖的直道，无须再用君子去赞美他了，而蘧伯玉生活在最动荡的年代里，他能进退显隐裕如、全身远害，孔子在这里用君子赞美他，并特别挑出他的明哲知机，他是在高度的生命觉醒下所做的抉择，这是生命智慧的展现。

孔子之学在于启迪人从生物性的人，展现人性中特有的意识，开展出唯人独有的自我觉醒与生命觉醒，然后成为真正的人，从容地走在自己最具智慧的生命道路上，让自己好好地、真正地活出来，如此就能真正享有人的生命。人拥有这种生命觉醒的智慧，可以超越外在现实世界的一切有限性，进而开展出无限可能，让刹那成为永恒，这也就是孔子所说的"朝闻道，夕死可矣"的真谛。

7. 子曰："可与言而不与之言，失人；不可与言而与之言，失言。知者不失人，亦不失言。"

古人以君子立教说道作为解释这一章的前提。《中论·贵言》中说，君子一定要注重自己的言语，这样才能呈现自己做人的真诚与稳重，所宣说的生命之道才具有感染力，才能去教导、启发别人，让他们达到生命的觉醒。君子在立教说道时要非常谨慎，千万不要见了人就滔滔不绝地讲，而是要先了解对方的心志，根据他能接受和理解的范围来说，同时还要看他的生命理想是什么，以及朝向自己生命理想的定力如何，而后再逐步引导。就像大禹治水，因水之势去引导。如此，立教说道一定能成功，所说的话也会被人重视。

如果从日常生活来看，这一章强调了生命觉醒者在对人、对道有了较深刻的理解以后，遇到可与他说道理的人，却没有跟他说有关生命之道的话，就会失去领会深刻的生命道理的机会，所以遇到能懂得生命道理的人是十分难得的，应该抓住机会。

法国导演吕克·贝松执导的电影《碧海蓝天》，讲述了一个有着真挚心灵的男孩与大海中一头鲸豚的故事。这个故事深层细致、委婉曲折，非常值得对生命有领悟、关心生命、明白生命中有许多极其深邃细腻之处的朋友观看。只是片中的男孩宁愿抛下所爱的女孩和他们未出生的孩子，也依然坚持回归大海，最后女孩竟然赞同男孩回归大海，让他跃入海中随鲸豚而去。这结局实在是让人遗憾，也太不合情理了。

　　人的生命中有太多的曲折和难言之处，就如同宇宙中有许多高深莫测的部分，有的人愿意进一步了解这些问题，或愿意且有能力深入理解影片中所展现的生命细腻处和主人公心理。遇到这样的人，我们才能说出自己的看法，彼此深入交谈、切磋琢磨，从而对人生道理理解得更为透彻。不过，如果面对的人不想或者不能理解，甚至拒绝理解这些问题，那么即使自己心里有所得，也得忍住想和他们说的冲动，否则就是孔子所说的"不可与言而与之言"，是失言，即话说得不恰当，只是一味宣泄自己的情感。这正好和"可与言而不与之言"的失人相对应，一个是错失于言，一个是错失于人。

　　本章孔子的意思就是，有智慧的人在谈话上不会错过值得交谈的人，也不会和无法交谈的人说得太多。延伸到日常的生活里来看，有多少人既失人又失言。孔子这句话的重点在于能成为智者且知人、知言，在言谈中不错失对人才的认识，也没有语言、时间上的浪费，一切都恰到好处。这对在社会上做事的人是很重要的提醒。

8. 子曰："志士仁人，无求生以害仁，有杀身以成仁。"

　　古人说，"志"是心之向往。古人又说，"志"是心之所主，亦即心中所坚持的理想。所以说"志士，守义者也"，或者说"守善之士"。"志士"就是有志之士，概括地说就是有成仁之志，所以古人解为守义、守善之士，而义和善都是人在自我生命觉醒后表现出的正确的、适当的且有利于生的行为。仁是儒家的生命之学，也是人学的核心。

人性有三个层次，第一层是人的生物性，即人是动物，一切表现都只是为了活下去，为了生存而全力以赴、不择手段，这种人被动物本能所捆绑、操纵，没有获得完全的自由，只求满足欲望，没有真正的爱。

就像电影《天才捕手》里面，美国天才作家托马斯·沃尔夫最困顿的时候，他的爱人给了他极大的支持，可是当他有机会发表作品、全力投入新的创作、没办法满足她的爱时，她开始变得歇斯底里，因为他不再受她控制，也不再对她的爱予以回报。这种出于本能、欲望的爱情，基本上是不稳定的，同时也非常具有局限性。

第二层是人这种生物不同于一般的生物，人有自我意识，也有觉醒的能力，会依照人性不断回头看自己，想一层一层地认识自己。于是反省自己的所作所为，寻找更好的生命道路，人无法停留在本能的满足上，遇到事情时也会不自觉地自我平衡、自我调适。只是，若人没有达到更完整的自觉性，就会在本能的冲动与后悔中摇摆不定，然后再求调适，如同"刺激→反应，反应→刺激"这种机械性重复。

人能够有意识地完成生命觉醒，真正认识到自身特有的性情，能够进行自我肯定并走向自我完善，而后逐步达成仁道、成为仁者，才是完成了生命觉醒之道。"无求生以害仁"指这些志士或仁人有了这份觉醒后，不会为了求生存而伤害自我生命觉醒的完善，也就是仁道的完成，更不会阻碍真实自我生命展现的可能性。"仁"指自我生命的完善。

第三层是自我实现的创造性。孔子说的"志士仁人，无求生以害仁，有杀身以成仁"，就是人走向自我生命创造性的表现。换言之，人不再像动物般只在本能中盲目、被动地求生存，而是可以昂然挺立在天地之间，有能力抉择自己生命的存在方式，走上生命大道。这种自主性、独立性、自由性、能动性，是人真正活着的状态和自我生命的最真实价值。所以这句话和"朝闻道，夕死可矣"是同样的意思。

9. 子贡问为仁。子曰："工欲善其事，必先利其器。居是邦也，事其大夫之贤者，友其士之仁者。"

前一章谈仁道的最高表现，近代许多人认为这太沉重、太严苛了，其实说的是当志士仁人生命觉醒后，全面展现人性并达到一定的精神高度后，其自然而然的抉择。这不是要求人去牺牲、去死。

本章子贡向孔子请教达成仁道的方法，孔子回答："人要走向仁道，如同工程师、艺术家等要想很好地完成工作，就一定要先磨利自己的工具，妥善准备。""事"是事物、作品。"利"是磨利。"器"是工具。

孔子接着再说："如同我们，即便是暂居一国，也要认识这个国家大夫中能做事的贤德之人，跟他共事、向他学习，还要和已经有着圆满的生命觉醒的人或读书人成为朋友，让自己有切磋琢磨的对象，从而具备完善仁道的能力。""居"是居住。"邦"代表国家。"事"指做事。"友"为交朋友之意。"士"是读书人、知识分子。这就是孔子曾说的"以文会友，以友辅仁"，同时也强调即便是"暂居是邦也"，也不能停止生命觉醒的努力，不能停止思考。即不让自己的心灵怠惰下来，否则会成为不思考、不反省，只完成自己生存的小人。

生命觉醒是个人在生命层次上的活动，这不只是求生存而已。前文提到，如果我们有圆满的生命觉醒的好朋友作为学习榜样，生命心灵的成长必定会意外地突飞猛进，而这也就是中国传统社会中尊师重道的意义，这个道就是生命觉醒之道，当然老师要能启发学生主动地走上自己的生命觉醒之道。

10. 颜渊问为邦。子曰："行夏之时，乘殷之辂，服周之冕，乐则韶舞，放郑声，远佞人。郑声淫，佞人殆。"

"为邦"一般指治理国家的方式、原则，不过颜渊向孔子请教的不是一般的为邦，他问的是新国家、新时代的创立，即建国新体制应该有哪些原则，又该如何定制。

孔子说"行夏之时"，即使在新国家、新时代建立后，天下的时序还是以夏历为准，因为它具有普及性，人民据以农作，可以维持生计。这表示孔子重视与国家的经济命脉攸关的事务。"行"是推行。"时"是时历。夏朝的历法就是我们如今还在使用的农历，即便是商、周建国时采用了新的历法，大部分地区还是需要依赖通过夏历体现的二十四节气为农事准则，否则农作物就无法顺利收成。

"乘殷之辂"，新国家的交通规制，孔子主张以殷朝天子的车子为准则。"乘"是车乘。"辂"（lù）是天子所乘的车子。在周朝的制度里，天子之车有五辂，亦即有五种车，有的镶玉，有的镶黄金，有的镶象牙，有的镶皮革，最简单朴素的是用木头，没有文饰花样，而这就是殷商天子所用的车子。古人认为，日用器物中车子是最贵的，孔子主张用最朴质的殷辂，这也说明了新国家的交通规制要以朴质、实用、有效为主，在今天可以再加上安全这一准则。

"服周之冕"，在祭祀的礼仪上，以周代的冠冕服制为主。"服"是戴。"冕"是帽子，指周代祭祀时戴的官帽，有黻（fú）冕之饰，前面垂着珠穗的旒（liú），呈黻冕之形，前低后高，因此叫作冕。冠冕包含了衣服，周礼中有六种不同的冠冕，以不同的冠冕和祭服区分祭祀者的等次，也就是亲疏长幼的伦理辈分。古人认为，周朝的这套服制比夏、商的华贵庄严，孔子主服周冕，也就是推崇人文教化，因为周服展现了人的庄严与神圣，进而表现出人的美感，也展现了人的精神。这是人文教化的一部分，也是礼乐制度中的一部分，我们可以说这是关于人心灵教育的展现。

"乐则韶舞"，在音乐和舞蹈上以尽善尽美的《韶》乐为准则。周代礼乐不分，这里的乐是承接前文"服周之冕"的礼而来。春秋时期礼崩乐坏，诸侯用天子之礼，甚至连卿大夫也用天子之礼。"则"是乃，不过也有人认为是法则，意思是在乐的部分以韶、舞为准则。韶是舜时期的音乐，孔子曾说《韶》乐"尽美矣，又尽善也"，它展现了人对和平的渴望，而"舞"，古人认为乐必间舞，舞是乐的完成。

孔子随后又说："放郑声，远佞人。"意思是禁绝郑国音乐的乐曲，在任用人上要斥退善于谄媚、口才好却颠倒是非的小人。"放"是排斥、禁绝。"远"是远离、斥退。因为"郑声淫，佞人殆"，郑声过于复杂狂热，太煽动人的情绪，使人心不安，而佞人实在是太危险了。这些都会危害到正常的人生、真实的生活。

"淫"本来的意思是水太多，古人说乐有十二律，长短高下有一定的节度，这样才能够触动人最深层的真情。可是郑声的声音复杂狂热，超过人的真情、深情本身，在情绪上夸张，这就叫作"淫"。这有点像今天的某些歌曲，其声音的重点不是触动人内在的深情，而是让人变得兴奋、狂放，目的是刺激人的情绪。《老子》说："五音令人耳聋。"过分复杂的声音会让人丧失听觉的敏感，会让人失去中正和平之气。但中正和平之乐并非死气沉沉、平淡无味的音乐，它同古典音乐一样可以使人的种种情绪随着曲调的变化发展，逐渐收入内在的某种恒久不变的热情中，如此人心就会因满足而平静。

孔子在乐上主张以舜的《韶》乐为主，并且贬斥郑国的乐曲。这个观点与近代西方大文豪托尔斯泰晚年的主张相似，托尔斯泰认为俄国的民谣才是最好、最健康的音乐，民谣不会脱离真实的生活与真实的情感，听民谣会让人真心欢喜、真心悲哀。音乐给人的情感触动，值得人深入体会。

孔子在这一章所说的治国原则，全是以人民生活的实际需要为主，其深刻的思考仍值得我们参考。孔子之学以人学为主，一切紧扣人真实的生活与生命本身。西方有的哲人认为死亡是人生的大事，但是人从出生走向死亡的这条道路，难道不是人生的重要过程、不是大事吗？孔子说"未知生，焉知死"，生的过程更应是人们重视的一段生之旅途，所以人该好好地生活，并且享有它。

11. 子曰："人无远虑，必有近忧。"

"远虑"的"远"指时间的长远性，也指空间的广阔性。"近忧"的"近"也指时间性和空间性。"虑"是思考，是深思、再思，也可引申为深思熟虑后所做的规划。"忧"是忧患，可引申为困顿、困难。这句话可简单地理解为，人要是没有长远、详细的规划和思考，那么他在最近的事物上，就会有走不通的困顿之处或者遭遇困难。

古人认为，这句话就是教人要能够思患预防，亦即预想会不会有一些意外灾难发生，而事先做准备。《周易·系辞传下》说："安而不忘危，存而不忘亡，治而不忘乱，是以身安而国家可保也。"《说苑》又说："得其所利，必虑其所害；乐其所成，必顾其所败。"意思是得到了利，在这件事情上有了收获，一定要能够思考这个利是否会成为下次遇到灾难的原因。享有成就时，必须顾虑到这个成就会不会成为未来失败的原因。

人要做整体的考虑，譬如"夫上知天，则不失时；下知地，则不失财。日夜慎之，则无灾害"，也就是若上能够了解大自然不可违背的规律，就不会丧失在适当的时候决定的机会；下能够了解大地有它一定的地理性、地质性，在现实环境里也依照一定的人事规则来做事，就不会丧失获得财物的机会。不论白天黑夜，都能够小心谨慎，不放纵自己，才能避免灾害。

这个观点与今天人们认为，放任而不顾一切才是对自由和生命的享有，是不一样的。这是中国传统的古老智慧，古老的中国人之所以能够延续生活至今，仍然保有活泼且具有创造性的生命力，大都是因为受这些观念潜移默化的影响，具有完整性的思考，从而维持了自身生活的平稳。

其实这一章孔子所提醒的深思熟虑，对事理做整体性的认识和考虑，就是"攻乎异端，斯害也已"，对于完全不同于自己的地方要试着去研究，如此对立性的伤害自然就消除了。孔子认为人要有开放的心灵、开阔的心胸，他说"毋意，毋必，毋固，毋我"，不要随便主观地臆测、判断事物，也不要坚持必然的绝对性，让一切事物都形成对立冲突，也不要固执己见，以自我为中心。如此便能达成"君子不器"，拥有高度的自由和弹性，也才能获得大智慧。

12. 子曰："已矣乎！吾未见好德如好色者也！"

这一章和《子罕》篇第十八章内容高度重复，只不过多了"已矣乎"三个字。"已矣乎"是表达无可奈何的心情，用现代话说就是算了吧。"吾未见好德如好色者也"，意思是我到现在还没有见到好德如同好色的人。钱穆先生说，孔子论学每言好，如言好德、好仁、好礼、好义，即使好色也用好。什么是好？好是心之所好，亦即从心里喜欢而引发的，这是人的天性，依次去行事就没有不自在，一切都发自内心。

钱穆先生说，学者当先辨己心之所好，认识、看清楚自己心之所好，然后去做。作为学者，不能不自我反省、认识自己。其实钱穆先生是提醒人要有生命的觉醒，意识到与真实的自我不相违背，由此开始享有自己的生命，一切都出于己之所好，就没有痛苦。

人类的天性有两个层次，第一层是生物性，好色是出自生物性，喜欢漂亮的人、事物或者现象，从本能出发，没有矛盾。第二层是人性，人具有自我意识，以现代心理学来说是有觉醒性，人通过生命觉醒而有孝、有悌，会爱父母、爱兄弟姐妹，进而会不争、有所让。同时有忠、有恕，依自己内心之所好，把自己全面地活出来，由此意识到自己，然后才能够去理解别人，会从别人对我的爱来了解对方。如此人与人便可以沟通，真正的爱就从这里开始，这也是西方心理学家弗洛姆所说的爱。

德是人在生命觉醒之后，做出有利于生的善行。孔子希望人在生命觉醒的启发下，了解生命本身的意义，了解爱，了解生命的可贵，于是从心底对有利于生的德行、善行有所肯定，意识到德是出于内心深处真实的天性，如此人才能享受生命、拥有生命，这样就会如好色般自然地好德了。

只是孔子感叹在那个时代，他还没有遇到这样的生命觉醒者，人们还没有达到省觉的层次，但孔子的慨叹不代表失望，更没有绝望的意思。孔子曾对隐士说，因为天下滔滔，所以我才有这一份责任出来努力，这是天命之所在。他只是慨叹当时社会的发展还没有使很多人达到觉醒的状态。

这句话正提醒了人们，人的自我意识、生命觉醒是通过教育来唤醒的。孔子之所以重视君子，看重贤人、圣人，看重社会教育，是因为这些人越多，就意味着文化教育越成功。

13. 子曰："臧文仲其窃位者与！知柳下惠之贤，而不与立也。"

臧文仲是鲁国的大夫，文是他的谥号。他做官的时间很长，历任鲁庄公、鲁闵公、鲁僖公、鲁文公四朝，当时的人都认为他很聪明，可是臧文仲知贤不举，即他知道谁是贤人，却不把那个贤人推荐给朝廷，自己什么事都不做，做官只为了占有资源，享有权力，所以孔子批评他："应该是偷盗官位的人吧！""其"是乃。"窃位"有两层意思。第一层意思是知贤不举，意思是臧文仲不负责任，偷安于位，故谓之窃位。第二层意思是说臧文仲知贤不举于国，不能与之并立于朝，这等同盗取别人的官职，也是窃位。"与"是疑问词呢。

接着孔子说："臧文仲知道柳下惠是贤人，只因二人意见不合，所以他知贤不举，不与柳下惠并立于朝，不给他官职。"柳下惠是鲁国的贤人，姓展，名获，字子禽，惠是他的谥号。臧文仲家世世代代都是鲁国的司寇，士师是他的属下。柳下惠的官职是士师，也就是典狱官，不过他被罢黜了三次，其中一次就是因为与臧文仲意见不合，而被臧文仲罢黜。

"不与立"也有两个意思，第一个意思是不和他并立于朝，第二个意思是不给他官位。"与"解释为给予,"立"和"位"通用,指官位。

这句话的意思非常深远,孔子的评语也非常深刻,他点出了当时的在上位者,尤其是高官内心存在的问题。

14. 子曰:"躬自厚而薄责于人,则远怨矣。"

孔子说:"对自己要严格,对别人要宽厚,这样与人相处就能够远离怨恨。"但这不是说为了远离怨恨而刻意这么做,重要的是知道从人心、人情上宽厚待人。"躬"是身,指自身。"厚"是厚责,引申为严格。"而"是语气词。"薄"是轻,引申为宽大。"则"是那么。"远"是远离。

这句话看起来很普通,但在日常生活里具有更深层的意思。宽以待人不是乡愿,而是对人尊重,有的时候别人没有做好一件事,我们并不知道其中原因,所以不能随意苛责。请读者仔细体会孔子这一提醒背后蕴含的人情。

15. 子曰:"不曰'如之何,如之何'者,吾末如之何也已矣。"

孔子说:"如果人遇到事情,不好好思考该怎么办,就直接胡乱地做,对这种人我也不知道该怎么样对待他。"这里孔子不是说要放弃他,而是强调人要思考,尤其遇到比较困难的问题时,一定要沉静镇定,然后仔细思考,不要妄动。"吾"是孔子自称。"末"是无或莫。"如"是奈。"如之何"就是奈之何。

16. 子曰:"群居终日,言不及义,好行小慧,难矣哉!"

孔子说:"大伙儿整天聚集在一起,一句正经话都没有说,完全没有了解人类的生命意义。只是喜欢辩论斗嘴，卖弄小聪明。这种人难以教导，而且很难成事。"古人说，三人以上共居，可谓"群居"。"及"是触及。"义"是关乎道义之事，从大处来讲，就是让人的生命得以成长的言论和事物。从小处讲，就是能对人在生活中有所帮助的言论和事物。"好"是从心里喜欢。"行"是表现、实行，引申为卖弄。"小慧"指小聪明。这样的人难成大器，因为他们的心志还没有开展，只是简单地依照生物的本能活着而已。

事实上，这种情境对我们来说并不陌生，人们之所以会如此，是因为在躲避寂寞、排除孤独感，然而越是如此，越是空虚寂寞，因为内心没有成长。也许有人会说，想那么多反而徒生烦恼，不如什么都不想。但是，如果刻意糊涂地过日子，对自己的生命发展、身心发展是有伤害的，所以孔子说"难矣哉"，这三个字意义深沉，就生活来说可真是难啊！

我们曾说，"义"（義）字的结构是"羊"加"我"，"我"在古代的基本意义就是大斧头，是权力的象征，后来作为"我"的代表。古人在祭祀的时候，多半以杀羊为主，例如《八佾》篇第十七章"告朔之饩羊"，指天子依礼每年冬季会派史官到诸侯国颁布当年的历书，便于人民依天地秩序、气候的变化而耕种、生活。当史官到来的时候，诸侯国会杀一只羊以祭告天地，这就是告朔之礼。"义"是杀羊以祭，而杀羊以祭一定要遵守时间，所以"义"有知时的意思，可引申为适当之意，古人说："义者，宜也。"就《论语》而言，"义"还可引申为人在生命觉醒之后，内心做适当的判断和裁决，这不同于生物性的本能冲动，所以所做的判断与裁决合礼、合情。合礼是合乎众生之礼，合情是合乎众人之情，也就是根据大家共同的想法，建构出来的共同心理、共同情感。所以，幸福是人在生命成长中做出适当的裁决，而后有正确的行为表达的结果。

人们终日群居，却言不及义，生命就不会有所成长，而好卖弄小聪明，这充分暴露了自我膨胀和炫耀的心理。自我膨胀通常是内心自卑的表现，如果自己没有觉知到这种心理，就"难矣哉"，难以走上生命之道，也难以让自己的生命成长，难以获得幸福。

17. 子曰："君子义以为质，礼以行之，孙以出之，信以成之。君子哉！"

孔子说："有着高度的生命觉醒的君子，他会用合情合理的方式去判断事物，作为他行事的本质。同时把这合情合理的适当行为实践出来，然后用谦逊的言语去传达自己真实的意思，最后用诚信、真诚的态度来完成这些事。这样的人真是君子啊！""义"是在生命觉醒后，内心能做适当的判断和裁决。"质"是本质。"礼"是适当的行为表现，也是孔子赋予周礼的新意义，即不必非要依照原有的礼仪去做，重要的是要有合情合理的行为展现。"行"是实现、实践。"孙"乃谦逊、从容之意。"出"是言语表达。"信"是诚信、诚实。"成"是完成。

人实现了生命觉醒，就会很自然地采用这种方式去处理事情，一切都认认真真、诚诚恳恳、真真实实。凡不能如此的，基本上是还没有达到生命的觉醒。

18. 子曰："君子病无能焉，不病人之不己知也。"

"病"是忧虑、挂心。"无能"是没有能力。"不己知"就是不知己，亦即不知道自己。这句话是说，君子不担心人家不知道自己，不能深刻了解自己，君子担心的是自己能力不足，没有把事情做好。"之"是的。

换句话说，真正的生命觉醒者，不会追求虚妄的社会知名度，而是让自己的生命能量充分释放。这句话和《里仁》篇的"不患莫己知，求为可知也"意思相同，也就是说，君子不担心他人不知道自己，或看不到自己的努力，只要脚踏实地地去做，人家自然就会看见。此外，《宪问》篇的"不患人之不己知，患其不能也"，意思是人不用担心别人不知道自己，要担心的是自己能力不足。这里说的能力不仅指现有的能力，还包含可以不断发展的部分。生命觉醒最重要的是建立真正的自己，有了真正的自己才能有自我的主体性，因而遵循合乎生命的原则，让人做正确的判断，而不会随着社会一时的潮流浮沉，让生命变得空虚。

日本曾流行《被讨厌的勇气》一书，很多日本人说这本书拯救了他们。这本书是日本作家改写人本主义心理学先驱阿德勒的《自卑与超越》而来的。书中说，一般人活在社会上，缺乏生命觉醒时，没有自我，或者自我不完整、不健全，害怕被社会遗弃，因而不敢跨越生之恐惧，也不敢违背社会群体的主流观念，只能放任自己随着潮流浮沉。即使按照某些宗教或哲学的观点，追求只活在当下，可是这在今天被解释成只求当下活着而什么都不想，这种活法实在太不切实了，甚至会让人觉得连事业有成都不足以体现自己的生命价值，也不知道自己的生命意义是什么。

阿德勒的这本书告诉人们如何寻找自我，建立自我生命的主体性，所以很快就引起大家争相阅读。当然，如果年轻人因此真懂得寻找、建立自我，这倒是社会未来的希望。阿德勒和孔子所说的在自我的生命觉醒、自我的建立、自我的生命发展之后，走上所谓"人不知而不愠，不亦君子乎"的自我完善的道路，其实非常相近，值得一观。

本章孔子强调真正的生命觉醒者，所关注的是自己的能力与自我生命觉醒是否有待完善，以及如何冲淡内在的生命恐惧，减退得失心，缓和争胜心，在生命觉醒的道路上一步步向前行，致力于自我创造、自我实现。至于别人不知道自己，并不是他所担心的。

19. 子曰："君子疾没世而名不称焉。"

"疾"与"病"都是忧虑的意思，只是"疾"比"病"的情况更严重。"没世"就是去世。"而"是竟然。"名"是名声。"君子"在此指在上位的领导者。"称"，主要有两个意思，一个是被别人称述，包含了赞美、记录或记忆；另一个是相当、相称。这句话的意思是，在上位者所担心的是自己不能立德，担心不朽之名没有善之实，或是自己去世之后有德的名声不能被称述。

但这么看来，不就与前面的"君子病无能焉，不病人之不己知也""不患人之不己知，患不知人也"相矛盾吗？难道有德的领导者就可以求好身后之名？

宋代理学家教导人一定要务实，并将名声排除在外。这是宋儒受了道家和佛家出世思想的影响，以致过度不求名声。但古人认为这么做并不正确，这种完全不要名声的做法会损害社会人心，因为人只能在有心立德、立言、立功的努力中得身后之名，所以君子会以荣名为宝，让后世人羡慕、称述，并以他为榜样，如此才能带动社会风气，让人们走上成为君子之路。

就像孔子著《春秋》，使春秋时代那些乱臣贼子感到恐惧，担心在历史上留下坏名声。如果人们都不好名，都不再重视历史之名，就会更加毫无顾忌地争权夺利，因此"名"在孔门中也是重要的教诲，其道理深邃，发人深省。一个解释是，"君子疾没世而名不称焉"的"君子"指高度的生命觉醒者，而不是在上位的领导者。高度的生命觉醒者担心的是去世以后，他的生命觉醒之名没有能被称述的。

这一解释强调了人在生命觉醒后，达成内外的一致性，正如《大学》中说的"诚于中，形于外"。《中庸》也说"苟不至德，至道不凝"，我把它调整成"苟有至德，至道必凝"，人如果有至德，那他的生命之道一定会铺展开来。如此，君子的形象也就能清楚地呈现出来，自然就会有名声可以被称述、记述。否则必定是他在生命的觉醒上没有得到深刻的体认，以致无法表现出来。

另一个解释是，君子在死后名与实是否相称的问题，其实关键在于如何去实践，展现自己的生命觉醒，并且自然地呈现出自己的特殊性。人们看到他的所行、所为，以及那份善、那份喜悦，自然有所感、有所悟，当然也就会有所称述，并被启发走上生命觉醒的道路。

20. 子曰："君子求诸己，小人求诸人。"

"君子求诸己"，这是说高度的生命觉醒者，他所追求的是如何建立自我、发展自我、走向自我，以求自我完善，甚至实现自我创造。"诸"是之、于的合音。西方心理学家马斯洛认为，人的这种完善性走到最高处，会向至真、至善、至美的自我生命道路迈进，而这生命道路也是全人类生命共同的完美呈现。这就是君子在生命觉醒之后，自求于己的生命发展道路。

"小人求诸人"，是说还没有走向生命觉醒的人，总是为生存而努力，心志被生物生存的本能操控，因为害怕失去生存的机会，所以一直处在生之恐惧中，缺乏安全感。即使他身为达官贵人，他的一切作为也是在争取自己的生存。由此看来，小人的生命所求在于他人的肯定，或者有求于他人，因为小人在没有生命觉醒的时候，是没有生命的主体性的。

21. 子曰："君子矜而不争，群而不党。"

"矜"指庄敬自持，"庄"是庄重、稳重，"敬"是专注、真诚，"自持"是自我要求、自我约束。"争"是与人的竞争之心。"群"是以和处众、以和聚众，古人有一说是以仁道，即爱人之道与人相处，人们自然会以和相聚，因此就有群体。"党"，营私聚集曰党，亦即经营自己的私利，进而集结成群。另一说，阿党比周曰党，就是群聚相互谄媚阿谀，共同经营私利，也叫作党。

这句话的意思是，高度的生命觉醒者拥有清明的智慧，因此他们表现得庄敬自持，在心理上和行为上一定能自我要求、自我约束，不会与人争利、争权。同时他们以仁道相处，使大家和谐聚集，绝不会阿党比周，也不会谋求自己的私利。

22. 子曰："君子不以言举人，不以人废言。"

这句话是说，有着高度的生命觉醒的君子，不会因为他人的话说得动听就去举荐、提拔他，也不会因为他人有缺陷就全盘否定他的正确意见。"以"是因。"言"是言语、说话。"举"是举荐、提拔。"废"是废止、否定。这说明人唯有通过生命觉醒，才能超越生物生存的本能，发展出人性进而摆脱现实社会中利害的限制，拥有真正清明的智慧，不至于掉入争生存、斗意气的陷阱之中。

23. 子贡问曰："有一言而可以终身行之者乎？"子曰："其恕乎！己所不欲，勿施于人。"

子贡向孔子请教："有没有一句话可以让人终身奉行，作为座右铭，然后一辈子去实践它？""之"是助词的。"乎"是疑问助词呢。

孔子说："应该就是恕道吧！""其"是应该。"恕"是推己及人，根据自己的生命经验，了解人的共同的特殊性，然后推想别人也会如此，从而产生同理心。接着孔子解释说："己所不欲，勿施于人。"这是在认识、看见自己的"不欲"后，推己及人，发现别人也都有自己的"不欲"。所以，我们不要将"不欲"施加于别人，也不要去触犯别人的"不欲"，这才是恕道的完全展现。"施"就

卫灵公第十五 / 599

是加。

"不欲"一般解释为不要，但若将"己所不欲，勿施于人"解释成不要把自己不要的给人家，不合逻辑，因为我们不要的，别人不一定不要，所以不能这么解释。准确地说，"不欲"是人依着生命觉醒，由自我的反省、反思而产生的对自己的了解。换句话说，每个人都会成为特殊的人、有个性的人，这是因为每个人都有自己"绝对不要什么"的底线，这个底线就叫作"不欲"。

有一部电影值得观看，名字是《大洋之间的灯光》。电影的男主角是退伍老兵，他在战争中杀了很多人，对生命和人性感到绝望，所以战后就去小岛上做灯塔看守人，想让自己沉静下来。后来他遇到一位能理解他的女性，于是他们结婚了，而且极为恩爱。婚后，他的妻子两次流产，身心遭受了很大的伤害。他们拾获了一艘海上漂来的小舟，小舟里有一个死去的男子和一个活着的美丽的婴儿。灯塔看守人打算把婴儿交给政府，可是他的妻子哭求他收养婴儿，他因心软而答应了。

孩子两岁时，灯塔看守人认识了海难罹难者的妻子，不忍见她因失去丈夫和孩子而哀伤欲绝，于是写信告诉她孩子一切安好，请她放心。警察根据这些线索，搜查并逮捕了他，还强行索回了孩子。他的妻子愤怒地质问："你不是爱我，愿意为我而死吗？你怎么能让他们夺走我的孩子？"灯塔看守人说："我没有办法抑制内心的不安，当我见到那位绝望的妇人时，我心如刀割。"灯塔看守人的不忍之心，就是他的"不欲"。

"不欲"合乎西方人本主义心理学的观念。孔子以"己所不欲，勿施于人"的恕道说仁，也以恕道谈仁者的圆融的爱，因为唯有如此才是尊重人，所以真正的爱是不带任何占有性、控制性、侵犯性的。这也就是孟子所说的恻隐之心，以及颜渊所做的不迁怒。人在这样的自觉中，自然会随时警醒自己，不要将自己的"不欲"（个人最不喜欢的负面事物、情绪）加诸别人身上。

如果人能够随时随地怀着这份恕，就能够完成对人的爱。因此孔子以恕作为终身奉行的重要观点和觉醒的指标，而这也是人学的核心，读者或许可以从这里来思考有关仁或人的问题。

24. 子曰："吾之于人也，谁毁谁誉？如有所誉者，其有所试矣。斯民也，三代之所以直道而行也。"

孔子说："我责备、否定过谁？称誉、赞美过谁？""毁"是毁谤、批评。"谁毁"就是毁谁，更深层的意思是批评一个人批评得太过头了，批评得不恰当、不真实。"誉"是称誉。"谁誉"就是誉谁，更深层的意思是扬人之善而言过其实。

孔子认为，不论毁、誉都应真实不虚，合乎事实，这是批判者当有的自我要求、自我省思、自我觉醒，也是人学中重要的知识原则。因为人是真理的主体与主题，所以必须使真理展现得清晰、明白、准确，合乎事实。如同西方自然哲学所说，要客观展现宇宙中一切事物最真实的本质与样态，使人在事物的认识上清晰、明白、准确。

接着孔子又说："如果我对人有所称誉、赞美，一定是根据事实的验证所得出的结果。""其"是应该。"试"是验证。这就如同西方自然哲学所强调的真实性。

最后孔子说："我所称誉、赞美或者责备、否定过的这些人，乃是夏、商、周三代以来人们依据他们的生生之直道，而共同做出的评价。"在这里"斯民也"一是指三代历史中曾经活着的这些人，另一是指被三代的人们称誉或责备的人物，比如能够开创人们理想生活的夏禹、商汤，西周的文王、武王以及周公，这是三代的人们共同称誉的人物。那些亡国者，如夏桀、商纣、周幽王、周厉王等人，则是三代的人们共同责备的人物。

什么是"直道"？孔子曾说："人之生也直。"这句话有两层含义，第一层含义，人是依直道而生的。第二层含义，因为人性也是因直道而生成的，所以

"直道"就是指这宇宙天地间的生生之道。《周易·系辞传上》里说"天地之大德曰生",也就是"天地之大道曰生",德是道的展现,道是宇宙自然之大道,大道最强烈的展现是创造,其最伟大的成就是生命的创生和发展,即生生之道。人们依生生之道而生,依生生之直道而得其性,这也就是《中庸》所言的"天命之谓性,率性之谓道",一切由天命之生生所展现,而后有了人性,人随着人性的发展踏上了人生之路。

人们评价历史人物,其实依据的是生生之直道。凡是能开创出人人都能够共生、共存、共有、共享的天下的人,就一定是被称誉、被赞美的历史人物。相反,就成了反面人物。三代以来的人们依据人类共同秉承于天的生生之直道而下的结论,一切都有历史依据,合乎历史事实。

这里孔子提出了很重要的观点,那就是他不会根据主观臆断去称誉人或责备人,合乎事实才是依大公无私的直道而行的德行。

有的人认为中国传统文献往往不合乎现代自然科学的语境,也不在西方知识的准则之中,而且中国传统文献提出了许多意义性的价值论断,因此认为中国传统中没有学术可言,如果要陈述中国传统学术,必须把它改换到自然科学的语境中才行。

我们常常说这种看法不正确,可是又只能以西方自然哲学、自然科学方法论的论文方式,去陈述自己的研究。如果我们以人作为知识的主体和主题,抛开西方方法论的框架,就能够很清楚地看到,人类的知识系统其实是依人类的文化系统而来,而人类的文化系统有以物为研究对象而建立的自然哲学与自然科学,有以神为研究对象而建立的神学,有以人为研究对象,为探讨知识、真理而建立的中国式的人学。最后一种就是中国传统学术。

孔子在此强调历史人物的价值性,他的价值判断的依据是客观的历史事实,也因此,人们对人物的批评必须合乎历史事实。如此一来,不但历史事实能被清楚地呈现,而且其所含藏的意义能被准确地陈述出来。所以本章强调了中国传统人学的价值判断必须和客观事实一致，其实先秦已经具备了一套以人为主的知识方法论和知识系统，而其中的真实与意义、事实与价值是可以合一且有转换空间的。

25. 子曰："吾犹及史之阙文也；有马者，借人乘之。今亡矣夫！"

中国传统学术是人学，一切以人为研究的中心，历史的记录是基本的前提，所以中国有最完整的历史记录，这是人类世界的奇迹，全世界其他国家几乎没有像中国这般看重历史。中国在西周时正式确立了史官制度，天子为了解地方人情，常派出史官到各地搜集资料，并记录地方事件。所以，古代优秀的史官，亦即所谓的良史，他们在研究、阅读史书资料时，若发现书写的文字存疑就会空着，绝对不会根据自己的判断把认定的文字记录上去，而是等以后的智者、能者再来研究，"史之阙文"就这样形成了。

孔子说："我还能够看到史书中有阙文的地方。""犹"是还。"及"是到，也就是赶上了。"史"指史书或史书中记录的文字。"阙"是缺。"史之阙文"指那个时代的人们尊重知识，并且保持知识的客观性和真实性。

孔子又说："有马者，借人乘之。"意思是有能力养马的人不会驯马，于是就将自己的马借给懂马的人去骑或者去拉车，让他们帮自己驯马，这是社会的互助精神。这句和本章没有关联，是两种不同的生活态度、状况，但都呈现了古人曾经有过的精神高度。

只是孔子说："今亡矣夫！"指现在似乎看不见这样的情形了。"亡"是没有。"矣夫"是叹词，表示非常惋惜。

从中可以看出孔子处在剧烈变化的时代，但他能挺身而出，建立新的学说，宣扬生命觉醒的真谛，确定人的知识真理的系统，而后推广平民教育。就创造这个前提来说，孔子不正是了不起的创造者吗？所以古人把孔子跟尧、舜、禹、汤、文、武、周公这些缔造出新时代的圣人并列，这是非常正确、公允且合乎事实的价值判断。

26. 子曰："巧言乱德，小不忍则乱大谋。"

这里的"巧言"与《学而》篇第三章中"巧言令色"的"巧言"，同样指花言巧语，即讨人喜欢的言语。只是本章的"巧言"能"乱德"，在其他文献中孔子也讲过"巧言乱义"，这种精巧、讨人喜欢的言语中加入乱德、乱义的成分，就会颠倒是非，使人违背正确的行为准则和判断依据。

如果人们想要不受巧言的干扰，自身就要有较强的辨识力，唯有通过自我的生命觉醒，真切地认识到自己真正的喜好、真正的志向，才能有较强的辨识力，从而进一步确立自我，产生自信。

那些会被巧言迷惑或是干扰的人，就是没有自信、没能确立自我的人，包括不明事理的人。这种人会随着利益、权力以及一时的现象而摇摆不定，不可能有定见，也无法守住自己的德行。这些人如果不深入地看现象背后的本质，不针对事理加以分辨、分析，很容易就会被变化莫测的现象迷惑了心志，无法依照原本的整体性规划去发展、执行，这也就是"小不忍则乱大谋"。

唯有具有生命觉醒的君子，才能守住己德，并坚定地执行整体考察后所做的规划，而不会被现象迷惑，甚至动摇执行大谋的决心。

27. 子曰："众恶之，必察焉；众好之，必察焉。"

孔子说，在当时社会的主流思潮下，有人被厌恶、批评、否定，我们一定要仔细检视、考察这个人，他何以被大众所厌恶。同样，有人被喜欢、推崇，我们也一定要仔细检视、考察这个人，他何以被大众所喜欢。"众"是众人，亦即社会大众，用今天的话来讲，也可以指现实社会中的主流思潮、主流价值。"察"是考察、仔细检视。"焉"是之，助词，因为前面已经用"之"了，所以后面改用"焉"。

这句话说的是，有着生命觉醒的君子，不会一味附和现实社会中的主流思潮，对于社会公众的意见或舆论，都会进一步检视、考察。当然他也不会依据自己主观的好恶进行判断，一切都以公义为准则。这种客观的态度主要运用在做事、为政上，如此才不会有所遗失或者出错。

28. 子曰："人能弘道，非道弘人。"

"弘"是大，作动词用，有弘大、大力宣扬的意思。"道"在这里有两层意思，第一层意思指人道，也就是以人为主的大道，即一切真理、学术、文化、知识、哲学都围绕人来开展。孔子所创立的学术是人学，以人为主，这和西方所说的以物的本质作为真理、学术、文化、知识、哲学的前提是不同的。

孔子说，只有人能够弘扬人道。人道的核心是仁，仁是圆满的觉醒，这种圆满的觉醒充满了爱。道是人之所见、人之所感、人之所行、人之所生的代号。所以，唯有人能弘道，非道弘人。

第二层意思指一切宇宙自然及人生的发展。这种观念也是道家的思想，尤其是老子思想中所提出的道，只有通过人心的自觉，才能够意识到包罗一切的是大道。朱熹解释本章的时候说，"人外无道"，人之外无道可言。道是人所给予的称号，如果没有人、没有人心，道就不可能自己展现。"道外无人"，所谓自然的大道没有目的性，一切都在自然运转，它没法主动地使人更好一点、努力一点、有能力一点。所以"人能大其道，道不能大其人也"，一切道以及一切对道的认识、推广、宣扬，都得以人自身的作为、认知、意识、理解为主，只有人能彰显出道。此处特别强调了人的主体性和特殊性。

29. 子曰：" 过而不改，是谓过矣。"

孔子说："人的行为有了错误却不改正，这就是真正的过了。""过"是错误。"改"是更正。"是"是此。有的时候人只看到别人的错误，却看不见自己的错误。所以人必须有自觉力，有自我意识，才能够在自我意识的反省中重新认识、重新思考、重新评估，而后及时更正错误，不至于陷入盲点而犯下错误。

30. 子曰："吾尝终日不食，终夜不寝，以思，无益，不如学也。"

《论语》的编者在此对前几章讲述的自我觉察，做了总结，同时强调在自我觉察和学习的过程中，深思、创造非常重要，但有系统、踏实地学习同样很重要。若是整日不吃不喝，甚至不睡觉，只是不停地冥思苦索无助于学习，不如更深刻地反省自己坚持的观点、理论，是否周全、有所偏执，这样做才能让自己有真正的生命觉知，让自我意识得到丰富的发展。

本章孔子提醒人们不要只"思"，即单一地思考，还要"学"，即有程序、有依据、踏实地学习，进一步自我觉知，发展出所谓的意识思维。意识思维是人最高的认知，它综合了直觉、感性思维和理性思维，从而达到更高的再认识，让自己有更清楚、更明确的反省力，如果人没有学习能力，思考得再多也无益于成长。

31. 子曰："君子谋道不谋食。耕也，馁在其中矣；学也，禄在其中矣。君子忧道不忧贫。"

"谋"是规划、谋求，也可解释为追求。"道"指人道、仁道，是生命觉醒之道，还可以是以人和生命为中心的觉醒之道。"食"是食物，在这里引申为对利益、金钱的谋求。高度的生命觉醒者所追求的是人类生命理想的发展之道，并且不再受生物本能的制约。

"耕也，馁在其中矣。""耕"指耕种，在古代中国，只要耕种就有利益可得。"馁"是饥饿，"馁在其中"，意思是饥饿还是会存在经济利益的追求中，不会消失。在收获的时候一旦遇到干旱、水灾，饥饿就在这样的情况下产生了。

接下来，孔子又说"学也，禄在其中矣"，"学"包含了学习、觉醒。孔子是第一个创办私学的人，甚至比柏拉图还早了一百多年，他一方面教导平民学习原本只有贵族才能学习的知识，譬如文学、言语、政治、德行。另一方面在教育中，他启发学生的生命觉醒，提升学生的生命层次，拔高学生的精神高度，让这些学生认识到自己真正的好恶和性情，从此发展出志向，展现出才华和技能。当然这还包含让学生在生命觉醒中能行孝、悌，能做到忠、信，能够合礼合义地表达自己，做正确的裁决，成为真正有见识、有品行的贤德者。虽然为学无法像耕种这样获得生活上的实利，但是孔子认为，一旦为学达到一个阶段，有所完成便有机会出仕为政，这不就有俸禄了吗？再说耕种也免不了遭受饥饿，无法百分之百地保障生活。孔子将"耕"与"学"两者做了比较，提醒人们不能只有单一的价值观点。

不过，最后孔子提出"君子忧道不忧贫"，作为真正高度的生命觉醒者，觉得活着真好，生命本身就是极大的享受，这才是真正活出来了，因而减轻了在生物生存的本能下对钱财、利益的渴望。君子追求的是生命的提升，是真实生命的开展，是自我觉醒的完满，他不会担心自己赚不赚得了钱财，不会用心追求生活上的种种利益和生存的保障。孔子说的"朝闻道，夕死可矣"，就是这个意思。

孔子在《述而》篇第十一章里说，"富而可求也，虽执鞭之士，吾亦为之。如不可求，从吾所好"，如果再加上"贵"——"富贵而可求"，意思会更周全，财富与社会地位不是人想要就能有的，如果求不到就依照性情、才华，在生命的觉醒中全力发展自己的特质，发展自己最大的可能性。在晏婴的车夫的故事中，一个贤相晏婴，一个贤惠的车夫之妻，还有一个能改过的车夫，他们三人完成了这件好事。这是难得的人生际遇，所以孔子说"如不可求"，好事并不是人人都能遇得到的。

钱穆先生就针对这句话说，君子只计谋于道，不计谋于食。耕田也有饥饿的时候，学道也可得到俸禄，所以君子只要忧道，亦即担心道之不明、不行，不必担忧贫不得食。

32. 子曰："知及之，仁不能守之，虽得之，必失之。知及之，仁能守之，不庄以莅之，则民不敬。知及之，仁能守之，庄以莅之，动之不以礼，未善也。"

这一章，孔子谈的是治国治民的方法和原则。

第一句是说："在上位的为政者，虽然其聪明才智能达到治国治民的水准，但是自身的生命觉醒不够，无法坚持以仁爱的胸怀来治国治民，在自私自利下，时间一久，他一定会失去治国治民的权位，走向失败。""知"是智慧，或说聪明而有才能。"及之"的"及"是达到。"之"指国与民。"仁"有两层意思，第一层是爱人，第二层是仁爱，也就是充满爱的、圆满的生命觉醒，不再为生物生存的本能所支配，不以自己的私欲为处理政治事务的准则。"虽得之"的"虽"是即使，"之"指治国治民的权位。

第二句是说："在上位的为政者，其聪明才智能够达成治国治民的效果，同时又因为自我的生命觉醒，所以充满着爱，且能不受诱惑，完成治国治民的工作。如果他不能以庄重谨慎的态度和方式与人民相处，那么他就会失去人民对他的敬意，而不被人民当回事。""莅之"的"莅"可解释为临，"之"指人民。"敬"是敬重之心。

最后一句是说："在上位的为政者，其聪明才智足以治国治民，又能够以高度的生命觉醒执行治国治民的事务，并且也能庄重谨慎地对待人民。可是如果他没能依照适当的分寸来执行事务、引领人们，那么他的整个为政的工作就无法达到完善的地步。""动之"的"动"指执行事务，包括劳动人民去做事。"以"是用、按照。"礼"指做事情有适当的分寸、规律，以及处理事务该有的原则、节奏。"善"是完善。

这整段话里孔子谈为政之道，讲为政做事的基本态度和原则。换句话说，在上位的为政者需要经过严格的身心教养与训练，才能成为合格的为政者。孔子这段话可说是一套领袖教育的原理和原则，国家或是企业想要训练、培养领导者，都可以此为根据。这或许就是孔子教学的为政科所要达到的水准。

33. 子曰："君子不可小知，而可大受也；小人不可大受，而可小知也。"

孔子说，高度生命觉醒的君子，通常无法在小事上展现出自己的才能，所以人们很难从小事上去认识他、赏识他。不过，高度生命觉醒的君子可以承担起大事情，肩负起大责任，完成重大的工作。一般人在小事或小细节上可能会有很好的表现，但是没有能力完成大事情，肩负起大责任。"不可"是不能。"小"指小事、细节。"知"是欣赏、认识。"大"指大事、大责任。"受"是承受。

孔子的这种说法非常公允，高度的生命觉醒者，不一定会成为"万事通"，这些人往往不拘小节，比如物理学家爱因斯坦、发明家爱迪生，他们凭一己之力造福了人类，在日常生活里却是大而化之的人。庄子曾说，牦牛、大象虽然很大，但是不能抓小老鼠。不过，我们也不能轻乎一般人，也应当肯定那些没有达到生命觉醒的小人，他们为了生存谨慎勤恳，把许多小事情都处理得井井有条。

在《论语》中，君子与小人的分野只在生命的觉醒上，孔子当然希望人人在适当的教育下被启发成为君子，因为小人在没有达到生命觉醒时，受困于生物生存的本能，所以容易走上自私的路。人只有通过生命觉醒成为君子之后，才能真正享有因认识生命而带来的幸福欢乐。

34. 子曰："民之于仁也，甚于水火。水火，吾见蹈而死者矣，未见蹈仁而死者也。"

孔子说："人们对爱的追求，超过了对生活中水火的需要，我见过人们因水火引起的灾难而死亡，但是还没见过因走上生命觉醒之道，达成对人的爱而死亡的人。"这是孔子指出人没有不需要爱的，因为人只有在有爱的生活里，才会觉得生命有意义、有价值，才有活下去的力量，所以孔子鼓励人们去爱，而能完成这份爱，就是生命的觉醒。"民"就是人。"之于"就是对于。

但人要如何做才能有爱呢？唯有通过生命的觉醒，了解真实的自己，从而能认识别人，然后对自己内在的种种变化有进一步的认识，准确地知道自己的个性，并能依此了解他人的特殊性，包括自己所爱的人。不会因为爱别人而冲昏头脑，不会不分青红皂白地把自己的爱灌注到对方身上。人从这里学会对人要尊重、体贴、沟通、理解、谦让，也就是"己所不欲，勿施于人"，是完成了爱的体现。

所以人们对爱的渴望与追求，其实超过了对物资、水火的需求。只是人往往没意识到自己无时无刻不在追寻着爱，比如期待被认同、被肯定，以及因追寻爱而产生强烈的孤独感。

《学而》篇一开始便说"学而时习之，不亦说乎"，能够确立自我、肯定自我，是令自己极为喜悦的事，而后又说"有朋自远方来，不亦乐乎"，这是人的社会性发展，以及通过融入社会获得的认同感，其实这里面都含藏着对爱的追寻。即使最后"人不知"，不被人了解、认同，甚至无法被人肯定，都能"不愠"，不会失去生命的喜乐，这同样是对爱的追寻后的体现，同时也是自我在生命的爱与关怀中的确定，换言之，这就是自我生命的完善。

这样的君子，他同时也理解还没有觉醒的人的苦恼与不安，而能给予支持、同情、温暖，对自己的不适状态，他也能不自责，从容地调整生命的琴弦，然后达成完善生命的演奏。如此他就是仁者了，也就是能爱人的人了。

不过，孔子接着又说："人们在生活上需要水火，不过我见过人们在需要水火时，往水里或往火里去，有时候会被水淹死，或者被火烧死，但是没见过有人因为实践仁道而死。""蹈"是踏、踩，引申为往里去、实践。"而"是语气词，也可以解释为因而。

爱是人们所追求的，人们会因为没有爱而死，但不会因为得到真正的爱而死，这是在"己所不欲，勿施于人"这个恕道的前提下所展现出来的爱。换句话说，真正的爱是出于尊重、体贴、理解、沟通，而这一切都是在自我觉醒，意识到自己的个性、独特性之后，推己及人地想到别人也有自己的独特性，也有自己所向往的事物和所厌恶的东西，我们不能以自己主观的意愿去对待别人，这就是生命的觉醒。有了这样的生命觉醒，自然会产生真正的爱。

有一部根据真实故事拍成的意大利电影《玛丽娜》，讲的是一个少年的成长经历。在比利时，有个矿工的孩子爱唱歌，也能作曲，是个音乐天才，可是他父亲坚持让他当矿工、赚钱、存钱，然后返回家乡意大利。父子关系因此决裂，而这个儿子尽情地展现着自己的才华，最后成了二十世纪六十到八十年代意大利最知名的歌手，红遍了全世界。

从这个故事里可以知道，人有时会因为爱以主观意愿去干涉、阻挡、要求别人。真正有了对人的理解，有了生命的觉醒之后，才能达成对人的爱。我们常看到人世间的爱转变成恨，这都是因为爱得不得当，即人们不自觉地用主观的意愿去干涉别人，结果造成不欢而散。人只要达到生命的觉醒，就一定懂得爱，所以孔子教导、鼓励人生命觉醒，并努力在觉醒中走上圆满的爱人之道。

35. 子曰："当仁不让于师。"

孔子说："人们面临行仁的事，或说达成爱人之道的事，即便是面对师长，也无须谦让。"换句话说，弟子、学生面对各种事物时，依礼对师长应该谦让，不过面对行仁之事，不妨先做了再说。什么是行仁之事？就是实践爱人之道，凡是真正的爱，一定是达到了生命的觉醒。在生命觉醒的大道上，或是达成生命觉醒的事上，就无须谦让，而这也就是生命觉醒后"青出于蓝而胜于蓝"的体现。"当"是遇到或面临。"仁"可以解释成实践仁道。"让"是谦让。"师"指师长。

36 子曰："君子贞而不谅。"

"贞"就是正，《易经·象传》也说"贞，正也"。孔子说，君子在生命觉醒后对事物的所有决策都以义为准则，因此他的所作所为全都合乎正道，对一切事情都没有自己认定不变的规范、教条，而是以合乎仁道和人道作为践行的依据。所以"贞"也可以引申为真正合乎仁道，或者再引申为真心，真正的、诚恳的用心，没有一点儿虚邪。

至于"谅"，古人则解释为勍，它本来指强大的力量，可引申为固执不通，即固执不通地执守自己的信约。孟子曾说"君子不谅"，又说"大人者，言不必信，行不必果，惟义所在"。孟子说的大人和孔子说的君子，都是指生命的觉醒者，这种人不会固守在自己认定的小信、小谅上。可见，生命的觉醒者不一定非要按照原来决定的准则去行事，如果发现所行之事不得当，就随时加以调整，因为一切都要合乎真实且以有利于人、有利于事，亦即以仁道为行为准则。

春秋时代，有个人叫微生高，他跟朋友约好某天在大桥下见面。没想到当天突然下起了大雨，溪流上游的水漫了过来。他觉得朋友还没有到，自己不能背信离开，结果他被淹死了。古人认为，这种不顾一切地固守信约是小信、小谅的表现。孔子也说："岂若匹夫匹妇之为谅也。"管仲肯定不会固守匹夫匹妇的小信、小谅，不会去为原来尽忠的公子自杀，反而帮助齐桓公建立了新的天下秩序，让华夏礼乐文化得以凝聚，并传扬了两千多年。

虽然孔子没有见到华夏民族后世的发展，但是他说："殷因于夏礼，所损益，可知也；周因于殷礼，所损益，可知也；其或继周者，虽百世，可知也。"也就是说，往后的新时代，也可能会依照西周礼乐制度的生存理想而传承下去。

孔子所说的礼，就是远古华夏的农业文化所创造的文明，这种共生、共存、共有、共享、共尊、共荣的价值观念，是人类对安定生活的向往与追求。

37. 子曰："事君，敬其事而后其食。"

本篇第三十三章的"君子不可小知，而可大受也"，第三十四章的"民之于仁也，甚于水火"，第三十五章的"当仁不让于师"，以及第三十六章的"君子贞而不谅"，谈的都是君子在高度的生命觉醒后，所表现出的生命的大气象，以及全力以赴地奔向自己的理想。不过到了本章，孔子回到了现实生活中，教导人们即使达到高度的生命觉醒，在仁道上有所达成，在现实生活里出来为国做事，也一定要谨慎认真、尽职尽责，至于俸禄的事可以放到后面再考虑。"事君"是为国君做事，君者，群也，君也代表国家或社会、人民。"敬"是敬重、慎重。"食"指俸禄。"后"当动词用，是放在后面的意思。

然而在今日社会，做事前都要先约定薪资报酬，这样是否跟孔子的这句话有冲突？其实也不尽然。孔子并不是不要薪资报酬，而是将其放在次要的位置。

这句话有三个层次，第一个层次，人在生活中最重要的是自我觉醒，通过生命觉醒成为一个君子。第二个层次，即使成为君子，人在现实生活里还是要能兢兢业业，谨慎认真地做好自己所担任的工作，尤其是关乎众人的工作，这也是生命觉醒者应有的表现。第三个层次，个人的薪资报酬不是不考虑，而是放在第一、第二个层次之后，也是最后才考虑的事。

38. 子曰："有教无类。"

"教"是教育。"类"指差别等级。这整句话的意思是教育没有类别差等。孔子认为，人在接受教育方面，不分地位的贵贱，也不分天赋的高低，机会是均等的。

在《述而》篇第七章中，孔子说"自行束脩以上，吾未尝无诲焉"，只要是来求学的人，我没有不教的，没有贫富、贵贱、贤愚的差别对待。用今天的话说，孔子没有任何分别心，只要人肯来求学，无不因材施教，所以孔子的弟子中有富裕之人子贡、冉有，也有穷困之人颜渊、原宪，有大贵族孟懿子，也有完全没受教育的乡野之人子路。此外，曾参有点愚笨、傻气，颛孙师则性格孤僻，不过这些人都受教于孔子门下，成了他最好的弟子。

所以当时有人批评说："夫子之门，何其杂也？"其实这正好体现了孔子有教无类的教育理念，也展示了孔子人学的教育观。孔子主张有教无类，虽然学生的天赋禀性有高有低，但作为教师应因材施教，并用启发式教育助其成才。

人唯有在自我觉醒，并了解自己真正的禀赋之后，才可能有真正的自我才性的完成。

孔子所推动的平民教育，不只是知识学科的教育，更重要的是生命觉醒的教育。生命觉醒的教育是孔子平民教育中的精髓，是孔子对社会最大的贡献、最大的爱，也是对人的肯定和信念的表达。

39. 子曰："道不同，不相为谋。"

"道"指人的生命之道、爱人之道，总体而言就是人道，也是仁道。"谋"是商量、商议，可以引申为比较。孔子说："人在生命的觉醒上，各有各的抉择、发展、理想，无须在生命的道路上相互商量、比较。"换句话说，每个人都可各走各的路，这是个人的选择。

有些人认为，因为中国古代有皇帝，所以在政治上就是所谓的君主专制。西方认为凡有帝制就一定是专制独裁的，因此中国也一定是专制独裁的政体。钱穆先生却说，从孔子的"道不同，不相为谋"这句话可以知道，中国传统社会是非常个体性的，在政体上虽是君主专制，却不全然等同于欧洲早期以神权为前提的君权制度，它仍然允许存在个体性的自由与独立，个人基本上可以决定自己的生命道路，一如美国汉学家狄培理所言，儒家是主张个体自由的。

钱穆先生还说，如果君主专制政体可以行两千多年不变，这样的政体就不能轻率地只用"专制独裁"四个字来概括，而应当好好研究它能够如此稳定长久的原因，因为这几乎是人类史上的奇迹。

所以，"道不同，不相为谋"所包含的个人性、个体性、个别性，若我们在读书的时候仔细体会，就能分辨得出其中有趣的部分。

40. 子曰:"辞达而已矣。"

"辞"是使者传达国情,同时表示慰问和其他事物的辞令,或说辞命。"达"是通达。孔子说:"凡使者奉命出使,其辞令只要能够传达国家的国情,他的使命就完成了,无须过度修饰。"

《公羊传》说"大夫受命不受辞",意思是大夫出使,只接受上级下达的任务,至于如何完成则不受上级指令的约束。《仪礼·聘礼》上说:"辞无常,孙而说。辞多则史,少则不达。辞苟足以达,义之至也。"意思是说,辞令是不确定的,重要的是态度谦逊,如果话说得太多、过分修饰,就像是在写历史。如果话说得太少,意思就不能完全传达出来。若能完整地表达国家之意,最恰当不过了。这段话足以说明孔子说的"辞达而已矣"。

我们需要注意的是,这个"辞"在春秋时期指使者传达国情的辞令,因为当时还没有文章的概念。所以后人解释"辞达而已矣"的"辞"为文章,即文章只要词句通畅就可以了,不必太精巧、太华丽,这一种说法也成立。

41. 师冕见,及阶,子曰:"阶也。"及席,子曰:"席也。"皆坐,子告之曰:"某在斯,某在斯。"师冕出。子张问曰:"与师言之道与?"子曰:"然。固相师之道也。"

师冕是鲁国的音乐家,冕是他的名字,在古代,乐师通常都是盲人。有一天,师冕来拜见孔子,孔子亲自接待他,当他走到台阶处时,孔子就告诉他:"这是台阶。"好让师冕能登上台阶。到了座位处,孔子又说:"这是座位。"好让师冕坐下去。等大家都坐定之后,孔子又告诉师冕:"某人坐在这里,某人坐在这里。"将在座的人一一介绍给师冕。会面结束,师冕就离开了。"见"是见面,读 xiàn。"阶"是台阶。"皆"是全部。"某"指某人。"斯"是这里。"出"

是离席出门。

师冕离去之后，子张问孔子："与师言之道与？"这句话，古人有两种解释，第一种解释是，第一个"与"就是和。"师"指乐师师冕。"言之"指跟盲乐师说话的过程。"道"是方式，也可解释为礼。句尾的"与"是疑问词。整句是说："老师，你刚才对师冕说话的方式，就是专门跟盲乐师说话的方式吗？"换言之，这是和盲乐师说话的礼吗？第二种解释是，"道"指仁道、爱人之道，当然也就是为人之道、君子之道。这句是子张问孔子："这种帮助师冕的说话方式也是道吗？"子张这样问，反映了孔门弟子诚心问学，同时对老师的一言一行无不专注、仔细地观察与学习。

孔子回答："是的，这确实是辅助盲人乐师该有的方式。""然"是对的。"固"是确实如此。"相"是辅助。古代盲人乐师一定有人辅助，而孔子和师冕的谈话，就是为相之道，亦即帮助盲人的方式。由此可见孔子的谦逊，以及对人的尊敬、诚恳与温情。

推荐一部电影——《我是布莱克》，这部电影呈现了我们印象中英国最优质的一面，如最合乎理性的教育、法规和秩序，依照理性处理工作的公务人员，最遵守社会秩序的国民，全国科技化的管理作业，一切事务的申请、一切手续以及公文资讯都通过电脑处理。在这样的状况下，有一位大约六十岁，只接受过职业技能学校教育但拥有一手好技艺的手艺师，他心脏病发被命令不许再工作，但医疗证明、失业补助、专业委员评断许可等申请，全都要通过电脑来完成。可是他不会使用电脑，于是政府命令他去学习，但在有限的时间里他无法完成电脑的操作，同时也无法获得多一点点的帮助，因为所有公务人员都只处理自己分内的事。最后，他花光了自己的钱，死于心脏病。

片中还旁衬出一位单亲妈妈，她没有读完中学，还生了两个孩子，为了养育孩子，她努力求职、申请救助，但她还是失去了房子，被赶出了伦敦市，只好住到贫民区的国民住宅，最后她走投无路，当了妓女。

这部电影是用非常冷静、写实的手法拍摄的，人在只讲理性的秩序与制度中焦头烂额、无计可施，无法获得更多温暖和帮助，甚至是多一点的耐性、时间。

大家观看这部电影，可以深刻地感受到即使在科技、理性统领的世界里，即使在传统西方科学、哲学下含藏着冰冷的人生，也绝对不可忽略人的主体性。前面说过，中国传统学术文化是以人为真理的主题，人在文化中是核心，因此人的鲜活生命，人的深层心理感受，人的爱与温情是不能被排除的，即使全面机械化，机器也是要为人服务的，必须考虑人的主体性。人的社会就应当展现人的温情与敬意，人不仅是动物，还有动物之外人性的部分，这部分最重要的是对他人的爱，人们渴望爱人，也渴望被他人所爱。

这种冰冷的生命观、人生观，相对于孔子所提出的温情与敬意，真是天差地别。我想全人类在对幸福、对爱的追求这一点上，一定会认同、支持"仁者人也"。

季氏第十六

论语

1. 季氏将伐颛臾，冉有、季路见于孔子，曰："季氏将有事于颛臾。"孔子曰："求，无乃尔是过与？夫颛臾，昔者先王以为东蒙主，且在邦域之中矣，是社稷之臣也。何以伐为？"冉有曰："夫子欲之，吾二臣者皆不欲也。"孔子曰："求，周任有言曰：'陈力就列，不能者止。'危而不持，颠而不扶，则将焉用彼相矣？且尔言过矣，虎兕出于柙，龟玉毁于椟中，是谁之过与？"冉有曰："今夫颛臾固而近于费，今不取，后世必为子孙忧。"孔子曰："求！君子疾夫舍曰欲之，而必为之辞。丘也闻有国有家者，不患寡而患不均，不患贫而患不安。盖均无贫，和无寡，安无倾。夫如是，故远人不服，则修文德以来之。既来之，则安之。今由与求也相夫子，远人不服而不能来也；邦分崩离析而不能守也，而谋动干戈于邦内。吾恐季孙之忧，不在颛臾，而在萧墙之内也。"

这篇谈的是实际发生在鲁国的事。季氏将攻打颛臾，于是冉求和子路来拜访孔子。季氏就是季康子，他是鲁国的权臣，与孟孙、仲孙同掌鲁国大权。"伐"是攻击。据说"颛臾"是伏羲氏之后，姓风。颛臾之国因为面积太小，所以是鲁国的附庸。

春秋时期将诸侯划分为公、侯、伯、子、男，公、侯有百里的封地，伯有七十里，子、男有五十里。另外还有很多不到五十里的小国附庸于大国，这些小国不必朝见天子，国事就合并在大国的报告中。当时鲁国有很多附庸国，后来慢慢归属了鲁国。季氏贪求颛臾国的土地，这就是季氏攻打颛臾的目的。

冉有、季路都是孔子的学生，在季氏家中担任大臣，冉有的位阶等同于宰相，子路则是刚上任，他俩来向孔子报告："季氏将侵略颛臾。""有事"是有战争、侵略之事。他俩不赞成此事，可是不知该怎么办，于是跑去跟孔子说。

孔子说："求啊，这不就是你的过错吗？""无"是不。"乃"是就。"尔"是你。"是"作此字讲。"过"是错误，过错，引申为责备、归罪。冉求担任季氏的家宰已经很长一段时间了，孔子曾责怪冉求替季氏聚敛财富。在这里，孔子针对伐颛臾之事，再度责备冉求平常不劝谏季氏，让他做了许多过分的事，以致累积出如今这样的作为。

孔子接着又说："要知道颛臾被古圣先王封为东蒙山的祭祀官，而且颛臾国就在鲁国的封域之内，是我们鲁国的代表和象征，季氏为什么要去打它呢？""昔者"就是从前。"先王"指周武王、周成王。周成王当年封周公于鲁，颛臾是鲁国国内古老的附庸小国之一。"东蒙"是山名，在鲁国境内。"东蒙主"就是东蒙山的祭祀官。"邦"，封土曰邦。"域"是疆域、国界。"社稷"意即国家。"何以"就是以何，也就是凭什么。"为"作助词用。

听了孔子的责备后，冉有说："这是季孙氏的私意，他想做这件事，但我们两个做臣子的都不想做，所以我们来见老师，请老师拿主意。"这个"夫子"指季孙氏。孔子听了就说："求啊，古代史官周任有一句名言：'我们为朝廷做事，要努力做好自己分内的事，看能不能承担国家交给的工作，如果无法胜任，就应该辞职不做。'"周任是古代名声极好的史官，古文献常引用他的话，孔子在这里也引用了他的话。"陈"是推展、展现。"力"指自己的才力、能力。"就"是就任、就位。"列"是指位置，引申为官位或职位。"止"指辞去官职。

接着，孔子又说："就像当盲人乐师遇到危险时，辅助的相者不去照顾他，当盲人乐师跌倒时，辅助的相者也不去搀扶他，那还需要这些相者吗？""危"是遭遇危险。"而"乃但是之意。"持"是照顾。"颠"是跌倒。"扶"是搀扶。"则"是那么。"焉"是何须。"相"是协助盲人乐师的人。这句话正好和《卫灵公》篇最后一章相呼应，国君就如同盲人乐师，宰相的职责就是要避免让国家陷入危险或阻止国君做错误的事，如果宰相、家宰不辅佐国君，那要他们做什么呢？

孔子进一步说："再说，你的话是错的啊！老虎、犀牛跑出笼子，占卜祭祀用的龟壳和玉器在柜中被打坏了，这是谁的责任啊？不就是由管理它们的官员负责吗？""尔"是你。"过"是错。"矣"表示孔子深深的感叹。"兕"是犀牛，后来解为野牛。"柙"指关着野兽的笼子。"龟"指占卜用的大龟的壳。"玉"指祭祀用的玉器。"椟"是柜子。

季氏去攻打颛臾国，就如同猛虎、犀牛出了笼子，而颛臾国将被攻打，就如同龟玉被毁坏在柜子中，这是谁的过错呢？孔子认为，作为臣子就应该去劝止季氏，如果不劝止、不谏争，就是臣子没有负起责任。

冉有听了之后辩称："现在颛臾国的城郭建得可牢固了，还有坚甲利兵，而且它就在季氏的私人田邑费地的旁边，今天要是不攻下来，等到颛臾国壮大了，一定会成为季氏子孙的后患。""固"是城郭坚固。"费"是季氏的私人采邑。"取"是攻取。"忧"是祸害。

孔子听了，进一步责备冉求说："求，有着生命觉醒的君子，最厌恶的是那种自己心中想要，嘴里却说放弃，同时还要寻找各种借口的人了。""疾"是厌恶、憎恨。"夫"是那个。"舍"是舍弃、放弃。"曰"是说出来。"欲之"是想要它。"为之辞"就是为所贪图的事情找理由。换句话说，这种行为君子绝不会做、绝不可能做，一旦做了就不再是君子了。

在《论语》中，孔子很少直接说什么事不能做，这是其中的一件。其他例子还包括，孔子曾说："弑父与君，亦不从也。"此外，他也责备过冉求为季氏聚敛财富，说"小子鸣鼓而攻之，可也"。事实上，孔子待人是很宽容的，有人说孔子的道德教条桎梏了人性，这是对他的误解，也是没有深入阅读《论语》的结果。

而后，孔子继续说："我孔丘听说，有国有家的领导人，不必过度忧心国家缺乏钱财，而是要忧心国家贫富差距太大。不必过度忧心国家因人口少而生产力不足，而是要忧心国家内部不能上下一体、团结一致，以致不稳定、安宁。""丘"是孔子自称。"闻"是听说。"有国者"指诸侯。"家"指卿大夫受封的采邑。"不患寡而患不均，不患贫而患不安"，这两句话要调整为"不患贫而患不均，不患寡而患不安"，贫与均指的是财富，寡与安指的是国家。"患"是忧心挂虑。"贫"指缺乏经济财富。"均"是平均。"寡"是少，指人口不足。"安"是安宁、安定，也可以引申为和平、和谐，这包括了国家和人民都能够稳定、安宁。

孔子进一步解释说："大约来讲，国家财富均平，就没有极贫困的人了。国家内部和谐、奋发有为，即使人口不足，也不是最严重的问题。国家要是能安宁，人民安于生活，国家就不会有覆灭的危机。""盖"是大约。"和"指国家内部和谐，可引申为团结。"倾"是倾倒、灭亡。

然后孔子总结说："如此国家一切安好时，如果远方的人不服从，就不该去攻打他们，而是要建立自己的礼乐教化，提高生活品质，并以此作为国家的标志，让远方的人了解，到这里就能好好地生活，从而来归附。他们若来归附，就要安顿他们，使之能够好好地生活。""夫"是语气词，没有意义，古人在做结论时通常会用这个字作为开头。"如是"就是正因为这样。"不服"是不服从、心不服。"则"是乃。"修"是修治、加强、建立，或是发展、整理。

"文德"指礼乐教化，或指有关人文、文化、生命理想、生活品质等精神文明建设。"文"在西周以至春秋时期都是最高级的字，它和"圣"一样，指人类凭借智慧所做的一切有利于人的创造性活动，亦即所谓的文化。凡不利于人生命发展的，就不在人文及文化之内，即便是先进的技术发明也宁可舍弃。"德"是有利于人生命的善行。"以"在这里解释成招呼、召唤。"来"是归附。"既"是已经。"安之"的"安"指好好生活，包含能够尽其所能地追求好的人生。

孔子的这番话不只是与经济、人口有关，还与精神发展有关，比如"既来之，则安之"，简单地说，就是让国家走上发展建设的道路。两千多年前的汉代，汉武帝打败匈奴后大开国门，让数十万匈奴人进入汉朝境内安顿生活，而后与汉人融合，成为华夏民族的新血脉。汉武帝的这一政策，似乎就是实践了孔子的理想。从这种历史经验来看，如果统治者真的站在人性的大前提下，而非生物性的前提下，那么人其实是可以消弭冲突、和平相处的。

接着，孔子又阐发一番议论："如今子路与冉求作为季氏的家臣，协助季氏治理封邑，当远方的人不服从时，你们不能够想办法让其归附，反而是民心分裂、无法凝聚，人民想出走，不能团结一致，你们没有能力守住国家。如此还想在国内发起战争，扩张自己的势力，我担心季氏的灾难不在于他所要攻打的颛臾之国，而是在鲁国国君的屏风之内。""今"是现在。"相"是协助。"邦"指季氏的封邑。"分"是民有异心，整个社会都分裂了。"崩"是人民都想离开自己的国家或家邦。国家没有向心力，人民无法凝聚起来叫作"离析"。"谋"是计划。"动"是发动。"干戈"指战争。"忧"是担心，引申为灾祸、灾难。"萧墙"指古代国君的房子，进大门后会有一座屏风，萧墙就是指这座屏风，它将里外隔开。古人说"萧"通"肃"，人们走到屏风处整理自己的衣冠，起肃然而敬的心，而后入内谈国家大事。"萧墙之内"指自己的家内，"萧墙之内"的"季孙之忧"指季氏当时想借机去吞并颛臾。"萧墙"只有国君才有，所以"萧墙之内"是指鲁国国君的宫廷内。

这里孔子进一步提出治国的大道，在经济上能均衡，缩小贫富差距，在群体上能和谐相处、团结一致，这才是国家安定的首要之务。其他诸侯国中如果有不支持、不认同的国家，不必苛求他们的认同，而是从自身的文化建设做起，文化建设是生命理想的展现。譬如宋代被认为是弱势的，然而它的文化有创造力，展现了人类的精神文明，是公认的人类历史上少有的文化高度发展的时期。

季氏在国家外交的邦谊上不能得到支持，甚至国家内部民心也分崩离析，如此还想在国内发动战争来扩张势力，这是无视自己的内忧外患的做法。

就当时的历史来看，鲁国国君对季氏的长期干政已经非常不满，希望削弱季氏的势力。后来，到了鲁哀公，他便借着越国伐鲁国的机会，削除了季氏的权力。孔子责备子路和冉求，告诉他们从现有的一切作为和治国的方式上来看，灾难不在外，而在自己国家之内，这是很重要的自我反省，也是作为君子很重要的自我觉察能力。人要多训练以克服盲点，这就是智慧、了悟。

《论语》的成书杂出多手，钱穆先生认为下十篇似乎稍逊于上十篇，而这篇就义理而言，似乎是最弱的。本篇之后都写"孔子曰"，而不是"子曰"，文章则繁密曲折，不同于《论语》上编的十篇，可能本篇属于《齐论》，但钱穆先生说并没有确凿的证据。

2. 孔子曰："天下有道，则礼乐征伐自天子出；天下无道，则礼乐征伐自诸侯出。自诸侯出，盖十世希不失矣；自大夫出，五世希不失矣；陪臣执国命，三世希不失矣。天下有道，则政不在大夫。天下有道，则庶人不议。"

孔子说："从尧、舜、禹、汤、文、武、周公一路传承下来，在天下太平的时候，有着共同的生命理想、生命利益，社会有秩序，一切合乎生之规律，这个时候天下的礼乐制作与出兵征伐都是由天子规划、决定。"这是孔子通过考察古代中国历史发展的轨道所得的结论。"天下"指整个社会。"有道"代表有秩序、有规律、上轨道，甚至也可以说清明太平。"礼乐"指整个天下的文化活动，亦即天下制礼作乐之事。"征伐"指出兵讨伐有罪者，安慰老百姓。"自"是从。"出"乃决定之意。

"礼乐"是天下人共同的生命理想、共同的情感与共同的心理，而由天下共主针对此共同的理想、情感、心理，制作音乐以代表全天下人的心，让天下人都能通过艺术、音乐而交流。

古代中国的天子并非君权神授的意思，虽然说是天之子，但是指他能代天行生生之道，能使天下人都得以生存，生命理想得以发展，因此天下人共同尊许他为天子，不然就可以革掉他的天命另立天子，重新开辟新时代。

孔子认为，从尧舜时代便已开展出禅让政治。根据现代对古政治学的研究，禅让政治是从各部落中，推选出值得大家信赖的共主，所达成的原始政治形式。《墨子》直接说，因为人们追求和平生活，所以共同推举出天子的共主制，由天子来统合天下人的共同愿望，然后根据人们的共同愿望和心理制礼作乐，建立天下人共同要达成的愿望以及愿意遵守的生之秩序，以求天下人能够和谐共处，生活在生之大道上。否则，天下每个人各有需求，各国各有价值，如何达成和平共存？人类社会政治的主体在人民，要从人民的需要出发。从这个角度来看，天下的各级官吏必须整合人们共同的生之愿望，然后上报给相关部门，让其研究出合乎天下人共同愿望的制度，以求天下共同生之大道。

西周文王在商纣穷兵黩武的时代，提出了政治的最高理想，亦即所有部族都有权利延续自己部族的生命，这就是"孝者续也"的基本观念，人类唯有在和平的生活中才能完成孝道，所以和平是国家的责任，而国家在和平中要进一步保民如赤子，像保护婴儿般地去保护人民，这就是爱。文王在三千年前就提出了崭新的政治观点和主张，这符合当时人们的共同愿望，所以天下从之，武王因此带领诸侯灭了商纣。周公再根据这个爱与和平的愿望制作礼乐，建立新的封建制度，并鼓励异族通婚，化除各族差异性，达成"化天下为一家"。

至于"征伐"，也是旧时特有的政治名词。"征"是正其不正。"伐"是伐其有罪，任何人或任何诸侯国以及地方势力，如果没有理由就兴兵作乱，破坏天下和平或生之秩序，天子就会号令诸侯弭平它。要注意的是"自天子出"，不是说由天子一个人决定，我们要根据历史的事实来了解文字，不要错误解释成"专制独裁"。

孔子根据当时的历史事实与历史经验，又说"天下无道，则礼乐征伐自诸侯出"。笼统地说，指天下失去了生生之秩序，天子已不足以代表天下人了，"则礼乐征伐自诸侯出"，那就由从地方崛起的诸侯霸主来决定。我们可以很清楚地看到，在孔子所处的春秋时代，各地方诸侯纷纷崛起，天子名存实亡。

不过孔子接着说"自诸侯出，盖十世希不失矣"，意思是说，诸侯当权的时候，他所考虑的是自己国家的利益，而非天下人的利益。如此面对天下人时，他的考虑就不会周全，政治权利很少能延续十代，就相互消磨而走向灭亡了。"盖"是大约。"十世"是十代，三百年。"希"是稀少。"失"是亡。

接着"自大夫出，五世希不失矣"。孔子说："当礼乐征伐由卿大夫来决定时，政治权力少有能延续五代以上的。"换句话说，五代以后少有不失去政权的。因为协助这些诸侯国治国的是卿大夫，卿大夫掌握了国家大权，他们所考虑的是自身的利益，更不会顾及人民。在失去生命理想的乱世里，人就会陷溺在自我利益的争夺之上，对外越排斥，能考虑的范围就越窄，思考也就无法周到，这样一来，失误、失败乃至丧亡的可能性就更大了。

"陪臣执国命，三世希不失矣"。"陪臣"指卿大夫的家臣。"国命"指国政。卿大夫执政久了，他们的家臣执政也久了，掌握了权力，思想就狭隘了，更加只着眼于自己的利益，以致家臣掌权执政很少能延续三代以上。换言之，卿大夫执权不到三代，就会消亡。

"天下有道，则政不在大夫"。如果天下有道，国家的大政就不会由家臣来掌控。"则"是那么。"政"是天下大政或国政。如果由家臣当权，他所思考的问题会关乎人类的利益吗？他解决生命问题的范围会扩及整个天下吗？他的思想会深入到解决人类问题的层次吗？不会的，他们只会为自身或大夫的利益着想。

所以孔子又说"天下有道，则庶人不议"，天下有道时，老百姓安居乐业，自然不会批评、责备政府。"庶人"指老百姓。"议"是批评、责备。"天下有道"，乘载着人们共同的生命理想、生命价值的政治制度、礼乐制度、艺术活动都"自天子出"，即由众人推举的天下共主来主持，如此百姓都活在"大一统"（不是要求一切都相同的大统一；大一统以和为代表，同中有异）的生命理想之中，以天下共同的利益为前提。在这个前提下，人民又可以保有自己的生活方式、生活爱好，以及对美好生活的渴望与追求。

孔子所说的这个道理，是以历史经验和历史事实为依据的，其中含有人类普遍的共同需要。孔子的话在今天仍然印证着人类的心性，其实和平或战争都有其变与不变的轨迹，而这也就是人文学说和历史学说的普遍性。

3. 孔子曰："禄之去公室，五世矣。政逮于大夫，四世矣。故夫三桓之子孙微矣。"

孔子说："国家的爵禄、赏罚的权力，不再由国家朝廷掌有，就鲁君来讲已经五代了，而国家的政权落入卿大夫之手，也就是由三桓，特别是季孙氏当权，已经四代了。因此鲁桓公的三桓子孙，到今天已经开始衰微了。""禄"指爵禄赏罚的权力。"公室"是鲁国的王室，亦即鲁国的朝廷。"去"是离开。"五世"指鲁宣公、鲁成公、鲁襄公、鲁昭公、鲁定公这五代。"政"指国政。"逮"是及、到了。"四世"指季文子、季武子、季平子、季桓子四代。"故"是所以。"三桓"指鲁国当权的三家，也就是季孙氏、孟孙氏、叔孙氏，因为这三家都是鲁桓公的后代，所以叫作三桓。"微"表示衰弱。

《季氏》篇这三章，除了叙述孔子之前的历史以及孔子亲身经历的历史，真正的意义是什么？这是谈历史的大问题，有些学者认为人类没有真历史，历史只是"成者为王，败者为寇"的记录，换言之，历史是成功者假造的历史，所以读历史是没有用的。近代新文化运动以来，有些人更以西方科学主义的历史观，要求一切历史都要有科学的实证，否则就不是真历史。

历史是人类的智慧之学，然而近代有些人对历史学的批评大都是站在现实功利或专业技术之学的立场，这不能说是错误，但属于不同层次，大家一定要能辨明。孔子在这三章中提出了让"士"，即知识分子突破平民身份，也就是在有限的时间、空间中，拥有超凡的见识和眼光，而孔子认为启发人类智慧的知识方法论，就是历史。历史是人的记录，也是人学的基本构成资料，人们若能不带偏见地好好读，不仅能了解人，还能知时、知事、知世，如此就可以超越所处时空与现实功利主义的限制，宛如坐了直升机飞到高空俯瞰，山川地势、壮阔海洋都会清楚地呈现于眼前。

历史、史学也是人类认识"什么是人"的知识与智慧之学。早年，我随着钻研《史记》的文字学大师鲁实先生共读《史记》，他认为只要是知识分子一定得会读历史，历史是自我培养，使自己成为有见识、聪明之人不可或缺的学问，不读历史就永远不会有完整的人的知识与认识，更不会有完整的见识和高明的辨析能力。钱穆先生认为，能学会读历史，既能入乎人类的生活之中，又能出乎人类的生活之上，不被任何时代所限制。这样人才能见到历史的真相，开展对人的认识。

《季氏》篇第一章到第三章，孔子从历史讲起，教导人们应从人类历史的过程中看见人的普遍性，同时从人类历史的特殊经验中看见全人类共有的经验，这也是中国传统人学的知识方法。

4. 孔子曰："益者三友，损者三友。友直，友谅，友多闻，益矣；友便辟，友善柔，友便佞，损矣。"

孔子说："三种朋友有助于我们成长与进步，正向健康地发展；三种朋友阻碍我们心灵、生命的上进及成长。""益"乃增益之意。"损"是损伤、减损。

孔子进一步说明："秉性正直、诚信、见闻广博，这三种朋友是有益的。""谅"指诚信、守信，代表有承担的能力。

"遇事不承担而善于躲避卸责，善于柔媚灵巧地讨人开心，总是巧言善辩，这三种朋友是有损害的。""辟"是躲避、回避。"善"是善于。"柔"是柔媚讨人开心。"佞"指巧言善辩，刻意讨好人。

《季氏》篇前三章教人从历史中学习，这一章是论交友之道、教人知人，对人要能有分辨力。这都是人学的重要学习方法。

5. 孔子曰："益者三乐，损者三乐。乐节礼乐，乐道人之善，乐多贤友，益矣；乐骄乐，乐佚游，乐宴乐，损矣。"

"益者三乐，损者三乐"，这两个"乐"如同"仁者乐山，智者乐水"的"乐"，读yuè，指来自心中的爱好。孔子说，人从内心喜欢的事，有三种是有益于人的，不过也有三种是有害于人的。

孔子所说的"益者三乐"，其实都具有高度的生命觉醒。首先是"乐节礼乐"，从内心喜欢以礼乐、艺术作为自己做事行止的节度，并且以此为乐。也就是说，在高度的生命觉醒下，每个人对自我身心有了解与认识后，他们的快乐便很自然地以最舒服的生命状态为依凭，这是一种生命的旋律。古人将这样深层的生命感受作为礼乐制作的依据。如果人能够通过更深层的自觉意识，了解自身的身心特点，并且顺应它、展现它，使自己在做事行止中得到快乐，这就是拥有全身心的快乐了。

"节"是节制、节度。"礼乐"指西周至春秋所呈现的礼乐，有其艺术性、审美性。换句话说，有的人行事非常冲动，希望把事情快速地做好，有的人行事则是慢条斯理的。孔子这里是说，人在做事行止上应有艺术性的节奏，以及自然的审美性。

钱穆先生说："礼贵中，乐贵和，皆有节。"凡是礼，最重要的是"中"，音乐重要的是和谐、均衡。"中"是适中，恰到好处。对人的情感，不论是敬重，还是喜爱，都要有适当的分寸，这就叫作"中"。"和"是和谐、均衡，特别是可以调和人的情绪，让自己与人交往时处在和谐、均衡之中。如果人能够将礼乐的中和之道展现在生活中，成为行动的节奏，便有益于人的生命发展。人在自觉之中，如果能感受到这是美，能从美中用和谐、均衡的方式来表达，举止行动从容不迫，就是"乐节礼乐"。如此，自己做事行止一定不会急躁，心理、情感也会处于平静和乐的状态，对身心都是有益的。

"乐道人之善，乐多贤友"，从生命中感受到快乐，而后从心里乐于称道别人的优点，并以此为乐，同时从心里乐于结交很多有贤德的朋友，和他们一起享受智慧的快乐，这种快乐是令自己极其喜悦的生活之道。"道"就是说，"善"就是好处。"乐道人之善"是人在高度的自我意识下有清明的认识，如同《论语》所说的"唯仁者能好人，能恶人"。"乐多贤友"则是《论语》所说的"以文会友，以友辅仁"的自觉，人不再只活在生物性的现实功利价值中，而愿意开展贤德的生命。若能如此，孔子说："益矣。"这对我们的生命、生活，甚至对身心，都是有好处的。

相反，"乐骄乐"，从心里喜欢放纵、骄傲，并且认为只有如此自己才会快乐。"骄"是放肆、骄傲、不知节制。"乐佚游"就是从心里喜欢散漫、怠惰、不知节制地游乐，而且以此为生活中唯一的乐趣。"佚"是散漫。"游"是游乐、游玩。"乐宴乐"就是从心里喜欢沉迷于酒食、天天参加宴会，同时以此为最重要的快乐。"宴"是酒食珍馐。

这三种快乐是有害于身心的快乐。"损者三乐"其实都是停留在人的生物性、刺激感官的快乐上，这种快乐会增加身体的负担，损害人的身心健康，所以它被称为损害人的三种快乐。

6. 孔子曰："侍于君子有三愆：言未及之而言，谓之躁；言及之而不言，谓之隐；未见颜色而言，谓之瞽。"

"侍"指陪着老师、长辈或国君同坐。"君子"在此不仅指国君、上位者，还强调有德有位之人。"三愆"是三种过失。

第一种，君子还没有对他说话，他就忍不住说话，这叫作"躁"。"言"是言语、说话。"及"是到。"之"指侍坐者。"躁"是急躁、不安静。君子还没有问到他，他便急着表达意见和看法，这也是行为轻率的表现。不过，也有将"躁"写作傲，傲是更深一层的心理活动，是自我表达的冲动，"躁"则是表面现象。

第二种，君子说话时提问侍坐者，侍坐者回答时没有抓住重点，这叫作"隐"。"不言"是有所隐藏、隐瞒实情，因为内心怯懦、缺少自信，所以一时答不上来。

第三种，看不懂君子的表情，只顾自己说话，这叫作"瞽"，好像盲人一样。"颜色"指面部表情，包括脸色。"瞽"是眼盲，没有眼珠子。他不能从君子表情中得知其想要理解的事物，就像是个眼盲之人。

其实这三种过失都是缺少自觉，只依着自己本能的冲动所展现的行为，也因此无法辨明自我以外的事物，这也可以作为人自我反省、调整的凭借。

追究"三愆"的原因，它基本上是人的心理问题。这种心理问题常常是因为难得能够和君子交谈，所以太想让君子认识自己。或者一时间内心怯懦，以致产生顾虑，导致和君子谈话时无法畅所欲言，无法明确简要地表达意见。再不然就是活在自己的感觉里，希望自己能有好的表现，于是看不清周遭状况，看不懂君子的表情，不明白君子想要听的话，这种情况表明了人还没有真正的自我。

人本主义心理学谈论的自我，有两项值得我们注意。第一项，唯有真正建立了自我，才有真正的生命发展与未来，否则生命发展与未来都还是依附在社会既定的价值观念上，无法开展也谈不上有真正的未来。有自我、能自我创造，才能有真实的生命，才算是真正的活着。第二项，当人的自我真正确立时，人自然会看见自己的各种心理状态，也能分辨出周遭的各种状况，而后及时调整、平衡，并做出最正确的判断和抉择。否则，即使成功也是因幸运得来，不知道自己何以成功，只好归之于天。可见人本主义心理学家要求人们，在自觉意识下明确地建立自我，以开展自己真正的生命。

7. 孔子曰："君子有三戒：少之时，血气未定，戒之在色；及其壮也，血气方刚，戒之在斗；及其老也，血气既衰，戒之在得。"

"戒"是警惕。"三戒"就是三种不容忽视的警惕。人的自我生命中有三种不可忽略的警惕，不仅不可忽略，还当以之作为警醒。

孔子说："不到三十岁的时候，赖以生存的生命元素和能量还没有确定下来，应当警惕的是美色的诱惑，亦即情欲的诱惑。""血气"指人的生存本能中，赖以生存的生命元素和能量。"定"是确定、成熟。人从十五六岁到三十岁以前，身体还处在发育中，一切都还未成熟。"色"指美色、情欲的诱惑。

从中国传统的医学理论来说，人的身体和心志有着极密切的联系，换句话说，人的身体有其本能、情欲的需要，但是人也需要心志的发展和精神的满足，这四者之间是会相互影响的。"血气"是人的身体基本的构成部分，血是血液，这是人能存活的物质元素，气是生之能量，血液之所以能流动，就是因为气的推动。

孟子说："夫志，气之帅也。"即人的心理统率着生理，生理状况深受心理状况的影响。"志"是心之所向，也就是心的凝聚，并且展现人的生命向往所形成的状态。它常常会带动血气，人心志刚强，自然血气方刚。《黄帝内经》

提到，人的心志包含了情绪、情感、心理状态以及精神，这些会直接影响身体，若心理健康、情绪平和，身体和血气自然就和谐均衡。

在"血气未定"的年龄，人的生物本能最容易被情欲引动、诱惑，不论男女都想谈恋爱，而且大都喜欢好看的人，所以美色最能引动血气，让人沉溺其中，从而妨碍人的心志发展，让人的心志散漫而无所归。孔子在本篇第五章说到的"损者三乐"，包括骄乐、佚游、宴乐，其实就是人没有力量超越身体本能，均衡快乐的需要，只沉溺在感官刺激的快乐中，容易走向放纵、自我膨胀、失去目标的虚无状态，这就是人的心志散漫的结果。

孔子又说："三十岁至五十岁之间，即生命力最旺盛的时候，最值得警惕的是与人争斗。""及"是到了。"壮"指三十岁到五十岁之间，这是人最成熟的时期。"方"是正好。"刚"是勇猛刚强。人在生理成熟的时候，比较勇猛，会情不自禁地与人争胜，人世间的许多纠纷和困局也都因此而起。即使在人的生命觉醒过程中，也免不了会有来自身体血气本能的冲动。孟子说"气壹则动志也"，血气完全凝聚，可以引动人的心志。所以，君子也要了解心志与血气间的关系，对此有所警惕。

孔子接着说："五十岁以后，人的生理或者血气、动能走向衰弱，这时最需要警惕的是本能性的贪得。"人走向衰老，而心理上还没有完全自觉、警觉，因此会本能地去掌控自己尚可控制的人与事，舍不得放手，这种心态就是贪得。譬如许多老年人会搜集很多东西，有些东西用坏了还舍不得丢，总觉得还可以用。

孔子说的这三者都是由身体、生理、本能、欲望所带来的心理状态、心理情感，即使君子达到了生命的觉醒，也不可忽略这个部分。

清末民初的学者蒋伯潜先生注解本章，列举清末到民国初年的社会现象，他说，试看现在社会，青年人往往闹恋爱问题，壮年人往往因意气之争而不顾全大局，老年人往往觉得日暮途穷，不惜出卖人格。于是他感慨地说，孔子这一章真是看透了人情啊！

8. 孔子曰："君子有三畏：畏天命，畏大人，畏圣人之言。小人不知天命而不畏也，狎大人，侮圣人之言。"

"畏"有惧的意思，不过这个惧是警惕、慎重，并非恐惧、担心自己被一些事情波及。孔子说："君子的内心仍然会有三件特别敬畏慎重的事情。第一件就是对天命有所敬畏。""天命"是上天所给予的，无可拒绝。"命"是给予、赋予。

《论语》中，孔子自述"五十而知天命"。孔子到了五十岁，真正清楚了上天给予自己的无可拒绝、独一无二的特质。传统儒家思想强调生命的平等，这平等中包含了个人的独特性，比如来自父母的遗传、性格、才华、能力、好恶、生长的时代环境，甚至命运，也就是吉凶祸福、生死存亡，这些都是超乎自己可以掌控的部分。

基于此认识，孔子一方面看到了自己的局限性，另一方面也看到了自己的独特性，以及这份独特性所带来的发展的可能，即只要他努力，就能与众不同，就能成就自己想做的事。于是孔子义无反顾、全力以赴，追求自己生命觉醒的理想。

第一件是天命。天命除了是孔子五十岁时所知的自身特殊的命定性，也是天地万物的来处。生命的觉醒者若真正懂得生命，就懂得天命是一切的根源，也就自然会对天命怀有尊敬和慎重之心，他面对天命时绝不狂妄自大，也能知道自己的有限，并且非常珍惜、尊重自己的有限。同样他也能知道自己的独特，只要全力以赴地走向自我实现、自我发展，就能做到自我创造。

第二件是"畏大人"，即高度的生命觉醒者对生命有所了解，对有德、有位的执政者自然有所敬畏与尊重。因为大人的努力与作为，会使人民生活安定，是人民生命之所系。"大人"是有位者，亦即执政者。《礼记·礼运》中说"大人世及以为礼"，贵族子弟是世袭的，这在古代是礼法，"及"就是继承。在春秋时期，"大人"指执政的卿大夫，他们居上位有权决定众人的生死存亡，是人民生活祸福之所系者。不过也有人认为，"大人"不单纯指在上位者，他还必须德才兼备，能为民造福。

第三件是"畏圣人之言"，孔子说："高度的生命觉醒者，了解了人类生命的传承性，那么他对自古流传的历史，以及历代圣人所留下的经典古籍，自然会有所敬畏与尊重。""圣人"在这里指有德者，也就是自古以来的圣人。"圣人之言"就是圣人的经典遗文，这是教育、启发人们智慧与觉醒最重要的凭借。

孔子所说的君子"三畏"：天命、大人、圣人之言，指人类生命存在、发展，人走向文明、获得幸福的三大根本。人真正懂得生命的可贵，懂得珍惜生命，就一定有这"三畏"，因为他能认识到文明是人类获得幸福的必要前提。

所以孔子接着又说："一般人无法意识到天命的意义，也就无法真正敬畏、尊重天命。同时因为惯常见到有德、有位的执政者，所以对他们轻侮、不尊重。"小人还没有生命觉醒，其生活习性都还停留在生物生存的本能上，常常顺着本能来做事，以求有利于己。

至于"狎大人"，小人看不见执政者为人民所做的努力，甚至还会认为这些人只是拥有权力，于是把他们当成假想敌。如此，自然就不尊重也不会感恩他们。

"侮圣人之言"就是没有生命的觉醒，一切决定都依赖生物生存的本能与自利的需求，甚至在生之恐惧下对一切都感到不安心，认为会被别人侵犯。因为小人想要立刻掌握实际的利益，所以在他的人生中，始终以工具性的价值、工具性的知识、工具性的人际关系为主，没有真正的爱与关怀。他看不到人类生命的延续，不相信也不会认同历史的意义与重要性，当然也不会尊重圣人所留下的启发人类智慧的文明典籍。

孔子提出君子有"三畏"，只有高度的生命觉醒者，了解、意识到生命的可贵、生命的美好，才会有对生命大本、大源，对社会政治的执行者的感念之情，以及对人类历史中精华言论的敬重之心。这些言论亦使人类实现生命觉醒，从生物生存的本能中得到自由、解脱，真正享受生命的美好。

9. 孔子曰："生而知之者，上也；学而知之者，次也；困而学之，又其次也；困而不学，民斯为下矣。"

前一章孔子谈小人与君子在生命觉醒上的差别，这一章就接着谈人的资质。孔子认为，依照资质，人大约可分为四等。第一等是"生而知之者"，一出生就能明白一些事物，不学而能是天才。就像有人出生没多久就能认字，还有人两三岁就能作曲，这种人拥有最上等的资质。"而"是而后。"之"是助词的。"者"是这一种人。

第二等是"学而知之者"，指人经过努力学习之后方知。

第三等是"困而学之"，指人在生活、实践或思考上，遇到困难不能解决，这个时候就知道要通过学习以求明白，而后解决问题。例如鲁国的三大权臣之一孟僖子，他陪同鲁国国君去楚国访问。当时，中原诸侯代表礼乐文明的宣传者和推广者，楚国则被认为是野蛮国家，一直被中原众国看不起，但楚国仍然依周礼迎接鲁君以表示敬重，可是孟僖子身为当时公认的周代礼乐的继承者，时代文明的代表者，礼仪之邦的相助者，他却无法依礼仪回应。回国后他惭愧极了，最后抑郁而病倒，临终前他叮嘱孩子一定要去向孔子学礼。这就是人因困才知道学习的例子。

第四等是"困而不学，民斯为下矣"，指人在生活中遭遇困难，只有学习才能解决，可是他不肯学习，这种人的资质是最下等的。常常有人以此说孔子看不起老百姓，其实这里的"民"解释为人，古代人与民互通，不必解释成人民。"斯"是语气词乃，也有人说作这讲。"为"是讲。"下"指最下等。"矣"是叹词。

孔子对资质分等次，并没有轻视的意思，只是就人的领悟力、认知力、学习力说明人的差别就是如此。孔子强调自己是"学而知之者"，所以他勉励学生，也等同于勉励所有人，不要在意自己是不是"生而知之者"，重要的是要有所觉醒、敏而好学。人唯有在觉后才有学，也唯有从学中才有更深刻、完整的觉，人的生命智慧才能开展、提升，孔子也以此勉励困而学之者。

《中庸》里引用了孔子的话："人一能之己百之，人十能之己千之。果能此道矣，虽愚必明，虽柔必强。"意思是聪明的人只学习一遍就记得了，我就下百遍的功夫；人下十遍的功夫，我就下一千遍的功夫。如此，即便是很笨的人，也慢慢会有明白的时候；即便是能力很弱的人，也一定有强大的时候。这是强调人只要肯努力，就可以克服障碍而有所长进。人最可惜的是怠惰，不肯学习。

10. 孔子曰："君子有九思：视思明，听思聪，色思温，貌思恭，言思忠，事思敬，疑思问，忿思难，见得思义。"

"思"是深思，指深刻反省。这是孔子提醒人们，即便是高度觉醒的君子，不论资质如何，在做人、做事或面对利益时，还有九种不得不深思、反省的事项，以求更深刻的觉醒。

第一是"视思明"，"视"是看。"明"是明白。意思是看的时候必须把事情看得明明白白、清清楚楚，也就是要专心地观察。

第二是"听思聪"，就是听人说话获取外界的种种信息，一切都要听得仔仔细细，这是教人要能够专心倾听。

第三是"色思温"，"色"指颜色，也就是人面部的神色、表情。"温"是温和。人必须注意自己平常的表情，也要意识到自己听到某些话、见到某些人时，自己的表情是否温和、充满善意，以免让人产生误会。

第四是"貌思恭"，意思是人从表情到身体都要很庄重。"貌"指容貌，包含面部表情，不过它更强调人的整体体态、肢体语言的表现。"恭"是庄重、恭敬，不轻佻。

第五是"言思忠"，要注意说话时言语是否真诚。"言"是言语、说。"忠"是真诚、忠实、诚恳。

第六是"事思敬"，做事的时候，要意识到自己是否怀着慎重、敬重的心。"事"是做事。

第七是"疑思问"，有疑惑的时候，要有意识地、深刻地思考，提出问题，并把问题弄明白。"疑"是疑惑。"问"是提出问题，把问题弄明白。

第八是"忿思难"，要能控制生气或愤怒的情绪，不要让愤怒扩大到失去理性，避免为自己或为别人带来灾难。"忿"是愤怒。"难"是灾难。

第九是"见得思义"，见到有利益可得时，自己不会受到诱惑而动摇，必须思考这利益是否合乎道义，应不应该去获取。"得"是有利益可得。"义"是合理、应该。

孔子说，即便是君子，一个已经有了高度觉醒的人，在生活中和人打交道的时候，也当通过自己的觉醒、反省，敏感地意识到由外而内，即从表情到言语、体态、心理和情感的微妙反应等，真实觉察到自己的状态，解除生物的本能冲动和情绪里的侵略性，然后才会有温和诚恳、尽心敬重的表现。这九种事项的提出，使生命的觉醒者有更清晰的自我认识，对自己的生命状态更加清楚，对自我的掌控力更加游刃有余。人的生命觉醒或生命自身的各种发展，都是极其微细的，孔子在这里提醒、教导人要进一步地自我反省，以避免做出许多错误的生命抉择。

11. 孔子曰："见善如不及，见不善如探汤。吾见其人矣，吾闻其语矣。隐居以求其志，行义以达其道。吾闻其语矣，未见其人也。"

孔子说："看见有利于生的好事，就努力去做，生怕赶不上。遇到不好的恶事就快速避开，快到像把手伸进开水，要赶快抽手免得烫伤。我看到了那种人，也亲耳听到了那样的话。""善"是有利于生的好事。"如"是好像。"探"是伸手摸取。"汤"是滚沸的水。"其"是那种。

孔子接着说："在不得志，或无法依道而行的时候，就隐居避开现实的社会与人群，不让自己受打扰，以求完成自己心中最大的理想。可行之时，就去依义而行，以达成生命觉醒的大道或爱人的大道。只是今天这变化的时代，我听过这样的话，可是我没有见到能完成这样工作（指既能避世求志，又能出仕依义行道）的人。""隐居"是避开现实社会，远离人群。"志"指心中最大、最深的向往。"义"是合适，在这里可以解释成合乎仁道的行为。"达"是通、实现。"道"是行走的大道，也可以说是生命觉醒的大道。

有人认为，本章是孔子引用古语，借以说明当时的社会状况，同时也说明自我修行以完成仁道。仁道是比较容易做到的，因为它是成己，让自己有所完成、实现，不依赖外界，实现自我成长。求志达道，让社会有更好的发展，这门学问叫作经世致用之学，也就是成物之学，成己、成物是圣人的理想，但成物是比较难做到的。

不过，历史上还是有这样的人物的，在不能做事的时候就隐居避世，安静地成己，等到有机会出仕行道，又能将善道、仁道推广给天下人。如夏末商初的伊尹、商末周初的姜太公。

只是到了孔子所处的时代，亦即春秋晚期，人们只能隐居以周全自己的志向和理想，无法出仕行道于天下，就连孔子也做不到。所以孔子自述"五十而知天命"，人与时代都含在天命的意料之中，这是生命的觉醒者所要清楚的。

本章孔子所说，也是孟子后来所说的"穷则独善其身，达则兼济天下"，"达"是通达，也就是自己能够出仕行道而造福全天下。反之就是"穷"，只能隐居避世，不过不必灰心，这时可以修身以完成自己的志向理想，并让自己的个性臻于成熟，这就是所谓"乱世好修行"。不论达、穷，都有生命的功课要完成，这是孔子以及孟子提供给人的最积极的处世方法。

12. 齐景公有马千驷，死之日，民无德而称焉；伯夷、叔齐饿于首阳之下，民到于今称之。其斯之谓与？

古人认为，这一章虽然没有子曰，但仍是孔子语。齐景公是齐国著名的国君，和孔子是同时代的人。这里说，齐景公有一千辆马车，亦即有四千匹马，这在那个时代是极大的数量，表示齐国极其富强。"驷"指马车，一辆马车配有四匹马。

可是"齐景公去世那天，老百姓对他无可称颂"。"民"指人民、老百姓。"而"是能够。"无德"是无得，也就是没有得到，意思是不能、无法。"称"是称颂、称赞。"焉"指齐景公。不过也有古人认为，"无德"是没有德行，也就是说，齐景公这么富有，却没有任何德行可被人民称颂。

"因为伯夷和叔齐反对周武王的以暴易暴，所以拒绝周武王的封赐，只采野菜来吃，最后饿死在首阳山下，人民对于伯夷、叔齐的德行与坚持称颂不已。难道就是这样的说法吗？"孔子以此跟齐景公的富有做比较。"今"指春秋，也就是这个事件一直传颂到孔子所处的时代，一共五六百年了。"其"是应当。"斯"是就。"之谓"是这样。"与"是欤，等于吗。

不过，钱穆先生认为，这句话前面其实是遗落了《诗·小雅》里的"诚不以富，亦祗以异"，就是说，真真实实地被赞美、被称颂的长处，不是人的富有，而是人特有的、异于常人的德行。"诚"是真真实实地赞美。"亦"是也。"祗"

是只。"异"指特有的德行展现。

将这句"诚不以富,亦祇以异"放在"其斯之谓与"前面,意思就更完整了。他的德行异于常人,做真正有利于众人、众生的好事,这和只求富贵、只求有利于己的人,在觉醒的层次上有极大的差别。

13. 陈亢问于伯鱼曰:"子亦有异闻乎?"对曰:"未也。尝独立,鲤趋而过庭,曰:'学《诗》乎?'对曰:'未也。''不学《诗》,无以言。'鲤退而学《诗》。他日,又独立,鲤趋而过庭,曰:'学《礼》乎?'对曰:'未也。''不学《礼》,无以立。'鲤退而学《礼》。闻斯二者。"陈亢退而喜曰:"问一得三,闻《诗》,闻《礼》,又闻君子之远其子也!"

陈亢是孔子的学生,积极地学道,伯鱼是孔子的儿子,名鲤。有一天,陈亢在教室里见到伯鱼,便好奇地问他:"子亦有异闻乎?"你有学习孔子教导我们之外的道理吗?这是陈亢问伯鱼,孔子有没有在家里私下教他一些道理。"于"是向。"亦"是乃。"异"是不同。"闻"是听说。

伯鱼回答:"没有。他曾经一个人站在厅堂中,我快步从厅堂外面的中庭走过去。他看到我,就问:'你学《诗》了没有啊?'我回答:'没有。'他说:'不学《诗》,无法说话呀!'我就退下赶快去学《诗》了。""对"是敬辞,指身份地位在下者回答在上者。陈亢大概比伯鱼年长。"尝"是曾经。"独立"指孔子一个人站在厅堂中。"鲤"是伯鱼的自称。"趋"是快步走,古时后辈或下属从长者面前经过时,会微微倾身快步走过去,以表示尊敬。"不学《诗》,无以言"指从西周至春秋,从天子、诸侯到卿大夫,包括士在内,不管是国与国的事务交往,还是私人间往来,都要以《诗》中的句子来表达自己的心意、情感,或者温和而婉转地说话。因此,不学《诗》就无法与人往来,以及进一步交谈。

伯鱼接着说:"还有一天,他老人家又一个人站在厅堂中,我又正好从他面前快步穿过中庭,他看到我就问:'你学《礼》了吗?'我回答:'还没有呀。'他就告诉我:'不学《礼》就无法在社会上立身行事。'于是我便退下去学《礼》。"

古人说,礼是"恭俭庄敬"。"恭"是自重,"俭"是自我收敛,"庄"就是稳重沉着,"敬"就是慎重谨慎。整体来说,礼是对自身的约束,以求适当地表达真正的自我,所以孔子说,礼是立身行事的基础。西周以礼治国,一切行事都依礼而行,上至国家大政,下至人的一切行事作为,甚至生活中一些该有的秩序都以礼为准则,以求不出错。到了孔子的时候,他一面继承周礼,另一面从整个周礼之中提炼出更高的哲学性意义。譬如,孔子提炼出礼的哲学性意义为"和",故有"礼之用,和为贵"之说。

伯鱼说:"我私下只听到这两项教导。"陈亢听了伯鱼的回答,回家后很开心地说:"问一件事,让我明白了三件事,知道学《诗》的道理,知道学《礼》的道理,又听到真正的生命觉醒者没有偏私、厚爱自己的孩子。""闻"是知道、明白。"远"不是疏远,而是无私,也就是没有偏爱。换句话说,孔子在教学生时真正做到了平等教学,他教伯鱼和教别的学生是一样的,没有差别。

这段话直接陈述了孔子的为师之道,因为他看得见自己孩子的长短、好恶,所以适度地教导他,没有溺爱、偏私。同时他又能视学生、弟子如同自己的孩子,所以就能好好地教导学生,绝对不会忽略学生的需求。

本章呈现了孔子的公平和深情。孔子被称为至圣先师,甚至被后世尊为万世师表,不只是因为他在学说上有所创立,启发学生走上生命觉醒之路,更是因为他开创出平民教育,对学生施以公平而深情无私的教诲,因此他能真正教育出明事理、知是非、有爱心、有见识、有作为的学生。所以这些学生才会在孔子死后,继续推展并完成新时代的全民教育,从而达成宋明理学家张载所说的"为天地立心,为生民立命,为往圣继绝学,为万世开太平"。

华夏民族、华夏文化能长久立于世，也就是基于公平而深情无私的教育所培养起来的人文情怀，这也是传承了两千五百年的人文特质。教师被称为人类灵魂的工程师，以及生命艺术的塑造师，不是一种单纯的职业而已。

14. 邦君之妻，君称之曰夫人，夫人自称曰小童；邦人称之曰君夫人，称诸异邦曰寡小君；异邦人称之亦曰君夫人。

"邦"指诸侯国。"君"指国君。国君称自己的妻子为夫人，夫人自称为小童，这是谦称。"邦人"指国人。国人称国君的妻子为君夫人，亦即国君的夫人，但在国外称自己国君的夫人为寡小君，这也是谦称。"诸"解释为于，是在的意思。至于异邦人来称国君的妻子，也称君夫人。这是有关当时的人如何称夫人的记录。

称谓属于礼的部分，前一章说"不学《礼》，无以立"，这一章便以礼作总结。

不知道本章为什么会被记入《论语》。有人说，因为春秋时礼崩乐坏，于是诸侯娶妻纳妾不能正名，所以孔子要把它解释清楚。也有古人说，这可能是当年的学者在记录孔子的言论时，无意中将其掺入《论语》中的。还有一种说法是，这一章大概是《齐论》中的记录，因为很特别。也有人考据说，本章在三个版本的《论语》中都有，所以绝不能说这是后人无意中掺入的。但这些说法都没有证据。

阳货第十七

1.阳货欲见孔子，孔子不见，归孔子豚。孔子时其亡也，而往拜之，遇诸涂。谓孔子曰："来！予与尔言。"曰："怀其宝而迷其邦，可谓仁乎？"曰："不可。好从事而亟失时，可谓知乎？"曰："不可。日月逝矣，岁不我与。"

孔子曰："诺，吾将仕矣。"

阳货是鲁国大夫、季氏的家臣，名虎，当时季氏的势力已经衰颓，因此阳货便执掌鲁国大政。他曾经囚禁季桓子，还想削除季孙氏、孟孙氏、叔孙氏三家的力量，不过没成功，而后就逃到晋国去了。他非常想见孔子，以便劝孔子出仕助自己为政。然而，因为他想以陪臣的身份执掌鲁国大政，孔子认为这不合礼，所以不肯跟他会面。

《孟子》中提到，阳货想和孔子见面，但他不喜欢别人说自己不守礼，他要等孔子到他家里见面，才能跟孔子谈话。因此，阳货便趁着孔子出门时，送去一只蒸熟的小乳猪，当时孔子不在，无法亲自接受这份极有分量的礼物。依照当时的古礼，大夫亲自赐予士礼物，如果士无法于家中拜受，就应亲自去大夫之家拜谢。因此，依礼孔子得去阳货家拜谢，阳货希望趁孔子回拜的时候，邀他到家里见面会商。"归"读 kuì，就是馈，赠送礼物。"豚"是小乳猪。

"孔子打听后，也趁阳货不在家时前往他家中拜谢，拜完了却在回家的路上遇到了阳货。""时"解释为视，乃打听窥探之意。"其"指阳货。"亡"是无，指外出不在家。"之"指阳货。"诸"是之、于的合音。"涂"是路途。

于是阳货就招呼孔子："过来呀，我有话要跟你说。""谓"是呼叫。"予"是我，指阳货自己。"尔"是你，指孔子。

阳货问孔子："你有道德、有学问、有才能，却不出仕，放任自己的国家和人民陷入混乱，这算是实践你主张的爱人吗？"孔子没回答，于是阳货又说："这算不上爱人。""怀"指藏在心里面。"其宝"的"其"是那个。"宝"一般解释为道德、学问、才能。也有古人认为"宝"指身，也就是孔子自身，"怀其自身"就是把自身藏起来，亦即隐居不出。"而"是但是。"迷"是迷乱、迷糊，作动词。"其邦"的"其"指自己，"邦"指国家。"谓"是称得上。"仁"是爱人。

然后阳货再问孔子："想为政做事却屡次不把握机会，这可以称得上有聪明智慧吗？"孔子还是没回答，阳货又自问自答地说："怕是不能称得上聪明智慧。""好"是从心里喜欢。"从事"是为政做事。"亟"是屡次、常常。"失时"是失掉时机，或说放弃机会。"知"是聪明智慧。

阳货接着说："时间一去不回头，岁月不会等待我们的呀。"此时，孔子才说："好的，我准备出仕了。""日月"指光阴。"逝"是去。"岁"指岁月。"与"是等待。"吾"是孔子的自称。

或许有人会问，孔子这个回答是表示接受了阳货的劝告吗？如果不是，孔子这不就是敷衍阳货吗？这不合乎他教人一贯的真诚态度。对此，古人曾说，阳货主动求亲于大夫，意思是阳货主动和孔子亲近，态度还算恳切。依照人情事理，孔子也无法直接拒绝，于是回答他"吾将仕矣"，这句话基本上没有否定之意，但也没有确定的答案。

这一章说的是为人处世的方式。人有了生命的觉醒，可是仍生活在周遭许多尚未觉醒的人之间，这时要如何适当地回应他们呢？这是要注意、适当处理的地方。就如同《庄子·人间世》中以颜渊为例，颜渊成为君子，竟然被委派去调教卫国最凶狠、暴戾的太子，这时颜渊该怎么做？出发前，孔子的朋友蘧伯玉特别提醒颜渊不能一味说理，这会适得其反。

舜之所以为舜，重要的一点是，除了自己生命的觉醒，他非常了解一切外在客观事理的状况，也明白现实中一般人的人际关系、心理活动，即孟子所说的"舜明于庶物，察于人伦"，这就是舜能把事情做好的原因。孔子也说过："君子之于天下也，无适也，无莫也，义之于比。"换言之，生命的觉醒者没有绝对要怎么样，也没有绝对不可以怎么样，一切以恰如其分作为做事的准则，当然其重点和目的都是在道的路上行进。

2. 子曰："性相近也，习相远也。"

"性相近"的"性"是人与生俱来的，《中庸》开宗明义地说"天命之谓性"，"天"是上天，"命"是赋予，而天之赋予是人无法抗拒的，所以凡是上天所赋予人，是人与生俱来的，就叫作"性"。"相近"是相接近，大家都一样。"习相远也"的"习"是后天逐步养成的习惯，"远"指有较大的差别。

性是共同的，譬如人都要求生存，受到启发就自然会走向觉醒。习是人为了生存而不断去适应环境，遵守达成生存的行为规则，然后便形成了习惯、习性，这和先天的天性不同。习使人有了很大的差别，就像世界上不同国家的人有着不同的习惯、习性，这是"习相远"的重要例证。

《论语》中只有这一章谈到"性"，而且孔子也只说"性相近"而已。至于孟子的性善说，或者荀子的性恶说，都是到了战国时才出现的。所以子贡说"夫子之言性与天道，不可得而闻也"，在孔子所处的时代，性还不是人们关心的问题。人们关心的是，人是什么？怎么样才算是人？孔子提出人唯有觉醒才能展现出人性，才算是人，否则人所做的努力都只是单纯地为了活下去，还没有达到人的觉醒阶段。

不过，孔子也说人都能觉醒，这就是"性相近"。那为什么有些人可以觉醒，有些人却无法觉醒呢？这是肯不肯努力的问题，孟子说"思则得之"，孔子也说"君子有九思"，"思"是反省。人做深度的思考就能觉醒，不做深刻的反省，难以让心活动起来，就不可能觉醒。

人何以不肯思呢？简单来说是因为利，人因利而放弃反思，所以让自己停留在生存的阶段，被生活的习性限制了，困在生之恐惧中，担心失去生存保障而停留在生物层次，孜孜求利。

"觉"真的是人的天性吗？到了战国时期，因为人们都想进一步彻底弄清楚人性是什么，所以有人主张性善、性恶。有人认为性既善且恶，有人认为好时代就性善，坏时代就性恶，也有人认为人性应该回到生物本能上。孟子主张性善，而后荀子主张性恶，这都是战国时代学术的大话题。

3. 子曰："唯上知与下愚不移。"

上一章说人的天性相近，习性相远。虽然如此，但是人的天资各不相同，有绝顶聪明的大智慧者，如孔子所说的生而知之者。也有愚笨迟钝的人，如孔子说的困而不知学习者。本章说，只有绝顶聪明和愚笨迟钝这两种人，在气质、品质上不会因为后天的熏习、学习而改变。"唯"是只有。"上知"指最聪明、有智慧的人。"下愚"指最笨、没有智慧的人。"移"是改变，即往善的方向改变。

不过，本章还有更深一层的意思，孔子要说的不是"上知"与"下愚"这样少数的人，而是处于这两者之间的人，大多数人都属于中间这一部分，这些人会因为后天的学习而有所改变，学习善则善，学习恶则恶。这点凸显了孔子身为教师所彰显出的教育的意义，换句话说，世界上大多数人都可以借着教育开发自我，并通过觉悟、觉醒，改变内在气质，提升精神境界，而后走向自我生命创造的道路，开启新的生命，这就是本章蕴藏的深层含义。

4. 子之武城，闻弦歌之声。夫子莞尔而笑，曰："割鸡焉用牛刀？"子游对曰："昔者偃也闻诸夫子曰：'君子学道则爱人，小人学道则易使也。'"子曰："二三子！偃之言是也，前言戏之耳。"

"子"指孔子。"之"是前往。"武城"是鲁国的小城邑。子游在武城担任县令，以古语来说就是做县宰。"闻"是听到。"弦"指琴瑟这种乐器。"歌"是唱，也就是把《诗》唱出来。"弦歌"是以琴瑟伴奏而唱出《诗》，这是指子游以礼乐教化武城的人民。

孔子听到后觉得弦歌不错，于是笑了起来，他说："何须用牛刀来杀鸡？"这里的"夫子"指孔子。"莞尔"是微笑的样子。"割"是分解，古人通常用比较小的刀杀鸡，"割鸡"是比喻治理小地方，而"牛刀"这种大刀则用来杀牛，比喻处理大政。

古人解释，凡为政者治理小城，重要的是让人民丰衣足食，再教人民懂得敬，也就是让人们能够严肃地看待事物，而后教以孝、悌，也就是教人民懂得爱，团结一心。武城家家户户都有琴瑟唱《诗》之声，就像西周先王的礼乐教化在这里恢复了，因为此做法是大政之所为，所以孔子不禁微笑着以牛刀来比喻。

子游听到孔子略带调侃的话，仍然恭敬地回答："从前我听夫子说过：'为政者学习了仁道，就能够推行爱人之政；一般老百姓学习了仁道，就容易明理，遵守国家的政令。'""昔"是从前。"偃"是子游自称他的名。"闻"是听。"君子"指在上位者。"道"是充满爱的生命觉醒之道。"小人"指不在位的老百姓。"易"是容易。"使"的本义是指使或派遣，引申为明白法律的规定。

在孔子所处的时代，"小人学道则易使"的"易使"二字显示了当时的老百姓有为国家服劳役的义务，也可以引申为容易明理而接受政令，或者容易遵纪守法。

孔子听了子游的话，便对着随同前去的学生们说："诸位啊！子游的话是正确的，我前面说的杀鸡焉用牛刀只是一句戏言，我是在开子游的玩笑。""二三子"解作诸位，指随孔子一起去武城的学生。"戏"是开玩笑。"之"指子游。"尔"是罢了。

古人认为，孔子是表达自己听到满城都是弦歌之声时的欣喜之情，于是对子游开了个玩笑，由此也可见孔子活泼的性格。子游和子夏都是孔子晚年的弟子，子游担任武城县宰时非常年轻，却能够带领百姓行礼乐教化之大道，可见子游真是能学，同时也可看出子游在孔子的文学科中所学的，以及孔子所教的，并不是空口讲白话，而是可以经世济民的。

从这一章，我们可以了解孔子教学的成效，孔门弟子也确实能够实践孔子的理想，而这理想就是中国传统文化的精髓，即心灵的教化与精神境界的提升。人是动物，但又有动物所没有的觉醒性，或说自我意识，这使得人类打造出了文明的社会，而也唯有中国历来重视文化、学术、思想、礼乐的教化，针对人的自我意识，亦即人的觉醒性而提出心灵教育，让人在自我意识中，对自身的情感、欲望有所了解，从而对自己有真正的认识。让人学会适当地抒发情感、克制欲望，并能够做到自我调整、自我平衡，以达成身心的和谐，以及感性和理性的统一。

今天来看西方社会中的各种运动，以及学说中的各种观点，绝大多数还是局限在人的感性和理性的冲突中，认为人的欲望和社会规范的理性是对立的，所以人会有自我冲突或自我矛盾，而这也就是西方人认为人生痛苦的原因。当人的感性与理性达到统一，身心达到和谐时，人的自我意识性和觉醒性就可以开展得更充分，人就能从生物性的生存冲动中逐渐释放。换句话说，他不再具有"被刺激就立刻反应"，或者"有本能需要就立刻去满足"的侵略性，如此人所特有的人性会逐渐浮现出来。

当人从生物性的生存冲动中释放，人特有的人性逐渐浮现，人就不再是自然人，而是有意识、有反省力的文化人。这种人具有同理心，且能懂得别人，如此，他就能够爱人了。如果没有这种觉醒性，人就会用占有、冲动的方式去表达爱，甚至以交换的手段来表达爱。这些都不是真正的爱，而是动物性的占有的爱。

所以孔子说，从尧、舜、禹、汤、文、武、周公而来的诗歌礼乐教化，可以当作教育的项目，成为中国传统的特色。子游接受这样的教育，也懂得其中的奥义，于是，即使治理小小的武城，也用诗歌礼乐去教化当地的人民。孔子也因此极为高兴，因为孔子的教育目的是让传统的礼乐教化推广到全天下，这是全民教化运动，也是心灵工程的开发，所以只有全民觉醒才能有真正的爱，人才有长久的幸福。

5. 公山弗扰以费畔，召，子欲往。子路不说，曰："末之也已，何必公山氏之之也？"子曰："夫召我者，而岂徒哉？如有用我者，吾其为东周乎！"

"费"是地名，念 bì。费是季氏的采邑，也是季氏的首都。"召"是召唤。公山弗扰是公山氏，他是鲁国的贵族、季氏的家臣，当时担任费宰；弗扰是他的名字，在《史记》中名为公山不狃。"以"是凭借、根据。"畔"是反叛。"子"指孔子。公山弗扰以费为根据地，反叛季氏，希望将政权还于鲁国，他召唤孔子一起前去举事，孔子想去。

子路知道了非常不高兴，他说："没有地方可去就算了，何须一定要前往公山的地方呢？""末之也已"的"末"是无，引申为无处可去。"之"是前往。"也"是助词的。"已"是停止，引申为罢了。"何必公山氏之之"第一个"之"是助词的，第二个"之"是前往，这是倒装句，也可以改为"何必之公山氏之处"。

孔子回答："公山氏来召唤我，难道没有任何意义吗？若真有人能任用我，我应该能在东方创建天下为公的辉煌世纪，同西周一样！""而"是竟然，用以加强语气。"岂"是难道。"徒"是空，引申为没有任何意义。"吾"是孔子的自称。"其"是应该。"为"就是做，引申为建立、打造。"东"是东方。"周"指西周。"乎"是啊。

这就如同孔子在《论语》中说的："齐一变，至于鲁；鲁一变，至于道。"意思是齐桓公当时拥有九合诸侯、一匡天下的力量，如果他能重视礼乐教化，就能使天下像鲁国一样，即保有西周礼乐大政的传统。当天下达到鲁国的境地，如果再进一步，一切以西周时天下为公的理想去推展，大道就能够行于天下了。孔子的理想就是同周公一样，再开创天下为公的社会，这也是孔子推动平民教育的主要原因，所以孔子愿意去参与公山弗扰以费反叛季氏的举事，讨伐专权的大夫，孔子认为这是解决那个时代动乱的必要手段。

后来有的公羊学家讲解这句话时说，如果真有任用我的人，我怎么会只为了维护东周的利益而努力呢？今天有人认为孔子是保守派，他希望恢复西周的礼乐，维护西周的利益，但事实并非如此。西周、周公对孔子来讲是理想世界的代表，周公对孔子来讲是榜样，周公首先开创出天下为公的理想社会，而孔子希望在自己所处的时代，也创立新的天下为公的社会，如同西周一样。儒家后来强调方式与形式要与时俱进，但天下为公的理念不变。这也就是孔子老了之后说到"吾衰也！久矣吾不复梦见周公"的真正含义。

前文孔子婉拒阳货的拉拢，就是因为孔子反对季氏专权于鲁国，当然也不赞成阳货掌握大权，而鲁定公八年公山弗扰反叛季氏，并召孔子一起举事，但到了鲁定公十二年，孔子被鲁国聘为司寇，当时鲁国的季孙氏、叔孙氏、孟孙氏各有据点，四个据点形成分裂的局面。子路认为应该消除这一局面，但是这会损害公山弗扰的利益，于是公山弗扰便以费这个地方为据点举兵攻打鲁国，也因此孔子派兵将其打败，以致公山弗扰逃到齐国。

《史记》说孔子著《春秋》的理想就是要贬除天子、贬退诸侯，然后削除大夫的专权，打造天下为公的新时代，这一章便是记录了孔子的理想。孔子不仅有远大的理想，还能够从最基础的教育着手，将当时专属于贵族的教育推广到平民中，教导人民通过生命的觉醒，摆脱生物本能的冲动。他希望大家在心灵的自觉里得到自我提升，成为有高度生命觉醒的君子，能与人为善，做有利于大众生生之道的事。如此，人才具有生命正向的力量。

据说，在伦敦威斯敏斯特教堂地下室的墓碑林中，一块不知名的墓碑上写着这样一段话：当我年轻的时候，我梦想改变这个世界。等到我成熟了，我发觉我无法改变这个世界，于是我将目光缩短，决定只改变我的国家。可是当我进入暮年，我发现我无法改变我的国家，我最后的愿望仅仅是改变我的家庭。但这也不可能。等到我行将就木时，我突然意识到，如果我开始改变我自己，做好榜样，我可能可以改变我的家庭，在我家庭的帮助和鼓励下，我可能为国家做一些事情，说不定我可以就此改变这个世界。这段碑文震撼了全世界，许多伟大的人物因之而感动。

南非前总统曼德拉年轻时是激进派，他痛恨白人对黑人的欺压，但当他读到这篇碑文时，他幡然醒悟。回到南非后，他放弃了以暴制暴的方式，从改变自己开始，而后改变家庭，也改变了亲朋好友，让黑人放下仇恨与报复，大家共同合作摸索，最终改变了国家，建立了新的南非共和国。曼德拉所提倡的以及他的以身作则，其实就是孔子所说的仁道。

这个故事证明了孔子的观点的可行性，亦即建立新的天下，可以从自己的生命觉醒开始，而这也说明了《大学》中"格物、致知、诚意、正心、修身、齐家、治国、平天下"的真理所在，上自天子、下至平民都当以修身为本。

6. 子张问仁于孔子。孔子曰："能行五者于天下为仁矣。"请问之。曰："恭、宽、信、敏、惠。恭则不侮，宽则得众，信则人任焉，敏则有功，惠则足以使人。"

子张是孔子的学生，才气过人、志向远大，他向孔子请教行仁道的方法。孔子告诉他："有能力在天下实践五种品德，就是将仁行于天下了。""五者"就是五种品德。"能"不只是能够的意思，也有能力之意。"行"是实践。

子张进一步问："请容我再问一下，五种品德指的是哪些？"孔子回答："这五种是恭、宽、信、敏、惠。当你能够在为人上自重，而且又能敬人时，你就不会遭受侮辱。当你待人宽厚、宽和时，你就能得到众人的支持和拥护。当你信实可靠，绝不说谎、说空话时，老百姓就能信赖你。当你做事敏捷、勤奋时，你就容易有功绩，也容易让事情成功。当你给人恩惠、爱护时，你就足以能够让人愿意为你效劳。"这里的"请"是敬辞。"之"是助词那些。"恭"是自重，包含敬人。"宽"是待人宽厚。"信"是为人信实可靠。"敏"是做事勤敏，不拖延。"惠"是恩惠、恩爱、慈爱，也就是对人施与恩惠、慈爱。"任"就是托付。"功"就是成功、功效。"使人"是让人愿意效劳。

古人说，这一章在体例上的记述和其他各章有所不同。首先，孔子和弟子们说话，通常都是称"子曰"，这里子张问的时候，竟然还是称"孔子"，有人说这一章是出自《齐论》，可是并没有证据。

其次，这一章所谈的明明是行仁政的事，可是只记述了子张问仁，而不是子张问仁政，是不是有遗漏的呢？因为没有证实的资料，所以只能暂时根据现有的文句去解释。

最后，根据文句，子张所问的可能是领导者如何在品德上行仁，才能收到仁政的效果。尤其在上一章，孔子谈建立天下为公的事业，前提是要从个人的生命觉醒开始，不再受生物本能的冲动的限制，并能表达出对人真正的爱，亦即由品德做起，就能展现仁于天下。

所以子张问如何行仁,才能展现为政者的仁道、仁德。孔子就以"恭、宽、信、敏、惠"五种品德,也就是仁道的精神与情怀来回答他,并进一步告诉子张,如果能够实践这五种品德,就能展现自己的仁德,并收到仁政的效果。

7. 佛肸召,子欲往。子路曰:"昔者由也闻诸夫子曰:'亲于其身为不善者,君子不入也。'佛肸以中牟畔,子之往也,如之何?"子曰:"然。有是言也。不曰坚乎,磨而不磷;不曰白乎,涅而不缁。吾岂匏瓜也哉?焉能系而不食?"

在孔子所处的时代,天子名存实亡,诸侯也无力掌握国家的权力,各诸侯国的实权都落在大夫手上,权力相争往往导致社会动荡不安。根据《史记·孔子世家》的记载,佛肸(bì xī)是晋国中牟这个地方的宰。佛肸以中牟为根据地,举兵反叛晋国当权的赵氏,并邀请孔子参与其中。当时孔子周游列国宣扬大道行到晋国,也希望能够运用军事力量讨伐掌权的大夫,因此当佛肸来邀请他时,他便想要前往。

子路知道这件事之后很生气,他说:"从前我在老师您那儿听过,对于做尽坏事的不善之人,有品性的君子人不会进入他的国家。佛肸占据中牟这个地方,举兵起事反叛赵氏,您竟然要前往,这是怎么回事呢?""由"是子路的自称。"闻"是听到。"诸"是之、于的合音。"亲"就是亲自。"于其身"就是在自己身上。"之往"的"之"是那里。"如之何"是如何之,即怎么了。

孔子说:"我是说过这样的话。但古语说,有一件东西很坚硬,坚硬到怎么磨它都不会变薄。有一件东西很白,怎么染它也染不黑。"这是孔子强调自己的心,或说自己所坚持的理想是不会改变的,他将保持自身的纯粹性,不受外界的影响,即他不会与佛肸同流合污。"然"是对。"磷"是薄。"涅"是白。"缁"是黑。

不过孔子又说:"难道我真的像挂在那里的葫芦一样吗?怎么能够只是垂

阳货第十七 / 659

挂在那里，不被吃也不被用呢？""岂"是难道。"匏瓜"即葫芦。"也哉"，两个叹词，加强语气。"焉"是何、安能。"系"是垂挂。"食"是吃，引申为用。人们通常会把长大的葫芦垂挂在屋檐或藤架上，等葫芦长熟后果壳会变硬，可以把它做成瓶子，或者剖开做成水瓢，有的还会拿来做成笙之类的乐器。孔子以此做比喻，表示他不想像个匏瓜，只能垂挂着而不能被食用。在大夫掌权、朝廷争斗不止之时，孔子认为，只有贬天子、退诸侯，以兵讨大夫，清除不合理的专权者，才能建立天下为公的新社会。

本章是孔子对自身理想的宣誓。中国传统学术或者说经典中所蕴含的道理，不像西方哲学只求概念、理论的确定和总结，而是要能够将思想理念与实际生活相结合。孔子在此把这个特质清楚地呈现了出来。

8. 子曰："由也，女闻六言六蔽矣乎？"对曰："未也。""居！吾语女。好仁不好学，其蔽也愚；好知不好学，其蔽也荡；好信不好学，其蔽也贼；好直不好学，其蔽也绞；好勇不好学，其蔽也乱；好刚不好学，其蔽也狂。"

"六言"指六句话，这六句话中包含仁、智、信、直、勇、刚六种良好的德行。"六蔽"指愚、荡、贼、绞、乱、狂六种不良的行为，而这六种行为是从好的行为中衍生出来的。孔子认为，这是因为人在认知、学习上没有充分发展，以致人的认知被蒙蔽，从而导致这样的结果。"蔽"是遮蔽、蒙蔽，亦即思辨不能通明。换句话说，如果人不在认知、学习上培养分辨事理的能力，就会被蒙蔽，所有坚持都会变成固执己见，以致在行为上产生极大的缺失。

孔子呼唤子路："由啊，你听过六言、六蔽这样的说法吗？"子路恭敬地回答："没有。"孔子说："你坐下，让我来告诉你。"这个"女"念 rǔ。"由"是子路的名字。"居"是坐。依照古礼，当长者提问时，被问的人必须起身并站到座位旁，以表示恭敬。孔子问子路，子路就从座位上站起来，侍立在座位旁。"吾"是我，孔子的自称。"语"是告诉。"汝"是你。

孔子接着说明"六言""六蔽"。第一，只是一味喜欢仁爱，而不喜好学习，也没有认真地反省、觉悟，就会被人情所蒙蔽。即使有爱，也会变得愚昧不明。"好"是从心里喜欢。"仁"是对人充满温情与关怀。"学"在这里有两层含义，一层是学习，另一层是觉醒，指通过学习、觉醒彻底明白所好之仁，能够清楚地分辨其中事理的不同，以及其中所包含的是非。"蔽"是遮蔽、蒙蔽，也可以解释为因被遮蔽、蒙蔽所产生的缺失。"愚"是愚蠢、愚昧。

第二，只是喜欢聪明才智，而不好好地深入学习、彻底反省，就难以分辨一切道理知识。如此一来，聪明才智也会被遮蔽，流于放纵，只要弄伎俩与智谋，使自己的生命无所依归。"知"读 zhì，指聪明才智。"荡"是放纵、恣意，就是凭着聪明放任自己随便读书，而无法归趋到自我生命的重心，无法树立基本的处世准则，这会让自己的生命失去主体性，也失去存在的意义。

第三，只是一味坚持诚信，而没有真正地学习，就难以具有分辨事理、深层反思的能力，进而无法真正认识自己所坚持的诚信，那么他的聪明就会受到阻碍，成为盲目守小信小节的人，反而会对人、对事造成伤害。"信"指诚信、信义。"贼"是伤害。

第四，只是一味坚持正直，而不好好学习知识或展现理性，就难以通过深层的反省来理解人事、人情、人理，那么他所坚持的正直就会被遮蔽，而流于苛刻、刻薄，语言尖利伤人，失去同情心。"直"是正直。"绞"是苛刻、尖利。

第五，只有一味的勇敢、果敢，而不在学习上下功夫，就难以分辨事物的轻重缓急，那么他的好勇之心会被遮蔽，凭着本能的冲动而闯祸，造成混乱。"勇"是勇敢、勇猛。"乱"是混乱、祸乱，或是捣乱、闯祸。

第六，只是一味刚强，而不好好地通过学习掌握知识，就难以让自己变得有条理，且没有能力自我反省。如此，认知会被蒙蔽，行为就会流于狂妄、毫无忌惮、刚愎自用。"刚"是刚硬、刚强。"狂"是狂妄，以致刚愎自用。

仁、智、信、直、勇、刚是孔子推崇的德行，其中，仁更是所有德行的核心，所有德行都要归于仁，以获得圆满并充满爱的生命觉醒。

质言之，人世间所谓好的事物或好的观念、好的知识等，如果人无法通过觉醒，通过人性的自我意识进行不断反思，就一定会有因被遮蔽而产生的缺陷，变成有伤害性或是偏执的人。究其原因，第一，世界上有许多不同的国家、不同的文化、不同的生活方式、不同的生活经验、不同的生活需求，其所形成不同的做事方式，养成了不同的习性，如果人不以更超然的心理和观点来认知、理解，只坚持既有的观点，自然就会产生错误，这个错误不是愚就是贼，不是绞就是乱，不是荡就是狂。第二，大自然以及整个人世与人事，都随着时间流转而推移，几乎没有一成不变的事物，人们只能随时随地反省，才能与时俱进，才具备更深入且完整的理解、认识与调整能力。换言之，在人的世界里，没有绝对的真理，任何不做反省的盲目认定，停滞在不正确、不完整的认识上，都容易让人产生偏执，以及误解。

在《论语》中，孔子从人出发，用觉醒来界定人性。他以此确立了人只有觉醒才是真正地开展生命，这是人所特有的，也是人可以获得自由的关键。所以"学而时习之"，人有所得、有所领悟的时候，也就是开始意识到自己能超越自身有限生命的时候。人的自我释放、自由开展，不就是最深层的生之喜悦吗？这生命的喜悦，别人无法夺走，而人真正的自信就从这里开始。

9. 子曰："小子！何莫学夫《诗》？《诗》，可以兴，可以观，可以群，可以怨。迩之事父，远之事君；多识于鸟兽草木之名。"

"小子"是孔子对自己弟子的称呼。孔子说："弟子们啊！你们为什么不好好地研究、学习《诗》的真义呢？""何莫"就是何不。"夫"是于。这不是孔子的弟子们都不学《诗》，而是孔子要他们深入地学习、研究《诗》。

孔子进一步说明："《诗》的每一篇都是人真实情感的流露，大家读了可以激发、触动自己最深层的情感，从而引发追求美好生命的心志与向往。""兴"是引发、激发。《诗》属于文学作品，是艺术的呈现，孔子曾经说："《诗》三百，一言以蔽之，曰：'思无邪。'"《诗》的每一篇都直陈人的心思，整部《诗》乃是人的情感的总记录。因此，读《诗》就如同今天阅读好的文学作品，它会引发我们的情感，并激发对生命理想的向往之情。

接着，孔子说："《诗》还可以让人学会细致地观察，看到各地不同的风俗习惯和民情，了解其背后有着共同的真实情感，不会用单一的观点和经验去评论一切事物，还可以深入了解人性、人情、人心。""观"是观察、理解。

再者，读《诗》既使人在情感上受到熏陶，又让人了解人性、人情、人心，并进一步了解与同情社会人群生活背后的心理情感、心理动向，从而能与社会和谐相处，甚至为社会提供更进一步发展的可能。"群"指群众，也就是可以与群众和谐相处。

这一份对社会人群的情意，也可以帮助人抒发心中的惆怅、遗憾，使人获得慰藉而趋于安乐和健康。"怨"指讽刺当时在上位者施政不当，今天引申为表达人生的遗憾、惆怅所产生的情愫。

人懂得了人情事理，在切近的实际生活方面，可以用自己所怀有的种种情意、所理解的人生道理，来侍奉父母。"迩"指近处。"之"可以作乃、乃是。当人从人情入手，就可以进一步了解父母心理情感的动向和反应。孔子说过："事父母几谏。"为人子女要先看父母处在何种状况，再提出自己的意见，如此就不会轻易惹父母生气，或者让自己沮丧，也比较容易对父母尽孝道。

从大处来说，能运用人情事理为国做事、服侍国君，从而让自己能立身于社会。"远"是大处，不直接切入生活，这是就社会而言。"事君"是侍奉国君，同时能够为国做事。换言之就是人在读书、了解人情事理之后，能够从人的角度去感应国君的心理情感了。

一般人在社会中成长，很容易因为社会经验形成刻板印象。比方说，孩子只是把父母当作父母来看，而忘记他们是人，也同样渴望获得子女的肯定。国君也是人，高高在上的国君，特别容易感到孤独，因而需要他人的支持、鼓励。然而，人看到父母或国君竟然也有一般人的表现与渴望，会感到吃惊，甚至因此贬抑、看不起他们，这些都是不知人情事理的结果。

人真的从《诗》中明了人性、人情、人心，进而知晓《诗》中所陈述的大义，就可以深入了解人事、人情，也就不会受制于自我的主观认知，或主观的好恶，如此，就不会因于上一章所说的六言六蔽。因为六言六蔽多半是没有学习知识和实现觉醒，归根究底就是欠缺对人情事理的了解。

孔子接着说："此外还能从《诗》所描绘的自然万物中，更广泛地认识动植物的名称。""鸟兽草木"在这里泛指大自然，也指大自然中鸟飞、鱼游、四季花草的变化等一切生生不已的展现。这句话的意思是，从人的世界进入大自然，在俯仰之间，人的各种感官知觉随之打开并感受大自然的勃勃生机，如此就能深深地体会到大自然的美与和谐，进而开阔心胸地享受到所谓生之喜悦与生命之美。这时属于人的性情也会完全地开展起来，生活就从生物生存的本能，升华到人性层面，真正享有充满喜乐的生命。

孔子在这一章教人读《诗》，就是教人要读好的文学作品，由此进入艺术审美的情境里，提高人的审美能力与审美情感。人觉得一切事物都有自身的美，美是生命完善性的感受，就会觉得活着真好，不论遇到任何挫折，都有能力转化，给予生命正向的激励。

10. 子谓伯鱼曰："女为《周南》《召南》矣乎？人而不为《周南》《召南》，其犹正墙面而立也与！"

"子"指孔子。"谓"是告诉，引申为教导。"女"就是你。"为"是学或知，

"学"是学习,"知"是研究。"其"是应该。"犹"是好像。"正墙面"就是面对着墙。"而"是助词。孔子对伯鱼说:"你读过《周南》《召南》吗?人如果不读《周南》《召南》,就好像面对着墙站着,无法前进。"

《周南》《召南》是《诗·国风》中的两个篇名,它们被放在《诗》的开头。古人说,周公旦和召公奭共同辅佐周成王达成王治,他们管理的南方地区在良好的教化之下,出现了盛世局面,于是采诗者在二公辖地采诗,称为《周南》《召南》。

这两篇诗说的多是关于夫妇、男女的情爱、婚姻。《诗》言情,反映人的情感,以及人对爱的渴望与追求。不论这追求是对还是错,《诗》都将其收录进去,因为这是人性、人情、人心的真实写照。人最特殊的地方就是主动追求情感,这代表着对爱的渴望。

可是人如何适当地去爱呢?《周南》《召南》最后以婚姻的故事来作诗歌的总结,代表婚姻能让相爱的伴侣变成真正的灵魂匹配者,婚姻会让人觉得在爱情上有了归宿,但其中也有很多诗篇表现破碎的爱情或婚姻。破碎也好,走向婚姻也罢,这都是人对情感追求的记录。这些记录何以重要呢?因为有人认为,夫妇、男女的爱情是文明的起点,《中庸》里说:"君子之道,造端乎夫妇。"也就是说,做真正的人是从生命觉醒开始的,而生命觉醒则是从对情爱的深刻感受开始的。

所以孔子说,如果人不深入地学习、研究《周南》《召南》这两地诗歌包含的生命情感的大义,就像站着面壁一样,在生活中什么也看不见,一步也走不动。你不了解人性、人情,也不了解人心,看不到人生的美好也就无法开展自己的人生、生命,这和孔子在前面说的"不学《诗》,无以言"有异曲同工之妙。

扩大而言,这说明《诗》的内容是出色的文学教育,更是人的情感教育、生命教育。许多学科学的人,就算懂得艺术或音乐,如果缺乏文学的滋养,那么他的深入感受性就可能有所不足。就算阅读了文学作品，如果感悟不到文学中的深意，同样有这样的问题。所以孔子特别强调，要深入文学的生命情境中去，然后引发自己的生命情感，并进一步达到生命的觉醒。

11. 子曰："礼云礼云，玉帛云乎哉？乐云乐云，钟鼓云乎哉？"

古人所说的五礼，即吉、凶、军、宾、嘉，包含了我们生活中的一切。"吉"是所有好的庆典。"凶"是丧礼。"军"是行军作战以及作战归来等有关军事活动的军礼。"宾"是有关国家的外交礼节。"嘉"是平常的各种生活及节日之礼，如婚礼、冠礼。换言之，吉、凶、军、宾、嘉都以礼来维系。

"云"是虚词，有如此啊的意思。"玉"是玉器。"帛"是给上天的钱币，古人用丝绸代替。"玉帛"是祭祀行礼时所用的祭品。在古代行祭祀礼后，人们会把玉器和丝绸放到祭祀坑里焚烧，以飨祖先或上天。"乐"是行祭祀礼时演奏的音乐。"钟鼓"指演奏音乐的乐器。"云乎哉"三个字都是虚词，用来加强语气，意思是就是如此吗。

"礼主敬，乐主和"，行礼最重要的目的是表达敬意，音乐演奏最重要的目的是交流情感，以达到人与人之间的密切合作、和谐相处。礼乐是人的情感、仁爱之心的展现，这是人在生命觉醒后的表达方式。所以孔子说："礼啊，礼啊，难道就是指玉帛这些行礼的祭器吗？乐啊，乐啊，难道就是指那些演奏的乐器和空洞的音乐吗？要知道没有仁心、仁情，这一切都是空虚而无意义的。"

12. 子曰："色厉而内荏，譬诸小人，其犹穿窬之盗也与？"

"色"指外表。"厉"是庄重、庄严。"而"是但是。"内"是指内心。

"荏"指柔弱、懦弱，亦即没有主体性且喜欢讨好他人。"譬"是譬喻。"诸"是于。

小人的内心仍然受制于生物性的生之恐惧，一出生就害怕被吃掉或死亡，这是生物所共有的恐惧。因为小人总是没有安全感，担心生存或利益受到威胁，所以小人会斤斤计较，追求利益、金钱、权力、地位，以求获得更多的生存保障。

如果用还没有生命觉醒的小人来比喻，"色厉而内荏"的人就是趁人不注意的时候巧取利益，如同在他人房子的土墙上偷偷地挖洞，然后爬进去偷取物品的小偷。"犹"是好像。"穿"是穿墙，古人的房子多半用土砖建造，没有被火烧过，所以并不坚硬，容易挖洞穿进去。"窬"指墙洞。"盗"是小偷。

其实社会上有很多这样的人，究其原因乃是缺乏生命觉醒的教育，这些人活在生物性的生之恐惧中，为了争取生存的机会，成了内外矛盾的人。所以教育人们认识生命的意义是不可或缺的，而所有学科都包含着生命教育的元素，不论人文和科学，基本上都是为了开展人类的生命教育，生命教育最重要的目的是教导人们走向自我生命的觉醒。

13. 子曰："乡愿，德之贼也。"

"乡"是乡里。"愿"是谨慎。"乡愿"用今天的话来说就是为了不得罪人，不做任何是非判断，以至于同乡的人都赞美他是稳重谨慎的人。可是孔子说这种人是"德之贼也"，他用小偷的方式去破坏人世间是非道德的准则与分别，而孟子更直斥乡愿就是"阉然媚于世者"，亦即掩饰自己内心真正自私求利的本质，一味讨好世俗之人。换句话说，这种人把自己包装成社会上最可信赖、最值得敬仰的人，他们可能会以稳重谨慎的姿态出现，或者树立开放先进的形象，但说出来的话大都空洞、模糊、似是而非，也没有清晰的逻辑、严谨的理论，且在不知不觉中混淆了社会上原本的是非善恶的观念。

所以孔子和孟子都认为这种人是人世间道德的偷盗者，提醒人们要多加注意。

14. 子曰："道听而涂说，德之弃也。"

"道"是道路。"涂"也是指路途。"道听而涂说"的意思是，在路上听到什么，就在路上说了出去。即自己在路上听到一些人的胡言乱语，没有进一步思考，也没有把是非真假搞清楚，就不负责任地把话传播出去。这是"德之弃也"，即放弃了对道德的坚持。"德"是德行，指人内心的深层体会，因此又叫作心得，它会自然地表现出来，所以被称为德行。

凡是言德，一定有内化、体会的过程，否则就不可能成德。有了内化、体会，自然就会展现在行为上，这是人的非常有趣的特点。所以，凡是获得言论上的提醒和教导，一定要内化于心，在内心有所体会，而后深入玩味。人在这种反复的体会中逐渐实践，很多问题就能化解，如此就成一己之德，建立起行为准则或者风格了。如果没有真正地内化、体会、实践，就像荀子说的"入乎耳"马上就"出乎口"，它不是学，更不是德，谈不上有任何德行的作为。

即使"道听而涂说"的人听到善言，也不会真正地内化、体会为己有，如此绝不可能成德，这就是在德行上弃守，这种人也就等同于被德行放弃的人。这种在生活上没有自我重心的人，缺少自我主体性，难以有真知灼见，反而容易随波逐流，以致无法参与自己人生的规划，更谈不上改变命运。所以，德是人自我主体性的展现。

15. 子曰:"鄙夫可与事君也与哉？其未得之也，患得之；既得之，患失之。苟患失之，无所不至矣。"

"鄙夫"是卑鄙之人，亦即庸俗浅陋之人，就是在一切思考中受生物生存的本能的限制。因为这样的人缺少安全感，处处为自己争取最大的利益，所以他见识浅陋，看事情只能看得非常浅显、低下，无法站在高处或从整体上去考量人民、国家的利益。

"可与"是可以与之。"之"指鄙夫。"事君"是侍奉国君。古人说，"君者，群也"，它的基本含义指整体，亦即全体人民，所以事君可引申为为国家做事。

孔子说："能不能与鄙夫一起为国家做事呢？""也与哉"加强语气，有绝不可能的意思，我们绝对不可能和鄙夫一起为国做事，因为为国做事得牺牲自我的利益，如此才能为群体付出，而鄙夫不会轻易放弃个人的利益，所以和他一起为国做事并不容易。

接着，孔子再进一步解释："鄙夫在还没有得到禄位、权力、名声时，忧虑得不到。等到他已经得到想要的，又忧虑会失去。如果他开始深深地忧虑自己会失去，为稳固自己的利益，他就会不择手段，什么事情都做得出来。""其"指鄙夫。"之"指禄位、利益或名声。"患"是深深地忧虑，或者说非常担心害怕。"苟"是假如。"至"是到。孔子在这里指出没有安全感的人深层的心理状态，其实这种人没有主体性，他所追求的只是利益，没有真正的自己，即使获得再多的利益，他也永远无法满足，内心仍感到空虚。

本章孔子提醒人们，与人共事一定要知人，为国做事绝不能用乡愿、道听途说者以及鄙夫。

16. 子曰："古者民有三疾，今也或是之亡也。古之狂也肆，今之狂也荡；古之矜也廉，今之矜也忿戾；古之愚也直，今之愚也诈而已矣。"

"古者"是过去。"民"指人们。"疾"是毛病、缺点。"今"指当下，也就是孔子所处的时代。"也"是助词啊。"或"是或许，也作连字讲。"是"是这，指古民的三疾。"亡"是消失了。孔子这句话是说，过去的人们有三种毛病，现今或许连这三种毛病都没有了。

孔子又说："过去的狂者不拘小节，不过有其大节所在。现今的狂者则完全放任自我。""狂"指心志太高。"肆"是肆意，亦即我行我素。"荡"是放荡、无所凭借。

"过去自我要求谨言的人，毛病是太过有棱有角、太过方正，而现今的人则以愤怒，或是锐利、好争来展现矜持。""矜"是非常谨言自持。"廉"是棱角。"忿"是愤怒。"戾"是性格乖张锐利。

"过去分不清事理的人，不自卑且内心没有阴影，一切直来直往；而现今分不清事理的人，心中自卑、有阴影，而且会耍弄手段骗人。""愚"指无法清楚地辨别事理。"直"是直来直往，虽然迟缓，但是没有掩饰。"诈"指自私，会耍弄欺骗手段。

我们常会听到老人家们感叹，就德行而言，比起过去的人，现在有的人太狡诈了。人的德行是不是真的会随着时代的发展而倒退，变得越来越坏呢？这个问题可以分成两个层面来谈。第一，孔子曾说"性相近也，习相远也"，古人狂也肆、矜也廉、愚也直，今人则狂也荡、矜也忿戾、愚也诈，其实这些不论好与不好，都属于人的习性。人在生物生存的本能下，习性确实会随着生活环境而改变。古代的环境较为单纯，人们的表现自然就单纯，现今的社会比较复杂、竞争激烈，因此人们的表现也就变得复杂而好争。这些习性的改变与表现中仍含藏着人性，其实不论生活环境怎么变，人们还是要活下去，还是会寻求生命的幸福，并且要生生不息。

第二，人们都希望自己生活幸福，也因此才会随环境而改变。如果人们意识到这一点，就能把原本出于本能、求生存的部分，提升到觉察人性的层次，明白不必以生物性求生存的方式去竞争，可以通过觉醒找到更好的方式，而摆脱完全受生存环境支配的被动状态。

人如果可以超越一切生物性本能，就能从更高的立场展现更大的可能性。在这种觉察下，人知道自己所要做的努力，于是主动去寻找、调整，找出更适合的方式去应对生活，进而实现自我的幸福。这并不需要放弃自己的主体性，也不需要顺着社会的变迁而随波逐流，不能让自己成为完全被动而不能决定命运的人。

孔子认为，古人虽然在性格上有缺陷，但是他们不丢失自我的主体性。今人在性格的表现上清楚地显现出已失去了人的主体性，只是掩饰或隐藏自己，不择手段地求活而已，这种生活方式太委屈，也太扭曲自己了。所以孔子发出慨叹，他要以人性的觉醒作为教育的入手处，教导人们实现自我生命的觉醒，如此人才能摆脱生物生存的本能的限制，从而获得创造的自由，不再被动地在大自然的推动下求活，而是能主动地争取、开创，让自己活得更好。比如生产工具的改良、艺术的创造、审美性的提出，这些都是展现人的主动性，人们在觉醒中将一切生物性的被动转化成主动地发展，同时争取自己命运的抉择权，让自己能有自我实现的可能性，进而开创自己的未来。

也因此，孔子的这句话不是消极的慨叹，而是从人类的古今变迁来提醒人们，不要丧失自我的觉醒和自我主体的觉察能力。

17. 子曰："巧言令色，鲜矣仁！"

这一章与《学而》篇第三章相同。不过在这里，孔子说凡"巧言"者，也就是极会说好听的话去讨好人，"令色"是极会用甜美的表情讨人喜欢，这种人的内心其实是没有自己的，他缺少仁。仁表示圆满且充满爱的觉醒，也是人的主体性的完整表现。巧言令色者之所以一味求人喜欢，是因为他没有真正地爱自己，内心没有真正的自我觉醒，因此他没有真正的生命关怀，也还没有真正从生命觉醒中建立自我的主体性。

这一章虽是重出，但放在后面，连着乡愿、德之弃、古今人之不同等内容，更强调了人建立自我主体性的重要性。

18. 子曰："恶紫之夺朱也，恶郑声之乱雅乐也，恶利口之覆邦家者。"

"恶"是厌恶。"之"是助词。"夺"是剥夺、夺取、代替。"朱"是大红色。古人以红、黄、蓝、白、黑为正色，其余的颜色则是杂色，是由多种颜色调和而成。从西周到春秋，国君的正式礼服始终是朱色，也就是大红色。不过到了春秋时期，鲁桓公和齐桓公都喜欢穿紫色的衣服，国人跟风，以致齐国境内一时之间都买不到紫色的衣料。鲁哀公十七年，有一个贵族穿了紫色的衣服作为便服，结果被判有罪。若从这个事实来看，那时紫色说不定已经取代朱色，成为诸侯国君的正式礼服的颜色。周礼衰微、天子式微，诸侯也都穿紫色的衣服作为礼服了，所以孔子说："我讨厌在国家的朝服上让紫色夺去朱色的光彩。"

接着孔子说："我也讨厌郑国的流行音乐扰乱了先王时代所流传的雅正古典音乐，更讨厌那些能言善道，足以颠倒是非善恶的巧辩者，因为他们足以灭亡国家。""郑声"是郑国的音乐。"乱"是扰乱。"雅乐"指自古以来，特别是西周所定的传统音乐。"利口"是极善于讨好、巧辩且虚假地说话，"利"形容颠倒是非善恶之人。"覆"是颠覆败亡。"邦家"就是国家。

从这些话来看，孔子似乎像近代许多学者认为的是位保守主义者，而且是极端保守主义者。我们姑且不讨论这样的论断，重要的是能否通过反省、觉察与生命的觉醒，从哲学、历史的发展上来看孔子的这些话是否只有保守，同时，也进一步来看看孔子如此表明好恶，其中有何深意。

西周有如此多的诸侯国，要如何打造理想的社会，并共同合作、共生共享地生存下去呢？于是西周通过通婚、联姻，让天下各个民族成为一个大家族，在这个大家族中，不再以权力作为和平的枢纽，而是通过礼乐来治理天下。也因此，西周人得以通过礼乐在情感上相互交流，让各部族因情感的相通而能共生、共存、共有、共享、共尊、共荣，西周的礼乐已经向前跨越了一大步。就好比天子祭天，是天子代表众人向上天表达感谢，诸侯祭地，意味着诸侯要担负起保护地方的责任，让地方的人民生活安定。

朝服之所以用红色，是因为红色代表太阳，太阳是天下众生共同仰赖的生命能源，而今只因为齐桓公、鲁桓公等人的个人喜好，就贸然让紫色代替红色，这是以私害公，扰乱了天下众生的生之秩序，人们也开始以私情为上忽略了公义，忘记维系大家共同发展的公天下的秩序。

同样，西周的雅乐声音平缓，不带有任何高低起伏的情绪，它的目的是把人带入平静的心理状态，让人有机会回归内心，面对深藏在内的真实的自己，认识自己真正所想、所追求的，而不再受外界打扰。然而当时流行的郑声饱含个人情绪，《卫灵公》篇说"郑声淫"，一种说法是，这个"淫"是多的意思，换句话说，郑声的音乐节拍太多，也就是节奏感过强，会让人情绪高涨、闻乐起舞，无法进入自己最深层的内在。另外一种说法是，这个"淫"还是多的意思，不过指情太多，也就是音乐太滥情、太煽情了，以致听者太哀伤、太惆怅，所以这是感情太丰富而引起了负面情绪。

孔子说，《诗》三百的音乐之正就在于"乐而不淫，哀而不伤"，人能感受快乐但情绪不致过于高涨，即使有惆怅、哀怨，也不会伤了好好活下去的心志，而郑声正好与此相反，这样的音乐竟然取代了雅乐，甚至被用在典礼上。这么一来，人们如何在艺术中游于艺而走进自己，进而走入更深层的美学世界，开拓出人性中真正具有创造性、开展性的审美意识或审美情感呢？

而"利口之覆邦家者"，更是扰乱了公是公非，也扰乱了正确的善恶标准，致使人们以个人的私意作为认识事物、理解真实、判断公正与否的凭借。如此一来，社会大众各活各的，每个人要的也各不相同，众人互相争执，最后就会失去生之秩序，社会将逐渐散漫崩坏，国家自然也就无法太平。

孔子表示对这些现象的厌恶，实在不是"保守"两个字可以概括得了的，他看重的是维持人类的社会秩序。

19. 子曰："予欲无言。"子贡曰："子如不言，则小子何述焉？"子曰："天何言哉？四时行焉，百物生焉，天何言哉？"

孔子所处的是变化激烈的时代，这个变化的重要原因是人们以私情代替公义，以个人的私欲扰乱公共秩序。不过我们也要看这些个人权利、私人情感会不会破坏公共秩序。

面对这种情形，孔子感慨地说："我不想再对道有所述说了。"子贡回答："年青一代的人，其实是有疑虑的，如果您不再传道，不再告诉人们公共的生命秩序是什么，那我们这些年轻人如何继续遵循、传述道呢？"

孔子说："你们看天说了些什么？一年四季不是还在运转吗？天地万物不是仍然生生不息地生长吗？天说了些什么？"孔子其实是要告诉子贡，我所陈述的大道，就在天道自然之中，天道自然中的生生秩序和规律，值得人们去体察、陈述、传承，人世间一切道理，其实也是由天道而来的。

20. 孺悲欲见孔子，孔子辞以疾。将命者出户，取瑟而歌，使之闻之。

孺悲是鲁国人，《礼记·杂记下》中说，有一个叫恤由的人，他去世后，鲁哀公派孺悲到孔子那里学习士的丧礼。换言之，士的丧礼是由孔子教给孺悲并传下来的，也可以说孺悲是孔子的学生。

可是在这一章，孺悲想拜见孔子，孔子以生病为由婉拒了孺悲的求见。"辞"是婉拒。"以"是用。"疾"指有病。"将"是奉。"将命者"就是被主人派来传话的人，这里指奉孺悲之命前来孔子住处的人。从所有记载上来看，孺悲应该是士君子，鲁哀公派他到孔子那里去学礼，可见他有相当的身份地位。不过，他想见孔子，竟然只派将命者去召孔子来看他，这并不合礼，若是去向孔子学礼，召见孔子就更不礼貌了，所以孔子托病不见。

在《仪礼·士相见礼》这一章中，东汉大学者郑玄注解说，孺悲欲见孔子，没有经过正式的介绍，因此，孔子就托病辞谢了。《韩诗外传》中说："士不中道相见。"意思是，子路说自己听夫子说，如果士没有正式经过中间人介绍而去求见，就不合礼仪，所以非君子之行。

"孺悲的传命者才走出门口，孔子就拿起瑟弹奏，并且唱起歌来，孔子想让传命者听见歌声，知道自己没有生病，只是婉拒了孺悲之召。""户"是门口。"瑟"是一种乐器。"而"是而且。"使之闻之"的第一个"之"指将命者，第二个"之"指弹瑟唱歌，"闻"是听见。孔子这是要使孺悲反省，知道自己该如何做才合礼，学礼的人怎么能够不知礼、不行礼呢？

后来孺悲亲自去向孔子学士的丧礼，并将士的丧礼记录并传述下来。孔子的这种教法是孟子所说的"不屑之教诲也者，是亦教诲之而已矣"，就是用不想教来教，让学者有深入的思考。好老师为了教好学生，在教学启发方式上其实是可以很活泼的，重要的是如何真正地启发学生的心智，使学生自己找到正确的学习方法，端正学习态度。

阳货第十七 / 675

21. 宰我问："三年之丧，期已久矣。君子三年不为礼，礼必坏；三年不为乐，乐必崩。旧谷既没，新谷既升，钻燧改火，期可已矣。"

子曰："食夫稻，衣夫锦，于女安乎？"曰："安。""女安则为之！夫君子之居丧，食旨不甘，闻乐不乐，居处不安，故不为也。今女安，则为之！"宰我出，子曰："予之不仁也！子生三年，然后免于父母之怀。夫三年之丧，天下之通丧也，予也，有三年之爱于其父母乎？"

"三年之丧"指父母去世后，子女依照古礼须守丧三年。不过到了孔子所处的时代，天子之礼已经衰败，很多地方久已不行三年之丧了。宰我是个很有才华的学生，宰我认为"三年的守孝期太长了"，于是向孔子请教。这大约是为了制作新礼而来的，他认为既已空存礼名，不如务实地加以改制。"期"是为期。"已"是太或者过。

宰我为了改制，提出了重大的礼的问题："执政者因为守丧，三年不做各种礼仪、奏乐的活动，礼乐就一定会崩坏。""君子"指在上位的领导者。"礼"包含社会政治的礼仪，还有各种祭祀、人际往来的活动。"为乐"是行乐、奏乐。古人礼乐并行，这里分开来讲，有点儿夸大。

接着，宰我又说："去年收成的谷子吃完了，今年新的谷子已经成熟、收割，要吃新谷了。钻木点火、改传薪火之礼也巡回一周了，所以丧期也应该以此为准，一年为期就可以了。""没"是吃完了。"升"是登，有成的意思。吃新谷当时也是依礼，在什么季节就吃什么东西。

"钻燧改火"指古人的灶要生火时，须先制作"燧"，也就是在一块木头中间凿一个小凹洞，然后再取一根木头当作"钻"，把钻头放到燧的小凹洞中，再用绳子两边拉扯钻身旋转，使两木摩擦生热，钻头旁放一些易于引燃的干草或艾草，这叫作钻木取火。燧木燃烧后，要常保它不熄灭，快烧完了，就再拿另一根薪柴去接引它的火，如此后薪继前薪来传火，就叫作传薪。《庄子·养生主》中的薪尽火传，就是以此为例，这是古人生活中的重要礼仪。不过这传薪之礼所用的薪木，会随四时不同而改变，春天用榆木、柳木，夏天用枣木、杏木，夏末用桑木、石榴木，秋天用柞木、楸木，冬天用槐木、檀木，如此一年一周期，这就叫作改火，是生活中重要的大礼。

"可"是可以，"已"是停止。"矣"是啊。宰我认为，我们的生活都是以一年为期的，为什么守丧之礼不改成一年？再说三年已经只是虚名了。

孔子听了，回答："父母去世，你怀着悲痛的心情守丧时，吃好吃的米饭，穿漂亮的锦缎衣，会心安吗？""食"是吃。"夫"是于。"稻"是稻米。古代北方人认为稻米是珍贵难得的食物。"衣"是穿。"锦"是锦缎做成的衣服。"女"是你。一般来说，儿女守丧时心情悲痛，一切从简，不吃米饭，只穿素衣，这是表达对父母的爱，也是流露对父母去世的哀痛之情，而这种情感就是丧礼的由来。

宰我说："心安。"孔子听了便说："你要是安，那就去做吧。君子在居父母之丧时，吃美味的东西不觉得好吃，听到音乐也不快乐，在家住着心也不安，所以这些事就不做了。今天你觉得安心，就去做。""君子"指有生命觉醒的人。"旨"是美味。"甘"是甜美，引申为好吃。"闻"是听到。"居处"指在家居住。

宰我得到孔子的回答后，就离开了。这时孔子就说："予啊，他还没有真正的生命觉醒，也还没有充分地感受到生命的价值，以致他还不觉得父母生下他，让他成为人是多么可贵、重要的事。""予"是宰我的名字。"仁"在这里指爱，也指生命的觉醒，这是说当人在生命觉醒之后，开始觉着活着真好，于是会很自然地爱父母，感谢父母给予自己生命，《中庸》说："仁者人也，亲亲为大。"真正觉醒且充满爱的人，一定会非常亲爱父母，以之为生命中重大的事情，所以孝是行仁之本，是人生命觉醒的表现。

孔子接着说："孩子生下来，三岁之后才有能力脱开父母的怀抱自行活动，父母也不用一天到晚抱着、扶着。所以，当年西周定下这三年之丧，是全天下通行的丧礼。""子"是孩子。"免"是脱开。孔子强调父母的生育、养育，不只是付出，更是爱。三年之丧是对父母之爱的感恩与回报。

孔子接下来再说："宰我是否有感受到父母这生养怀抱的三年之爱，而后将这份爱回报给父母呢？""于"是对，引申为回报。孔子的意思是，我们一定要能够意识到自己的出生并长大成人，是多么重大的事情，特别是从出生到三岁这个阶段，父母所付出的辛劳和爱，是人成长的关键。所以，三年之丧就是基于回报这份父母的爱而制定的。宰我如果没有意识到此，他就还没有达到生命的全然觉醒，还没有真正地感受、体会到父母生养抚育的生命之爱，他还没有达到仁的阶段。

以前读到这里的时候，我总觉得孔子太过严厉，但仔细一想，孔子只是在陈述生命觉醒的问题。宰我所提的观点，是根据时代变化，或从经济利益与实用主义的要求来调整。不过孔子在这里提出，制度背后有着人类的生命之爱，必须从这方面来考虑，而不只是单一地考量经济利益，能推行于全天下的制度，它一定充满着生命之爱，这是人不可以忽略的部分。

22. 子曰："饱食终日，无所用心，难矣哉！不有博弈者乎？为之犹贤乎已。"

孔子说："整天吃得饱饱的，什么心思也不用，这种日子可不好过啊！如此绝对无法培养出主动发展的德行。不是有博弈的游戏吗？玩那个都好得多啊。""难"有两个意思，一个是日子不好过，另一个是很难养成良好的生命德行，所谓生命德行就是人的生命的主动发展性。"博"又称六博，古代又叫作局戏，有点像现在的掷骰子。"弈"是今天说的围棋。"为之"是去做。"贤"引申为好。

人不同于动物，人有心思，也会用心思。人的自觉性、觉醒性，或者现代心理学上说的人的自我意识，这些都属于人的心思的一部分。如果人饱食终日、无所用心，就等同于扼杀自我，所以孔子说那还不如去投投局戏、下下围棋，那比完全不用心思好得多。

23. 子路曰："君子尚勇乎？"子曰："君子义以为上。君子有勇而无义为乱，小人有勇而无义为盗。"

子路是孔子的学生中最为好勇的一个，有一天，他问孔子："在上位且有着生命觉醒的人，会崇尚勇敢、看重勇气吗？""君子"指在上位者，也包含有生命觉醒的人。孔子说："在上位的人会以义为最高准则。在上位的领导者，如果只有勇敢，没有以义为准则，就容易举兵造反或捣乱，因为他握有权力。至于一般人，如果只是单纯地有勇气，没有义的认知与义的准则，就容易成为盗贼。""义"是公义、正义。"小人"指一般人。

根据前人的考证，这是子路初见孔子时向他请教的问题，其中似乎有向孔子挑战的意味。孔子超越了子路所执守的勇气的意识形态，告诉他有勇气还得有义，这样的勇才会周全，否则不论是在上位还是在下位，有知识还是无知识，都只是片面的冲动而已。这一说法想必打开了子路的视野。

24. 子贡曰："君子亦有恶乎？"子曰："有恶。恶称人之恶者，恶居下流而讪上者，恶勇而无礼者，恶果敢而窒者。"
曰："赐也亦有恶乎？""恶徼以为知者，恶不孙以为勇者，恶讦以为直者。"

子贡问孔子："生命觉醒者充满了对生命的关怀，他还会有厌恶的人和事吗？"这里的"君子"有两层意思，一是指生命觉醒者，另一是指孔子。

孔子明确地回答："有憎恶的人。讨厌专好说别人坏话的人，讨厌位居下位，但专好毁谤在上位者的人。讨厌一味好勇而失去适当分寸、不守礼节的人，讨厌能毫不犹豫、断然地下结论却不通事理的人。""称人之恶"的"称"是说。"恶"是短处。"下流"指下位。"讪"是毁谤。"礼"是礼节，指分寸。"果敢"是断然地下结论。"窒"是堵塞不通。

孔子说完后就问："赐啊，你也有讨厌的人吗？""赐"是子贡的名。子贡回答："我讨厌专门抄袭别人的观点，借以作为自己知见的人。讨厌不懂谦让、好与人争，还以为这样的自己是勇敢的人。讨厌专门攻击、揭发别人的隐私，却以为自己是正直的人。""徼"是抄袭。"孙"是谦让、不争。"讦"是揭发别人的隐私。

本章孔子向子贡提出，即便是高度的生命觉醒者，心中充满了爱和生命关怀，但面对一切以功利现实为准则，对人缺少善意或是伤害他人的人，也是不喜欢的。这一观点不同于一般宗教信仰中强调的无条件的爱，换言之，孔子仍然保持着清明的理性。

25. 子曰："唯女子与小人为难养也，近之则不孙，远之则怨。"

"小人"在这里指普通人，也就是还没有生命觉醒的人，或者在生命觉醒的过程起伏不定的人，他有的时候会为了生存，而做一些维护自己利益的事，但有的时候也会有一些理想。这个"小"就是孟子所说的"养其小体"，"小体"指人只为了身体的满足，这就是小人。"为"是乃。"养"是侍奉，引申为共事或共处。"近"是亲近。"之"指女子与小人。"则"是就。"孙"乃顺于礼之意。"远"是疏远。"怨"是埋怨、责备、怪罪。

这句话的意思是，只有妇女和还没有生命觉醒的普通人，一切都从个人感情的好恶出发，这种人其实是很难共事、共处的，如果和他们走得太亲近了，他们就不依礼而行，失了分寸，如果因此而疏远一些，他们就会埋怨、怪罪。

古来有人解释，这里的"女子"指婢妾、仆人，因为她们以力侍人，其志不在道义，故难养。但我不这么解释，因为这似乎和孔子主张的人人平等有点相悖。对孔子而言，人真正的分别是在生命的觉醒程度上，而人在没有生命觉醒、没有自我意识的状况下，很容易受制于生物本能的冲动，这种人会非常直接地凭着自己一时的感觉或感情反应，来对待人和事。因此，若和他们很亲近，他们会非常热络，以致有时热络过头失去了分寸，而不合于礼。假如和他们疏远一点，保持适当的距离，他们又会觉得自己被轻视了。像这样陷入自我主观感觉的人，就如同妇女或还没有真正觉醒的普通人，这些人多半具有强烈的感情，总是从自身主观的感情好恶出发，也就难以共事、共处。

这一章正好与上一章相互呼应，两相比较就会更加了解孔子的本意，然后才能够从自我主观的强烈感情中跳出来，也才能看得见别人，看得见事实。这一章也强调女子与小人是一样的，亦即内心充满强烈的感情，这种感情和有了理性或生命觉醒所反省得来的感情是不同的。完全以自己主观的感情为主，有的时候会看不见别人真正的需要，也看不清外在事物到底是怎么回事。

孔子这句话，没有任何对女子、小人的轻视或贬抑，但有些人就以这句话为例，认为孔子是"大男子主义"者。其实孔子讲的是感情的超然和自我意识的觉醒，人由此不断自我超越、提升，人的生命才能从生物本能中有所转变。

26. 子曰："年四十而见恶焉，其终也已。"

"年"指年龄。"见恶"是被人厌恶。"其"指那样的人。"终"指一生。"也"是啊。"已"是止，引申为停止发展。这句话的意思是，人到了四十岁还被人讨厌，他这一生大概也就不容易有发展了。

或许有人认为，怎么可能是四十岁呢？很多人的事业成就是从四十岁才开始建立的。古人认为，四十岁是成德之年，成德指自我的生命体会，而后表现在行为上，这种表现使他有了特定的人生态度和生活方式。如果人到了四十岁，在生活上还没有体会，仍然是按照本能，根据主观感情、主观好恶或一时冲动来做事，那这个人在生命体会上就没有成德。孔子说"四十而不惑"，四十岁时对自我生命成长有了更深刻的体认和确定，对生命的各种疑惑都有了初步的答案，所以人到了四十岁展现出生命的智慧，就是成德的表现。

如果人到了四十岁，还没有生命的深层体会，或还不能成德，那么之后的"知天命"（开展出自己的特质）、"耳顺"（内在不再有矛盾、冲突）、"从心所欲，不逾矩"（从生物的本能中释放，完全享有生命的自在，与天合一）等更深刻的生命体察就不容易有了，往后的人生都会困在各种生命的疑惑之中。《论语》的编者用这一章总结《阳货》篇，意义非常深远，同时使全篇内容更加完整。

微子第十八

论语

1. 微子去之，箕子为之奴，比干谏而死。孔子曰："殷有三仁焉。"

"微子"名启，是殷王帝乙的长子，也是商纣同母同父的亲哥哥，他受封于微国，子是他的爵位。因为其母亲生他的时候尚未封后，所以微子虽是长子，但算庶出。等到他的母亲生商纣时已经被封后，纣是王后所生之子，所以成了嫡子，继承了帝乙的王位。商纣为政暴虐残酷，百姓处于水深火热之中，微子认为如此下去商朝必亡，而自己身为商朝的长子有责任保存殷商的血脉，于是决定"去之"，就是离开殷商归附周朝，以保存先人的宗庙。

箕子是商纣的叔父，也是商纣的老师，箕是他的封国，爵位为子，他常常劝谏商纣，不过商纣不听。箕子见到纣杀比干，知道如此下去国家必然走向毁灭，可是自己的太傅身份让他无法离开，于是他只好佯狂装疯，最后被关起来贬为奴隶，就是这里说的"为之奴"。

比干是商纣的叔父，他认为自己是大臣，又是叔父，为了殷商必须死谏。商纣大怒说："我听说圣人的心有七个窍，我要看看你的心是不是像圣人一样有七个窍。"于是就将比干剖腹剜心，比干因此而死。"谏"是劝谏。"而"是乃。

孔子说："殷朝末年有三个仁人。"其所指微子、箕子、比干。这三个人在商纣狂乱暴虐的时候，为了天下社稷的安宁，各尽其责，最后依自己的身份、职位之所系，做出了生命的抉择，所以孔子十分赞美他们。即使在动荡衰亡的年代，生命的觉醒也可以让人在自我生命的发展中有所成就。

2. 柳下惠为士师，三黜。人曰："子未可以去乎？"曰："直道而事人，焉往而不三黜？枉道而事人，何必去父母之邦？"

柳下惠名叫展禽，他是鲁惠公的后代，和鲁国国君有着亲密的血缘关系，在丧礼中属于五服之内，亦即要穿丧服站在前面。"士师"是典狱官。"三黜"指被革职、贬退三次。当时有人认为柳下惠无过而被贬退，于是说："您没有想过离开这个国家吗？"

柳下惠说："如果以正直之道去为人做事，到哪个地方不会一再被贬黜呢？如果以不正直之道去为人做事，哪里需要离开自己的国家呢？""枉道"就是曲道，随人的需要做事。"父母之邦"就是自己的家乡。换言之，如果不以正道事人，我就做不了，不过如果我委屈一点，只求做事，又何须离开自己的国家呢？

也有古人认为，因为柳下惠和鲁国国君的关系仍在五服之内，依义、依礼不能选择离开自己的国家，所以只能委屈自己担任很小的官职，就如同战国的屈原，同样有类似的身份，不能离职，不能离开国家，最后选择了自杀。

孟子称柳下惠不辞小官，"圣之和者也"。换句话说，看柳下惠的谈吐雍容，真可谓是圣之和者。虽然他不肯枉道而行，有其不拔的气势，但是消极地委屈自己去担任小小的职位，即使这份救世之心是淡泊名利，也只是尽自己作为鲁国公民的义务，这和孔子那种热烈的救世之心有所不同。不过这也是作为君子在生命觉醒的道路上，各依自己的生命认知所做的选择。柳下惠依自己特有的身份，选择担任低微的职位，不离开自己的国家。

3. 齐景公待孔子，曰："若季氏，则吾不能；以季、孟之间待之。"曰："吾老矣，不能用也。"孔子行。

这一章是齐景公谈要如何礼遇孔子。齐景公说："鲁国国君将大政都交给季氏，我没有办法如此对待孔子。不过如果要像鲁国国君对待孟氏那样，什么权力都不给，只给他高位，这我也不以为然。我就用次于季氏、高于孟氏的待遇来对待孔子。""以"是用。"待"是对待。齐景公说："我老了，无可作为了，不能任用孔子了。""吾"是齐景公的自称。"用"是任用，也可以解释为"作为"。孔子听了齐景公这么说，便离开了。

这事大约发生在齐景公三十三年，那会齐景公大约六十岁。当时鲁国发生内乱，孔子从鲁国到齐国去，齐景公听到孔子说的一番道理后，非常看重他，甚至还想把尼溪这个地方封给孔子，可是被齐国的宰相晏婴阻止了。晏婴说，孔子所讲的圣道太难达到了，于是齐景公就打消了行道的念头。

本章两段话，中间有时间的间隔，这说明了齐景公的变化。也就是说，齐景公虽然不重用孔子，但是他还要以厚礼、厚禄来对待孔子。不过，孔子求的不是厚礼、厚禄，也不是做齐国的官员，而是要行道于天下，当道不能行时，孔子就绝不留恋。近代许多学者认为，孔子汲汲营营就是为了做官，这种看法是不正确的，因为孔子周游列国乃是为了行仁道于天下。

4. 齐人归女乐，季桓子受之，三日不朝。孔子行。

鲁定公十四年，孔子被鲁国国君聘为大司寇，并行宰相的职权。孔子主政三个月后鲁国大治，不但路不拾遗，而且四方宾客络绎不绝。齐国国君和大臣听到这个消息后，害怕孔子让鲁国更加强大，因为这必然直接威胁到齐国的生存，所以齐国设计让鲁国国君和季桓子不行孔子之道。于是齐国选出八十位美丽的女子组成那个时代最好的"女乐"，以及文马一百二十四，一并送给鲁国。"归"乃赠送之意。

季桓子和鲁国国君大乐，赞赏万分。"受之"就是接受并享用。"之"指女乐。鲁国的君臣们共同观赏女乐，三日不上朝，也没有祭祀，一切事务都被搁置了。孔子看到这种情况，认为已经无法行道了，只好离开鲁国。"行"指离开鲁国。

这一章回应了上一章，说明孔子欲行仁道于天下，便周游天下到处寻找行仁道的机会，他希望重建新时代，为人类创造新的可能，寻找新的幸福的机会，但他无法行道。不过，孔子并没有放弃，他转而从事教育，继续宣道以待后世。孔子这份为人类社会寻找未来出路的救世热情，值得人们深刻了解、体会。

5. 楚狂接舆歌而过孔子曰："凤兮凤兮，何德之衰？往者不可谏，来者犹可追。已而已而，今之从政者殆而！"孔子下，欲与之言。趋而辟之，不得与之言。

孔子前往楚国，楚国一位佯狂避世、不知姓名的贤士走到孔子的车子旁边，放声高歌。"狂"是佯装癫狂。"接"是接近。"舆"是车子，指孔子所乘之车。因为不知那人姓名，所以记录者就写"狂接舆"。"过"是经过。

狂接舆对孔子唱着："凤凰啊，凤凰啊，你原有的有道则现、无道则隐的德行，为什么失落而衰败了呢？"这个"曰"指楚狂人所唱的歌与歌词。"凤"是凤凰，禽鸟中的圣鸟，自古以来都说，当天下有道时它就会出来，当天下无道时它就隐藏不见，这也是凤鸟的德行表现。楚狂人以凤鸟比喻孔子，这是很高的赞美。"何"是为何。"德"是德行。"衰"是衰落、衰败。此乃劝告孔子隐退，明明知道这个时代不是行道之时，还要坚持到处奔走，希望能够行道、宣道，这太不像凤凰了。

楚狂人又说："过去你跑了很多冤枉路，就不必再谏止它了，就让它过去吧，未来你还来得及隐居起来，保有自己的生活方式。罢了吧，休息了吧，不要再管了。如今这些为政者都陷在焦虑不安的负面情绪中，怎么可能和他们共同行道、宣扬大道呢？""往者"指过去的事，亦即孔子过去到处行道、宣道。"谏"是劝谏，也可解释为停止。"来者"指未来的日子。"追"是追得上。"已"是罢了吧，或说休息了吧，不要再管了。"而"是助词。"殆"是危险。

孔子听了楚狂人唱的歌，便立刻下车想要和他说说话。但楚狂人看孔子下车要找他，便快步跑开躲了起来，以致孔子没能和他说上话。"趋"是快步跑。"辟"是躲避。"之"指孔子。

楚国的狂士劝孔子当如同凤凰一样隐退不出，因为那时实在是不可为的时代。

6. 长沮、桀溺耦而耕，孔子过之，使子路问津焉。长沮曰："夫执舆者为谁？"子路曰："为孔丘。"曰："是鲁孔丘与？"曰："是也。"曰："是知津矣。"

问于桀溺，桀溺曰："子为谁？"曰："为仲由。"曰："是鲁孔丘之徒与？"对曰："然。"曰："滔滔者天下皆是也，而谁以易之？且而与其从辟人之士也，岂若从辟世之士哉？"耰而不辍。

子路行以告。夫子怃然曰："鸟兽不可与同群，吾非斯人之徒与而谁与？天下有道，丘不与易也。"

这一章是上一章所说情况的延伸。长沮、桀溺是楚国的隐士，没有名字，于是人们依其形象而给他们起了代称，长沮是脚踩在田里泥水中的高个子，桀溺是踩在浑水中的高健者。"耦"是两个人。"耕"是耕田。"耦耕"是古代耕田的方式，现在某些农村都还看得见，但在春秋时期，普遍都以牛来耕田。

孔子经过他们，派遣子路探问渡口在什么地方。"过"是经过。"之"指长沮、桀溺。"使"是派遣。"津"指渡口。长沮问子路："那个坐在车上拉着缰绳的是谁呀？""舆"是马缰绳。子路下车去问渡口在哪里，所以改由孔子拉着缰绳。

子路说:"是孔丘。"长沮问:"就是那个鲁国的孔丘吗?"子路说:"是的。"长沮又说:"既然如此,他应该知道渡口在哪里,他不是到处替人指点迷津,怎么现在来问津了呢?"长沮这是在讥笑孔子。

子路在长沮那里得不到他要的答案,于是转问桀溺,桀溺就说:"那你是谁呢?"子路说:"我是仲由。"桀溺说:"哦,你就是那个鲁国孔子的弟子啊?"子路答说:"对的。"

桀溺说:"天下到处都像是被大洪水淹了一样,没有一块干净的地方,天下人都处在不安之中,你们要和谁一起去改变、平治这个社会呢?""滔滔"是大水横流的样子。"而"是你。"易"是改变。"之"指天下社会。"谁以易之"就是以谁易之。

"再说,你与其跟随着孔子,只想躲开现今的国君和大臣等不成才的执政者,还不如就跟着我们完全避开这滔滔浊世,做隐士算了。""从"是跟随。"辟"是躲避。"人"指孔子所处时代的国君乃至大臣等执政者。"岂若"可解释为何不如。"世"指整个社会。孔子周游列国,就是不愿意和这些没有觉醒、不知大道、只追求现实功利的人共事。长沮和桀溺看到这个世界没有希望,不可能被改变,所以选择避开整个世界。这里桀溺劝子路跟随他们去做隐士,不必管天下事。桀溺劝完子路之后,便继续低头耕田,不停地做覆土的工作,不再理会子路。"耰"念 yōu,就是覆的意思,亦即农夫撒种到田里之后,耙土覆盖种子。"辍"是停止。

长沮、桀溺始终没有告诉子路渡口在哪里,因为他们反对孔子周游列国宣扬大道。子路只好离开,回到孔子停车的地方,并将整个事情的经过向孔子做了报告。"行"是走开、离开。"以"是用。孔子听了,停了半晌,怅然失望,感触良深,然后说:"人无法避开人的社会,什么事都不关心,只和山林中的鸟兽同群。我作为人,不和世人相处,要去和谁相处呢?天下要是有道的话,我孔丘也不会想来参与改变这天下的局面。""夫子"指孔子。"怃然"是怅然失意的样子，在这里有停顿之意，表示孔子内心有非常深沉的触动。"斯人之徒"指天下人。"谁与"是和谁在一起。"不与"是不参与。"易"是改变。

本章长沮、桀溺所提的避世是重点之一，而孔子所提的是另一个重点，君子即生命觉醒的智慧者所要做的生命的抉择。在这抉择中，孔子展现了他的不忍之心，他不忍于天下无道，人类未来没有出路。

有些人问这个时代还要儒家吗？儒家到底是什么？其实儒家之所以为儒家，关键就在于人从生命的觉醒中建立自我，进而发展社会性，让人格趋于完整与健全，从而摆脱在生存中对死亡的恐惧。

很多人为了生存的需要而扭曲自己，放弃自我个性的发展，这是因为害怕孤独和寂寞。如果人能超越这种孤独和寂寞的驱迫，确立自我生命的主体性，如《学而》篇说的："人不知而不愠，不亦君子乎？"人就会有完全的自我。

宋代儒者张载说："为天地立心，为生民立命，为往圣继绝学，为万世开太平。"他义不容辞地关心人类的前途和幸福，这就是孔子与真儒家的精神情怀。

7. 子路从而后，遇丈人，以杖荷蓧。子路问曰："子见夫子乎？"丈人曰："四体不勤，五谷不分，孰为夫子？"植其杖而芸，子路拱而立。止子路宿，杀鸡为黍而食之，见其二子焉。明日，子路行以告。子曰："隐者也。"使子路反见之，至则行矣。子路曰："不仕无义。长幼之节不可废也，君臣之义如之何其废之？欲洁其身，而乱大伦。君子之仕也，行其义也。道之不行，已知之矣。"

子路跟着孔子到楚国去，在路上远远地落在孔子后面，他找不到孔子了，后来他遇到了一位用拐杖挑着锄草用具的老人家。"从"是跟随。"后"是落后。"丈人"指老人。"以"是用。"荷"是挑起。"蓧"念 diào，指竹制的锄草用具。

子路问老人："您见到我的老师了吗？"老人家回答："你们这些读书人啊，四肢不劳动，也没能力分辨五谷，我怎么会知道哪一个是你们的老师呢？"老人家一边说着，一边把拐杖直挺挺地插在泥地上，然后便低头去锄田中的野草了。"四体"是四肢。"勤"是劳动。"五谷"指稻、黍、麦、稷、菽。"夫子"指孔子，孔子当时已在鲁国担任大夫之职，虽然离职，但是授命于鲁国的朝臣，所以他的车子跟服装，依礼都是大夫的级别，让人一看就能分辨出来。

子路听了老人的批评，不知如何回答，于是表达领受，拱手而立，以示尊敬。"拱"是拱手，同时身体微弯表示恭敬。于是老人也以礼回敬，留子路在自己家里过夜，并且杀鸡、做饭，依礼招待子路，甚至将自己的两个孩子引见给子路。"止"是留。"宿"是隔一夜。"杀鸡"，当时是丰厚的招待。"为黍"就是做饭，"黍"是小米，比一般人吃的稷口感细腻。"食"念 sì，就是予之食，给他吃饭。"见"是引见。"其"是自己。这段陈述表示这位老人是位有贤德、知礼、能依礼而行的隐士，也呈现了当时的社会状况。

隔天，子路就辞行上路了，他找到孔子后，把整个情况都向孔子做了报告。孔子说："哎呀，他们是隐士。"于是立刻派子路回头去拜见他。但等子路到了老人的家时，老人已经先行离家出门去了。"明日"就是第二天。"行"是上路。"反"指回过头。

子路就跟老人的两个孩子留了这样的话："不出来为国家做事，是不合乎道义的。既然知道年长者、年幼者相互礼敬的礼节是社会中不可或缺的秩序，为什么把人与国家间的这份道义、责任给废除了呢？""仕"是出来为国家做事。"义"是道义，指人对国家、社会应尽的责任，也就是后文所说的"君臣之义"。"节"指礼节，这是西周时周公所定的礼乐之教。"如之何"简单来说就是如何。"其"是乃，有竟然之意。

子路又接着说："想要保持自己身体的干净，却忽略了人间大道。君子为国担任公职，是要实践自己对国家、社会的道义与责任，即使早已知道大道、仁道没有办法推行。"君子"指高度的生命觉醒者。"道"指大道、仁道。"行"是实践。可见君子不是空有理想，而是早有所知，尽责而已。

子路这番话就是对"知其不可为而为之"的注解。因为自己是人，人活在国家、社会中，不能不尽人的责任，这是高度的生命觉醒者绝不可忽略的部分。

8. 逸民：伯夷、叔齐、虞仲、夷逸、朱张、柳下惠、少连。子曰："不降其志，不辱其身，伯夷、叔齐与！"谓："柳下惠、少连，降志辱身矣。言中伦，行中虑，其斯而已矣。"谓："虞仲、夷逸，隐居放言，身中清，废中权。""我则异于是，无可无不可。"

"逸民"指不在社会上做事，隐逸于世的无位之人。本章所举的这七个人都属于"逸民"，他们都是有德的隐逸者。

前文讲过，"伯夷、叔齐"是商末孤竹君的孩子，兄弟两人因为让位都离开了自己的国家。孔子赞美他们："求仁而得仁，又何怨？"他们完成了自己的理想，并没有怨恨，这不是悲剧。

"虞仲"不是遗民，古人认为可能是春秋虞国国君的弟弟，所以以国家之名来称呼虞仲。他大概也有让位之贤，所以这里提出贤者之名号，只是后来历史没有记载，今日已不可考。"夷逸"，同样不知道他的详细状况。"朱张"，是古时候的贤士，在历史中也不知其详。至于"柳下惠"，前文提过他是鲁国的公子，不过能守礼，坚持为自己的国家服务。"少连"，在《礼记·杂记》中出现过这个名字，他是东夷人，孔子赞美他能守丧礼而尽孝道。

孔子说："不让自己的志气和最高理想动摇，不屈辱于自己的身份，伯夷、叔齐该是这样的人吧。""降"是下降，引申为动摇。"其"指自己。"志"是心志、理想。"身"是身份。"与"是结尾词、叹词。

孔子评论："柳下惠和少连，他们降志辱身，不过他们言语合乎道理、法度，行为合乎高度的理性思考，这就是他们所做的努力。""谓"是评论。"言"是言语、言论。"中"是合乎。"伦"是道理或法度。"行"指行为。"虑"指思虑。"行中虑"也可以说所有行为都没有诉诸情绪，而是诉诸高度的自我反省。"其"是乃。"斯"是就。"而已"是如此罢了。

谓："虞仲、夷逸，隐居放言，身中清，废中权。"孔子评论："虞仲和夷逸，他们躲开这个混乱的朝廷和动荡的社会，隐居起来不再出仕，放弃对实事、国事发表评论，行为洁净，不带有任何功利的目的性。但他的放弃言论是合乎法度的权宜之计。""隐居"指避世。"放言"是放弃言论。"身"是身体，引申为行为。"中"是合乎。"清"是洁净。"废"是废弃，也就是放弃。"中权"是合乎权宜之计，放弃言论不是直率的表现，而是经过了衡量和考虑。换言之，虞仲、夷逸放弃了对国事的评论，完全放弃对整个现实世界的关心、批评，而这种作为合乎法度，并且适宜、得当。

于是孔子自道："我在这里和他们不同，我没有非这么做不可的事，也没有绝对不能这么做才可以的事。""我"是孔子的自称。"则"是乃。"异"是不同。"无可无不可"有点像君子"无适也，无莫也"的意思。孔子这句话的意思是，上面的这些人都有其自我的主张和原则，因此也就有一定要这么做，或者绝对不可以这么做的分界线，而孔子表示自己没有这道分界线，因为他以道为最高的原则，没有特别的个人主张，在道的前提下可进则进，可退则退。

换句话说，在大道的前提下，孔子面对适当而合乎道义的机会，假如可进，即使社会动荡，朝廷不上轨道，他也是选择进。假如在道义上不能进，一定要退，即使社会安定，朝廷上轨道，他也是选择退。孟子曾经称赞孔子是"圣之时者也"，孔子可以仕则仕，可以止则止，可以久则久，可以速则速，即使孔子推崇这七个隐逸的贤人，他却和他们并不相同，他已经超越了自我，也超越了个人，一切进退都以道为大前提。

9.大师挚适齐，亚饭干适楚，三饭缭适蔡，四饭缺适秦，鼓方叔入于河，播鼗武入于汉，少师阳、击磬襄入于海。

"大师"就是太师，太师是鲁国乐官的最高负责人，"挚"是他的名。"适"是前往。"亚饭""三饭""四饭"指古代国君举行宴会时，分管各阶段所奏的乐章的乐官，"亚"是次。但也有人说，这个"饭"不解释成饭，而是板子的意思，亚、三、四都次于太师，太师是带领大家演奏时，负责执板集结的人。鲁哀公时，鲁国的礼乐衰败，国家中负责礼乐教化的乐官们都四散了。乐官之长挚去了齐国，负责演奏亚饭的乐官干去了楚国，负责演奏三饭的乐官缭去了蔡国，负责演奏四饭的乐官缺去了秦国。

"鼓"是负责打鼓的乐官，名方叔，他过了黄河到别的地方去了。当时专门负责播鼗（táo）的乐官名武，他隐避到了汉水边。"入"是隐居。"播"是摇。"鼗"是小鼓，鼓两边以绳子系上小锤，类似于今天的拨浪鼓，播鼗是乐官执着鼓柄，配合音乐，摇着打出节奏。"汉"是汉水。

还有少师阳、击磬襄，也都隐避到海边去了，也有人认为他们隐避到海中的小岛去了。少师又叫小师，为太师之左的乐官，相当于今天的乐团副团长。"击磬"是专门敲击磬的乐官。

这一章主要说明了鲁国的衰败，礼乐教化的不彰，以致乐官四散而去。古人认为记录者记此八人是为了追思孔子，说明孔子死后鲁国更不堪了，以致乐官四散，也借此说明了一个时代的逝去。

10. 周公谓鲁公曰："君子不施其亲，不使大臣怨乎不以。故旧无大故，则不弃也。无求备于一人。"

"鲁公"是周公的儿子伯禽。周公协助武王建立天下，推出封建制度、制礼作乐，其封地在鲁国，可是他又得留任在周地帮助成王治天下，于是只好让他的儿子伯禽就任鲁君。伯禽上任的时候，周公告诫他如何行国君之道："好的国君不遗弃自己的至亲，也不让国家重臣抱怨自己不能为国所用、为国尽忠，不能发挥自己的长才。""君子"指好的国君。"施"是弛、松弛，亦即废置、遗弃、怠慢。"其"是自己。"亲"指至亲。"不施其亲"就是《中庸》所说的"亲亲为大"，以爱自己的至亲为最重要的事情。"大臣"指国家的重臣。"以"是任用。

接着周公又说："故旧无大故，则不弃也。"意思是以前的旧臣、老臣、亲戚，没有大过错就不抛弃他们。不要要求一个人十全十美，而是要适才任能。"故旧"指旧臣、老臣，或是亲戚。"故"指过错。"求"是要求。"备"是完备。

从这句话可以约略看到，周公之所以能支撑起整个西周，建构出新的理想社会，开创新的文明，是因为他不仅具有深情厚谊，能够通人性、人情和人心，还能使人尽其性，同时承担其职，取得政治事务上的最大成绩。也因此，可见西周崭新的开始。

11. 周有八士：伯达、伯适、仲突、仲忽、叔夜、叔夏、季随、季骊。

"八士"指八位贤德且有才干、能任职、能做事的人。这八个人的事迹在历史上都无据可考，只知道他们是周文王到周武王时代的重要人士。《国语·晋语》有"及其即位也，询于八虞"，"询"是询问，"八虞"就是这八士。《逸周书》也记载，武王将赴牧野之战的时候，向隐者八士询问，这八士也就是本章提到的八个人。这句话说明了西周之盛，关键在于人才众多，且各得其任。一个时代之所以兴，最重要的是人才济济，而之前一章节如隐士劝孔子、鲁国乐官四散等记载，则说明一个时代的衰亡主要是因为人才的缺失。

子张第十九

论语

1. 子张曰："士见危致命，见得思义，祭思敬，丧思哀，其可已矣。"

《子张》篇所记的，全是孔子弟子之言。孔子死后，弟子们记述孔子之教，并用其来教导他们的学生，有时是同学之间相互切磋讨论，以发挥孔子学说中的大义，而后记录、收集成一篇。

这里，子张说："作为士，遇到危难时可以豁出自己的生命去解决问题，遇到有利可图的时候，会想到以是否合乎道义、是否合理为判断的准则，祭祀的时候，就自然地拥有恭敬的心，居丧时就怀念父母而兴起哀伤的怀念之情。如果能如此，就算是士了。"古人说，"士者，事也"，士就是做事、承担事务的人，也是古代贵族中最低的阶层。不过，经过孔子推广平民教育，"士"不但能做事，而且还知道礼，后来被称为读书人，或者今天所谓的知识分子。"见"是遇到。"致"是授，乃给予之意。"命"是生命。"得"指得利。"思"是思考。"义"是道义。"祭思敬"的"祭"指祭祀祖先或神灵，"思"是想，"敬"是恭敬、慎重。"丧"是丧礼。"哀"是悲伤。"其"是应该。"已"是停止。

这里强调"思"。"思"是深思，也就是高度理性或高度自我意识的开展，亦即人的生命觉醒。人的生命觉醒了，心中便会怀着关爱生命之情，所以这个"思"不是一般注解上所说的思考，而是人在自我生命觉醒后，很自然地在自我意识的发展下产生的情思，同时，这也是人在自我觉醒后拥有的生命关怀与同情。

在这一章中，子张所提到的，如"见危授（致）命"见于《宪问》篇，"见得思义"见于《季氏》篇,"祭思敬,丧思哀"见于《八佾》篇,都是孔子平时所讲、所教,现在子张再加以陈述,同时借此教导学生。

2. 子张曰:"执德不弘,信道不笃,焉能为有?焉能为亡?"

"执"是守。"弘"是扩大、扩充。"信道"是对道的确信。"笃"是厚重,亦即切实。"焉"是何。"有"是存在,可引申为确实证明存在。"亡"音 wú,意思是没有、不存在。子张说:"守德却不能够发扬它,信道却又犹疑不定,这样的人怎么能说他存在呢?又怎么能说他不存在呢?"换句话说,这种人有或无,根本无足轻重。一种解释是,士要能补天地之不足,承担起天地发展的重要工作,这是对士的最高要求。这种解释是延续前一章谈什么是士而来的。

另一种解释是,士要执道得弘,信道得笃,才能有德,才能有道,否则就是无德、无道。世界上有太多人只做表面功夫,虽然他们在表面上有德、有道,但是实际上无德、无道。

这两种解释,前者气势恢宏,后者精准透彻,两者都可相通。

3. 子夏之门人问交于子张。子张曰:"子夏云何?"对曰:"子夏曰:'可者与之,其不可者拒之。'"子张曰:"异乎吾所闻:'君子尊贤而容众,嘉善而矜不能。'我之大贤与,于人何所不容?我之不贤与,人将拒我,如之何其拒人也?"

"门人"就是弟子。"交"是交友之道。子夏的弟子向子张请教交友之道,子张没有直接回答,而是反问道:"子夏怎么说呢?"学生回答:"我们老师说:'如果这个人值得结交,就跟他交往成为朋友,不能跟他结交成朋友的,就要拒绝他，不与他交往。'""与之"是和他交往。"其"指那些人。子夏的这个观点，遵从了孔子所说的"无友不如己者"（没有朋友是不如自己的），并以此来教导学生。

子张又回答："这跟我从老师（孔子）那里听来的教导不同呀，我听到的是：'君子尊崇贤德之人，也能够包容一般大众，嘉许、鼓励行善之人，同时也怜悯没有能力行善的人。'""异"是不同。"乎"是于。"而"是而且。"众"指一般人。"嘉"是奖励、鼓励。"善"是行善之人。"矜"是同情。

然后又说："如果我是大贤者，对于其他人，我有什么不能包容的呢？如果我不贤，别人将会拒绝与我交往，哪里有等我去拒绝他人的可能呢？""之"是如果。"于"是对于。"何"是有何。"所"是语助词，相当于者。"如之何"就是如何之，亦即怎么能够。"其"为竟然之意。

由这里可以知道孔子的因材施教，乃是依各个学生的性情来教导他们，学生也就依各自的性情各有所得。子夏的性格狷介，他以守道、守德为主，而子张的性格开阔高远，所以他所学得的是弘扬德行，接纳众人。两人各有不同之处。

4. 子夏曰："虽小道，必有可观者焉；致远恐泥，是以君子不为也。"

孔子所言多是大道，乃关乎全人类觉醒的道理，其中包含治理天下和教育人们的大义。相对而言，所谓的小道，以今天来讲就是专业性、技艺性的知识和技能，例如古代的农、圃、医、卜、天文等技能。不过，有些专业虽然能影响全世界，但是其不关心人类整体的幸福和生命的成长性，即便能带给人类了不起的贡献，可有时候带给人类的伤害等同于带给人类的贡献。

所以子夏说："即便是那些专业性、技艺性的知识，也必然有它可观、可取的地方，只是这些小技巧、小知识，在人类生命的道路上行之久远，恐怕会让人陷入泥沼，停滞不前，成为人再前进的障碍和困顿。所以关心人类生命发展的君子，不会去走小道。""致远"就是走得远。"泥"就是在烂泥地里走不动。

子夏虽没有否定这些一艺一技的小道，但他认为生命觉醒者不会专门去学它。即使去学，也必然在人类生命大道的前提下去观察、思考，以寻求生命发展的通畅大道。

5. 子夏曰："日知其所亡，月无忘其所能，可谓好学也已矣。"

"其"是自己。"所亡"的"亡"指没有学到、不知道。"无忘"的"无"是不。"能"指已经学会、了解。"好"有深层的意思，就是真正地从心里喜欢。"学"在这里的意思是以学习为重。子夏说："如果每天都去知道一些自己还不知道的知识，每个月都能去温习已经学会的知识，不要把它们忘记了，这样的温故知新就称得上是真正的好学之士了。"换言之，这种依自己性情出发的学习，就是最好的生命觉醒的方式。

6. 子夏曰："博学而笃志，切问而近思，仁在其中矣。"

"切"有深刻之意。"问"和"思"都是质问、反思、反省的意思。"近"是不远涉、不走远。"仁"是自我圆满的生命觉醒。子夏说："广博地学习，坚定志向，并且从当下与自己的生命经验产生联系，或去探问、反省、深思自己感到困惑的部分，自我圆满的生命觉醒就会在这种深刻的自我反省中，自然地完成了。"

7. 子夏曰：“百工居肆以成其事，君子学以致其道。”

"百"是众多。"工"指制作器物或工匠。"居"是长期居住。"肆"是陈列，一是指官办的制造厂，另一是指店铺、作坊。"以"是乃。"君子"在这里可以指为政者，也可以指生命的觉醒者，也包括读书人。"学"在《论语》中有三种意义，一是觉醒，二是学习，三是知识、学术，这里指学习和觉醒。"致"是到达。"道"指仁道。

子夏说："做百工的人，他们必须长期居住在制造厂或店铺中，专心致志，才能完成器物的制作与他们的事业，而读书人，或是有生命的觉醒、有心为政的人，通过自觉地学习，同样也能达到生命的圆满、完善。"子夏想提醒人们，学习是急不得的，要通过生命觉醒来调整自己，并能让自己专心致志地工作。这是修养的功夫。

8. 子夏曰：“小人之过也必文。”

那些还没有生命觉醒的人，常常困在求生存的心理状态中，这样的心理背后，始终有生之恐惧，担心发生失误，甚至死亡，以致有所损失。他们的内心非常怯懦、脆弱，有了过错一定会掩饰，因为他无法面对、承担，所以有的时候他害怕改过，也没有勇气改过。"文"就是掩饰。

9. 子夏曰：“君子有三变：望之俨然，即之也温，听其言也厉。”

有人认为这个"君子"指孔子，不过也有人认为指君子。我认为，这个"君子"包含孔子和君子，亦即有着高度的生命觉醒的人。"三变"指在别人看来，他有三种不同的态度。"望"是远望,从远处看。"之"指他,也可以当助词。"俨然"指他的容貌、样态很端庄。"即"是靠近,指近距离接触。"也"是语气词。"温"是面色温和。"其"指君子。"言"是说话。"厉",古人多半解释为严正,也有人解释为精确,还有人解释为严厉。不过,我解释为励,鼓励、勉励,亦即感受到鼓励甚至嘉许之情。

凡高度的生命觉醒者,对生命都有深刻的体会、理解、同情,他的表现大多自然而然地呈现出这样的状态,这是生命修养的结果。

10. 子夏曰:"君子信而后劳其民,未信,则以为厉己也;信而后谏,未信,则以为谤己也。"

"君子"是为政者。"信"是建立信用,受到信赖。"劳"是劳动。"民"是人民。"厉"是病,引申为虐待。"谏"是劝谏。"谤"是毁谤。

子夏说:"为政者一定要先取得人民的信赖,然后才能去让劳动人民为国家服劳役。如果为政者还没取得人民的信赖,就指使人民去劳动,那百姓就会认为这是在虐待自己了。臣子为国君工作的时候,也是要得到国君的信赖,而后才能劝谏国君,如果没有得到国君的信赖就贸然去劝谏,国君一定会认为你是在毁谤他。"

在这一章,子夏强调现实中人与人之间必须彼此信赖,否则,不管是对人民、对国君,都会产生误解。孔子说:"民无信不立。"如果没有信,社会就很难完整地持续发展。

11. 子夏曰:"大德不逾闲,小德出入可也。"

"闲"是栏杆、栅栏。"德"在这里指人应遵守的道德规范。"大"指重大的、最根本的。"逾"是跨越、违背。"小"指小而具体。"出入"是有一点变化。子夏说："在重大的道德原理规范上，绝对不可以有所违背或跨越，至于在小的道德行为细节上，在特殊情况下改变或超出界限，是被允许的。"

换句话说，子夏强调人在特殊情况下，在小的道德细节上有一些权变、有所违背，也还可以接受。这正好是近代西方谈道德与伦理行为时常用的观念。今天的西方社会，因为以个人主义为主，个人的人权成为社会的主流，所以谈人的道德规范时，就不再碰触根本的道德律，他们认为那很难建立，就好比在印度合乎道德的事，但在中东是行不通的，因此没有所谓的根本的道德律。哈佛大学由桑德尔教授主讲的"正义"课，也是从具体事件的抉择来谈道德的问题，在这种特殊性或特殊选择里，各有一些不同的决定，也就是小德，这是可以成立的。至于大德，或说适用于全人类的道德律，目前的伦理学、道德学就存而不论了。

在这一章，子夏所言的大德，也就是《论语》中所讲的仁道、人的觉醒。在仁与觉两个大范围里，孔子说："君子之于天下也，无适也，无莫也，义之与比。"作为高度的觉醒者，他没有什么事非做不可，也没有什么绝不可做的事，一切都以义作为准则。这是道德的内涵所在。

12. 子游曰："子夏之门人小子，当洒扫、应对、进退，则可矣。抑末也，本之则无，如之何？"子夏闻之，曰："噫！言游过矣！君子之道，孰先传焉？孰后倦焉？譬诸草木，区以别矣。君子之道，焉可诬也？有始有卒者，其惟圣人乎！"

子游批评说："子夏的学生，只能做些洒水扫地、接待客人之类的小事，子夏教给学生的只不过是一些细节，有关学术的基本大道竟然没有教，这怎么好呢？""门人"指学生。"小子"指学生中最年轻的。"门人小子"合起来说，带有一点点轻视的味道。"洒扫"是洒水扫地。"应对"指与宾客应答。"进退"是关乎进退时的规矩礼仪。"抑"是不过。"末"是细枝末节,指学问的细节。"本之则无"的"本"是学问的基础,也就是做人的根本道理。"之"是语气词。"则"是乃。"如之何"是这该如何是好呀。

子夏听了,说:"哎呀,子游真是错了。关于做人的君子之道,哪一种要先教,哪一种要后教,并没有一定的顺序,从事教育最重要的是依学生的才性,因材施教。就像草木一样,种类不同,生长的季节也不同,要加以区别,分类栽种,如此教育的工作才会收到真正的成效。""噫"是惊叹词。"君子之道"指做人的道理。"孰"是何。"传"是传授教导。"倦"是厌倦,引申为罢。

而后,子夏又说:"君子之道这种学问,怎么可以用欺骗的方式教育学生呢?再说,能够将君子之道这份学问、大道,本末一致、始终一贯,没有割裂地教给学生,我想只有圣人才能做得到吧!"这是说,做人这种生命大道理所形成的学术知识教育,一定得将学生分类,依其才性定出轻重缓急,用循循善诱、因材施教等有系统的教法,不能一股脑儿地灌输给学生,否则等于欺骗学生。"卒"是终。"其"是应该。"圣人"指孔子。"诬"是欺枉,有欺骗之意。

这一章提出了君子之道的教法,钱穆先生在《论语新解》里说:"小学始教。"亦即人在学习上,由小学开始学习、受教导,这是人人都可以被教导且能学到的部分,是学习的重要基础。至于生命大道,确实不是人人都能领悟而学到的。所以,孔子的弟子中,在知识的教导或学术的推广上,最具影响力与成就的确实是子夏,他这种从基础开始的教学,对社会大众来说,确实是有效的学习方法。

13. 子夏曰:"仕而优则学,学而优则仕。"

"仕"是进入朝廷做官任职。"优"是有余力。"学"指学习知识。"仕而优则学"的意思是,如果在工作上行有余力,那么即使在公职上,也一定要加强学习,这种学习对做官做事有极大的帮助。同时,因为在学习中促成了更多新的思考，所以思维不会僵化，这就是通往自我生命觉醒的大道和正途。

"学而优则仕"是学得好，有了余力，可以去担任官职。因为在任职中可以了解人和事，验证自己的所学，使所学更为深邃、广阔、扎实，并且进一步深入了解人生，理解生命中许多重要的理念与道理。同样，这也可以使人走上生命觉醒的大道。

因此可以说，"仕而优则学，学而优则仕"两者相互为用，让生命随时有新的发展。

14. 子游曰："丧致乎哀而止。"

"丧"是丧礼。"致"是达到，可引申为充分。"乎"是于。"哀"是哀伤。"止"是停止。古来对这句话有两种解释，一种解释是居丧的时候，只要能尽哀就可以了。换言之，人在居丧时，如果哀不足，当然不好，可是哀过了头，以致灭了性、伤了身，也是不好的。另一种解释是，人在居丧时，能尽情地表达哀痛，也就可以了，不必再进一步文饰。丧礼的重点在于表达哀伤，所以尽哀即可，最重要的是一切以情为准，但情不需太过，这就是礼的表现。

15. 子游曰："吾友张也，为难能也。然而未仁。"

"难能"是难能可贵。"仁"指仁道。这句话是子游对子张的赞美，子游说："我的知己兼好友子张，他在君子之道，亦即做人的那份大道理上的努力和成就，实属难能可贵，只是还没有到达仁道的境界。"

仁道是圆满的生命觉醒之道，其中还充满着对生命的同情和对人的关怀，也唯有如此，人的生命才能达到完善。

16. 曾子曰："堂堂乎张也，难与并为仁矣。"

"堂堂"是高大宽广的样子，句中没有说明这高大宽广指的是什么。汉儒和宋儒说，子张的容貌仪态有恢宏之气，在穿着上也十分讲究。到了清代则强调，这是指子张的学说非常恢宏高深，不过这么一来就不太平易近人，自我的深思反省就难以透彻。

曾子评论子张："子张所主张的仁道，恢宏高深，但是他很难在这种恢宏高深的道理上和人共同走上圆满的生命觉醒的仁道。""并"是共同，"为仁"就是行仁道。因为走上生命觉醒的仁道，有的如同曾子，从刚毅木讷、正心诚意上去行；有的如同子夏，从经学、知识以及礼仪上去谈；有的如同子游，从高远的理想上去表现，所以他们各有不同的路。

17. 曾子曰："吾闻诸夫子：'人未有自致者也，必也亲丧乎！'"

"吾"乃曾子的自称。"夫子"指孔子。"自"是自己。"致"是达到。"亲丧"指父母亲去世。曾子说："我从老师那里听到，人们在平常的时候，很少能够自愿自觉、尽情地表达自己的真情，如果有的话，一定是在父母亲去世的时候。"这句话虽然简单，但是颇具深意，它强调人们平常在生活中，因为受到各种因素的限制，所以很少将自己的真情流露出来。

18. 曾子曰："吾闻诸夫子，孟庄子之孝也，其他可能也；其不改父之臣与父之政，是难能也！"

曾子说："我听夫子说，孟庄子在尽孝这件事上，他做的很多事大家同样能做到，但是他为父亲守丧三年期间，留用父亲生前所用的人，并且不改变父亲原本的政治措施，这是一般人很难做到的。""诸"是于。"夫子"指孔子。"孟庄子"是鲁国的大夫。"其他"指其他人。"可能"是可能做到。"臣"指僚属。"政"指政治措施。"难能"是很难做到。《学而》篇第十一章中的"三年无改于父之道，可谓孝矣"，就是指孟庄子守丧行孝的表现。

19. 孟氏使阳肤为士师，问于曾子。曾子曰："上失其道，民散久矣。如得其情，则哀矜而勿喜。"

"孟氏"是鲁国的大夫。"阳肤"是曾子的学生。"使"是任命。"士师"是典狱官。鲁国大夫孟氏任命阳肤担任典狱官，阳肤上任的时候，就去请教曾子担任典狱官的原则与方法。

曾子告诉他："今天这个时代，在上位者早已失去了他们为政的正道。人民放任已久，不知检束，因此很容易作奸犯科。如果你查得清楚，就要懂得哀怜、同情这些犯罪者，不要因为自己能明察秋毫，抓到这些犯罪者而高兴。""上"指在上位的为政者。"失"是丧失、不用。"其"是那个。"道"指治国治民的正确方法和规则，包括对人民的正确教导。"散"是涣散，不知检束，也就是在上位者使人民心力涣散，在情感、道义上乖戾，在生活行为上不知检点。"情"是真实的情况，包括犯罪者的无知或者不得已。"则"是要。"哀"是哀怜。"矜"是同情。

曾子的意思是，你得有一份生命的情怀与同情的心理。这也是教导人们，根据历史、时代的变化真切完整地看待事物，就不会陷入一己之见，或者被封闭在自己狭小的天地里。

20. 子贡曰："纣之不善，不如是之甚也。是以君子恶居下流，天下之恶皆归焉。"

子贡说："商纣所行的不善之事，并不像现在所说的那么多。""纣"是谥号，意思是残害义礼、损坏善良。"是"就是此。"甚"是厉害、过分。这里的意思是说，从历史上来看，商纣的坏并不像后世所说的那么严重，只因为他成了亡国之君，所以世人就把亡国的所有恶事都归结到他身上。大学者顾颉刚先生曾经统计出历史文字中讲商纣之恶的有七十条，可是在原始的文字资料里，其实只有几件事，因此可以印证事实上商纣并没有那么过分。

接着，子贡又说："一个有着高度的生命觉醒的执政者或君子，厌恶处在众恶归趋的低下地方，因为那会使历史上所有的恶名恶事，都归结到他身上。"这里的"君子"有两个含义，一个是指高度的生命觉醒者，另一个同样是指有着高度生命觉醒的人，不过也是执政者。"居"是处。"下流"原本指地势最低、众水汇集之处，引申为地势低、众污水归趋之处。"焉"就是他。

我们通过这句话知道，子贡想提醒人们，不要让自己置身于众恶所归之地，尤其是众恶所归的不善之地。这又何尝不是提醒生命觉醒者，尤其是领导者，该如何谨慎地面对这个问题。

21. 子贡曰："君子之过也，如日月之食焉。过也，人皆见之；更也，人皆仰之。"

这里的"君子"也有两个含义，一个是指领导者，另一个是指高度的生命觉醒者。"过"是过失。子贡说："领导者要是有了过失，众民都有所见，这是无法掩饰的，就如同天上的日月，当日食、月食发生时，大家都看得见。即使不是政治人物，有高度的生命觉醒的君子所行、所为，也同样有如日月，当日食、月食发生时，他不掩饰，坦荡荡地面对自身的一切，并不会因为有过错而觉得丢脸。他们的过错都能被人们看到，如此当他们改过时，人们也就更敬仰、更信赖他们了。""更"是改。"仰"有仰望、信仰之意。

就如子夏所说的，小人和君子的不同，就在于小人有过必文，因为缺乏勇气，所以无法面对自己的过错。一般人都有自尊心，觉得做错事很丢脸，常会加以遮掩，所以君子一旦改过，人们反而会更敬仰、尊重他。

22. 卫公孙朝问于子贡曰："仲尼焉学？"子贡曰："文武之道，未坠于地，在人。贤者识其大者，不贤者识其小者，莫不有文武之道焉。夫子焉不学？而亦何常师之有？"

卫公孙朝是卫国的大夫。"仲尼"指孔子，孔子死后，鲁哀公哀悼孔子，称孔子为尼父，给予了极高的尊称。春秋时期，以谥号来尊称一个人是当时的礼。"焉"是何。"焉学"有三重意思，即怎么学来的，从何处学来的，从什么人那里学来的。

子贡回答："先王之道没有毁灭失传，仍然在人世之间流传。""文武之道"指西周文王、武王以及周公等人所开创的礼乐制度，也就是从尧、舜、禹、汤、文、武一路传承下来的历史文化，所以《中庸》里说："仲尼祖述尧舜，宪章文武。"孔子也说自己："述而不作，信而好古。"又说："郁郁乎文哉，吾从周。"这些都是孔子之学的依据。"坠于地"指跌在地上，引申为失传、毁灭。换言之，如果国家灭亡、民族消亡，只剩下古器物或古文字的记载，人们都不再依循传统历史文化而生活着，这就叫作"坠于地"。就如现在的埃及人和古埃及文化是不相关的，古苏美尔人的文化也消失了。"在人"表示文武之道，亦即西周开创出的诗书礼乐制度仍存在于现今的社会中，人们仍然依之而活，文化仍具有活力和生命力。

接着，子贡又说："有智慧的贤能之士深刻地认识、了解文化精神最重要的部分，没有那么智慧贤能的人认识它次要的部分，社会生活中处处含藏着周文王、周武王所传的文化大道。""大者"指最重要的部分。"小者"指次要的部分，也就是诗歌、礼仪、琴棋书画，甚至武术等技艺。

最后子贡说："孔子何处不能学啊，到处都是他可以学习的凭借和对象，他无所不学，在这种情况下哪里又有固定的老师呢？""而"指在这种情况下。这一句话其实是指孔子无所不学、无所不觉。孔子自述"十有五而志于学"，可见他是在学习和觉醒中度过了一生。孔子在生命的觉醒中，能彻底了解人类、人性与生命的价值，也就在生命的大彻大悟下，提出生命觉醒是人心中最根本的潜能，是属于人性共有的部分，以及人在生命觉醒中可以逐渐调整自我，达到仁的圆满境界。如此，我们才能对生命有所肯定，然后真正享受生命，成为真正享有生命的人。

在这个前提下，人会毫不犹豫地走上自我实现、自我完成，甚至自我创造的生命道路，这种生命道路就是生命的成人之学。这个重要的观点是从尧、舜、禹、汤、文、武、周公一直延续下来的，逐渐在历史与生活的经验中集结，最后成为中国传统文化和学问的核心。孔子继承了它，他向生命道路迈进，向文武之道的历史大传统学习，并且将它汇集成为生命、人性、人情、人心的共同处，去了解人性最根本的共同点，而后孔子通过教育教导人们自我开发，让人们在生命觉醒中，真正享受到上天给予的最大奇迹，甚至上天给予的最大生机，以此展现生命的特质。

中国传统文化以人为主体，中国传统学术可称为人学，而孔子就是这个人学的创造者。我们理解了孔子的人学，不仅可以使人生中的各种迷惑迎刃而解，还可以开展出自己原本就有的清明的认知力、理解力，进而发挥生命的潜能。

23. 叔孙武叔语大夫于朝，曰："子贡贤于仲尼。"子服景伯以告子贡。子贡曰："譬之宫墙，赐之墙也及肩，窥见室家之好。夫子之墙数仞，不得其门而入，不见宗庙之美，百官之富。得其门者或寡矣，夫子之云，不亦宜乎！"

叔孙武叔是鲁国的大夫，名叫州仇，属于鲁国三个当权大夫之一的叔孙氏，武是他的谥号。"语"是告诉。"朝"是朝廷。叔孙武叔告诉上朝的大夫们："子贡比仲尼贤能。"子服景伯也是鲁国的大夫，属于子服氏，名何，字伯，景是他的谥号，他当时也在朝廷上，于是就把听到的话告诉了子贡。

子贡听了之后说："用宫墙来做比喻，我家的围墙相当矮，只到人的肩膀，只要头一偏，就看得到室内美好的陈设。""譬"是比如。"之"是于。"宫墙"指围墙，在古代，从天子到士所住的房屋都可以称为"宫"。"窥"乃窥见之意，也可以说是一瞥就看到了。

接着，子贡又说："孔子的学问就如同他家的宫墙，有几丈那么高，如果你找不到入口，从外面是看不见内部宗庙的庄严辉煌的，也看不见文武百官治事的盛大情景。""仞"是古代的长度单位，七尺为一仞，数仞就是有几丈高。"宗庙"是祖庙，古代贵族的大屋子都有祖庙，族人在祖庙中办公，重要的事情也在祖庙中商定，因为是侍奉祖先的地方，所以宗庙通常非常庄严辉煌。"百官"指朝堂上的各种官职。"富"乃众多之意。

子贡最后说："能找到这个大门的人大约很少，叔孙夫子会说这番话，不是应当的吗？""寡"是少。"夫子"指叔孙武叔。"云"指所说的话。"宜"是应该。子贡的意思是，叔孙武叔无法进入孔子深奥的学问殿堂，却容易了解我，所以他才会这样赞美我,这是可以理解的。

子贡的这番话,不带任何愤激之情或责备,他从人情事理中分析出人对事物的看法的不同层次,然后用鲜活又恰当的比喻,让人明白学问的层次和深浅,同时进一步说明孔子的学问不是一般人,也就是生命未觉醒者所能认识到的。

在古史上可以看到,子贡在那个时候确确实实做了一番事业,因为他保护了鲁国,也帮助了卫国,所以世俗之人见到了这些事功,自然就称赞子贡。他们只能从现实的功利来看,至于功利之外更深更远的智慧,他们就看不见了,当然也看不见子贡的成就是建立在孔子智慧的教育成果之上的。

24. 叔孙武叔毁仲尼。子贡曰:"无以为也,仲尼不可毁也。他人之贤者,丘陵也,犹可逾也。仲尼,日月也,无得而逾焉。人虽欲自绝,其何伤于日月乎?多见其不知量也。"

叔孙武叔仍然继续毁谤孔子。子贡听到了,于是说:"不要这么说,仲尼是无法被毁谤的。""以"是此。"无以为"就是无为此,指这么做是没有用的。"不可"意思是不能,做不到。

子贡接着又说:"一般人的贤能就如同丘陵一样,高度有限,是可被跨越的。至于孔夫子的贤能,其高度就像天上的太阳和月亮一样,没有办法被跨越。虽然人们自我弃绝了日月,但是这对日月有什么损伤呢?只是很充分地显示出说这种话的人不懂得分辨自己的高低轻重。""他人"指一般人。"犹"是乃。"逾"是跨越、超越。"无得"是无法。"自绝"是自我断绝、自我弃绝。自绝于日月,包括不想被日月照到。"伤"是损失。"多"是充分、充足。"其"指那一种人。"量"指高低轻重。

25.陈子禽谓子贡曰："子为恭也，仲尼岂贤于子乎？"子贡曰："君子一言以为知，一言以为不知，言不可不慎也。夫子之不可及也，犹天之不可阶而升也！夫子之得邦家者，所谓立之斯立，道之斯行，绥之斯来，动之斯和；其生也荣，其死也哀！如之何其可及也？"

古人认为，这个陈子禽不是孔子的学生，因为他不认识孔子，所以他见到子贡就赞美子贡："您太谦恭了，仲尼怎么可能比你贤明呢？""子"是您。"恭"是恭敬、谦恭。"岂"是难道、怎么会。

子贡告诉他："作为一个有社会地位的人，你的一句话就足以表现出你有智慧，也可以表现出你没有智慧，所以说话不能不谨慎。""君子"在这里指有地位的人，或是领导者、社会精英。"以为"是可以表现。"知"是智。

子贡接着说："孔夫子的贤德、智慧乃是人无法企及的，就如同天一般高，是没有阶梯可以登上去的。""之"是乃。"及"是到达。"犹"是好像。"阶"作动词，踩着阶梯的意思。

接着，子贡再说："孔夫子如果能够获得一邦一家来治理，他就能够依礼扶立人民，人民能够依礼站起来，他也能够引导人民行之以德，人民也能够很自然地依礼行德，他一定会在政治措施上安定人心，让社会变得安定，远处的人们也自然会前来归附。此外，他能够带动人民为国服务，并且人民没有怨言。也因此，孔子在世期间，人们因他的带领而有了希望，有了快乐，孔子去世，人们也因此感到悲哀。像这样难道是一般人赶得上的吗？""邦"指诸侯之邦。"家"指卿大夫之家。"之"指人民。"斯"是就。"立"是站，也就是有自主的能力。"道"乃引导之意。"绥"是安抚。"来"是归附。"动"是让人民劳动。"和"是协同一致、和乐。"荣"是快乐。"如之何"是像这样。"其"是难道。

钱穆先生在《论语新解》中说，本篇重要的是编者以子贡赞美孔子的这三章作为结尾,可见当时的人普遍认为子贡的才能超过了孔子。子贡晚年在各方面,包括进德修业以及建立事功上都有恢宏的成就,近乎超贤入圣,所以不能因为陈子禽的这一看法,就认为他不是孔子的学生。更重要的是,子贡的智慧体现在他能够真正了解孔子,可以完全表述出孔子之所以为圣的理由,让人们清楚地看到孔子的智慧以及他的生命状态。在孔子的启发下,整个时代都接受了孔子的教化,因此世人对孔子充满了感谢之情。所以子贡说:"其生也荣,其死也哀!"其实孔子所教的许多学生在孔子去世后都有极高的学术成就。

尧曰第二十

1. 尧曰："咨！尔舜，天之历数在尔躬，允执其中。四海困穷，天禄永终。"舜亦以命禹。

曰："予小子履，敢用玄牡，敢昭告于皇皇后帝：有罪不敢赦，帝臣不蔽，简在帝心。朕躬有罪，无以万方；万方有罪，罪在朕躬！"

周有大赉，善人是富。"虽有周亲，不如仁人。""百姓有过，在予一人！"

谨权量，审法度，修废官，四方之政行焉；兴灭国，继绝世，举逸民，天下之民归心焉！

所重：民、食、丧、祭。宽则得众，信则民任焉，敏则有功，公则说！

这一大段文字是由好几个人说的话组合而成，我们可以分开来看。

尧是孔子最尊崇的上古天子，孔子对中国传统历史的追溯，便是从尧开始的。今天的历史考古学家认为，尧、舜、禹时代是中国原始社会向国家过渡的中间环节，古史上说，尧禅让，让位于舜，而这一段"尧曰"，是尧让位给舜时给他的一番告诫、命令。

尧说："舜啊，天命降落到你身上了。作为天子，你要诚诚恳恳、真真实实地掌握住恰到好处的生生正道，让人们生生下去。假如偏离了上天的生生正道，让天下人困顿穷苦，那么上天给予你的俸禄就会永远终结了。""咨"是语气词，类似于今天的"哎"，它不是叹词，而是加强语气，表示郑重。"尔"是你。

"天"是上天。"历"指次序，即历史上帝王相继的次第，也指历象、节气，亦即自然运转的规律。当时，古人已将天时的次序和历史中历代天子的次第结合起来，认为一切都是依照天命的规律进行的，换言之，上天让谁做天子，就表示要谁担负起天下生生之道的重大责任，古人称此为天命。"躬"是身。"允"是诚信。"执"是执守、维持。

　　"中"是中正之道。古人说"执中"就是行中庸之道。"中"是不偏不倚，也就是恰到好处，不会过头也不会不到位，换句话说就是天道，亦即天的生生之道。"四海"指天下人，古人有时会扩大到周边国家，古代中国的天子所创造出来的生生之道，不仅包含自己的国家，还包含周边的邻国，甚至包含了全人类。"天禄"指上天给天子的俸禄、眷顾。"永终"指你的王朝、时代永远结束。当舜让位给禹的时候，他照搬尧当年的这番话告诫大禹。"以"就是用。"命"就是告诫。

　　接下来，"曰"的前面可能漏了"汤"。汤是商朝的开国之君。汤说："我履大胆地用了黑色的公牛来祭拜上天，大胆地禀告于伟大的上天。凡天下有罪的人，我不敢违背天意，擅自赦免他的罪。凡是上天的臣民，我不敢就自己主观的判断来遮蔽、掩盖他们的才德、善恶，或者起用他们，这些人都陈列于上天的心中。如果是我自己有了罪过，请千万不要波及、牵累各地的人民，当天下人犯了错、有了罪，这一切罪也都该由我来承担，因为我承受了天命。"

　　"予"是我。"小子"是汤面对上天的谦称。"履"是商汤的名字。"玄"是黑色。"牡"是公牛。夏朝以黑为最高尚、最具代表性的颜色。商汤虽灭了夏桀，但他还是沿用夏礼，以黑色公牛来祭祀上天，后来商朝才改以白色为最尊贵的颜色。周朝也是先继承商朝的白色和商朝的礼，之后改用了红色。这表示历史是有继承性的，文化也是一脉相承的，如此才是天命生生不息的展现。这和西方惯常由一个民族、国家毁灭另一个民族、国家，是不一样的。

"昭"是明。"皇皇"是伟大。"后"是国君,"帝"指上天,"后帝"指天帝。"帝臣"指上天的臣子。"不蔽"有两个意思,一是"不"指不敢,"蔽"指遮蔽,不敢遮蔽他们的才能和贤德,因为这都是上天所赋予的。二是不敢就自己主观的判断来隐瞒、掩盖他们的善恶,或者起用他们。"简"是选择,也有人说是陈列。"简在帝心"的意思是,我一定遵照上天的意思去执行,自己绝不武断。"朕"就是我,古代不论贵贱,都可以用"朕"作为我的代称,直到秦始皇才将"朕"定为帝王的专称。"躬"是身体,"朕躬"指我自己。"以"是及。"万方"指各地的人民。

"周有大赉,善人是富",这句话讲的是周武王,意思是上天赏赐周朝很多贤德的人。"周"指西周。"大"是很大。"赉"读lài,是赏赐的意思。"善人"指贤德的人。"富"是很多。

所以周武王再说:"虽然有至亲,但是在为政上,不如有很多仁德的人来帮助我们,这才是最好的。如果老百姓有了过错,这罪过就由我一个人来承担吧。""有周亲,不如仁人",这是周武王建立封建制度,在分封诸侯时所说的话。"周亲"是至亲。"百姓有过,在予一人",这话和之前商汤的说法是一致的。

"谨权量,审法度,修废官,四方之政行焉"与"兴灭国,继绝世,举逸民,天下之民归心焉"都是孔子总括说明尧、舜二帝,以及夏、商、周三王为政教化之所以能够成功的原因。也是前面所说的,从尧、舜到夏禹、商汤、周文、周武,他们共同继承天命、允执厥中的关键所在。

这一段的第一句话是说:"对于交易时使用的度量衡要保持谨慎,以达公平。礼乐制度要能慎重、整齐,达到全民一致,共同享有。重新修治官制职能,让官员各尽其职、各尽其能,如此政治才能收到效果。""谨"是谨慎。"权"是古代的秤砣。"量"指容器。"审"是仔细、慎重、整齐。"法度"指礼乐制度。

"修"是修治。"废官"指有官无职，无法产生效能。"四方"指天下。"政"是政令。"行"是通行无阻。

其次还要"恢复振兴被灭亡的国家，把那些被断绝的大族重新找出来，恢复他们祖先的祭祀，让他们不绝于世，将隐居的圣贤举拔为国家的圣贤。如此一来，民心也就都归附了"。"兴灭国"就像西周实行封建制度时，把被灭的黄帝之国、尧之国、舜之国，甚至夏、商之国都重新建立起来，使他们不灭。"世"指在历史上有贤德的世家大族。"举"是提拔。"逸民"是隐居的圣贤。

这一章到这里，是讲二帝三王所建立的传统华夏的历史传承，也可以说，中华民族的朝代接替，不是一代灭掉一代，一族灭掉一族，也不是一国灭掉一国，而是一代代的文化历史传承的过程。尧、舜二帝通过禅让建立典范，提出了天命观，之后夏、商、周三王都因此而接续继承。最后孔子总括说明二帝三王在为政上的具体做法，一切都以百姓的适当生活为准，然后再进一步兴灭国、继绝世、举逸民，让他们为国家、社会做事，或者标举其德行作为人们生活的榜样，如此民心自然归附。

最后，孔子做更具体的总结，他说："二帝三王为政最看重、绝不忽视的事项，第一是人民，第二是饮食，人民有了饮食才能生活，第三是丧葬之礼，第四是日常生活中的祭祀，这是人民的信仰。这四项是人民不可或缺的事务。"

此外，孔子还总结了为政的具体做事方式和不可动摇的原则："宽厚就能得到人民的支持，做事诚信守诺，就能获得人民的信任。勤敏就能取得功绩，为政公平，人民自然就会高兴。""则"是就。"焉"是语气词之。"说"是悦。这前三句跟《阳货》篇孔子回答子张问仁的话是相同的。

从这一章可以看出中国传统为政的原则、法则，在《论语》最后一篇《尧曰》的首章加以总结，意义尤其深刻，而这些观念后来也成为中国传统为政代代相传、不可违背的基本原则。

2. 子张问于孔子曰:"何如斯可以从政矣?"子曰:"尊五美,屏四恶,斯可以从政矣。"

子张曰:"何谓五美?"子曰:"君子惠而不费,劳而不怨,欲而不贪,泰而不骄,威而不猛。"子张曰:"何谓惠而不费?"子曰:"因民之所利而利之,斯不亦惠而不费乎?择可劳而劳之,又谁怨?欲仁而得仁,又焉贪?君子无众寡,无小大,无敢慢,斯不亦泰而不骄乎?君子正其衣冠,尊其瞻视,俨然人望而畏之,斯不亦威而不猛乎?"

子张曰:"何谓四恶?"子曰:"不教而杀谓之虐;不戒视成谓之暴;慢令致期谓之贼;犹之与人也,出纳之吝,谓之有司。"

子张请教孔子,要怎么做才能够真正地治理政事。"斯"是这。"从"是从事。孔子说:"尊崇五种美德,屏除四种恶劣的行为,就可以治理政事了。""尊"是尊崇。"屏"是屏除。

子张就问:"那什么是五美呢?"孔子说:"贤德的为政者,能给人民恩惠,但又不损耗国家的经济。能够使唤劳动人民为国做劳役,人民却不会有任何怨恨。为政者虽有欲望,但不会陷入一般欲望的贪求之中。自己心里非常坦然舒泰,不过并不骄傲,也不会自我满足。有执政者的威严,却不凶猛。这就叫作五美了。""君子"在这里指有着高度的生命觉醒、贤德的为政者。"惠"是恩惠。"费"指损耗。"劳"是劳动。"怨"是怨恨。"欲"是有欲望。"贪"是贪求。"泰"指心里坦然舒泰。"骄"是骄傲。"威"是威严。"猛"是凶猛。

但子张还是没有听懂,于是再问:"何谓惠而不费呢?"孔子就说:"给了人民恩惠,却没有损耗国家的经济,这不就是惠而不费吗?""因"是依照,也就是顺着。孔子再接着说:"选择可以劳动的时间,让劳动人民为国家服劳役,又有谁会有怨恨呢?""择"是选择。"可劳"是人民可以劳动的时间,在古代就是指农闲的时候。

"就一个具有生命觉醒的为政者来说,他也有想要达成的欲求,那就是仁道,在仁道的推行过程中,他达成了仁道的结果,如此又怎么会去贪小利呢?"

"君子无视社会势力的大小,不敢有任何怠慢、轻忽,一视同仁,这不也就是泰而不骄吗?""无"是不论。"众寡"指人数的多少。"小大"指社会势力的大小。"慢"指怠慢、轻忽。

"君子能端正衣冠,穿戴得整整齐齐。看东西的时候,不论是看整体,还是专注于一件事物,都不会斜着眼睛看。同时,让人们看着他神态端庄便能生出敬重之心,这不就是威而不猛吗?""尊"是抬高,引申为不苟、不轻佻。"瞻视"指看事物的眼神。"俨然"是庄重。"畏"是敬重,而非害怕。

子张听了又问:"什么是四恶?"孔子回答他:"第一种恶,不事先教导人,等他犯罪时就以刑杀惩罚他,这种恶叫作'虐',虐待。第二种恶,不事先告诫民众,就临时要去查验他们的成绩,要求他们成功,这种恶叫'暴',粗暴。第三种恶,命令发布得很慢,可是到期之后,却绝不宽限通融,立刻要求交出成绩,这种恶叫'贼',伤害。第四种恶,在真正该出钱时,却非常吝啬,这叫作小官吏作风。""视"是看,引申为查验。"慢令"指布命令非常迟缓。"致期"是到了约定的时间,绝不宽限通融。"犹之"用白话文来说是都是、总是。"出纳"是给出去、收进来,在这里合成了一个词,以出为主。"吝"是吝啬。"出纳之吝"指如同小家子气的管理,专门想找人麻烦,没有了真正的官吏的气度。

本章乃延续上一章而来,在义理上相互印证。也可说上一章谈帝王之治,以爱民修德为首要任务,本章继而谈君子继承帝王的治道,其做官为政的原理和原则。此观点与作为成了中国政治哲学、历史哲学的基本观点,历代帝王和知识分子为政是否做到此准则是一回事,但我们要知道这个观点已如灯火般照耀在中国历史的路程上,成为人们为政的真理了。

3. 孔子曰："不知命，无以为君子也。不知礼，无以立也。不知言，无以知人也。"

"不知命，无以为君子也。"这句话用今天的话说便是，没有真正了解天命，就无法真正成为有着高度生命觉醒的君子。换句话说，要成为君子，除了要有自我的生命觉醒，也就是《论语》第一章"学而时习之，不亦说乎"所提出的观点之外，还要能知命。古人认为，命是上天给予每个人的自然定数，有人称这个命是所谓的命运，而这个自然定数，包括人生的富贵穷达，也包括人生的生死极限。此外，还有天地万物以至人的共性，以及每个人天生的个性。

人在自我生命觉醒中逐渐看清自己在这宇宙天地间的独特性，然后接受自己，不再对自己不满，不再向往、羡慕别人，不再对自己的命运有所遗憾、愤怒，进而全力以赴地尽己、尽忠，把自己特有的潜力发挥到淋漓尽致，让自己能够逐渐走上自我实现、自我完成，以及自我创造的道路，这也就是孔子自述的"五十而知天命，六十而耳顺，七十而从心所欲，不逾矩"。人能做到这样，就成了高度的生命觉醒者，走向了自我生命完成的阶段，也就是完成了作为君子的路程，所以说"不知命，无以为君子"。

至于第二句，在《论语》中孔子从尧、舜以来的礼，以至"殷因于夏礼""周因于殷礼"而有损益的夏、商、周之礼的传承，全面地肯定集大成的周礼："郁郁乎文哉！吾从周。"并从这个传承中抽取出礼乐之大义，以"和"来说明礼乐基本的义理与功能所在。换句话说，孔子以礼（包括乐）达成人的生命和谐，甚至天、地、人的整体和谐，当然也包含了个人在情感、心理、行为上，以及感性与理性间的和谐性。借此，人自然能够与自己和谐相处，还能感受到"有朋自远方来，不亦乐乎"的生命喜悦，进而还能"以文会友，以友辅仁"，所以孔子说："德不孤，必有邻。"

这里以孔子的"不学礼，无以立也"，来说明礼是立身行事，同时也是在社会上自立为人、与人相处的适当的准则。当然礼还包含了社会群体的生之秩序，上自天文、岁时，下至各种礼仪，以及政治、经济、军事、外交等制度作为，还有人情事理中的伦理辈分。所以说，人不知礼，无以立身于世。这句话是总括人类社会的一切活动。

最后，"不知言，无以知人也"，古人所说的"言"，不只是说话，也包括论辩。现代人说，言语是思维的工具，人没有思考，就无法说话。换言之，言为心声，人能知言就能知是非善恶，以及分辨思维上的缜密粗疏、高低深浅。因此子贡说："君子一言以为知，一言以为不知。"能知言就能知人，不知言便无法深入内心，对他人有所认识。

《论语》的编者把这句话放在最后，勉励人读《论语》以知孔子的伟大，同时知道如何成为君子，从而成为真正的人。

这一章是《论语》所有内容的宗旨，它与《学而》篇第一章首尾呼应。